以庄子之法解当下之困
以道家之妙探生命真谛

国学今读系列

庄子全鉴

■〔战国〕庄子◎著　芳园◎主编

天津出版传媒集团

天津人民出版社

图书在版编目（CIP）数据

庄子全鉴：耀世典藏版 /（战国）庄子著；芳园主
编 . -- 天津：天津人民出版社，2015.3（2019.7 重印）
（国学今读系列 / 刘光远主编）
ISBN 978-7-201-09122-8

Ⅰ . ①庄… Ⅱ . ①庄… ②芳… Ⅲ . ①道家②《庄子
》—通俗读物 Ⅳ . ① B223.5-49

中国版本图书馆 CIP 数据核字 (2015) 第 029710 号

庄子全鉴（耀世典藏版）

ZHUANGZI QUANJIAN（YAOSHIDIANCANG BAN）

出　　版	天津人民出版社
出 版 人	刘　庆
地　　址	天津市和平区西康路 35 号康岳大厦
邮政编码	300051
邮购电话	（022）23332469
网　　址	http://www.tjrmcbs.com
电子信箱	reader@tjrmcbs.com

责任编辑	吴锻霞
装帧设计	映象视觉

制版印刷	三河市同力彩印有限公司
经　　销	新华书店
开　　本	720×1020 毫米　1/16
印　　张	27.5
字　　数	600 千字
版次印次	2015 年 3 月第 1 版　2019 年 7 月第 2 次印刷
定　　价	89.00 元

前　言

　　《庄子》分内篇、外篇、杂篇三大部分，原有五十二篇，现存三十三篇，大小寓言二百多个。其中，内篇为庄子思想的核心，有七篇；外篇十五；杂篇十一。该书包罗万象，对宇宙大道、人与自然万物的关系、生命的价值、道德的标准等，都有详细的论述。内容广博而不散杂，自始至终都围绕一套哲学观点来阐述自然、生命、政治和社会。作为道家重要的代表人物，庄子的思想和老子的思想一起并称为"老庄思想"。和儒家、墨家形成鼎足之势，影响了中国文化两千多年。

　　庄子，名周，战国时期的哲学家、思想家、文学家，大约生活在公元前369年到公元前286年之间。关于庄子的生平，人们知道的不多，只知道他是楚国贵族，因战乱逃往宋国，在宋国当过漆园吏。

　　庄子的书在三国时期开始盛行，阮籍、嵇康等文学家都曾为其文章做注释。庄子继承并发扬了老子"道"的学说。在哲学方面，其最具代表性的便是"齐物论"。在庄子看来，事物之间的差异虽然明显，却并非绝对，人不可能用某个固定标准衡量天下所有事物。人的认识有局限，常人多只看到事物的"异"，看不到事物的"同"。而宇宙万物都出于大道，也都归于大道，究其本质，并没有什么差别，人应学会站在道的角度观望世界。

　　因此，对争鸣之中的百家，庄子十分反感，在庄子眼中，"道昭而不道，言辩而不及"，人们就物体的差异争辩不休，完全是舍本逐末的浅陋表现。真理无须称扬，语言的作用是有限的，不足以描绘大道。

　　除了对百家争鸣不满外，庄子还对芸芸众生汲汲名利的人生态度嗤之以鼻。他将名利当做人生的负累、损人心性的祸患，一面悲悯地慨叹众人"终身役役而不见其成功，苶然疲役而不知其所归"，一面毫不留情地讽刺那些贪名好利之徒。他曾用"腐鼠"比喻官位，用牺牲用的牛形容那些与权力相伴而难得善终的人。面对向自己炫耀金钱的人，更是凌厉地反唇相讥，说对方舐痔得车。而从庄子的文章来看，其本人的生活相当清苦，只是这依然不能让他像其他人那样把追逐名利当做生活目标，他渴望的是"乘天地之正，而御六气之辩，以游无穷"。

　　庄子曾说："贫也，非惫也。"相比物质生活的丰足，庄子更重视精神生活的自由，他希望能超越世俗，进入"天地与我并生，万物与我同一"的境界。其笔下的至人、神人、圣人，都是他心目中美好人格的化身，他们都拒绝和世俗同流合污，都摆脱了世俗的羁绊，不问名利，不惧生死，畅游于绝对自由的精神世界。

而说起生死，无疑和名利一样，为世人记挂于心。庄子一早意识到，人一天放不下对死的恐惧，就一天无法实现真正的逍遥。他提醒世人，死生一体，并将天地比作一个大熔炉，将人比作炉中的金属。人由生入死，无非是存在形式发生了变化，是自然使然，不需惊慌。人可以通过和自然合而为一，实现生命的永恒。事实上，庄子的生死观有一定乐死恶生的色彩，"彼以生为附赘县疣，以死为决疣溃痈"，生成了拘束，死反倒成了解脱。庄子曾在《至乐》中虚构了一个和骷髅对话的场景。故事中的骷髅这样形容死："死，无君于上，无臣于下；亦无四时之事，从然以天地为春秋，虽南面王乐，不能过也。"

庄子的哲学观、人生观、生死观和其所在的时代有很大关系。杀伐四起的战国时期，百姓苦不堪言。庄子试图找到摆脱苦难的办法，他虽没有从政为官的想法，却很有自己的政治态度。他指责诸侯君主利用仁义危害百姓，"彼窃钩者诛，窃国者为诸侯，诸侯之门而仁义存焉"。他激烈地批判现实，认为即使是得道之人，在乱世之中，也只能"仅免刑哉"。他将儒家推崇的仁义礼法当做天下大乱的根源，认为"圣人不死，大盗不止"。而在批评以孔子为代表的儒家学说的同时，他大力推崇无为之治，十分向往宁静朴拙的古代。

庄子的文章不仅极富思想性，还有很高的艺术性。在先秦诸子散文中，数庄子的成就最高。他的文章瑰丽奇美，富于幻想，即便是描写平凡小事，也能写出排山倒海的气势。南宋文学家刘辰翁称庄子"不随人观物，故自有所见"。庄子在文学上最突出的特点就是非常擅长运用比喻、寓言，他因事譬喻，随物赋形，寓中设寓，同时又文情奔放，行文多变，将恣意飞扬的文风和张扬的想象力、深沉的思想完美交融。

《庄子》一书历来备受推崇，此版《庄子全鉴》为精编精校版，将《庄子》的三十三篇全部收录其中，并参考了大量和《庄子》有关的资料，以确保全书的严谨性、权威性。人们不仅可以把该书当做了解庄子的读物，还可以当做学习古文的参考。而为方便读者理解，本书除了在原文之后附有注释、译文，还在每篇篇首设置"题解"，每段内容前设置"分节导读"，以便读者可以从整体上把握《庄子》的思想脉络。对一些重点句子、段落，则特设"品庄悟道"栏目，结合现实，进行深入解读。

此外，本书随文配图 600 余张，色彩明快、丰富的插图和庄子一篇篇缥缈奇变的文章、一个个精妙奇巧的寓言故事完美交融，将阅读变成一种赏心悦目的享受。这些图片的每个细节都经过仔细的考据，力求做到再现文中所表现的时代的真实情景，人们可以一边体味庄子的文字之美、思想之精，一边借助图片想象其所描绘的场面。文字传递作者的思想，图画则散发着历史的韵味，二者的结合，大大提升了阅读的趣味性。

真正的经典不会因时间流逝褪色，相反，还会被新的时代赋予新的光彩。对生活压力巨大、生活节奏紧张的现代人来说，《庄子》就如一付养心良药，它提倡的安时处顺、顺其自然、返归真我，会让人暂放追逐名利的脚步，审视内心，到底何为自己真正需要，避免在行进的路上迷失自我。庄子对死亡的通达，对逍遥境界的追求，会开阔人的心胸，让人更加坦然勇敢地面对充满未知的未来和生活中的挫折变故，不再为一时一地的得失斤斤计较。而庄子对事物本性的尊重，对自然的敬畏，则教导人们如何和他人、环境和谐共处，让人得以改善人际关系，提升生活质量，发现曾一度被自己忽视的平凡中的美好。

目 录

卷三 杂篇

卷一　内篇

◎逍遥游◎

【题解】

　　"逍遥游"是没有拘束、悠闲自得地畅游于自然和社会的意思。这是庄子哲学思想和人生观的一个方面。在庄子看来，天地万物都有其所依赖的东西，高飞的大鹏、浮游的尘埃、御风而行的列子，都不能做到真正的"逍遥"。庄子理想的"逍遥游"是"无所待"，即如篇中所写的"乘天地之正，御六气之辨，以游于无穷"的"神人"。神人不受任何时空的限制，也不凭借任何外力而自由自在地在自然和社会中畅游。而做到不依赖于外物的根本又是"无己"，无所作为，即对他人无用，才能保全自己，消除物我对立，在"无何有之乡"获得绝对自由，达到"逍遥"的境界。这种哲学和人生观带有唯心的、虚幻的色彩。

【分节导读】

　　此节由鲲鹏海运南徙写起，极力写鲲鹏体型之大和南徙的行程之远、耗时之长。又点出鲲鹏之行虽然伟大，但也要必须的条件，那就是积聚的风势一定要足够，才能托起鹏鸟阔大的翅膀。

【原文】

　　北冥有鱼①，其名为鲲②。鲲之大，不知其几千里也。化而为鸟③，其名为鹏④。鹏之背，不知其几千里也；怒而飞⑤，其翼若垂天之云⑥。是鸟也，海运则将徙于南冥⑦。南冥者，天池也⑧。

北海有一条名叫鲲的大鱼。

【注释】

①北冥：即北海。冥，通"溟"，海。下文"南冥"，即南海。②鲲（kūn）：大鱼名。③化：变成。④鹏：即古"凤"字。⑤怒而飞：振翅奋飞。怒，同"努"。⑥垂天之云：犹如边陲的云。⑦海运：指海啸，海动。大海翻腾必有大风，大鹏可乘风而飞。⑧天池：天然的大池，这里指大海。

【译文】

　　北海有一条鱼，它的名字叫做鲲。鲲的体积巨大，不知道有几千里。变化成为鸟，它的名字叫做鹏。鹏

鲲变成鹏，鹏的背不知有几千里。

的背，不知道有几千里；振翅奋飞，它的翅膀就像天边的云。这只鸟，海动风起时就要迁徙到南海。那南海，就是一个天然的大池。

【原文】

《齐谐》者①，志怪者也②。《谐》之言曰："鹏之徙于南冥也，水击三千里③，抟扶摇而上者九万里④。去以六月息者也⑤。"野马也⑥，尘埃⑦，生物之以息相吹也。天之苍苍⑧，其正色邪？其远而无所至极邪？其视下也，亦若是则已矣。

【注释】

①《齐谐》：书名。一说为人名。②志怪：记载诙谐怪异的事物。志，记载。③水击：通水激，水激则波兴。④抟（tuán）：又作"搏"，表示拍打。扶摇：海中回旋向上的飓风。⑤去以六月息：大鹏飞去南海时，是乘六月的大风。息，气息，天地的气息即风。一说"六月息"，指飞行六个月方才止息。⑥野马：浮荡于天地间的雾气，状如野马奔驰。⑦尘埃：浮荡于空中的灰尘。⑧苍苍：深蓝色。

【译文】

《齐谐》这本书，是记载怪异之事的。《齐谐》中说："鹏在迁往南海的时候，振翼拍水，水花激起达三千里，翅膀拍打盘旋的飓风而直上九万里高空。它是乘着六月的大风而飞去的。"野马奔腾般的游气，飞扬的游尘，以及空气中活动的生物，都被风相吹拂而飘动着。天空苍茫湛蓝，那是它的本色吗？它的高远是无穷无尽的吗？大鹏往下看，大概也就是这样的光景吧。

【原文】

且夫水之积也不厚①，则其负大舟也无力。覆杯水于坳堂之上②，则芥为之舟③；置杯焉则胶④，水浅而舟大也。风之积也不厚，则其负大翼也无力。故九万里，则风斯在下矣，而后乃今培风⑤；背负青天而莫之夭阏者⑥，而后乃今将图南。

水的积聚不深厚，就无力负载大船。

【注释】

①且夫：表示要进一步论述，起到提起下文的作用。②坳（ào）堂：堂上的低注处。③芥：小草。④胶：粘着。⑤培风：凭风，乘风。⑥夭阏（yù）：阻遏。夭，折。阏，塞，遏。

【译文】

水的积聚不深厚，那么负载大船就没有力量。倒一杯水在堂前低注的地上，那么放一根小草可当做船；放上一个杯子就贴地了，这是水浅而船大的缘故。风积聚的强度不够，那么它负载巨大的翅膀就没有力量。所以鹏飞九万里是因为风在它的翅膀下面，然后才乘着风力飞行，由于背负着青天而没有阻碍，然后才能图谋飞往南海。

3

◎品庄悟道◎

水击三千里，抟扶摇而上九万里

如何达到精神上的绝对自由是《逍遥游》的主旨。庄子在一开篇就用了浓烈奇诡的笔墨，描写传说中的大鸟："鹏"。鹏有"不知其几千里"的辽阔身躯，击水三千，扶摇九万，心志高远，自由自在。很多人都把它当做孤高不凡的象征。唐代诗人李白就曾在《上李邕》一诗中，以鹏鸟自比："大鹏一日同风起，扶摇直上九万里。假令风歇时下来，犹能簸却沧溟水。世人见我恒殊调，闻余大言皆冷笑。宣父犹能畏后生，丈夫未可轻年少。"

然而即使是大鹏，要想翱翔天际，也需要借助一定条件：要有展翅的空间，要积聚一定的风势。人也如此，再有天赋的人，若不经过一番勤学苦练，也难以成长为"才"；再优秀的人才，若得不到施展才华的空间，也只能落得黄钟弃毁的下场。因此人若想成功，除了要注意修炼自身的能力，还要充分借助外在的条件，如大鹏一般，借助风力，遨游天宇。

【分节导读】

此节着重写大小有别，反复引证比喻，渲染大小的悬殊，说明境界的差异。相比于鲲鹏，小小的蝉、斑鸠满足于活动在自己的微小环境，讥笑鹏鸟远徙南海之举，小者的愚昧和见识短浅一览无余，反衬出大小境界不同的巨大差异。以寒蝉之命短，论彭祖之长寿；以蝉鸠的见识，猜度鲲鹏的境界。让人在悬殊的对视中，幡然醒悟小大之别。

【原文】

蜩与学鸠笑之曰[①]："我决起而飞[②]，抢榆枋而止[③]，时则不至而控于地而已矣[④]，奚以之九万里而南为[⑤]？"适莽苍者[⑥]，三飡而反[⑦]，腹犹果然[⑧]；适百里者，宿舂粮[⑨]；适千里者，三月聚粮。之二虫又何知[⑩]！

蜩和学鸠讥笑大鹏。

【注释】

①蜩（tiáo）：蝉。学鸠：斑鸠。学，一作"莺"。②决（jué）起：奋起而飞。③抢（qiāng）：撞，碰到。榆枋：两种小树名，即榆树和檀树。④则：或。控：投。⑤奚以：哪里用。之：到。⑥莽苍：野色苍茫的郊野。⑦飡：同"餐"。反：同"返"。⑧果然：饱的样子。⑨宿舂（chōng）粮：前一夜就舂捣粮食，意谓往百里者，要多准备一些食物。⑩之：这，此。二虫：指蜩和学鸠。鸟类称为羽虫，故学鸠也可以称为虫。

【译文】

蝉和学鸠讥笑大鹏说："我奋力而飞，碰到榆树和檀树就停下来，有时没飞上去投落到地上就是了，何必要飞九万里而往南海去呢？"到郊野去的，只需带三餐的粮食而当天返回，肚子还是饱饱的；到百里以外的地方去，要准备一宿的粮食；到千里以外的地方去，要准备三个月的粮食。这两种虫鸟又怎会知道呢！

【原文】

小知不及大知[①]，小年不及大年[②]。奚以知其然也？朝菌不知晦朔[③]，蟪蛄不知春秋[④]，此小年也。楚之南有冥灵者[5]，以五百岁为春，五百岁为秋；上古有大椿者，以八千岁为春，八千岁为秋，此大年也。而彭祖乃今以久特闻[6]，众人匹之[7]，不亦悲乎！

上古时有大椿树，以八千年为一春，八千年为一秋。

【注释】

① 知：同"智"。② 年：寿命。③ 朝菌：朝生暮死的菌类生物。晦朔：指一个月的时光。月的最后一天为晦，每月的第一天为朔。另一说晦是黑夜，朔是白天，指一日的时光。④ 蟪蛄：寒蝉。因为春生夏死或夏生秋死，无法了解一年春夏秋冬四季的变化。⑤ 冥灵：溟海灵龟。一说为树木名。⑥ 彭祖：传说中有名的长寿人物，活了八百岁。⑦ 匹之：和他相比。匹，比。

【译文】

才智小的不如才智大的，寿命短的不如寿命长的。怎么知道是这样呢？朝菌不知道昼夜的更替，蟪蛄不知道四季的变化，这就是"小年"。楚国的南边有一只灵龟，以五百年为一个春季，五百年为一个秋季；上古时期有一棵大椿树，以八千年为一个春季，八千年为一个秋季，这就是"大年"。而彭祖到现在还以长寿闻名于世，众人都想和他相比，岂不是可悲吗！

⊙品庄悟道⊙

朝菌不知晦朔，蟪蛄不知春秋

朝生暮死的朝菌不知道什么是昼夜更替，夏生秋死的蟪蛄（蝉）不知道什么是四季变化。人们常用朝菌和蟪蛄来比喻寿命短或见识浅。南宋词人刘克庄就曾在《木兰花慢》中道"尔曹譬如朝菌，又安知、老柏与灵椿，世上荣华难保，古来名节如新"，用以讽刺那些只知追求眼前名利的人境界渺小。

而在这里，庄子则用朝菌和蟪蛄来讥讽见识短浅之人。事实上，只要是人，其见识、思想就有局限。大小、长短、高下、深浅……都是相对而言，对甲而言为大的事物，对乙来说可能便渺小得不堪一提。以小度大，只会暴露自己的肤浅，惹人嘲笑；以大度小，也难免失之狂妄，惹人嫌恶。因此，为小者，因以大者为目标，努力提升自己，积极开拓视野；为大者，也需谨记山外有山，不断进步前行。自以为大，沾沾自喜，往往是衰败的前奏。

【原文】

汤之问棘也是已[1]：汤问棘曰："上下四方有极乎？"棘曰："无极之外，复无极也。穷发之北有冥海者[2]，天池也。有鱼焉，其广数千里，未有知其修者[3]，其名为鲲。有鸟焉，其名为鹏，背若太山[4]，翼若垂天之云，抟扶摇羊角而上者九万里[5]，绝云气，负青天，然后图南，且适南冥也。斥鴳笑之曰[6]：'彼且奚适也？我腾跃而上，不过数仞而下[7]，翱翔蓬蒿之间，此亦飞之至也。而彼且奚适也？'"此小大之辩也[8]。

【注释】

① 汤：商汤，商朝第一位君主。棘：即夏革，汤时贤人，汤以他为师。② 穷发：不毛之地。发，毛，此处指草木。
③ 修：长。④ 太山：即泰山，在今山东省泰安市北。⑤ 羊角：状如羊角的旋风。⑥ 斥鴳（yàn）：小雀，生活在
小池泽中。斥，池，小泽。⑦ 仞（rèn）：周人以八尺为一仞。⑧ 辩：通"辨"，区别。

【译文】

　　商汤问棘也有这样的话：商汤问棘说："上下四方有极限吗？"棘说："无极之外，又是无极。
在不毛之地的北方，有一个广漠无涯的大海，就是天然的大池。那里有一条鱼，它的宽度有几千里，
没人知道它的身长，它的名字叫鲲。有一只鸟，它的名字叫鹏，鹏的脊背像泰山，翅膀像天边的云，
乘着羊角般的旋风直上到九万里的高空，超绝云气，背负青天，然后向南飞翔，将要到达南海。小
池泽里的小雀讥笑它说：'它将飞到哪里去呢？我腾跃而上，不过几丈高便落下来，在蓬蒿丛中飞
来飞去，这亦是飞翔的极限了，而它究竟要飞到哪里去呢？'"这就是小和大的区别。

【分节导读】

　　此节转而喻人，那些为世所累、心系功名的"知效一官，行比一乡，德合一君"者大都踌躇满志、
自鸣得意，这样的人不能得到逍遥自由自不必谈。而不流于世俗追求、不为世俗毁誉所左右的宋荣子也
没有通过完备本心本性而达到逍遥自在的境界，就是能够乘风而行的列子，他的逍遥依然有待于风的扶
持，也算不得真正的逍遥。在作者看来，能够驾驭自然界的各种变化、能够不受时间和空间的限制，无
有所恃的，才是最逍遥的。这就需要抛去自身的存在，任乎自然，顺乎物理，与大自然合而为一，所以
说"至人无己，神人无功，圣人无名"。

【原文】

　　故夫知效一官①，行比一乡②，德合一君而征一国者③，其自视也，亦若此矣④。而宋荣子犹
然笑之⑤。且举世而誉之而不加劝⑥，举世而非之而不加沮，定乎内外之分，辩乎荣辱之境，斯已矣。
彼其于世未数数然也⑦。虽然，犹有未树也。夫
列子御风而行⑧，泠然善也⑨，旬有五日而后反。
彼于致福者，未数数然也。此虽免乎行，犹有所
待者也⑩。

　　若夫乘天地之正⑪，而御六气之辩⑫，以游
无穷者，彼且恶乎待哉⑬！

　　故曰：至人无己⑭，神人无功，圣人无名。

【注释】

① 知效一官：才智能胜任一官之职。效，胜任。② 行比
一乡：行为能合乎一乡人的心愿。比，合于，合符。③ 而
征一国者：才能可以取信一国之人。而，同"能"。征，
信。④ 其：指上述三种人。此，指上文蜩、学鸠、斥鴳
安于一隅而沾沾自喜。⑤ 宋荣子：战国中期思想家宋
钘（xíng）。犹然：嗤笑的样子。⑥ 劝：勤勉，努力。
⑦ 数数（shuò shuò）然：急切追求的样子。⑧ 列子：
即列御寇，郑国人，春秋时代郑国思想家。⑨ 泠（líng）
然：轻妙的样子。⑩ 有所待：有所依待。⑪ 正：天地
的法则，亦即自然的规律。⑫ 六气：指阴、阳、风、雨、
晦、明。辩：通"变"，变化。⑬ 恶（wū）乎待哉：有

至人无一己私念。

什么依待的呢？ ⑭ 无己：去除自我中心，没有偏执己见。

【译文】

故有些人才智能胜任一官之职，行为能合乎一乡人的心愿，德行能符合国君的心意，取得一国的信任，他们自以为不错，也就像小池泽里的小雀一样。而宋荣子嗤笑他们。宋荣子能够做到整个世界都赞誉他而他也不会更加勤勉，整个世界都非议他而他也不会沮丧。他能认定内我和外物的分别，能辨别光荣与耻辱的界限，就这样罢了。他对于世俗的声誉并没有汲汲去追求。即便如此，他还有未曾树立的境界。列子乘风而行，样子轻妙极了，过了十五天才回来。他对于求福的事，并没有汲汲去追求。这样虽然可以免于步行，但还是有所依待。

如果能顺着自然的规律，把握六气的变化，以游于无穷的境域，他还有什么必须依待的呢！

所以说：至人无一己之私念，神人无功业的束缚，圣人无名声的牵累。

列子御风而行。

顺应自然规律，把握六气变化。

◎品庄悟道◎

至人无己，神人无功，圣人无名

"无己"是指忘掉自我的偏见，"无功"是指不求建功立业，"无名"是说不求名声流传于世。三者都是世人难以企及的人生境界，因为人总是不由自主地迎合世俗观念，为自己设定重重目标、种种界限。

列子对世俗种种十分淡然，他乘风出行，自由自在。而人们多只看到列子飘然风上的洒脱，注意不到列子仍要借风力而行。这就好比现实中，人常常幻想，如果能随心所欲就好了，却想不到"随心所欲"毕竟以"欲"为前提。心中有欲，则心必随欲而动，受制于欲。这和庄子理想中的自由相距甚远。在庄子看来，只有"无待"，即抛开任何外在条件，才有可能实现真正的自由。虽然对芸芸众生来说，要达到这种境界十分困难，但人至少可以尝试着摆脱世俗观念的束缚，将心思从对功名利禄的渴求中解脱出来，重新审视自己的生活，找寻真我，获得通达恬淡的内心。心通达了，人生也随之开阔；心恬淡了，烦恼必然减少许多。

【分节导读】

此节通过尧让位于许由，许由不受的故事，阐述了儒家与道家在治世理念上的差异。尧认为天下应有德者主之，他不贪恋权位虚名，既然许由立则天下治，就应将天下让与许由。儒家尊尧为圣人，认为其谦逊而有仁德，是理想的君主。但许由的观点却反映了道家淡泊至极的人生态度。天下既已大治，即使是至高无上的君位对人而言也没有意义。人生在世只取生存之所需，无需为虚妄之名所累。道家推崇的圣人是那些摆脱了社会价值羁绊，自由自我的人。

【原文】

尧让天下于许由①，曰："日月出矣，而爝火不息②，其于光也，不亦难乎！时雨降矣，而犹浸灌③，其于泽也，不亦劳乎！夫子立④，而天下治，而我犹尸之⑤，吾自视缺然⑥。请致天下。"

许由曰："子治天下，天下即已治也。而我犹代子，吾将为名乎？名者实之宾也⑦。吾将为宾乎？鹪鹩巢于深林⑧，不过一枝；偃鼠饮河⑨，不过满腹。归休乎君，予无所用天下为！庖人虽不治庖⑩，尸祝不越樽俎而代之矣⑪。"

【注释】

①许由：传说中的隐士。②爝（jué）火：火炬。③浸灌：浸润灌溉。④夫子：古时对男子的尊称，此处指许由。⑤尸：古代替死者受祭的人称"尸"，此处意为主持。⑥缺然：欠缺的样子。⑦宾：从属，附庸。⑧鹪鹩（jiāo liáo）：一种善筑巢的小鸟，俗名"巧妇鸟"。⑨偃鼠：即鼹鼠，田野地鼠。⑩庖人：厨师。⑪尸祝：主祭的人，因其对尸而祝，故称尸祝。樽（zūn）：酒器。俎（zǔ）：盛肉的器具。

【译文】

尧要把天下让给许由，说："日月出来了，而小火把还不熄灭，它和日月之光相比，不是很难吗！及时雨降下了，而还在挑水灌溉，对于滋润土地，岂不是徒劳吗！夫子您一在位，天下便可安定，而我还占着这个位子，我自己觉得很惭愧，请让我把天下交给您。"

许由说："您治理天下，天下已经安定了。而我还来代替您，我这是为着名吗？名是从属于实的，我为着求取从属的东西吗？小鸟在深林里筑巢，所占不过一根树枝；偃鼠到河里饮水，所需不过喝满肚子。回去吧，君主，我要天下做什么呢！厨师虽不下厨，主祭的人也不越位去代替他下厨烹调。"

小鸟筑巢；偃鼠喝水；尸祝祭祀。

⊙品庄悟道⊙

庖人虽不治庖，尸祝不越樽俎而代之矣

即使厨师不烹饪，祭司也不应该放下祭祀用具去厨房做菜。古代祭祀，庖人和尸祝都各有使命，庖人要准备好酒食，尸祝要确保所有祭祀用具都放在当放的地方，还要主持祭祀的仪式。二者各有所长，只有各司其职，才能让祭祀顺利地进行下去。

许由以此为由拒绝了尧的好意。在庄子眼里，许由是圣人，世人钟爱的权利名位，许由一点不放在心上，他不为世俗的观念所挟，只求如鹪鹩和偃鼠一般简单地生活。"鹪鹩巢于深林，不过一枝；偃鼠饮河，不过满腹"，名声再美妙、权力再诱人，也是多余之物。将天下这样大的礼物送予他，他都不动心，更不要说其他的东西了。庄子提倡天然自适，人若做到顺物，不为物制，就能坦然平静地面对生活的悲悲喜喜。

尸祝不越俎和"鹪鹩巢于深林，不过一枝；偃鼠饮河，不过满腹"都体现了知足的智慧。凡夫俗子之所以忧郁愁苦，很大程度是因为欲壑难填。人总是为得不到的东西难过，却意识不到自己想要的已经远远超过自己需要的，并非生活之必需。时间长了，人便容易沦为欲望的奴隶，迷失本性，误入歧途。因此，道家认为，人应放下汲汲外物的心，安己之所，淡泊宁静。

【分节导读】

此节以姑射神女喻至圣之人。神女与道合为一体，是作者理想的化身。世俗之人热衷追求的营营之事，热衷享受的种种乐趣，神女皆不屑一顾。她清灵、洁净，超于物外，不被任何外物所累，亦不被任何外物所伤。肩吾用世俗之眼观神女，无法理解。连叔用道之眼观神女，才观到了神女身上蕴含的大美。这说明人的思想精神要达到一定境界才能感知到美的存在。

【原文】

肩吾问于连叔曰①："吾闻言于接舆②，大而无当，往而不返。吾惊怖其言，犹河汉而无极也；大有径庭③，不近人情焉④。"

连叔曰："其言谓何哉？"

曰："'藐姑射之山⑤，有神人居焉，肌肤若冰雪，绰约若处子⑥；不食五谷，吸风饮露；乘云气，御飞龙，而游乎四海之外。其神凝⑦，使物不疵疠而年谷熟⑧。'吾以是狂而不信也⑨。"

连叔曰："然！瞽者无以与乎文章之观⑩，聋者无以与乎钟鼓之声。岂唯形骸有聋盲哉？夫知亦有之。是其言也，犹时女也⑪。之人也，之德也，将旁礴万物以为一⑫，世蕲乎乱⑬，孰弊弊焉以天下为事⑭！之人也，物莫之伤，大浸稽天而不溺⑮，大旱金石流、土山焦而不热。是其尘垢秕糠，将犹陶铸尧舜者也，孰肯分分然以物为事。"

宋人资章甫而适诸越⑯，越人断发文身⑰，无所用之。尧治天下之民，平海内之政，往见四子藐姑射之山⑱，汾水之阳⑲，窅然丧其天下焉⑳。

宋人到越国卖帽子。

【注释】

① 肩吾、连叔：传说中的古代修道之人。历

尧到姑射山和汾水北面，拜访得道高人。

史上是否真有其人，已不可考。庄子笔下的人物都经过一定的加工，或凭空杜撰，或根据史料发挥，不少历史名人都成了他阐述观点的道具。②接舆：高士传以为姓陆名通，字接舆，春秋时楚国隐者，佯狂不仕，常以耕为务。楚王知其贤，聘以重金，不受，以游山海，不知所踪。《论语》中有其言行的记载。③大有径庭：相隔太远，差别极大。径，门外面的路。庭，堂外面的地。两者远隔。④不近人情：不符人之常情。⑤姑射（yè）：古代传说中的山名。⑥绰约：轻盈柔美的样子。⑦神凝：精神凝聚专一。⑧疵疬（cī lì）：灾害。⑨狂：通"诳"，谎言。⑩瞽（gǔ）者：盲人，瞎子。⑪时女：时，通"是"；女，同"汝"。指肩吾。⑫旁礴：广被万物，无所不包。⑬蕲（qí）：求。乱：纷纷扰扰。⑭弊弊：辛苦忙碌的样子。⑮大浸稽天：大水滔天。稽，至。⑯资：贩卖。章甫：殷代时的一种帽子。⑰断发：剪断头发。文身：身上刺绘花纹。⑱四子：指王倪、啮缺、被衣、许由。⑲汾水之阳：汾水的北面，指今山西临汾，其地曾为尧都。⑳窅（yǎo）然：怅然若失的样子。

【译文】

肩吾问连叔说："我听接舆说话，大而无当，说出去的话不能得到印证，我对他的话感到惊骇，其所言好像银河一般漫无边际；和常人的差别极大，不合世情。"

连叔说："他说的是什么呢？"

肩吾说："他说：'在遥远的姑射山上，有一个神人居住着，肌肤像冰雪一样洁白，姿容像处女一样柔美；不吃五谷，吸清风饮露水；乘着云气，驾御飞龙，遨游于四海之外。他的精神凝聚，使万物不受灾害，谷物丰熟。'我认为这是诳言而不相信。"

◎品庄悟道◎

肌肤若冰雪，绰约若处子

在此节中，庄子借姑射神人的形象进一步阐述"神人无功"。神人并非和外物毫无接触，但他的心却不为外物所扰。他是道的化身，"肌肤若冰雪，绰约若处子"，既是在描绘他的样貌，更是在揭示道的特点：纯素自然，柔弱若水，超然忘我。

姑射神人以抵达"旁礴万物以为一"的境界。庄子认为圣人有感化天下之德，而神人只需凝神就能让万物蓬勃生长。传说尧见到神人后，竟也不由自主地忘了天下、忘了功名，将自己置身于天地万物，逍遥自在。

遗憾的是，世人难以领悟大道以及为大道化身的姑射神人。肩吾的观点代表了普通大众的观点。在凡人的眼中，那些描绘神人的美妙词汇简直是虚妄浮夸。而现实中也经常会出现这样的现象：那些特立独行的人，不管他们本身是多么美好，多不免被视作荒谬怪诞，进而被嘲笑、被孤立。这说明，要超越世俗的价值观，坚守自我本性，有时不只需要恬淡的内心，还需要勇气和坚持。很多人并非不知道何为美善，何为丑鄙，只是迫于他人看法的压力，不得不对世俗偏见进行妥协，不敢有半分越俗之举。这样的人将迟迟不能实现自我思想境界的提升。

连叔说："当然了。无法与瞎子同赏文彩的美丽；无法与聋子同听钟鼓的乐声。岂只是形骸上有聋有瞎吗？心智上也有啊。这个话，就是指你而言的呀。那个神人，他的德行，广被万物合为一体，人世喜纷扰，他怎么肯辛苦劳碌去管世间的俗事呢！他这样的人，外物伤害不了他，大水滔天而不会溺死，大旱使金石熔化、土山枯焦，而他不会感到热。他扬弃的尘垢糟糠，就可以造出尧、舜，他怎么肯纷纷扰扰以俗物为自己的事业呢。"

宋国人到越国贩卖殷冠，越国人不留头发，身刺花纹，用不着帽子。尧治理天下万民，安定海内的政事，到遥远的姑射山和汾水的北面，拜见四位得道的高士，不禁茫然而忘记自己是一国之君。

【分节导读】

此节通过惠子和庄子的对话，讨论了"有用"和"无用"。有用和无用是相对的。惠子看到葫芦，只想到用它盛水，因此一见到不能用于盛水的葫芦便断定葫芦无用，而庄子则从葫芦本身的特点出发，指出不能盛水的大葫芦可用来"浮乎江湖"。一个事物并非只有一种用途，关键在于人是否善于发现它的价值。

【原文】

惠子谓庄子曰[①]："魏王贻我大瓠之种[②]，我树之成而实五石[③]，以盛水浆，其坚不能自举也；剖之以为瓢，则瓠落无所容[④]。非不呺然大也[⑤]，吾为其无用而掊之[⑥]。"

惠子对庄子说："魏王赠我大葫芦种子。"

庄子曰："夫子固拙于用大矣。宋人有善为不龟手之药者[⑦]，世世以洴澼絖为事[⑧]。客闻之，请买其方以百金。聚族而谋曰：'我世世为洴澼絖，不过数金；今一朝而鬻技百金[⑨]，请与之。'客得之，以说吴王[⑩]。越有难[⑪]，吴王使之将，冬与越人水战，大败越人，裂地而封之。能不龟手，一也；或以封，或不免于洴澼絖，则所用之异也。今子有五石之瓠，何不虑以为大樽而浮乎江湖[⑫]，而忧其瓠落无所容？则夫子犹有蓬之心也夫[⑬]！"

宋国有人善做防止手龟裂的药。

【注释】

① 惠子：姓惠名施，宋人，曾任梁惠王相，是庄子的好友，战国时思想家。② 魏王：即梁惠王。贻：赠送。瓠（hù）：葫芦。③ 树：种植。石（dàn）：十斗，一百二十斤。④ 瓠落：很大的样子。无所容：指瓢太大无处可容。⑤ 呺（xiāo）然：空虚巨大的样子。⑥ 掊（pǒu）：打破。⑦ 龟（jūn）：皮肤因寒冷或干燥而裂开如龟纹。⑧ 洴澼（píng pì）：漂洗。絖（kuàng）：通"纩"，丝絮，棉絮。⑨ 鬻（yù）：出售。⑩ 说（shuì）：游说，用言语劝说别人信服自己。⑪ 难：发难，此处指越国入侵吴国。⑫ 虑：通"摅"，表示缚，系。大樽：古称腰舟，即将匏、瓠一类的东西缚在腰间渡水。⑬ 蓬之心：蓬草的心狭窄而弯曲，喻心如茅草那样堵塞不通。

【译文】

惠子对庄子说："魏王送给我一粒大葫芦种子，我种植长成后结的葫芦有能装下五石粮食那么大；用来盛水，它的坚固程度却承受不了自己的容量；割开它来做瓢，则瓢太大无处可容。这葫芦不是不大，我认为它没有什么用，便把它打破了。"

庄子说："你真是不善于使用大的东西呀！宋国有个人善于制造不龟裂手的药，于是利用它，他家世世代代都以漂洗丝絮为业。有个客人听说了这种药，请求用百

有人得到药方，游说吴王。

金买他的药方。他聚合家族人商量说：'我家世世代代漂洗丝絮，只得到很少的钱；现在一旦卖出这个药方就能得到百金，就卖给他吧。'那客人得到了药方，便去游说吴王。这时越国对吴国发难，吴王就派他将兵，冬天同越人水战，大败越人，吴王分封给他土地以为奖赏。同样一个让人不龟裂手的药方，有的因此得到封赏，有的却只是用来从事漂洗丝絮的劳动，这就是使用方法的不同。现在你有五石容量的大葫芦，何不系着当作腰舟而浮游于江湖之上，反而愁它太大无处可容呢？可见你的心还是茅塞不通呀！"

【原文】

惠子谓庄子曰："吾有大树，人谓之樗①。其大本拥肿而不中绳墨②，其小枝卷曲而不中规矩，立之涂③，匠者不顾。今子之言，大而无用，众所同去也。"

庄子曰："子独不见狸狌乎④？卑身而伏，以候敖者⑤；东西跳梁⑥，不辟高下⑦；中于机辟⑧，死于网罟。今夫斄牛⑨，其大若垂天之云。此能为大矣，而不能执鼠。今子有大树，患其无

惠子说："我有一棵大树，叫'樗'。"

用，何不树之于无何有之乡，广莫之野，彷徨乎无为其侧⑩，逍遥乎寝卧其下⑪。不夭斤斧，物无害者，无所可用，安所困苦哉！"

猫、黄鼠狼东西跳跃，踏入机关。

【注释】

①樗（chū）：臭椿树，木质差。
②大本：主干。拥：通"臃"。
③涂：通"途"，路上。④狸：野猫。狌（shēng）：黄鼠狼。
⑤敖者：遨翔之物，指鸡鼠之类。敖，通"遨"。⑥跳梁：跳跃。梁，通"掠"。⑦辟：同"避"。⑧机：弩机，捕兽的用具。辟：同"罿"，捕鸟的用具。⑨犛（lí）牛：即牦牛。⑩彷徨：徘徊，闲游自得。⑪逍遥：优游自在。

【译文】

　　惠子对庄子说："我有一棵大树，人们叫它'樗'。它的主干木瘤盘结而不合绳墨，它的小枝弯弯曲曲而不合规矩，生长在路上，匠人都不看它。现在你的这些言论，大而无用，大家都抛弃而去了。"

　　庄子说："你没有看见猫和黄鼠狼吗？它们趴伏着身子，等待出游的小动物；东西跳跃掠夺，不避高低；常常踏中机关，死在罗网中。再看那牦牛，庞大的身躯像垂在天上的云，它的能力可做大事，但不能捉老鼠。现在你有这棵大树，发愁它没有用，何不把它种在虚寂的乡土，或广漠的旷野，随意地徘徊在树旁，优游自在地躺在树下。不因遭受斧头的砍伐而夭折，没有东西来伤害它，没有什么可用，又会有什么可困惑苦恼的呢！"

牦牛身躯庞大，像垂下的云。

◎齐物论◎

【题解】

本篇是《庄子》一书的重点所在，体现了庄子哲学思想在本体论和认识论上的基本观点。所谓"齐物论"，就是讲论宇宙万物齐一和是非相对。庄子认为，客观存在的万物本是不分彼此的，也是虚无的，是由"真君"或"真宰"主宰着的。这是本体论上的一种主观唯心主义观点。与此相应，在认识论上，庄子认为事物的彼此，认识上的是非，都是相对的，并无根本的界限，因此应停止有关是非的争论，做到忘我，做到无是非，用明静之心去体认万物，达到万物与我为一的齐物境界。这是认识上的一种相对主义和不可知论的观点。基于这种本体论和认识论，庄子得出万物齐一、物我化一的主观唯心主义结论。

【分节导读】

此节分别论述了人籁、地籁和天籁。人籁中蕴含着人的情绪，地籁和天籁皆发乎自然。人籁与地籁皆要靠外物鼓动而生，天籁则不存在鼓动之物，乃自然发出。人一旦进入天籁的状态便会忘记"我"的存在，以至"形可使如枯木，心可使如死灰"。

【原文】

南郭子綦隐机而坐①，仰天而嘘②，荅焉似丧其耦③。颜成子游立侍乎前④，曰："何居乎⑤？形固可使如槁木，而心固可使如死灰乎？今之隐机者，非昔之隐机者也。"

子綦曰："偃，不亦善乎，而问之也⑥！今者吾丧我⑦，汝知之乎？汝闻人籁而未闻地籁⑧，汝闻地籁而未闻天籁夫！"

子游曰："敢问其方⑨。"

子綦曰："夫大块噫气⑩，其名为风。

南郭子綦靠着几案而坐，仰头呼吸。

是唯无作，作则万窍怒呺⑪。而独不闻之翏翏乎⑫？山林之畏佳⑬，大木百围之窍穴，似鼻，似口，似耳，似枅⑭，似圈，似臼⑮，似洼者⑯，似污者；激者⑱，謞者⑲，叱者，吸者，叫者，譹者⑳，宎者㉑，咬者㉒。前者唱于而随者唱喁。泠风则小和㉓，飘风则大和，厉风济则众窍为虚㉔。而独不见之调调之刁刁乎㉕？"

子游曰："地籁则众窍是已，人籁则比竹是已㉖。敢问天籁。"

子綦曰："夫天籁者，吹万不同，而使其自己也，咸其自取㉗，怒者其谁邪㉘！"

【注释】

① 南郭子綦（qí）：子綦，人名，楚昭王的庶弟，住在城郭南端，故以此为号。隐机：倚靠着几案静坐。② 嘘（xū）：缓缓地吐气。③ 荅（dá）焉：形体死寂的样子。耦：通"偶"，匹对，此处指精神与肉体为偶，外物与内我为偶。④ 颜成子游：南郭子綦的弟子，姓颜成，名偃，字子游。⑤ 何居：何故。居，同"故"。⑥ 而：同"尔"，你。⑦ 吾丧我：指现在得道的"真我"忘记了社会关系中的"俗我"。⑧ 籁：箫。人籁：指人吹箫发出的乐声。地籁：与下文的"天籁"均指天地间自然形成的音响。⑨ 方：术，道术。⑩ 大块：大地。噫（yī）气：吐气出声。⑪ 窍：洞穴。呺（háo）：吼叫。⑫ 寥寥（liáo liáo）：大的风声。⑬ 畏佳（wēi cuī）：通"嵔崔"，形容山势高大险峻的样子。⑭ 枅（jī）：房柱上用以承接栋梁的方木，一般称斗拱。⑮ 臼（jiù）：春米的器具，多为石制。⑯ 洼：池沼，指深窍。⑰ 污：小泥塘，指浅窍。"似鼻，似口，似耳，似枅，似圈，似臼，似洼者，似污者"，都是形容众窍各种不同的形状。⑱ 激者：如水激之声。⑲ 谪（xiào）者：如飞箭声。⑳ 谇者：如嚎哭声。㉑ 宎（yǎo）者：如风吹深谷的声音。㉒ 咬者：哀叹声。"激者，谪者，叱者，吸者，叫者，谇者，宎者，咬者"都是形容众窍发出的各种不同的声音。㉓ 泠（líng）风：小风。㉔ 厉风：烈风。济：停止。㉕ 调调：树枝摇动的样子。刁刁：树叶微动的样子。㉖ 比竹：多支竹管并列在一起而成的乐器，如箫管、笙簧之类。㉗ 使其自己，咸其自取：使它们自己发出千差万别的声音，乃是各种窍穴的自然状态造成的。㉘ 怒者其谁邪：使其怒号发声的还有谁呢？

颜成子游问："形体可以像槁木，心神可以像死灰吗？"

大地呼出的气，名字叫做风。

烈风吹过山林、大树的孔窍。

烈风止后，孔窍无声，草木却还在摇曳。

【译文】

南郭子綦靠着几案静坐，仰头朝天缓缓地呼吸，好像遗忘了自我存在一样。颜成子游侍立在跟前，问道："这是什么缘故呢？难道人的形体本来可以使它像枯槁的树木，而心神本来可以使它像死灰吗？您今天靠几静坐的神情，和往昔靠几静坐的神情不大相同啊。"

子綦说："偃，你这个问题问得很好。今天我丢弃了以前的那个我，你知道这一点吗？你或许听说过人籁，但不一定听说过地籁；你或许听说过地籁，肯定没听说过天籁吧！"

子游说："请问其中的道理。"

子綦说："大地呼出的气，名字叫做风。这风不发作则已，一发作则万窍都怒号起来。你没有听过那长风呼啸的声音吗？山林高低险阻的地方，百围大树上的孔穴，有的像鼻孔，有的像嘴巴，有的像耳朵，有的像梁上的方孔，有的像牛栏猪圈，有的像舂臼，有的像深池，有的像浅塘；（这些孔窍发出声音）有的像湍水冲激的声音，有的像飞箭声，有的像叱咤的声音，有的像呼吸的声音，有的像叫喊的声音，有的像嚎哭的声音，有的像风吹深谷的声音，有的像哀叹的声音。前面的风呜呜地唱着，后面的风呼呼地和着。小风则相和的声音小，大风则相和的声音大。烈风停止后，则所有的孔窍都虚空无声了。你不见草木还在摇曳晃动吗？"

子游说："地籁是众孔窍发出的声音，人籁是竹箫所吹出的声音。请问天籁是什么呢？"

子綦说："风吹万种孔窍发出的声音各不相同，这些声音千差万别，乃是各种窍穴的自然状态造成的，既然各种不同的声音都是由其自身决定的，那么使其怒号发声的还有谁呢？"

地籁是孔窍之声；人籁是竹箫吹出之声。

◎品庄悟道◎

天籁、地籁、人籁

南郭子綦已经抵达了"无我",即天籁的境界,所以形如槁木,心如死灰。子游不明白他为何如此,他便用人籁、地籁和天籁点拨子游。人籁是竹箫吹出的乐声,来自于人;地籁则是众孔窍发出的声音,来自于自然。人籁夹带着人的喜怒哀乐;地籁虽可"万窍怒呺",却并不会有人的情感。人籁与地籁,皆要仰仗外物。人要吹动竹箫才能产生乐声,气要经过空洞才能发出风声。而天籁则不需借助外物,它发自万物本性,不受任何束缚。

人们可以把人的言语视作人籁,包括人对事物的看法、主张,作为人思想的反映,人籁有局限性。而人提升自我的过程就是不断突破自我思想局限的过程。当这个突破进行到一定程度,即可达到地籁的层次,超越狭隘的个人喜好,以自然观自然。最后进入到天籁之境,自我与自然合而为一,外忘功名,内忘己。

很少有人能抵达天籁的境界,但随着这一过程的推进,人的心胸会越来越开阔,心境也会越来越安宁。

【分节导读】

世间各种攻讦现象引起了作者对"真宰"的思考。人们因为对事物持有不同的评判标准而相互攻击,但"真宰"本身并不会因人的言论有所改变。站在自然的立场上,真宰非有非无,是超越人的判断的存在。因此芸芸众生为成见争斗,精神困于肉体,不管基于何种立场,到头来都是一场空虚,不是"终身役役而不见其成功"就是"苶然疲役而不知其所归"。

【原文】

大知闲闲,小知间间①;大言炎炎,小言詹詹②。其寐也魂交③,其觉也形开④,与接为构⑤,日以心斗。缦者,窖者,密者⑥。小恐惴惴⑦,大恐缦缦⑧。其发若机栝⑨,其司是非之谓也⑩;其留如诅盟⑪,其守胜之谓也;其杀若秋冬⑫,以言其日消也;其溺之所为之,不可使复之也⑬;其厌也如缄⑭,以言其老洫也⑮;近死之心,莫使复阳也⑯。喜怒哀乐,虑叹变慹⑰,姚佚启态⑱;乐出虚⑲,蒸成菌⑳。日夜相代乎前,而莫知其所萌。已乎,已乎!旦暮得此,其所由以生乎!

小智的人整天钩心斗角。

【注释】

①闲闲:广博闲逸的样子。间间:细加分别,此处有计较的意思。②炎炎:火焰猛烈的样子,此处指气焰凌人。詹詹:喋喋不休。③魂交:精神交错,此处指睡觉多梦不宁。④形开:形体疲乏懒散,犹如说身体累得散了架。⑤与接为构:与外界接触,发生交构。构,同"构"。⑥缦(màn):通"慢",迟缓、散漫。窖:深沉,用心难测。密:谨密,不轻易显露声色。这句话是指世俗之人在待人接物之时的各自用心,然皆不得自在。⑦惴惴(zhuì):

忧惧不安的样子。⑧缦缦：茫然昏乱，惊魂失魄的样子。⑨机：弩上发射的机关。栝（kuò）：箭末扣弦的部位。⑩司：通"伺"，伺机。⑪其留如诅盟：形容心中藏有主见不肯吐露，犹如诅咒发过盟誓一般。⑫杀：肃杀，衰败。⑬其溺之所为之，不可使复之也：沉溺于所为，无法恢复真性。⑭厌：闭藏，堵塞。缄（jiān）：捆东西的绳索。形容心灵闭塞，有如受绳索捆缚着。⑮老洫（xù）：洫，田间的水道、沟渠。老洫是指年久失修，虽有水而不流动的沟渠，此处指老朽枯竭。⑯复阳：恢复生机。⑰虑叹变蛰（zhí）：忧虑、感叹、反覆、恐惧。⑱姚：轻浮躁动。佚：通"逸"，奢华放纵。启：放荡张狂。态：作态，装模作样。⑲乐出虚：乐声发自空虚的箫管。⑳蒸成菌：地气蒸发长出菌类。

小智的人的发言就像发射利箭。

【译文】

　　大智广博，小智偏狭。大言盛气凌人，小言争辩不休。他们睡觉时心神交错不宁，醒来后形体疲乏懒散。他们和外界接触纠缠不清，天天钩心斗角。有的散漫不经，有的用心难测，有的谨密不露声色。遇到小恐惧忧惧不安，遇到大恐惧惊魂失魄。他们发言好像放出利箭一般，这就是说在专心窥伺别人的是非来攻击。他们不发言时像赌咒发过盟誓一般，这就是在默默等待时机以守取胜。他们衰败时如秋

小智的人衰败如秋冬的景物。

小智的人的心灵似乐出虚，蒸成菌。

冬的景物，这就是说他们在一天天消损。他们沉溺在自己的所作所为中，不可能恢复到原状了。他们心灵闭塞如受绳索捆缚着，这就是说他们老朽枯竭了。走向死亡道路的心灵，没法使他们恢复生机了。他们喜怒哀乐，忧虑感叹，反覆恐惧，轻浮躁动，放纵张狂，装模作态；像乐声从空虚的乐器中发出，又像地气蒸发长出菌类一样。这种情绪和心态日日夜夜在眼前更替出现，但不知道它们是怎样发生的。算了吧，算了吧！一旦知道了这些产生的道理，也就懂得了它们所以发生的根由了吧！

【原文】

非彼无我①，非我无所取。是亦近矣，而不知所为使。若有真宰②，而特不得其眹③。可行已信④；而不见其形，有情而无形⑤。

百骸、九窍、六藏⑥，赅而存焉，吾谁与为亲？汝皆说之乎？其有私焉⑦？如是皆有为臣妾乎？其臣妾不足以相治乎？其递相为君臣乎？其有真君存焉⑧？如求得其情与不得，无益损乎其真。

一受其成形，不亡以待尽。与物相刃相靡⑨，其行尽如驰，而莫之能止，不亦悲乎！终身役役而不见其成功⑩，苶然疲役而不知其所归⑪，可不哀邪！人谓之不死，奚益！其形化，其心与之然，可不谓大哀乎？人之生也，固若是芒乎⑫？其我独芒，而人亦有不芒者乎？

夫随其成心而师之⑬，

百骸、九窍、六脏都完备地存在于人身上。

人终生劳碌奔忙，不见成功。

谁独且无师乎？奚必知代而心自取者有之⑭？愚者与有焉。未成乎心而有是非，是今日适越而昔至也。是以无有为有。无有为有，虽有神禹，且不能知，吾独且奈何哉！

【注释】

①彼：指上述的种种情态。②真宰：身心的主宰，真我。③眹（zhèn）：通"朕"，征兆，迹象。④可行已信：可从作用上得到凭信。⑤情：实。⑥九窍：双眼、两耳、两鼻孔、口、前阴尿道和后阴肛门。六藏：藏，通"脏"。心、肝、脾、肺、肾为五脏。肾有两脏，故又合称六脏。⑦私：偏爱，偏重。⑧真君：真心，真我。⑨相靡：互相摩擦。⑩役役：劳碌奔忙的样子。⑪苶（nié）然：疲惫倦怠的样子。⑫芒：芒昧，糊涂，昏惑。⑬成心：主观成见。师：取法。⑭知代：知道事物发展的更替变化。

【译文】

没有它们（上述的种种情态）就没有我，没有我，它们也无从体现。它们和我是相近的，但不知道是由什么东西主使的。好像有真宰，而又找不着它的形迹。我们可从它的作用上得到凭信，虽然看不见它的形体，但它是真实存在而无形象的。

以自身成见为标准，则人人都有标准。

　　百骸、九窍、六脏，都完备地存在于我的身上，我和哪个最亲近呢？你都一样喜欢它们吗？还是有所偏爱呢？如果是同等看待它们，那么把它们当成臣妾吗？那臣妾之间就谁也不能统治谁呢？还是它们轮换着做君臣呢？或许有真宰存在着呢。无论是否求得真宰的实情，对它本身都是没有损减的。

　　人一旦禀受成形体，形体就一直存在着等待耗尽为止。人们和外物接触，相互伤害和摩擦，驰骋追逐于其中，而不能停止，不是可悲的吗！终生劳碌奔忙而不见成功，疲惫困苦而不知究竟为了什么，可不是悲哀的吗！这样的人虽然不死，又有什么意思呢！人的形体逐渐消损，而心也跟它一样消损，这可不是莫大的悲哀吗？人生在世，固然就像这样昏昧吗？还是只有我一个人昏昧，而别人也有不昏昧的呢？

　　如果人以自己的成见作为取法的标准，那么谁没有一个标准呢？何必一定要知道事物发展的更替变化之理的智人才有呢？愚人也同样有。如果说心中还没形成成见前就已经存有是非，这就如同是今天到越国去而昨天就已经到了。这种说法是把没有看成有。如果把没有看成有，即便是神明的大禹，尚且不能弄清楚，我又有什么办法呢！

⊙品庄悟道⊙

终身役役而不见其成功，苶然疲役而不知其所归

　　终身奔波劳苦看不到成功，一辈子疲惫困顿，找不到归宿。这无疑非常可悲。人不知道真宰的存在，抱持偏见渡过一生。或沉溺于利益的争斗，消损心智而不自知；或盲目追求自己本不需要的东西，白白浪费大好光阴。当"真宰"被人的"成见之心"蒙蔽，人就陷入了蒙昧无知的状态，沦为欲望的奴隶。

　　外在的世界是不断变化的，人一旦丧失自我，就只能被动地应对外界的变化，无时无刻不承担为外物所役的痛苦，身体和心灵都得不到自由。而在庄子看来，这种痛苦比死亡还要可怕。

　　很多时候，生活中的劳苦困顿都只源于人的一念之误，只要破除这"误"，便可海阔天空。事实上，每个人的身上都有天然的真我，如果将一个人视为一个完整的世界，真我就相当于这个世界的真宰。坚守真我，无论外在的世界如何变迁，环境如何复杂，都不会心烦意乱，迷惘困惑。

【分节导读】

　　此节对人籁和道做了对比，用朝三暮四的猴子来比喻执迷于分辨事物差异的人。在作者看来，与其争辩不休，不如去掉成见之心让别人与我心意相通。事物虽彼此对立，却是异象同根，皆由道派生而来。人为了将事物区别开为它们冠以不同的名称，其差别纷争均来自于人的主观，非客观存在。表面上大相径庭的事物是彼此相通，浑然一体的。因此通达的人不会为是非彼此纠缠，也不会耗损精力寻求一致，他们顺乎自然，物我各得其所。

【原文】

　　夫言非吹也①，言者有言②，其所言者特未定也③。果有言邪？其未尝有言邪？其以为异于鷇音④，亦有辩乎⑤，其无辩乎？

　　道恶乎隐而有真伪？言恶乎隐而有是非？道恶乎往而不存？言恶乎存而不可？道隐于小成⑥，言隐于荣华⑦。故有儒墨之是非，以是其所非而非其所是⑧。欲是其所非而非其所是，则莫若以明⑨。

辩者自认自己的发言和鸟鸣不同。

【注释】

①言非吹也：言论和风吹不同，言论出于成见，风吹出于自然。②言者有言：论者各有所说。③特未定：不能作为是非的标准。④鷇（gòu）音：雏鸟孵出时的叫声。⑤辩：通"辨"，辨别。⑥小成：片面认识所得的成果。⑦言隐于荣华：言论被浮华之词遮蔽。⑧有儒墨之是非，以是其所非而非其所是：儒墨各家的是非争辩，都以他们自己的主观成见为依据，所是的是对方的所非，所非的是对方的所是。⑨莫若以明：不如用明静之心去观照。

儒家和墨家争执不休。

21

【译文】

言论不像风的自然吹动，发言的人都有自己的言词，他们所说的不能作为是非的标准。他们果真有自己的言论呢？还是未曾有过自己的言论呢？他们以为所言不同于刚出壳小鸟的叫声，到底有分别吗？还是没有分别呢？

道是如何被隐蔽而有了真伪呢？言论是如何被隐蔽而有了是非呢？道去了哪里而不存在呢？言论为何存而不可呢？道被小的成就隐蔽，言论被浮华之词隐蔽。所以有了儒墨各家的是非争辩，他们各以对方所否定的为是，各以对方所肯定的为非。想要肯定对方所否定的而否定对方所肯定的，则不如用明静之心去观照事物的本然。

【原文】

物无非彼，物无非是①。自彼则不见，自是则知之②。故曰：彼出于是，是亦因彼。彼是方生之说也③，虽然，方生方死，方死方生④；方可方不可，方不可方可⑤。因是因非，因非因是⑥。是以圣人不由，而照之于天⑦，亦因是也。

是亦彼也，彼亦是也⑧。彼亦一是非，此亦一是非。果且有彼是乎哉？果且无彼是乎哉？彼是莫得其偶，谓之道枢⑨。枢始得其环中，以应无穷⑩。是亦一无穷，非亦一无穷也。故曰：莫若以明。

彼有一个是非，此也有一个是非。

【注释】

①物无非彼，物无非是：事物没有不是作为他物的"彼"，事物也没有不是作为本身的"此"而存在的。也就是相互对立者都有彼此。②自彼则不见，自是则知之：从彼方则看不见此方之是，从此方则知此方之是。③彼是方生："彼"和"此"的观念是相对而生的，相互共存的。④方生方死，方死方生：随着生就随着死，随着死就随着生。⑤方可方不可，方不可方可：有被肯定的一面就有另一面被否定，反之亦然。⑥因是因非，因非因是：有是即有非，有非即有是，是非相因而生。⑦照之于天：观照于自然。⑧是亦彼也，彼亦是也：此方可为彼方，彼方亦可为此方。意谓彼此没有区别，这是庄子万物齐一的哲学观。⑨彼是莫得其偶，谓之道枢："彼""此"不成匹偶，就是道的枢纽。道枢，道的枢纽，道的关键。⑩枢始得其环中，以应无穷：合乎道枢才像入得圆环的中心，可以顺应无穷的变化。

【译文】

世界上的事物没有不是"彼"的，也没有不是"此"的。从彼方则看不见此方之是，从此方则知此方之是。所以说，彼方出自此方，此方也因着彼方。彼与此是相对共生的。即便如此，事物都是随生随灭，随灭随生；有被肯定的一面就有另一面被否定，有被否定的一面就有另一面被肯定。有是即有非，有非即有是，是与非皆因对方的相互关系而产生。所以圣人不走是非对立的路子，而观照于事物的本然，这也是顺应自然的道理。

"此"也是"彼"，"彼"也是"此"。彼有一个是非，此也有一个是非。果真有彼此之分别吗？果真无彼此之分别吗？彼与此没有对立面，就叫掌握了大道的枢要。合乎道枢才像入得圆环的中心，可以顺应无穷的变化。是的变化无穷尽，非的变化也无穷尽。所以说不如用明静之心去观照事物的本然。

⊙品庄悟道⊙

物无非彼，物无非是

人们之所以将如此多的精力放在争斗上，是因为过于关注事物间的差异。庄子生活的战国时代，是一个百家争鸣的时代。各家常执己之词，攻击别家。但庄子却认为，事物有"此"就有"彼"，他将彼此的关系比喻成一个圆圈，认为二者循环往复。哲学家冯友兰曾经点评庄子的这个圆圈："人若站在道的观点上看问题，就如同站在圆圈的中心，他看得到圆圈上每一点的运动，而他自己则站在运动以外。这并不是由于他无所作为、逡巡不前，乃是因为他超越了有限，从一个更高的观点看事物。庄子把囿于有限的观点比作'井底之蛙'，只看到天的一角，便以为那就是天的全体。"

在其他人都专注事物间的差异时，庄子指出这些差异源自人们的成见，各人只知道站在自己的角度看问题，不知道站在他人的立场上审视问题，便轻易地断定自己是，他人非。人与人之间的隔阂必定因此加深。现实生活中，争执必不可免，在与他人发生争执时，人不妨尝试换位思考，站在他人的角度想一想对方为什么会这样说，这样做。了解对方的心意无疑会有利于问题的解决。

【原文】

以指喻指之非指，不若以非指喻指之非指也；以马喻马之非马，不若以非马喻马之非马也①。天地一指也，万物一马也②。

可乎可，不可乎不可。道行之而成，物谓之而然。恶乎然？然于然。恶乎不然？不然于不然。恶乎可？可于可。恶乎不可？不可于不可。物固有所然，物固有所可。无物不然，无物不可。故为是举莛与楹③，厉与西施④，恢恑憰怪⑤，道通为一。其分也，成也⑥；其成也，毁也。凡物无成与毁，复通为一。

唯达者知通为一，为是不用而寓诸庸；因是已。已而不知其然，谓之道。

圣人保持自然均衡，物我各得其所。

劳神明为一，而不知其同也，谓之朝三。何谓朝三？狙公赋芧⑦曰："朝三而暮四。"众狙皆怒。曰："然则朝四而暮三。"众狙皆悦。名实未亏而喜怒为用，亦因是也。是以圣人和之以是非而休乎天钧⑧，是之谓两行⑨。

丑女与西施，草茎与房柱，都通而为一。

养猴人给猕猴分橡子。

【注释】

① "以指"四句：先秦名辩派公孙龙提出"指非指"和"白马非马"的命题。庄子不赞同公孙龙的说法，认为不如从事物本身出发来论证名与实的对立，提醒人们不要斤斤计较于彼此、是非的争辩。② 天地一指也，万物一马也：天地不过就是一指，万物不过就是一马，意即天地万物同质共通。③ 莛（tíng）：草本植物的茎。楹：房屋的柱子。此处"莛"喻指轻易可成的事，"楹"喻指难做的事。④ 厉：通"疠"（lì），癞病，此处指丑女。西施：春秋时越国人，貌美。此处代指美女。⑤ 恢恑憰怪：千形万状之怪异。恑（guǐ），通"诡"。憰（jué），通"谲"。⑥ 其分也，成也：事物的分散，必定有所生成。⑦ 狙（jū）公：养猴的人。狙，猕猴。芧（xù）：橡子。⑧ 天钧：自然的均衡之道。⑨ 两行：二者都可行。

【译文】

用手指来说明手指不是手指，不如用不是手指的东西来说明手指不是手指；用一匹白马来说明白马不是马，不如用不是白马的东西来说明白马不是马。（就大道通观之，）天地就是一指，万物就是一马。

可以是可以，不可以是不可以。道路是人们行走而形成的，事物的称谓是人们叫出来的。为什么是这样的呢？它原本是这样的，所以人们就认为是这样的。为什么不是这样的呢？它原本不是这样的，所以人们就认为不是这样的。为什么是可以的呢？因为它原本就是可以的，所以人们就认为是可以的。为什么是不可以的呢？因为它原本就是不可以的，所以人们就认为是不可以的。事物本来有它是的地方，事物本来有它可的地方。没有什么事物不是，没有什么事物不可。所以就像草茎和房柱，丑陋的女子和美貌的西施，以及一切奇异古怪的东西，从道的观点来看都可以通而为一。事物有所分就有所成，有所成就有所毁。所以一切事物（从总体上来看）无所谓成与毁，都复归于一。

只有通达的人才知道万物通而为一的道理，因而不固执于自己的成见而寄寓于事物本身的自然规律。这就是顺应自然的道理。顺应自然而不知其所以然，这叫做"道"。

（辩者们）损耗心神去求一致，而不知道万物本来就是相同的，这就是所谓"朝三"。什么叫做朝三呢？有个养猕猴的人分橡子给猕猴，说："早上三升，晚上四升。"所有的猴子听了都很愤怒。他又说："那么早上四升而晚上三升吧。"所有的猴子都高兴了。名与实都没有亏损而猕猴喜怒却因而不同，也是顺应猴子的心理作用罢了。所以，圣人调和是非之争而保持自然均衡，这就叫做物我两行（各得其所）。

【分节导读】

此节以昭文、师旷和惠施为例，论述人的偏爱之心。道是虚无的，站在道的角度上看世界，事物并不存在好坏之别，但人一旦有了偏爱之心，区别就产生了，人在把握大道上必然会有亏损。昭文等不懂此理，炫耀自身的偏执，迷惑了众人。圣人明白这个道理，所以不会用知见辩说夸耀于人。

【原文】

古之人，其知有所至矣①。恶乎至？有以为未始有物者，至矣，尽矣，不可以加矣。其次以为有物矣，而未始有封也②。其次以为有封焉，而未始有是非也。是非之彰也，道之所以亏也③。道之所以亏，爱之所以成④。果且有成与亏乎哉？果且无成与亏乎哉？有成与亏，故昭氏之鼓琴也⑤；无成与亏，故昭氏之不鼓琴也。昭文之鼓琴也，师旷之枝策也⑥，惠子之据梧也⑦，三子之知，几乎皆其盛者也，故载之末年⑧。唯其好之也，以异于彼；其好之也，欲以明之。彼非所明而明之，故以坚白之昧终⑨。而其子又以文之纶终⑩，终身无成。若是而可谓成乎？虽我无成，亦可谓成矣。若是而不可谓成乎？物与我无成也。是故滑疑之耀⑪，圣人之所图也⑫。为是不用而寓诸庸，此之谓以明。

昭文鼓琴。

昭文鼓琴；师旷举杖敲击乐器；惠子背靠梧桐辩论。

【注释】

①至：至极，极高境界。②封：界限，疆域。③亏：亏损。④爱：偏爱，私好。⑤昭氏：姓昭，名文，善于弹琴。⑥师旷：名旷，字子野，春秋时晋平公的乐师，精通音律。枝策：举杖敲击乐器。⑦惠子：即惠施。据梧：倚靠着梧桐树。惠子善辩，累时靠着梧桐树休息。⑧载之末年：流传于后世。一说为终身从事于此。还有一说为载誉于晚年。三说皆通。⑨以坚白之昧终：战国时名辩的论题有"坚白同异"。当时分为两派，一派以公孙龙为代表，认为从视觉和触觉来说石头的坚硬与白色是分离的，持"离坚白"的观点。另一派以墨子为首，主张"盈坚白"，认为坚白同为石头的属性而不可分。惠施参与了争论，但文献没有记下他的观点。⑩其子：指昭文之子。纶：琴瑟的弦，指代琴。⑪滑疑之耀：迷乱人心的炫耀。⑫图：革除，摒弃。

【译文】

古时候的人，他们的智识达到了极高的境界。是怎样的极高境界呢？宇宙初始未形成万物时，认识到原始本无万物的存在，这种认识可谓深刻透彻极了，是智识的极高境界，不可以增加了。智识次一等的人，认为有万物存在，而未曾有分界限定。再次一等的人，认为事物有界限之别，而不曾有是非之别。是非之别明显了，道也因此有了亏损。道之所以有亏损，是因为偏爱产

宇宙初始，未有万物。

生的。天下的万事万物，果真有成和亏吗？果真无成与无亏吗？有成和亏，犹如昭文的弹琴；无成和无亏，就像昭文的不弹琴。昭文弹琴，师旷持杖击节，惠施靠在梧桐树下与人雄辩，他们三人的才智，几乎都登峰造极了，所以他们一直从业到晚年。这三个人只是各自有自己的爱好，便想要以此炫异于别人，他们以自己的所好而想让别人明白了解。惠子不明白了解而非要让人明白了解，所以终身迷于"坚白论"的偏蔽。而昭文的儿子又终身从事昭文的弹琴事业，以致终身没有什么成就。像这样可以说有成就吗？那么即使是我，也算是有成就了。如果像这样不算有成就，那么万物与我都无所成就。所以迷乱人心的炫耀，是圣人所要摒弃的。所以圣人不用个人的才技辩说夸示于人，而是寄寓在事物的自然规律中，这就叫做"以明"。

【分节导读】

在此节中，作者思考了宇宙万物的起源和"我"的起源，得出了"天地与我并生，而万物与我为一"的结论。"我"与天地万物同归于"道"，道既是万物之始，又是万物之终。而作者故意将秋毫说成大，泰山说作小，早夭的婴孩说作长寿，八百岁的彭祖说作早夭，是因为作者用"无"做它们的参照。秋毫比无大，所以是大；万物归无，泰山为万物中的一点，所以泰山为小。早夭的婴孩比无长寿，所以长寿；时间亦归无，所以彭祖即使活了八百岁也是早夭。

【原文】

今且有言于此，不知其与是类乎？其与是不类乎？类与不类，相与为类，则与彼无以异矣。

虽然，请尝言之。有始也者[1]，有未始有始也者[2]，有未始有夫未始有始也者[3]。有有也者，有无也者，有未始有无也者，有未始有夫未始有无也者。俄而有无矣，而未知有无之果孰有孰无也。今我则已有

秋毫可以大；泰山可以小。

谓矣，而未知吾所谓之其果有谓乎，其果无谓乎？

天下莫大于秋豪之末④，而大山为小⑤；莫寿于殇子⑥，而彭祖为夭。天地与我并生，而万物与我为一。既已为一矣，且得有言乎？既已谓之一矣，且得无言乎？一与言为二，二与一为三。自此以往，巧历不能得⑦，而况其凡乎！故自无适有，以至于三，而况自有适有乎！无适焉⑧，因是已。

夭折的婴儿可以是长寿；八百岁的彭祖可以是早夭。

【注释】

① 有始也者：宇宙是有个开始的。② 有未始有始也者：有未开始的开始。③ 有未始有夫未始有始也者：有未开始那（未开始）的开始，意谓天地之始以前之再前。④ 秋豪：禽兽入秋时新长出的细绒毛，喻指细微的东西。豪，通"毫"。⑤ 大山：即泰山。天下万物本是"无"的，秋毫和"无"比为大。天地万物是一体的，泰山只是其中一点，故是小的。⑥ 殇（shāng）子：夭折的婴儿。⑦ 巧历：善于计算的人。不能得：不能算出这个结果。⑧ 无适焉：不必再推算下去了。适，推算。

【译文】

现在在这里说一些话，不知这些话与其他人的是属于同一类呢，还是不属于同一类？同类与不同类，既然发了言都算是一类了，那么与其他人就没有什么分别了。

既然如此，请让我试着说说。宇宙万物有它的开始，有它未曾开始的开始，还有它未曾开始的那未曾开始的开始。宇宙万物的初始有它的"有"，有它的"无"，有它的未曾有"无"的"无"，还有它的未曾有的那未曾有的"无"。一下子产生了

天地与我并生，万物与我为一。

"有"和"无"，然而不知道这个"有"、"无"果真是不是"有"和"无"。现在我已经说了这些话，但不知道我所说的果真是说了呢？还是没有说呢？

天下没有比秋毫的末端更大的东西，而泰山却是小的。没有比夭折的婴儿更长寿的，而活了八百岁的彭祖却是短命的。天地与我并生，而万物与我同为一体。既然已经合为一体了，那还需要言论吗？既然已经说了合为一体，怎能说没有言论呢？万物一体加上我所发的言论就成了"二"，"二"再加上"一"就成了"三"。由此推算下去，精于计算的人也不能得出最后的数目，何况一般人呢？所以，从"无"到"有"，已经推至三，更何况从"有"到"有"呢！不必再推算下去了，顺应自然就是了。

⊙品庄悟道⊙

天地与我并生，万物与我为一

"天地与我并生"说的是世间万物的来源问题："天地"与"我"是一样的，都是从"道"那里生出来的；而"万物与我为一"并不是前句的同义重复，其重点讲归宿的问题。庄子说的"一与言为二，二与一为三"和《老子》中的"道生一，一生二，二生三，三生万物"意义相同。"一"从万物中来，万物又从"一"中生发。万物与我同体，都归于道，道既是万物的起点，也是万物的归宿。所以会有"天人相类，天人合一"。

人的生命是有限的，世人多对老、死，心存恐惧。另一方面，也正因人对物我分别对待，才会无休止地追求外物，以至于深陷欲念不能自拔。如果一个人可以将自己和宇宙万物融为一体，就可以超越时间的界限，摆脱对外物的依赖，体验无穷无尽的天地。那时，他既不会贪生怕死，也不会将时间耗费在没有意义的事情上。他不会有恐惧，也不会有烦恼，逍遥自在。

【分节导读】

此节着重论述了"大道不称，大辩不言"的道理。道没有界限，语言却有界限，因此真理无需用语言表述，高明的言论也不用言说，而如仁、谦、勇等美德也是一样，不需要特意去夸耀。人应收敛光芒，让心灵如天然的府库一般，包容万象，不盈不枯。

【原文】

夫道未始有封，言未始有常，为是而有畛也[1]，请言其畛：有左有右，有伦有义，有分有辩，有竞有争，此之谓八德[2]。六合之外[3]，圣人存而不论；六合之内，圣人论而不议。春秋经世先王之志[4]，圣人议而不辩。故分也者，有不分也；辩也者，有不辩也。曰：何也？圣人怀之，众人辩之以相示也。故曰：辩也者，有不见也。

圣人虚怀若谷，不论、不议、不辩。

夫大道不称，大辩不言，大仁不仁[5]，大廉不嗛[6]，大勇不忮[7]。道昭而不道，言辩而不及，仁常而不周，廉清而不信[8]，勇忮而不成。五者无弃而几向方矣[9]。

故知止其所不知，至矣。孰知不言之辩，不道之道？若有能知，此之谓天府[10]。注焉而不满，酌焉而不竭，而不知其所由来，此之谓葆光[11]。

【注释】

①畛（zhěn）：井田沟上的小路，此处指界限、疆界。②有左，有右，有伦，有义，有分，有辩，有竞，有争，此之谓八德：这是指儒墨各家所执持的八种争论。③六合：指天地四方。因天地为上、下、东、西、南、北六方包围，故有此称。④春秋经世先王之志：一切史书乃是先王治世的记载。春秋：泛指史书。⑤大仁不仁：大仁没有偏爱。⑥大廉不嗛（qiǎn）：大廉是不谦逊的。嗛，通"谦"，谦逊。⑦大勇不忮（zhì）：大勇是不伤害的。⑧廉清而不信：廉若露了行迹就不可信。⑨五者无弃而几向方矣：能不忘这五者就几乎近于道了。⑩天府：自然的府库，形容心灵广大，可以包容一切。⑪葆光：隐藏光明而不外露。

【译文】

道不曾有过界限，言论原本是没有固定的标准，为了争一个"是"字而妄加了种种界线。请让我说说这些界线。如有左，有右，有伦序，有等级，有分别，有论辩，有竞辩，有争持，这是世俗所谓的八种才能。天地以外的事，圣人是存而不论的；天地以内的事，圣人只论述而不评议。一切古史中先王治世的记载，圣人只评议而不争辩。故天下的事理有分别，就有不分别；有辩论，就有不辩论。这是为什么呢？圣人胸怀若谷，不去争辩，众人则争辩不休而竞相夸示。所以说：凡是争辩，就有看不见的地方。

大道是不可称谓的，大辩是不用言词的，大仁是没有偏爱的，大廉是不谦逊的，大勇是不伤害人的。道一旦昭明了就不是道，言语争辩就有所不及，仁常固定在一方就不能周全，廉若露了行迹就不可信，勇有伤害到人就不能成为勇。这五者遵行不弃就几乎近于道了。

故一个人能止于他所不知的领域，就是极点了。谁知道不用言词的辩论，不用称说的道呢？假若有谁能知道，他就能称为天然的府库。往里面注入多少也不会溢满，取出多少也不会枯竭，而且不知道它来自何处，这就叫做潜藏不露的光明。

◎品庄悟道◎

大道不称，大辩不言，大仁不仁，大廉不嗛，大勇不忮

大道不能说明，大辩不需言辞，大仁没有偏爱，大廉不用谦让，大勇不用斗狠。庄子对大道、大辩、大仁、大廉和大勇的看法，和道家的创始人老子有很多共通之处。

老子的"道可道，非常道"与"大道不称"遥相呼应；老子的"大辩若讷"和庄子的"大辩不言"很是相似，一为少言木讷，一为缄默不语；而老子的"天地不仁，与万物为刍狗"又和庄子的"大仁不仁"意义相通；老子的"大直若屈"则也有"大廉不嗛"的智慧；最后庄子说"大勇不忮"，老子则强调"勇于敢则杀"。

善言辞的人为人美慕，仁、廉、勇，又都是为世人称道的美德。而庄子却以"大道不称"来提醒人们葆光的重要性。这也是一种处世的智慧，他要求人不要刻意显示自己的德行，为人处世应保持低调。因为，人一旦萌生炫耀德行之心，行为举止就容易偏激。无论是为辩赢一件事情不顾事情本身的真实样貌，还是实行仁义导致偏私，无论是因清廉正直落得"高处不胜寒"的孤单境地，还是因崇尚勇猛四处斗狠招致杀身之祸，都是如此。

大道虽不能说明，却没有人能否认它的博大深奥。美好的德行并不是用来展示给人看的，将光芒收敛，光芒本身依然存在。

【分节导读】

此节以尧的故事为引，引出对大道的赞颂。尧制裁小国就如同十日并出，让世间万物都沐浴到他的光辉。大道普照万物也与之同理。在这里，作者将大道置于一切道理之上。

【原文】

故昔者尧问于舜曰："我欲伐宗、脍、胥敖 ①，南面而不释然 ②。其故何也？"

舜曰："夫三子者，犹存乎蓬艾之间 ③。若不释然 ④，何哉？昔者十日并出，万物皆照，而况德之进乎日者乎 ⑤！"

【注释】

① 宗、脍、胥敖：三个小国名，不见于经传。② 不释然：芥蒂在心，耿耿于怀。③ 蓬艾：蓬蒿、艾草，指偏荒

之地。④若：汝、你，指尧。
⑤进：胜过，超过。

【译文】

从前尧问舜说："我想讨
伐宗、脍、胥敖这三个小国，
临朝时总感到心里不安，这是
什么原因呢？"

舜说："这三个小国的君
主，犹如生存在蓬蒿艾草中间
一样。你还心绪不安，为什么
呢？从前十个太阳一起出来，
普照万物，何况道德的光芒更
胜于太阳的光芒呢！"

尧向舜询问自己内心不安的原因。

【分节导读】

作者通过啮缺和王倪的对话阐述了对标准的看法：人用来衡量外物的标准并不是唯一的。利与害都
并非绝对。至于"至人"，其早已与万物合而为一，连火焚、冰冻都无法影响到他，更何况为常人念念于
心的利害。至人早已摆脱了外物的羁绊，超越了生死，根本不会为利害所累。

【原文】

啮缺问乎王倪曰①："子知物之所同
是乎②？"

曰："吾恶乎知之！"

"子知子之所不知邪？"

曰："吾恶乎知之！"

"然则物无知邪？"

曰："吾恶乎知之！虽然，尝试言之。
庸讵知吾所谓知之非不知邪③？庸讵知
吾所谓不知之非知邪？且吾尝试问乎汝：

人吃家畜肉；麋鹿吃草；蜈蚣吃蛇；猫头鹰和鸦吃鼠。

民湿寝则腰疾偏死④，鰌然乎哉？木处则惴栗恂惧⑤，猨猴然乎哉⑥？三者孰知正处？民食刍豢⑦，
麋鹿食荐⑧，蝍蛆甘带⑨，鸱鸦耆鼠⑩，四者孰知正味？猨猵狙以为雌⑪，麋与鹿交，鰌与鱼游。毛嫱、
西施⑫，人之所美也；鱼见之深入，鸟见之高飞，麋鹿见之决骤⑬。四者孰知天下之正色哉？自我观之，
仁义之端，是非之塗，樊然淆乱⑭，吾恶能知其辩！"

啮缺曰："子不知利害，则至人固不知利害乎？"

王倪曰："至人神矣！大泽焚而不能热，河汉沍而不能寒⑮，疾雷破山而不能伤，飘风振海而
不能惊。若然者，乘云气，骑日月，而游乎四海之外。死生无变于己，而况利害之端乎！"

【注释】

①啮（niè）缺、王倪：皆为虚拟人物。②所同是：所共同认可的标准。③庸讵（jù）：何以，怎么，哪里。④偏死：
半身不遂。⑤惴（zhuì）栗：害怕发抖的样子。恂（xún）：害怕。⑥猨（yuán）：同"猿"。⑦刍豢（chú huàn）：
用草喂养的叫做刍，指牛羊；用谷子喂养的叫做豢，指狗猪。⑧荐（jiàn）：甘草，美草。⑨蝍蛆（jí jū）：蜈蚣。

带：蛇。⑩鸱（chī）：猫头鹰。耆（shì）：通"嗜"，喜欢吃，好吃。⑪猵狙（biān jū）：猕猴的一种，似猿。⑫毛嫱（qiáng）：古代美女，一说为越王的美姬。⑬决骤：疾速奔跑。⑭樊然淆乱：纷然错乱。⑮河汉：黄河和汉水。沍（hù）：冻结。

【译文】

啮缺问王倪说："你知道万物有共同的标准吗？"

王倪说："我怎么知道呢！"

"你知道你所不知道的事物吗？"

"我怎么知道呢！"

"那么万物就无法知道了吗？"

王倪说："我怎么知道呢！即便如此，我还是试着说说：怎么知道我所说的'知道'不是'不知道'呢？怎么知道我所说的'不知道'不是'知道'呢？且让我问问你：人睡在潮湿的地方就会腰生疾病而半身不遂，泥

人以毛嫱、西施为美；猿和猵狙为偶；麋鹿交配；鳅与鱼交尾。

鳅会这样吗？人在高树上就会惊怕不安，猿猴会这样吗？这三者谁知道住在什么地方才是最合适的呢？人吃家畜的肉，麋鹿吃草，蜈蚣爱吃蛇，猫头鹰和乌鸦喜欢吃老鼠，这四者谁知道吃什么东西才是最美味的呢？雌猿和猵狙成为配偶，麋与鹿交配，泥鳅和鱼交尾。毛嫱、西施，人们认为是最美的女子；但鱼见了她们会潜入水底，鸟见了她们会飞向高空，麋鹿见了她们会疾速奔跑；这四者谁知道什么美色才是天下真正的美色呢？依我看来，仁义的端倪，是非的途径，纷然错乱，我怎么能知道它们之间的分别呢？"

啮缺说："你不知道利与害，难道至人也不知道利与害吗？"

王倪说："至人神妙极了！山泽燃烧而不能使他感到热，黄河和汉水都封冻了而不能使他感到冷，疾雷震裂了山岳而不能使他身体受到伤残，狂风掀起海浪而不能使他感到震惊。像这样的至人，乘着云雾，骑着日月，而遨游于四海之外。生和死的变化都不能影响到他，何况利害这类事呢！"

【分节导读】

在此节中，瞿鹊子和长梧子谈到了死亡。圣人与万物合一，并不为尘世熙攘所扰，顺乎自然。但凡夫俗子则习惯用已知推测未知，为想象出来的境遇悲伤欣喜。作者用丽姬入晋宫的故事说明，已知并不一定能推出未知。人不知死却厌恶死亡，即是被知迷惑住了，愚人意识不到自己已陷入自己亲手编造的虚幻之境。"道未始有封"，人却为自己设置界限，人应从知的局限中跳出来，从人造的梦境中走出来，和万物合一。

【原文】

瞿鹊子问乎长梧子曰①："吾闻诸夫子②：'圣人不从事于务，不就利，不违害，不喜求，不缘道③，无谓有谓④，有谓无谓⑤，而游乎尘垢之外。'夫子以为孟浪之言⑥，而我以为妙道之行也。吾子以为奚若⑦？"

长梧子曰："是黄帝之所听荧也⑧，而丘也何足以知之！且汝亦大早计，见卵而求时夜⑨，见弹而求鸮炙⑩。

"予尝为女妄言之，女以妄听之奚？旁日月⑪，挟宇宙，为其吻合⑫，置其滑涽⑬，以隶相尊⑭。

众人役役，圣人愚芚[15]，参万岁而一成纯[16]。万物尽然，而以是相蕴。

"予恶乎知说生之非惑邪！予恶乎知恶死之非弱丧而不知归者邪[17]！丽之姬[18]，艾封人之子也[19]，晋国之始得之也，涕泣沾襟；及其至于王所，与王同筐床，食刍豢，而后悔其泣也[20]。予恶乎知夫死者不悔其始之蕲生乎！

瞿鹊子和长梧子讨论死亡。

"梦饮酒者，旦而哭泣；梦哭泣者，旦而田猎。方其梦也，不知其梦也。梦之中又占其梦焉，觉而后知其梦也。且有大觉而后知此其大梦也。而愚者自以为觉，窃窃然知之[21]。君乎，牧乎[22]，固哉！丘也与女，皆梦也；予谓女梦，亦梦也。是其言也，其名为吊诡[23]。万世之后而一遇大圣，知其解者，是旦暮遇之也。"

【注释】

① 瞿鹊子、长梧子：皆为杜撰的人物名。② 夫子：指孔子。孔子名丘，为先秦儒家学派的创始人。③ 不缘道：无行道之迹（林希逸说）。不践迹而行道（释德清说）。④ 无谓有谓：没有说什么如同说了什么。⑤ 有谓无谓：说了话如同没有说。⑥ 孟浪：不着边际，荒诞不切实际。⑦ 奚（xī）若：怎样，如何。⑧ 听荧：听了感到疑惑。⑨ 卵：指鸡蛋。时夜：司夜。五更时鸡鸣报晓，故古人称鸡为司夜。⑩ 鸮（xiāo）炙：烤鸮鸟肉。⑪ 旁：通"傍"，依傍。⑫ 为其吻合：与宇宙万物合一，与《逍遥游》中"旁礴万物以为一"的意思相同。⑬ 置其滑涽（hūn）：任其淆乱纷杂而不顾。⑭ 以隶相尊：视下贱为同样尊贵，亦即把世俗上的尊卑看做是同样的。⑮ 愚芚（chūn）：浑然无知的样子。⑯ 参万岁而一成纯：糅合古今事物为一体却精纯不杂。参，糅合。万岁，古今事物。⑰ 弱丧：自幼流浪异乡。⑱ 丽之姬：丽戎国的美女，即骊姬，晋献公的夫人。⑲ 艾封人：在艾地戍守封疆的人。⑳ "晋国"六句：《左传 庄公二十八》记载，晋献公伐丽戎，得丽姬，立以为夫人。㉑ 窃窃然：明察的样子。㉒ 牧：养马人，此处指卑贱之人。㉓ 吊诡：怪异，荒诞。

【译文】

瞿鹊子问长梧子说："我听孔夫子说过：'圣人不去做尘世间的事情，不谋利益，不逃避危害，不喜追求，不拘泥于道。没有说等于说了，说了又等于没有说，而心神遨游于尘世之外。'孔夫子认为这些是轻率不当的言论，而我认为是通往美妙大道的途径。您认为怎么样呢？"

长梧子说："这些话黄帝听了都疑惑不解，孔丘又怎么能理解呢？而且你也太求之过急了，就像见到鸡蛋就想得到报晓的鸡，见到弹丸就想烤吃鸮鸟肉。

"我姑且对你说说，你也姑且听听，怎么样？圣人同日月并明，怀抱着宇宙，与天地万物混合为一体，任其淆乱纷杂而不顾，把世俗上的尊贵卑贱看做是一样的。众人忙忙碌碌，圣人则大智若愚，糅合古今事物为一体却精纯不杂。万物都是如此，而互相蕴含着归于精纯

丽姬为当初的哭泣后悔。

浑朴之中。

"我怎么知道贪生不是迷惑呢！我怎么知道怕死不是像自幼流浪在外而不知归家那样呢！丽姬是艾地戍守封疆人的女儿。晋国刚得到她的时候，哭得泪水湿透了衣襟；等她到了晋国的王宫，与国君同睡一床，同食美味的肉食，才后悔当初不该哭泣。我怎么能知道死了的人不后悔当初的贪生呢！

人在梦中饮酒作乐。

"梦中饮酒作乐的人，早上醒来或许会遇到不如意的事而哭泣；梦中哭泣的人，早上醒来后或许去打猎为欢。当人在梦中，不知道是在做梦。有时在梦中又做着梦，醒后才知道是做梦。只有彻底觉醒了的人才知道人生犹如一场大梦。而愚昧的人自以为清醒，显出明察的样子，似乎什么都知道。什么国君呀，臣仆呀，孔丘真是固执浅陋极了！孔丘和你，都在做梦；我说你在做梦，也是在做梦。这些言论，可以称做奇谈怪论。万年以后遇到一位大圣人，能了然这些道理，如同早晚遇着的一样。"

人的一生犹如一场大梦。

⊙品庄悟道⊙

丽姬悔泣

丽姬还没有嫁到晋国王宫，不知道嫁后是好是坏，就担心得涕泪沾襟。等到嫁过去后，和晋王一起睡在舒适的大床上，吃着美味佳肴，就为当初的哭泣后悔了。庄子在此节借丽姬悔泣的故事告诉世人，没有必要为了死亡恐惧。活着的人不知道死后的情景，也许死亡并不像人想得那样糟糕，也许死比活还要好呢。

对大多数人来说，死亡是最大的恐惧，但与其说人恐惧的是死亡本身，不如说人害怕的是未知。生活中，很多人都习惯将未知之事想得十分可怕，并为此忧心忡忡，甚至因为害怕面对未知，固步自封，拒绝接受新的事物，不肯踏入新的环境，甘愿放弃自我发展的机会。丽姬至少是在过上幸福生活后，为当初的哭泣后悔的，因害怕未知而踟蹰不前的人，却连得到这样幸福的机会都没有。

【分节导读】

此节继续瞿鹊子与长梧子的对话，谈到"由谁来判定是非对错"的问题。人各有各的立场，有立场就有局限，有局限就无法保证公正。作者认为唯有站在道的立场上，用自然之道来调和这一切。

【原文】

"既使我与若辩矣①，若胜我，我不若胜，若果是也，我果非也邪？我胜若，若不吾胜，我果是也，而果非也邪？其或是也，其或非也邪？其俱是也，其俱非也邪？我与若不能相知也，则人固受黮暗②，吾谁使正之？使同乎若者正之，既与若同矣，恶能正之！使同乎我与若者正之？既同乎我与若矣，恶能正之！使异乎我与若者正之？既异乎我与若矣，恶能正之！使同乎我与若者正之？既同乎我与若矣，恶能正之！然则我与若与人俱不能相知也，而待彼也邪？"

瞿鹊子和长梧子讨论评判是非对错的标准。

【注释】

①我与若：我和你。我，长梧子自称。若，汝、你。②黮（dǎn）暗：昏暗不明。

【译文】

"假使我与你辩论，你胜了我，我没有胜你，你就果然对吗，我就果然错吗？我胜了你，你没有胜我，我就果然对吗，而你就果然错吗？这是我们两人中有一人对，有一人错呢？还是我们两人都对，或者都错呢？我和你都不知道，而他人本来都有偏见。我让谁来评判是非呢？如果请与你观点相同的人来评判，既然他和你观点相同，怎么评判呢？如果请与我观点相同的人来评判，既然他和我的观点相同，怎么评判呢？如果让不同于我和你的观点的人来评判，既然观点不同于我和你，怎么能评判呢？如果让观点与我和你相同的人评判，既然他的观点与我和你相同了，怎么能评判呢？那么我和你及他人都不能评判谁是谁非了，还等待谁来评判呢？"

【原文】

"化声之相待①，若其不相待。和之以天倪，因之以曼衍②，所以穷年也。何谓和之以天倪③？曰：是不是，然不然。是若果是也，则是之异乎不是也，亦无辩；然若果然也，则然之异乎不然也亦无辩。忘年忘义④，振于无竟⑤，故寓诸无竟。"

【注释】

①化声之相待：是非之辩互相对立而成。②曼衍：自在变化，不拘常规。③天倪：自然的分际。④忘年忘义：忘记生死，忘记仁义。⑤振于无竟：遨游于无穷的境地，与上文"游乎尘垢之外"的意思相同。竟，通"境"。

【译文】

"是是非非变化的声音是互相对立而成的，若要使它们不相对立，就要用自然之道来调和，顺应其自在的变化，以此享尽天年。什么叫做用自然之道来调和天地万物呢？'是'也是'不是'，'然'

忘年忘义，遨游无穷。

也是'不然'。'是'若果真是'是'，就和'不是'有区别，这样也就不须辩论了；'然'若果真是'然'，就和'不然'有区别，这样也就不须辩论了。忘掉生死年岁，忘掉是非仁义，遨游于无穷的境地，由此也就能寄寓于这无穷的境地。"

【分节导读】

　　此节以变幻不定的影子说明依赖外物而生，无以得到自由的道理，并借影子之口提出"物从何来"的问题。影子和罔两都不知道影子所依附之物从何而来，而站在道的角度，万物都从"道"中来，影子依附之物也是如此。

【原文】

　　罔两问景曰[①]："曩子行[②]，今子止；曩子坐，今子起，何其无特操与[③]？"

　　景曰："吾有待而然者邪？吾所待又有待而然者邪？吾待蛇蚹蜩翼邪[④]？恶识所以然！恶识所以不然！"

【注释】

①罔两：影子的影子。景：古"影"字，影子。②曩（nǎng）：从前。③特操：独立的操守，即自己的独立性。④蛇蚹（fù）：蛇腹下的鳞皮。蜩翼：蝉翅。

【译文】

　　罔两问影子说："刚才你行走，现在你停下；刚才你坐着，现在你起来，你怎么这样没有独立的操守呢？"

　　影子说："我是有所待才这样吗？我所待的事物又有所待才这样的吗？我所待的就像蛇凭借腹下的鳞皮而行，蝉凭借翅膀而飞吗？我怎能知道为什么会这样！怎能知道为什么不会这样！"

【分节导读】

此节以梦说事。庄子是庄子，蝴蝶是蝴蝶，但在梦中庄子可以是蝴蝶，蝴蝶也可以是庄子，物与我的界限被打破了。庄子在梦中实现了万物与我的合一，在梦中悟出了万物齐一的道理，抵达了逍遥之境。

【原文】

昔者庄周梦为胡蝶，栩栩然胡蝶也①，自喻适志与②！不知周也。俄然觉，则蘧蘧然周也③。不知周之梦为胡蝶与，胡蝶之梦为周与？周与胡蝶，则必有分矣。此之谓物化④。

庄周梦蝶

【注释】

① 栩栩（xǔ xǔ）然：翩翩飞舞的样子。② 喻：觉得。适志：合乎心意，快意。与：通"欤"，语尾助词。③ 蘧蘧（qú qú）然：僵直卧着的样子。④ 物化：意为物我的界限消失，物与我融化为一。

【译文】

从前庄周梦见自己变成了蝴蝶，翩翩飞舞的一只蝴蝶，自我感觉快意极了，不知道自己是庄周了。忽然醒了，自己分明是僵直卧在床上的庄周。不知道是庄周做梦化为蝴蝶呢，还是蝴蝶梦中化为庄周呢？庄周与蝴蝶，必定是有分别的。这种物我的转变就叫做"物化"。

◎品庄悟道◎

庄周梦蝶

在庄子看来，己和人，物和我，我和非我都没有差别，大家都是道的产物，是一个本原出来的东西。庄子梦蝴蝶也好，蝴蝶梦庄子也好，不用去分辨，也分辨不清楚，因此他的口号是"天地与我共生，万物与我为一"。想到蝴蝶变成庄子还是庄子变蝴蝶的人是小觉，而只有认识到两者没有区别的人才是大觉。只有大觉能得道，理解道。

中国以梦来说故事的例子有很多，"庄周梦蝶"的故事就是其中之一。在梦里或是梦醒之后，庄周与蝴蝶，谁是真实的，谁是虚幻的？这些都不必深究。这是因为不管是梦还是醒，不管是庄周还是蝴蝶，都是道的物化形式。追根结底，世间的所有事物和景象都是由道产生而来的，尽管它们的形式不同，但根源都是一样的。

庄周梦蝶的故事对后世文人很有启发，这些启发多是对人生无常的感慨。例如，唐代诗人李商隐写了一首《无题》诗，其中前四句写道："锦瑟无端五十弦，一弦一柱思华年。庄生晓梦迷蝴蝶，望帝春心托杜鹃。"这里，"庄周梦蝶"完全失去了庄子化解人世痛苦的本意，而是成为诗人寄托浮生若梦的感受，体会生命惘然的一种方式。

元曲大家马致远《双调·秋思》里说道："百岁光阴一梦蝶。重回首往事堪嗟。今日春来，明朝花谢。急罚盏夜阑灯灭。"这里流露出作者看尽人世间争名夺利的纷扰，渴望过闲适自在生活的感情。作者对生命也有更深一层的感悟，人生不过百年，却恍如梦境一场，还不如趁着夜深、油灯未灭、生命犹存的时候，及时饮酒来得痛快呢！

◎养生主◎

【题解】

本篇以阐述人生观为主旨。所谓"养生主"，即指养生之道。主，指主宰者，即道。庄子说的这个养生之道，就是"缘督以为经"，意思是不要为善去求名，不要因做不好的事而遭受惩罚，顺乎自然之中道，就可以"保身""全生""尽年"。他以庖丁解牛为喻，指出应当"以无厚入有间"，避开一切矛盾冲突，使自己在纷繁的社会中"游刃有余"。庄子的这种人生观强调的是精神上的自由，即顺乎自然天性，"安时处顺"，听任命运的安排，不要人为地做什么。这种人生哲学有一定的消极性。

【分节导读】

此节作者提出顺乎自然的养生之道。生有涯而知无涯，以有限之生追寻无限之物必疲役身心。人要顺乎自然，不因追名逐利殚思竭虑伤身害体，也不因恣意妄为触犯法律遭刑法所罚。

【原文】

吾生也有涯①，而知也无涯。以有涯随无涯，殆已②；已而为知者，殆而已矣。为善无近名，为恶无近刑③。缘督以为经④，可以保身，可以全生，可以养亲⑤，可以尽年。

【注释】

①涯：边涯，界限。②殆（dài）：疲困。③为善无近名：做善事不要有求名之心，做恶事不要遭受刑害。④缘督以为经：顺着自然之道以为常法。缘，因循。督，人身前中部的脉络为任脉，人身后中部的脉络为督脉。任、督二脉为人体奇经八脉的主脉，主呼吸。⑤亲：精神。

吾生也有涯，而知也无涯。

【译文】

人的生命是有限的，而知识是无穷的。用有限的生命去追求无限的知识，会陷入疲困；既然这样还要汲汲追求知识，就会更加疲困不堪了！做善事不要有求名之心，做恶事不要遭受刑戮之苦。把顺应自然作为养生的常法，便可以保全身体，可以保全生命，可以培养精神，可以尽享天年。

◎品庄悟道◎

吾生也有涯，而知也无涯

庄子将"终其天年而不中道夭者"看成很高的智慧，认为人的生命由天所赐，人理应尽己所能尽享天年。《养生主》的目的在于阐明修养精神的重要性，庄子清楚地指出了"保身""全生""养亲""尽年"的方法——顺应自然。在庄子看来，刻意追求外物，不管是求名求利，还是求学求知，都有违自然之道，人不应用有限的生命去追求无穷无尽之物，而是要学会安时处顺。

但儒家却对此有不同的看法。和庄子相反，孔子十分热衷求知，对求知，儒家的名言是"学如不及，犹恐失之"。与此同时，也有很多人为了实现自己的价值，心甘情愿地将有限的生命投入到无限的知识中去。

因此，对"吾生也有涯，而知也无涯"，人们见仁见智。对一些人来说，恬淡安稳，轻松愉悦地过完一生最重要。但对另一些人来说，就是因为生命有限，所以才应该充分利用时间，多做一些有意义的事，造福他人。

【分节导读】

此节以庖丁解牛的故事喻处世之道，以解牛之法写处世之法。在作者这里，万物皆出于道，社会与牛相通，解牛与处世相通。解牛需了解牛之肌理，处世需了解世情规律；解牛需"以无厚入有间"，处世需规避矛盾障碍；解牛需"视为止，行为迟，动刀甚微"，处世则需多观察，多思考，谨言慎行。解牛之刀一如经世之人，善解牛者刀不易折，善处世者人不易损。庖丁目无全牛，而世界在善处世者眼中则开阔无碍。

【原文】

庖丁为文惠君解牛[①]，手之所触，肩之所倚，足之所履，膝之所踦[②]，砉然响然[③]，奏刀騞然[④]，莫不中音；合于《桑林》之舞[⑤]，乃中《经首》之会[⑥]。文惠君曰："嘻[⑦]，善哉！技盖至此乎[⑧]？"

庖丁释刀对曰[⑨]："臣之所好者道也，进乎技矣。始臣之解牛之时，所见无非全牛者也。三年之后，未尝见全牛也。方今之时，臣以神遇而不以目视，官知止而神欲行[⑩]。依乎天理[⑪]，批大郤[⑫]，导大窾[⑬]，因其固然[⑭]。枝经肯綮之未尝微碍[⑮]，而况大軱乎[⑯]！良庖岁更刀，割也；族庖月更刀[⑰]，折也[⑱]。今臣之刀十九年矣，所解数千牛矣，而刀刃若新发于硎[⑲]。彼节者有间，而刀刃者无厚；

庖丁为文惠公解牛。

以无厚入有间，恢恢乎其于游刃必有余地矣[20]。是以十九年而刀刃若新发于硎。虽然，每至于族[21]，吾见其难为，怵然为戒[22]，视为止[23]，行为迟。动刀甚微，謋然已解[24]，牛不知其死也，如土委地。提刀而立，为之四顾，为之踌躇满志[25]，善刀而藏之[26]。"

文惠君曰："善哉！吾闻庖丁之言，得养生焉。"

刀用了十九年，还像新的一样。

牛骨节有间隙，刀刃没厚度。

【注释】

①庖（páo）丁：名叫丁的厨师。文惠君：战国时魏国国君，因魏后迁都大梁，又称梁惠王。②踦（yǐ）：通"倚"，屈膝抵住。③砉（huò）：象声词，皮骨相离时的声音。④騞（huō）：刀解剖东西所发出的声音。⑤桑林：殷商时代的乐名。⑥经首：尧时乐名。会：韵律，节奏。⑦譆（xī）：同"嘻"，赞叹声。⑧盖：通"盍"，何。⑨释：放。⑩官知止而神欲行：耳、目等感觉器官的作用停止了，而运用心神。⑪天理：自然的纹理。⑫批大郤：劈筋骨的间隙。批：击，砍。郤（xì），通"隙"，筋骨的间隙。⑬导：引刀而入。窾（kuǎn）：空处，指骨节间的空隙。⑭因其固然：顺着牛体本来的结构。⑮枝：枝脉。经：经脉。肯：附着在骨头上的肉。綮（qìng）：筋骨盘结处。⑯軱（gū）：大骨。⑰族庖：一般

要按照牛的身体结构动刀。

的厨师。⑱折：斫，劈砍。⑲硎（xíng）：磨刀石。⑳恢恢乎：宽绰的样子。㉑族：交错盘结处。㉒怵（chù）然：小心谨慎的样子。㉓视为止：视力在一个点上集中下来，比喻眼神专注。㉔謋（huò）：分离，解散。㉕踌躇（chóu chú）：从容自得的样子。㉖善：拭，擦。

牛不知自己死了，像土溃散在地。

【译文】

　　庖丁给文惠王宰牛，手接触的地方，肩倚着的地方，脚踩着的地方，膝抵住的地方，发出哗哗的或轻或重的响声，进刀时发出哗啦啦的响声，没有不合乎音律的。合乎《桑林》舞曲的节拍，又同于《经首》乐章的韵律。

　　文惠王说："啊，好极了！您的技术怎么能达到这般高超的地步呢？"

　　庖丁放下刀回答说："我所爱好的是道，已经超越技术了。我刚开始宰牛的时候，所看到的无非是牛。三年以后，未尝

文惠公听庖丁谈解牛，悟养生之道。

看见整个的牛了。到了现在，我只用心神和牛接触而不用眼睛去看，耳目等感官的作用停止而心神在运行着。依照牛体的自然纹理，劈开筋骨间的空隙，引刀入骨间的空隙，顺着牛体本来的结构动刀。那些经络相连、筋骨聚结的地方都不曾有什么妨碍，更何况大骨头呢！好的厨师一年更换一把刀，他们用刀割筋肉；一般的厨师一个月更换一把刀，他们用刀砍骨头。现在我这把刀已用了十九年，所宰过的牛有几千头了，而刀刃好像在磨刀石上新磨过的一样锋利。因为牛骨节是有间隙的，而这刀刃却薄得没有厚度，用没有厚度的刀刃切入有间隙的骨节，这其中宽宽绰绰的，当然会游刃有余了。所以这把刀子用了十九年还像新磨的一样。即便如此，每遇到筋骨聚结的地方，我见了知道不容易，小心谨慎，视线专注，动作慢下来，动刀很轻微，牛体哗啦啦就分解开了，牛还不知道自己已经死了呢，像土溃散在地。这时我提刀站立，环顾四周，感到心满意足，将刀擦净收好。"

　　文惠王说："好啊！我听了庖丁的这一番言语，得到了养生之道。"

⊙品庄悟道⊙

游刃有余

牛的骨节间有间隙，刀却薄到几乎没有厚度，用没有厚度的刀子插入牛的骨缝中，刀子还能来回游动。同是解牛，有人一个月就要换一把刀，可庖丁解了十九年的牛，刀子依然光洁如新。这就好比现实生活中，做同样一件事情，有人觉得非常困难，心力交瘁，有人却得心应手，轻轻松松。做事如同解牛，不能一上来就动手开解，而是要先观察，在对情况有了一定的了解后，再从一个恰当的角度下手。

凭蛮力做事，往往事倍功半，而如庖丁般多动脑、用巧劲儿，则事半功倍。庖丁在解牛时遵循的是"依乎天理""因其固然"的原则。人们大可以将该原则推而广之，所谓"天理"其实可以看作事物发展运动的规律，"固然"可以视作事物的性质、特点。把尊重规律，因事制宜作为处事的前提，事情往往也就成功了一半了。

【分节导读】

此节用天生独脚之人引出对"非常"的思考。当人被固有的观念局限，将顺乎自然却与众不同之物当做非常，必引发不必要的烦恼和困惑。作者的养生以养神为重，其用"畜乎樊中"的雌鸡象征精神被束缚住的人。精神自由若被牺牲，即使物质丰盈，也无法达到自在逍遥的境界。

【原文】

公文轩见右师而惊曰[①]："是何人也？恶乎介也[②]？天与，其人与？"曰："天也，非人也。天之生是使独也，人之貌有与也。以是知其天也，非人也。"

泽雉十步一啄[③]，百步一饮，不蕲畜乎樊中[④]。神虽王[⑤]，不善也。

【注释】

①公文轩：姓公文，名轩，宋国人。右师：官职名，这里指一个当过右师的人。②恶乎：何以。介：独，指仅一只脚。③泽雉：草泽中的野鸡。④蕲（qí）：求。樊（fán）：笼子。⑤王（wàng）：通"旺"，盛，饱满。

草泽中的野鸡虽觅食艰难，却不求被养于笼中。

【译文】

公文轩看到一个当过右师的人不禁吃惊地说："这是什么人呢？怎么只有一只脚呢？是天生就这样，还是人为造成的呢？"他想了想自语说："是天生的，不是人为造成的。天生此人使他只有一脚，因为人的形貌是天赋予的。所以知道他这是天生的，不是人为造成的。"

草泽里的野鸡走十步才啄到一口食，走百步才饮到一口水，但它并不祈求被养在笼里。在笼中神态虽然旺盛，但并不自在。

【分节导读】

此节通过秦失在老子葬礼上的表现阐释对死亡的看法。人顺应自然而生，顺应自然而死，人若为顺乎自然之事痛苦就违反了自然法则，他所感受到的痛苦就相当于"遁天之刑"。此节用薪火喻生死之变化——古人以薪裹动物脂肪燃烧取光，脂膏燃烧转化为光——让人领悟由生入死亦通薪尽火传，无非是一种形式上的转化，无需悲伤。

【原文】

老聃死①，秦失吊之②，三号而出。

弟子曰："非夫子之友邪？"

曰："然。"

"然则吊焉若此，可乎？"

曰："然。始也吾以为至人也，而今非也。向吾入而吊焉③，有老者哭之，如哭其子；少者哭之，如哭其母。彼其所以会之，必有不蕲言而言，不蕲哭而哭者。是遁天倍情④，忘其所受，古者谓之遁天之刑。适来，夫子时也；适去，夫子顺也。安时而处顺，哀乐不能入也，古者谓是帝之县解⑤。

指穷于为薪⑥，火传也，不知其尽也。

【注释】

①老聃（dān）：即老子，姓李，名耳，字聃，春秋时楚国苦县（今河南鹿邑）人，曾做过周朝管理典籍的史官。②秦失：老子的朋友，也可能是庄子杜撰的人名。③向：刚才。④遁天：逃避自然。倍：通"背"，违背。⑤帝：天帝，自然之主。县解：解除倒悬。县，通"悬"。⑥指：通"脂"。薪：柴。

秦失去吊唁老聃。

生命若薪尽火传。

【译文】

老聃死了，秦失去吊唁，号了三声就出来了。

弟子问说："他不是您的朋友吗？"

秦失说："是的。"

"那么像这样吊唁是待朋友之礼吗？"

秦失说："是的。开始我以为他是至人，但现在觉得并非如此。刚才我进去吊唁时，看见有老年人哭他，如同哭自己的孩子；有少年人哭他，如同哭自己的父母。这些人聚在这里吊唁，必定有不想来吊唁而来吊唁的，不想哭的而哭了的。这是逃避天意，违背实情，忘掉了人之生死寿夭皆禀受于自然，古时候称此为逃避自然的规范。正该来的时候，老聃应时而生；正该去的时候，老聃顺时而去。安心时运而顺乎自然变化，哀乐便不能侵入心灵，古时候把这种解脱称为天帝解除人的倒悬。"

油脂做成烛薪燃烧是有穷尽的，火却传续下去，没有穷尽的时候。

⊙品庄悟道⊙

薪尽火传

燃烧的薪总有烧尽的时候，人的生命也有结束的那天。然而，在一支薪即将烧尽之时，将火引到另一支薪上，火就可以传递下去。人也如此，人会死，而人予他人的影响却不会随着他的死而消失。譬如庄子本人，其思想经过一代又一代人的钻研、解读，至今仍散发着夺目光芒。从这个角度看，人死了并不代表人不再存在，死亡只意味着人的存在形式发生了变化。

庄子在这里用火来喻人的存在并非偶然，火对人类有着重要的象征意义。火为人赶走黑暗，带来光明，赶走寒冷，带来温暖，火让人结束茹毛饮血的生活，进入文明时代。中国自古就有崇拜火的传统。在中国神话里，火神名为"祝融"，寓意"光明永在"。所以，"火传，不知其尽"，于小，体现了人生的智慧，要人放下对死亡的恐惧，做如老聃、庄子那般死而不灭的人；于大，又体现了全人类的愿望——但愿世间所有美好的事物，都能永远流传下去。

◎人间世◎

【题解】

"人间世"，即人间的社会。本篇讲的是人的处世哲学。庄子认为他所生活的是一个"仅免刑焉"的充满危险和灾难的社会，处在这样的社会，处世最要紧的是保全自身。为此通过颜回与孔子、孔子与诸梁、颜阖与蘧伯玉的对话及匠石见栎树等寓言，庄子提出"心斋"以忘我，主张游心、顺世代争，阐述了有用的害处和"无用才是大用"的道理。总体上说，庄子的处世哲学有逃避社会的消极色彩。

文中谈卫灵公太子一节，表现出庄子厌恶暴君强权的思想，具有批判社会现实的意义。

【分节导读】

在此节中，作者借颜回和孔子的对话来阐释自己的处世哲学。颜回试图前往卫国革其政治弊病，孔子却指出"道不欲杂，杂则多，多则扰"，"名"与"知"皆凶器。即使人本身并无争名之意，但由于"仁义绳墨之言"和暴人本身已构成对立，强行推行前者相当于激化了对立，和"圣人和之以是非"相悖，必然遭到不幸。作者借孔子之口表达了对"强以仁义绳墨之言术暴人之前"的否定。

【原文】

颜回见仲尼①，请行。

曰："奚之？"

曰："将之卫。"

曰："奚为焉？"

曰："回闻卫君②，其年壮，其行独③；轻用其国，而不见其过；轻用民死，死者以国量乎泽，若蕉④，民其无如矣⑤！回尝闻之夫子曰：'治国去之，乱国就之，医门多疾。'愿以所闻，思其所行，则庶几其国有瘳乎⑥！"

颜回打算去卫国，向孔子辞行。

仲尼曰："谯！若殆往而刑耳⑦！夫道不欲杂，杂则多，多则扰，扰者忧，忧而不救。古之至人，先存诸己而后存诸人。所存于己者未定，何暇至于暴人之所行！

"且若亦知夫德之所荡而知之所为出乎哉？德荡乎名，知出乎争。名也者，相轧也；知也者，争之器也。二者凶器，非所以尽行也。

"且德厚信矼⑧，未达人气，名闻不争，未达人心。而强以仁义绳墨之言术暴人之前者⑨，是以人恶育其美也⑩，命之曰菑人⑪。菑人者，人必反菑之，若殆为人菑夫！且苟为悦贤而恶不肖，恶用而求有以异？若唯无诏⑫，王公必将乘人而斗其捷。而目将荧之⑬，而色将平之，口将营之⑭，容将形之，心且成之。是以火救火，以水救水，名之曰益多。顺始无穷，若殆以不信厚言，必死于暴人之前矣！

"且昔者桀杀关龙逢⑮，纣杀王子比干⑯，是皆修其身以伛拊人之民⑰，以下拂其上者也，故其君因其修以挤之。是好名者也。昔者尧攻丛、枝、胥敖⑱，禹攻有扈⑲，国为虚厉⑳，身为刑戮，其用兵不止，其求实无已㉑。是皆求名实者也。而独不闻之乎？名实者，圣人之所不能胜也，而况若乎！虽然，若必有以也㉒，尝以语我来！"

孔子告诫颜回："用忠厚之言谏争，必死于暴君之前。"

【注释】

①颜回：字子渊，孔子的弟子。仲尼：孔子的字。②卫君：一说指卫庄公，为寄寓之言，无需考订。③行独：行为独断专横。④死者以国量乎泽，若蕉：以国事的名义死去的人填满了山泽，有如蕉之枕藉不可计量。⑤无如：无处可去，无所归依。⑥则：法则。瘳（chōu）：病愈。⑦若：你。殆：恐怕，将要。⑧德厚信矼（gāng）：道德纯厚，信誉坚实。⑨术：通"述"，陈述。⑩是以人恶育其美也：这是以人之恶来炫耀自己的美德。有，一说为"育"之误，表示卖弄。⑪菑："灾"的异体字。⑫谄：争辩，谏诤。⑬荧（yíng）：眩。⑭口将营之：口里只顾得营救自己。⑮桀（jié）：夏朝末代君王，以暴虐著称。关龙逢：桀时贤臣，因忠谏被杀。⑯纣：商朝末代君主，极残暴。比干：纣王叔父，因进谏被剖心。⑰伛拊（yǔ fǔ）：爱养。⑱丛、枝、胥敖：三个古代小国。《齐物论》中作"宗、脍、胥敖"。⑲禹：大禹，传说为夏朝第一个王，因治水有功，舜让位给他。有扈：夏时国名。⑳虚：通"墟"，废墟。厉：厉鬼。古时谓人无后而死则为厉鬼。㉑求实无已：贪利不已。实，利益。㉒有以：有原因。以，原因。

【译文】

颜回拜见孔子，向他辞行。

孔子问："到哪儿去？"

颜回说："将到卫国去。"

孔子问："去做什么？"

颜回说："我听说卫国的君主，他年壮气盛，行为独断专横，他轻率地处理国事，而看不见自己的过错；他轻率地用兵而不惜百姓的生命，以国事的名义使死去的人填满了山泽，有如蕉之枕藉不可胜计，百姓真是无路可走了。我曾听先生说过：'安定的国家可以离开，危乱的国家应前往救助，就像医生的门前有很多病人一样。'我愿照先生所说的去想想办法，也许这个国家还有救吧！"

孔子说："唉！你去了怕是要遭受刑戮啊！道是不能混杂的，混杂了就多事，多事就会受干扰，干扰就引起忧虑，忧虑时再自救也来不及了。古时的'至人'，先充实自己而后才去扶助别人。如果自己还未立稳，哪有余暇去纠正暴君的行为呢？

"况且你知道'德'之所以过分和'智'之所以外露的原因吗？'德'的过分是由于好名，'智'的外露是由于争胜。'名'这东西，是人们相互倾轧的原因；'智'这东西，是人们相互争斗的器具。这两者都是凶器，是不可以尽行于世的。

"而且一个人德性纯厚、守信诚实，但未必能使别人了解，即使不和别人争名，也未必能达到别人的心意。如果强行用仁义规范的言论在暴君面前陈述，这样将被认为是以人之恶来炫耀自己的美德，这样将被认为是害人。害别人的人，别人必定会反过来害他，你恐怕要被人害了。况且，如果卫君喜欢贤人而厌恶不肖之人，何必用你去显示有异于人呢？除非你不向他谏诤，否则卫君一定钻你言论的空子而争取同你辩论的胜利。那时你的眼睛将会眩惑不清，面色平和下来，口里只顾得营救自己，卑恭的面容将会显露出来，内心也就顺着他了。这是用火去救火，用水去救水，叫做越救越糟。开始时就依从他，以后会没完没了，如果他不信忠厚之言的谏诤，你必定会死在暴君的面前了！

德是因为好名，圣人多难克名利。

"从前夏桀杀关龙逢，商纣杀王子比干，都是因为他们修身蓄德，以臣下的身份去关爱人君的民众，以臣下的身份拂逆了在上的君主的心意，所以他们的君主因他们修身养德而排挤他们。这就是好名的结果。从前尧攻打丛、枝、胥敖三国，禹攻打有扈，使这些国家成为废墟，人成了厉鬼，国君被杀戮，这都是他们用兵不断、贪利不已所造成的，这都是因为求名贪利。你没有听说过吗？名利之心，有时连圣人都克制不了，何况你呢！虽然这样，你必定有你的想法，且说给我听听！"

◎品庄悟道◎

以火救火，以水救水

用火救火，火势必将越烧越旺；用水救水，水注定越积越多。向残暴的人推行仁义，只会令其更加残暴。庄子借孔子之口对这种做法予以了否定，提醒人们，不管人是否有意，用别人的缺点来显示自己的优点，都不足取。"以火救火，以水救水"的含义和"抱薪救火"相当，都有"用错误的方法解决问题，激化矛盾"的意思。不过，清代学者俞樾指出"以火救火"一词，并非出自庄子，而是出自墨子。

《墨子·兼爱》中有这样一段话："非人者必有以易之，若非人而无以易之，譬之犹以水救水，以火救火也，其说将必无可焉。"意思是说，天下之所以大乱是因为人做不到不分人我，不能彼此相爱，但单是找出社会动荡的根源还远远不够，若不能提出解决办法，就像以火救火，以水救水，与现实无益。现实生活中也是这样，有人的地方难免有利益之争，光是知道人与人针锋相对是利益使然，于事无补。有时，直接讲明这点还会让双方的矛盾激烈化。因为，双方在未挑明对立关系时，言行举止多会有所顾忌，不好将事情做得太绝，而一旦对立的关系公开，大家也就不需要遮遮掩掩了。

【分节导读】

此节承接上文，继续借孔子之口叙述自己的观点，指出无论是"端而虚、勉而一"，还是"内直而外曲，成而上比"，皆属个人德行。个人德行的"小道"还不足以感化暴人。要感化暴人必要有虚静空明之心，即"心斋"——光明自空明之心而生，万物皆可感化。因此，人应无思无虑，浑然忘我，随遇而安。

【原文】

颜回曰："端而虚①，勉而一②，则可乎？"

曰："恶！恶可！夫以阳为充孔扬③，采色不定④，常人之所不违，因案人之所感⑤，以求容与其心⑥。名之曰日渐之德不成⑦，而况大德乎！将执而不化，外合而内不訾⑧，其庸讵可乎！"

顏回问："端肃谦虚，行事专一，可以吗？"

"然则我内直而外曲，成而上比⑨。内直者，与天为徒⑩。与天为徒者，知天子之与己皆天之所子，而独以己言蕲乎而人善之，蕲乎而人不善之邪？若然者，人谓之童子，是之谓与天为徒。外曲者，与人之为徒也。擎跽曲拳⑪，人臣之礼也，人皆为之，吾敢不为邪！为人之所为者，人亦无疵焉，是之谓与人为徒。成而上比者，与古为徒。其言虽教，谪之实也，古之有也，非吾有也。若然者，虽直而不病，是之谓与古为徒。若是则可乎？"

仲尼曰："恶！恶可！大多政法而不谍⑫，虽固亦无罪。虽然，止是耳矣，夫胡可以及化！犹师心者也⑬。"

【注释】

① 端而虚：外表端肃而内心谦虚。② 勉而一：勤勉行事而心志专一。③ 以阳为充孔扬：骄盛之气充满于内而张扬于外。阳，骄盛之气。孔，甚。④ 采色不定：喜怒变化不定。采色，神采气色。⑤ 案人之所感：压抑别人的规劝。案，同"按"，压抑。⑥ 求容与其心：求自己内心的畅快。容与，自快。⑦ 日渐之德：每天长进的道德，即小德。⑧ 外合而内不訾：表面附合，内心并不采纳。訾（zī），通"资"，资取，采纳。⑨ 成而上比：引用成说而上比于古人。⑩ 与天为徒：与自然为同类。天，上天，自然。徒，同类。⑪ 擎（qíng）：执，指执笏，即大臣上朝拿着手板。跽（jì）：跪拜。曲拳：鞠躬。⑫ 大多政法而不谍：正人之法太多犹不稳当。大，读作"太"。政，通"正"。谍（dié），稳当。⑬ 师心：以自心为师，执着于自己的成见。

擎笏跪拜，鞠躬行礼，是臣子的礼节。

【译文】

颜回说:"外表端肃而内心谦虚,勤勉行事而心志专一,这样可以吗?"

孔子说:"唉!怎么可以呢!卫君骄盛之气充满于内而张扬于外,喜怒变化不定,平常人都不敢违逆他,因而他压抑别人对他的劝谏,以求自己内心的畅快。这种人每天用小德渐渐感化都不成,何况用大德来规劝呢!他必定固执不化,即使表面附合而内心并不采纳,你用的办法怎么可行呢!"

颜回说:"那么我内心正直而外表恭顺,引用成说上比古人。所谓内心正直,就是和自然同类。和自然同类,就知道人君和我,都是天生的,这样我哪里会祈求别人称赞自己说的话为善,又哪里会管别人的指责为不善呢?像这样,人们便会说我有赤子之心,这就叫做与自然同类。所谓外表恭顺,是和一般人同样。上朝擎笏跪拜,鞠躬行礼,这是做人臣的礼节。别人都这样做,我敢不这样做吗?做大家都做的事,别人也就不会指责我了,这就叫做和世人同类。所谓引用成说上比古人,是和古人同类。所说的虽然是古人的教诲,其实是指责人君的过失,这种做法是古时就有的,并不是我创造的。像这样,言语虽直率但不会招祸,这就叫做与古人同类。这样可以吗?"

孔子说:"唉!怎么可以呢!纠正人君的方法太多而不妥当。这些方法虽然浅陋,但也不会获罪于卫君。然而,只不过如此而已,怎么能够感化他呢!你太执着自己的成见了。"

【原文】

颜回曰:"吾无以进矣,敢问其方。"

仲尼曰:"斋,吾将语若!有心而为之,其易邪?易之者,暤天不宜①。"

颜回曰:"回之家贫,唯不饮酒不茹荤者数月矣。如此,则可以为斋乎?"

曰:"是祭祀之斋,非心斋也。"

回曰:"敢问心斋。"

仲尼曰:"若一志,无听

心斋不同于祭祀之斋。

之以耳而听之以心,无听之以心而听之以气!耳止于听,心止于符②。气也者,虚而待物者也。唯道集虚。虚者,心斋也。"

颜回曰:"回之未始得使③,实有回也;得使之也,未始有回也;可谓虚乎?"

夫子曰:"尽矣。吾语若!若能入游其樊而无感其名④,入则鸣,不入则止。无门无毒⑤,一宅而寓于不得已⑥,则几矣。

"绝迹易,无行地难⑦。为人使易以伪,为天使难以伪。闻以有翼飞者矣,未闻以无翼飞者也;闻以有知知者矣,未闻以无知知者也。瞻彼阕者⑧,虚室生白⑨,吉祥止止⑩。夫且不止,是之谓坐驰⑪。夫徇耳目内通而外于心知⑫,鬼神将来舍,而况人乎!是万物之化也,禹、舜之所纽也,伏戏、几蘧之所行终⑬,而况散焉者乎⑭!"

【注释】

①暤(hào)天不宜:与自然之理不合。②符:接合。③得使:得到教诲。④无感其名:不为名位动心。⑤无门无毒:不由门路营求。毒,当作"窦",音同相假借。⑥一宅:安心于一,了无二念。⑦绝迹易,无行地难:不

走路容易，走路不留行迹难。释德清说："逃人绝迹尚易，独有涉世无心，不着形迹为难。"⑧瞻彼阒者：观照那个空明的心境。阒，空，空明。⑨虚室生白：空明的心境生出光明。司马彪说："'室'比喻心，心能空虚，则纯白独生也。"⑩吉祥止止：吉祥善福，止在宁静之心。止止，止于所止，意谓止在宁静之心。⑪坐驰：指形坐而心驰。⑫外于心知：排除心机智识。⑬伏戏、几蘧（qú）：传说中的上古帝王。戏，通"羲"。⑭散焉者：疏散无为的人，指一般人。

形坐而心驰。

【译文】

颜回说："我没有更好的办法了，请问先生的高见？"

孔子说："你先斋戒，我再告诉你。你有诚心去做事，哪里有这么容易呢？如果认为容易，那就不合自然之理了。"

颜回说："我家贫穷，我不饮酒、不吃荤已经好几个月了。这样子，可以算是斋戒吗？"

孔子说："你这是祭祀的斋戒，不是心斋。"

心志专一，不用耳朵去听，而是用心去听。

颜回说："请问什么是心斋？"

孔子说："你心志专一，不用耳朵去听而是用心去听，进一步不用心听而用气去感应。耳的作用止于聆听外物，心的作用止于与外物接合。气这东西，是虚空而能容纳万物的。只有达到空明的虚境才能容纳道的聚集。这种虚境，就是心斋。"

颜回说："我没有听到心斋这个道理的时候，实在感到我自身的存在；听到心斋这个道理后，就觉得未曾有我自身存在了，这可以叫做达到虚境吗？"

孔子说："心斋的道理已尽于此。我告诉你！你进入卫国这樊笼中不要为名位而动心，他们能接受你的话就说，不能接受就不说。不走门路去营求，安心于一，了无二念，待人接物一切都不得已而为之，就差不多了。

"人不走路容易，走路不留行迹难。为人的欲望所驱使则容易作伪，为自然所驱使就难以作伪。听说过有翅膀才能飞，没有听说过没有翅膀而能飞的；听说过用心智去求得知识，没听说过不用心智而求得知识的。观照那个空明的心境，空明的心境就会生出光明，吉祥善福止在宁静之心。如果心境不能宁静，这就叫做形坐而心驰。使耳目感觉向内通达而排除心机智识，这样连鬼神也将会来依附，何况人呢！这样万物都可以感化，这是禹、舜处世的关键，也是伏羲、几蘧行为的准则，何况普通人呢！"

◎品庄悟道◎

感化暴人的方法

孔子建议用"心斋"来感化暴人，让心灵处在一种空明的状态中。拥有心斋的人会像道一样，包容万物。而在和暴人相处时，人们多只注意到暴人的可憎之处，一心想着如何将这些可憎之处消灭，无形中让自己和暴人对立起来，殊不知一旦对立的关系形成，暴人也就没可能心甘情愿地接受美德的感化了。

心斋蕴含着与人相处的智慧。要感化暴人，首先要拥有能够包容暴人的心。与人相处也是如此。心能容下他人，方能为他人接受，对方只有先接受了你的人，才有可能被你的美德影响。值得一提的是，现实中极少有能感化万物的人，但包容心强的人通常都比不能容人的人更受人欢迎，如果想享受他人的优点，就要先学习包容他人的缺点。另一方面，心斋在更多时候发挥的都是提升人自身修养的作用，修养的提高也会对人际关系的改善有所帮助。

【分节导读】

在此节中叶公子高因出使齐国倍感焦虑而向孔子请教解脱之法。孔子则给他以"行事之情而忘其身"的建议。"行事之情"即顺乎自然，"忘其身"即"至人无己"，与前文的"心斋"两相呼应。人若从"我"的束缚中挣脱，忘记自我的利害得失，便无暇顾及"悦生恶死"，达到解脱。

【原文】

叶公子高将使于齐^①，问于仲尼曰："王使诸梁也甚重^②，齐之待使者，盖将甚敬而不急。匹夫犹未可动，而况诸侯乎！吾甚栗之。子常语诸梁也曰：'凡事若小若大，寡不道以欢成^③。事若不成，则必有人道之患；事若成，则必有阴阳之患^④。若成若不成而后无患者，唯有德者能之。'吾食也执粗而不臧，爨无欲清之人^⑤。今吾朝受命而夕饮冰，我其内热与^⑥！吾未至乎事之情，而既有阴阳之患矣；事若不成，必有

叶公子高为出使齐国一事请教孔子。

人道之患。是两也，为人臣者不足以任之。子其有以语我来！"

仲尼曰："天下有大戒二^⑦：其一，命也；其一，义也^⑧。子之爱亲，命也，不可解于心；臣之事君，义也，无适而非君也，无所逃于天地之间。是之谓大戒。是以夫事其亲者，不择地而安之，孝之至也；夫事其君者，不择事而安之，忠之盛也；自事其心者^⑨，哀乐不易施乎前^⑩，知其不可奈何而安之若命，德之至也。为人臣子者，固有所不得已。行事之情而忘其身，何暇至于悦生而恶死！夫子其行可矣！

"丘请复以所闻：凡交，近则必相靡以信，远则必忠之以言。言必或传之。夫传两喜两怒之言，天下之难者也。夫两喜必多溢美之言，两怒必多溢恶之言。凡溢之类妄，妄则其信之也莫^⑪，莫则传言者殃。故法言曰^⑫：'传其常情，无传其溢言，则几乎全。'

"且以巧斗力者,始乎阳,常卒乎阴[13],大至则多奇巧;以礼饮酒者,始乎治,常卒乎乱,大至则多奇乐。凡事亦然。始乎谅,常卒乎鄙[14];其作始也简,其将毕也必巨。

"言者,风波也;行者,实丧也[15]。夫风波易以动,实丧易以危。故忿设无由,巧言偏辞。兽死不择音,气息茀然[16],于是并生心厉[17]。剋核大至[18],则必有不肖之

无论处境如何,都让父母安适。

心应之,而不知其然也。苟为不知其然也,孰知其所终!故法言曰:'无迁令,无劝成[19]。过度益也[20]。'迁令劝成殆事,美成在久,恶成不及改,可不慎与!

"且夫乘物以游心,托不得已以养中[21],至矣。何作为报也[22]!莫若为致命[23],此其难者。"

【注释】

①叶公子高:姓沈,名诸梁,字子高。楚庄王玄孙,被封于叶(shè),僭称公。②重:责任重大。③寡不道以欢成:很少有不依道而能成就美好结果的。④阴阳之患:身体阴阳失调而患病。⑤爨(cuàn):烧火做饭。⑥内热:内心焦灼。⑦大戒:人生足以为戒的大法。⑧其一,命也;其一,义也:一个是天性,一个是道义。命,天性。义,人应尽的社会责任。⑨自事其心者:懂得调养自己心性的人。⑩易施:改变,转移。⑪莫:通"漠",淡薄。⑫法言:格言,一说为古书名。⑬始乎阳,常卒乎阴:(以巧斗力者)开始于明斗,而常终于阴谋。阳,公开,外露。⑭始乎谅,常卒乎鄙:开始诚信,终则欺诈。谅,信,诚实。鄙,鄙恶,欺诈。⑮实丧:得失。⑯茀(bó):通"勃",气息急促。⑰心厉:狠戾之心。⑱剋(kè)核:苛刻,逼迫。⑲无迁令,无劝成:不要改变命令,不要强求成功。⑳益:"溢"的古字,越轨,超限。㉑养中:保养心中精气,即《养生主》"缘督以为经"的"缘督"。㉒何作为报也:何必作意去报效国君呢。㉓致命:传达君令。

【译文】

叶公子高将要出使齐国,问孔子说:"楚王交给我的使命很重大,齐国接待使者,总是表面上很恭敬而实际上很怠慢。普通人犹未可轻易打动,何况是诸侯呢!我很是害怕。您曾经对我说:'凡事不论大小,很少有不依道而能畅快办成的。事情如果办不成,则必定有人君的惩罚;事情如果办成了,

则必定会使身体阴阳失调而患病。无论成与不成都不会遭到祸患的,只有大德的人才能做到。'我饮食粗简而不求精美,烧火做饭的人不会因为热而求清凉。现在我早上接受使命而晚上就要喝冰水,我是内心焦灼了吧!我还没有了解事情的真相,就已经患了阴阳失调的病了;事情如果办不成,必定会遭人君的惩罚。这两种灾患临头,为人臣的实在承受不了。先生有什么办法告诉我吧!"

孔子说:"天下有两个足以为戒的大法

以巧斗力的人。

则：一个是命，一个是义。子女爱父母，这是人的天性，永远也不能从心里解除。臣子事君，这是臣子应尽的职责，无论到哪里都不会没有君主，这是天地间无法逃避开的。这就叫做足以为戒的大法则。所以子女奉养父母，无论什么境地都要使他们安适，这是行孝的极点了。臣子事奉君主，不管什么事都要安然处之，这是尽忠的极点了。懂得调养自己心性的人，哀乐不会改变之前的心境，知道事情难为无可奈何

孔子开导叶公子高。

而能安心去做，这是德的极点了。为人臣的，本来就有不得已的事。按实情去行事而忘记自身，哪有余暇去乐生怕死呢？你这样去做就可以了！

"我还要把所听到的再告诉你：大凡结交邻近的国家要以信用求得安顺，远方的国家要用言辞维系忠诚，言辞要靠使臣去传达。传达两国国君喜悦或怨怒的言辞，是天下最难的事。两国国君喜悦时的言辞必然多有溢美之辞，两国国君怨怒时的言辞必然多有溢恶之辞。凡是过分添加的话都是不实的，不实的东西没有诚信可言，不诚信就会让使者遭殃了。所以古语说：'要传达真实不妄的话，不要传达过分的话，这样就差不多可以保全自己。'

"凭机巧斗力的人，开始是明斗，到最后常常是来阴谋，太过分时就诡计多端了；以礼节饮酒的人，开始时规规矩矩，到最后常常会迷乱昏醉，太过分时就狂态百出了。任何事情都是这样。开始时互谅互让，到最后常常互相欺诈了。许多事情开始做的时候很单纯，快要完成时就变得很艰巨。

"言语这东西，就像捉摸不定的风波；而传达的言语，会有得有失。风波容易兴动，得失之间容易出现危难。所以忿怒的发作没有别的原因，就是由花言巧语和片面言辞造成的。困兽死时狂吼乱叫，怒气勃然而发，于是产生伤人的恶念。苛刻太过，必然会让人兴起恶念来报复，而自己还不知道为什么会这样。如果自己都不知道为什么会这样，谁还会知道他终将遭到什么结果呢！所以古语说：'不要改变所要传达的使令，不要强求成功。过度就是溢了。'改变使令，强求成功，会把事情变得危险，成就好事需要很久的时间，做糟了事情却来不及改过，这可以不谨慎吗？

"顺从事物的自然规律而悠然其心，寄托于不得已而养心中精气，这是最好的了。何必作意去报答君命呢？不如去如实传达君命，这是很困难的。"

【分节导读】

此节用一系列的比喻来写待人之道，以螳臂当车喻夸耀才能之危害，以养虎与爱马的对比强调顺其性之益与逆其性之危。与暴人相伴，人必要谨慎地依违于逆顺之间，既和他的言行保持一致，又和他的心性保持距离，然后在顺其行的过程中潜移默化地引导他的行为。

【原文】

颜阖将傅卫灵公太子①，而问于蘧伯玉曰②："有人于此，其德天杀③。与之为无方④，则危吾国；与之为有方，则危吾身。其知适足以知人之过，而不知其所以过。若然者，吾奈之何？"

蘧伯玉曰："善哉问乎！戒之，慎之，正女身也哉⑤！形莫若就⑥，心莫若和⑦。虽然，之二

者有患。就不欲入⑧，和不欲出⑨。形就而入，且为颠为灭，为崩为蹶。心和而出，且为声为名，为妖为孽。彼且为婴儿，亦与之为婴儿；彼且为无町畦⑩，亦与之为无町畦；彼且为无崖，亦与之为无崖。达之，入于无疵。

"汝不知夫螳螂乎？怒其臂以当车辙，不知其不胜任也，是其才之美者也。戒之，慎之！积伐而美者以犯之⑪，几矣。

"汝不知夫养虎者乎？不敢以生物与之，为其杀之之怒也；不敢以全物与之，为其决之之怒也；时其饥饱，达其怒心⑫。虎之与人异类，而媚养己者，顺也；故其杀者，逆也。

"夫爱马者，以筐盛矢⑬，以蜄盛溺⑭。适有蚊虻仆缘⑮，而拊之不时⑯，则缺衔、毁首、碎胸⑰。意有所至而爱有所亡，可不慎邪！"

颜回即将做卫灵公太子的老师。

螳螂试图用双臂挡住车轮。

【注释】

① 颜阖：姓颜名阖，传为鲁国贤人。傅：古时王室子弟的老师。这里作动词用。② 蘧（qú）伯玉：姓蘧，名瑗，字伯玉，卫国的贤大夫。③ 其德天杀：天性刻薄。④ 方：方圆，规矩。⑤ 女：通"汝"，你。⑥ 形莫若就：外貌不如表现出将就顺从之态。⑦ 心莫若和：内心不如存着调和之意。⑧ 就不欲入：亲就他而不要陷入。⑨ 和不欲出：引导他而不要太显露。⑩ 町（tǐng）畦（qí）：田界，此处引申为限制，界线。⑪ 积：多次。伐：夸耀。而：你。⑫ 达：引导，疏导。⑬ 矢："屎"的假借字，指马粪。⑭ 蜄（shèn）：大蛤壳。⑮ 仆缘：附着。仆，附。缘，攀。⑯ 拊：拍打。⑰ 缺衔、毁首、碎胸：马咬断口勒，毁坏笼头，挣碎胸上的络辔。

【译文】

颜阖将要做卫灵公太子的老师，他问蘧伯玉说："现在有一个人，天性刻薄。如果不用法度去劝导他，就会危害国家；如果用法度来规劝他，就会危害我自身。他的智能只知道别人的过错，而不知道自己也有这样的过错。像这样的人，我怎么对他呢？"

蘧伯玉说："你问得好！要警惕，要慎重，端正自身的行为吧！外貌不如表现出顺从之态，内心不如存着调和之意。即便如此，这两种做法仍会招来祸患。顺从他而不要太过分，引导他而不要太显露。外表顺从进而陷入太深，就要堕落毁灭。内心调和之意表露出来，他以为你是为了争声名，就会招致灾祸。他若是像天真无知的婴儿，你也姑且和他一样做个天真无知的婴儿。他如果做什么都没有界限，你也和他一样做什么都不分界限。他如果放荡无边际，你也和他一样放荡无边际。这样引导他到无过失的境界。

"你不知道螳螂吗？奋力举起臂膀来阻挡车轮，不知道自身不能胜任，这是因为它把自己的才能看得太高了。要警惕！要慎重！若常常夸耀自己的长处去冒犯别人，就跟挡车的螳螂差不多了。

"你不知道饲养老虎的人吗？不敢拿活物给它吃，因为它捕杀活物时会激发凶残的天性；不敢拿完整的食物给它，因为它撕扯食物时会激发凶残的天性。要了解它饥饱的时间，顺着它的喜怒去疏导。虎与人是异类，却驯服于饲养它的人，这是因为人能顺着它的性子。它所以要扑杀人，是因为人违逆了它的性子。

"爱马的人，用筐子盛马粪，用大蛤壳接马尿。赶上有蚊虻叮咬马，那爱马的人拍打得不是时候，马就会咬断口勒，毁坏笼头，挣碎胸上络辔。本意出于爱而结果适得其反，这可以不谨慎吗？"

养虎人依照虎性养虎。

爱马者不通马性，惊吓了马。

◎品庄悟道◎

意有所至，爱有所亡

现实生活中，人经常犯这样的错误，认为自己给对方的好，对方一定会欣然接受，自己对对方的好意，对方一定心领神会。然而每个人的个性都不同，甲所钟爱的，也许正是乙憎恶的，甲的一片苦心，乙可能并不理解，也许还很厌烦。

"意有所至，爱有所亡"，施爱予人虽好，但方式不对，不考虑对方的脾性、接受程度，只会适得其反。就像养马人，自始至终都站在人的视角上观马，人喜爱别致的生活器具，他便选这样的器具伺候马，而马其实并不在意盛粪的筐是美是丑。他看蚊虻叮在马背上，便猛然扑上去拍打，而马一点也不了解他的善意，还受到了惊吓。

认为自己给对方的好，对方一定能理解、一定会接受，实际上是高估了自己所施之爱的影响力，结果难免不会"螳臂当车"，这实是人际关系的大忌。庄子用养马人的故事提醒人，为人处世不能一厢情愿，必须要以尊重他人的性情为前提。施爱于人，与其给对方自己觉得好的东西，不如给对方所喜的；与其用自己喜欢的方式爱对方，不如用对方喜欢的方式去爱。

【分节导读】

此节以栎树托梦的故事论无用之用。匠石站在社会的角度称栎树无用，栎树则站在自身的角度向匠石说明社会立场上的"无用"恰是自身立场的"有用"。常人多站在社会的立场上判断事物是有用还是无用，作者则与众不同地站在自身立场上指出，有用导致祸患，无用可保全自身。因此，判断事物是否有用，不单要参照社会标准，也要关照个人视角，忽视其中任何一个方面都有可能步入危难。

【原文】

匠石之齐①，至于曲辕②，见栎社树③。其大蔽数千牛，絜之百围④，其高临山十仞而后有枝，其可以为舟者旁十数⑤。观者如市，匠伯不顾⑥，遂行不辍。弟子厌观之⑦，走及匠石，曰："自吾执斧斤以随夫子，未尝见材如此其美也。先生不肯视，行不辍，何邪？"

曰："已矣，勿言之矣！散木也，以为舟则沉，以为棺椁则速腐⑧，以为器则速毁，以为门户则液樠⑨，以为柱则蠹⑩。是不材之木也，无所可用，故能若是之寿。"

匠石归，栎社见梦曰⑪："女将恶乎比予哉？若将比予于文木邪？夫柤梨橘柚⑫，果蓏之属⑬，实熟则剥，剥则辱；大枝折，小枝泄⑭。此以其能苦其生者也，故不

匠石梦栎社之树。

终其天年而中道夭，自掊击于世俗者也。物莫不若是。且予求无所可用久矣！几死，乃今得之，为予大用。使予也而有用，且得有此大也邪？且也，若与予也皆物也，奈何哉其相物也？而几死之散人，又恶知散木！"

匠石觉而诊其梦⑮。弟子曰："趣取无用⑯，则为社何邪？"

曰："密！若无言！彼亦直寄焉，以为不知己者诟厉也⑰。不为社者，且几有翦乎⑱！且也，彼其所保与众异，而以义喻之，不亦远乎！"

【注释】

①匠石：名叫石的木匠。之：往。②曲辕：虚拟的地名。③栎社树：把栎树作为社神祭祀。④絜（xié）：用绳量。百围：周长百尺。旧说直径一尺为一围。一说为两手合抱为一围。⑤旁：旁枝。⑥匠伯：匠石。伯，指工匠

栎树因无用得以保全自身。

之长。⑦厌观：饱看。厌，通"餍"，饱。⑧棺椁（guǒ）：棺材。棺材外再有一层叫椁。⑨液横（mán）：液体渗出。⑩蠹（dù）：蛀木虫。⑪见（xiàn）梦：托梦。⑫柤（zhā）：通"楂"，山楂。⑬果蓏（luǒ）：树木所结的果实叫果，瓜类等在地上蔓生植物的果实叫做蓏。⑭泄：通"抴"（yè），牵引。⑮诊：通"畛"，告。⑯趣取：求取。趣，志趣，志向。⑰诟（gòu）厉：辱骂。⑱翦（jiǎn）：砍伐。

【译文】

有个名叫石的木匠到齐国去，走到曲辕，看见一棵被视为社神的栎树。这棵树大到可以给几千头牛遮阴，用绳子量一下有百尺粗，树身高达山头，八丈以上才有树枝，可以造船的旁枝就有十几枝。观看的人众多，好像赶集一样，匠伯不屑一顾，不住脚地往前行。弟子看了个饱，跑着赶上匠石，问道："自从我拿了斧头跟随师傅以来，还不曾见过有这么大的木材。师傅不肯看上一眼，行走不停，为什么呢？"

匠石说："算了，不要再说了！那是没用的散木啊！用它做船很快就会沉没，用它做棺材很快就会腐烂，用它做器具很快就会毁坏，用它做门户就会渗出脂液，用它做房柱会长蛀虫。这是棵不成材的树木，没有任何用处，所以才有这么长的寿命。"

匠石回到家，社神栎树托梦说："你要拿什么和我相比呢？你拿我和质纹细密的树木相比吗？山楂树、梨树、橘子树、柚子树，瓜果之类，果实熟了就被剥落下来，剥落的时候就会受到折损。大枝被折断，小枝被拽拉。这是由于它们的才能害苦了自己的一生，所以不能享其天年而中途就夭折了，这是自己招来世俗的打击。万物没有不是这样的。况且我追求无所可用的境地已经很久了，几乎被砍死，到现在才得以保全，这正是我的大用。假使我有用，能长到这么高大吗？而且你和我都是物，为什么要这样评议物呢？你是将要死的散人，又怎么能知道散木呢？"

匠石醒后把梦告诉弟子。弟子说："栎树的志趣既然是寻求无用，那它为什么要充当社神树呢？"

匠石说："停！你别说了！它不过是特意假借社神寄托形体罢了，这才被那些不了解它的人辱骂了。它不充当社神，恐怕早就遭到砍伐了！况且它所保全自己的方法与众不同，以常理来评论它，不是相差太远了吗？"

【分节导读】

此节承接上节，通过子綦所见之神木论无用之用，并用荆氏的楸、柏、桑等木作为对比，论述有用之害。楸、柏、桑因存在利用价值，中途夭折，常人也难免为自己的才能所累。而神人则如不材之木，因超于物外而免于外物所伤。结合"神人无功"，不为社会所用有利于摆脱社会束缚，免受社会戕害，逍遥自在。

【原文】

南伯子綦游乎商之丘①，见大木焉，有异，结驷千乘，将隐芘其所藾②。子綦曰："此何木也哉？此必有异材夫！"仰而视其细枝，则拳曲而不可以为栋梁；俯而视其大根，则轴解而不可以为棺椁③；咶其叶④，则口烂而为伤；嗅之，则使人狂酲⑤，三日而不已。

南伯子綦像。

子綦曰："此果不材之木也，以至于此其大也。嗟呼神人，以此不材！"

宋有荆氏者⑥，宜楸柏桑⑦。其拱把而上者⑧，求狙猴之杙者斩之⑨；三围四围，求高名之丽者斩之⑩；七围八围，贵人富商之家求樿傍者斩之⑪。故未终其天年，而中道之夭于斧斤，此材之患也。故解之以牛之白颡者与豚之亢鼻者⑫，与人有痔病者不可以适河⑬。此皆巫祝以知之矣，所以为不祥也。此乃神人之所以大为祥也。

【注释】

①南伯子綦：即《齐物论》中南郭子綦。其为南郭之长，故称之为伯。商之丘：商丘，宋国都城，在今河南商丘市。②将隐芘其所藾：在这棵树树荫的庇护下可隐蔽车辆千乘。芘，通"庇"。藾（lài），荫。③轴解：树干中心分裂松散。轴，本指车轮中心的圆柱，这里借指树心。④咶（shì）：同"舐"，舔。⑤酲（chéng）：醉酒。⑥荆氏：地名。⑦楸（qiū）：落叶乔木，树干高且直，木质细密坚实。⑧拱：两手合握。把：一手所握。⑨杙（yì）：小木桩，可用来拴狙猴。⑩高名之丽：高大荣华之屋。丽，同"榍"，屋梁。⑪樿（shàn）傍：独板棺木。⑫白颡（sǎng）：白额头。亢鼻：仰鼻，鼻孔向上翻。⑬适河：把人或牲畜沉入河中祭神。

【译文】

南伯子綦到商丘游玩，见到一棵大树，异乎寻常，即便集结一千辆四匹马拉的车，也可在它的树荫下隐蔽起来。子綦说："这是棵什么

南伯子綦到商丘游玩，见大木。

树呢？它必定有特异的材质吧！"仰头看看树的细枝，弯弯曲曲而不能做栋梁；低头看看树干的底部，树心松散而不能制作棺材；舔舔它的叶子，嘴巴便溃烂受伤；闻闻它，就使人如醉酒一样发狂，三天醒不过来。

子綦说："这果真是棵不成材的树，所以它能长到这么大。唉，神人也是这样显示自己的不材啊！"

宋国荆氏那个地方，适宜楸、柏、桑树生长。等它们长到一两把粗的时候，就被想用它做拴猕猴的木桩的人砍了去；等长到三四围粗的时候，就被寻求高大栋梁的人砍了；等长到七八围粗的时候，就被富贵人家寻求棺木的人给砍了。因此这些树都未能尽享天年，而中途夭折于斧头之下，这就是有用之材的祸患。所以古时禳除的祭祀，凡是白额头的牛、鼻孔向上翻的小猪，以及长了痔疮的人不可以来投河祭神。这是巫祝都知道的，认为这些是不吉祥的。但这正是神人认为最吉祥的。

【分节导读】

此节以支离疏的经历阐述"无用终其年"的道理。人们多只看到肢体不全的不便，看不到其助人养身立命的一面。予人无用的人予己却有大用，有智慧的人不会为形体相貌异于常人而纠结。作者笔下的得道者中不乏肢体残缺之人，其以此来凸显得道者的与众不同。

【原文】

支离疏者①，颐隐于脐，肩高于顶，会撮指天②，五管在上③，两髀为胁④。挫针治繲⑤，足以餬口；鼓筴播精⑥，足以食十人。上征武士，则支离攘臂而游于其间；上有大役，则支离以有常疾不受功⑦；上与病者粟，则受三钟与十束薪⑧。夫支离其形者，犹足以养其身，终其天年，又况支离其德者乎！

支离疏身形残疾。

【注释】

①支离疏：庄子虚拟的人名。释德清说："此假设人之名也。'支离'者，谓隳其形。'疏'者，谓泯其智也。乃忘形去智之喻。"②会撮（cuō）：发髻。驼背低头，故发髻朝天。③五管：五脏的穴位。④两髀为胁：大腿为两肋。髀（bì），大腿。⑤挫针：即缝衣服。挫，同"剉"。治繲（xiè）：洗衣服。⑥鼓筴播精：以簸箕簸去米糠而得到精米。鼓，簸。筴，小箕。⑦不受功：不用当差。功，当差。⑧钟：六斛四斗为一钟。

【译文】

有个叫支离疏的人，面颊隐藏在肚脐下面，肩膀高过头顶，脑后的发髻朝天，五藏的穴位都在脊背上，两条大腿和胸旁两肋相并。他给人缝洗衣服，可以糊口；给人簸米筛糠，可以养活十口人。国家征兵时，支离疏甩着胳膊走来走去不用躲避。国家摊派徭役时，他便因长期残病不用当差；国家发账救济贫病时，他可以领到三钟粮食和十捆柴。那些形体残缺不全的人，尚足以养身，享尽天年，更何况那忘记世俗德行的人呢？

⊙品庄悟道⊙

无用终其年

学者庞朴给庄子笔下的支离疏很高的评价，认为："文中之支离疏，画中的达摩，是中国艺术里最特色的两个产品。正如达摩是画中有诗，文中也常有一种'清丑入图画，视之如古铜古玉'的人物，都代表了中国艺术中极高古、极纯粹的境界。"

庄子一再强调"无用之用"，"无用之用"中的"无用"是世俗意义上的"无用"，世人被外物所诱，被利益蒙蔽双眼，常将能够帮助人保全性命、保人尽享天年的大用视为无用之物。与此同时，人们对世俗推崇的"有用"的危害，却视而不见。道家的另一代表人物列子曾讲过这样一个故事。从前，齐国有个人，非常想得到金子，便在一天的清早来到市场。市场上有个卖金子的地方，齐人冲过去抢了那里的金子就跑。不过，没跑多久，他就被巡逻的官员抓到了。官员问他："这么多人都在场，你怎么敢抢人家的金子呢？"齐人回答："我拿金子的时候，根本没看到人，只看到金子。"

列子用齐人的故事说明利令智昏。而看不到"无用终其年"的人，是不是也有利令智昏的危险呢？生命是最重要的。庄子提醒人们，不要为了追逐外物，损害性命。

【分节导读】

此节借楚狂人唱与孔子的悲歌慨叹离乱之世。孔子强调入世及人的社会价值，道家则主张出世，注重人的自我价值。作者以山木、油脂、桂树、漆树的下场喻欲求为社会所用的人的结局。以作者之见，乱世之中即使身为圣人也只能求得保全性命，孔子的有用之说就如牢笼一般害人深陷，妨害了作为个体的人的生命。

【原文】

孔子适楚，楚狂接舆游其门曰①："凤兮凤兮②，何如德之衰也！来世不可待，往世不可追也。天下有道，圣人成焉③；天下无道，圣人生焉④。方今之时，仅免刑焉。福轻乎羽，莫之知载；祸重乎地，莫之知避。已乎，已乎！临人以德！殆乎，殆乎！画地而趋！迷阳迷阳⑤，无伤吾行！郄

楚狂人接舆路过孔子门前。

曲郤曲^⑥，无伤吾足！"

山木，自寇也^⑦；膏
火，自煎也。桂可食^⑧，
故伐之；漆可用，故割之。
人皆知有用之用，而莫知
无用之用也。

漆树被人用刀割。

【注释】

①接舆：楚国的隐士，姓陆，名通，字接舆。②凤：凤鸟，此处喻指孔子。③成：成就事业。④生：全生，保全性命。⑤迷阳：荆棘。⑥郤曲郤曲：绕弯行走。据陈碧虚《阙误》引张君房本，作"郤曲郤曲"，与上文"迷阳迷阳，误伤吾行"的句法一致。⑦自寇：自讨砍伐。寇，砍伐。⑧桂可食：桂树皮可入药、调味。

【译文】

孔子到楚国，楚国狂人接舆路过孔子的门前唱道："凤啊，凤啊，你的德行为什么衰微了呢？来世不可期待，往世不可追回。天下有道，圣人可以成就事业；天下无道，圣人只能保全生命。当今这个时代，只能求免遭刑戮。福比羽毛还轻微，不知道摘取；灾祸比大地还重，不知道躲避。罢了！罢了！在人面前以德来炫耀自己。危险啊！危险啊！在画定的地域里行走。荆棘啊，荆棘啊，别妨碍我走路！绕弯走啊，绕弯走啊，别伤了我的脚！"

山木是自己招致砍伐的；膏火是自己招来的煎熬。桂树可以食用，所以遭砍伐；漆树有用，所以遭刀割。人们都知道有用的用处，而不知道无用的用处。

山木因有用招致砍伐。

◎德充符◎

【题解】

本篇是讨论道德问题的，所谓"德充符"，是指道德的充实完美。文中先后写了王骀、叔山无趾、申徒嘉、支离无脤、瓮㼜大瘿等形体残缺而道德充实完美的人，说明人的外形的残与完整都是次要的，只要人内在的道德充实完美，即使形体残缺丑陋，也是有价值的，有吸引力的，人们要忘掉形骸而求取道德。这是其一。其二，庄子进而提出了"恶用德"的观点。他认为全德之人对外物要因顺，德并不依赖于外形而存在，而圣人不需要一切人为的东西。所以"恶用德"，只有如此才能做到"有人之形，无人之情"，即不让任何人为的东西侵入心灵，"常因自然"而已。这是庄子无为无己的哲学思想在道德问题上的体现。

【分节导读】

此节通过常季和孔子关于得道者王骀的讨论阐述了以道观物的观点。以道观物，超越了物本身的层面，便不会被物体之间的差异迷惑。王骀并未因缺少一只脚不同于常人而自觉有所丧失，这是得道的结果。而道不仅可以让人不再怨得怨失，还会让人散发出超凡的魅力，身体残疾的王骀虽"立不教，坐不议"，无意为人之师，却仍吸引来大量求学求问之人，连孔子都"将以为师"。

【原文】

鲁有兀者王骀①，从之游者与仲尼相若。常季问于仲尼曰②："王骀，兀者也，从之游者与夫子中分鲁③。立不教，坐不议，虚而往，实而归。固有不言之教，无形而心成者邪④？是何人也？"

仲尼曰："夫子，圣人也，丘也直后而未往耳。丘将以为师，而况不若丘者乎！奚假鲁国⑤！丘将引天下而与从之。"

常季曰："彼兀者也，而王先生⑥，其与庸亦远矣⑦。若然者，其用心也独若之何？"

仲尼曰："死生亦大矣，而不得与之变，虽天地覆坠，亦将不与之遗⑧。审乎无假而不与物迁⑨，命物之化而守其宗也⑩。"

常季曰："何谓也？"

仲尼曰："自其异者视之，肝胆楚越也；自其同者视之，万物皆一也。夫若然者，且不知耳目之所宜，而游心乎德之和。物视其所一而不见其所丧⑪，视丧其足犹遗土也。"

很多人向兀者王骀求教。

常季曰："彼为己[12]，以其知得其心，以其心得其常心[13]，物何为最之哉[14]？"

仲尼曰："人莫鉴于流水而鉴于止水，唯止能止众止[15]。受命于地，唯松柏独也正，在冬夏青青；受命于天，唯尧舜独也正，在万物之首。幸能正生[16]，以正众生。夫保始之征[17]，不惧之实。勇士一人，雄入于九军[18]。将求名而能自要者[19]，而犹若是，而况官天地[20]，府万物，直寓六骸[21]，象耳目[22]，一知之所知[23]，而心未尝死者乎[24]！彼且择日而登假[25]，人则从是也。彼且何肯以物为事乎！"

孔子和常季谈论王骀受人尊崇的原因。

【注释】

①兀：断足。王骀（tái）：庄子虚拟的人名。骀，即"驽"，含有大智若愚的意思。②常季：传说为孔子弟子。③中分鲁：意谓鲁国的学生一半跟孔子，一半跟王骀。中分，对半分。④无形而心成：无形之中心有所获，潜移默化之功。⑤奚假：何止。⑥王：胜，超过。⑦庸：常人，普通人。⑧不与之遗：不会随着遗落。⑨审：明辨。无假：无所假借，无所待。⑩命物之化而守其宗：顺任事物的变化却执守事物的根本。⑪物视其所一而不见其所丧：把万物看成一体，则不感到有什么丧失。⑫彼：指王骀。为己：指修养自身。⑬常心：原始本然之心。此心无分别好恶的作用。⑭最：聚，归依。⑮唯止能止众止：唯有静止的水面才能留住众人停下来去照鉴。⑯正生：使自己的心性纯正。生，通"性"。⑰保始之征：保全本始的特征。⑱九军：天子六军，诸侯三军，通称九军，一军是一万二千五百人。此处泛指军队多。⑲自要（yāo）：自己要求自己，自求上进。⑳官天地，府万物：主宰天地，包藏万物。㉑直寓六骸：把六骸视为寄寓的旅馆。寓，寄托。六骸，头、身、四肢，指人体。㉒象耳目：把耳目视为表象。㉓一知之所知：天赋的智慧所能知道的领域。㉔心未尝死者：心中未尝有死生变化的观念的人，即得常心的人。㉕登假：升到高远。假，通"遐"，高远。

【译文】

鲁国有个断足之人叫王骀，跟从他游学的人和跟从孔子学习的人相当。常季问孔子道："王骀是断足之人，跟从他游学的人和先生的弟子在鲁国各占一半。他立不施教，坐不议论，向他游学的人脑中空空而去，回来却满载而归。果真有不言之教，在无形之中得到潜移默化的吗？这是一个什么样的人呢？"

孔子说："这位先生，他是个圣人，我也落在后面还没来得及去请教他。我将拜他为师，何况不如我的人呢！何止鲁国，我将要引导天下的人去跟从他学习。"

常季说："他是个断足之人，而能胜过先生您，他超出普通人也一定深远得多了。如果是这样，他运用起心智来将是怎样的呢？"

孔子说："死生是极大的事，却不能影响到他，即使天地翻覆，他也不会随之遗落毁灭。他洞悉无所凭借的道理而不随外物的变化而变化，顺任万物的变化而固守万物的根本。"

常季说："这是什么意思呢？"

孔子说："从万物相异的角度看，肝和胆就像楚国和越国相距那样远。从万物相同的角度看，万物都是同一的。如果认识到这一点，就不会关心耳目适宜什么样的声音和颜色的问题，只求心畅游于德的和谐境地。万物只见其同一而不见其有什么丧失，看到断去一足就像丢掉一块泥土一样。"

常季说："他是修养自身罢了，用他的智慧获得明理之心，用明理之心获得无所分别的平常心，那么众人为何会聚在他周围呢？"

孔子说："人不会在流动的水面照自己的影子，而是在静止的水面照自己的影子，只有静止的水才能使众人停下来照自己的影子。植物从大地获得生命，唯有松柏禀自然之正，冬夏常青；众人从上天获得生命，唯有尧舜得自然之正，在万物之中为首领。幸而他们能自正心性，才能引导众生端正。保全本始的特征，具有无所畏惧的本质。即便是独自一人，也敢入千军万马之中。为了求名而能自己要求自己的人，尚且能这样，何况主宰天地，包藏万物，以身体六骸为寓所，以耳目为表象，天赋的智慧能观照所能知道的领域，心中未尝有死生变化的观念的人呢！他将指日达到高远的境界，这样的人，人们都愿意追从他。而他哪里肯把能吸引众人当回事呢？"

【分节导读】

在此节中作者用一段对话表达了"知不可奈何而安之若命"的观点。申屠嘉是受刑残废之人，子产是有名望的贵族，站在世俗的立场上前者卑而后者尊。而作者故意通过这种对比强烈的设置说明得道者未必是世俗意义上的达官显贵。子产羞于与社会地位低于自己的申屠嘉同进同出，斤斤计较形骸之外的高低之别，不能以平等之心待人，远远没有得道。而申屠嘉虽遭刑罚却不以为辱，顺安天命，终获心灵之平静，淡泊安然。人不能以地位尊卑来判断人的德行，也不能以形骸是否完备来衡量一个人的境界高低，得道之人早已对形骸之外的千差万别视若无睹。

【原文】

申徒嘉[①]，兀者也，而与郑子产同师于伯昏无人[②]。子产谓申徒嘉曰："我先出则子止，子先出则我止。"其明日，又与合堂同席而坐。子产谓申徒嘉曰："我先出则子止，子先出则我止。今我将出，子可以止乎，其未邪？且子见执政而不违[③]，子齐执政乎？"

申徒嘉曰："先生之门，固有执政焉如此哉？子而说子之执政而后人者也[④]？闻之曰：'鉴明则尘垢不止[⑤]，止则不明也。久与贤人处则无过。'今子之所取大者，先生也，而犹出言若是，不亦过乎！"

子产瞧不起断了脚的申徒嘉。

子产曰："子既若是矣，犹与尧争善。计子之德，不足以自反邪？"

申徒嘉曰："自状其过以不当亡者众[⑥]，不状其过以不当存者寡。知不可奈何而安之若命，唯有德者能之。游于羿之彀中[⑦]。中央者，中地也；然而不中者，命也。人以其全足笑吾不全足者多矣，我怫然而怒；而适先生之所，则废然而反[⑧]。不知先生之洗我以善邪[⑨]？吾与夫子游十九年矣，而未尝知吾兀者也。今子与我游于形骸之内，而子索我于形骸之外，不亦过乎！"

子产蹴然改容更貌曰[⑩]："子无乃称[⑪]！"

【注释】

①申徒嘉：姓申徒，名嘉，郑国贤者。②郑子产：郑国大夫，姓公孙，名侨，字子产，曾任国相。伯昏无人：庄子虚拟人名。③执政：宰相。子产是郑国执政大臣，故自称执政。违：回避。④说：同"悦"。后人：瞧不起人。⑤鉴：镜子。⑥状：申辩。不当亡：不应当受残形。⑦羿：上古时的射箭能手。彀（gòu）中：射程之中。⑧废然：怒气消除的样子。⑨洗我以善：用善道来教导我。⑩蹴（cù）然：惭愧不安的样子。⑪子无乃称：你不要再说了。

【译文】

申徒嘉是个断了脚的人，他和郑子产同是伯昏无人的弟子。子产对申徒嘉说："我先出去，你就留下来；你先出去，我就留下来。"到第二天，子产和申徒嘉又共堂同席坐在一起。子产对申徒嘉说：我先出去，你就留下；你先出去，我就留下。现在我要出去，你可以稍留一会儿吗？还是不能呢？你见到执政大臣而不知道回避，你要把自己当成执政大臣和我平起平坐吗？"

申徒嘉安然接受自然的命运。

申徒嘉说："在老师门下，有这样的执政大臣吗？你炫耀你的执政身份而瞧不起别人吗？听过这样的话：'镜子明亮就不留下灰尘，留下灰尘镜子就不明亮。长久和贤人相处就没有过失。'现在你来先生这里是想求学修德，还说出这样的话，不是太过分吗？"

子产说："你已经是这样了，还要和尧争善。估量一下你的德行，还不够你自我反省吗？"

申徒嘉："自己申辩自己的过错认为自己不应当断足残形的人众多，不为自己的过错辩说认为自己不应当存足全形的人很少。知道事情的无可奈何而能安然接受自然的命运，唯有有德的人能做到。正如我们走进羿的射程之中，那中央的地方，是箭矢必中的地方；然而也有没被射中的，那是命运。人们因自己双脚齐全而嘲笑我脚不全的很多，我听了很愤怒；等到了老师这里，我的怒气全消了。这不是先生用善来洗净了我的心吗？我跟随老师游学了十九年，从未感觉到我是断了脚的人。现在你和我交往于道德的修养之中，但你却从形貌上来衡量我，不也是过错吗？"

子产惭愧不安，改变了态度说："请你不要再说了！"

【分节导读】

此节借畸人叔山无趾和孔子的对话阐说万物同一的道理。孔子指责叔山无趾的无趾，说明其注意力仍停留在人的形骸上。而老子则刚好与之相反，提出"死生一体，是非同一"。所以叔山无趾会说孔子"蕲以諔诡幻怪之名闻"，不得精神之自由，是上天予其的惩罚。

【原文】

鲁有兀者叔山无趾①，踵见仲尼②，仲尼曰："子不谨，前既犯患若是矣。虽今来，何及矣！"

无趾曰："吾唯不知务而轻用吾身③，吾是以亡足。今吾来也，犹有尊足者存④，吾是以务全之也。夫天无不覆，地无不载，吾以夫子为天地，安知夫子之犹若是也！"

孔子曰："丘则陋矣。夫子胡不入乎，请讲以所闻！"

无趾出。孔子曰："弟子勉之！夫无趾，兀者也，犹务学以复补前行之恶，而况全德之人乎⑤！"

无趾语老聃曰："孔丘之于至人，其未邪？彼何宾宾以学子为⑥？彼且薪以諔诡幻怪之名闻⑦，不知至人之以是为己桎梏邪⑧？"

老聃曰："胡不直使彼以死生为一条⑨，以可不可为一贯者，解其桎梏，其可乎？"

无趾曰："天刑之⑩，安可解！"

【注释】

①叔山无趾：庄子虚拟人名。无趾，脚趾被砍掉。②踵：脚跟，此处指用脚跟走路。③不知务：不懂世务。轻用吾身：做事不知深浅。一说意为好管闲事。④尊足者：贵于足的东西，此指道德。⑤全德：全体，即形体健全。⑥宾宾：频频，常常。学子：学于子，子指老聃。⑦諔（chù）诡：奇异。⑧桎（zhì）梏（gù）：镣铐。⑨一条：齐一，同一。与下文"一贯"意思相同。⑩天刑之：天然刑罚，指孔子天生的根器如此。刑，刑罚。

【译文】

鲁国有个被砍断了脚趾的人叫叔山无趾，他用脚跟行走去见孔子。孔子说："你不谨慎，之前既然犯了这样的刑罚。现在虽然来这儿请教，怎么来得及呢！"

无趾说："我只因不懂世务而轻率地对待自己的身体，因此被断了脚趾。现在我来到这儿，还有比脚趾更可贵的东西存在，因此我要努力保全它。天是无所不覆的，地是无所不载的，我把先生视为天地，哪知先生是这样的啊！"

孔子说："我太浅陋了。你为什么不进来呢？请把您所听到的讲一讲。"

无趾走了。孔子说："弟子们，努力啊！无趾是个断了脚趾的人，还力求学习以弥补从前的过错，更何况是身体健全的人呢！"

无趾对老聃说："孔子达没达到至人的境界吧？他为什么常常来求教于您呢？他还在求以奇异幻怪的名声传闻天下，不知道至人都把名声当做是束缚自己的枷锁吗？"

老聃说："为什么不直接使他认识到死生为齐一、可和不可不为同一的道理，解除他的枷锁，这样也就可以了吧！"

无趾说："那是上天加给他的刑罚，怎么可能解除呢？"

叔山无趾对老子说："孔子没达到至人的境界吧？"

◎品庄悟道◎

天刑

在讲述秦失悼老聃时，庄子就提到过天刑："遁天之刑"。此节，他又提到了"天刑"，且两个天刑，都是针对人的精神而言，都指精神上的痛苦。

那些为老聃之死悲伤的人，其悲伤源自希望老聃不死的心，庄子借秦失之口指出这一心愿和自然规律相违背，所以因其而生的悲伤，也就成了人逃避天意遭到的刑罚。而此节中的孔子，崇尚虚名，无法拥有容纳万物的胸怀。他并非因叔山无趾没有脚趾才拒绝其求教的要求，而是因为叔山无趾受过刑，是世俗眼中"不名誉"的人。叔山无趾看穿了孔子的心思，知其必为名誉所累。而孔子对名誉的注重与是非同一的大道相悖，所以其为名誉患得患失，不得精神自由的苦楚，也就成了天刑。只要他一天不能放下注重名誉的心，就一天不能免受天刑之苦。

由此可见，所谓天刑，就是违背大道产生的痛苦、不幸。

人们说起健全，首先想到的往往是身体上的健全，但只关注身体形骸，难免会用表象揣度本质，流于肤浅。庄子提醒人注重精神的健全，不要因为一个人外表的与众不同，就断定他异于常人，也不要因为人外表的缺陷，就否认人本身的价值。

【分节导读】

此节以形骸丑陋无权无财却为众人所爱的哀骀它来说明得道之人散发着巨大的感召力。执着于事物形骸上的差异忽略其本质无异于本末倒置，切不可取。得道者"德不形而才全"，不会把德性反映在外表之上。常人观念中形成强烈对比的东西，譬如贫与富、寒与暑、生与死，在得道之人眼中都属自然而发。他们不会为其所扰，以自然之心面对，安于自然，反而拥有了非凡的魅力，以至于"物不能离也"。

【原文】

鲁哀公问于仲尼曰："卫有恶人焉①，曰哀骀它②。丈夫与之处者，思而不能去也。妇人见之，请于父母曰：'与为人妻，宁为夫子妾'者，十数而未止也。未尝有闻其唱者也，常和人而矣。无君人之位以济乎人之死③，无聚禄以望人之腹④。又以恶骇天下，和而不唱，知不出乎四域，且而雌雄合乎前⑤。是必有异乎人者也。寡人召而观之，果以恶骇天下。与寡人处，不至以月数，而寡人有意乎其为人也；不至乎期年，而寡人信之。国无宰，寡人传国焉⑥。闷然而后应⑦，氾然而若辞⑧，寡人丑乎⑨，卒授之国。无几何也，去寡人而行。寡人恤焉若有亡也⑩，若无与乐是国也。是何人者也？"

仲尼曰："丘也尝使于楚矣，适见独子食于其死母者⑪，少焉眴若⑫，皆弃之而走。不见己焉尔，

鲁哀公向孔子说起哀骀它。

不得类焉尔[13]。所爱其母者，非爱其形也，爱使其形者也。战而死者，其人之葬也不以翣资[14]；刖者之屦[15]，无为爱之。皆无其本矣。为天子之诸御[16]，不爪翦[17]，不穿耳；取妻者止于外，不得复使。形全犹足以为尔，而况全德之人乎！今哀骀它未言而信，无功而亲，使人授己国，唯恐其不受也，是必才全而德不形者也[18]。"

鲁哀公告诉闵子，自己与孔子以德相交。

哀公曰："何谓才全？"

仲尼曰："死生存亡，穷达贫富，贤与不肖，毁誉，饥渴寒暑，是事之变，命之行也。日夜相代乎前，而知不能规乎其始者也[19]。故不足以滑和[20]，不可入于灵府[21]。使之和豫通而不失于兑[22]；使日夜无隙而与物为春，是接而生时于心者也[23]。是之谓才全。"

"何谓德不形？"

曰："平者，水停之盛也。其可以为法也，内保之而外不荡也。德者，成和之修也[24]。德不形者，物不能离也。"

哀公异日以告闵子曰[25]："始也吾以南面而君天下，执民之纪而忧其死，吾自以为至通矣。今吾闻至人之言，恐吾无其实，轻用吾身而亡其国。吾与孔丘，非君臣也，德友而已矣。"

【注释】

①恶人：此处是指形貌丑恶的人。②哀骀它：庄子虚拟的人名。③济：挽救，救济。④望：月满为望，此处指食饱、饱满。⑤雌雄合乎前：丈夫妇人都来到跟前亲近他。⑥传国：把国家政事委任给人。⑦闷然：淡漠的样子。⑧氾然：漫不经心的样子。氾，同"泛"。⑨丑：惭愧。⑩恤（xù）：忧虑，忧闷。⑪独（tún）：即"豚"，小猪。⑫眴（shùn）若：惊慌的样子。⑬不得类：不同一类，意即不像活着时的样子。⑭翣（shà）：棺材上的饰品。资：送，给。⑮刖（yuè）：古时一种把脚砍掉的酷刑。⑯诸御：嫔妃及宫女等侍从。⑰爪翦：剪指甲。⑱才全：才质完备无损。德不形：德不显形外露。⑲知：同"智"。规：为"窥"字的省略，窥视。⑳滑和：扰乱本性的平和。滑，乱。㉑灵府：精神的府第，指心灵。㉒和豫：和顺豫乐。通：通畅，比喻心灵畅快自得。兑：喜悦。㉓是接而生时于心者也：是以接触事物而生与时推移之心。㉔成和之修：完满纯和的修养。㉕闵（mǐn）子：姓闵，名损，字子骞，鲁国人，孔子的弟子。

【译文】

鲁哀公问孔子说："卫国有个形貌丑恶的人，叫哀骀它。男人和他相处，思慕他而不能离去。女人见到他，请求父母说：'与其做别人的妻子，不如做他的妾。'这样的女人有十多个而不止。未曾听到他倡导什么，只见他常常应和别人而已。他没有君王的权位去救济别人的死难，没有积聚的钱粮去使人肚腹饱满。而且相貌又丑恶得让天下人害怕，他只应和而不倡导，智慧也不超出人世，可是女人男人都到跟前亲近他。他必定有异于常人之处。我召他来一看，果然丑陋得让天下人惊骇。和我相处，不到一个月，而我已经感觉到他的为人的高明了；不到一年，我就很信任他了。国内没有宰相，我就把国事委托给他。他心不在焉地，又漫不经心如同推辞一般，我觉得很惭愧，最终还是把国事委托给了他。没过多久，他就离开我走了。我忧闷得若有所失，好像在这个国家没有人和我共快乐了。他是个什么样的人呢？"

孔子说："我曾经出使到楚国，正巧看见一群小猪在刚死去的母猪身上吃奶，一会儿突然很惊慌，都抛开母猪逃走了。这是因为死去的母猪对小猪不再有任何感应，不像活着时的样子了。它们所爱自己母亲的，不是爱它的形貌，而是爱主宰其形体的精神。战斗死去的人，安葬时不用在棺材上加饰物；被砍断了脚的人，不会再去爱惜他的鞋子。都因为失去根本了。做天子嫔妃的，不剪指甲，不穿耳眼；娶妻的内侍留在宫外，不得再为役使。为保全形体的完整尚且要如此这般，何况保全德性完备的人呢？现在哀骀它不说话就能使人信任，没有功业而受人亲敬，能让人把国事委托给他，还担心他不接受，他必定是才全而德性不表露在外的人。"

鲁哀公说："什么叫做'才全'呢？"

孔子说："像死生存亡，穷达贫富，贤与不肖，毁与誉，饥渴冷热，这些都是事物的变化、天命的运行。它们日夜交替着展现在人们眼前，而人们的智慧却不能窥伺这些变化的起始。所以这些变化不足以扰乱本性的平和，不能进入我们的心灵。使心灵和顺豫乐通畅而不失去怡悦的天性；使日夜没有间隙地保持着与万物相处的春和之气，使心灵和万物相接而产生和谐感应。这就叫做'才全'。"

"什么叫做'德不形'？"

孔子说："平，是水静止的极端状态。它可以成为我们取法的准则，内心保持水的静止状态而不被外界变化所摇荡。德，是完满纯和的修养。德不露形迹，万物自然亲附不离。"

鲁哀公后来有一天告诉闵子说："开始的时候，我居国君之位而统治天下，执掌着治理臣民的纲纪而忧虑百姓的死亡，我自以为十分通达了。现在我听闻了至人的言论，担心自己没有实绩，轻率地动用自己的身心而使国家陷入危亡的境地。我和孔子并不是君臣，而是以德相交的朋友。"

【分节导读】

此节以卫灵公所爱的形骸未全的人引出要以德观人，而不要以形观人的观点，并进一步指出拥有好的德性的人会让人忘记其形体上的丑陋残缺。人如果没有遗忘应该遗忘的形体而忘掉了不应该忘掉的德性才是真的遗忘。

【原文】

闉跂支离无脤说卫灵公[①]，灵公说之，而视全人，其脰肩肩[②]。瓮瓷大瘿说齐桓公[③]，桓公说之，而视全人，其脰肩肩。故德有所长而形有所忘，人不忘其所忘而忘其所不忘，此谓诚忘。

故圣人有所游，而知为孽[④]，约为胶[⑤]，德为接[⑥]，工为商[⑦]。圣人不谋，恶用知？不斫[⑧]，恶用胶？无丧，恶用德？不货，恶用商？四者，天鬻也[⑨]。天鬻者，天食也。既受食于天，又恶用人！

有人之形，无人之情。有人之形，故群于人；无人之情，故是非不得于身。眇乎小哉，所以属于人也！謷乎大哉[⑩]，独成其天！

闉跂支离无脤游说卫灵公。

【注释】

①闉（yīn）跂支离无脤（chún）：庄子虚拟的人名。闉，曲。支离，伛背。无脤，缺唇，形容形残貌丑之人。②脰（dòu）：颈项。肩肩：细小的样子。③瓮瓷大瘿（yǐng）：庄子虚拟的人名，形容人脖颈上长着瓮瓷那么大的瘤子。瓮瓷，装东西的陶器。瘿，长在脖子上的一种肉瘤。④知为孽：以智巧为灾孽。⑤约为胶：以约束为胶漆。⑥德为接：以德为交接，这里是说以小德小惠来作为与人交接的手段。⑦工为商：工巧是商人的行为。⑧斫：砍、削，此处指雕琢。⑨天鬻：自然的养育。鬻，养育。⑩謷（áo）：高大。

【译文】

有个跛脚、伛背、无唇叫闉跂支离无脤的人去游说卫灵公，卫灵公很喜欢他，而看到形体完整的人，反倒觉得他们的脖子长得太细小了。有个脖子上长了大瘤子的人叫瓮瓷大瘿去游说齐桓公，齐桓公很喜欢他，而再看形体完整的人，反倒觉得他们的脖子长得太细小了。所以只要道德出众，形体上的残缺就会被人忘记。人们不忘掉所该忘掉的（外形），而忘掉了所不该忘的（道德），这叫做真正的遗忘。

有个脖子长大瘤子的人得到齐桓公喜爱。

所以圣人能游心于逍遥之境，而智巧是灾祸，约定是束缚，恩惠是交往的手段，工巧是商人的作为。圣人不去谋划，哪里用得着智巧？不去砍削雕琢，哪里用得着胶合？没有丧失什么，哪里谈得上获得？不用货物，哪里用得着商贾？这四者都是自然的养育。自然的养育，就是自然供给的食物。既然受到自然的养育，又哪里用得着人为呢？

圣人只有人的形体，却没有人的性情。有了人的形体，所以和人群居相处；没有人的性情，所以一般人的是非不会纠缠于身。渺小啊，因为属于人类！伟大啊，独自与自然成为一体！

⊙品庄悟道⊙

圣人无情

惠子认为人无情便不能称为人，惠子的观点可以代表相当一部分人。但庄子却指出，人的形体容貌都是道、天所赐，一个人即使无情，他也仍然是人。另一方面，人之所以会感到痛苦，正是因为人有感情。感情越丰富的人，在精神上就越容易受苦。庄子所说的情，实际上是指与自然相悖、于人有损的情。所以他才会把"无情"当做一种很高的境界，并认为凡人也应追求这一境界。

然而，对大多数人来说，摒弃感情太极端了，很多人宁愿承受感情丰富所带来的痛苦，况且要分辨哪种感情于人有损，也并非易事。好在现实生活中，那些宠辱不惊、淡看世情的人并非是丧失了感情的人，他们之所以如此豁达，多是因为对世事了解透彻，深谙事情的因果。越是明白事理的人，承受挫折、不幸的能力就越强。与其为了避免为情所伤而弃绝情感，不如学习自我开导之道，及时化解负面情绪。

【原文】

惠子谓庄子曰:"人故无情乎?"

庄子曰:"然。"

惠子曰:"人而无情,何以谓之人?"

庄子曰:"道与之貌,天与之形,恶得不谓之人?"

惠子曰:"既谓之人,恶得无情?"

庄子曰:"是非,吾所谓情也。吾所谓无情者,言人之不以好恶内伤其身,常因自然而不益生也①。"

惠子曰:"不益生,何以有其身?"

庄子曰:"道与之貌,天与之形,无以好恶内伤其身。今子外乎子之神,劳乎子之精,倚树而吟,据槁梧而瞑②。天选子之形③,子以坚白鸣④!"

惠子问庄子:"人本来是没有情的吗?"

顺应自然,不以好恶损害本性。

【注释】

①不益生:不(人为地)去增益生命。②据:依,靠。瞑:同"眠"。③选:授给。④坚白:即坚白论,为当时名家辩论的命题。详见《齐物论》注。

【译文】

惠子对庄子说:"人本来是没有情的吗?"

庄子说:"是的。"

惠子说:"人若没有情,怎么能称为人呢?"

庄子说:"道给了人容貌,天给了人形体,怎么不能称为人呢?"

道给人容貌,天给人形体。

惠子:"既然称为人,怎么能没有情呢?"

庄子说:"这不是我所说的情。我所说的无情,是说人不要以好恶损害自己内在的本性,要常常顺任自然而不用人为地去增益生命。"

惠子说,"不去增益生命,怎么能保有他的身体呢?"

庄子说:"道给人容貌,天给人形体,不让好恶损害自己内在的本性。现在你驰骋你的心神在外,劳费你的精力,倚在树下吟咏,靠着几案闭目休息,天授予你形体,你却以坚白论来争鸣!"

◎大宗师◎

【题解】

　　本篇的中心是论道和真人体道的境界，所谓"大宗师"，有二解，一是宗大道为师，一是道是天地万物的主宰。庄子认为道生万物，道主宰天地万物，人与自然是合一的。道是"有情有信，无为无形；可传而不可受，可得而不可见；自本自根，未有天地，自古以存；神鬼神帝，生天生帝；在太极之先而不为高，在六极之下而不为深，先天地而生不为久，长于上古而不为老"，所以只有真人才能认识道。真人忘掉自身，忘掉死生变化，忘掉一切才智，和道融为一体，由此拥有"安化"的人生态度，达到相忘的生活境界，遵从命运的安排，融合于道中。庄子的这种本体论思想，在一定程度上否定了人改造自然与社会的主观能动作用。

【分节导读】

　　此节主要论述何为真人。在作者看来，真人是"知天之所为，知人之所为"的人。在真人这里，天人合一，物我无界，其依时而动，随物而变，不为生死或悲或喜，也不被外物所迷惑，心如止水，恬淡超然。这里的真人同《逍遥游》《齐物论》中的至人、神人、圣人。

【原文】

　　知天之所为，知人之所为者，至矣。知天之所为者，天而生也①。知人之所为者，以其知之所知，以养其知之所不知②。终其天年，而不中道夭者，是知之盛也。虽然，有患③。夫知有所待而后当，其所待者特未定也。庸讵知吾所谓天之非人乎④？所谓人之非天乎？且有真人而后有真知。

【注释】

①知天之所为者，天而生也：知道天的所为，是自然运化而产生的。②以其知之所知，以养其知之所不知：其中"其知之所知"是指人的智力所知道的。"其知之所不知"是指一般人的智力所不知道的，如自然的规律和生死变化的道理。③虽然，有患：即便如此，还是有问题。④庸讵：何以。

【译文】

　　知道天道自然的所为，也知道人的所为，这是认知的最高境界了。知道天道运行的自然之理，

顺应自然的道理，便知天道运行之理。

是由于顺应自然的道理而得知。知道人的所为，是用人的智力所能知道的道理，去顺应自己智力所不能知道的。由此尽享天年，而不致中途夭亡，这是智力的极致了。即便如此，还是有问题。认知

要有所依赖的对象才能判断它是否得当，但它所依赖的对象是变化不定的。怎么知道我所说的天道自然所为不是人为的呢？所说的人为的不是天道自然所为的呢？只有有了真人而后才能有真知。

【原文】

何谓真人？古之真人，不逆寡，不雄成①，不谟士②。若然者，过而弗悔，当而不自得也。若然者，登高不栗，入水不濡③，入火不热。是知之能登假于道者也若此④。

古之真人，其寝不梦，其觉无忧，其食不甘，其息深深。真人之息以踵，众人之息以喉。屈服者，其嗌言若哇⑤。其耆欲深者⑥，其天机浅⑦。

古之真人，不知说生⑧，不知恶死；其出不䜣⑨，其入不距⑩；翛然而往⑪，翛然而来而已矣。不忘其所始，不求其所终；受而喜之，忘而复之。是之谓不以心捐道⑫，不以人助天。是之谓真人。

若然者，其心忘⑬，其容寂，其颡頯⑭；凄然似秋，暖然似春，喜怒通四时，与物有宜而莫知其极。故圣人之用兵也，亡国而不失人心；利泽施乎万世，不为爱人。故乐通物，非圣

真人不知道悦生，不知道怕死。

人也；有亲，非仁也；天时，非贤也；利害不通，非君子也；行名失己，非士也；亡身不真，非役人也。若狐不偕、务光、伯夷、叔齐、箕子、胥馀、纪他、申徒狄⑮，是役人之役，适人之适，而不自适其适者也。

【注释】

①雄成：自傲于成功。②谟士：为"谋事"的同音假借。③濡：沾湿。④登假于道：升到大道的境界。假，至。⑤嗌（ài）言若哇：说话言语吞吐。嗌，咽喉。哇，呕吐。⑥耆：通"嗜"，嗜好。⑦天机：天赋的灵机，灵性。⑧说：通"悦"。⑨䜣（xīn）：通"欣"。⑩距：通"拒"。⑪翛（xiāo）然：自然无拘的样子。⑫捐：多认为是"损"字写坏误作。⑬忘：原本形误写作"志"，今本多已订正为"忘"。⑭颡（sǎng）：额头。頯（kuí）：宽大的样子。⑮狐不偕：姓狐，字不偕，古贤人，传说尧让位于他，他不肯接受而投河自尽。务光：人名，传说商汤王让位于他，他不肯接受而投河自尽。伯夷、叔齐：商时孤竹君之子。周武王灭商后，他二人因不食周粟而饿死。箕子：殷纣王叔父，因进谏被囚，佯狂装疯。胥馀：殷纣王的贤臣，因进谏被贬成奴仆。纪他、申徒狄：商汤时隐士，因担心汤让天下给他们而投水死。

【译文】

什么叫做真人？古时候的真人，不违逆弱寡，不自傲于成功，不谋虑世事。像这样的人，错过时机而不懊悔，正当时机而不自得。像这样的人，登高不战栗，入水不沾湿，入火不觉热，这是认知达到道的境地才能这样。

古时候的真人，睡觉时不做梦，睡醒时不忧愁，饮食不求甘美，呼吸深沉舒缓。真人的呼吸直达脚跟，众人呼吸用的是咽喉。争辩中屈服的人，他的言语堵塞在咽喉中，像要呕吐般难受。嗜欲深的人，他天赋的灵机就浅。

古时候的真人，不知道悦生，不知道怕死。他出生到世间不欣喜，他死亡入土不拒绝。他们无拘束地去世，无拘束地来到世上而已。不忘记他生命的开始，不寻求他自己的归宿。欣然地接受

丧失自身本性的人。

生，忘掉死而复归自然。这就叫做不用心智去损害道，不用人为去辅助自然。这就是真人。

像这样的人，他心里忘怀了一切，他的容貌静寂淡然，他的额头宽大朴质。表情严肃时冷凄得像秋天一样，态度和蔼时温暖得像春日一般，喜怒与四时变化相通，和万物相适宜而不知他的终极。所以圣人用兵打仗，灭亡了别人的国家也不会失去民心；利益和恩泽施惠万世，不是为了偏爱人。所以有意与物相通，就不是圣人；有亲疏之分，就不是仁人；计较天时，就不是贤人；利害不能相通为一，就不是君子；追求名声而失却自身本性，就不是士人；丧失自身而失去真性，就不是役使之人。像狐不偕、务光、伯夷、叔齐、箕子、胥馀、纪他、申徒狄，都是被别人役使，使别人快意安适，而不是为自己的安适而求安适的人。

【原文】

古之真人，其状义而不朋①，若不足而不承；与乎其觚而不坚也②，张乎其虚而不华也；邴邴乎其似喜也③，崔崔乎其不得已也④，滀乎进我色也⑤，与乎止我德也；广乎其似世也⑥，謷乎其

真人德行宽厚，令人归依。

未可制也^⑦；连乎其似好闭也^⑧，悗乎忘其言也^⑨。以刑为体，以礼为翼，以知为时，以德为循。以刑为体者，绰乎其杀也；以礼为翼者，所以行于世也；以知为时者，不得已于事也；以德为循者，言其与有足者至于丘也，而人真以为勤行者也^⑩。故其好之也一，其弗好之也一^⑪。其一也一，其不一也一^⑫。其一与天为徒，其不一与人为徒。天与人不相胜也，是之谓真人。

【注释】

① 义而不朋：依据俞樾所说，"义"应读为"峨"，"朋"读为"堋"，是"言其状峨然高大，而不崩坏也"。即是说真人的精神态度高而无比。② 与乎其觚而不坚：其中"与乎"是指从容自在的样子。觚（gū），本指棱角，此处指特立不群。③ 邴（bǐng）邴：舒畅而喜悦的样子。④ 崔崔乎：被迫而动的样子。⑤ 滀（chù）：水蓄积，此处形容充实而颜色和泽的样子。⑥ 广：广大。⑦ 謷：通"放"，高远。⑧ 连乎：形容沉默不语。⑨ 悗（mèn）乎：无心的样子。⑩ "以刑为体……而人真以为勤行者也"：陈鼓应等人认为与庄子思想极不类似，或为他书错简，主张删去。⑪ 其好之也一，其弗好之也一：（天和人是合而为一），人喜好它们或不喜好它们，它们都是合而为一的。⑫ 其一也一，其不一也一：无论人认为天和人是合一的或不合一的，它们都是合一的。

天和人是合而为一的。

【译文】

古时候的真人，神态巍峨而不畏缩，好像有所不足却无所承受；特立不群而不固执，心胸宽广冲虚而不浮华，舒畅自适好像很欢喜，行为举动好像出于不得已，面色和泽令人亲近，德行宽厚令人归依；气度宽宏如世界一般广大，高远超拔而不可限制；沉默不语好似封闭了感觉，无心的样子像是忘了要说的话。把刑法作为本体，把礼仪作为羽翼，把知识当做时变，把道德作为依据。以刑罚为主体，就是从宽对待杀人；把礼仪作为羽翼，以智力相时而动，不过是不得已而行事；以道德作为所遵循的原则，是说就像有脚就能登上山丘一样，而世人却认为是勤于行走的人才能到达。（天和人是合而为一，）人们喜好它们或不喜好它们，它们都是合而为一的。无论人认为天和人是合一的或不合一的，它们都是合一的。其认为合一的与天为同类，其认为不合一的与人为同类。把天和人看做是不相互对立的，这就叫做真人。

【分节导读】

此节着重讲生、死，反映了作者乐死恶生的思想。人生而操劳，死亡反倒是一种休息，生死都属自然现象，而结合《齐物论》，站在道的角度，生死两相转化，无所谓生也无所谓死。人应遵循天道的安排，顺乎命运，以一切变化所依赖的大道为效法对象。作者在此节用干涸之泉的游鱼喻濒死之人，认为与其在死亡降临之时，苦苦挣扎，不如忘记生时的欢乐，坦然赴死。

【原文】

死生，命也^①，其有夜旦之常，天也。人之有所不得与，皆物之情也。彼特以天为父，而身犹爱之，而况其卓乎^②！人特以有君为愈乎己，而身犹死之，而况其真乎^③！

泉涸，鱼相与处于陆，相呴以湿^④，相濡以沫，不如相忘于江湖。与其誉尧而非桀也，不如两忘而化其道。

夫大块载我以形⑤，劳我以生，佚我以老，息我以死。故善吾生者，乃所以善吾死也。夫藏舟于壑，藏山于泽，谓之固矣⑥。然而夜半有力者负之而走，昧者不知也⑦。藏小大有宜⑧，犹有所遁⑨。若夫藏天下于天下而不得所遁，是恒物之大情也⑩。特犯人之形而犹喜之⑪。若人之形者，万化而未始有极也，其为乐可胜计邪！故圣人将游于物之所不得遁而皆存。善夭善老，善始善终，人犹效之，又况万物之所系，而一化之所待乎⑫！

【注释】

①命：自然而不可免者（释德清说）。②卓：卓越，此处指天道。③真：真宰，指道而言。④相呴（xǔ）以湿：用湿气互相呼吸。呴，呼气。⑤大块：天地。载：负载，寄托。⑥固：牢固。⑦昧者：睡觉的人。昧，通"寐"。⑧藏小大：藏小于大。⑨遁：亡失。⑩恒物：常物。大情：实情，性质。⑪犯：通"范"，模子，此处可理解为动词，作"铸造"。⑫一化之所待：一切变化所依赖的，指大道。

【译文】

死与生是自然而不可避免的，它们如同黑夜和白天的永恒交替一样，是自然的规律。人在有些方面是无法干预的，这是事物的实情。人们认为天是生命之父，而终身敬爱它，更何况那卓越无比的道呢？人们认为君主的地位高出自己，而为之舍身效忠，何况那主宰万物的道呢？

泉水干了，鱼儿一同困在陆地上，相互用湿气吸嘘，相互用口沫湿润，不如在江湖里彼此相忘。与其赞美尧而非议桀，不如把二者的是非善恶都忘了而融化在大道之中。

天地赋予了我形体而让我有所寄托，给我生命以而使我操劳，用衰老使我安闲，用死亡来使我安息。所以把生视为好事，也应把死视为好事。把船藏在山谷里，把山藏在大泽中，可以说是牢固的了。然而半夜里有大力的人将它们背走了，睡觉的人都不知道。把小的东西藏在大的东西里面是很适宜的，但还是会有所丢失。如果把天下藏在天下之中就不会有所丢失了，这是万物的普遍实情。人们一旦获得了人的形体就欣喜。如果人的形体，千变万化而没有止境，这也可成为快乐的话那快乐就不可胜计了。所以圣人将游于不会亡失的境地而与大道共存。对于生老病死都要善于安顺的人，人们犹自仿效他，更何况是万物的本源、一切变化所依赖的道呢？

天地给我生命，让我操劳。

⊙品庄悟道⊙

长生不老的方法

庄子用"藏舟于壑，藏山于泽……然而夜半，有力者负之而走"来说明"藏天下于天下"的好处。不管人将东西藏在什么地方，都有可能被偷，但如果把宇宙藏在宇宙中，就没有人能把它偷走了。同样的，时间会"偷"走人的生命，时间却"偷"不走宇宙。如果人可以打破自我与宇宙的界限，与宇宙合而为一，宇宙不灭，人也不灭。圣人虽然也有死去的那天，但因为做到了"物我合一"，所以实现了长生不老。

人要学会跳出自我局限，不要把生、死仅仅看成"个体的生""个体的死"，而应尝试站在自然的角度看待生死。"死生，命也"，生也好，死也罢，都是自然规律使然，自始至终，人都处在自然的怀抱中。道家提倡安时顺命，这个"顺命"既包括坦然面对人生际遇，也包括坦然面对死亡。人要学会顺应天道，欣然接受命运的安排。

【分节导读】

此节对"道"做了解释。道是客观的存在，又非具体的物质，可感而不可看。它自己产生自己，无所不在又贯通古今，无时不有。作者列举了大量传说故事来说明得道之乐。

【原文】

夫道，有情有信①，无为无形；可传而不可受②，可得而不可见；自本自根，未有天地，自古以固存；神鬼神帝，生天生地；在太极之上而不为高③，在六极之下而不为深④，先天地生而不为久，长于上古而不为老⑤。狶韦氏得之⑥，以挈天地⑦；伏戏氏得之，以袭气母⑧；维斗得之⑨，终古不忒⑩；日月得之，终古不息；堪坏得之⑪，以袭昆仑；冯夷得之⑫，以游大川；肩吾得之⑬，以处大山；黄帝得之，以登云天⑭；颛顼得之⑮，

庄子认为，道是实在确凿的。

以处玄宫；禺强得之⑯，立乎北极；西王母得之⑰，坐乎少广，莫知其始，莫知其终；彭祖得之，上及有虞，下及五伯⑱；傅说得之⑲，以相武丁，奄有天下，乘东维，骑箕尾⑳，而比于列星。

【注释】

①有情有信：实在确凿的，即客观存在。信，真。②无为无形：意即看不见摸不着的，是非物质的。受：通"授"。③太极：天地没有形成以前，阴阳未分的浑沌元气。④六极：六合，东西南北上下的极限。⑤长于上古而不为老：谓道贯通古今，无时不在。⑥狶（xī）韦氏：传说中的古代帝王。⑦挈（qiè）：提挈，引申为整顿。⑧袭：沿袭，调和。气母：元气之母，指阴阳。⑨维斗：即北斗。⑩忒（tè）：差错。⑪堪坏：昆仑山神。⑫冯夷：河神，又称河伯。⑬肩吾：泰山神。大山：泰山。大，通"太"。⑭以登云天：传说黄帝在荆山铸鼎，鼎成，有龙垂在鼎上迎接黄帝，黄帝乘云驾龙而去。⑮颛（zhuān）顼（xū）：又称高阳氏，黄帝之孙，为古代五帝之一，为北方帝，居玄宫。⑯禺强：水神。⑰西王母：传说中居住在西方少广之山的神人。⑱有虞：指舜。五伯：指春秋时的五位霸王，

齐桓公、晋文公、秦穆公、楚庄王、宋襄公。⑲傅说：传说为殷代贤臣。他本来是做苦工的奴隶，后来殷高宗武丁曾任他为相治理天下。⑳东维：与下文"箕尾"皆为星宿名。传说傅说死后精神升天，乘骑东维、箕尾两星，并列于众星之中。

【译文】

　　道，是真实有信验的，没有作为，没有形迹；可以心传而不可以教授，可以心得而不能目见；它自己就是自己的根本，在没有天地时，自古以来就一直存在着；是它产生了鬼神和上帝，是它产生了天和地；它在太极之上而不算高，在六合之下而不算深，先于天地存在而不算久，比上古还长远而不算老。狶韦氏得到它，用来整顿天地；伏羲氏得到它，用以调合元气；北斗得到它，就永远不出差错；日月得到它，就能永远运行不停；堪坏得到它，用来入主昆仑；冯夷得到它，以此游历大川；肩吾得到它，以此镇守泰山；黄帝得到它，以此登上云天；颛顼得到它，就住进了玄宫；禺强得到它，就能立身于北极；西王母得到它，就能坐居少广山，人们不知道她的始与终；彭祖得到它，寿数绵长，上自虞舜，下及春秋五霸；傅说得到它，可以做武丁的宰相，治理天下，（死后）乘骑着东维星和箕尾星，而与众星并列在一起。

黄帝得道，登上云天。

【分节导读】

　　此节作者借女偊之口讲述得道之法。人要得道，既要有圣人的才质，又要有圣人的道心。道家的创始人老子曾提出"道生一，一生二，二生三，三生万物"。此节提到的关于道的学习方法也与之相类，女偊用反推法，推出了习道之始——似疑。而从女偊的话中亦可看出，要得道必要经历一段艰难的身形修炼的过程。

【原文】

　　南伯子葵问乎女偊曰①："子之年长矣，而色若孺子，何也？"

曰："吾闻道矣。"

南伯子葵曰："道可得学邪？"

曰："恶！恶可！子非其人也。夫卜梁倚有圣人之才而无圣人之道[2]，我有圣人之道而无圣人之才。吾欲以教之，庶几其果为圣人乎！不然，以圣人之道告圣人之才，亦易矣。吾犹守而告之[3]，三日而后能外天下；已外天下矣，吾又守之，七日而后能外物；已外物矣，吾又守之，九日而后能外生；已外生矣，而后能朝彻[4]。朝彻，而后能见独[5]；见独，而后能无古今；无古今，而后能入于不

南伯子葵问道女偊。

死不生。杀生者不死，生生者不生[6]。其为物，无不将也，无不迎也；无不毁也，无不成也[7]。其名为撄宁[8]。撄宁也者，撄而后成者也。"

南伯子葵曰："子独恶乎闻之？"

曰："闻诸副墨之子[9]，副墨之子闻诸洛诵之孙[10]，洛诵之孙闻之瞻明[11]，瞻明闻之聂许[12]，聂许闻之需役[13]，需役闻之於讴[14]，於讴闻之玄冥[15]，玄冥闻之参寥[16]，参寥闻之疑始[17]。"

【注释】

① 南伯子葵：即南伯子綦。女偊（yǔ）：庄子虚拟的人名。
② 卜梁倚：庄子虚拟的人名。
③ 守：坚持，保守。④ 朝彻：如朝阳初生时普照豁然澄澈，指胸中豁然澄澈。⑤ 见独：洞见独立无改的大道。⑥ 杀生者不死，生生者不生：大道的本身是不生不死的。杀生者，杀灭生命的；生生者，产生生命的，两者都是指大道。⑦ 其为物，无不将也，无不迎也；无不毁也，无不成也：道对于万物，无时不在有所送，无时不在有所迎；无时不在有所毁，无时不在有所成。将，送。⑧ 撄（yīng）宁：

产生一切生命的道，本身不生。

扰乱之中而后见其宁定，即心神宁静，不被外界事物所扰。撄，干扰，拂扰。宁，定。⑨ 副墨之子：文字。形之言，正也；书之墨，副也。有言而书于简册，故曰"副墨"。（林希逸说）⑩ 洛诵之孙：诵读。洛，通"络"，是同音假借，连络，反复。⑪ 瞻明：见解洞彻，此处指语言之流传得之于目见。瞻，见。⑫ 聂许：耳闻。⑬ 需役：实践，践行。需，须。役，行。⑭ 於讴：咏叹讴歌。於，音"乌"。讴，歌谣。⑮ 玄冥：静默。此处是说咏叹是得之于玄虚杳冥无形的境界。（陈启天说）⑯ 参寥：空寂。⑰ 疑始：似有始而又未尝有始，近于本源。

【译文】

南伯子綦问女偊："您的年岁很大了，而面色却如同小孩，为什么呢？"

女偊说："我得到了道。"

南伯子綦说："道可以学得到吗？"

女偊说："不！不可以！你不是那种可以学道的人。卜梁倚有圣人的才能而没有圣人的道，我有圣人的道而没有圣人的才能。我想用道去教化他，也许他真的能成为圣人吧！就是不能，用圣人的道告诉有圣人才能的人，也是容易的。我继续持守

目见是从耳闻那儿得到的。

着，而后告诉他，三天后就能把天下置之度外了；已经置天下于度外了，我又持守，七天以后能把万物置之度外了；已经置物于度外了，我又持守，九天以后能把生死置之度外了；已经把生死置之度外了，而后心胸豁然澄澈。心胸豁然澄澈，而后能洞见独立而不改的道；洞见独立而不改的道，而后能不受古今时间的限制；不受古今时间的限制了，而后能进入无生无死的境界。杀灭一切生命的道，它本身不死；产生一切生命的道，它本身不生。道对于万物，无时不在有所送，无时不在有所迎；无时不在有所毁，无时不在有所成。这就叫做'撄宁'，'撄宁'的意思，就是在万物生死、成毁的纷扰中保持宁静安定。"

南伯子綦说："您从哪儿学到的道呢？"

女偊说："我从文字那儿学到的，文字是从语言那儿得到的，语言是从目见那儿得到的，目见是从耳闻那儿得到的，耳闻是从修行那儿得到的，修行是从咏叹那儿得到的，咏叹是从静默那儿得到的，静默是从空寂那儿得到的，空寂是从疑似本源那儿得到的。"

【分节导读】

此节再次对死亡进行了探讨。作者用人体和生死进行类比，用"以无为首，以生为脊，以死为尻"强调"生死一体"，又借子舆的病中感悟和子来的将死之言表达人应安于时命，顺其自然，善生善死的观点。人常有"死何往"的疑惑，而站在道的角度，将天地视为熔炉，造化视为铁匠，不管人被铸造成什么样子，都应安然接受。

【原文】

子祀、子舆、子梨、子来四人相与语曰①："孰能以无为首，以生为脊，以死为尻②，孰知死生存亡之一体者，吾与之友矣。"四人相视而笑，莫逆于心③，遂相与为友。

俄而子舆有病，子祀往问之。曰："伟哉！夫造物者，将以予为此拘拘也④！"曲偻发背⑤，上有五管⑥，颐隐于齐⑦，肩高于顶，句赘指天⑧。阴阳之气有沴⑨，其心闲而无事，跰𨅔而鉴于井⑩，曰："嗟乎！夫造物者又将以予为此拘拘也！"

子祀曰："女恶之乎？"

曰："亡，予何恶！浸假而化予之左臂以为鸡⑪，予因以求时夜；浸假而化予之右臂以为弹，予因以求鸮炙⑫；浸假而化予之尻以为轮，以神为马，予因以乘之，岂更驾哉！且夫得者，时也；失者，顺也。安时而处顺，哀乐不能入也。此古之所谓县解也⑬。而不能自解者，物有结之⑭。且夫物不胜天久矣，吾又何恶焉！"

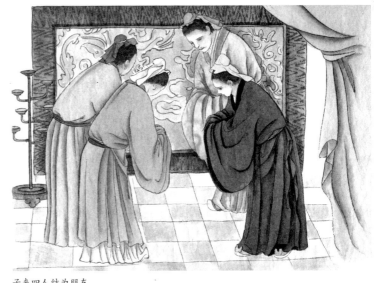

子来四人结为朋友。

俄而子来有病，喘喘然将死，其妻子环而泣之。子梨往问之，曰："叱！避！无怛化⑮！"倚其户与之语曰："伟哉造化！又将奚以汝为⑯，将奚以汝适？以汝为鼠肝乎？以汝为虫臂乎？"

子来曰："父母于子，东西南北，唯命之从。阴阳于人，不翅于父母⑰。彼近吾死而我不听⑱，我则悍矣，彼何罪焉！夫大块载我以形，劳我以生，佚我以老，息我以死。故善吾生者，乃所以善吾死也。今之大冶铸金，金踊跃曰：'我且必为镆铘⑲！'大冶必以为不祥之金。今一犯人之形，而曰：'人耳！人耳！'夫造化者必以为不祥之人。今一以天地为大炉，以造化为大冶，恶乎往而不可哉！"成然寐⑳，蘧然觉㉑。

子舆生病，子祀前往探视。

【注释】

①子祀、子舆、子梨、子来：均为庄子虚构的人物。②尻（kāo）：屁股，脊骨的末端。③莫逆于心：心中没有抵触，内心相契。④拘拘：屈曲不能伸展的样子。⑤曲偻（lóu）：伛偻，腰背弯曲。发背：背弯曲向上拱露。⑥五管：五脏的穴位。⑦颐隐于齐：面颊藏在肚脐下。颐，面颊。齐，通"脐"，肚脐。⑧句（gōu）赘：发髻。⑨沴（lì）：凌乱。⑩跰（pián）跹（xiān）：走路偏偏跌跌的样子。⑪浸假：假使。⑫鸮炙：烤鸮鸟肉。⑬县解：解除倒悬。县，同"悬"。⑭物有结之：被阴阳之气所束缚。⑮怛（dá）：惊恐。⑯将奚以汝：将要把你变为何物。奚，何。⑰不翅：不啻。翅，同"啻"。⑱近：用作动词，意为"使……接近"。⑲镆铘：宝剑名。传说干将、镆铘为楚王铸雌雄二剑，三年成，雄剑名干将，雌剑名镆铘。也作"莫邪"。⑳成然寐：熟睡。㉑蘧（qú）然：喜悦自在的样子。

【译文】

　　子祀、子舆、子梨、子来四人互相谈论说："谁能把无当做头颅，把生当做脊梁，把死当做尾骨，谁能知道生死存亡是一体的，我们就与他做朋友了。"四人相视而笑，心意投合，于是互相结为朋友。

　　不久子舆病了，子祀前往问候他。子舆说："伟大啊！造物者，把我变成这样一个拘曲着身子的人啊！"子舆腰弯驼背，五脏的穴位向上，面颊藏在肚脐下，肩高过头顶，头后的发髻朝天。阴阳之气虽然凌乱失调，但子舆的心却安闲而若无其事。他步履蹒跚地走向水井照着身影，说："哎呀！造物者又把我变成这样一个拘曲着身子的人啊！"

　　子祀说："你厌恶这样吗？"

　　子舆说："不，我怎么会厌恶呢？假使把我的左臂变为鸡，我就用它来司夜报时；假使把我的右臂变为弹丸，我就用它打鸮鸟烤着吃；假使把我的尾骨变为车轮，把我的精神变为马，我就乘着这马车走，哪里还会变更再用别的马车呢！况且人们获得生命，乃是适时；失去生命，乃是顺应。安心于适时而处于顺应，哀乐的情绪就不能进入心中。这就是古时所说的解除倒悬。而不能自我解脱的人，是因为被外物束缚住了。况且人力不能胜过自然规律是由来已久了，我又为什么要厌恶呢？"

　　不久子来生了病，气喘吁吁地快要死了，他的妻子儿女围着哭泣。子梨前往问候他，对子来的妻子、儿女们说："去！走开！不要惊了将要变化的人！"他倚着门对子来说："伟大啊！造化者！又要把你变为何物呢？要把你送到何处去呢？要把你变为老鼠的肝吗？要把你变为虫子的臂膀吗？"

　　子来说："子女对父母，无论要到东西南北，都要听从父母的命令。人对于阴阳造化，不啻于父母。它让我死，而我不听从，我就是违逆不顺，它有什么罪过呢？大自然给了我形体，用生来使我劳作，用老来使我安逸，用死来使我安息。所以把我的生视为好的，也应把我的死视为好的。譬如现在有个铁匠铸造金属器具，那金属跳跃起来说：'一定要把我铸成镆铘宝剑！'铁匠必定会认为这是不祥的金属。现在造化一旦造出一个人的形体，这个人就说：'我是人！我是人！'造化者必定认为这是不祥的人。现在把天地当做大熔炉，把造化视为铁匠，往哪里去而不可呢！"子来说完酣然睡去，一会儿又自在地醒来。

子来生病将死，子梨赶去探望。

⊙品庄悟道⊙

安时而处顺，哀乐不能入也

道家强调养生，保存生命是养生的重要目的，不过，生命终归是有限的，养生还有一个重要的内容，就是帮助人摆脱乐生恶死的羁绊。没有人能避免死亡，但人却可以通过加深对死亡的理解，通达地看待死亡，实现精神上的自由。从某种角度说，人生的过程就是人学习如何面对死亡的过程。

此节中，子祀、子舆、子梨、子来把生死视作一体，放下了对生的渴慕，也放下了对死的畏惧，成功地超越了生死。子舆患病，身体佝偻，仍可"其心闲而无事"；子来濒死，时日无多，却还能安然入睡。死亡并不会因为人害怕它、畏惧它、反抗它，就不会降临，既然它是所有人都不能逃避的宿命，那就不如听任命运的安排，平静地等待它的到来。

"安时而处顺，哀乐不能入也"是《庄子》书中的一大要旨。人如果做到"安时而处顺"，就不会有什么能搅乱人的内心，即使是疾病、死亡这样重大的问题，也不会让人受到惊吓。而对大部分人来说，人生之中，没有什么问题比死亡更大。能够豁达地看待死亡的人，往往也能豁达地面对生活中各种挫折、利益得失。

【分节导读】

此节反映了儒家和道家的不同。儒家强调用"礼"来约束人的行为，道家则主张超脱世俗束缚。由于二者有着不同的价值取向，所以其君子和小人的含义也各不相同，道家并不认可人为标准划分出的"君子与小人"。作者用畅游于大江大海的游鱼比喻那些摆脱了社会礼法，相忘于道术的逍遥自在的人，而其故意安排积极入世的孔子说出"虽然，为与女共之"，则表现了其本人对超然于世俗的自在生活的向往。

【原文】

子桑户、孟子反、子琴张三人相与友①，曰："孰能相与于无相与②，相为于无相为③？孰能登天游雾，挠挑无极④；相忘以生，无所终穷⑤？"三人相视而笑，莫逆于心，遂相与为友。

莫然有间，而子桑户死⑥，未葬。孔子闻之，使子贡往侍事焉⑦。或编曲⑧，或鼓琴，相和而歌曰："嗟来桑户乎！嗟来桑户乎！而已反其真⑨，而我犹为人猗⑩！"子贡趋而进曰："敢问临尸而歌，礼乎？"

二人相视而笑曰："是恶知礼意！"

子贡反，以告孔子，曰："彼何人者邪？修行无有⑪，而外其形骸，临尸而歌，颜色不变，无以命之⑫。彼何人者邪？"

子桑户死，孟子反、子琴张编曲鼓琴。

孔子曰："彼，游方之外者也[13]；而丘，游方之内者也。外内不相及，而丘使女往吊之，丘则陋矣。彼方且与造物者为人，而游乎天地之一气。彼以生为附赘县疣[14]，以死为决疣溃痈[15]。夫若然者，又恶知死生先后之所在！假于异物，托于同体；忘其肝胆，遗其耳目；反覆终始，不知端倪；芒然彷徨乎尘垢之外，逍遥乎无为之业。彼又恶能愦愦然为世俗之礼[16]，以观众人之耳目哉！"

子贡问孔子："临尸而歌，颜色不变的人是谁？"

子贡曰："然则夫子何方之依？"

孔子曰："丘，天之戮民也。虽然，吾与汝共之。"

子贡曰："敢问其方。"

孔子曰："鱼相造乎水，人相造乎道。相造乎水者，穿池而养给；相造乎道者，无事而生定[17]。故曰：'鱼相忘乎江湖，人相忘乎道术。'"

子贡曰："敢问畸人[18]。"

曰："畸人者，畸于人而侔于天。故曰：'天之小人，人之君子；人之君子，天之小人也。'"

【注释】

① 子桑户、孟子反、子琴张：均为庄子虚构的人物。② 相与于无相与：相交在无所谓相交之中，即一种自然而然的交往。③ 相为于无相为：相助在无所谓的相助之中，即相助而不着形迹。④ 挠挑：登升。⑤ 终穷：终止穷尽，死亡。⑥ 莫然有间：不知不觉顷刻间，没多久。莫然，即"漠然"。⑦ 侍事：帮助办丧事。⑧ 编曲：编作挽歌。⑨ 而：通"尔"，你。反其真：返归自然。⑩ 猗（yī）：语尾助词，相当于"兮"。⑪ 修行无有：修行却不讲礼仪。⑫ 命：名，形容。⑬ 游方之外：游天地四方之外。形容超脱世俗，不受礼教的束缚。⑭ 附赘：附生的赘瘤。县疣：悬生的瘊子。两者比喻多余、无用的东西。⑮ 疣（huàn）：疽，毒疮。痈：恶性脓疮。⑯ 愦（kuì）愦然：烦乱的样子。⑰ 生定：心性静安详。生，通"性"。⑱ 畸（jī）人：与众不同的人，奇人。

【译文】

子桑户、孟子反、子琴张三人互相结为朋友，说："谁能相交在不相交之中，相助在没有相助痕迹之中？谁能登上天空游于云雾，跳跃于无极之中；忘了生死，没有穷尽？"三个人相视而笑，心意投合，于是互相结为朋友。

不知不觉过了没多久，子桑户死了，还没有下葬。孔子听到了这事，派子贡前往助理丧事。子贡看见一个人在编挽歌，一个人在弹琴，相互唱和道："哎呀桑户啊！哎呀桑户啊！你已经返本归真了，而我们还寄寓在人世啊！"子贡快步走上前说："请问面对着尸体唱歌，合乎礼仪吗？"

孟子反和子琴张相互看了看，笑着说："他哪里懂得礼的真意！"

子贡回去后，把这些告诉了孔子，说："他们是什么样的人呢？修养德行却不讲礼仪，而把形骸置之度外，面对着尸体唱歌，脸色不变，真是无法来形容他们。他们是什么样的人呢？"

孔子说："他们是游于天地四方之外的人，而我是生活在天地四方之内的人。天地四方的内外彼此不相及，而我让你前往吊唁，我太固陋了。他们正和造物者为友伴，而遨游于天地元气之中。他们把生视为附着的赘瘤，把死视为毒疮的溃败。像这样，又怎么明白死生先后的区别！假借着不同之物，寄托在同一形体中；忘却内在的肝胆，遗忘外在的耳目；让生死随着自然而反复循环，不知道它的头绪；无所牵系地神游于尘世以外，逍遥在自然无为的境地。他们又怎能不烦乱地拘守世俗的礼仪，以此让众人观看呢！"

子贡说："那么先生您依从哪一方呢？"

孔子说："我孔丘，是遭受天道惩罚的人。即便如此，我和你还是共同追求方外之道。"

子贡说："请问有什么方法吗？"

孔子说："鱼儿相与寻找水源，人们相与向往大道。相互寻找水源的，挖个池子来供养；相互向往大道的，泰然无事而心性自定。所以说：'鱼在江湖中互相忘掉，人在大道中互相忘掉。'"

子贡说："请问与众不同的异人是什么样的人？"

孔子说："异人是与世俗之人不同而顺应自然的人。所以说：'大自然的小人，是人世间的君子；人世间的君子，是大自然的小人。'"

孔子说："人世间的君子是大自然的小人。"

【分节导读】

此节通过孟孙才的"不知所以生，不知所以死"阐述"知"与"死"的关系。人总是有意识地将生和死的概念区别开来，为生乐，为死悲。道家则把死生视为一体，所以孟孙才不知生也不知死，他用"顺"来应对不可知的变化，即使母亲去世了，也不觉悲伤。人们可以通过一个人对待死亡的态度来体察他的思想境界。

【原文】

颜回问仲尼曰："孟孙才①，其母死，哭泣无涕，中心不戚，居丧不哀。无是三者，以善处丧盖鲁国。固有无其实而得其名者乎？回壹怪之②。"

仲尼曰："夫孟孙氏尽之矣，进于知矣，唯简之而不得，夫已有所简矣。孟孙氏不知所以生，不知所以死；不知孰先，不知孰后；若化为物，以待其所不知之化已乎！且方将化，恶知不化哉？

孔子向颜回解释孟孙才居丧不哀的原因。

方将不化，恶知已化哉？吾特与汝，其梦未始觉者邪！且彼有骇形而无损心③，有旦宅而无情死④。孟孙氏特觉⑤，人哭亦哭，是自其所以乃⑥。且也相与'吾之'耳矣⑦，庸讵知吾所谓'吾之'非吾乎？且汝梦为鸟而厉乎天⑧，梦为鱼而没于渊。不识今之言者，其觉者乎，其梦者乎？造适不及笑⑨，献笑不及排⑩，安排而去化⑪，乃入于寥天一⑫。"

【注释】

① 孟孙才：姓孟孙，名才，鲁国的贤人。② 壹：语助词，表强调。③ 骇：惊动。损：伤。④ 旦宅：通"怛咤"，惊惧。⑤ 特觉：独自觉醒。⑥ 是自其所以乃：这就是他所以如此的缘故。即是指孟孙才的哭泣，是见众人哭而随之哭。乃，如此。⑦ 相与"吾之"耳：互相说"是我"。⑧ 厉：同"戾"，至，到达。⑨ 造适：达到适意的境界。造，达到。⑩ 献笑不及排：内心自得而发出的笑声，不待安排。排，安排。⑪ 安排而去化：听任自然的安排而顺应变化。⑫ 寥天一：寂寥的道混为一体。即是指道。

【译文】

颜回问孔子说："孟孙才的母亲死了，他哭泣而没有眼泪，心中不悲戚，守丧不哀痛。没有这三点，却以善于处理丧事而闻名鲁国。难道有不具其实而博得名声的吗？我觉得很奇怪。"

孔子说："孟孙氏已尽了居丧之道，超过了知道丧礼的人。丧事应该简化却因世俗沿袭而无法做到，他已经有所简化了。孟孙氏不知什么是生，不知什么是死；不知道迷恋生前，不知道惦念死后。他像是要化为物，以等待着他所不知的变化而已！再说方今将要变化，怎么知道不变化呢？方今将要不变化，怎么知道已经变化了呢？可我和你，恐怕都是在梦中还未觉醒啊！况且孟孙氏认为有形体的变化而没有心神的损伤，有惊恐而没有精神上的死亡。孟孙氏独自觉醒，别人哭他也哭，这就是他所以如此（苦而不哀）的缘故。众人看到自己的形体就相互称说'这是我'，哪里知道我所谓'这是我'果真是我呢？再且你梦见成为鸟飞到天空，梦见成为鱼潜入深渊。不知道现在说话的人，是醒着呢，还是在做着梦呢？突如其来的快意来不及笑出来，从内心自然流露出来的笑声来不及事先安排，顺任自然的安排而随之变化，就可以进入寂寥廓远之处的纯一境界。"

⊙品庄悟道⊙

有骇形而无损心，有旦宅而无情死

庄子用"有骇形而无损心，有旦宅而无情死"，来阐述形和神的关系。死亡是人的形体发生了变化，但形体变化了，心神却没有损伤，生死都只是表面现象，人由生入死，其心神由旧房子搬入新房子。既然如此，人又为什么要留恋生呢？故事中的孔子故意问颜回："你怎么知道现在说话的人，是醒着，还是在做梦？"世人多把死当做人生的终结，但庄子却不这么看。他提出了个大胆的假设，说不定死才是生，生才是死。方生方死，方死方生，死亡也可被看作是一种生命的延续：人从一个世界，前往另一个世界。

生、死，都只是一种存在状态。人源自万物，又归于万物，不妨把死亡当成是生命的回归。另一方面，孟孙才的故事又告诉人们，由于每个人对死亡的态度都不同，所以在面对至亲之人的逝世时，各人的表现也不同，有人会激动得大声哭嚎，也有人会平静如水。人们不应用这些来揣度他们对死者感情的深浅。

【分节导读】

此节借意而子之口说出"道在人心"的道理。尧教意而子的仁义是非与道家的观点相左，许由因此认为即使向意而子讲道也无异于让盲人欣赏礼服上的花色，毫无意义。但意而子却指出许由并不能断定道不能还他意而子以逍遥无束之身。只要人有向道回归的心，即使曾经接受过有悖于道的观念，也仍可能领悟道的真谛。所以最后许由还是向意而子讲述了道。

【原文】

意而子见许由①。许由曰："尧何以资汝②？"

意而子曰："尧谓我：'汝必躬服仁义而明言是非。'"

许由曰："而奚来为轵③？夫尧既已黥汝以仁义④，而劓汝以是非矣⑤，汝将何以游夫遥荡恣睢转徙之涂乎⑥？"

意而子曰："虽然，吾愿游于其藩。"

许由曰："不然。夫盲者无以与乎眉目颜色之好，瞽者无以与乎青黄黼黻之观⑦。"

意而子曰："夫无庄之失其美⑧，据梁之失其力⑨，黄帝之亡其知，皆在炉捶之间耳⑩。庸讵知夫造物者之不息我黥而补我劓，使我乘成以随先生邪⑪？"

许由曰："噫！未可知也。我为汝言其大略。吾师乎！吾师乎！鋈万物而不为义⑫，泽及万世而不为仁，长于上古而不为老，覆载天地、刻雕众形而不为巧。此所游已。"

许由问意而子："尧教了你什么？"

【注释】

① 意而子：庄子虚拟的人物。② 资：资助，指教。③ 轵（zhǐ）：通"只"，语助词。④ 黥（qíng）：古代一种肉刑，在犯人额颊等处刺刻，然后涂上墨，又称墨刑。⑤ 劓（yì）：古时一种割鼻子的刑罚。⑥ 恣睢（suī）：放纵，无所拘束。⑦ 黼黻（fǔ fú）：古时礼服上绣的花纹。⑧ 无庄：庄子虚拟的古代美女。⑨ 据梁：庄子虚拟的古代大力士。⑩ 炉锤：炉和锤，冶炼用的工具，此处指冶炼锻打。⑪ 乘成：载着完整的形体。成，完备，完整。⑫ 鳌（jī）：调和。

【译文】

意而子去见许由。许由说："尧用什么教导你呢？"

意而子说："尧对我说：'你一定要力行仁义而明辨是非。'"

许由说："你为什么还要到这里来呢？尧既然已经用仁义给你施行了墨刑，用是非给你施行了劓刑，你怎么能逍遥放荡、无拘无束地遨游于变化的境界呢？"

意而子说："即使如此，我还是愿意游于这个境界的边际。"

许由说："不可能这样。盲人无法欣赏眉目颜色的美好，瞎子无法观赏礼服上绣的彩色花纹的华丽。"

意而子说："无庄忘掉了自己的美貌，据梁忘掉了自己的力量，黄帝忘掉了自己的智慧，都是经过造物者的熔炉陶冶锤炼成的。怎么知道造物者不会平息我受的墨刑，修补我受劓刑的伤残，使我载着完整的形体来追随先生呢？"

许由说："唉！这是不可知的呀。我给你说说大略：我的大宗师啊！我的大宗师啊！调和万物而不认为是义，恩泽惠及万世而不认为是仁，长于上古却不算老，覆天载地、雕刻万物的形状而不认为是巧。这就是我所遨游的境界！"

【分节导读】

此节重点写颜回悟道的过程。在道家看来，礼乐是一种形式，是外在的东西，仁义则存在于人的内心，要悟道必须要无限的失去，将限制人精神自由的藩篱——拆除。颜回悟道的过程即是由外而内逐渐脱离束缚的过程，他先挣脱了外在的礼乐，再让心灵从仁义的桎梏中解放，最后突破了"自我"进入物我不分的境界，与万物同化。而进入这种境界后则可化成任何事物，不受任何拘束。

【原文】

颜回曰："回益矣①。"

仲尼曰："何谓也？"

曰："回忘仁义矣。"

曰："可矣，犹未也。"

他日复见，曰："回益矣。"

曰："何谓也？"

曰："回忘礼乐矣。"

曰："可以，犹未也。"

他日复见，曰："回益矣。"

曰："何谓也？"

曰："回坐忘矣②。"

仲尼蹴然曰③："何

颜回说："我进步了。"

谓坐忘？"

颜回曰："堕肢体，黜聪明^④，离形去知，同于大通^⑤，此谓坐忘。"

仲尼曰："同则无好也^⑥，化则无常也^⑦。而果其贤乎！丘也请从而后也。"

【注释】

①益：增益，进步。②坐忘：静坐而忘其身以至于道。③蹴（cù）然：因惊异而神情突变的样子。④黜（chù）：废弃，抛开。⑤大通：即大道。⑥同则无好：和同万物就没有偏好。⑦化则无常：参与万物的变化就不会执滞。常，常规，此处指固执不变。

【译文】

颜回说："我进步了。"

孔子说："指什么说的呢？"

颜回说："我忘掉仁义了。"

孔子说："好的，但是还不够。"

过了几天又见面，颜回说："我又进步了。"

孔子说："指什么说的呢？"

颜回说："我忘掉礼乐了。"

孔子说："好的，但是还不够。"

过了几天又见面，颜回说："我又进步了。"

孔子说："指什么说的呢？"

颜回说："我坐忘了。"

孔子惊奇地问："什么叫坐忘？"

颜回说："遗忘肢体，抛掉聪明，离弃形体忘掉智识，与化育万物的道融通为一，这就叫坐忘。"

孔子说："和同万物就没有偏好，参与万物的变化就没有偏执。你果真是贤人啊！请让我追随在你的身后。"

孔子说："让我追随在你身后。"

⊙品庄悟道⊙

无知之知

世人大多只看到物体间的差异，但道家却强调"齐物"，并认为，要想达到"物我同一，逍遥自在"的境界，就必须摒弃智巧。因为人正是凭借智巧，区别万物的。"无知之知"和"无知"不同，无知是人初来到这个世界时的原初状态，无知之知则是经历了有知后的无知，是一种比有知之知层次更高的智慧，是经过后天的修习，才达到的心性上的成就。

知道了这二者的区别，就不会把孩童愚人的蒙昧无知和圣人的无知之知混淆。道家提倡返璞归真。但这"真"并非指孩童的纯真。孩童的纯真固然可贵，却还未经历过生活的历练，真正可贵的纯真是经受了世事洗礼的纯真。因此，修习心性未必需要隐逸山林，在喧嚣的俗世同样可以，人不妨将生活中的挫折、磨难当作命运对自己的考验。

【分节导读】

　　作者以"命"作为《大宗师》篇的结尾。此节借子桑的悲歌说明不幸乃命之所赐，非人力所能控制。既然如此，人便应顺应命运的安排，坦然面对命带给人的一切。

【原文】

　　子舆与子桑友①。而霖雨十日②，子舆曰："子桑殆病矣！"裹饭而往食之。至子桑之门，则若歌若哭，鼓琴曰："父邪！母邪！天乎！人乎！"有不任其声而趋举其诗焉③。

　　子舆入，曰："子之歌诗，何故若是？"

　　曰："吾思夫使我至此极者而弗得也。父母岂欲吾贫哉？天无私覆，地无私载，天地岂私贫我哉？求其为之者而不得也。然而至此极者，命也夫！"

【注释】

① 子桑：即上文的子桑户，庄子虚拟的人物。② 霖雨：连绵三天以上不停的雨。③ 不任其声：（心力交疲，）发出的声音极其微弱。任，胜任。趋举其诗：诗句急促，不成调。趋，急促。举，引起，此处指念诵。

【译文】

　　子舆和子桑是朋友。一连下了十天雨，子舆说："子桑恐怕要饿病了吧！"于是带着饭去给他吃。到了子桑的门口，就听到像是唱歌又像是哭泣的声音。子桑弹着琴唱道："父亲呀！母亲呀！天呀！人呀！"声音微弱而诗句急促。

　　子舆进到屋里，说："你吟唱诗，为什么这样不成调子？"

　　子桑说："我在思索使我到了这般窘困地步的原因而不得其解。父母难道想要我贫困吗？上天无私地覆盖一切，大地无私地承载着一切，天地岂会偏私而让我贫困呢？探求使我贫困的原因而得不到结果。然而我到了这样的绝境，是命吧！"

子舆冒雨给子桑送饭。

◎应帝王◎

【题解】

　　本篇谈的是帝王治理天下的问题，表现了庄子无为而治的政治观。文中的六个故事都是寓言，庄子借此以论理。"啮缺问于王倪""肩吾见狂接舆"部分，批评了君王以私愿制定法度统治人民的行为，指出为政当"顺物自然"，统治者当去除私念。"阳子居见老聃""郑有神巫曰季咸""无为名尸""南海之帝为倏"等部分论辩了无为的好处和有为对百姓的损害。庄子为政当无治的政治观，基本上是继承老子的"无为而无不为"的思想而来的，其消极性不言自明，但是这种政治观念在一定程度上也是针对当时日益膨胀的君王权力而发的，不无合理的因素。因为在有阶级的社会，以君主官僚为主体的政治本身就是天下的一大祸害，无论它打着什么旗号。

【分节导读】

　　此节中啮缺之所以因王倪的不知而欢呼雀跃是因为对方的不知让他悟道。知有限而不知无限，知会引发是非，不知则不会产生利害。知让人为名望利益所累，不知则无欲，无欲也就不会产生烦恼。得道的人不会在意别人用侮辱性的词汇称呼自己，相反未得道的人在治国时借仁义笼络人心，把好名声当做治国工具，必为如何拥有这名声、如何保护这名声所累。

【原文】

　　啮缺问于王倪[①]，四问而四不知[②]。啮缺因跃而大喜，行以告蒲衣子[③]。

　　蒲衣子曰："而乃今知之乎[④]？有虞氏不及泰氏[⑤]。有虞氏，其犹藏仁以要人[⑥]；亦得人矣，而未始出于非人[⑦]。泰氏，其卧徐徐，其觉于于[⑧]。一以己为马，一以己为牛。其知情信，其德甚真，而未始入于非人。"

啮缺问王倪道，四问四不知。

【注释】

①啮缺、王倪：庄子虚拟的人物，《齐物论》篇中出现过。②四问而四不知：啮缺问王倪事，载《齐物论》，"四问"为"知物之所同是乎？""知子之所不知邪？""物无知邪？""知利害乎？"王倪都答称不知道。③蒲衣子：庄子虚拟的人物。④而：通"尔"，你。⑤有虞氏：指舜。泰氏：传说中的上古帝王。⑥藏仁：心怀仁义。要（yāo）：结交。⑦出：超出。非人：指物。这句话的意思为有心要人，则

犹系于物，是未能超然出于物。⑧ 于于：迂缓，安闲自得的样子。

【译文】

　　啮缺问王倪，问了四次而四次都答称不知道。啮缺因此欢喜得跳了起来，走去把这事告诉蒲衣子。蒲衣子说："你现在知道了吗？有虞氏不及泰氏。有虞氏，他还心怀仁义以要结人心，虽然也获得了人心，但是未能超脱外物的牵累。泰氏睡时舒缓平静，醒来时安闲自得。任人把自己称作马，任人把自己称作牛。他的知见信实，他的德性纯真，而从来没有受到外物的牵累。"

【原文】

　　肩吾见狂接舆，狂接舆曰："日中始何以语女①？"

　　肩吾曰："告我，君人者以己出经式义度②，人孰敢不听而化诸③！"

　　狂接舆曰："是欺德也④。其于治天下也，犹涉海凿河，而使蚊负山也。夫圣人之治也，治外乎⑤？正而后行⑥，确乎能其事者而已矣⑦。且鸟高飞以避矰弋之害⑧，鼷鼠深穴乎神丘之下以避熏凿之患⑨，而曾二虫之无如⑩？"

【注释】

　　① 日中始：庄子虚拟的人物。女：通"汝"，你。② 君人者：指国君。经式义度：指法规、法度。③ 诸：语尾助词，相当于"乎"。④ 欺德：虚伪骗人的言行。⑤ 治外：指用上面所说的"经式义度"来治理人。⑥ 正而后行：自正而后行化天下。⑦ 确乎能其事者：指任人顺其实性，各尽其能。⑧ 矰弋（zēng yì）：古时一种带有丝绳射鸟的短箭。⑨ 鼷（xī）鼠：小鼠。神丘：社坛。熏：烟熏。凿：挖掘。⑩ 无如：奚侗认为"知"当作"如"。"无如"就是说不如。

【译文】

　　肩吾见到狂接舆，狂接舆说："日中始对你说了些什么？"

　　肩吾说："他告诉我，国君凭自己的意愿定出法规，人们谁敢不听从而被教化呢！"

　　狂接舆说："这是虚伪骗人的做法。这样去治理天下，就如同趟着大海去凿河，使蚊虫背负大山一样。圣人治理天下，是用法度来约束人们？圣人是先端正自己而后感化他人，任人做一些能做的事罢了。鸟尚且知道高飞以躲避罗网弓箭的伤害，小鼠尚且知道在神坛下打洞以避开烟熏和挖掘之祸，难道人还不如这两种虫子吗？"

狂接舆认为日中的话虚伪骗人。

【分节导读】

　　此节承接上节的"治世先治己"，讲如何治己。作者借无名人之口点出治己的方法——保持心灵的清静无为，不偏私，顺应事物自然发展。无名人的治己之道正是道家推崇的治国之道。

【原文】

　　天根游于殷阳①，至蓼水之上②，适遭无名人而问焉③，曰："请问为天下④。"

　　无名人曰："去！汝鄙人也，何问之不豫也⑤！予方将与造物者为人⑥，厌，则又乘夫莽眇之鸟⑦，以出六极之外，而游无何有之乡，以处圹埌之野⑧。汝又何帠以治天下感予之心为⑨？"

又复问。无名人曰："汝游心于淡，合气于漠⑩，顺物自然而无容私焉，而天下治矣。"

【注释】

①天根：庄子虚拟的人物。殷阳：殷山的阳面，或以为庄子虚拟的地名。②蓼水：庄子虚拟的河名。③无名人：庄子虚拟的人物，或以为指圣人，因《庄子》中有"圣人无名"的话。④为：治理。⑤不豫：不悦，不快。⑥方将：正要。为人：为友。⑦莽眇：轻盈虚渺之气。即以轻盈虚渺之气为鸟，乘着遨游太空。⑧圹埌（kuàng làng）：空旷辽阔。⑨帛（yì）：为"臬"的坏字，即梦话，呓语。⑩游心于淡，合气于漠：游心于恬淡之领域，合形气于淡漠之乡。

【译文】

天根到殷阳游玩，来到蓼水边，恰巧碰到无名人，便问道："请问治理天下的方法。"

无名人说："走开！你这个鄙陋的人，为何问这使我不愉快的问题呢？我正要和造物者为伴，厌烦了，就乘着轻盈虚渺的气，飞出天地四方以外，畅游于无何有之乡，处在空旷辽阔的旷野。你又为什么用治理天下的梦话来干扰我的心呢？"

天根又再次询问。无名人说："你要游心于恬淡的境界，形气要合于漠然

天根到殷阳游玩碰到无名人。

无为，顺应事物自然的本性而不夹杂私意，天下就可以治理好了。"

【分节导读】

此节重点讲何为圣明之王。阳子的看法证代表了世俗中人对圣明之王的看法——能力强，做事果断，有敏锐的洞察力，看问题透彻，学道勤奋。但站在道的角度，还不能称这样的王为圣明之王。常人艳羡的"才智"无非是劳心耗力之术，会让人受制于外物。道家眼里的圣明之王不求功名，高深莫测，尊重万物的本性，不治万物却使万物大治。

【原文】

阳子居见老聃①，曰："有人于此，向疾强梁②，物彻疏明③，学道不倦。如是者，可比明王乎？"

老聃曰："是于圣人也，胥易技系④，劳形怵心者也⑤。且也虎豹之文来田⑥，猿狙之便、执斄之狗来藉⑦。如是者，可比明王乎？"

阳子居蹴然曰："敢问明王之治？"

老聃曰："明王之治，功盖天下而似不自己，化贷万物而民弗恃⑧；有莫举名⑨，使物自喜；立乎不测，而游于无有者也⑩。"

【注释】

① 阳子居：庄子虚拟的人物。
② 向疾：敏捷如响，即反应像回声般快。向，通"响"，回声。强梁：强悍果决。③ 物彻疏明：观察事物洞彻，疏通明达。④ 胥：小吏。易：掌占卜的小官。技系：为技能所牵累。⑤ 劳形怵心：形体劳累，内心惊惧。⑥ 文：通"纹"，花纹。来：招致。田：田猎，狩猎。⑦ 猿狙：一种猕猴。便：便捷。执：捉。狸(lí)：狸。藉：系缚。⑧ 贷：施。恃：依赖。⑨ 有莫举名：有功德而不能用语言称说。⑩ 游于无有：游至虚无为的境地。

阳子居问老聃何为圣明君王。

【译文】

阳子居见到老聃，问说："有这样一个人，敏捷果决，认识事物透彻明达，学道精勤不倦。像这样，可以和圣明的君王相比吗？"

老聃说："这样的人在圣人看来，不过是像胥吏卜官被技能所牵累，劳苦形体，惊怵心神罢了。且虎豹因皮有花纹而招来人们田猎，猕猴因行动便捷、猎狗因能捉狸而招来人的捉系。像这样的人，可以和圣明的君王相比吗？"

阳子居脸色突变，惭愧地说："请问圣明的君王怎样治理天下呢？"

老聃说："圣明的君王治理天下，功绩覆盖天下却好像和自己不相干，教化施及万物而人民不觉得有所恃；虽有功德却不能用语言说出来，使万物欣然自得其所；自己立于不可测识的地位，而畅游于虚无的境地。"

圣明的君王立于不可测识之地。

⊙品庄悟道⊙

使物自喜

老子告诉阳子，真正的圣明之王："功盖天下而似不自己，化贷万物而民弗恃；有莫举名，使物自喜"。道家主张无为之治，认为最好的治世者处理事务要顺其自然。而老子的这番话，不只适用于治世的帝王，也适用于平凡大众。

常人总是忍不住和人分享自以为好的东西，包括生活的观念、处世的方法，但每个人的性情、癖好都不一样，甲喜欢的，未必是乙所喜。"使物自喜"的关键在于尊重"物"的本性，任何人都不喜欢别人将某种意识强加于己。现实中经常出现这样的情况，甲强行向乙推行某种事物，乙不肯接受，二者产生矛盾，最后不欢而散。

人都希望别人能尊重自己的个性，却时常忽略自己也要尊重别人的独特之处，总是自以为可以替他人做主，指导他人的生活。俗话说"人之患在于好为人师"，想要拥有良好的人际关系，就要有意识地放下干涉他人的习惯，学习包容和自己不同的思想观念、形形色色的人。

【分节导读】

此节以季咸相壶子的故事来说明"知"的有限。季咸自以为有知，可以预测万物的变化，但却被壶子制造的假象迷惑，大惊而跑。壶子用随风而倒的草和随波逐流的水来形容被知所制的不自由。另一方面，作者又用列子被季咸迷惑一事说明以知为道的危险，若所知非"真"，人就容易误入歧途。知性思考只能让人看到道的表象，要把握道的实质还要依靠悟。

【原文】

郑有神巫曰季咸①，知人之死生存亡、祸福寿夭，期以岁月旬日②，若神。郑人见之，皆弃而走。列子见之而心醉，归，以告壶子③，曰："始吾以夫子之道为至矣，则又有至焉者矣。"

壶子曰："吾与汝既其文，未既其实④，而固得道与？众雌而无雄，而又奚卵焉⑤！而以道与世亢⑥，必信⑦，夫故使人得而相汝。尝试与来，以予示之。"

明日，列子与之见壶子。出而谓列子曰："嘻！子之先生死矣！弗活矣！不以旬数矣！吾见怪焉，见湿灰焉⑧。"

郑国人见到季咸就跑了。

列子入，泣涕沾襟以告壶子。壶子曰："乡吾示之以地文⑨，萌乎不震不止⑩。是殆见吾杜德机也⑪。尝又与来。"

明日，又与之见壶子。出而谓列子曰："幸矣，子之先生遇我也！有瘳矣⑫，全然有生矣！吾见其杜权矣⑬。"

列子入，以告壶子。壶子曰："乡吾示之以天壤⑭，名实不入，而机发于踵。是殆见吾善者机也⑮。

尝又与来。"

明日，又与之见壶子。出而谓列子曰："子之先生不齐^⑯，吾无得而相焉。试齐，且复相之。"

列子入，以告壶子。壶子曰："乡吾示之以太冲莫胜^⑰。是殆见吾衡气机也^⑱。鲵桓之审为渊^⑲，止水之审为渊，流水之审为渊。渊有九名^⑳，此处三焉。尝又与来。"

明日，又与之见壶子。立未定，自失而走。壶子曰："追之！"列子追之不及。反，以报壶子曰："已灭矣，已失矣，吾弗及已。"

壶子对列子说："我未曾出示我的大道。"

壶子曰："乡吾示之以未始出吾宗。吾与之虚而委蛇^㉑，不知其谁何，因以为弟靡^㉒，因以为波流，故逃也。"

然后列子自以为未始学而归，三年不出。为其妻爨^㉓，食豕如食人^㉔。于事无与亲，雕琢复朴^㉕，块然独以其形立。纷而封哉^㉖，一以是终^㉗。

【注释】

① 神巫：精于巫术、占卜灵验的巫者。季咸：人名。② 期以岁月旬日，若神：预言年、月、旬、日，灵验如神。期，预言。③ 壶子：为列子的老师，名林，号壶子，郑国人。④ 吾与汝既其文，未既其实：我为你讲授的是道的名相，尚未讲授道之实。⑤ 众雌而无雄，而又奚卵焉：有众雌而无雄，又怎么生卵呢。这里是比喻如果有文无实，就不得称为道。⑥ 亢：通"抗"，抗衡。⑦ 信：通"伸"，显露。⑧ 湿灰：湿灰不能复燃，比喻毫无生气，必死。

列子走进屋，将季咸的话告诉壶子。

⑨乡：通"向"，刚才。地文：大地寂静的样子，喻指心境寂静。⑩萌：通"芒"，喻昏昧的样子。震：动。止：通行本作"正"，属于形近而误，据《阙误》引江南古藏本改正。⑪杜：闭塞。德机：指生机。⑫瘳（chōu）：病愈。⑬杜权：闭塞中有转变，意谓有了点生机。权，变动。⑭天壤：天地，天地合则生育万物，故此处以天地喻指生气。⑮善者机：生机。善，生。⑯不齐：变化不定。⑰太冲：太虚。莫胜：没有朕兆，无迹可寻。胜，通"朕"，朕兆。⑱衡气机：气度持平的机兆。⑲鲵（ní）：大鲸鱼。桓：盘旋。审：借为"沈"，深意。⑳渊有九名：九渊为鲵桓、止水、流水、滥水、沃水、氿水、雍水、汧水、肥水。成玄英注疏说："水体无心，动止随物，或鲸鲵盘桓，或凝湛止住，或波流湍激。虽多种不同，而玄默无心一也。"㉑委蛇（wēi yí）：随顺应变。㉒弟靡：茅草随顺的样子。弟，即"稊"，稗子一类的草，结实如小米。㉓爨（cuàn）：烧火做饭。㉔食豕（shǐ）如食人：饲养猪如同侍奉人。㉕雕琢复朴：去雕琢而复归于素朴。㉖纷而封哉：在纷纭的世事中持守真朴。㉗一以是终：终其身常如此，终生不变。一，常。

【译文】

郑国有个神巫叫季咸，能测知人的生死存亡及祸福寿夭，所预言的年、月、日，准确如神。郑国人见了他，都（因怕预闻到有凶祸的事）避开跑得远远的。列子见了，为他的神算所陶醉，回来把这件事告诉了壶子，说："原先我以为先生的道术是最高明的，现在才知道又有更高明的。"

壶子说："我为你讲授的是道的名相，尚未讲授道之实，你就以为得道了吗？有众多雌鸟而没有雄鸟，又如何能由卵化育呢？你用表面的道与世人较量，希望得到世人的信任，所以才让神巫窥测到你的心思。把他请来，让他看看我的相。"

第二天，列子和季咸一起来见壶子。季咸出来后对列子说："哎！你的先生快要死了！不能活了！不会超过十天了！我见他神色怪异，就像见到了不能复燃的湿灰。"

列子进入屋中，泪水沾湿了衣襟，把季咸的话告诉了壶子。壶子说："刚才我让他看到的是我大地般的寂静，茫然无迹，不动不止。这大概是他看到我闭塞了生机。试着再同他一起来看看。"

第二天，列子又和季咸一起来见壶子。季咸出来后对列子说："幸运啊，你的先生遇上了我！现在可以痊愈了，完全有生机了！我看到他闭塞的生机有了活动。"

列子进入屋里，把季咸的话告诉了壶子。壶子说："刚才我让他看了天地间的生气，名声实利皆不入心，生机从脚后跟升起。这大概是他看到我的这线生机了。试着再同他一起来看看。"

第二天，列子又和季咸一起来见壶子。季咸出来后对列子说："你的先生神情变化不定，我没法给他相面。等他神情安定了，我再给他相面。"

壶子告诉列子季咸逃跑的原因。

列子回家烧火做饭，饲猪如人，持守真朴。

列子进入屋里，把季咸的话告诉了壶子。壶子说："刚才我显示给他看的是没有征兆可寻的太虚境界。这大概是他看到我的气机平和而不偏一端的状况。鲸鱼盘旋的地方成为深渊，水止的地方成为深渊，水流动的地方成为深渊。深渊有九种，我让他看了三种。试着再同他一起来看看。"

第二天，列子又和季咸一起来见壶子。季咸还没有站定，就惊慌地逃走了。壶子说："追上他！"列子追赶不及，回来告诉壶子说："已经无影无踪了，已经跑掉了，我追不上他。"

壶子说："刚才我显示给他看的是（万象俱空的境界，）未曾出示我的根本大道。我和他随顺应变，他不知究竟是谁，就像草遇风披靡，像水随波逐流，所以逃跑了。"

之后列子才认识到自己没有学到什么，便回家了，三年不出家门。他替妻子烧火做饭，饲养猪如同侍奉人一样。对事物无所偏私，扬弃浮华而复归素朴，不知不识的样子，犹如土块立在地上。在纷纭的世事中持守真朴，终身如此。

【分节导读】

此节着重强调"不要被知识主宰"。作者认为人应如镜子映照事物一样，客观地看待世界，享受上天赐予的一切。相反，用"有知"来干预自然，必会对自然造成损害。作者以浑沌之死的故事来说明这点，浑沌的无孔无窍乃是天然而成，儵、忽却偏要以世俗常理来评判他，人为地干预他，结果造成浑沌的死亡。

【原文】

无为名尸①，无为谋府②；无为事任③，无为知主④。体尽无穷，而游无朕⑤；尽其所受乎天而无见得⑥，亦虚而已。至人之用心若镜，不将不迎⑦，应而不藏⑧，故能胜物而不伤。

【注释】

① 无为名尸：不做名的载体。尸，主，载体。② 谋府：计谋的府库，出谋划策的地方。③ 事任：担当事物的责任。④ 知主：智慧的主谋。⑤ 无朕：没有朕兆，没有迹象。⑥ 尽其所受乎天：意谓承受着自然的本性。见：同"现"，显现。⑦ 将：送。迎：迎接。⑧ 不藏：不隐藏，来者即照。

【译文】

不要成为名声的载体，不要成为谋略的府库；不要强行任事，不要做智慧的主谋。体悟无穷无尽的大道，而游于虚无之境；承受着自然的本性，而不显露自己所得到的，也就达到了虚寂无为的心境。至人的用心像镜子，物去不送，物来不迎，如实反映而不隐藏，所以能胜物而不为物所伤害。

【原文】

南海之帝为儵①，北海之帝为忽，中央之帝为浑沌。儵与忽时相与遇于浑沌之地，浑沌待之甚善。儵与忽谋报浑沌之德，曰："人皆有七窍以视听食息②，此独无有，尝试凿之。"日凿一窍，七日而浑沌死。

南海帝王儵。

【注释】

①儵（shū）：与下文的"忽""浑沌"，都是庄子假托的人名。②七窍：指一口、两耳、两目、两鼻孔等七个孔穴。息：呼吸。

【译文】

南海的帝王叫儵，北海的帝王叫忽，中央的帝王叫浑沌。儵和忽时常到浑沌的所在地相会，浑沌待他们甚好。儵与忽商量回报浑沌之德，说："人都有七窍，用来看、听、饮食、呼吸，唯独他没有，我们试着给他凿开。"他们就每天凿一窍，凿到第七天浑沌就死了。

儵与忽常到浑沌的所在地去。

卷二 外篇

◎骈拇◎

【题解】

《骈拇》以篇首二字名篇。外、杂篇的题目大多如此。本篇主旨阐扬人的行为应当合乎自然，顺应天性。而滥用聪明、矫饰仁义的做法，都如同生理上的"骈拇枝指"一样，并非出乎自然，而是道德上的邪门歪道。在作者看来，所谓的仁义智辩以及为名、为利、为家、为天下，虽然名目不同，却都是违反和伤害人的本性的，不但无益于人类社会，反而是有害的。人类应该摒弃仁智，回复自然，这样才能停止纷争和罪恶，从而实现老子自然无为、返朴归真的社会理想。

【分节导读】

此节作者用骈生的脚趾和歧生的拇指来比喻超出人的本性造作出来的仁义，认为仁义并非人本性使然，推行仁义、滥用聪明智慧，必然会对人性造成伤害。作者在此对儒家的观点进行了严厉地批判，认为儒家标榜的德行闭塞了人的本性，乃旁门左道而非天下正途。一如人不能因为野鸭的腿短就为它接长、鹤的腿长就把它截短，天下的事物都有其自然生态，本已各得其所，人既不应用强力去亏损它们，也不应刻意去修正它们。

【原文】

骈拇枝指①，出乎性哉②，而侈于德③。附赘悬疣④，出乎形哉，而侈于性。多方乎仁义而用之者⑤，列于五藏哉，而非道德之正也。是故骈于足者，连无用之肉也；枝于手者，树无用之指也；骈枝于五藏之情者⑥，淫僻于仁义之行⑦，而多方于聪明之用也。

是故骈于明者，乱五色⑧，淫文章⑨，青黄黼黻之煌煌非乎⑩？而离朱是已⑪。多于聪者，乱五声，淫六律⑫，金、石、丝、竹、黄钟大吕之声非乎⑬？而师旷是已。枝于仁者，擢德塞性以收名声⑭，使天下簧鼓以奉不及之法非乎⑮？而曾、史是已⑯。骈于辩者，累瓦、结绳、窜句、棰辞⑰，游心于坚白同异之间⑱，

仁义就像骈拇枝指。

而敝跬誉无用之言非乎⑲？而杨、墨是已⑳。故此皆多骈旁枝之道，非天下之至正也。

【注释】

①骈（pián）拇：脚的大拇指与第二指连生。骈，并。枝指：手的大拇指旁歧生的一指。②出乎性哉：出于自然本性吗？③侈：多，多余。德：通"得"，指人所固有。④附赘悬疣：附悬的赘疣。赘疣，是长在身上的肉瘤毒

疮。《大宗师》："彼以生为附赘悬疣。"⑤多方：多端。⑥骈枝于五藏之情者："骈枝"前原本有"多方"两字，焦竑、宣颖等皆以为衍文，故删去。⑦淫僻：过于邪僻。过度为淫，过偏为僻。⑧五色：青、黄、赤、白、黑五种颜色。古人以此五色为正色，其余为间色。⑨淫文章：耽溺于文彩。文章，青与赤相交为文；赤与白相交为章。⑩黼黻（fǔ fú）：已见《大宗师》篇注，白与黑谓之黼，黑与青谓之黻。煌煌：光耀眩目。⑪而：古与"如"通用。下文"而师旷"等并同。离朱：相传为

耀眼的花纹、悦耳的乐声、德行礼法，皆旁门之道。

黄帝时人，视力极佳，能在百步以外看清秋天野兽绒毛的末梢。⑫五声：古乐中的五音，即宫、商、角、徵（zhǐ）、羽。六律：律，定音器。相传黄帝时的乐官伶伦，截竹为管，以管的长短，分别声音的高低。乐律有十二种，阴阳各六，阴为吕，阳为律。六律为黄钟、太蔟、姑洗、蕤宾、夷则、无射。⑬金石丝竹：指以这些材料做成的乐器。黄钟大吕：分别为六律和六吕中的第一音，以代表全部乐音。⑭擢德塞性：标举德行和蔽塞本性。⑮簧鼓：簧，是乐器中振动发声的簧片。簧鼓用作动词表示笙簧鼓动，意指喧嚷。⑯曾、史：曾参和史鳅。曾指孔子弟子曾参，字子舆。史指史鳅，卫灵公臣子，字子鱼，二人皆以仁孝忠义闻名于世。⑰累瓦：比喻砌词之巧妙。结绳：比喻串说之工巧。窜句：穿凿文句。此处指辩者多言，连牵不已，累叠无穷却无意味。⑱游心：游荡心思。坚白同异：为当时著名的辩论命题，战国名家公孙龙的"离坚白"和惠施的"合同异"之说，可参阅《齐物论》有关注释。⑲跬（kuǐ）誉：一时的声誉。跬，半步为跬。⑳杨、墨：杨为杨朱，战国宋人，主张为我；墨为墨翟，主张兼爱，《墨经》中有"坚白同异"之说。

【译文】

并生的脚趾和歧长的六指，是出于自然本性，却超出了人体所固有。附生的肉瘤，是在形体上长出来的，却超过了自然本性。多方造作仁义来施行，比列于人的五脏，却不是道德的本然。因而并生在脚上的，只是连结着一块无用的肉；歧生在手上的，只是长了一个无用的指头；骈拇枝指地把仁义与五脏相比列而超出了五脏的实情，这种过于邪僻的施行仁义的行为，则是多方地滥用了聪明。

因而纵情视觉的人，会被五色所迷，耽溺文彩，彩色华丽花纹的服饰不就是光耀炫目的吗？离朱就是这类人的代表。纵情听觉的人，会被五声混淆，滥用六律，岂不像金、石、丝、竹和黄钟大吕等的音调吗？师旷就是这类人的代表。多余地施行仁义，高举德行和闭塞本性来沽名钓誉，不是使天下人喧嚷着去奉守不可企及的礼法吗？曾参和史鳅就是这类人的代表。多言善辩的，犹如累瓦、结绳般堆砌词语，穿凿文句，游荡心思于"离坚白""合同异"的争论上，岂不是疲敝精神求一时的声誉而争执无用的言论吗？杨朱墨翟就是这类人的代表。所以这些都是旁门之道，不是天下的至道正理。

【原文】

彼至正者①，不失其性命之情。故合者不为骈，而枝者不为歧②；长者不为有馀，短者不为不足。是故凫胫虽短③，续之则忧；鹤胫虽长，断之则悲。故性长非所断，性短非所续，无所去忧也④。意仁义其非人情乎⑤！彼仁人何其多忧也？

【注释】

①至正：通行本误作"正正"，依据褚伯秀、宣颖等说改正。②歧：同"歧"，多生的六指。③凫（fú）胫：野鸭小腿。④无所去忧：没有什么可忧虑的。⑤意：同"噫"，叹息的声音。人情：即前文所言"性命之情"，人的本性。

【译文】

那些至道正理，不失其性命的实情。故而结合的不为骈连，分枝的不为有余，长的不为多余，短的不为不足。所以野鸭的腿虽然短，接长一截便会痛苦；野鹤的腿虽然长，截断一节便会悲哀。所以原本腿长的不能截断，原本腿短的不必接长，没有什么可忧虑的。噫！仁义不是人固有的真情吧！那些仁人为什么如此多忧（去追求）呢？

鸭腿短却不可接长；鹤脚长却不可截短。

【原文】

且夫骈于拇者，决之则泣；枝于手者，龁之则啼①。二者，或有余于数，或不足于数，其于忧一也。今世之仁人，蒿目而忧世之患②；不仁之人，决性命之情而饕贵富③。故意仁义其非人情乎？自三代以下者，天下何其嚣嚣也④？

【注释】

①龁 hé：咬。②蒿目：忧愁的目光，有独坐忧愁之意。③决：溃乱。饕 tāo：贪。④嚣嚣：喧哗的样子。

【译文】

况且，并生的脚趾，割开它就会哭泣；歧生的手指，咬去它便要哀啼。这两种情况，要么比应有之数多，要么少于应有之数，但其忧患却一样。如今的仁义之人，独坐忧虑世间的祸患；不仁义的人，溃乱生命实情贪图富贵。所以说，仁义不是人固有的真情吧？否则从夏、商、周三代依赖，天下怎么会有那么喧嚣多事呢？

【原文】

且夫待钩绳规矩而正者①，是削其性者也；待绳约胶漆而固者②，是侵其德者也；屈折礼乐③，呴俞仁义④，以慰天下之心者，此失其常然也。天下有常然。常然者，曲者不以钩，直者不以绳，圆者不以规，方者不以矩，附离不以胶漆⑤，约束不以纆索⑥。故天下诱然皆生而不知其所以生，同焉皆得而不知其所以得。故古今不二，不可亏也。则仁义又奚连连如胶漆纆索而游乎道德之间为哉！使天下惑也！

用钩、绳、规、矩对待木头，便削弱木头的本性。

【注释】

① 钩绳规矩：古代木工工具。钩是用来划曲线的曲尺，绳用来划直线，规划圆，矩划方。② 绳约：绳索。③ 屈折：曲身折体，行礼乐时的体态。④ 呴（xǔ）俞：爱抚。⑤ 附离：附丽，粘合。离，通"丽"，附着。⑥ 纆（mò）：绳索。三股合成的绳曰纆。

【译文】

　　要待钩、绳、规、矩来加以修正的，是削损了事物的本性；需要绳索胶漆来进行加固的，是侵蚀事物的固然；用礼乐来周旋，用仁义来爱抚，以安慰天下人心的，这违背了事物的本然状态。天下万物各有本然状态。这本然状态就是，曲的不用钩，直的不靠绳，圆的不凭规，方的不需矩，粘合的不用胶漆，捆束的不必绳索。所以天下万物自然生长却不知怎样生长的，各得其所而不知怎样自选的。所以古今的道理一样，不能用外力去亏损（事物的本性）。那么仁义又何必连连不断地像胶漆绳索一样施加在道德之间，使天下人迷惑不解呢！

【分节导读】

　　此节承接上节阐述施行仁义对人本身的危害，用伯夷的死和盗跖的死做类比，指出为名而死的士和为利而死的大盗并无本质上的区别。二者都迷失了本性，残害了生命，因此不能断言谁是君子，谁是小人。在作者看来，完善即是随性随情，聪敏是善于内省，明察则是能够清楚地认识自己，"大惑易性"，人应该上不为仁义操守，下不行邪僻之事，虚静无为，逍遥于世。

【原文】

　　夫小惑易方①，大惑易性。何以知其然邪？有虞氏招仁义以挠天下也②，天下莫不奔命于仁义，是非以仁义易其性与？故尝试论之，自三代以下者，天下莫不以物易其性矣。小人则以身殉利③，士则以身殉名，大夫则以身殉家④，圣人则以身殉天下。故此数子者⑤，事业不同⑥，名声异号，其于伤性以身为殉，一也。臧与谷⑦，二人相与牧羊而俱亡其羊⑧。问臧奚事⑨，则挟筴读书⑩；问谷奚事，则博塞以游⑪。二人者，事业不同，其于

小人以身殉利。

亡羊均也。伯夷死名于首阳之下⑫，盗跖死利于东陵之上⑬。二人者，所死不同，其于残生伤性均也，奚必伯夷之是而盗跖之非乎⑭！天下尽殉也，彼其所殉仁义也，则俗谓之君子；其所殉货财也，则俗谓之小人。其殉一也，则有君子焉，有小人焉；若其残生损性，则盗跖亦伯夷已，又恶取君子小人于其间哉⑮！

【注释】

① 惑：迷惑。易方：改变方向，使东南西北错位。② 有虞氏：即舜，传说为夏代以前的圣王之一。招仁义：以仁义作号召。挠：扰乱，搅乱。庄子认为，唐尧以前，即原始氏族时代社会民风还是比较朴质纯厚，自虞舜开始推崇仁义，即进入夏、商、周三代以后，朴质纯厚的风气和民情受到人为的扰乱和残害，质朴之风逐渐泯灭。③ 小人：地位低下或品行低下之人，此处指前者，泛指地位低下，以技艺和劳动谋生的人。殉：为某一目的而献

身。④家：这里指家族。⑤数子：指上述小人、士、大夫、圣人四种人。⑥事业：即从事的工作。⑦臧与谷：家奴和童仆。一说为庄子虚拟的两个人物。⑧亡：逃跑，丢失。⑨奚事：事奚，即做什么事情。⑩挟筴（cè）：挟，用胳膊夹持。筴："策"字的异体，这里指书简。一说筴为牧羊鞭。⑪博塞：亦作"簙簺"，古代一种类似掷骰子的游戏。⑫伯夷：商代末年孤竹君之长子。孤竹君爱次子叔齐，立之为君。孤竹君死后，叔齐让位于伯夷，伯夷不肯接受，于是二人一起逃避而去。听说周文王有贤德，善养老，便前往投奔，路遇武王伐纣，二人扣马而谏，不被听从，便避入首阳山中，采薇菜充饥，不食周粟，最后饿死山中。首阳山：在今山西省永济县南。死名：为名而死。⑬盗跖（zhí）：姓柳下名跖，春秋末年著名的平民起义领袖，先秦不少著作如《孟子》《商君书》《荀子》《韩非子》《吕氏春秋》等书中都提到过他。"盗"是诬蔑之词。死利：为利而死。东陵：山名，在今山东济南境内，一说即泰山。⑭是、非：这里引申为赞许和指责。⑮恶：何，从何。取：取舍，选择。其间：指在伯夷和盗跖两类人之间。

【译文】

　　小的迷惑会使人弄错方向，大的迷惑会使人改变本性。从哪里知道是这样的呢？自从虞舜拿仁义为号召而搅乱天下，天下人便没有谁不是在为仁义而争相奔走，这岂不是用仁义来改变人原本的真性吗？为此，让我们试着来谈论一下这一问题。自夏、商、周三代以来，天下人没有不借助于外物来改变自身本性的。平民百姓为了私利而舍弃生命，士人为了名声而舍弃生命，大夫为了家族的利益而舍弃生命，圣人则为了求取天下人的幸福而舍弃生命。所以这四种人，所从事的事业不同，名声也有各自的称谓，但他们为所求舍弃生命、损害人的本性这一点却是一样的。臧与谷两个人一块儿放羊，都丢失了羊。问臧做什么事情了，臧说是在拿着书简读书；问谷做什么事情了，谷说是在和别人玩投骰子的游戏。这两个人所做的事不一样，却同样丢失了羊。伯夷为了求得贤名而饿死在首阳山下，盗跖为了求得私利而死在东陵山上，这两个人死的原因不同，但他们在残害生命、损伤本性方面却是相同的。为什么一定要称赞伯夷而指责盗跖呢！天下的人都在为某种目的而舍弃生命，那些为仁义而死的，世俗之人称他为君子；那些为财货而死的，世俗之人称他为小人。同样是为了某一目的而舍弃生命，有的被称为君子，有的却被叫做小人。倘若就残害生命、损伤本性而言，那么盗跖也就是伯夷，又怎么能在他们中间区分君子和小人呢！

【原文】

　　且夫属其性乎仁义者①，虽通如曾史，非吾所谓臧也②；属其性于五味，虽通如俞儿③，非吾所谓臧也；属其性乎五声，虽通如师旷，非吾所谓聪也④；属其性乎五色，虽通如离朱，非吾所谓明也⑤。吾所谓臧者，非仁义之谓也，臧于其德而已矣；吾所谓臧者，非所谓仁义之谓也，任其性命之情而已矣；吾所谓聪者，非谓其闻彼也，自闻而已矣；吾所谓明者，非谓其见彼也，自见而已矣。夫不自见而见彼，不自得而得彼者，是得人之得而不自得其得者也，适人之适而不自适

放任天性，保持真情。

其适者也。夫适人之适而不自适其适，虽盗跖与伯夷，是同为淫僻也。余愧乎道德⑥，是以上不敢为仁义之操⑦，而下不敢为淫僻之行也。

【注释】

① 属：从属，归向。一说"属"读 zhǔ，接连、缀系的意思。二说皆可通。② 臧：善，好的意思。③ 俞儿：相传为齐人，味觉灵敏，善于辨别味道。④ 聪：听觉灵敏。⑤ 明：视觉明晰、敏锐。⑥ 道德：这里指对宇宙万物本体和事物变化运动规律的认识。⑦ 操：节操，操守。庄子以为仁义之操与淫僻之行，伯夷与盗跖，在丧失本性上都一样，所谓上下之分是沿用习惯说法，并不是真把它们分为上下。对这两种作法，庄子皆不取，而是要抛开它们，遗忘它们，任运自性。

【译文】

况且，把自己的本性缀连于仁义，即使如同曾参和史鳍那样精通，也不是我所认为的完美；把自己的本性缀连于甜、酸、苦、辣、咸五味，即使如同俞儿那样精通，也不是我所认为的完善；把自己的本性缀连于五声，即使如同师旷那样通晓音律，也不是我所认为的聪敏；把自己的本性缀连于五色，即使如同离朱那样通晓色彩，也不是我所认为的视觉敏锐。我所说的完美，绝不是仁义之类的东西，而是各有所得罢了；我所说的完善，绝不是所谓的仁义，而是

把本性连于仁义并非完美。

放任天性、保持真情罢了。我所说的聪敏，不是说能听到别人什么，而是指能够内审自己罢了；我所说的视觉敏锐，不是说能看见别人什么，而是指能够看清自己罢了。不能看清自己而只能看清别人，不能安于自得而向别人求的人，这就是索求别人之所得而不能安于自己所应得的人，也就是贪图达到别人所达到而不能安于自己所应达到的境界的人。贪图达到别人所达到而不安于自己所应达到的境界，无论盗跖与伯夷，都同样是滞乱邪恶的。我于道德行为很感惭愧，所以于上我不能奉行仁义的节操，于下我不敢从事滞乱邪恶的行径。

向别人索求的人是滞乱邪恶的。

◎马蹄◎

【题解】

本篇的主旨是主张自然放任，无为而治。"马蹄"，就是马的蹄子，取篇首二字作为篇名。作者认为，仁义礼乐之类，是残害人类自然天性的罪魁祸首，原始时代的纯朴无识才是人的本性，应当恢复人的这种本性。这种观点带有复古倒退的色彩，但也含有反对人为礼教，崇尚自由天性的精神。

【分节导读】

此节以伯乐驯马来喻圣人"弃道德用仁义"的危害：一损害了人民的天性，二造成天下的混乱。伯乐自以为善驯马，但对马而言，伯乐的"驯"却是不幸的源头。人民本来悠然自得，圣人出现后，制定出繁琐的规则，伤害了人民纯真的本性。马未被伯乐所治时，发起怒来至多彼此践踏，被伯乐治后，为反抗驾驭便开始使用诡计。人本来"居不知所为，行不知所居"，圣人推行仁义后，便开始以智巧谋求私利，致使天下大乱。

【原文】

马，蹄可以践霜雪，毛可以御风寒，龁草饮水①，翘足而陆②，此马之真性也。虽有义台路寝③，无所用之。及至伯乐④，曰："我善治马⑤。"烧之，剔之，刻之，雒之⑥，连之以羁馽⑦，编之以皁栈⑧，马之死者十二三矣；饥之，渴之，驰之，骤之，整之，齐之⑨，前有橛饰之患⑩，而后有鞭筴之威⑪，而马之死者已过半矣。陶者曰："我善治埴⑫，圆者中规⑬，方者中矩⑭。"匠人曰："我善治木，曲者中钩⑮，直者应绳⑯。"夫埴木之性，岂欲中规矩钩绳哉？然且世世称之曰"伯乐善治马，而陶匠善治埴木"，此亦治天下者之过也⑰。

【注释】

①龁（hé）：咬、啃。②翘（qiáo）：举起。陆：跳。③义台：仪台，用来行礼的高台。路寝：正寝。古时君王接见臣下的宫室。④伯乐：姓孙名阳，伯乐是字，秦穆公时人，善于识马。⑤治：训练、调养之意。⑥烧：把铁烧红，在马身上打烙印。剔（tī）：剪修鬃毛。刻：削马蹄。雒（luò）：通"络"，兜头的网状物。《日出东南隅》有："青丝系马尾，黄金络马头。"⑦羁（jī）：带嚼子的马笼头。馽（zhí）：绊住前足的绳索。⑧皁（zào）栈：马槽与马棚。⑨驰、骤：驱马快跑。整、齐：使马行进整齐，步调一致。⑩橛（jué）：马嚼子。饰：马铃铛、马缨之类的饰物。⑪鞭筴：驱马的用具，带皮条的为鞭，无皮条的马杖为筴。⑫埴（zhí）：黏

马，蹄可以践霜雪，毛可以御寒风。

土。⑬规：圆规，校正圆形的工具。中
（zhōng）：符合。⑭矩（jǔ）：矩尺，测直
角或方形的工具。⑮钩：测弧度的工具。
⑯应：相应，符合。绳：拉直的墨线。
⑰过：过失。

【译文】

　　马的蹄子可以践踏霜雪，皮毛
能够抵御风寒，吃草喝水，撂蹶子
撒欢，这才是马的真性情。纵使有
高台大殿，对马来说也毫无用处。
到了伯乐出现，说："我善于调教马。"
于是他给马打烙印，给马剪鬃毛，
给马钉铁掌，给马上笼头，再套上
络头和绊索，关在槽枥棚厩之间，
结果先把马折腾死了十分之二三。
还要饿它们，渴它们，让它们驱驰
奔跑，让它们行进整齐，步伐一致。
前面是马嚼子、马铃铛的困扰，后
面有马鞭、马策的威胁，这样一来，
马已死去大半了。陶工说："我会捏
制陶土。圆的合于圆规，方的中于
矩尺。"木工也说："我善于削木头。
弯木如钩，直木似绳。"那些陶土和
木头的本性，难道是要符合规矩和

伯乐说："我善治马。"

陶工说："我善治埴。"

钩绳这些工具的标准吗？然而，世世代代的人都说："伯乐善于调教马，陶工木匠善于整治粘土和
木头"，这也是治理天下者所犯的过错呀。

木匠说："我善治本。"

◎品庄悟道◎

伯乐善治马，陶匠善埴木

伯乐，原指天上管马的神仙，后人用它来指代那些擅长治马的人。第一个被尊为"伯乐"的是春秋时期的孙阳。据说，他曾在秦穆公手下谋事，因善相马、精育马，被封为"伯乐将军"。他曾借说相马之道，向秦穆公举荐贤者九方皋，指出查人观事应"得其精而忘其粗，在其内而忘其外"（即"观察它内在的精粹而忽略它的表象，洞察它的实质而忘记它的外表"），由于相马与举贤有很多共通之处，后来，人们将"伯乐"一词的含义延伸，用它来称呼那些善于发现人才的人。唐代大文豪韩愈曾写《马说》，留下"世有伯乐，然后有千里马，千里马常有而伯乐不常有"的千古名句，强调慧眼识才的重要性。

然而，世人多只注意到伯乐的治马之功，却忽视了治马本身对马的伤害。庄子提醒人们，不要一味地站在伯乐的立场上观马，也要站在马的立场上观伯乐。伯乐治马无非是通过扭曲马的本性让马符合人为制定的良马标准，其名为"治"马，实为害马。治人、治世，都要避免出现这种情况，不能为了达成某种目标牺牲人的天性、本真。实际上，培养人才的最好方法，就是在尊重其天性的前提下，挖掘他的才能。

【原文】

吾意善治天下者不然。彼民有常性①，织而衣，耕而食，是谓同德②；一而不党③，命曰天放④。故至德之世⑤，其行填填⑥，其视颠颠⑦。当是时也，山无蹊隧⑧，泽无舟梁⑨；万物群生，连属其乡⑩；禽兽成群，草木遂长⑪。是故禽兽可系羁而游⑫，鸟鹊之巢可攀援而窥⑬。

夫至德之世，同与禽兽居，族与万物并⑭，恶乎知君子小人哉⑮！同乎无知⑯，其德不离；同乎无欲，是

织布而后穿衣，耕种后吃饭，是人共有的本能。

谓素朴⑰。素朴而民性得矣。及至圣人，蹩躠为仁⑱，踶跂为义⑲，而天下始疑矣；澶漫为乐⑳，摘僻为礼㉑，而天下始分矣。故纯朴不残㉒，孰为牺尊㉓！白玉不毁，孰为珪璋㉔！道德不废㉕，安取仁义㉖！性情不离，安用礼乐！五色不乱，孰为文采㉗！五声不乱，孰应六律！夫残朴以为器，工匠之罪也；毁道德以为仁义，圣人之过也。

【注释】

①常性：不会改变的、固有的本能和天性。②同德：德者，得也，民有恒常天性，顺此天性生活，所得亦同，如耕织而衣食，即为同德。③党：偏私。④命：名，称做。天放：任其自然。⑤至德之世：人类天性保留最好的年代，即人们常说的原始社会。⑥填填：稳重的样子。⑦颠颠：专一的样子。⑧蹊（xī）：小路。隧：一般指在山中或地下开凿的通道，此处指道路。⑨梁：桥。⑩连属：连属即连接，乡为居处。人与禽兽居处相连接，浑然杂处，无有分界。⑪遂：顺也。草木顺着本性滋长，不受伤害。⑫系羁：用绳子牵引。⑬攀援：即攀缘。鸟鹊之巢多在树上，须缘树攀登上去，才得窥视。人没有伤害禽兽之心，禽兽对人也不畏惧，彼此和谐共处。⑭族：聚合。并：比并。⑮君子、小人：传统观点认为分别指履道方正的人和殉物邪僻的人，有人认为当指统治者和被统治者。⑯同：通作"惷（chǔn）"，愚蠢，这个意义后代写做"蠢"。⑰素：未染色的生绢。朴：未加工的木料。"素

朴"在这里喻指本色。⑱鳖躠
（biè xiè）：步履艰难、勉力行走
的样子。⑲踶跂（zhì qǐ）：足尖
点地，跷脚站立不安的样子，表
现一种急迫企求的心情。⑳澶
（dàn）漫：原义是大，漫无边际
的样子，此处引申义为放纵娱
乐，无有节制。㉑摘僻：摘为
选取，摘取；僻或与僻通，分
析也。不断选取、分析，使礼
之条文仪节日益烦琐。㉒纯
朴：完整的、未曾加过工的木
材。残：破开。㉓牺（xī）尊：
雕刻精致的酒器。"尊"亦作
"樽"。㉔珪璋：皆为名贵的玉
器。为古代贵族参加朝聘、祭祀、
丧葬等仪式时所持之礼器，珪司圭，为长条形，上尖下方，璋亦长条形，上斜尖
下方。㉕道德：这里指人类原始的自然本性。㉖仁义：这里指人为的各种道德规范，与上句的"道德"形成对立。
㉗文采：文彩，错杂华丽的色彩。

古时候，人的思想和行为浑然一体。

【译文】

我认为善于治理天下
的人不是这样。黎民百姓
有他们固有不变的本能和
天性，他们织布而后穿衣，
耕种而后吃饭，这就是人
类共有的德行和本能。人
们的思想和行为浑然一体
没有一点儿偏私，这就叫
做任其自然。所以在道德
昌盛的上古时代，人们的
行动总是那么持重自然，
人们的目光又是那么专一
而无所顾盼。在那个时代，
山间没有开凿大大小小的

圣人倡导仁义，天下出现猜疑。

道路，湖泊河流之上也没有舟船和桥梁。人与万物合群而生，住处相互连接，没有分界，禽兽成群
结队，草木顺性滋长。因此，人可以牵引禽兽到处漫游，也可爬到树上窥视鸟鹊之巢。

在那至德之世，人与禽兽住在一起，人群与万物浑然不分，哪里知道什么是君子和小人的区别
呢！人与无知之物一样，他的本性就不会离失；人同无欲之物一样，即为他的自然素质；自然素质
不变即保持了人的本性。等到世上出了圣人，勉为其难地去倡导所谓仁，竭心尽力地去追求所谓义，
于是天下开始出现迷惑与猜疑；放纵无度地追求逸乐的曲章，繁杂琐碎地制定礼仪和法度，于是天
下开始分离了。所以，天然的木料不被剖开，谁能作成牺尊之类酒器！白玉不被毁坏，谁能作成珪
璋之类玉器！大道不被废弃，哪里用得着仁义呢！自然本性不离失，哪里用得着礼乐呢！五色不相
混相间，谁能制出美丽的图案花纹！五声不打乱重组，谁能制出与六律相应的乐曲！毁坏天然木料
用以造成器具，是工匠的罪过；毁坏道德以推行仁义，这是圣人的罪过。

【原文】

夫马，陆居则食草饮水，喜则交颈相靡①，怒则分背相踶②。马知已此矣。夫加之以衡扼③，齐之以月题④，而马知介倪、闉扼、鸷曼、诡衔、窃辔⑤。故马之知而态至盗者⑥，伯乐之罪也。

夫赫胥氏之时⑦，民居不知所为，行不知所之，含哺而熙⑧，鼓腹而游⑨，民能以此矣。及至圣人，屈折礼乐以匡天下之形⑩，县跂仁义以慰天下之心⑪，而民乃始踶跂好知⑫，争归于利，不可止也。此亦圣人之过也。

赫胥氏时，民行不知所至；圣人出后，千方百计求智力。

人们争夺私利，不可制止。

【注释】

①靡（mó）：通作"摩"，以脖颈交互摩蹭。②分背：背对着背。踶（dì）：踢。形容马发怒时，调转屁股用后蹄相踢。③衡：车辕前面的横木。扼：亦作"轭"。缚于衡下，驾车时套在马颈部的人字形马具。④题：额。月题即马额上状如月形的佩饰。⑤介倪：犹睥睨，斜视貌。形容马斜视御者不肯前行的样子。闉（yīn）：屈曲。扼：轭。扼指曲颈不伸，抗拒木轭。鸷（zhì）：抵、击。曼：与"幔"通，车之幔帐、篷盖之类。鸷曼，马发怒抵撞、碰击车子的篷盖。诡衔：狡猾地吐掉口勒。窃辔：意思是偷偷地想脱出马络头。⑥态：能。盗：与人对抗的意思。⑦赫胥氏：传说中的古代帝王。⑧哺：口里所含的食物。熙：通作"嬉"，嬉戏。⑨鼓腹：鼓着肚子，意指吃得饱饱的。⑩屈折：形容行礼乐时屈身折体的样子。匡：匡正，矫正。形：举止，行为。⑪县（xuán）：同"悬"。跂：通作"企"，企望。"县跂"意思是空悬而不可企及。⑫踶跂：用心力的样子。好知：崇尚智力。

【译文】

马生活在陆地上，吃草饮水，高兴时颈交颈相互摩擦，生气时背对背相互踢撞，马所知晓的就只是这样了。等到后来把车衡和颈轭加在它身上，把配着月牙形佩饰的辔头戴在它头上，这样一来，马就懂得斜视御者不肯前行，屈曲头颈抵抗马轭的限制，抵撞车子篷幔，狡猾地吐掉口勒，偷偷脱掉缰绳。所以马的机智而形成与人对抗的动作，这完全是伯乐的罪过啊！

上古赫胥氏的时代，百姓安居却不知道做些什么，走动也不知去哪里，口里含着食物嬉戏，鼓着吃饱的肚子游玩，人们所能做的就只是这样了。等到圣人出现，矫造礼乐来匡正天下百姓的形象，用仁义作标榜来慰藉天下百姓的心，于是人们便开始千方百计地去寻求智力，争先恐后地去竞逐私利，而不可制止。这也是圣人的罪过啊！

 ◎胠箧◎

【题解】

　　本篇的主旨是主张绝圣弃智。"胠箧"是开箱的意思，取篇首二字为篇名。作者认为，圣人与智慧都利于盗贼，盗贼利用圣智仁义去扰乱天下，所以要灭绝圣人，弃除智慧。这种观点否定了人类智慧与文明对社会进步的意义，是很片面的。文中对社会弊端的批评，不乏尖锐深刻之处。

【分节导读】

　　此节重点论述"圣人出大盗起"。圣人为治世推行仁义就如同为了保护财物将财物装在箱子、口袋、柜子里，将财物收藏起来会方便盗贼将其盗走，用仁义治世也为"诸侯窃国"提供了条件。田成子杀国君即是如此。作者借盗跖的"盗亦有道"提醒世人，如仁义礼智勇聪等为儒家宣扬的美德也可能为人利用成为行恶为乱的工具。因此，要实现"天下平而无故"，就需要将圣人、圣智、圣法，譬如法律制度、礼乐仁义、文艺典章、音乐图画、工艺器皿……一并抛弃，避免智慧外露，并在此基础上将天下人的德行引入与自然合一的境界。

【原文】

　　将为胠箧探囊发匮之盗而为守备①，则必摄缄縢、固扃鐍②，此世俗之所谓知也。然而巨盗至，则负匮揭箧担囊而趋③，唯恐缄縢扃鐍之不固也。然则乡之所谓知者④，不乃为大盗积者也⑤？

大盗带着柜子、箱子、口袋就跑。

【注释】

①胠（qū）：撬开。箧（qiè）：小箱子。胠箧：把小箱子打开。探囊：掏布袋。发匮（guì）：开柜子。胠箧、探囊、发匮都是指偷盗行为。为守备：预先防备。②摄（shè）：绑紧。缄縢（jiān téng）：都是绑物的绳索。固：动词，使坚固。扃（jiōng）：从外关闭门户用的门栓。鐍（jué）：箱子上安锁的钮环。扃（jiōng）鐍，加在门窗或箱箧上的锁。以上两种方法皆为防窃而设。③负：背。揭：高举。趋：快走。④乡（xiàng）：通"向"，早先。⑤不乃：不正是。

【译文】

　　为了防备那些撬箱子、掏口袋、开柜子的小偷，于是就一定会绑紧绳索，加固锁钥，这便是世俗所谓的聪明。谁知江洋大盗一来，却背上柜子、提起箱子、挑着口袋，抬腿就跑，唯恐绳子锁钥不够牢固。那么以前所谓的聪明，不正是为大盗积聚财宝吗？

【原文】

故尝试论之：世俗之所谓知者，有不为大盗积者乎？所谓圣者，有不为大盗守者乎？何以知其然邪？昔者齐国邻邑相望，鸡狗之音相闻，罔罟之所布[①]，耒耨之所刺[②]，方二千余里[③]。阖四竟之内[④]，所以立宗庙社稷[⑤]，治邑屋州闾乡曲者[⑥]，曷尝不法圣人哉[⑦]！然而田成子一旦杀齐君而盗其国[⑧]。所盗者岂独其国邪？并与其圣知之法而盗之。故田成子有乎盗贼之名，而身处尧舜之安，小国不敢非[⑨]，大国不敢诛[⑩]，专有齐国[⑪]。则是不乃窃齐国，并与其圣知之法以守其盗贼之身乎[⑫]？

田成子杀齐君。

【注释】

①罔：即"网"。罟（gǔ）：网的总称。布：设置。②耒（lěi）：犁。耨（nòu）：锄头。刺：插。此句谓可以耕作的土地。③方：方圆。④阖（hé）：同"合"，总合。竟：同"境"。⑤宗庙：古代祭祀祖先的处所。社稷：土地神与谷神的祠。宗庙社稷是每个国家必须设立的，所以作为国家的代称。此句谓建立国家。⑥治：统治，治理。邑屋州闾乡曲：古代大小不同的地方行政区域。各国不同，又时有变革，已难确指。据成玄英引《司马法》："六尺为步，步百为亩，亩百为夫，夫三为屋，屋三为井，井田为邑。"有："五家为比，五比为闾，五闾为族，五族为党，五党为州，五州为乡。"郑玄也谓："二十五家为闾，二千五百家为州，万二千五百家为乡也。"乡曲，偏僻的乡村。⑦曷（hé）：何。法：效法。⑧田成子：春秋时齐国大夫陈恒。田、陈古音同。"成"是他死后的谥号。鲁哀公十四年（前481），田成子杀齐简公，立简公之弟为齐君，是为平公，从此掌握齐国大政。⑨非：指责。⑩诛：讨伐。⑪专有齐国：今本作"十二世有齐国"。⑫守：守护。

田成子盗齐国，小国不敢非议，大国不敢诛杀。

【译文】

　　所以让我们试作论述：世俗所谓的智者，有不为大盗积聚财宝的吗？世俗所谓的圣人，有不为大盗守护财宝的吗？怎么知道是这个道理呢？当初齐国城邑相望，鸡鸣狗叫之声相闻，撒网捕鱼之水，耕地种田之野，方圆两千多里。统括四境之内，凡是立宗庙建社稷，治理各级行政区域的措施，何尝不是效法圣人所为呢！但是，一旦田成子杀了齐国君主就窃取了齐国。所窃取的又哪里仅仅是这个国家呢！连同治理这个国家的圣制之法也一起窃取了。因此，田成子虽然有盗贼的名声，其处境却如尧舜一样的安稳，小国不敢指责他，大国不敢讨伐他，擅据齐国。这岂不正是窃取了齐国及其圣制之法，用来守护他的盗贼之身吗？

【原文】

　　尝试论之：世俗之所谓至知者，有不为大盗积者乎？所谓至圣者，有不为大盗守者乎？何以知其然邪？昔者龙逢斩①，比干剖②，苌弘胣③，子胥靡④，故四子之贤而身不免乎戮。故跖之徒问于跖曰："盗亦有道乎？"跖曰："何适而无有道邪⑤？夫妄意室中之藏，圣也⑥；入先，勇也；出后，义也；知可否，知也；分均，仁也。五者不备而能成大盗者，天下未之有也。"由是观之，善人不得圣人之道不立，跖不得圣人之道不行；天下之善人少而不善人多，则圣人之利天下也少而害天下也多。故曰，唇竭则齿寒⑦，鲁酒薄而邯郸围⑧，圣人生而大盗起。掊击圣人⑨，纵舍盗贼⑩，而天下始治矣。

【注释】

　　①　龙逢：关龙逢，夏桀之贤臣，为桀所杀。参阅《人世间》篇注。②　比干：商纣王叔父，因多次直谏纣王，剖心而死。③　苌（chāng）弘：？—前492年，春秋时期周敬王大夫。晋国内讧，助晋大夫中行氏，晋卿赵鞅为此责周，周杀苌弘。胣（chǐ）：剖腹剔肠。④　子胥：伍员，字子胥，楚人，投靠吴王夫差，因反对与勾践讲和，夫差赐剑，命其自尽，死后抛尸江中，任其糜烂。靡：通"糜"。⑤　何适：何往。⑥　妄意：凭空推测。圣：英明。⑦　"唇竭"句：嘴唇没有了，牙齿就寒冷。竭，亡。⑧　"鲁酒"句：楚宣公朝会诸侯，鲁恭公迟到，而且献的酒味不浓，楚兵于是伐鲁。梁惠王早想攻赵，因怕楚救赵而不敢动手。所以乘楚伐鲁的机会出兵包围了赵都邯郸。⑨　掊（pǒu）击：抨击，打倒。⑩　纵舍：放走。

盗亦有道。

【译文】

让我们试作论述：世俗所谓的最聪明的人，有不为大盗积聚财宝的吗？而所谓的最圣明的人，有不为大盗守护财宝的吗？怎么知道是这个道理呢？从前关龙逄被斩首，比干被剖心，苌弘被剖腹，伍子胥抛尸江中而糜烂，以这四个人的贤能尚且不免于杀身之祸。因此，跖的门徒问跖："强盗也有道可言吗？"跖回答道："做什么事情没有道呢？推测屋里的财物，就是英明；带头闯入，就是勇敢；最后退出，就是仗义；决策可否动手，就是智慧；分财合理，就是仁义。不具备这五条，而能成为大盗的，

分财合理，就是仁义。

天下不会有这种人。"由此看来，善人不得圣人之道不能成其为善，盗跖不得圣人之道就不能行盗下去。而天下善人少而不善的人多，可知圣人对天下来说是利少而害多。所以说，唇亡则齿寒，鲁国的贡酒不醇，赵国的首都就被围，圣人出现，大盗蜂起。打倒圣人，放走盗贼，天下才可能太平无事。

【原文】

夫谷虚而川竭①，丘夷而渊实②。圣人已死，则大盗不起，天下平而无故矣③。

圣人不死，大盗不止。虽重圣人而治天下④，则是重利盗跖也⑤。为之斗斛以量之⑥，则并与斗斛而窃之；为之权衡以称之⑦，则并与权衡而窃之；为之符玺以信之⑧，则并与符玺而窃之；为之仁义以矫之⑨，则并与仁义而窃之。何以知其然邪？彼窃钩者诛⑩，窃国者为诸侯，诸侯之门而仁义存焉，则是非窃仁义圣知邪？故逐于大盗⑪，揭诸侯，窃仁义并斗斛权衡符玺之利者，虽有轩

用斗斛计量物品，连斗斛一起偷走。

冕之赏弗能劝⑫，斧钺之威弗能禁⑬。此重利盗跖而使不可禁者，是乃圣人之过也。

故曰：鱼不可脱于渊，国之利器不可以示人⑭。彼圣人者，天下之利器也，非所以明天下也⑮。故绝圣弃知，大盗乃止；摘玉毁珠⑯，小盗不起；焚符破玺，而民朴鄙⑰；掊斗折衡⑱，而民不争；殚残天下之圣法⑲，而民始可与论议。擢乱六律⑳，铄绝竽瑟㉑，塞师旷之耳㉒，而天下始人含其聪矣㉓；灭文章㉔，散五采㉕，胶离朱之目，而天下始人含其明矣。

偷盗腰带环钩的人，遭刑戮。

毁绝钩绳而弃规矩，攦工倕之指㉖，而天下始人有其巧矣㉗。削曾、史之行，钳杨、墨之口，攘弃仁义㉘，而天下之德始玄同矣㉙。彼人含其明，则天下不铄矣；人含其聪，则天下不累矣㉚；人含其知，则天下不惑矣；人含其德，则天下不僻矣。彼曾、史、杨、墨、师旷、工倕、离朱，皆外立其德㉛，而以爚乱天下者也㉜，法之所无用也㉝。

【注释】

①竭：干涸。虚：空旷。②夷：平。渊：深潭。实：满。③无故：太平无事。庄子认为：天下没有了圣人，也就没有了仁义礼法，没有贪欲争竞之心，人人恬淡无为，按自性生活，从根本上消除盗贼滋生的条件。④重（zhòng）圣人：使圣人之法得到重视。⑤重利盗跖：使盗跖获得厚利。⑥斗斛（hú）：古代的两种量器，十斗为一斛。本句两个"之"字含意不一，前指天下之人，后指斗斛所量之物。⑦权：秤锤。衡：秤杆。⑧符玺（xǐ）：古代用做凭证的信物。"符"由两半组成，合在一起以验明真伪；"玺"就是印。信：取信。⑨矫：纠正。⑩钩：本指腰带钩，这里泛指各种细小的不值钱的东西。诛：刑戮，杀害。⑪逐：竞逐，追随。揭：举。"揭诸侯"即高居于诸侯之位。⑫轩：古代大夫以上的人所乘坐的车子。冕：古代大夫或诸侯所戴的礼帽。"轩冕"连用，这里代指高官厚禄。劝：劝勉，鼓励。⑬钺（yuè）：大斧。"斧"和"钺"都常用作刑具，这里代指行刑。⑭国之利器不可以示人：此语出自《老子》三十六章。不可以示人，不能拿出来给人看，也就是根本没有什么方法的无为而治。这种没有具体方法的无为，便是治国的利器。因为，凡是可以显示给人的方法都可被人窃去干坏事，都不是好方法；惟独无为而治，不能被盗窃，所以是最好的方法。⑮明：显示，使人明白的意思。⑯摘（zhì）：投掷、丢弃之意。⑰朴：敦厚朴实。鄙：固陋无知。⑱掊（pǒu）：破，打碎。⑲殚（dān）：耗尽。残：毁坏。⑳擢（zhuó）：疑或为"搅"，搅乱也。㉑铄（shuò）：销毁。绝：折断。竽瑟：两种古乐器之名，这里泛指乐器。㉒师旷：因其眼瞎，所以又叫他"瞽旷"。㉓含：保全。㉔文章：错综华美的色彩、花纹。㉕五采：即五色。㉖攦（lì）：折断。工倕（chuí）：传说中的能工巧匠。㉗有：保有。此处"有"字很可能是"含"字之误。㉘攘：推开，排除。㉙玄同：道家所追求的与大道同一的神秘境界。也就是抛弃一切文化知识、道德礼法、工艺技巧，泯灭物我差别，回复到与自然一体的境界。㉚累：带累，使受害。㉛外立：在外表上树立，即对人炫耀之意。㉜爚（yuè）：炫耀。"爚乱"就是迷乱的意思。㉝法：这里指圣智之法，一说"法"即"大道"。

【译文】

溪水干涸则山谷显得格外空旷，山丘夷平则深潭显得格外充实。圣人死了，那么大盗也就不会再兴起，天下就太平而没有变故了。

圣人不死，大盗也就不会停止。虽然是重用圣人来治理天下，却让盗跖获得最大的好处。给天下人制定斗斛来计量物品的多少，却连同斗斛一道给盗窃走了；给天下人制定秤锤秤杆来计量物品的轻重，却连同秤锤秤杆一道给盗窃走了；给天下人制定符玺来取信于人，却连同符玺一道给盗窃走了；给天下人制定仁义来规范人们的道德和行为，却连同仁义一道给盗窃走了。怎么知道是这样的呢？那些偷窃腰带环钩之类小东西的人受到刑戮和杀害，而窃夺了整个国家的人却成为诸

窃夺整个国家的人成为诸侯。

侯。诸侯的门里就有仁义了，这不就是盗窃了仁义和圣智吗？所以，那些追随大盗，高居诸侯之位，窃夺了仁义以及斗斛、秤具、符玺之利的人，即使有高官厚禄的赏赐也不能劝阻他们，即使有行刑杀戮的威严也不能禁止他们。这些大大有利于盗跖而不能禁止的局面，都是圣人的过错。

因此说：鱼儿不能脱离深潭，治国的利器不能随便拿给人看。那些所谓的圣人，就是治理天下的利器，是不可以用来明示天下的。所以抛弃聪明智巧，大盗才能休止；弃掷玉器毁坏珠宝，小的盗贼就会消失；焚烧符记破毁玺印，百姓就会朴实浑厚；打破斗斛折断秤杆，百姓就会没有争斗；尽毁天下的圣人之法，百姓方才可以参与议论。搅乱六律，毁折各种乐器，并且堵住师旷的耳朵，天下人方能内敛他们的智慧；消除纹饰，离散五彩，粘住离朱的眼睛，天下人方能内藏他们的明敏；毁坏钩弧和墨线，抛弃圆规和角尺，弄断工倕的手指，天下人方能保有他们原本的智巧。削除曾参、史鰌的忠孝，钳住杨朱、墨翟善辩的嘴巴，摒弃仁义，天下人的德行方能混同而齐一。人人都内藏明慧，天下就不会乱了；人人都内敛聪敏，天下就不会出现忧患；人人都内含智巧，天下就不会出现迷惑；人人都保有原本的秉性，天下就不会出现邪恶。那曾参、史鰌、杨朱、墨翟、师旷、工倕和离朱，都外露并炫耀自己的德行，而且用来迷乱天下之人，这是正法所不取的。

⊙品庄悟道⊙

圣人不死，大盗不止

"圣人不死，大盗不止"是《胠箧》的中心主旨。圣人制定法规、树立道德规范虽是为了防范作奸犯科、确保社会秩序井井有条，但人亦可利用这法规、规范，去行更大的恶事。庄子一针见血地指出："彼窃钩者诛，窃国者为诸侯；诸侯之门而仁义存焉。"现实中，人们往往对偷窃财物的贼人深恶痛觉，但对偷盗了一个国家的诸侯却无动于衷，很多时候甚至还会称他们仁义。野心勃勃的谋略家一方面玩弄法令，危害百姓，一方面又用圣贤礼法装饰门楣。

由于看到圣贤礼法在实际实施中的虚伪性——能够惩罚小偷小摸，却对窃国大盗无能为力——庄子认为应将其全部摒弃。但其实也无需如此极端，为百姓之幸推行仁义礼法，和为一己之私推行仁义礼法，毕竟不同，也并非不能为人所察。倘若有足够多的人意识到"窃国者诸侯"的危害，便可生出遏制这种危害的力量。另一方面，圣人死，大盗也未必会止。大盗并不会因为圣人的死而良心发现，相反，在没有了圣人之后，大盗必定会更加肆无忌惮行恶作乱。

因此，对今人而言"圣人不死，大盗不止"的意义更多地在于，它提醒人们要注意分辨"真善"与"伪善"，"真圣人"与"伪圣人"。

【分节导读】

此节将天下大乱的原因归咎为"好知"上，认为智巧是造成诡诈、狡辩、奸黠的原因，追求智巧会让人丧失本性。作者用了一定的笔墨怀念上古时代质朴纯真的生活，并用"至德"来形容古代社会，反映了其对返璞归真的向往。

【原文】

子独不知至德之世乎？昔者容成氏、大庭氏、伯皇氏、中央氏、栗陆氏、骊畜氏、轩辕氏、赫胥氏、尊卢氏、祝融氏、伏牺氏、神农氏①，当是时也，民结绳而用之②，甘其食，美其服，乐其俗，安其居，邻国相望，鸡狗之音相闻，民至老死而不相往来。若此之时，则至治已。今遂至使民延颈举踵曰③，"某所有贤者"，赢粮而趣之④，则内弃其亲而外去其主之事，足迹接乎诸侯之境，车轨结乎千里之外⑤。则是上好知之过也⑥。

古时的人甘其食，美其服，乐其俗，安其居。

上诚好知而无道，则天下大乱矣。何以知其然邪？夫弓弩毕弋机辟之知多⑦，则鸟乱于上矣；钩饵罔罟罾笱之知多⑧，则鱼乱于水矣；削格罗落罝罘之知多⑨，则兽乱于泽矣；知诈渐毒颉滑坚白解垢同异之变多⑩，则俗惑于辩矣。故天下每每大乱⑪，罪在于好知。故天下皆知求其所不知而莫知求其所已知者，皆知非其所不善而莫知非其所已善者，是以大乱。故上悖日月之明⑫，下烁山

人们带着干粮，背井离乡归向圣人。

川之精^⑬，中堕四时之施^⑭；惴耎之虫^⑮，肖翘之物^⑯，莫不失其性。甚矣，夫好知之乱天下也！自三代以下者是已，舍夫种种之民^⑰，而悦夫役役之佞^⑱，释夫恬淡无为而悦夫啍啍之意^⑲，啍啍已乱天下矣。

弓弩等机关多了起来。

【注释】

① 容成氏、大庭氏、伯皇氏、中央氏、栗陆氏、骊畜氏、轩辕氏、赫胥氏、尊卢氏、祝融氏、伏牺氏、神农氏：传说中的古代帝王或部落首领，但多数不见于经传。② 结绳而用之：指文字产生之前的结绳记事。③ 遂：竟。延颈：伸长脖颈。举踵：踮起脚跟。延颈举踵：伸长脖子，踮起脚跟，形容焦急企盼的神态。④ 赢：裹，包着。趣：通作"趋"，快步走的意思。⑤ 结：往来交错。⑥ 上：这里指国君，也可泛指统治者。⑦ 弩（nǔ）：带有机关的连珠箭。毕：一种带柄的网。弋（yì）：系有丝绳可以回收的箭。机变：疑为"机辟"之误，即捕鸟兽的机关。⑧ 罾（zēng）：用竿子支撑形如伞状的鱼网。笱（gǒu）：用做捕鱼的竹笼。⑨ 削：竹桩。格：木桩。"削"、"格"都是用来支撑兽网的桩子。罗落：用来关守野兽的网状篱笆。罝罘（jū fú）：捕兔网。⑩ 渐毒：欺诈。"知诈渐毒"指工于心计，欺骗伪诈。颉（jié）滑：奸黠狡猾。解诟：言词诡曲。同异：战国名家的又一诡辩论题，认为事物的同与异是相对的，因而也就没有同异之别。变：权变，变诈。⑪ 每每：时常，往往，又。旧注多以每与昧音近而通，每每即昧昧，昏昧无知之意。但庄子主张人回复到蒙昧无知状态，反对人有知识智巧，不可能又讲昏昧而使天下大乱，故不取此说。⑫ 悖（bèi）：遮掩。⑬ 烁：通作"铄"，消解的意思。⑭ 堕（huī）：通作"隳"，毁坏的意思。施：推移。⑮ 惴耎（ruǎn）：蠕动的样子，这里指附地而生的小虫。⑯ 肖翘之物：飞在空中的小虫。⑰ 种种：淳朴的样子。⑱ 役役：钻营狡黠的样子。佞：巧言谄媚的小人。⑲ 释：放置，废弃。啍啍（tūn）：喋喋不休，不停地说教的样子。

【译文】

你不知道那盛德的时代吗？从前容成氏、大庭氏、伯皇氏、中央氏、栗陆氏、骊畜氏、轩辕氏、赫胥氏、尊卢氏、祝融氏、伏牺氏、神农氏，在那个时代，人民靠结绳的办法记事，把粗疏的饭菜

鱼在水里乱游躲避抓鱼者。

认做美味，把朴素的衣衫认做美服，把纯厚的风俗认做欢乐，把简陋的居所认做安适，邻近的国家相互观望，鸡狗之声相互听闻，百姓直至老死也互不往来。像这样的时代，就可说是真正的太平治世了。可是当今竟然使人们盼望着说："某个地方出了圣人"，于是带着干粮归向他，家里抛弃了双亲，外边离开了主上的事业，足迹交接于各国境域，车轮印迹往来交错于千里之外，而这就是统治者追求圣智的过错。

鸟在天空乱飞躲避箭弩。

　　统治者一心追求圣智而不遵从大道，那么天下必定会大乱啊！怎么知道是这样的呢？弓弩、鸟网、弋箭、机关之类的智巧多了，上空的鸟就要被扰乱了；钩饵、鱼网、竹笼之类的智巧多了，那么鱼儿就只会在水里乱游；木栅、兽栏、兔网之类的智巧多了，那么野兽就只会在草泽里乱窜；伪骗欺诈、奸黠狡猾、言词诡曲、坚白之辩、同异之谈等权变多了，那么世俗的人就只会被诡辩所迷惑。所以天下常常大乱，罪过就在于喜好智巧。所以天下人都只知道追求他所不知道的，却不知道探索他所已经知道的；都知道非难他所认为不好的，却不知道否定他认为好的，因此天下才大乱。所以对上而言遮掩了日月的光辉，对下而言消解了山川的精华，居中而言损毁了四时的交替；就连附生地上蠕动的小虫，飞在空中的蛾蝶，也没有不丧失本性的。追求智巧扰乱天下，竟然达到如此地步！自夏、商、周三代以来的情况就是这样啊，抛弃那众多淳朴的百姓而喜好那钻营狡诈的谄佞小人，废置那恬淡无为的引导而喜好那碟碟不休的说教，喋喋不休的说教已经搞乱了天下啊！

野兽在山中乱跑躲避机关。

◎在宥◎

【题解】

本篇的主旨是反对人治，主张一种以人性自然论为基础的无为政治论，所谓"在宥"，即自在宽宥之意。作者认为，一切人为的治理天下的行为只会给天下人带来灾难，为君为政者应无为而治，如此才合于天道。

【分节导读】

此节重点写"宥天下"的政治思想。作者认为，只要天下人都"不淫其性，不迁其德"，天下便无需治理。因此无论是让百姓欢欣的圣德之治，还是让百姓痛苦的暴虐之治，都会破坏人天性的安宁，都不可取。作为统治者，与其治天下，不如宥天下，为百姓提供宽松悠然的生活环境，让百姓保持心灵的恬静与愉悦。即使迫不得已君临天下，如果能不放纵情欲，不炫耀聪明，精神合于自然，万物自会如升腾而起的炊烟一般欣欣向荣。

【原文】

闻在宥天下①，不闻治天下也。在之也者，恐天下之淫其性也②；宥之也者，恐天下之迁其德也③。天下不淫其性，不迁其德，有治天下者哉④！昔尧之治天下也，使天下欣欣焉人乐其性，是不恬也⑤；桀之治天下也，使天下瘁瘁焉人苦其性⑥，是不愉也⑦。夫不恬不愉，非德也。非德也而可长久者，天下无之。

人大喜邪，毗于阳⑧；大怒邪，毗于阴。阴阳并毗，四时不至⑨，寒暑之和不成，其

让天下自然发展。

反伤人之形乎！使人喜怒失位，居处无常，思虑不自得⑩，中道不成章⑪，于是乎天下始乔诘卓鸷⑫，而后有盗跖、曾、史之行。故举天下以赏其善者不足⑬，举天下以罚其恶者不给，故天下之大，不足以赏罚。自三代以下者，匈匈焉终以赏罚为事⑭，彼何暇安其性命之情哉！

【注释】

① 在宥天下：任天下的自然发展，而不加人为的约束和促进。在宥，自在宽容。② 淫：过分。过分即背离本性。③ 迁：改变。④ 有：又。⑤ 恬：静。⑥ 瘁瘁焉：劳累疲病的样子。⑦ 愉：舒畅，惬意。⑧ 毗（pí）：偏。⑨ 四时不至：指人体由于阴阳失调而不能适应四季的变化，有四时不分的感觉。⑩ 不自得：不自得其性。⑪ 中道不成章：即做事半途而废。章，做成一件事或写好一篇文章都叫章。⑫ 乔诘：骄傲自大。卓鸷：孤傲凶猛。⑬ 举：尽。⑭ 匈匈焉：乱哄哄的样子。

【译文】

只听说使天下人自在安然地生活，没听说过要治理天下百姓的。所谓自在，就是怕天下人超出原有的本性；所谓安然，就是怕天下人改变了根本的德性。天下人不超出原有的本性，不改变根本的德性，哪里还需要什么治理天下呢？当初尧治理天下时，使天下人都兴高采烈地乐其本性，这是不安然守静；而桀治理天下时，使天下人都劳累疲病地苦其本性，这是不舒畅欢愉。不守静也罢，不欢愉也罢，都是违背德行的。违背德行而可以长久的，这是天下所没有的事。

尧治天下，人不守静；桀治天下，人不欢愉。

人过于欢乐，就偏于阳，过于愤怒，则偏于阴。一旦阴阳失调，就会四时不顺，寒暑失调。这样岂不反过来伤害人的身体吗！使人喜怒无常，居无定所。思考问题丧失根本，做起事来半途而废，于是乎天下人开始狂妄自大，自命不凡，而后便有了盗跖、曾参、史鳅的行为。所以尽天下之物不足以劝善，尽天下之力不足以惩恶，因此，天下之大竟不足以赏罚。从夏、商、周以后，乱哄哄地只把赏罚当成能事，哪里还有功夫安于性命本来的情态呢！

【原文】

而且说明邪①，是淫于色也②；说聪邪，是淫于声也；说仁邪，是乱于德也；说义邪，是悖于理也③；说礼邪，是相于技也④；说乐邪，是相于淫也⑤；说圣邪，是相于艺也⑥；说知邪，是相于疵也⑦。天下将安其性命之情，之八者⑧，存可也，亡可也；天下将不安其性命之情，之八者，乃始脔卷獊囊而乱天下也⑨。而天下乃始尊之惜之，甚矣天下之惑也！岂直过也而去之邪⑩！乃齐戒以言之⑪，跪坐以进之，鼓歌以儛之，吾若是何哉！

⊙品庄悟道⊙

在宥的智慧

儒家的孟子认为人之初，性本善；荀子认为人性本恶，而无论是孟子还是荀子，都认为统治者应对百姓施以教化。只有庄子坚持人性本以完善，无需实施教化，只要给其宽松的环境，任其发展便好。这反映了庄子对人性的信心。

当然，庄子也没有回避人性的脆弱，人的自然本性虽然珍贵，却也容易被形形色色的欲望蒙蔽，而往往越是身居高位的人，受到诱惑的机会就越多。这些诱惑有可能来自金钱和地位，有可能来自各种肉体享受，也有可能来自干一番事业的雄心壮志。人们习惯将仁、义、礼、乐、圣、智，当做美德，大力推崇，庄子则看到了沉溺其中的害处。倡仁可乱德，倡义会逆理，倡礼会增加人追求机巧的欲望……一个英明的统治者有可能抵御住奢靡生活的诱惑，却未必能抵御住美德的诱惑。

庄子认为治天下不如宥天下，统治者应任性无为。在今天看来，这一观点未免有些极端，但其中仍有不少可取之处。作为管理者，不只要有"管"的智慧，还要有"宥"的智慧，懂得给下属较宽松的工作空间。这样一有利于调动下属的创造性，锻炼他们独立解决事务的能力，二也有利于让他们拥有好的工作心情，乐于为该管理者工作。

故君子不得已而临莅天下⑫，莫若无为。无为也而后安其性命之情。故曰："贵以身为天下，则可以托天下⑬；爱以身为天下，则可以寄天下⑭。"故君子苟能无解其五藏⑮，无擢其聪明⑯；尸居而龙见⑰，渊默而雷声⑱，神动而天随⑲，从容无为而万物炊累焉⑳。吾又何暇治天下哉！

【注释】

①说：同"悦"。②淫：迷乱。③悖于理也：人为的仁义是违背天理的。悖（bèi），违背。④相：助。⑤淫逸。⑥艺：技艺。⑦疵：毛病。⑧之：此。⑨脔（luán）卷：不伸展，受拘束的样子。傖（cāng）囊：纷乱烦扰。⑩直：就。过：过错，用如动词，把……当成过错。去：抛弃。⑪齐：同"斋"。⑫临莅天下：就天子之位。临莅（lì），到。⑬托：托付。⑭寄：同"托"。⑮解：散。藏：通"脏"。五脏是藏五性的。这里借指五性。无解其五脏，就是不可放纵五性。⑯擢（zhuó）：炫耀。⑰尸居：寂然不动。龙见（xiàn）：活龙活现。⑱渊默：像深渊一样静默。⑲神动而天随：精神才动而天机跟随。⑳炊累：尘埃的飘动。

【译文】

至于喜欢目明，就会沉迷于色彩；爱好耳聪，就会沉迷于声音；讲仁，就是惑乱于德；讲义，就是惑乱于理；提倡礼，便是助长技巧；提倡乐，便是助长淫逸；推崇圣，便会沉溺于技艺；推崇智，便会吹毛求疵。天下人如果能安于性命之情，这八者可有可无；天下人如果不能安于性命之情，这八者就会纠结迂曲、纷乱烦扰而把天下搞乱。可天下人却反而推崇和珍惜它们，可见天下人所受的迷惑真是太过分了。这些人哪里是把它们当成错误而抛弃呢！他们简直是斋戒后去谈论它们，恭敬地去传授它们，手舞足蹈地去供奉它们，我对此又能怎么样呢？

所以说，君子一旦不得已而君临天下，最好是无为而治。无为之后才能安于性命之情，所以说以看重生命的态度看待天下，才可以让他管理天下，以爱惜生命的心情对待天下，才能够让他治理天下。所以君子如果能够不放纵情欲，不炫耀聪明，安然不动而神灵活现，深沉静默而蕴育惊雷，心有所动而天随人愿，从容无为而万物如尘埃一般自然运动。我又何必多此一举地去治理天下呢！

君子施行无为之治。

【分节导读】

此节主讲人心，借老子之口指出人心的特点是“排下进上”：被排挤就会感到压抑，受到表扬就会高昂。由于人心极易被惊扰，束缚人心必招致祸患。黄帝试图用仁义来改变人心结果却让人心欲念丛生，导致无休无止的争名夺利，纷争厮杀。在作者眼里，圣知仁义就是祸患之源，要天下大治必要“绝圣弃知”，将人心从仁义圣知的枷锁中解放出来。

【原文】

崔瞿问于老聃曰①：“不治天下，安藏人心②？”

老聃曰：“女慎，无撄人心③。人心排下而进上④，上下囚杀⑤，淖约柔乎刚彊⑥。廉刿彫琢⑦，其热焦火，其寒凝冰。其疾俛仰之间而再抚四海之外⑧。其居也渊而静⑨，其动也县而天⑩。偾骄而不可系者⑪，其唯人心乎！

仁义罪在扰乱人心。

“昔者黄帝始以仁义撄人之心，尧舜于是乎股无胈⑫，胫无毛，以养天下之形⑬，愁其五藏以为仁义，矜其血气以规法度⑭。然犹有不胜也。尧于是放讙兜于崇山⑮，投三苗于三峗⑯，流共工于幽都⑰，此不胜天下也。夫施及三王而天下大骇矣⑱。下有桀、跖，上有曾、史，而儒墨毕起。于是乎喜怒相疑，愚知相欺，善否相非⑲，诞信相讥⑳，而天下衰矣；大德不同，而性命烂漫矣㉑；天下好知，而百姓求竭矣㉒。于是乎釿锯制焉㉓，绳墨杀焉㉔，椎凿决焉㉕。天下脊脊大乱㉖，罪在撄人心。故贤者伏处大山嵁岩之下㉗，而万乘之君忧栗乎庙堂之上。

“今世殊死者相枕也㉘，桁杨者相推也㉙，刑戮者相望也，而儒墨乃始离跂攘臂乎桎梏之间㉚。噫，甚矣哉！其无愧而不知耻也甚矣！吾未知圣知之不为桁杨椄槢也㉛，仁义之不为桎梏凿枘也㉜，焉知曾、史之不为桀、跖嚆矢也㉝！故曰：‘绝圣弃知，而天下大治。’”

【注释】

①崔瞿：作者虚构的人物。老聃：道家创始人老子。②藏：“臧”字之误。臧，善。使动用法。③撄（yīng）：扰乱。④“人心”句：人心压抑它就消沉，推进它就高举。⑤“上下”句：形容心志上下不定，如同被囚禁伤杀。⑥淖（chuò）约：柔弱貌。柔：屈从。彊：同“强”。⑦廉刿雕琢：形容一个人在精神上饱受折磨。廉，棱。刿（guì），割伤。《老子》第五十八章：“廉而不刿。”⑧“其疾”句：它的速度极快，片刻之间就能来往于四海之外。俛，同“俯”抚，触及。⑨渊而静：深渊般静默。⑩县而天：悬浮于天。县，通“悬”。⑪偾（fèn）：骄矜。不可系：无法约束。⑫胈（bá）：股上小毛。⑬天下之形：天下人的形体。⑭矜：盛。规：建立。⑮放：放逐。讙兜（huān dōu）：传说是帝鸿氏之子，共工的同党，与其联合反对尧。崇山：在湖南张家界市西南。⑯投：流放。三苗：古国名。据说在洞庭湖与彭蠡湖之间，其国君为缙云氏之子，名饕餮。三峗：在甘肃敦煌，一说在甘肃岷山西南。⑰共（gòng）工：尧的反对者。幽都：幽州。故址在今北京密云区境。⑱施：延。三王：夏、商、周之君王。骇：惊扰。⑲否（pǐ）：恶。⑳诞：荒诞。讥：讥讽。㉑烂漫：烂伤于火而漫伤于水。㉒求竭：即今之“纠葛”。㉓釿（jīn）：与“斤”通，大斧。㉔绳墨：法度。此句谓依法度杀死。㉕椎凿：穿凿木孔的用具。木工用斧锯、绳墨、椎凿对木料进行加工，就像君主用礼法管理人民。㉖脊脊：通“藉藉”，互相践踏，欺压。㉗嵁（kān）岩：深岩。㉘殊：身首异处。相枕：指尸体交加。㉙桁（héng）杨：绑在脚和颈上的刑具。相推：在道路上推挤，比

喻受刑人很多。㉚离跂：翘足。攘臂：举臂。桎：脚镣。梏：手镣。㉛椄槢（jiē xí）：连接桎梏两孔的木梁。㉜凿枘（záo ruì）：凿为木孔，枘为入孔之本楔。有孔有楔，桎梏才牢固。㉝嚆（hāo）矢：响箭。发射时，声先于箭而到。因此比喻为事物的开端、先声。

【译文】

崔瞿问老子说："不治理天下，怎样使人心向善？"

老子回答："你必须谨慎，不要扰乱了人心。人心受压抑就消沉，受鼓舞就振奋，心志的消沉和振奋之间，犹如被囚禁、伤杀，柔美的心志表现可以柔化刚强。一个人饱受折磨时，心理上备受磨难，如火烤，如冰冻，水深火热。心绪变化之快，顷刻之间就能来往于四海之外。安定时深沉静默，激动时高悬九天。骄矜自傲而不受约束的，就是人心啊。

当初，黄帝开始用仁义之说扰乱人心，使得后

内心如火烤，如冰冻。

尧、舜奔波得连腿上的汗毛都没有了。

来的尧、舜奔波得连腿上的汗毛都磨光了。就是为了供养天下人的形体，为了施行仁义而愁劳心思，煞费苦心地建立法令制度，然而还是不能胜任。于是，只得把谨兜放逐到南方的崇山，把三苗流放到西方的三峗山，把共工也赶到了北方的幽州，就是这样也无法治理好天下。到了后来夏、商、周三代的时候，天下就大乱。下有暴桀、盗跖，上有仁曾、孝史，儒家墨家兴起，于是喜怒互相猜忌，愚智互相欺骗，好坏互相指责，真假互相讥讽，世道也就衰落了。不能同归于大德，人的性命也就被伤害了。天下崇尚心智，百姓就多纠葛。于是君主靠斧钺来制裁，以法律来杀伐，用刑具来处决。天下纷然大乱的根源就是君主扰乱了人心。所以，贤者隐居在高山深谷之中，而国君忧虑于朝廷之上。

当今之世，身首异处的死人多得相互堆积，身戴刑具的犯人多得相互推挤，受刑被杀的人随处可见，而儒家墨家还踮脚举臂于刑徒之间。唉，真是太过分了！也太不知羞愧和可耻了！我不知道圣智不是刑具的开关，仁义不是枷锁的部件，怎么知道曾参、史䲡不是暴桀、盗跖的先声呢！所以说，断绝圣明，抛弃智巧，天下就会大治了。"

【分节导读】

此节讲述了两个关于求道的故事。黄帝和云将都曾抱着以道干预自然的目的向圣人求道，但由于其想法本身就与道家主张的顺乎自然、无为而治相悖，所以黄帝遭到广成子的斥责，鸿蒙则以"吾弗知"回答云将。直到黄帝和云将询问修身之法，广成子和鸿蒙才对其进行点拨，要他们以养心为重，谨护自身，忘形弃智。作者借广成子和鸿蒙之口表达了"治身先于治国"的观点，认为自然无为方可使万物昌盛。

【原文】

黄帝立为天子十九年，令行天下，闻广成子在于空同之山①，故往见之，曰："我闻吾子达于至道②，敢问至道之精。吾欲取天地之精，以佐五谷，以养民人，吾又欲官阴阳③，以遂群生④，为之奈何？"

广成子曰："而所欲问者，物之质也⑤；而所欲官者，物之残也⑥。自而治天下，云气不待族而雨⑦，草木不待黄而落，日月之光益以荒矣⑧。而佞人之心翦翦者⑨，又奚足以语至道哉！"

黄帝到空同之山见广成子。

【注释】

① 广成子：作者虚拟的寓言人物。空同：亦为作者虚拟的山名。② 吾子：敬称，相当于先生您。③ 官阴阳：调和阴阳。官，通"管"。④ 遂：成就。群生：各种生物。⑤ 而：你。物之质：万物的本质。⑥ 物之残：万物的渣滓。⑦ 族：聚集。⑧ 荒：昏暗。⑨ 佞（nìng）人：智巧之人。翦翦：狭隘的样子。

【译文】

黄帝做天子十九年后，政令通行天下，听说广成子隐居在空同山上，特地前往拜见他，说："我听说先生您的境界已经达于至道，冒昧地向您请教至道的精髓。我想用至道的精华，使五谷丰登，以养育万民。我还想调和阴阳，以成就万物，应当如何实施？"

广成子说："你所问的，是万物的本质，而你想掌管的，却是万物的渣滓。自从你治理天下以来，云气没等积聚就下雨，草木不等发黄便凋零，日月之光越发昏暗。而你这位智巧之人心胸狭窄得很，又哪里配得上谈论至道！"

【原文】

黄帝退，捐天下①，筑特室②，席白茅③，闲居三月，复往邀之④。

广成子南首而卧，黄帝顺下风，膝行而进⑤，再拜稽首而问曰⑥："闻吾子达于至道，敢问，治身奈何而可以长久？"广成子蹶然而起⑦，曰："善哉问乎！来！吾语汝至道。至道之精，窈窈冥冥⑧；至道之极，昏昏默默⑨。无视无听，抱神以静，形将自正⑩。必静必清，无劳汝形，无摇汝精⑪，乃可以长生。目无所见，耳无所闻，心无所知，汝神将守形，形乃长生。慎汝内，闭汝外⑫，多知为败⑬。我为汝遂于大明之上矣⑭，至彼至阳之原也；为汝入于窈冥之门矣，至彼至阴之原也。天地有官⑮，阴阳有藏⑯，慎守汝身，物将自壮。我守其一以处其和⑰，故我修身千二百岁矣，吾形未常衰。"

【注释】

①捐：放弃。②特室：独居的房子。③席：铺、垫。白茅：白色茅草。古人祭祀时在祭器下垫白茅，以示洁净恭谨。④邀：通"要"，求。⑤顺下风：即甘拜下风之意，表示谦恭。膝行：跪着用膝盖前行。⑥稽首：磕头到地。下风、膝行、稽首，都表示极大的尊重。⑦蹶（jué）然：迅速。⑧窈窈冥冥：深不可测。⑨昏昏默默：看不见听不到的状态。⑩形：形体。自正：自然正常，即健康。⑪精：精神。⑫内：内心活动。外：感官，言行。⑬多知：好智。⑭遂：达到。庄子认为大明之上与至阳之原是天地、大道之一极，而另一极是窈冥之门和至阴之原。⑮天地有官：天地各有所管。⑯阴阳有藏：阴阳各有所藏。⑰一：大道。和：调和。

【译文】

黄帝回去之后，放弃治理天下的政事，盖了一间独居的屋子，地上铺着白茅，在里面闲居了三个月以后，又前去请教。

广成子头朝南边躺着，黄帝从下方跪着向前，再次磕头到地，然后问到："我听说先生的境界已经达于至道。冒昧地向您请教，如何修身才能活得长久？"广成子顿时起身说到："你的问题问得好。过来，我告诉你至道。至道的根本，深不可测；至道的极致难以触及。不用看不用听，凝神静默，形体自然正常健康。一定要心静神清，不要让肢体疲劳，不要使精神动荡，这样才可以长生。目不外视，耳不旁听，心不多想，你的精神就能守护你的形体，而形体也就能长生了。把持内心的澹泊，远离外界的纷扰，心智越多越难悟道。我帮你达到大明的境界和至阳

黄帝盖了间屋，闲居三个月。

的根源；帮你进入窈冥的门径和至阴的根源。天地各司其职，阴阳各居其所；谨慎地守护你的身体，万物将自行健壮成长。我执守大道而处于阴阳调和之境，所以我修身养性一千二百多年了，而形体未尝衰老。"

【原文】

黄帝再拜稽首曰："广成子之谓天矣①！"

广成子曰："来！余语汝。彼其物无穷，而人皆以为有终；彼其物无测，而人皆以为有极②。得吾道者，上为皇而下为王③；失吾道者，上见光而下为土④。今夫百昌皆生于土而反于土⑤，故余将去汝，入无穷之门，以游无极之野⑥。吾与日月参光⑦，吾与天地为常。当我，缗乎⑧！远我，昏乎！人其尽死，而我独存乎！"

【注释】

①"广成"句：广成子可谓与天合一了。②极：极限。③皇：上古人心淳朴，称皇；后世人心浅薄，称王。故王不及皇。④"上见"句：在地上看见光明，在地下化为泥土，与动物无异。⑤百昌：百物。⑥无穷之门：至道境界的入口处。无极之野：大道在时空上都是无限的。⑦参光：同放光明。⑧缗（mín）：同"昏"。

【译文】

黄帝再次伏地磕头说："广成子真可谓天人合一了呀！"

广成子说："过来，我跟你说。至道是没有穷尽的，而人却都认为它有终结；至道是无法测知的，而人却都认为它有极限。获得我的道，上可成皇下可成王；丧失我的道，只能上见光明，下变泥土。现在万物都生于土而归于土，因此，我将离开你，入于无穷之门，遨游于无极之所。我会与日月同放光明，我将与天地永存。迎我而来的，背我而去的，与我都没有任何关系，绝不会为之所动。人都是要死的，而我却可以独存！"

广成子与日月同光。

【原文】

云将东游①，过扶摇之枝而适遭鸿蒙②。鸿蒙方将拊脾雀跃而游③。云将见之，倘然止，贽然立④，曰："叟何人邪？叟何为此？"

鸿蒙拊脾雀跃不辍⑤，对云将曰："游！"

云将曰："朕愿有问也⑥。"

鸿蒙仰而视云将曰："吁！"

云将曰："天气不和，地气郁结，六气不调⑦，四时不节⑧。今我愿合六气之精以育群生，为之奈何？"

鸿蒙拊脾雀跃掉头曰⑨："吾弗知！吾弗知！"

云将不得问。又三年，东游，过有宋之野而适遭鸿蒙⑩。云将大

云将在扶摇之枝遇见鸿蒙。

喜，行趋而进曰："天忘朕邪⑪？天忘朕邪？"再拜稽首，愿闻于鸿蒙。

鸿蒙曰："浮游⑫，不知所求；猖狂⑬，不知所往；游者鞅掌，以观无妄⑭。朕又何知！"

云将曰："朕也自以为猖狂，而民随予所往；朕也不得已于民，今则民之放也⑮。愿闻一言。"

鸿蒙曰："乱天之经⑯，逆物之情，玄天弗成⑰；解兽之群⑱，而鸟皆夜鸣；灾及草木，祸及止虫⑲。噫！治人之过也！"

云将曰："然则吾奈何？"

鸿蒙曰："噫，毒哉⑳！僊僊乎归矣㉑。"

云将曰："吾遇天难，愿闻一言。"

鸿蒙曰："噫！心养㉒。汝徒处无为，而物自化㉓。堕尔形体，黜尔聪明，伦与物忘㉔；大同乎涬溟㉕，解心释神，莫然无魂㉖。万物云云㉗，各复其根，各复其根而不知；浑浑沌沌，终身不离㉘；若彼知之，乃是离之㉙。无问其名，无窥其情㉚，物固自生。"

云将曰："天降朕以德，示朕以默^㉛；躬身求之，乃今也得。"再拜稽首，起辞而行。

云将想随心所欲游荡而不得。

【注释】

① 云将：云之主帅。② 扶摇：神木。鸿蒙：自然元气。与云将同为虚构人物。③ 拊脾：拍大腿。脾，即"髀"，大腿。雀跃：欢蹦乱跳。④ 倘然：惊疑的样子。贽（zhì）然：站着不动的样子。⑤ 辍：止。⑥ 朕：古人自称之辞。⑦ 六气：阴、阳、风、雨、晦、明。⑧ 不节：节令不正常。⑨ 掉头：摇头。⑩ 有宋之野：宋国土地之上。⑪ 天：对鸿蒙的敬称。⑫ 浮游：元气上下飘浮不定。⑬ 猖狂：元气随心所欲。二句皆为鸿蒙自谓。⑭ 鞅掌：放任随便。无妄：真实。⑮ 放：仿效。⑯ 经：常则。⑰ 玄天弗成：老天不会使你有所成。⑱ 解：散。⑲ 止虫：昆虫。⑳ 毒：指人之毒深重。㉑ 僡僡乎：轻飘飘的样子。㉒ 心养：养心。㉓ 物自化：万物各依本性自会变化。㉔ 堕：通"隳"，废。黜：通"杜"，绝。伦：理。㉕ 滓溟（xìng mǐng）：自然元气。㉖ 莫然：漠然。㉗ 云云：众多。㉘ 不离：不失本性。㉙ "若彼"句：如果他们意识到如何恢复本性，就是说明反而又失去了本性。㉚ 窥：窥测。㉛ 默：静默。

【译文】

云将到东方漫游，经过神木的枝头时，恰好遇上鸿蒙。鸿蒙正拍着大腿蹦跳游玩。云将看见了，立即停下来，恭敬地站好问："老人家是谁呀？老人家为什么到这里？"

鸿蒙一边继续拍腿跳跃，一边回答："遨游。"

云将说："我想请教您一些问题。"

鸿蒙抬起头来看着云将说："嗯。"

云将说："气候不调和，地气不通畅，六气不协调，四季不按时。现在我想融合六气的精华以化育万物，该怎样做呢？"

鸿蒙拍腿跳跃摇头说："我不知道，我不知道。"

云将没有得到回答。又过了三年，云将去东方漫游，经过宋国时又碰上了鸿蒙。云将大喜过望，快走上前说："您忘记我了吗？您忘记我了吗？"再次趴在地上磕头，愿意向鸿蒙请教。

鸿蒙说："我上下飘浮，无所贪求；随心所欲，无所不往；任意遨游，观察万物的真相。我又知道什么呢？"

云将说："我原来也很想随心所欲地游荡，然而民众却总是跟着我前往；我也是迫不得已才君临天下的，现在民众都仿效我，所以想听听您的高见。"

鸿蒙说："扰乱了自然的常道，违反了万物的本性，上天不会让你成功；群兽离散，禽鸟夜鸣；灾及草木，祸及昆虫。唉，这都是治人的过错呀！"

云将说："那么我该怎么办呢？"

鸿蒙说："唉！你受的毒太深了，还是轻飘飘地回去吧。"

云将说："我遇上您太不容易了，希望您千万不吝指教。"

鸿蒙说："唉！重在养心吧。你只要做到无为，万物自会变化。忘怀你的形体，闭塞你的聪明，物我两忘，与自然元气混为一体，心如止水，神似枯井，木然无知。万物纷纭，各自恢复本性而不自知。混混沌沌，本性就会终身不失。如果有意识地要恢复本性，反而会失去本性。不必追问万物之名，不要窥测万物的情况；万物本来就是自生自灭的。"

云将说："您赐我大德，教我以静默；由于我亲身求道，今天总算如愿以偿了。"再次磕头至地，起身辞别离去。

此节指出"主宰万物的非有形之物"。人也属有形之物，即使身居高位统管如国家、土地、人民这样的"大物"，也不应萌发将其据为己有的私心。一旦人有了贪求私利的念头，必被物所累。而若做到任物自为，超然于物，不单可"独治天下百姓"，还可"出入六合，游乎九州，独往独来"。至人没有"出乎众"的心，其身躯形骸都已和自然化为一体，根本无需用外物来凸显自身的存在感。

【原文】

世俗之人，皆喜人之同乎己而恶人之异于己也。同于己而欲之，异于己而不欲者，以出乎众为心也。夫以出乎众为心者，曷常出乎众哉①！因众以宁所闻②，不如众技众矣③。而欲为人之国者，此揽乎三王之利而不见其患者也④。此以人之国侥倖也，几何侥倖而不丧人之国乎！其存人之国，无万分之一；而丧人之国也，一不成而万有余丧矣。悲夫，有土者之不知也⑤！

夫有土者，有大物也⑥。有大物者，不可以物⑦；物而不物⑧，故能物物⑨。明乎物物者之非物也，岂独治天下百姓而已哉！出入六合，游乎九州⑩，独往独来，是谓独有⑪。独有之人，是谓至贵。

大人之教⑫，若形之于影，声之于响⑬。有问而应之，尽其所怀，为天下配⑭。处乎无响，行乎无方。挈汝适复之挠挠⑮，以游无端；出入无旁⑯；与日无始；颂论形躯⑰，合乎大同，大同而无己。无己，恶乎得有有⑱！亲有者，昔之君子；亲无者，天地之友。

【注释】

①曷常：即何尝。②因：随顺，顺乎。宁：安。③众技：众人的技巧。④揽：把持，撮起。⑤有土者：拥有国土的人，指国君。⑥大物：指广大的土地人民。⑦不可以物：这句之"物"字用表被动，即"为物所用"之意。

君主的个人所闻不如众人的技艺多。

⑧物而不物：这句里有两个"物"字，前一个表主动，后一个表被动，"物而不物"是说用物而又不为外物所用。⑨物物：物使天下之物；前一"物"字用如动词。⑩九州：九州所指历来含义不定，这里可以理解为当时中原一带人们熟悉的地域。⑪独有：指不为外物所拘滞。⑫大人：即上句的"至贵"之人。⑬响：回声。⑭配：匹对，这里指应答；问话者为主，应答者则为匹对。⑮挈：提。适复：往返。挠挠：纷纷。⑯旁（bàng）：依。⑰颂：容。论：语。"颂论"犹言容颜、谈吐。⑱恶乎得有有这句里有两个"有"字，其中前一"有"字是动词，是据有、持有的意思；后一"有"字用如名词，指存在着的各种物象，包括自身的形躯。下一句之"有"字则同于本句后一"有"字的用法。

【译文】

　　世俗之人都喜欢别人跟自己的观点相同而讨厌别人跟自己的观点不同。跟自己观点一致的就喜欢，跟自己观点不一致的就不喜欢。这是内心想要出人头地的缘故。那些一心只想出人头地的人，何尝又能够真正超出众人呢！随顺众人之意当然能够得到安宁，可是个人的所闻总不如众人的技艺多。希图治理国家的人，必定是贪取夏、商、周三代帝王之利而又看不到这样做的祸害。这样做是把治国成功的希望寄托在侥幸上面，贪求个人的侥幸而不至于丧失国家统治权力的又有多少呢！他们中能够保存国家的，不到万分之一，而丧失国家的，自身一无所成还会留下许多祸患。可悲呀，拥有国家的人却不明白啊！

　　拥有国家的，就拥有土地人民。拥有土地人民的，不可以受外物所役使；使用外物而不为外物所役使，才能主宰天下万物。明白主宰外物的不是物，岂只是治理天下百姓而已啊！这样的人已经能往来于天地四方，游乐于整个世界，独自无拘无束地去，又自由自在地来。这样的人就叫做拥有万物而又超脱于万物。这样特立独行的人就称得上是至高无上的贵人了。

　　至贵之人的教诲，就好像形躯对于身影，传声对于回响一样。有提问就有应答，竭尽自己所能，为天下人的提问作出应答。处心于没有声响的境界，活动在变化不定的地方。引领着人们往返于纷扰的世界，从而遨游在无始无终的浩渺之境；或出或进都无须依傍，像跟随太阳那样周而复始而没有尽头；容颜、谈吐和身形体貌均和众人一样，大家都是一样也就无所谓自身。无所谓自身，怎会执着于形象！执着于形象，这是过去的君子；体悟着根源，这就跟永恒的天地结成了朋友。

拥有国家的，就拥有土地和人民。

◎天地◎

【题解】

　　本篇的主旨是讲为君之德。作者认为，君为万众之主，君德就是天德。为君应以德为本，无心无为，让一切成于自然，从而成为天道的体现者。君德即天德。从这种观点出发，作者对后世以人力治世的君主如夏禹、周武王等进行了激烈的批评。

【分节导读】

　　此节表达了人君应依照天地的规律自然无为的观点。万物虽然纷杂多样，但本质同一，所以管理天下也要以道为依据，站在道的视角上审视名利、职分、能力，不刻意追求富足，任事物自然发展。而求道需"刳心"，只有先摒弃心智，去除对事物的成见和繁杂的欲望，才能拥有容纳万物的广博胸怀，不被世俗名利所动。道与万物相连，王者若以大道为立足之本，国之上下必安定均和。

【原文】

　　天地虽大，其化均也①；万物虽多，其治一也②；人卒虽众，其主君也。君原于德而成于天③，故曰，玄古之君天下④，无为也，天德而已矣⑤。

　　以道观言，而天下之名正⑥；以道观分，而君臣之义明⑦；以道观能，而天下之官治；以道泛观，而万物之应备⑧。故通于天者，道也；顺于地者，德也；行于万物者，义也；上治人者⑨，事也；能有所艺者⑩，技也。技兼于事，事兼于义⑪，义兼于德，德兼于道，道兼于天，故曰：古之畜天下者⑫，无欲而天下足，无为而万物化⑬，渊静而百姓定⑭。《记》曰："通于一而万事毕⑮，无心得而鬼神服。"

【注释】

①均：均等。②治：条理。指循性自得。③原：本。德：自得。天：自然。④玄古：远古。⑤天德：自然之德。⑥"以道"句：用天道来表示君主的名号，就很得当。言，名、称谓。当，得当。⑦分：职分。⑧泛观：广泛地来看。应备：可供用者无不齐备。⑨上治人者：居于上位治理人的人。⑩艺：专长。⑪兼：统属。⑫畜：养。⑬化：生长，发展。⑭渊静：像深潭里的水一样平静。⑮《记》：古书名。一：道。毕：完成。

天地虽大，运动变化却相同。

【译文】

  天地虽然大，但运动变化却是均匀的；万物种类虽多，但循性自得的性质却是一样的。天下百姓虽然很多，主政的却是君主。君主治理天下本于德性，而成于自然，所以说，上古的君主治理天下，靠的是无为而治，顺应自然罢了。

  从道的观点来看称谓，那么天下君主就名正言顺；从道的观点来看职分，那么君臣各自承担的道义就明确了；从道的观点来看才能，那么天下的官吏都尽职尽力；从道的观点广泛地考察，那么天下万物就应有尽有，无不齐备。所以，通达于天的，是道；通行于地的，是德；周行于万物的，是义；善于治理天下的，是使人们各尽其能，各任其事；能够让才能和技艺充分发挥的，是各种技巧。技巧归属于事务，事务归属于义理，义理归

君主治天下成于自然。

属于德，德归属于听任自然的道，道归属于事物的自然本性。所以说，古时养育万民的君主，没有贪欲而天下富足；无所作为而万物自行变化；深沉静默而百姓安定。《记》中说："通于大道而万事自然完满，心无欲求而鬼神敬服。"

【原文】

  夫子曰："夫道，覆载万物者也①，洋洋乎大哉！君子不可以不刳心焉②。无为为之之谓天③，无为言之之谓德④，爱人利物之谓仁，不同同之之谓大⑤，行不崖异之谓宽⑥，有万不同之谓富⑦。故执德之谓纪⑧，德成之谓立，循于道之谓备⑨，不以物挫志之谓完⑩。君子明于此十者，则韬乎其事心之大也⑪，沛乎其为万物逝也⑫。若然者，藏金于山，沈珠于渊，不利货财，不近富贵；不乐寿，不哀夭；不荣通，不丑穷；不拘一世之利以为己私分⑬，不以王天下为己处显⑭。显则明，万物一府⑮，死生同状。"

【注释】

①覆载：包容。覆从上面说，载从下面说。②刳（kū）心：抛弃个人心智。刳，挖空。③"无为为之"句：不加外力干涉，而任其自然发展，就是符合天道。天，天道。④"无为言之"句：让万物用自身表明，而不用教化，就是顺应天性。德，天性。⑤"不同同之"句：把不同的万物等同对待，就是大。⑥崖异：与众不同，乖异。宽：宽容。⑦有万不同：包容不同的万物，就是说无所不有。⑧执：持守。纪：纲纪。⑨循：遵循。备：完备。⑩挫：扰乱。完：完美。⑪韬：借为"滔"，宽广。⑫沛：流动无碍。为（wèi）：与。逝：往。⑬拘：取。一世：全天下。私分（fèn）：私有。⑭王（wàng）天下：在天下称王。处（chǔ）显：处于显要的地位。⑮一府：一体。

【译文】

  老子说过："道，是覆盖承载万物的，多么广阔盛大！君子不能不彻底抛弃个人心中的一切私智去效法。以无为的态度处世，就是顺应天道；以无为的方式表达，就是顺应天性；给人以爱或给物以利，就是仁；把不同的万物等同看待，就是大；行为不乖异离奇，就是宽；心中能包容万种差异，就是富。所以说持守德性就是纲纪，成就德行便是立身，遵循大道就是完备，不让外界干扰内心就是完美。君子明白这个方面，那么就能包容万物心胸宽广，德泽充盈而为万物所归往。如能

不因穷困感到羞耻。

这样，就像黄金藏在深山，珠宝沉在深渊，不谋财货，不求富贵；就能不因长寿而喜，不因夭折而哀，不因通达而荣耀，不因困穷而感到羞耻，更不会聚敛天下之利而为己有，不以称王天下而觉得地位显赫。显赫就会彰明，万物一体，死和生一样。"

【原文】

　　夫子曰："夫道，渊乎其居也^①，漻乎其清也^②。金石不得，无以鸣。故金石有声，不考不鸣^③。万物孰能定之^④！

　　"夫王德之人，素逝而耻通于事^⑤，立之本原而知通于神^⑥。故其德广，其心之出，有物采之^⑦。故形非道不生^⑧，生非德不明。存形穷生，立德明道^⑨，非王德者邪！荡荡乎^⑩！忽然出，勃然动^⑪，而万物从之乎！此谓王德之人。

　　"视乎冥冥^⑫！听乎无声。冥冥之中，独见晓焉^⑬；无声之中，独闻和焉^⑭，故深之又深而能物焉^⑮，神之又神而能精焉^⑯；故其与万物接也，至无而供其求^⑰，时骋而要其宿^⑱。大小，长短，修远^⑲。"

道幽深静默，澄澈清明。

【注释】

①渊：幽深静默。②漻（liáo）：清澈透明。③考：敲击。④"万物"句：万物都是如此，谁能测定它呢？孰，谁。定，确定。⑤素逝：抱朴而行。素，本质。逝，往。耻通于事：不肯被事务牵累。⑥立于本原：立足于天道之根本。知：通"智"。⑦採：感应。⑧生：生成生命。⑨立德明道：确立德行，明晓大道。⑩荡荡：广阔辽远。⑪忽然、勃然：都是形容行动无心，随其自然。⑫冥冥：昏暗。⑬独见晓焉：道本无形，只有得道之人能够发觉。⑭独闻和焉：只有得道之人能够于无声处听到合谐之音。⑮"故深"句：道藏得很深，却能主宰万物。⑯"神之"句：道神秘莫测，却能显示微妙的作用。⑰"至无"句：道虽虚无至极，却能满足万物的需求。⑱"时骋"句：时刻运行，却能使万物有所归宿。⑲修远：久远。"大小、长短、修远"六字句义不全，或疑为郭象注文混入正文。

【译文】

　　老子说过："道，幽深静默，澄澈清明。金石不得外力，便不能发声。所以金石虽然能发声，但不敲就不会响。天下万物谁能确定它的性质！

　　"盛德之人，抱朴而行，以通晓事务为羞耻，立身于天道根本而智慧通于神秘莫测的境界，所以他德行广大。他心思所动，是受外物的感应。所以，形体不凭借道就不能生成生命，生命不顺应德就无法彰明。保存形体以尽生性，树立德行，明晓大道，岂不就是盛德吗！浩浩荡荡，忽然而出，勃然而动，万物无不依从！这就是盛德之人。

　　"大道看上去幽深暗昧，听起来无声无息。昏暗之中，却能看见光亮；无声之中，却能听到和谐之音。所以大道深而又深却能主宰万物，神秘莫测却能显示微妙的作用；所以道与万物相接，虽然虚无却能满足万物的需求，时刻运行变化却能使万物有所归宿。可大可小，可长可短，直至久远。"

【分节导读】

　　此节以玄珠喻大道。昆仑是传说中仙人的居所，黄帝登昆仑说明其已得道，失玄珠则喻示他失了道。知、离朱、喫诟分别代表智者、视力好的人和善辩者，象罔则为无心者。知、离朱、喫诟都没能找到玄珠，玄珠偏偏为象罔所取。作者特意用这样的安排说明道无法通过感官和言论取得，而要靠无心之悟——去除机巧的心智，在虚静的心中求道。

【原文】

　　黄帝游乎赤水之北①，登乎昆仑之丘而南望，还归，遗其玄珠②。使知索之而不得③，使离朱索之而不得④，使喫诟索之而不得也⑤。乃使象罔⑥，象罔得之。黄帝曰："异哉！象罔乃可以得之乎？"

知、离朱、喫诟为黄帝寻玄珠。

【注释】

①赤水：虚拟的河名。②玄珠：虚拟的宝珠名，比喻大道。③"使知"句：比喻不能用智慧去寻求天道。知，虚拟的人名，智慧的象征。④离朱：古代明目者，明察的象征。⑤喫诟（chī gòu）：虚拟的人名，巧辩的象征。⑥象罔：虚拟的人名，无心的象征。

【译文】

　　黄帝在赤水的北面游览，登上昆仑山向南眺望，返回的时候，丢失了玄珠。派知去找却没有找到，派离朱去找也没有找到，又派喫诟去找，还是没有找到。于是派象罔去找，结果象罔找到了。黄帝说："真奇怪呀，象罔怎么可以找到呢？"

【分节导读】

此节中，作者通过许由之口描述了其心目中理想的天子的形象。由于智慧过人者不免会以人的智巧干预自然，不知不觉便对万物的本性造成损害，引发天下混乱，并为琐事制约己身，所以常人看来智慧超群，行事迅速的人并不是合适的天子人选。

【原文】

尧之师曰许由[①]，许由之师曰啮缺，啮缺之师曰王倪，王倪之师曰被衣。

尧问于许由曰："啮缺可以配天乎[②]？吾藉王倪以要之[③]。"

许由曰："殆哉圾乎天下[④]！啮缺之为人也，聪明叡知[⑤]，给数以敏[⑥]，其性过人，而又乃以人受天[⑦]。彼审乎禁过[⑧]，而不知过之所由生。与之配天乎？彼且乘人而无天[⑨]，方且本身而异形[⑩]，方且尊知而火驰[⑪]，方且为绪使[⑫]，方且为物绞[⑬]，方且四顾而物应[⑭]，方且应众宜[⑮]，方且与物化而未始有恒[⑯]。夫何足以配天乎？虽然，有族，有祖[⑰]，可以为众父[⑱]，而不可以为众父父[⑲]。治、乱之率也[⑳]，北面之祸也[㉑]，南面之贼也[㉒]。"

【注释】

① 许由：上古时代的隐士。许由连同以下数句中的啮（niè）缺、王倪和被衣均为人名，除许由曾见于其他典籍外，其余三人都是作者杜撰的隐士，他们清廉洁己，不同于世俗。② 配天：做天子。③ 藉：借助。要：通作"邀"，请的意思。④ 圾：通作"岌"，危险的意思。⑤ 叡（ruì）："睿"字之异体，聪慧的意思。⑥ 给：捷。数（shuò）：频繁，引申为快捷的意思。⑦ 乃：竟。人：指人为。受：相应，调合。"受天"是说对应或调合自然的禀赋。⑧ 审：明察。⑨ 乘：趁，引申为借助。"乘人"即借助于人为。无天：抛弃自然的秉性。⑩ 本身：以自身为本，把自我当做万物归向的中心。异形：改变万物固有的形迹。⑪ 尊知：尊崇才智。火驰：像大火蔓延似的快速急骤，指急急忙忙地为求知和驭物而奔逐。⑫ 绪：端，这里喻指细末的小事。使：役使。⑬ 绞（gāi）：拘束。⑭ 物应：为外物而应接，即应接外物的意思。⑮ 应众宜：应接众多的外物而奢求处处适宜。⑯ 与（yù）：参预。"与物外"指参

尧问许由："啮缺能做天子吗？"

预外物的变化。恒：固定不变。"未始有恒"指从不曾有过定准。⑰ 祖：初始之人。⑱ 父：这里指同族人中的首领，也可以理解为统领一方的官长。⑲ 父父：前一"父"字同于前一注，后一"父"字指统领众多首领或地方长官的国君，即前面所说的"天子"。⑳ 率：先导。㉑ 北面：古代帝王坐位向南，臣子面见国君时则面朝北方，因此"北面"乃是臣下和百姓的代称，而下句的"南面"则是国君的代称。㉒ 贼：这里指像《胠箧》中田成子那样杀死国君而自立为诸侯的窃国大盗。

【译文】

尧的老师叫许由，许由的老师叫啮缺，啮缺的老师叫王倪，王倪的老师叫被衣。

尧问许由说："这样啮缺可以做天子吗？我想请王倪来让他做天子。"

许由说："恐怕天下也就危险了！啮缺的为人，耳聪目明智慧超群，行动办事快捷机敏。他天赋过人，而又用人事来应对天然，他明了该怎样禁止过失，不过他并不知晓过失产生的原因。让他做天子吗？他将借助于人为而抛弃天然，将会以自身为本位来区分人我，将会尊崇才智而急急忙忙地为求知和驭物奔走驰逐，将会被细末的琐事役使，将会被外物拘束，将会环顾四方，目不暇接地跟外物应接，将会应接万物而又奢求处处适宜，将会参预万物的变化而从不曾有什么定准。他怎么能当天子呢？尽管如此，有人群的地方就应该有主事的人，他可以做百姓的长官，却不可以做一国的君主。治是导致乱的起因，是人臣的祸患，是君主祸害的根由。"

【分节导读】

此节作者借华封人之口表明道虽然反对刻意追求长寿、富裕、多子，但是也不必把这些世俗幸福当做烦恼之源，刻意回避。刻意回避本身就是一种恐惧，人并不能借此得到真正意义上的精神自由。因此华封人会说尧"我原以为你是圣人，没想到你是君子"。人应学会随遇而安，如此无论身处何种环境，是否拥有世俗幸福，都不会感到恐惧、屈辱。

【原文】

尧观乎华①。华封人曰②："嘻，圣人！请祝圣人。"

"使圣人寿。"尧曰："辞③。""使圣人富。"尧曰："辞。""使圣人多男子④。"尧曰："辞。"

封人曰："寿、富、多男子，人之所欲也。女独不欲，何邪？"

尧曰："多男子则多惧，富则多事，寿则多辱。是三者，非所以养德也⑤，故辞。"

封人曰："始也我以女为圣人邪，今然君子也⑥。天生万民，必授之职。多男子而授之职，则何惧之有？富而使人

华封人为尧祝愿。

分之，则何事之有！夫圣人，鹑居而鷇食⑦，鸟行而无彰⑧，天下有道，则与物皆昌；天下无道，则修德就闲；千岁厌世，去而上僊⑨；乘彼白云，至于帝乡⑩；三患莫至⑪，身常无殃；则何辱之有！"

封人去之。尧随之，曰："请问？"

封人曰："退已！"

【注释】

① 乎：于。华：地名。② 封：守护疆界的人。③ 辞：谢绝，推辞。④ 男子：男孩子。⑤ 所以养德：调养无为之德的办法。⑥ 然：通作"乃"，竟然的意思。⑦ 鹑（chún）：鹌鹑，一种无固定居巢的小鸟。"鹑居"意思就是像鹌鹑那样没有固定的居所。鷇（kòu）：初生待哺的小鸟。"鷇食"意思是像初生待哺的小鸟那样无心觅求食物，这里喻指圣人随物而安。⑧ 无彰：不留下踪迹。⑨ 僊（xiān）："仙"字之异体。⑩ 帝乡：旧注指天和地交接的地方。⑪ 三患：即前面谈到的寿、富、多男子所导致的多辱、多事和多惧。

【译文】

尧在华巡视。华地守护封疆的人说："啊，圣人！请让我为圣人祝愿吧。"

"祝愿圣人长寿。"尧说："免了吧。""祝愿圣人富有。"尧说："免了吧。""祝愿圣人多男儿。"尧说："免了吧。"

守护封疆的人说："寿延、富有和多男儿，这是人们都想得到的。您偏偏不希望得到，这是为什么呢？"

尧说："多男孩子就多了忧惧，多财物就多出了麻烦，寿命长就会多受些困辱。这三个方面都无助于培养无为的观念和德行，所以我谢绝你对我的祝愿。"

守护封疆的人说："起初我把您看做圣人呢，如今发现您不过是个君子。苍天让万民降生人间，必定会授给他一定的差事，男孩子多而授给他们的差事也就一定很多，还有什么可忧惧的？富有了就把财物分给众人，有什么麻烦！圣人随遇而安、居无常处，像待哺雏鸟一样觅食无心，就像鸟儿在空中飞行不留下一点踪迹。天下太平，就跟万物一同昌盛；天下纷乱，就修身养性趋就闲暇。寿延千年而厌恶活在世上，便离开人世而升天成仙；驾驭那朵朵白云，去到天与地交接的地方。寿延、富有、多男孩子所导致的多辱、多事、多惧都不会降临于我，身体也不会遭殃，那么还会有什么屈辱呢！"

守护封疆的人离开了尧，尧却跟在他的后面，说："请问要怎样办？"

守护封疆的人说："您还是回去吧！"

华封人要尧回去。

圣人随遇而安，居无常处。

【分节导读】

　　此节以伯成子高辞为诸侯而耕的故事阐述无为而治的政治思想，借伯成子高之口表达了对统治者以赏罚治天下的不满。道家认为君以其德影响百姓，君有德则"不赏而民劝，不罚而民畏"，社会自然安宁和谐。相反，君无德而赏罚出，人不仅不能凭借赏罚治理好社会，还会使社会愈发混乱。而伯成子高宁愿回家耕地也不愿为禹之臣，则反映了作者对出仕一事的看法和孔子的"天下有道则仕，无道则隐"不谋而合。

【原文】

　　尧治天下，伯成子高立为诸侯①。尧授舜，舜授禹，伯成子高辞为诸侯而耕。禹往见之，则耕在野。禹趋就下风②，立而问焉③，曰："昔尧治天下，吾子立为诸侯。尧授舜，舜授予，而吾子辞为诸侯而耕。敢问，其故何也？"

　　子高曰："昔尧治天下，不赏而民劝④，不罚而民畏。今子赏罚而民且不仁，德自此衰，刑自此立，后世之乱自此始矣。夫子阖行邪⑤？无落吾事⑥！"悒悒乎耕而不顾⑦。

【注释】

①伯成子高：杜撰的人名。②下风：下方。③焉：用同于"之"。④劝：劝勉。⑤阖（hé）：通作"盍"。怎么不的意思。⑥无：毋，不要的意思。落：荒废。⑦悒（yì）：用力耕地的样子。

【译文】

　　尧统治天下，伯成子高立为诸侯。尧把帝位让给了舜，舜又把帝位让给了禹，伯成子高便辞去诸侯的职位而去从事耕作。夏禹前去拜访他，伯成子高正在地里耕作。夏禹快步上前居于下方，恭敬地站着问伯成子高道："当年尧统治天下，先生立为诸侯。尧把帝位让给了舜，舜又把帝位让给了我，

禹拜访伯成子高时，后者正在耕作。

可是先生却辞去了诸侯的职位而来从事耕作,我冒昧地问您,这是为什么呢?"

伯成子高说:"当年帝尧统治天下,不须奖励而百姓自然勤勉,不须惩罚而人民自然敬畏。如今你施行赏罚的办法而百姓还是不仁不爱,德行从此衰败,刑罚从此建立,后世之乱也就从此开始了。先生为什么不走开呢?不要耽误我的事情!"于是低下头去耕地而不再理睬。

【分节导读】

此节对"德""命""形""性"等概念做了说明并指出其来源——"混沌",又在此基础上提出"同乃虚"的观点。既然德、命、形、性皆来自于太初的混沌,那么回归太初,便可拥有太初一般无比广博,容纳万物的心胸。

【原文】

泰初有无①,无有无名;一之所起②,有一而未形③。物得以生④,谓之德;未形者有分⑤,且然无间⑥,谓之命;留动而生物⑦,物成生理⑧,谓之形;形体保神,各有仪则⑨,谓之性。性脩反德⑩,德至同于初。同乃虚,虚乃大。合喙鸣⑪;喙鸣合,与天地为合。其合缗缗⑫,若愚若昏,是谓玄德,同乎大顺⑬。

宇宙起源于"无",没有称谓。

【注释】

①泰:同"太"。初:始。在庄子的哲学观念中,宇宙产生于元气,元气萌动之初就叫做太初,因而"泰初"也就是宇宙的初始。②一:混一的状态,指出现存在的初始形态。③未形:没有形成形体。④得:自得。"物得以生"是说万物从浑一的状态中产生,即所谓自得而生,外不借助于他物,内不借助于自我,不知所以产生而产生。⑤未形者:没有形成形体时。分:区别,指所禀受的阴阳之气不尽相同。⑥间(jiàn):指两物之间的缝隙。⑦留:滞静,与"动"相对应。阴气静,阳气动,阴阳二气之滞留和运动便产生物,一说"留"讲作"流","留动"亦即运动。⑧生理:生命的样态。⑨仪则:轨迹和准则。⑩脩:同"修",修养。⑪喙(huì):鸟口。⑫缗缗(mín):泯合无迹的样子。⑬大顺:指天下回返本真之后的自然情态。

【译文】

宇宙源起是"无",一无所有,也没有称谓;混一的状态就是宇宙的初始,不过混一之时,还远未形成任何形体。万物从混一的状态中产生,这就叫德;未形成形体时禀受的阴阳之气已经有了区别,不过阴阳的交合却是如此吻合而无缝隙,这就叫做天命;阴气滞留阳气运动而后生成万物,万物生成生命的肌理,这就叫做形体;形体守护精神,各有轨迹与法则,这就叫做本性。善于修身养性就会返归自得,自得的程度达到完美的境界就同于太初之时。同于太初之时,心胸就会无比虚豁,心胸无比虚豁就能包容广大。混同合一之时,说起话来就跟鸟鸣一样无心于是非和爱憎。说话跟鸟一样无别,则与天地融合而共存。混同合一是那么不露踪迹,好像蒙昧又好像是昏暗,这就叫做深奥玄妙的大道,也就如同返回本真而一切归于自然。

【分节导读】

此节借老聃之口说出修道的关键是"忘己"。有形的人无法和无形的大道共存，人若要得道，必须要忘记自己的形体，只有消除"我"与外物间的界限，才能和自然融为一体。相反，故作高深和故弄玄虚的人都不能被称为得道的圣人，他们被语言、智巧所拘，如同因才能为人所制的猎狗和猿猴，必会因自己的技艺"劳形怵心"。

【原文】

夫子问于老聃曰①："有人治道若相放②，可不可③，然不然④。辩者有言曰，'离坚白若县寓'⑤。若是则可谓圣人乎？"

老聃曰："是胥易技系，劳形怵心者也⑥。执留之狗成思⑦，猿狙之便自山林来⑧。丘，予告若，而所不能闻与而所不能言。凡有首有趾无心无耳者众⑨，有形者与无形无状而皆存者尽无⑩。其动止也，其死生也，其废起也，此又非其所以也⑪。有治在人，忘乎物，忘乎天，其名为忘己，忘己之人，是之谓入于天⑫。"

孔子向老聃询问圣人。

【注释】

①夫子：这里指孔丘。②放：背逆。③可不可：前"可"字是意谓性用法；全句是说，把不能认可的看做可以认可。④然不然：前一"然"字具有意谓含义，全句意思是，把不是这样认为是这样。⑤离：分。寓："宇"字之异体。"县寓"是说高悬于天宇，清楚醒目。⑥胥：通作"谞"，指具有一定智巧的小吏。易：改，指供职。系：系累。怵（chù）：恐惧，害怕。⑦执留：即竹鼠。"执留之狗"指善于捕捉狐狸（或竹鼠）的狗。成思：指狗受到拘系而愁思。⑧猿狙：猿猴。便：轻便快捷。⑨有首有趾：头脚俱全，指业已成形。无心无耳：指无知无闻。⑩有形者：指人体。人体是人之外形，容易有所变化，因此不能和"无形无状"的道并存。⑪非其所以：意思是不可能知所以然，即不可能知其原委和始末。⑫入：会。入于天，即融合于自然。

【译文】

孔子向老聃请教："有人研修和体验大道却好像跟大道相背逆，把不能认可的看做是可以认可的，把不正确的认为是正确的。善于辩论的人说：'离析石的质坚和色白就好像高悬于天宇那样清楚醒目。'像这样的人可以称做圣人吗？"

老聃说："这样的人就像聪明的小吏供职时为技艺所拘系、劳苦身躯、担惊受怕一样。善于捕猎的狗被人拘束，猿猴因为行动便捷而被人从山林里捕捉来。孔丘，我告诉你的，都是你没听过而又说不出的道理。凡是具体的人，无知无闻的很多，有形体的人跟没有形体、没有形状的道并存的却完全没有。或是运动或是静止，或是死亡或是生存，或是衰废或是兴盛，这六种情况全都出于自然而不可能探知其所以然。有心于治，是在于人的。忘掉外物，忘掉自然，它的名字就叫做忘掉自己。忘掉自己的人，这就可以说是与自然融为一体。"

【分节导读】

在此节中将闾葸的"必服恭谨"实则是对人自然本性的一种干预，他的"拔出公忠之属而无阿私"又本属"偏私"——拔公忠即意味着偏私公忠——这些都与道家的治国主张相悖。作者借季彻之口对这些进行了反驳，并进一步指出圣人治国的方法：任百姓自然发展本性，使之成教易俗，却不知自己如何成教易俗。

【原文】

将闾葸见季彻曰[①]："鲁君谓葸也曰：'请受教。'辞不获命[②]，既已告矣，未知中否[③]，请尝荐之[④]。吾谓鲁君曰：'必服恭俭[⑤]，拔出公忠之属而无阿私[⑥]，民孰敢不辑[⑦]！'"季彻局局然笑曰[⑧]："若夫子之言，于帝王之德，犹螳蜋之怒臂以当车轶[⑨]，则必不胜任矣。且若是，则其自为处危[⑩]，其观台多物[⑪]，将往投迹者众。"

将闾葸和季彻谈论治理天下的方法。

将闾葸觑觑然惊曰[⑫]："葸也汒若于夫子之所言矣[⑬]。虽然，愿先生之言其风也[⑭]。"

季彻曰："大圣之治天下也，摇荡民心[⑮]，使之成教易俗[⑯]，举灭其贼心而皆进其独志[⑰]，若性之自为，而民不知其所由然[⑱]。若然者，岂兄尧舜之教民[⑲]，溟涬然弟之哉[⑳]？欲同乎德而心居矣[㉑]！"

【注释】

①将闾葸（miǎn）、季彻：均为人名。②获命：获得允诺。③中（zhòng）否：行还是不行，说对了还是没说对。今天方言中还有这种表达法。④荐：进献。这是对对方表示尊敬，意思同于陈述、说给你听。⑤服：亲身实践。⑥拔：举荐，提拔。公忠之属：公正、忠诚之类的人。阿：偏私。⑦辑：和睦。⑧局局然：俯身而笑的样子。⑨轶（zhè）：通作"辙"，车轮印。"车轶"在这里代指车轮。⑩自为处危：让自己处于高危的境地。⑪观（guàn）台：宫廷前面的观楼和高台。本句断句历来颇多分歧，这里未从旧注。⑫觑觑然：吃惊的样子。⑬汒（máng）：同于"茫"，"汒若"亦即茫然。⑭风（fán）：凡。"言其风"意思就是说个大概。⑮摇荡：即遥荡，放纵自由的意思。⑯成教易俗：即成于教易于俗，在教化方面有所成，在陋俗方面有所改。⑰贼心：伤害他人之心。独志：自我教化的心志。⑱所由然：为什么这样。⑲兄：这里用如动词并具有意谓性涵意，相当于尊崇、重视、看重的意思。⑳溟涬（xìng）然：元气未分时浑浑沌沌的样子。弟：用法跟上句之"兄"字相同，意义与"兄"相反。㉑居：心思安定，不竞逐于外。

【译文】

将闾葸拜见季彻说："鲁国国君对我说：'请让我接受您的指教。'我一再推辞，可是鲁君却不答应，我已经对他说了，不知道对还是不对，请让我试着说给您听。我对鲁国国君说：'您必须躬身实行恭敬和节俭，选拔出公正、忠诚的臣子管理政务而没有偏护与私心，这样百姓谁敢不和睦！'"

季彻听了后俯身大笑说："按你所说的去做，想达到帝王的德业，恐怕就像是螳螂奋起臂膀企图阻挡车轮一样，必定不能胜任。果真这样，那一定会把自己置于高危的境地，朝廷多事，众多事物必将归往，投向那里的人也必然很多。"

将闾葂吃惊地说："我对于先生的谈话实在感到茫然。不过，还是希望先生谈个大概。"

季彻说："伟大的圣人治理天下，让民心纵放自由不受拘束，使他们在教化方面各有所成，在陋习方面各有所改，完全消除伤害他人的用心而增进自我教化的思想，好像一切都是本性在驱使他们活动，而人们并不知道为什么会是这样。像这样，难道还用得着尊崇尧舜对人民的教化，低头甘心跟随他吗？圣人是要人民同于天然之德而心境安定啊！"

【分节导读】

此节借子贡和为圃者的对话表达了作者对"机巧"的看法。子贡师承孔子，强调以机巧做事，以"事求可，功求成，用力少，见功者多"为圣人之道。而为圃者却对此不以为然，认为人一旦有了机心就无法保全淳朴之心，心境不得空明，精神不得专一，大道也无法进入内心。而人若连一己之身都不能修养好就不要提治理好天下了。作者以为圃者之口点出真正的圣人是"神全者"即精神完备的人。

【原文】

子贡南游于楚，反于晋，过汉阴①，见一丈人方将为圃畦②，凿隧而入井③，抱瓮而出灌④，搰搰然用力甚多而见功寡⑤。子贡曰："有械于此，一日浸百畦⑥，用力甚寡而见功多，夫子不欲乎？"

子贡问灌园者："为何不用机械？"

为圃者仰而视之曰⑦："奈何？"曰："凿木为机⑧，后重前轻，挈水若抽⑨；数如泆汤⑩，其名为槔⑪。"为圃者忿然作色而笑曰⑫："吾闻之吾师，有机械者必有机事，有机事者必有机心⑬。机心存于胸中，则纯白不备⑭；纯白不备，则神生不定⑮；神生不定者，道之所不载也⑯。吾非不知，羞而不为也。"

子贡瞒然惭⑰，俯而不对。

有间，为圃者曰："子奚为者邪？"

曰："孔丘之徒也。"

为圃者曰："子非夫博学以拟圣⑱，於于以盖众⑲，独弦哀歌以卖名声于天下者乎？汝方将忘汝神气，堕汝形骸，而庶几乎⑳！汝身之不能治，而何暇治天下乎！子往矣，无乏吾事㉑！"

子贡卑陬失色㉒，顶顶然不自得㉓，行三十里而后愈㉔。

【注释】

①汉阴：汉水南岸。②丈人：老者。圃畦：菜园为圃，稻田为畦。用如动词，指在园中劳作。③"凿隧"句：开凿隧道通后进入井底。④瓮：陶罐，是汲水的工具。⑤搰（gǔ）搰然：费力的样子。见功寡：功效少。⑥浸：浇灌。⑦仰：抬头。⑧机：机械。⑨挈（qiè）：提，抽。⑩数（shuò）：快。泆（yì）汤：流淌貌。⑪槔（gāo）：桔（jié）槔，是利用杠杆原理制作的汲水工具。⑫忿然：发怒的样子。⑬机心：投机取巧之心。⑭纯白不备：淳朴清白的品质就不完备。⑮不定：不安定。⑯载：容。⑰瞒（mén）：惭愧的样子。⑱拟圣：以圣人自诩。⑲於（wū）于：夸耀。盖众：压倒众人。⑳堕：通"隳"，毁坏。庶几：差不多。㉑乏：废，耽误。㉒卑陬（zōu）：惭愧不安。㉓顶（xù）顶然：失态的样子。㉔愈：恢复正常。

【译文】

　　子贡到南方的楚国游历，返回晋国，路过汉水南岸时，见到一位老者正在园子里劳作，他凿了一条通道下到井底，抱着陶罐装水，出来浇地，非常费力却功效很低。子贡说："有一种器械，一天可以浇一百畦地，用力少而功效大，老先生您不愿意用吗？"

　　灌园者抬起头看着他说："怎么回事？"子贡说："用木头做成器械，后面重前头轻，提水就像从井里抽水，快得像水漫溢出来一样，这种机械叫做桔槔。"灌园者面带怒容讥笑说："听我老师讲，有了机械就一定会有机巧之事，而有了机巧之事就一定会有机巧之心。胸中一旦有了机巧之心，淳朴清白之心就不完备；淳朴清白之心不完备，精神就无法安定；精神不安定的人，必被大道抛弃。我不是不知道，而是为用桔槔感到羞愧。"

　　子贡满脸羞愧，低头无语。

　　过了一会儿，灌园者说："你是干什么的呀？"

　　子贡说："孔子的弟子。"

　　灌园者说："你不就是那个因多读了几年书就自比圣人，自吹自擂盖过众人，自弹自唱哀歌于天下，卖弄名声的人吗？你的神气就要消散，形体也要毁坏，就快完蛋了！你对自己都不善于修养调理，哪还有功夫去治理天下！你快走吧，别耽误了我的事情。"

　　子贡惭愧失色，垂头丧气，走了三十里路，神色才恢复正常。

【原文】

　　其弟子曰："向之人何为者邪[1]？夫子何故见之变容失色，终日不自反邪[2]？"

　　曰："始吾以夫子为天下一人耳[3]，不知复有夫人也[4]。吾闻之夫子，事求可，功求成[5]。用力少，见功多者，圣人之道。今徒不然[6]。执道者德全，德全者形全，形全者神全[7]。神全者，圣人之道也。托生与民并行而不知其所之[8]，汒乎淳备哉[9]！功利机巧必忘夫人之心。若夫人者，非其志不之[10]，非

子贡将灌园者的话告诉孔子。

其心不为。虽以天下誉之，得其所谓[11]，警然不顾[12]；以天下非之，失其所谓，傥然不受[13]。天下之非誉，无益损焉，是谓全德之人哉！我之谓风波之民[14]。"

　　反于鲁，以告孔子，孔子曰："彼假修浑沌氏之术者也[15]，识其一，不知其二[16]；治其内，而不治其外。夫明白太素[17]，无为复朴，体性抱神[18]，以游世俗之间者，汝将固惊邪？且浑沌氏之术，予与汝何足以识之哉！"

【注释】

①向：刚才。何为者：干什么的。②反：通"返"，恢复。③"始吾"句：起初我以为天下只有孔子一个圣人。④复：还。夫人：那个人（指灌园者）。⑤事求可：做事要追求合理。功求成：功业要追求成功。⑥徒：却。⑦执道：掌握了天道。全：完美。形：形体。⑧托生：寄生世上。并行：并存。之：往。⑨汒（máng）：茫昧深远。⑩之：往。⑪得其所谓：合于人们的赞扬。⑫警（áo）：自得。不顾：不理会赞扬。⑬傥（tǎng）然：无心之貌。不受：不接受。⑭风波之民：易受毁誉影响、牵动的人。⑮假修：寄托修研。浑沌氏：虚构的人名，见

《应帝王》篇注。⑯识其一，不识其二：只知天道，不知其他。⑰明白太素：心地明净，至于纯素境界。⑱复朴：返归自然。体性抱神：体悟真性，执守精神。

【译文】

子贡的弟子问："刚才那个人是做什么的呀？先生为什么见过他之后神色大变，整天都缓不过劲来呢？"

子贡答道："开始我以为天下只有孔夫子一位圣人，不知道还有像他那样的人。我听孔夫子讲，行事要追求合理，功业要追求成功，费力少而功效高的，便是圣人之道。现在才知道并非如此，坚守大道的人德行才完备，德行完备的人形体才健全，形体健全的人精神才专注完全。精神

孔子认为灌园者是修研浑沌氏之道的人。

专注完全，才是圣人之道。寄生世上，与百姓并存而不知道要去哪里，茫昧深沉而至德淳备呀！功利机巧肯定不放在这种人的心上。像这种人，不是他想做的，不会去干；不合他心愿的，不会去做。即使天下人都赞扬他，哪怕赞誉合于他的德行，他也会傲然不理会；哪怕天下人都责备他，只要不合他的心意，他也一样漠然不理睬！世上的毁誉，对他毫无影响，这就是道德完善的人呀！我只不过是随波逐流之辈罢了。"

回到鲁国，子贡把这件事告诉了孔子。孔子说："他是寄托修研浑沌氏之道的人呀！只知天道，不知其他；执守内心，不顾外物。见到那心地明净，至于纯素，淡泊无为，返朴归真，体悟真性，执守专一，而逍遥于世俗之中的人，你当然会感到惊异呀！而且，浑沌氏之道，我与你怎么能了解呢！"

【分节导读】

此节分别对何为"圣人""德人""神人"进行了阐述。其中属"神人"的境界最高，"德人"其次。由于圣人在治国之时仍需要"官施""拔举"，因此其治国还算不上真正无为之治，所以境界不及德人。而三者虽境界有高低之别，但都做到了顺应外物，行为言论出于天性，都属得道之人。

【原文】

谆芒将东之大壑①，适遇苑风于东海之滨②。苑风曰："子将奚之？"

曰："将之大壑。"

曰："奚为焉？"

曰："夫大壑之为物也，注焉而不满③，酌焉而不竭④。吾将游焉。"

苑风曰："夫子无意于横目之民乎⑤？愿闻圣治。"

谆芒曰："圣治乎？官施而不失其宜，拔举而不失其能⑥，毕见情事而行其所为⑦，行言自为而天下化⑧，手挠顾指⑨，四方之民莫不俱至，此之谓圣治。"

"愿闻德人。"

曰："德人者，居无思，行无虑，不藏是非美恶。四海之内共利之之谓悦，共给之之谓安；怊乎若婴儿之失其母也⑩，傥乎若行而失其道也⑪。财用有余而不知其所自来，饮食取足而不知其所从，

此谓德人之容^⑫。"

"愿闻神人。"

曰："上神乘光，与形灭亡^⑬，此谓照旷^⑭。致命尽情^⑮，天地乐而万事销亡，万物复情，此之谓混冥^⑯。"

【注释】

① 谆芒：虚构的人名。大壑：大海。② 苑风：虚构的人名。③ 注：流入。④ 酌：取。竭：干涸。⑤ 横目之民：平民百姓。横目，人的眼睛扁平，故称。⑥ 拔举：选拔推举。⑦ 毕见：完全看清。⑧ 行言自为：一言一行都出乎本性。⑨ 手挠顾指：挥手指示，举目顾盼。⑩ 怊（chāo）：惆怅。⑪ 傥：无心。⑫ 容：仪表，神态。⑬ 与形灭亡：不见形迹。⑭ 照旷：照彻空旷。⑮ 致命尽情：达到生命的极致，穷尽本身的情怀。⑯ 混冥：浑然一体，混沌没有差别。

【译文】

谆芒将东游大海，在东海之滨恰巧遇上了苑风。苑风问："您要去哪里？"

谆芒回答说："要去大海。"

苑风问："做什么？"

谆芒回答："大海作为一种物象，百川灌注而不会满，终日酌取也不会干。我将要去那里游览。"

苑风说："先生难道无意关心百姓吗？希望听听您有关圣人治世的高见。"

谆芒说："圣人治世嘛，官员施政得当，选拔任用不遗漏有真才实学的人，洞察物情而按需而为。一言一行，任情

谆芒东游大海，遇到苑风。

而为，天下百姓自然归化。举手示意，四方百姓没有不来投奔的，这就是圣人治世。"

"希望再听听有关德人的高见。"

谆芒说："德人嘛，安居而没有思考，行动而不去谋虑，不评论是非美恶。四海之内人人都得到好处就喜悦，人人都富足就安宁。惆怅的样子像婴儿失去了母亲，茫然的样子像走路时迷失了方向。财用有余却不知道从哪里来，饮食充足也不知道从何处出。这就是德人的风采。"

"希望听听有关神人的高见。"

谆芒说："至上神人驾乘光明，不见形迹，这是照彻空旷。达到生命的极致，穷尽物情，与天地同乐而不受万事牵累，万物返璞归真，这就是混同玄冥。"

【分节导读】

此节通过门无鬼和赤张满稽的谈话，对有为之治进行了批评，并用孝子为父治病与世俗推崇的贤人治世做类比。孝子只能在父亲生病后为父亲买药医病，却不能让父亲不生病，贤人只能待世道大乱后出来治世，而不能让世道不大乱。所以理想的治世之君不是盛德在外的贤人，而是"不尚贤，不使能"的无为之君。

【原文】

门无鬼与赤张满稽观于武王之师^①。赤张满稽曰："不及有虞氏乎^②！故离此患也^③。"门无鬼曰："天下均治而有虞氏治之邪^④？其乱而后治之与^⑤？"

赤张满稽曰："天下均治之为愿，而何计以有虞氏为！有虞氏之药疡也^⑥，秃而施髢^⑦，病而求医。

孝子操药以修慈父⑧，其色
憔然⑨，圣人羞之。

"至德之世，不尚贤⑩，
不使能；上如标枝⑪，民如
野鹿。端正而不知以为义，
相爱而不知以为仁，实而
不知以为忠⑫，当而不知以
为信，蠢动而相使⑬，不以
为赐。是故行而无迹，事
而无传。"

门无鬼与赤张满稽看周武王的军队。

【注释】

①门无鬼、赤张满稽：皆为庄子虚拟人名。武王之师：周武王伐纣之军队。②不及有虞氏：是说武王以武力相争，不及尧舜禅让的方式好。有虞氏，指舜。③离：同"罹"，遭受。④天下均治：天下完全得到治理。⑤其乱而后治之与：天下动乱才去治理呢。⑥药疡：医治头疮。疡，头疮。⑦髢（dí）：假发。⑧修：治也。⑨憔（qiáo）然：憔悴的样子。意为忧亲之病至于憔悴，不如养亲使不病更好。⑩尚贤：崇尚贤才。⑪标枝：树梢上的细枝，比喻地位虽高却不自以为高，听其自然而已。⑫实：诚实不欺，循性而行。⑬蠢动而相使：人们按自性无目的地活动而彼此相互依存，为对方提供生存条件。蠢动，虫类的蠕动，比喻任性而动，没有意识，没有目的。

【译文】

门无鬼与赤张满稽观看武王伐纣的部队。赤张满稽说："周武王还是比不上有虞氏啊！所以天下便遭遇了这种祸患。"

门无鬼说："天下太平无事有虞氏才去治理呀！还是天下混乱才去治理呢？"

赤张满稽说："天下太平无事是人们的心愿，又为什么还要考虑有虞氏的盛德而推举他为国君呢！有虞氏替人治疗头疮，毛发脱落而成秃子方才装上假发，正如有了疾病才会去求医。孝子操办药物用来调治慈父的疾病，累得面容憔悴，圣人却仍以此为羞。

"盛德的时代，不崇尚贤才，不任使能人；国君居于上位如同树颠高枝无心在上而自然居于高位，百姓却像无知无识的野鹿般无所拘束；行为端正却不知道把它看做道义，相互友爱却不知道把它看做仁爱，敦厚老实却不知道把它看做忠诚，办事得当却不知道把它看做信义，无心地活动而又相互支使却不把它看做恩赐。所以行动之后不会留下痕迹，事成之后不会留传后世。"

【分节导读】

此节由对世俗的"孝""贤"的疑惑，引出对世俗观念的思考。世俗认为不阿谀父母的子女是孝子，不谄媚的臣子是贤臣，人们以此为依据认为对父母君王惟命是从是不肖。但如果世俗说好即好，世俗说不好即不好，那对世俗惟命是从和对父母君王惟命是从便不存在本质上的差别。作者认为因为世俗观念大行其道，人们相互阿谀，欺世盗名，迷失本性却一无所知，实为莫大的悲哀。

【原文】

孝子不谀其亲①，忠臣不谄其君②，臣子之盛也③。亲之所言而然，所行而善，则世俗谓之不肖子④；君之所言而然，所行而善，则世俗谓之不肖臣。而未知此其必然邪？世俗之所谓然而然之，所谓善而善之，则不谓之道谀之人也⑤。
然则俗故严于亲而尊于君邪⑥？谓
己道人⑦，则勃然作色；谓己谀人，
则怫然作色⑧。而终身道人也，终
身谀人也，合譬饰辞聚众也⑨，是
终始本末不相罪坐⑩。垂衣裳，设采
色，动容貌⑪，以媚一世，而不自
谓道谀；与夫人之为徒⑫，通是非，
而不自谓众人⑬，愚之至也。知其
愚者，非大愚也；知其惑者，非大
惑也。大惑者，终身不解；大愚者，

忠臣不谄媚国君。

终身不灵⑭。三人行而一人惑，所适者犹可致也⑮，惑者少也；二人惑则劳而不至，惑者胜也。而
今也以天下惑，予虽有祈向⑯，不可得也。不亦悲乎！

　　大声不入于里耳⑰，折杨、皇荂⑱，则嗑然而笑⑲。是故高言不止于众人之心⑳，至言不出㉑，
俗言胜也。以二垂踵惑㉒，而所适不得矣㉓。而今也以天下惑，予虽有祈向，其庸可得邪㉔！知其
不可得也而强之，又一惑也，故莫若释之而不推㉕。不推，谁其比忧㉖？厉之人夜半生其子㉗，遽
取火而视之㉘，汲汲然唯恐其似己也㉙。

【注释】

①谀（yú）：巴结、讨好。②谄：谄媚。③臣子之盛：臣子中品德最高的。盛，盛德。④不肖子：不贤之子。对
父亲的言行，不分是非善恶，一律恭维顺从，不知正理所在，故为不贤。⑤道谀：谄谀，谄媚逢迎之意。⑥"然则"
句：这句话的意思为，难道世俗之人一定比父亲更威严，比君主更尊贵吗？⑦道人：谄媚于人。⑧怫（fú）然：
形容生气发怒的样子。⑨合譬：汇集各种比喻来阐述事理，使人易于明白。饰辞：修饰润色言辞，使人相信。聚
众：争取民众。⑩"是终"句：谄谀世俗，有谄人谀人之实，而无连坐谄人谀人之罪，是始终本末不一。坐，连坐
治罪之意。⑪"垂衣"三句：垂衣裳，上服为衣，下服为裳。垂示上衣下裳。设采色，为服装加上色彩文饰。动
容貌，变动着仪态表情。⑫夫人：世俗之人。徒：同类。⑬不自谓众人：认为自己是出众的，与世俗之人不同。
⑭不解：不觉悟。不灵：不知晓。⑮适：往也。致：达到。⑯祈向：祈求向往。⑰大声：高雅之音乐。里耳：
市井里巷下层人之耳。⑱折杨、皇荂：通俗乐曲名，在下层社会流行并受到欢迎。⑲嗑（hé）然：笑声。⑳高言：
异于世俗之言。㉑至言：至道之言。不出：不显也。至道之言无形无名，幽深玄远，暗昧难知，故不显。㉒以二
垂踵惑：指因疑惑而无法辨别方向，裹足不前。垂踵，裹足不前。㉓所适不得：所合适的、得不到的。㉔庸：岂、
怎么。㉕释：放弃。推：推究。㉖谁其比忧：谁又与你一起忧虑呢。比：与。㉗厉：丑陋。㉘遽：急速。㉙汲
汲然：匆忙急迫的样子。

【译文】

　　孝子不奉承父母，忠臣不谄媚国君，这是忠臣、孝子尽忠尽孝的极致。凡是父母所说的都加以
肯定，父母所做的都加以称赞，那就是世俗之人所说的不肖之子；凡是君王所说的都加以应承，君
王所做的都加以奉迎，那就是世俗之人所说的不良之臣。可是人们却不了解，世俗的看法就必定是
正确的吗？而世俗之人所谓正确的便把它当做是正确的，世俗人所谓好的便把它当做是好的，却不
称他们是谄谀之人。然而，世俗果然比父母更可敬，比君王更可尊吗？有人说你是个谄谀的人，就
勃然大怒颜容顿改，说你是个阿谀的人，也定会愠恨填胸面色剧变。可是一辈子谄谀的人，一辈子
阿谀的人，又只不过是用巧妙的譬喻和华丽的辞藻博取众人的欢心，却始终认不出过错。穿上华美
的衣裳，绣制斑斓的纹彩，变动着仪态表情，讨好献媚于举世之人，却不认为那就是谄谀与阿谀。
他就是这一类人，跟世俗是非观念相通，却又不把自己看做是普通人，这真是愚昧到了极点。知道

自己愚昧的人，并不是大愚昧；
知道自己迷惑的人，并不是大
迷惑。大迷惑的人，一辈子也
不会醒悟；大愚昧的人，一辈
子也不会明白。三个人在一起
行走，其中一个人迷惑，所要
去的地方还是可以到达的，因
为迷惑的人毕竟要少；三个人
中，要是两人迷惑就徒劳而不
能到达，因为迷惑的人多。如
今天下人全都迷惑，我虽然祈
求导向，也不可能对众人有所
帮助，这不是可悲吗！

市井之人听不进高雅的音乐。

高雅的音乐世俗人不可能欣赏，民间小曲，世俗人听了都会欣然而笑。所以高雅的谈吐不可能
留在世俗人的心里，而至理名言也不能从世俗人的口中说出，因为流俗的言谈占了优势。要是两个
人迷惑而弄错方向，所要去的地方便不可能到达。如今天下人都大惑不解，我虽然寻求导向，又怎
么可能会到达呢！明知不可能到达却要勉强去做，这又是一大迷惑，所以不如弃置一旁不予推究。
不去寻根究底，还会跟谁一道忧愁？丑陋的人半夜里生下孩子，立即拿过火来照看，惶惶然唯恐生
下的孩子像自己一样丑陋。

【分节导读】

作者在此节提出了世俗观念残害人性的观点。其用做成酒器的古木和被扔在沟渠里的断木来说明，
无论是夏桀、盗跖这样为世俗不齿的恶名者，还是曾参、史鳅这样为世俗推崇的好名者，本质上并无不
同，都是丧失本性之人。而如杨朱、墨翟这样的失性者，即使有所得，其精神也早已被世俗推崇之物牢
牢束缚，如笼中虎豹，不得自由。为世俗所制之人不分高下贵贱，皆是可悲之人。

【原文】

百年之木，破为牺
尊①，青黄而文之②，其
断在沟中③。比牺樽于沟
中之断④，则美恶有间
矣⑤，其于失性一也⑥。
桀跖与曾史，行义有间矣，
然其失性均也⑦。且夫失
性有五：一曰五色乱目，
使目不明；二曰五声乱耳，
使耳不聪；三曰五臭薰鼻⑧，
困㥘中颡⑨；四曰五味浊
口⑩，使口厉爽⑪；五曰
趣舍滑心⑫，使性飞扬⑬。
此五者，皆生之害也⑭。

身体被皮帽羽冠、朝板、宽带和长裙捆束。

而杨墨乃始离跂自以为得⑮，非吾所谓得也。夫得者困⑯，可以为得乎？则鸠鸮之在于笼也⑰，亦可以为得矣。且夫趣舍声色以柴其内⑱，皮弁鹬冠缙笏绅修以约其外⑲，内支盈于柴栅⑳，外重缱缴㉑，睆睆然在缱缴之中而自以为得㉒，则是罪人交臂历指而虎豹在于囊槛㉓，亦可以为得矣。

【注释】

①破：剖开。牺樽：古代酒器用做祭祀。上面刻有鸟鲁等图案，是祭器中最贵重的。有木制和金属制，现今保存的皆为青铜制。②文之：用花纹来修饰。③断：断木，指截下不用丢弃沟中之断木。④比：比较。⑤间：差别，指牺樽和丢弃沟中的断木相比较，二者在美丑上是有差别的。⑥其于失性一也：牺樽与弃木在丧失木之本性上是一样的。⑦均：同也。⑧五臭：五种气味。成玄英以为指膻、薰、香、腥、腐。《礼记 月令》则指膻、焦、香、腥、朽。⑨困偬（zōng）中颡（sǎng）：意为气味上逆，由鼻孔达于额头，伤害头脑。偬，气味上逆。颡，额。⑩五味：酸、辛、甘、苦、咸。浊：污染。⑪厉爽：使口腔得病受伤而不能辨别滋味。厉，病。爽，伤。⑫趣舍滑心：因思虑得失取舍而扰乱本心。趣舍，取舍。滑，扰乱。⑬使性飞扬：使本性轻浮躁动，不得执守。⑭生：即性也。⑮离跂：跷起脚跟。比喻用力显示自己，以超出众人。⑯困：为得失取舍所困扰。⑰鸠：班鸠。鸮：属鸠类，其肉可以烤食，称"鸮炙"。⑱柴其内：得失取舍之欲像柴草一样充塞于内，以滞碍扰乱本心。⑲皮弁（biàn）：古冠名，用白鹿皮制成，为大臣上朝时佩戴。鹬（yù）冠：鹬为翠鸟，羽毛很漂亮。鹬冠指用翠鸟羽毛装饰的帽子，一般认为为术士所戴。缙（jìn）：插于带间。笏（hù）：手板。古时大臣上朝时所持，有事记在上面以备忘，用玉、象牙和木制成。绅：大带。⑳支盈：支撑充满。柴栅（zhàn）：用木柴编成之篱笆。㉑缱：绳索。缴：缠绕。㉒睆（huǎn）睆然：睁大眼睛。㉓交臂：背缚双臂。历指：古代刑罚，把手指用木棍夹起来。囊槛：关养猛兽的笼子。

【译文】

百年的大树，被伐倒剖开后雕刻成精美的酒器，再用青、黄二色彩绘出美丽的花纹，而余下的断木则弃置在山沟里。雕刻成精美酒器的一段木料比起弃置在山沟里的其余木料，当然有美和丑的差别，不过从失去了原有的本性来说却是一样的。夏桀、盗跖与曾参、史鳍，行为和道义上存在着差别，然而他们从失却人所固有的真性来看却也是一样的。大凡丧失真

百年大树，被制成精美酒器。

性有五种情况：一是五种颜色扰乱视觉，使得眼睛看不明晰；二是五种乐音扰乱听力，使得耳朵听不真切；三是五种气味薰扰嗅觉，使得鼻腔受激扰；四是五种滋味秽浊味觉，使得味觉丧失；五是取舍的欲念迷乱心神，使得心性驰竞不息、轻浮躁动。这五种情况，都是生命的祸害。可是，杨朱、墨翟竟不停地奋力追求而自以为有所得，不过这却不是我所说的优游自得。得到什么反而为其所困，也可以说是有所得吗？那么斑鸠关于笼中，也可以算是优游自得了。况且取舍于声色的欲念像柴草一样堆满内心，皮帽羽冠、朝板、宽带和长裙捆束于外，内心里充满柴草栅栏，外表上被绳索捆了一层又一层，却瞪着大眼在绳索束缚中自以为有所得，那么罪犯反绑着双手，虎豹被关在圈栅、牢笼中，也可以算是优游自得了！

◎天道◎

【题解】

　　本篇从天道论及人道，旨在阐述虚静无为的思想。作者认为，虚静无为是"万物之本"，人世间的帝王应效法天道，无为而治。但同时，作者又认为天道和人道都有尊卑先后，人的伦理秩序有存在的合理性。其思想前后有些矛盾。

【分节导读】

　　此节讲天地以无为为德，自然界中万物自行变化发展，圣人也要以自然之法为依据，以明静之心关照万物。作者在此节大谈虚静无为的好处，虚静可以让人心灵充实，无为则能予人安逸。明白虚静、无为、恬淡、寂漠是万物本性的人于上可成为圣德之君，于下可成为受敬仰的德者，进而安天下，退可闲游天地。

【原文】

　　天道运而无所积①，故万物成；帝道运而无所积，故天下归②；圣道运而无所积，故海内服。明于天，通于圣，六通四辟于帝王之德者③，其自为也，昧然无不静者矣④。圣人之静也，非曰静也善，故静也；万物无足以铙心者⑤，故静也。水静则明烛须眉⑥，平中准⑦，大匠取法焉⑧。水静犹明，而况精神！圣人之心静乎！天地之鉴也⑨，万物之镜也。夫虚静恬淡寂漠无为者，天地之本，而道德之至，故帝王圣人休焉⑩。

水静便能照清人的样子。

休则虚，虚则实，实者备矣。虚则静，静则动，动则得矣⑪。静则无为，无为也，则任事者责矣⑫。无为则俞俞⑬，俞俞者忧患不能处⑭，年寿长矣。夫虚静恬淡寂漠无为者，万物之本也。明此以南乡⑮，尧之为君也；明此以北面，舜之为臣也。以此处上，帝王天子之德也；以此处下，玄圣素王之道也⑯。以此退居而闲游，则江海山林之士服⑰；以此进为而抚世⑱，则功大名显而天下一也。静而圣，动而王⑲，无为也而尊，朴素而天下莫能与之争美。

　　夫明白于天地之德者，此之谓大本大宗⑳，与天和者也；所以均调天下㉑，与人和者也。与人和者，谓之人乐；与天和者，谓之天乐。

庄子曰："吾师乎②！吾师乎！鳌万物而不为义③，泽及万世而不为仁，长于上古而不为寿④，覆载天地、刻雕众形而不为巧⑤，此之为天乐。故曰：'知天乐者，其生也天行⑥，其死也物化⑦。静而与阴同德，动而与阳同波⑧。'故知天乐者，无天怨，无人非，无物累，无鬼责。故曰：'其动也天，其静也地⑨，一心定而天地正⑩。其魄不崇⑪，其魂不疲，一心定而万物

虚静、恬淡、寂漠、无为，是万物之本。

服。'言以虚静推于天地，通于万物，此之谓天乐。天乐者，圣人之心，以畜天下也㉜。"

【注释】

①积：停滞。②归：归顺。③六通：六合（上下四方）通达。四辟：春夏秋冬四季顺畅。"六通四辟"比喻全面通晓。④昧然：不知不觉的样子。⑤挠：通"挠"，干扰。⑥烛：照。⑦平中（zhòng）准：平到可以成为标准。⑧取法：仿效。⑨鉴：镜。⑩休焉：休虑息心。⑪得：得其所宜。⑫任事者：指臣子。⑬俞俞：从容自得。⑭不能处：不能入于心。⑮南乡：即南向，君主之位。乡，向。⑯玄圣素王：具有帝王之德却无帝王之位的人。⑰江海山林之士：隐居之人。⑱进为：入仕做官。抚世：安抚天下百姓。⑲静而圣：清静则为圣人。动而王：顺天而动则是王者。⑳大本大宗：根本。㉑均调：平均协调。㉒吾师乎：庄子以天道为师，重复表示心悦诚服。㉓鳌（jī）：调和。"吾师乎"以下数句已见《大宗师》篇，原为许由所言，与此处"庄子曰"不同。㉔长（zhǎng）：年长。道无始无终，故比上古还要年长。㉕刻雕众形：塑造万物。㉖天行：顺乎自然而运行。㉗物化：混同万物而变化。㉘同波：合流。㉙"其动"二句：动如天一样动，静如地一样静。即动静都是自然而然的。㉚一心定：整个心思安定专一。一，全。

以虚静之道隐居闲游。

王（wàng）：动词，为天下王。㉛祟（suì）：鬼神给人带来的祸害。㉜以：用。畜：养。

【译文】

天道运行而不停滞，所以万物得以生成；帝王之道运行而不停滞，所以天下百姓都归顺；圣人之道运行而不停滞，所以四海之内都顺服。明白自然天道，通晓圣贤之道，又对帝王之德无所不通的人，任天下人随性自为，不知不觉而处心虚静。圣人心静，不是说静好才静，而是因为万物

知晓天乐的人顺自然而行。

没有能乱其心神的，所以才静。水静便能照清人的胡须眉毛，水面平得符合水平测定的标准，就为高明的木匠所效法。水静下来尚且明澈，何况是精神。圣人内心清静，可以作为天地万物的镜子。虚静、恬淡、寂漠、无为，是天地的准则和道德的极致。所以，帝王与圣人都安心于此。安心于此就虚无，虚无就充实，充实就是完备。虚无就静止，静止然后才能运动，运动就是得其所宜。静止就无为，无为则百官各负其责。无为就能从容自得，从容自得会无忧无虑，就能长命百岁。虚静、恬淡、寂漠、无为，是万物之本。明白这个道理而南面为君的，就能成为尧一样的明君；明白这个道理而北面为臣的，就能成为舜一样的贤臣。以此道处上位的，就是帝王天子之德；以此道处下位的，便是布衣君子之道；以此道隐居闲游，山林的隐士就无不佩服；以此道入仕为官，就能功成名就天下一统。清静的是圣人，随天而动的是帝王，无为的受人尊崇。保持淳朴的天性之美，天下就没有可以与他媲美的。

明白天地之德的，就是大根本大本原，便是与天合一。用此来平衡协调天下之事，就是与人合一。与人合一，称为人乐；与天合一，称为天乐。

庄子说："我的宗师啊！我的宗师啊！调和万物不认为是义，泽及万代不认为是仁，比上古久远不认为长寿，覆盖上天，承载大地，雕刻万物也不称为智巧，这就是天乐。所以说：'知晓天乐的人，活着的时候顺应自然而运行，死了以后转化为其他物质。静与阴同德，动与阳合流。'所以知晓天乐的人，不怨天，不尤人，不受外物牵累，不怕鬼神责罚。所以说：'动时如天运转，静时似地安然，其心安定而为天下之王。鬼神不为害，精神不疲劳。其心安定而万物归附。'说的是以虚静推及天地，通达于万物，这就是天乐。所谓天乐，就是以圣人之心来养育善待天下。"

【分节导读】

此节通过尧和舜的对话说明天道优于人道。尧不废穷民、苦死者等举措虽为世俗称道，却并不是依天道而行的治世之法，所以只能应付人事而无法实现天下大治。作者借舜之口指出治天下要顺应天地法则。

【原文】

昔者舜问于尧曰："天王之用心何如①？"

尧曰："吾不敖无告②，不废穷民，苦死者③，嘉孺子而哀妇人④。此吾所以用心已。"

舜曰："美则美矣，而未大也⑤。"

尧曰："然则何如？"

舜曰："天德而土宁[⑥]，日月照而四时行，若昼夜之有经[⑦]，云行而雨施矣。"

尧曰："胶胶扰扰乎[⑧]！子，天之合也[⑨]；我，人之合也。"

夫天地者，古之所大也，而黄帝尧舜之所共美也。故古之王天下者，奚为哉？天地而已矣[⑩]。

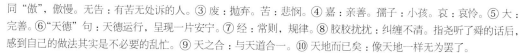

黄帝、尧舜都赞美博大无际的天地。

【注释】

①天王：天子。称天王而不称帝王，表明以天道为本。②敖：同"傲"，傲慢。无告：有苦无处诉的人。③废：抛弃。苦：悲悯。④嘉：亲善。孺子：小孩。哀：哀怜。⑤大：完善。⑥"天德"句：天德运行，呈现一片安宁。⑦经：常则，规律。⑧胶胶扰扰：纠缠不清。指尧听了舜的话后，感到自己的做法其实是不必要的乱忙。⑨天之合：与天道合一。⑩天地而已矣：像天地一样无为罢了。

【译文】

当初，舜问尧说："天子的用心如何？"

尧说："我不怠慢孤苦无告的人，不抛弃穷人，悲悯死者，善待孩子，哀怜妇人。这就是我的用心所在。"

舜说："好虽然好，但不完善。"

尧问："那么应该怎样呢？"

舜说："天德运行，自然呈现安宁，日月照耀，四季变换，就像昼夜交替一样有规律，云聚来就降雨一样。"

尧说："我的做法真是庸人自扰，徒增困扰呀！你是与天道合一，我只是符合人事罢了。"

天与地，自古以来博大无际，为黄帝、尧舜之君共同赞美。所以古代的君主，还要干什么呢？不过像天地一样无为罢了。

⊙品庄悟道⊙

治世者之责

作为一个统治者，尧可以做到不怠慢有苦无处说的人、不抛弃走投无路的穷苦百姓、哀怜死者、喜爱儿童、怜悯妇人，已经很好了，说明他心怀仁爱，体恤民情。但他仍称不上至圣之君。如果他的治下没有有苦无处说的人，没有走投无路的穷苦百姓，他又哪里需要去施仁德呢？如果死去的臣民皆是尽享天年安然离世的，如果妇人的生活幸福安宁，又何须他哀怜、怜悯呢？至于喜爱儿童，喜爱和偏私就像一枚硬币的两面，圣人是不偏私的。从这个角度说，百姓的悲苦成了尧彰显仁爱的前提条件。所以尧最后会承认，自己所做的无非是应付人事。

民生疾苦未必由社会的管理者直接造成，但管理者却有不得推卸的责任。管理者最忌讳的就是为自己表现出的美德沾沾自喜。人皆有同理之心，会对不幸者抱以同情，要警惕的是，人应将这同情转化为帮助不幸者摆脱不幸的动力，而不是将它作为炫耀自己仁爱的道具。

【分节导读】

此节以老子之口对孔子推行仁义之举进行了批评。天地万物本有其生长发展的规律，人只需效仿天德，不用对万物做什么干预。孔子把内心平和兼爱无私视为"仁义之情"，而以道家的观点看，有"爱"则必然有"无爱"，孔子的兼爱无私仍是偏私。由于认为孔子把仁义当成人之本性只会起到扰乱人心的作用，老子拒绝将孔子以仁义为主旨的书保存在周王室。

【原文】

孔子西藏书于周室①。子路谋曰②："由闻周之征藏史有老聃者③，免而归居④，夫子欲藏书，则试往因焉⑤。"

孔子曰："善。"

往见老聃，而老聃不许，于是缲十二经以说⑥。老聃中其说⑦，曰："大谩⑧，愿闻其要。"

孔子曰："要在仁义。"

老聃曰："请问，仁义，人之性邪？"

孔子阐述仁义的要旨。

孔子曰："然。君子不仁则不成，不义则不生⑨。仁义，真人之性也，又将奚为矣⑩？"

老聃曰："请问，何谓仁义？"

孔子曰："中心物恺⑪，兼爱无私，此仁义之情也。"

老聃曰："意，几乎后言⑫！夫兼爱，不亦迂乎⑬！无私焉，乃私也⑭。夫子若欲使天下无失其牧乎⑮？则天地固有常矣，日月固有明矣，星辰固有列矣，禽兽固有群矣，树木固有立矣⑯。夫子亦放德而行⑰，循道而趋，已至矣⑱。又何偈偈乎揭仁义⑲，若击鼓而求亡子焉⑳？意，夫子乱人之性也！"

【注释】

①书：指孔子编辑整理之书。孔子何以要藏书周王室，不可确知。或以为当时列国纷争，战祸连年，周天子还保持形式上的共主地位，可避免战火波及，书藏在那里较为安全。②子路：姓仲名由，孔子弟子。③征藏史：周王室管理藏书之官。④免而归居：去职归家隐居。据载老子见周室衰微，不可匡复，便辞官而去。⑤因：依靠。靠老聃帮助联络舒通藏书事宜。⑥缲（fán）：演绎发挥。十二经：有三种说法：一说指《诗》《书》《礼》《乐》《易》《春秋》六种经书加上相应的六种纬书；一说指《周易》上下经和十翼，共十二篇；一说指《春秋》十二公之经。三说皆不可信。严灵峰先生以为十二应为六，此说可从。说：说服。⑦中：中间。孔子解说过程中，老子插言。⑧大谩：太冗长，太烦琐。谩，或作"曼"，长。⑨"君子"两句：离开仁义君子便不能成长，以此推断仁义为人之本性。⑩又将奚为：舍弃仁义，又将何为呢？⑪中心物恺：心地中正无偏私，与物和乐而不使毁伤。恺，和乐。⑫意：同"噫"，叹词。几：接近。后言：泛指与上古先圣之言相对的后代言论，也就是抛弃天道无为根本，把仁义礼法放在首位的说法。⑬迂：迂远。庄子认为：行虚静无为之道，则无有不爱，何心乂说兼爱，既讲兼爱，又有兼之所不及者，因此反而更为迂远。⑭"无私"两句：私与无私的区分与对立，正是私产生的根源。讲无私即含有私，只有混同私与无私，抹灭二者的对立，才能达到真正的无私。⑮牧：养。⑯立：树立。树木植立生长之所。⑰放德：循性。对自性不加约束，任其自然。⑱已至：已达，达到向往的理想境界。⑲偈（jié）偈：用力的样子。揭：举，引申为提倡、倡导。⑳亡子：丢失的孩子。

【译文】

孔子想把书保藏到西边的周王室去。子路出主意说："我听说周王室管理文典的史官老聃，已经引退回到家乡隐居，先生想要藏书，不妨试试找他帮帮忙。"

孔子说："好。"

老聃拒绝了孔子藏书周王室的要求。

孔子前往拜见老聃，老聃对孔子的要求不予承诺，孔子于是翻检众多经书反复加以解释。老聃中途打断了孔子的话，说："你说得太冗繁，希望能够听到要点。"

孔子说："要旨就在于仁义。"

老聃说："请问，仁义是人的本性吗？"

孔子说："是的。君子如果不仁就不能成长，如果不义就不能立身社会。仁义的确是人的本性，离开了仁义又能干些什么呢？"

老聃说："再请问，什么叫做仁义？"

孔子说："中正不偏而且和乐外物，兼爱而且没有偏私，这就是仁义的实质。"

老聃说："噫，危险啊，你后面所说的这许多话几乎都是浮华虚伪的言辞！兼爱天下，这不是太迂腐了吗！对人无私，其实正是希望获得更多的人对自己的爱。先生你是想让天下的人都不失去养育自身的条件吗？那么，天地原本就有自己的运动规律，日月原本就存在光亮，星辰原本就有各自的序列，禽兽原本就有各自的群体，树木原本就直立地面。先生你还是仿依自然的状态行事，顺着规律去进取，这就是极好的了。又何必如此急切地标榜仁义，这岂不就像是打着鼓去寻找迷失的孩子，鼓声越大跑得越远吗？先生扰乱了人的本性啊！"

【分节导读】

此节与《应帝王》呼应。《应帝王》中，作者提到得道之人不为名所累，不会在意别人怎样称呼自己："一以己为马，一以己为牛"。老子面对士成绮的指责"漠然不应"，正是因为得道的缘故。无论士成绮说什么，老子的心灵都不会受到惊扰。士成绮意识到这点，所以才"雁行避影"，恭敬地向老子请教修身之法。而老子则从他前倨后恭的态度中看出他内心的浮躁，本性的迷失。

【原文】

士成绮见老子而问曰①："吾闻夫子圣人也，吾固不辞远道而来愿见，百舍重趼而不敢息②。今吾观子，非圣人也。鼠壤有余蔬而弃妹之者③，不仁也，生熟不尽于前④，而积敛无崖⑤。"

老子漠然不应⑥。

士成绮明日复见，曰："昔者，吾有刺于子⑦，今吾心正却矣，何故也？"

老子曰："夫巧知神圣之人，吾自以为脱焉⑧。昔者子呼我牛也而谓之牛，呼我马也而谓之马。苟有其实⑨，人与之名而弗受，再受其殃。吾服也恒服⑩，吾非以服有服⑪。"

士成绮雁行避影⑫，履行遂进而问⑬："修身若何？"

老子曰："而容崖然⑭，而目冲然⑮，而颡頯然⑯，而口阚然⑰，而状义然⑱，似系马而止也⑲。动而持⑳，发也机㉑，察而审㉒，知巧而睹于泰㉓，凡以为不信㉔。边竟有人焉㉕，其名为窃。"

【注释】

①士成绮：虚构的人名。②百舍：在路途上住宿了上百次，意为走了上百日。趼（jiǎn）：通"茧"。③鼠壤：老

老子评士成绮，发动迅疾如放箭。

鼠生活的地方。余蔬：吃剩的菜食。弃妹：弃之不顾，不爱物。妹，犹"昧"。④ 生熟：生与熟的食品。⑤ 无崖：无边际。⑥ 漠然：冷淡、毫不介意。⑦ 刺：讽刺。⑧ 脱：超脱。⑨ 苟有其实：如果真有那些事实。指上文士成绮所言之事。⑩ 服：接受。⑪ "吾非"句：我并非有意做世人所为之事。⑫ 雁行：大雁飞行时排成人字斜行。与长者同行，自己跟在斜后方，以示敬重。避影：避开长者的影子，以免踏到，表示尊敬。⑬ 履行遂进：穿着鞋进屋。古人进屋要脱鞋，而士成绮内心不安，忘了规矩。⑭ 而：你。下同。崖然：岸然，庄重。⑮ 冲然：目光专注。⑯ 颡（sǎng）：额。頯（kuí）：高宽之状。⑰ 阚（kàn）然：虎怒貌。⑱ 义（é）然：高傲。义，通"峨"。⑲ "似系"句：如同马被系住而不得不停下来。⑳ 持：约束。㉑ 发也机：发动如扳机般迅疾。机，弓弩上的机关。㉒ 察而审：明察而精审。㉓ "知巧"句：自恃智巧而外露骄矜之态。㉔ 凡以为不信：不能相信这些就是人的真实本性。㉕ 竟：同"境"。

【译文】

士成绮拜见老子，问："我听说先生是圣人，所以我才不辞远道而来求见您，旅途百日，脚上磨出了厚茧也不敢停歇。可据我现在观察，您并不是圣人。鼠洞边有剩余的粮食，却弃之不顾，这是不仁！生熟食物堆积于前，却还聚敛不止。"

老子听了十分冷淡，没有回答。

士成绮第二天又来见老子，说："昨天，我冒犯了您，现在我心里有所醒悟，这是什么原因呢？"

老子说："我自以为已经从智巧神圣的这类人中超脱出来了。先前，你说我是牛就是牛，你说我是马就是马。如果确有其事，别人加上罪名而我不承认，反而会再遭祸殃，我接受别人的称号就长久接受，并非是为了接受而故意接受。"

士成绮在斜后方跟从，避开老子的影子，穿着鞋进了老子的屋里，问道："如何修身？"

老子说："你的表情岸然，你的目光专注，你的额头高大宽阔，你的言论专横凶暴，你的举止自命不凡，好像马被拴住而不得不停下，想动又受到约束，发动迅疾如同放箭，明察而精审，自恃智巧而外露骄矜之态，不能相信这就是人的真实本地。边境上也有这种人，名为取巧。"

【分节导读】

此节强调了道的博大，它存于万物，无所不包。得道的至人即使坐拥天下，也不会为天下牵累，不为权动，不为利诱，始终持守本根。

【原文】

夫子曰^①："夫道，于大不终^②，于小不遗^③，故万物备，广广乎其无不容也^④，渊渊乎其不可测也^⑤。形德仁义^⑥，神之末也^⑦，非至人孰能定之^⑧！夫至人有世^⑨，不亦大乎！而不足以为之累。天下奋棅而不与之偕^⑩，审乎无假而不与利迁^⑪，极物之真^⑫，能守其本^⑬，故外天地^⑭，遗万物^⑮，而神未尝有所困也。通乎道，合乎德，退仁义^⑯，宾礼乐^⑰，至人之心有所定矣。"

【注释】

① 夫子：指老聃。② 不终：没有穷尽。③ 不遗：没有遗漏，包含有"其大无外，其小无内"的极限论意义。④ 广广乎：博大空阔。⑤ 渊渊乎：幽深玄远。⑥ 形德：形体之属性功能，如耳能听，目能视，鼻能嗅等，皆是这些形体器官之德。⑦ 神之末：精神之枝节末流。⑧ 至人：与大道合一，达到精神上绝对逍遥自由的人，是庄子追求的最高理想人格。定：区分判定。指对无为道体与其外在枝节末流的区分判定，非至人则不能做到。⑨ 有世：有天下，做天下之帝王。⑩ 奋棅：争夺统治权柄。棅，同"柄"，指治国治民之权力。⑪ 审：慎。无假：不凭借。⑫ 极：穷尽。真：物之本性。⑬ 本：虚静无为之天道也。⑭ 外天地：指至人行无为之治，任天下循性自治，至人不以为意，不加干预，不为牵累，有同于无，故称外天下。⑮ 遗万物：遗忘万物的具体形象和存在，只持守其本，能如此则精神就不会受到困扰。⑯ 退：黜退。⑰ 宾：同"摈"，抛弃。

【译文】

先生说："道，从大的方面说它没有穷尽，从小的方面说它没有遗缺，所以说具备于万物之中。广大啊，道没有什么不包容，渊深啊，道不可以探测。推行刑罚德化与仁义，这是精神的枝节末流，不是道德修养高尚的至人谁能判定它！道德修养高尚的至人一旦居于统治天下的位

道无穷无尽，没有缺憾。

置，责任不是很大吗！可是这却不足以成为他的拖累。天下人争相夺取权柄，但至人却不会随之趋赴，他审慎地不凭借外物而又不为私利所动，深究事物的本原，持守事物的根本，所以忘乎天地，忘怀万物，而精神世界不曾有过困扰。通晓于道，融合于德，辞却仁义，摈弃礼乐，至人的内心也就静定了。"

【分节导读】

此节重点写"大道不言"。道的博大为语言不能形容，作者用齐桓公与轮扁的故事阐述了这一道理。轮扁只能将制轮的技术传授给儿子，却不能教授儿子制轮的奥妙；齐桓公可以从古人的文字中了解古人想要传达的道理，但古人思想中不可言传的部分却早已随古人一起死了。既然无法通过语言文字等具体事物把握道的精髓，追求大道的人也就不应让思想拘泥于具体的形物，而是要靠悟领略道的真义。

【原文】

世之所贵道者书也①，书不过语，语有贵也。语之所贵者意也，意有所随②。意之所随者，不可以言传也，而世因贵言传书③。世虽贵之，我犹不足贵也，为其贵非其贵也④。故视而可见者，形与色也；听而可闻者，名与声也。悲夫，世人以形色名声为足以得彼之情！夫形色名声果不足以得彼之情，则知者不言⑤，言者不知，而世岂识之哉！

【注释】

①"世之"句：世人之所以看重道，是根据书籍。贵，看重。②意有所随：意有所从出，有所从来之本。③贵言传书：看重语言，把它记录于书，传之后世。④贵非其贵：被珍贵的并不真正值得珍贵。庄子认为：世上所珍贵的只是记录在书上的语言，语言是表达意的，而意所从出之本又不可言说。语言既不能表达意之本，也就没有什么值得珍贵处。⑤知者不言：真正知晓大道的不言说。言者不知：讲说大道的不是真正知晓。庄子认为：因为道超越经验和理性，不能言说，只能玄观体悟。所以用语言表述出来的，并不是真正的道，表述者也不可能知晓道。在《知北游》中，知与无为谓、狂屈、黄帝的对话，形象地说明了这个道理。

【译文】

世人所看重的道载于书，书并没有超越言语，而言语确有可贵之处。言语所可看重的就在于它的意义，而意义又有它的出处。意义的出处，是不可以用言语来表达的，然而世人却因为看重言语而传之于书。世人虽然看重书，我还是认为它不值得看重，因为它所看重的并不是真正珍贵的。所以，用眼睛看而可以看见的，是形和色；用耳朵听而可以听到的，是名和声。可悲啊，世人以为从形、色、名、声上就足以获得事物的实情！假如形、色、名、声实在是不足以获得事物的实质，那么知道的人不说，说的人并不知道，世人又怎么能懂得这个道理呢！

【原文】

桓公读书于堂上①，轮扁斫轮于堂下②，释椎凿而上③，问桓公曰："敢问，公之所读者何言邪？"

公曰："圣人之言也。"

曰："圣人在乎？"

公曰："已死矣。"

曰："然则君之所读者，古人之糟魄已夫④！"

桓公曰："寡人读书，轮人安得议乎！有说则可，无说则死⑤。"

轮扁曰："臣也以臣之事观之。斫轮，徐则甘而不固⑥，疾则苦而不入⑦，不徐不疾，得之于手而应于心⑧，口不能言，

桓公在堂上读书。

有数存焉于其间⑨。臣不能以喻臣之子⑩，臣之子亦不能受之于臣，是以行年七十而老斫轮。古之人与其不可传也死矣⑪，然则君之所读者，古人之糟魄已夫！"

【注释】

①桓公：齐桓公，春秋五霸之一，姓姜，名小白。②轮扁：制造车轮的人。斫（zhuó）：砍削。③释：放下。椎、凿：木匠工具。④魄：同"粕"。⑤说：说法，理由。⑥徐：缓。甘：松滑。固：坚固。轮上的榫眼做得宽了就会松滑而不牢固。⑦疾：紧。苦：涩滞。榫眼紧了就会涩滞而安不进去。⑧"得之"句：成语"得心应手"的出处。⑨数：术数、技术、窍门。⑩喻：使之明了。⑪其不可传：指古人心中不可言传的奥妙。

【译文】

齐桓公在堂上读书，轮扁在堂下砍制车轮，他放下椎和凿走到堂上，问桓公道："请问，您所读的书讲的是什么呢？"

桓公回答："是圣人之言。"

轮扁问："圣人还活着吗？"

桓公回答："已经死了。"

于是轮扁说："那么，您所读的，不过是古人的糟粕罢了！"

桓公说："寡人读书，做轮子的人怎么能随便议论！你能说出道理来就算了，说不出来就要处死你。"

轮扁说："我从我干的活儿中观察到了这个道理。砍制轮子，榫眼砍得宽了就会松滑而安不牢固，砍得紧了就会涩滞而装不进去，不松不紧，手上顺利而能应合于心，这种奥妙虽然嘴里说不出来，却有技巧在里面。可惜我却不能使我儿子明白这个奥妙，我的儿子也不能从我这里掌握这个技巧。所以，我活了七十岁，如今老了还在自己砍轮子。古人与他心中难以言传的妙理一起死了，既然这样，那么您所读的书，不过是古人的糟粕罢了！"

◎品庄悟道◎

不徐不疾，得之手而应于心

"得之于手而应于心"说的是，心里怎么想，手上就能怎么做，人们常用其来形容技艺的纯熟。庄子在此节以轮扁制轮得心应手的故事来讲悟道的方法。

技艺、智理、境界……都是可意会而难言传的。齐桓公试图通过书本领悟圣人的精神，轮扁则对此表示怀疑。他问齐桓公，圣人是否还在。齐桓公答，圣人已死。轮扁听后便断定齐桓公所读的不过是古人的糟粕。圣人既已不在，人又要从哪里获得圣人之言的真谛呢？即使圣人还在，面对面地将毕生心得告诉桓公，桓公也未必能完全领会。

与其说通过阅读书本上的文字学习圣人之言有局限，不如说对外有所依赖的学习方式是有局限的。要想学有所得，人除了要积极地向外求——如读书、拜师，尽己可能地吸收知识，还要积极地向内求——多思考、多动脑，用心去体悟所见所闻。只有将"内""外"两相结合，才能取得理想的效果。

俗话说："拳打千变，其意自现。""读书破万卷，下笔如有神。"在绝大多数情况下，人们只有通过不断地揣摩、思考、实践才能够掌握各种学问的精髓，从量变到质变，从主观直觉经验发展到客观规律的领悟和总结。实际上，面对学问而空想不脚踏实地地广学博览、不断加强基础的基本功的练习，自然有朝一日能豁然开朗，之前的所有学习和经验终会融会贯通，从而最终达到得心应手的境界。

◎天运◎

【题解】

本篇主旨在说明天道就是自然之道，所谓"天运"，即自然的运转。作者认为天道在不停地运行和发展变化，应当顺应之。而三皇五帝和忠孝仁义都是背离天道的陈旧之说，故不可取。这种强调发展变化、反对儒家等学派中保守落后一面的观点，带有朴素辩证法的特点。

【分节导读】

天运指日月星辰的运转、风起雨落等自然现象。在此节中，作者提出天有六极五常的变化，并借巫咸之口表达"顺六极五常得治，逆六极五常则乱"的观点。由于巫是沟通人与鬼神的使者，这种写法既反映了道家对宇宙的敬畏，也反映了道家对彼岸世界的向往。

【原文】

"天其运乎？地其处乎[①]？日月其争于所乎[②]？孰主张是[③]？孰维纲是[④]？孰居无事而推行是[⑤]？意者其有机缄而不得已邪[⑥]？意者其运转而不能自止邪？云者为雨乎？雨者为云乎？孰隆施是[⑦]？孰居无事淫乐而劝是[⑧]？风起北方，一西一东，有上彷徨[⑨]，孰嘘吸是[⑩]？孰居无事而披拂是[⑪]？敢问何故？"

巫咸袑曰[⑫]："来！吾语女。天有六极五常[⑬]，帝王顺之则治，逆之则凶。九洛之事[⑭]，治成德备，监照下土[⑮]，天下戴之，此谓上皇[⑯]。"

雨是云降落形成的吗？

【注释】

①运：运行。处：静止。②争于所：追赶着回到各自的地方。所，处所。③主张：主宰。④维纲：维系。⑤推：推动。⑥意者：或者。机：机关。缄：闭。⑦隆：兴（云）。施：降（雨）。⑧淫乐：古代神话常把云雨现象看做是天地的交媾，故称之。劝：助长、促成。⑨一：或。有上彷徨：又上升飘忽不定。⑩嘘：吹。⑪披拂：扇动。⑫巫咸袑（shào）：虚构的人名。⑬天：兼指天地。六极：上下四方。五常：金、木、水、火、土等五行。⑭九洛：相传大禹治水时，有神龟出于洛水，背上有书，载有九种治理天下的方法，此书即为《洛书》。详见《尚书·洪范》。⑮监照：由上照下。下土：天下。⑯上皇：至上之君。

【译文】

　　"天在运行吗？大地静止吗？日月都在争着回到各自的处所吗？谁主宰着这些？谁维系着这些？谁闲居无事推动着它们运行？或者是有机关控制而出于不得已呢？或者是它们运行起来就不能停止呢？云是雨升腾而成的呢，还是雨是云降落形成的？谁在兴云降雨？又是谁闲居无事寻欢作乐而促成这种现象？风从北方吹来，一会儿西，一会儿东，又上升回旋，是谁在呼吸？又是谁闲居无事在扇动？请问这都是什么缘故？"

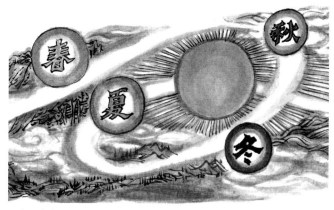

天地四时的运行。

　　巫咸祒说："来吧，我告诉你。天地有六极、五行，帝王顺应它就天下太平，违背它就天下大乱。遵照上天昭示和治国之法行事，使天下太平而道德完备，光辉照临人间，万民拥戴，这就是所说的至高至上的君主。"

【分节导读】

　　在此节中，庄子和大宰荡就"何为仁"进行了讨论，以一问一答的形式，从世俗观念的孝与仁层层递进地讲到"使天下皆忘我"的至高境界，表达了"去仁去我"的观点。在庄子看来，仁与孝都是人为推行的道德，与天道不合，其在此节开篇便提出"虎狼，仁也"旨在说明儒家倡导的仁爱并不具有社会性。

【原文】

　　商大宰荡问仁于庄子①。庄子曰："虎狼，仁也。"

　　曰："何谓也？"

　　庄子曰："父子相亲，何为不仁？"

　　曰："请问至仁。"

　　庄子曰："至仁无亲②。"

　　大宰曰："荡闻之，无亲则不爱，不爱则不孝。谓至仁不孝，可乎？"

　　庄子曰："不然。夫至仁尚矣，孝固不足以言之。此非过孝之言也，不及孝之言也③。夫南行者至于郢④，北面而不见冥山⑤，是何也？则去之远也。故曰：以敬孝易，以爱孝难⑥；以爱孝易，以忘亲难⑦；忘亲易，使亲忘我难⑧；使亲忘我易，兼忘天下难；兼忘天下易，使天下兼忘我难⑨。夫德遗尧舜而不为也⑩，利泽施于万世，天下莫知也，岂直大息而言仁孝乎哉⑪！夫孝悌仁义，忠信贞廉，此皆自勉以役其德者也⑫，不足多也⑬。故曰：至贵，国爵并焉⑭；至富，国财并焉⑮；至愿⑯，名誉并焉。是以道不渝⑰。"

【注释】

　　① 商：指宋国。周灭殷后，分封其子孙于宋，宋为殷商后裔，故亦称商。大宰：殷周时官名。"掌邦建之六典，以佐王治邦国。"（《周礼·天官》）大宰为六官中天官之长，辅佐国王治理政事之重臣。荡：大宰之名。② 至仁无亲：仁为慈爱，至仁则是爱之极致，于天地万物一视同仁，无往而不亲爱，无所偏私。所谓民胞物与，泛爱无私。至此境界，一切皆任性自然，无私意亲近，故称无亲。③ 过孝：以孝为过。不及孝：孝力未达未尽之义。此句意为，

至仁无亲的说法，不是把孝看成过，而是把孝看成不及，即未达未尽至仁之义。至仁无亲的境界要比孝高得多。
④郢（yǐng）：古地名，在今湖北江陵北部，春秋、战国时楚国都城。⑤冥山：北海山名，或出于虚拟。⑥以敬
孝易，以爱孝难：由敬而孝容易做，由而爱而孝则很难。庄子认为：敬表现于外，有形迹可循，只须按一定的规范
要求去做就够了。而爱须出自内心，真心诚意，表里如一，故难。⑦以爱孝易，以忘亲难：由爱而孝，还是有意
为之，忘亲而孝，则是真情的自然流露，发自本性，出自自然，不是有意而为。忘亲，对亲行孝而不知为孝，已达
忘孝之名的境界。⑧使亲忘：使亲亦不见我之孝。兼忘天下：将忘亲推而广之，对天下行无为之治。如老子讲：
"天地不仁，以万物为刍狗；圣人不仁，以百姓为刍狗。"其"不仁"就是"兼忘天下"，任天下自生自成，自足其
性，实为"至仁"也。⑨使天下兼忘我："使亲忘我"之延伸，使天下人亦不见我之仁，我之仁无形迹，达到物我
两忘，混而为一，才为至仁。⑩遗：遗忘。遗忘尧舜之德而不去效法推行。此为"兼忘天下"也。⑪岂直：何须。
大息：深自叹息。大，音"太"。⑫役其德：为修德而被役使。即为达到孝、悌、仁、义、贞、廉、忠、信八种德
行而勉力从事，舍己效人，疲劳身心，以修八德，实则为其所役使。⑬多：称道，崇尚之意。⑭国爵：国家赐予
之爵位。并，读作"屏"，除却、舍弃之意。⑮国财：一国之财富。⑯至愿：愿望得到最大满足者。⑰渝：变。

【译文】

宋国的大宰荡向庄子请教仁爱的问题。庄子说："虎和狼也具有仁爱。"

大宰荡说："怎么说呢？"

庄子说："虎狼也能父子相互亲爱，为什么不能叫做仁呢？"

大宰荡又问："请教最高境界的仁。"

庄子说："最高境界的仁就是没有亲。"

大宰荡说："我听说，没有亲就不会有爱，没有爱就不会有孝。说最高境界的仁就是不孝，可以吗？"

庄子说："不是这样。最高境界的仁实在值得推崇，孝本来就不足以说明它。你所说的并没有
超过孝，而是没有达到孝的境界。向南方走的人到了楚国都城郢，往北便看不到冥山，这是为什么
呢？距离冥山越发得远了。所以说：用恭敬的态度来行孝容易，以爱的本心来行孝困难；用爱的本
心来行孝容易，用虚静淡泊的态度对待双亲困难；虚静淡泊地对待双亲容易，使双亲也能虚静淡泊
地对待自己困难；使双亲虚静淡泊地对待自己容易，能一并虚静淡泊地对待天下人困难；一并虚静

至人无亲，至仁不孝。

淡泊地对待天下之人容易，使天下之人能一并忘却自我困难。蔑视尧舜不足以为德，利益和恩泽施给万世，天下人却没有谁知道，难道需要深深慨叹而大谈仁孝吗！孝、悌、仁、义、忠、信、贞、廉，这些都被称为美德而劳苦德性的，却是不值得推崇的。所以说：最尊贵的，一国的爵位都可以弃之不顾；最富有的，一国的资财都可以弃之不顾；最显荣的，名声和荣誉都可以弃之不顾。所以，大道是永恒不变的。"

【分节导读】

此节写《咸池》之乐，以音乐阐释大道，以北门成听《咸池》时心境的变化来喻修道过程中心境的变化：初听时恐惧不安，慢慢的不安消除了，心情松弛下来，最后迷惑不解，神情恍惚，茫然无知。而茫然无知正是最接近大道的状态。

【原文】

北门成问于黄帝曰①："帝张《咸池》之乐于洞庭之野②，吾始闻之惧，复闻之怠③，卒闻之而惑④；荡荡默默⑤，乃不自得⑥。"

帝曰："汝殆其然哉⑦！吾奏之以人，征之以天⑧，行之以礼义⑨，建之以太清⑩。四时迭起⑪，万物循生⑫；一盛一衰⑬，文武伦经⑭；一清一浊⑮，阴阳调和，

黄帝弹奏"咸池"之乐。

流光其声⑯；蛰虫始作⑰，吾惊之以雷霆⑱；其卒无尾⑲，其始无首；一死一生，一偾一起⑳；所常无穷㉑，而一不可待㉒。汝故惧也。

"吾又奏之以阴阳之和，烛之以日月之明㉓；其声能短能长，能柔能刚，变化齐一，不主故常㉔；在谷满谷，在阬满阬㉕；涂郤守神，以物为量㉖。其声挥绰，其名高明㉗。是故鬼神守其幽，日月星辰行其纪㉘。吾止之于有穷㉙，流之于无止。子欲虑之而不能知也，望之而不能见也，逐之而不能及也；傥然立于四虚之道㉚，倚于槁梧而吟㉛。心穷乎所欲知，目穷乎所欲见㉜，力屈乎所欲逐㉝，吾既不及，已夫㉞！形充空虚，乃至委蛇㉟。汝委蛇，故怠。

"吾又奏之以无怠之声㊱，调之以自然之命㊲，故若混逐丛生㊳，林乐而无形㊴；布挥而不曳㊵，幽昏而无声。动于无方，居于窈冥㊶。或谓之死，或谓之生；或谓之实，或谓之荣㊷。行流散徙，不主常声㊸。世疑之，稽于圣人㊹。圣也者，达于情而遂于命也㊺。天机不张而五官皆备㊻，无言而心说㊼，此之谓天乐。故有焱氏为之颂曰㊽：'听之不闻其声，视之不见其形，充满天地，苞裹六极㊾。'汝欲听之而无接焉㊿，而故惑也。

"乐也者，始于惧，惧故祟(51)。吾又次之以怠，怠故遁(52)；卒之于惑，惑故愚(53)；愚故道，道可载而与之俱也(54)。"

【注释】

① 北门成：人名，姓北门名成。据说为黄帝之臣。② 张：开设、演奏。咸池：古代乐曲，传说为黄帝所作。洞庭之野：广漠之旷野，有影射之义，不是指洞庭湖边之原野。③ 怠：心情松弛。乐曲进入第二章，声调转为和谐流畅，空旷迷离而悠远，故心情由紧张恐惧而松弛下来。④ 卒：终。古代乐曲，诗歌的最末一章称卒章，表完成之意。惑：表现一种丧失自我，离形去智的心态。⑤ 荡荡：恍惚无所倚。默默：暗昧不可言。⑥ 不自得：自我消融在音乐的意境中，不能自主。⑦ 殆其然哉：大概就是这样吧。⑧ 征：证明，验证。此句意为我用人间的形

人们排队跳武舞。

式演奏，又用天道加以验证。⑨ 行之以礼义：乐曲发展演进遵循礼义。⑩ 太清：天之清气。太清如同《齐物论》讲的"天籁"，本身是听不见的，而一切声音皆发源于它。⑪ 迭起：更迭兴起。⑫ 循生：顺应天道而生。⑬ 一盛一衰：指乐舞节奏情绪的强弱转换。⑭ 文武：文指文舞，执羽箭；武指武舞，执干戚。伦经：舞蹈队列的纵横编排。⑮ 一清一浊：指一个声调高一个声调低。清，高扬；浊，低沉。⑯ 阴阳：音分五音十二律，十二律中六为阳声，称六律；六为阴声，称六间。演奏时六律间相间即是阴阳调和。流光：形容乐声之流动明快。⑰ 蛰（zhé）虫：冬眠之虫。作：活动，复苏。⑱ 雷霆：雷声与闪电。⑲ 其卒无尾：形容雷电之起，其来也骤，其去也疾，故不知其首尾。⑳ 偾（fèn）：仆倒。由这句以"生、死、偾、起"形容乐曲通过强烈的节奏、情绪转换，给人心灵以巨大震动。㉑ 所常无穷：以变化为常理，此常理与变化一体而无穷尽。㉒ 一不可待：想一成不变则不可得。㉓ 烛：照。此段讲乐曲第二章。㉔ 不主故常：不拘守固定不变之陈规。主，守。㉕ 阬（kēng）：同"坑"。"谷"与"坑"比喻大小不等的空间。满：为乐曲所充塞也。㉖ 涂郤守神：言乐曲入耳后，能堵塞人的感官通道，使人静守心性。涂，塞。郤，同"隙"，穴窍，指人之耳目等感官。以物为量：受益多少，因人而异。㉗ 挥绰：指乐器声悠扬悦耳。其名高明：演唱的歌声高亢明亮。㉘ 幽：暗昧之所，为鬼神所处。纪：轨迹。㉙ 有穷：有停止之处。㉚ 傥然：无心的样子。四虚之道：四面空虚，无所用力之途。㉛ 槁梧：干枯之梧桐树。《齐物论》："惠子之据梧"，可与此互参。㉜ 知、目：知力与目力。㉝ 屈：竭。逐：追逐。㉞ 已夫：停止吧，算了吧。㉟ 形充空虚：形体为空虚充满。形体亦同于空虚，有形与无形，有身与无身也就同一了。委蛇（yí）：从容自得的样子。㊱ 无怠之声：乐之第二章让人心情松弛，第三章为合乐，则让人忘却自我，连松弛心情也不存在，而与天道合一，即是无怠之声。㊲ 调：和。自然之命：天道流行之规律。㊳ 混逐丛生：混然相互追逐，丛杂并生。这是用万物生态形象比喻乐曲表现的生机勃勃的意境。㊴ 林乐：指多种乐器之合奏。林为树木丛生，有群义，故林乐犹相与群乐的意思。无形：言众声和谐，混然天成，不辨其所出。㊵ 布挥：声音布散振扬。不曳：不受牵制，余音悠悠不绝。㊶ 窈冥：幽远暗昧之境。㊷ 实：结果。荣：开花。生死实荣，皆是对乐曲意境的形象比喻。㊸ 行流散徙：形容乐曲旋律节奏的演进推移和舞蹈者队列的分合进退。不主常声：不固守不变之老调。㊹ 稽：查证。㊺ 达情遂命：通达万物之情，遂顺自然之规律。㊻ 天机：自然蕴含之机能。不张：不动。五官：指耳、目、口、鼻、舌。中医学认为五官分属五脏，《灵枢·五阅五使》："鼻者肺之官也，目者肝之官也，口唇者脾之官也，舌者心之官也，耳者肾之官也。"㊼ 心说："说"同"悦"。这句是说，无法用语言表达内心的愉悦。㊽ 有焱氏：即神农氏。㊾ 苞裹：包括、翼括之意。"苞"同"包"。六极：上下四方之极，指无限之空间。㊿ 接：承接。至乐无声，所以用耳朵不能听到，故欲听而不能承接。○51 祟：警戒之意。如徐锴《说文系传》："祟，神出以警人。"即此义。○52 遁：逃避之意。○53 惑故愚：惑为遗失自我，连同形体聪明一并丢弃，故而浑沌愚昧。○54 愚故道：浑沌愚昧则与大道合一。

【译文】

　　北门成向黄帝问道："您在广漠的原野上演奏《咸池》乐曲，我起初听起来感到惊惧，再听下去就逐渐松缓下来，听到最后却又感到迷惑不解，神情恍惚无知无识，竟然消融在音乐的意境中，

不能自主。"

黄帝说："你恐怕会有那样的感觉吧！我以人事来弹奏，以天理来伴演，以仁义来运行，以自然元气应和。四时相继而起，万物顺序而生；忽盛忽衰，生杀循序；一清一浊，阴阳调和，声光交流；冬眠的虫豸开始活动，我用雷霆使它们惊起；乐声终结却寻不到结尾，乐声开始却寻不到源头；一会儿消逝一会儿兴起，一会儿偃息一会儿亢进；变化的方式无穷无尽，全不可以有所期待，因此你会感到惊恐不安。

用阴阳交合演奏，用日月光辉烛照。

"我又用阴阳的交和来演奏，用日月的光辉来烛照；声调能短能长，能柔能刚；变化有规律，却能翻陈出新；乐声盈满坑谷；制约情欲，凝守精神，循任自然。音乐悠扬，节奏明朗。因此连鬼神也能持守幽暗，日月星辰也能运行在各自的轨道上。我演奏有时而止，回声却流泛无穷。你想思考它却不能知晓，要观看它却不能看见，要追赶它却总不能赶上；只得茫然地伫立在通达四方而无涯际的大道上，依着几案吟咏。内心穷竭于所要明了的，目光困窘于一心想要见到的，力气竭尽于一心想要追求的，你早已经赶不上我啊！形体充盈而内心空明，方才能够随应变化。你随应变化，因此惊恐不安的情绪慢慢平息下来。

"我又演奏起忘情忘我的乐声，并且用自然的节奏来加以调和，因而乐声像是混同驰逐相辅相生，犹如风吹丛林自然成乐却又无有形迹，传播和振动均无外力引曳，幽幽暗暗又好像没有了一点儿声响。乐声启奏于不可探测的地方，滞留于深远幽暗的境界。有时候可以说它消逝，有时候又可以说它兴起；有时候可以说它实在，有时候又可说它虚华。流动不定，绝不固守一调。世人往往迷惑不解，向圣人问询查考。所谓圣，就是通达事理而顺应于自然。自然的枢机没有启张而五官俱全，没有说话却心里喜悦，这就是天乐。所以有焱氏颂扬它说：'用耳听听不到声音，用眼看看不见形迹，充满于大地，包容了六极。'你想听却无法听到，所以你到最后会迷惑不解。

"这样的乐章，初听时感到惶惶不安，因为恐惧而认为是祸患。我接着又演奏了使人心境松缓的乐曲，因为松缓而渐渐消除恐惧。乐声最后在迷惑不解中终结，因为迷惑不解才会淳和无识，心灵淳和无识就接近大道。到达这种境地，就可以与大道融合相通了。"

【分节导读】

此节以师金之口，用扯碎衣服的猿猴和效颦的丑女来比喻不顾具体事实情况一味推行古代礼法的儒家，认为礼仪法度应应时而变、应物而变，否则必然导致"劳而无功"的后果，自己也会深受其害。

【原文】

孔子西游于卫。颜渊问师金曰①："以夫子之行为奚如②？"

师金曰："惜乎，而夫子其穷哉③！"

颜渊曰："何也？"

师金曰："夫刍狗之未陈也④，盛以箧衍⑤，巾以文绣⑥，尸祝齐戒以将之⑦。及其已陈也，行者践其首脊，苏者取而爨之而已⑧。将复取而盛以箧衍，巾以文绣，游居寝卧其下⑨，彼不得梦，

颜渊和师金谈论孔子西游一事。

必且数眯焉⑩。今而夫子，亦取先王已陈刍狗，聚弟子游居寝卧其下。故伐树于宋⑪，削迹于卫⑫，穷于商周⑬，是非其梦邪？围于陈蔡之间，七日不火食，死生相与邻，是非其眯邪⑭？

"夫水行莫如用舟，而陆行莫如用车。以舟之可行于水也而求推之于陆，则没世不行寻常⑮。古今非水陆与？周鲁非舟车与？今蕲行周于鲁⑯，是犹推舟于陆也，劳而无功，身必有殃。彼未知夫无方之传⑰，应物而不穷者也。

"且子独不见夫桔槔者乎⑱？引之则俯，舍之则仰⑲。彼，人之所引，非引人也，故俯仰而不得罪于人。故夫三皇五帝之礼义法度⑳，不矜于同而矜于治㉑，故譬三皇五帝之礼义法度，其犹柤梨桔柚邪㉒！其味相反而皆可于口㉓。

"故礼义法度者，应时而变者也㉔。今取猿狙而衣以周公之服㉕，彼必龁啮挽裂㉖，尽去而后慊㉗。观古今之异，犹猿狙之异乎周公也。故西施病心而矉其里㉘，其里之丑人见之而美之，归亦捧心而矉其里㉙。其里之富人见之，坚闭门而不出，贫人见之，挈妻子而去走㉚。彼知矉美，而不知矉之所以美。惜乎，而夫子其穷哉！"

【注释】

①卫：国名，在鲁国西面，在今河南省。师金：鲁国太师，名金。②夫子：孔子。之行：此行。奚如：怎么样。③穷：窘困。④刍（chú）狗：用茅草扎成的狗，用以祭神。刍，草。陈：陈列，摆设。⑤盛（chéng）：装。箧（qiè）：竹箱。衍：箱子。⑥巾：用如动词，覆盖。文绣：绣有文饰的盖巾。⑦尸祝：古代祭祀时的主持人，即巫师之类。齐戒：斋戒。齐，通"斋"。古人祭祀前必先清心寡欲，沐浴更衣，不饮酒，不吃荤，单宿。将：奉。⑧苏者：打柴草的人。爨（cuàn）：烧火做饭。⑨寝卧其下：表示敬爱不离。⑩彼：指珍重已陈刍狗者。且：将。数（shuò）：屡次。眯（mì）：梦魇。⑪伐树于宋：孔子在宋国游说时，在一棵大树下讲学。宋司马桓魋欲杀孔子，孔子逃离。桓魋将树伐倒。⑫削迹：绝迹。孔子在卫国曾被围困于匡，脱身时，被警告不许再来。⑬商：宋。⑭邻：近。⑮没世：终生。寻常：都是古代的长度单位，即八尺为寻，二寻为常。⑯蕲（qí）：希望。行周于鲁：把当初周朝的政治措施推行于今日的鲁国。⑰无方：没有定向。传：驿车。⑱桔槔：古代抽水工具，见《天地篇》注。⑲引：拉。舍：放。⑳三皇五帝：是传说中远古时代的帝王。三皇，伏羲、神农、黄帝。五帝，少昊、颛顼、高辛、尧、舜。㉑矜（jīn）：看重。㉒柤（zhā）：通"楂"，即山楂，味酸。㉓可于口：合于人的口味。㉔应：顺应。㉕猿狙（jū）：猴子。衣（yì）：用如动词，穿衣。㉖龁啮（hé niè）：用牙咬。挽裂：扯破。㉗慊（qiè）：满意。㉘西施：古代美女，春秋越人。病心：心口疼。矉（pín）：同"颦"，皱眉。里：邻里。㉙捧心：按着胸口。㉚挈（qiè）：带领。妻子：妻子儿女。去：逃离。

【译文】

孔子向西到卫国游说，颜渊问师金说："您认为先生这次出行会怎么样呢？"

师金说："可惜呀！你的先生将陷入困境！"

颜渊问："为什么？"

师金说："刍狗在没有摆上祭台之前，用筐子装起来，再用绣巾盖好，巫师们斋戒之后才用它来奉神。等到祭祀完之后，行人踩着它的头和背，拾草的人捡走它拿去烧火做饭罢了。如果将它再取来装回筐里，用绣巾盖上，游乐居处在它的下方，这种人即使不做恶梦，也会一再被鬼神惊吓。如今你的先生也拿着先王已经用过的刍狗，聚集弟子游乐居处于其下。所以在宋国遭遇砍树的屈辱，被卫国禁止入境，受困于宋、周，这难道不是那样的恶梦吗？在陈国、蔡国被围困，七天没有吃热饭，几乎丢了性命，这难道不是被鬼神惊吓？

"走水路莫过于乘船，走陆路莫过于坐车。船能在水中前行，但是想把它推到陆上行走，那么一辈子也走不了多远。古和今不就像水和陆吗？周朝和鲁国不就像船和车吗？现在，试图把周朝的做法施行于鲁国，就像是要把船推到陆地上，劳累却没有功效，自身肯定还要遭殃。他不懂只有不拘泥于一个固定方向，才能从容应付事物的无穷变化。

"而且你难道没见过桔槔吗？拉它它就低下来，放开手它就抬上去。桔槔，是由人牵引的，而不是牵引人的，所以或俯或仰都不会得罪人。所以三皇五帝的礼义法度，不贵于古今相同而贵于能使天下太平。所以三皇五帝的礼义法度，就如同山楂、梨、桔、柚，味道虽然不同，却都很可口。

"所以礼义法度，是顺应时代的变化而变化的。如今给猴子穿上周公的礼服，它一定嘴咬手扯，全部脱光才痛快。观察古今的不同，就像猴子不同于周公一样。西施心口疼，在邻里间皱着眉头行走，邻居中一个丑女人见到后觉得很美，回去也捧着胸口对邻居皱起眉头。邻居的富人看了，紧闭屋门而不肯出来，穷人看了，带着妻子孩子远远跑开。这个丑女人只知道皱眉美，却不知道皱眉为什么美。可惜呀，你的老师将陷于困境了！"

> **【分节导读】**
>
> 此节通过孔子和老子的谈话论述求道的方法。孔子从制度条款、阴阳变化中寻找大道，未果。表明儒家宣扬的仁义、法家注重的制度条款以及阴阳家提倡的阴阳五行说，都与大道不符。大道只能靠内心体悟而得，世人放不下利禄、名声、权势，便无法让道进驻内心。而庄子把怨、恩、取、与、谏、教、生、杀作为端正内心的手段，则反映了道家思想和其他学派的相互渗透。

【原文】

孔子行年五十有一而不闻道，乃南之沛见老聃①。

老聃曰："子来乎？吾闻子，北方之贤者也，子亦得道乎？"

孔子曰："未得也。"

老子曰："子恶乎求之哉②？"

曰："吾求之于度数③，五年而未得也。"

老子曰："子又恶乎求之哉？"

曰："吾求之于阴阳④，十有二年而未得。"

老子曰："然。使道而可献⑤，则人莫不献之于其君；使道而可进⑥，则人莫不进之于其亲；使道而可以告人，则人莫不告其兄弟；使道而可以与人，则人莫不与其子孙。然而不可者，无佗也⑦，中无主而不止⑧，外无正而不行⑨。由中出者，不受于外，圣人不出⑩；由外入者，无主于中，圣人不隐⑪。名，公器也，不可多取⑫。仁义，先王之蘧庐⑬，止可以一宿而不可久处，觏而多责⑭。

"古之至人，假道于仁⑮，托宿于义⑯，以游

孔子向老聃请教得道的方法。

逍遥之虚[17]，食于苟简之田[18]，立于不贷之圃[19]。逍遥，无为也；苟简，易养也[20]；不贷，无出也。古者谓是采真之游[21]。

"以富为是者[22]，不能让禄；以显为是者，不能让名；亲权者[23]，不能与人柄。操之则慄，舍之则悲[24]，而一无所鉴[25]，以窥其所不休者[26]，是天之戮民也[27]。怨、恩、取、与、谏、教、生、杀，八者[28]，正之器也，唯循大变无所湮者为能用之[29]。故曰：正者，正也[30]。其心以为不然者，天门弗开矣[31]。"

【注释】

① 之：往。沛：地名，在今江苏沛县。② 恶乎：于何，从哪里。③ 度数：制度名数。④ 阴阳：阴阳变化规律。为什么求于度数要五年，而求于阴阳要十二年。一般认为"五年再闰，天道大成"，以历法解说。十二年则为岁星循环一周，标志阴阳变化经历一个周期性过程，给人系统认识。或以为度数简明具体，易于研究，故五年；阴阳无形，变化莫测难于把握，故费时较多，用十二年。此说较合理。⑤ 献：献出、献给。⑥ 进：奉送之意，与献相近。⑦ 佗：同"他"。⑧ 中：指内心。主：主见。止：留住。这句话的意思为：内心没有与道相应之主见，道就不能留下来。⑨ 外无正而不行：内心之道得不到外界的肯定、认同，则不能实行。正，证，印证，肯定之意。⑩ 圣人不出：大道不得社会认同，无法推行，故圣人不把它拿出来宣扬。⑪ 圣人不隐：隐，藏，接纳。这句话的意思为：外面种种说法、理论，与内心主见不合，圣人就不接纳。⑫ "名"三句：名，指事物之名称，亦指一个人的名誉、声誉，此处指后义。公器，众人所用之物。意为好声誉是众人所用之物，大家争着要，所以不可多取，多取则相争受害。⑬ 蘧（qú）庐：用茅草搭成的有脊无柱的茅舍，如今天山民所说的马架子。这种简陋小屋只能暂留，不宜久住。⑭ 觏：见。此指把仁义显示于人。多责：招致众多从仁义方面来的责备。⑮ 假：借。⑯ 托宿：寄宿、暂住。"假道"与"托宿"都是比喻之词，表示圣人不执着于仁义，只是暂且利用一下，以达到更高的目标。⑰ 逍遥之虚：摆脱一切限制，无待无己，绝对自由自在的无限虚空。是庄子幻想的最高境界。⑱ 苟简之田：马虎简略加以耕种，即可获取收成之田。⑲ 不贷：指不借物于人，损己益人，只求自满自足。贷，借。⑳ 易养：容易养活自己。㉑ 采真之游：采取真意以遨游，不为形迹所役使。㉒ 是：谓正道。《荀子·劝学》："使目非是无欲见也。"（杨谅注）㉓ 权：权力，权柄。㉔ 慄：颤栗，惟恐失掉。舍：丧失。㉕ 一无所鉴：对上述之危害若无所鉴。㉖ 窥：借为"规"，取。不休：不止。虽富有、名高、权重，仍不满足，仍争夺不止。㉗ 天之戮民：指这些人为名利权势相互争夺不止，受无穷困扰摧残，这是违背自然本性的自杀，不是外加之刑戮，故称天之戮民。天，自然。㉘ 怨：憎恶。恩：慈爱。取：剥夺。与：赐予。谏：劝止。教：教诲。㉙ 大变：天道变化。湮（yān）：滞塞。㉚ 正者，正也：意思为，自己正，合于天道，方能正物、正人。㉛ 天门：心。指与天道合一，随天道运化之心。

【译文】

孔子活了五十一岁还没有领悟大道，于是往南到沛地拜见老聃。

老聃说："你来了吗？我听说你是北方的贤者，你恐怕已经领悟了大道吧？"

孔子说："还未能得到。"

老子说："你是怎样寻求大道的呢？"

孔子说："我在规范、名数方面寻求大道，用了五年的时间还未得到。"

老子说："你又怎样寻求大道呢？"

孔子说："我又从阴阳的变化来寻求，十二年了还是未能得到。"

老子说："会是这样的。假使道可以用来进献，那么人臣没有谁不会向国君进献的；假使道可以用来奉送，那么人子没有谁不会向自己的双亲奉送的；假使道可以传告他人，那么人们没有谁不会告诉给兄弟；假使道可以给与人，那么人们没有谁不会给与子孙。然而不可以这样做的原因，没有别的，内心不能自持因而大道不能停留，对外不能印证则大道不能推行。从内心发出的东西，倘若不能为外者所接受，圣人也就不会有所传教；从外部进入内心的东西，倘若心中无所领悟而不能自持，圣人也就不会有所怜惜。名声，乃是人人都可使用的器物，不可过多猎取。仁义，乃是前代帝王的馆舍，可以住上一宿而不可以久居，形迹昭彰必然会生出许多责难。

"古代道德修养高的至人，假道于仁，托足于义而游乐于自由自在、无拘无束的境域，生活于粗疏简单、无奢无华的境地，立身于从不施与的园圃。自由自在、无拘无束，便是无为；粗疏简单、

粗疏简单，无奢无华。

无奢无华，就易于生存；从不施与，就不会使自己受损，也无裨益于他人。古代称这种情况叫做神采真实的遨游。

"把贪图财富看做正道的人，不会让出利禄；把追求显赫看做正道的人，不会让出名声；迷恋权势的人，不会授人权柄。掌握了利禄、名声和权势便唯恐丧失而整日战栗不安，而放弃上述东西又会悲苦不堪，而且心中全无一点鉴识，眼睛只盯住自己无休止追逐的东西。从自然的道理来看，这样的人只能算是被刑戮的人。怨恨、恩惠、获取、施与、谏诤、教化、生存、杀戮，这八种做法全是用来端正他人的工具，只有遵循自然的变化而无所阻塞滞留的人才能够运用它。所以说，自正的人，才能正人。如果心里认为不是这样，那么心灵的门户就永远不可能打开。"

【分节导读】

此节以老子之口论述了仁义的危害，用飞入眼内的糠皮和叮咬皮肤的蚊虫来形容仁义迷惑人的思想、扰乱人的心智，用"鹄不日浴而白，乌不日黔而黑"来说明万物自有其本性，人不应用仁义来判定事物的美丑善恶。三皇五帝违背了道，致使百姓"莫得安其性命之情"，其不过名为治世，实际却是"乱莫甚焉"。庄子特意安排孔子称老子为真龙，子贡在听过老子的话后"蹴蹴然，立不安"，旨在表现道的伟大。老子已然得道，变化无方，无论是学识渊博的孔子还是能言善辩的子贡，在其面前，皆无话可说。

【原文】

孔子见老聃而语仁义。老聃曰："夫播穅眯目[①]，则天地四方易位矣；蚊虻噆肤[②]，则通昔不寐矣[③]。夫仁义憯然乃愤吾心[④]，乱莫大焉。吾子使天下无失其朴[⑤]，吾子亦放风而动，总德而立矣[⑥]，又奚杰杰然揭仁义，若负建鼓而求亡子者邪[⑦]？夫鹄不日浴而白，乌不日黔而黑[⑧]。黑白之朴，不足以为辩[⑨]；名誉之观，不足以为广[⑩]。泉涸[⑪]，鱼相与处于陆，相呴以湿，相濡以沫[⑫]，不若相忘于江湖！"

孔子见老聃归，三日不谈，弟子问曰："夫子见老聃，亦将何规哉[⑬]？"

孔子曰："吾乃今于是乎见龙[⑭]！龙，合而成体[⑮]，散而成章[⑯]，乘云气而养乎阴阳。予口张而不能嗋[⑰]，予又何规老聃哉！"

子贡曰："然则人固有尸居而龙见，渊默而雷声，发动如天地者乎[⑱]？赐亦可得而观乎[⑲]？"遂以孔子声见老聃[⑳]。

老聃方将倨堂而应㉑，微曰㉒："予年运而往矣㉓，子将何以戒我乎？"

子贡曰："夫三皇五帝之治天下不同㉔，其系声名一也㉕。而先生独以为非圣人，如何哉？"

老聃曰："小子少进㉖！子何以谓不同？"

对曰："尧授舜，舜授禹，禹用力而汤用兵㉗，文王顺纣而不敢逆，武王逆纣而不肯顺，故曰不同。"

老聃曰："小子少进！余语汝三

三皇五帝部分像。

皇五帝之治天下。黄帝之治天下，使民心一㉘，民有其亲死不哭而民不非也。尧之治天下，使民心亲，民有为其亲杀其杀而民不非也㉙。舜之治天，使民心竞㉚，孕妇十月而生子，子生五月而能言，不至乎孩而始谁㉛，则人始有夭矣㉜。禹之治天下，使民心变，人有心而兵有顺㉝，杀盗非杀人㉞，自为种而天下耳㉟。是以天下大骇，儒墨皆起。其作始有伦㊱，而今乎妇女，何言哉㊲！余语汝，三皇五帝之治天下，名曰治之，而乱莫甚焉。三皇之知，上悖日月之明㊳，下睽山川之精㊴，中堕四时之施㊵，其知憯于蛎虿之尾㊶，鲜规之兽㊷，莫得安其性命之情者，而犹自以为圣人，不亦可耻乎，其无耻也？"

子贡蹴蹴然立不安㊸。

【注释】

①播：播扬。糠：谷物皮屑也。眯（mǐ）目：灰尘入眼，难以视物。②虻（méng）：似蝇而稍大的会飞昆虫，生于野草丛中，雄的吸食植物津液，雌的刺吸人畜血液。嘈（zǎn）：叮，咬。③通昔：整夜，通宵。昔，同"夕"，夜。④憯然：惨毒。"憯"同"惨"。愤：应作"愦"。⑤吾子：谈话时对对方的亲切称呼，相当于您、先生之类。朴：本性，本来状态。⑥放：作"仿"解，仿效之意。总德：执守自性。⑦杰杰然：用力的样子。建鼓：大鼓。⑧鹄：天鹅。黔（qián）：黑色，这里作动词，染黑。⑨"黑白"两句：黑白各足其性，无须辨别区分它们的美丑好坏。辩，同"辨"。⑩广：增大、扩充之意。观：壮观。⑪涸：干涸。⑫呴（xū）：吐气。濡：沾湿。⑬规：劝说，规劝。⑭乃今：现在。于是：于此，在这里。指老子之处。⑮合而成体：李时珍《本草纲目》引王符论龙，"其形有九似，头似驼，角似鹿，眼似兔，耳似牛，项似蛇，腹似蜃，鳞似鲤，爪似鹰，掌似虎"。龙是古人综合多种动物特征，创造出来的一种神奇生物。合而成体或指此。⑯章：花纹。言龙飞腾时，身躯伸展舒散开，鳞甲光闪发光，形成炫目的文彩。⑰不能嗋：形容由于过度惊诧连嘴都合不拢的神态。嗋（xuē），合拢嘴。⑱尸居而龙见，雷声而渊默：见《在宥》篇注。如天地：像天地那样变幻莫测。⑲赐：子贡姓端木，名赐。⑳"遂以"句：用孔子名声为中介，使老聃对来人身份有所了解。㉑倨：同"踞"，伸开腿坐着。㉒微：小声、轻声。㉓年运而往：意为年岁很高了。运，行；往，老迈。㉔皇：原作"王"，依《续古逸丛书》校改。㉕系：连系。㉖小子：老人对年轻晚辈之称呼，相当于现在说的小伙子、年轻人之类。少进：稍稍往前来。㉗禹用力：禹带领民众治水是辛苦劳累，故称用力。汤用兵：商汤战胜夏桀而有天下，凭借武力。㉘心一：心淳朴专一，无分别。把亲人与天下人同等看待。㉙亲：爱亲人。杀其杀：按亲疏程度依次降等。杀，降等之意。㉚竞：竞争。㉛孩：婴儿之笑声。始谁：开始辨别人与物。㉜夭：夭亡。㉝兵有顺：人有机变诈伪之心，则用武力使之顺从天理。㉞杀盗非杀人：盗贼有罪该杀，杀盗顺乎天理，与一般意义的杀人不同，故曰非杀人。㉟"自为"句：人们本来是为各自同伙谋私利，却说成是为天下人。种，指同类、同党、同伙。㊱伦：伦理。㊲妇女：像女人一样去取悦于人。㊳悖：搞乱。㊴睽（kuí）：违背。㊵堕：毁坏。㊶蛎虿（lì chài）：蝎子一类带有尾部毒刺刺人的毒虫。㊷鲜规之兽：指未经驯化，保存野性之猛兽。规，规正，引申为驯化之意。㊸蹴（cù）蹴：惊恐不安的样子。

【译文】

孔子拜见老聃谈论仁义。老聃说："播扬的糠屑进入眼睛，天地四方看来便颠倒了；蚊虻之类的小虫叮咬皮肤，就会通宵不能入睡。仁义给人的毒害就更为惨痛乃至令人昏愦糊涂，对人的祸乱没有什么比仁义更为厉害。你应该让天下人不要丧失淳厚质朴，你也可顺化而行，执德而立了，又何必那么卖力地去宣扬仁义，好像是敲着鼓去寻找迷失的孩子呢？天鹅不需要天天沐浴而毛色自然洁白，乌鸦不需要每天用黑色颜料渍染而毛色自然乌黑。乌鸦的黑和白鹤的白都是出于本然，不值得分辨谁优谁劣；名声和荣誉那样的外在东西，更不足以播散张扬。泉水干涸了，鱼儿相互依偎在陆地上，大口出气来取得一点儿湿气，靠唾沫来相互得到一点儿润湿，倒不如将过去江湖里的生活彻底忘怀！"

孔子拜见老聃回来，整整三天不讲话。弟子问道："先生见到老聃，对他作了什么规劝吗？"

孔子说："我直到如今才见到了真正的龙！龙，合在一起便成为一个整体，分散开来又成为华美的文采，乘驾云气而养息于阴阳之间，我大张着口久久不能合拢，我又哪能对老聃作出规劝呢！"

子贡说："这样说，那么人难道有像尸体一样安稳不动而又像龙一样神情飞扬地显现，像疾雷一样震响而又像深渊那样沉寂，一旦发生和运动就犹如天地运动变化的情况吗？我也能见到他并亲自加以体察吗？"于是借助孔子的名义前去拜见老聃。

老聃正伸腿坐在堂上，轻声地应答说："我年岁老迈，你将用什么来告诫我呢？"

子贡说："远古时代三皇五帝治理天下各不相同，然而却都有好的名声，唯独先生您不认为他们是圣人，这是为什么呢？"

老聃说："年轻人，你稍稍近前些！你凭什么说他们各自有所不同？"

子贡回答："尧让位给舜，舜让位给禹，禹用力治水而汤用力征伐，文王顺从商纣不敢有所背逆，武王背逆商纣而不顺服，所以说各不相同。"

老聃说："年轻人，你再稍微靠前些！我对你说说三皇五帝治理天下的事。黄帝治理天下，使人民心地淳厚保持本真，有人死了亲人并不哭泣，人们也不会加以非议。尧治理天下，使百姓相亲，有人为了亲近亲人亲疏有别，人们同样也不会非议。虞舜治理天下，使百姓心存竞争，怀孕的妇女十个月生下孩子，孩子生下五个月就张口学话，不等到成儿童就开始识人问事，于是开始有夭折短命的人。夏禹治理天下，使百姓心怀变诈，人人存有机变之心因而动刀动枪成了理所当然之事，认为杀死盗贼不算杀人，原来是为了同伙的私利却说是为了天下。所以天下大受惊扰，儒家、墨家都纷纷而起。他们初始时也还有伦有理，可是时至今日却变成这样，还有什么可言呢！我告诉你，三皇五帝治理天下，名义上叫做治理，而扰乱人性真情没有什么比他们更严重的了。三皇的心智，对上而言遮掩了日月的光明，对下而言违背了山川的精粹，就中而言毁坏了四时的运行。他们的心智比

老子跟子贡说三皇五帝治天下的事。

老子认为三皇五帝扰乱了人性和真情。

蛇蝎之尾还毒，就连小小的兽类，也不可能使本性真情获得安宁，却还自以为是圣人，不是很可耻吗，他们是这样无耻啊！"

子贡听了惊惶不定，心神不安地站着。

⊙品庄悟道⊙

鹄不日浴而白，乌不日黔而黑

天鹅不用天天沐浴，也浑身雪白；乌鸦不天天染黑，也依然是黑的。白的白，黑的黑，用不着刻意去表现，大家一望便知。同理，现实生活中，人需要发挥自己的长处，却无需炫耀己长。炫耀不只不能让人赢得尊敬，相反还会让人招致怨懑，暴露自己的虚荣。

被虚荣俘虏的人必然会迷失自我天性，不由自主地用诸如金钱、权力、地位、名誉……等外物来标榜自己的身份。而为了让自己看上去更有价值，人不得不源源不断地获取这些外物，其结果必然是"为外物所役"，失去精神的自由不说，还很容易落得"终身役役而不见其成功，苶然疲役而不知其所归"的结果，可悲可叹。

虚荣生长于人的内心，再多的东西也填补不了虚荣造就的空洞，人只能用修炼内心的办法来避免为虚荣控制，学会肯定自己，去除心中的浮躁，淡然面对世事起伏。

【分节导读】

此节讲孔子在老子的点拨下得道，借老子之口指出书籍中的道并非道本身，人不能通过照搬书籍来领悟道的真谛。此节提到的"乌鸦喜鹊孵化而生，鱼类以口沫相育，蜂化育桑蚕而为己子，兄弟同母乳"，即卵生、湿生、化生、胎生这四种生命形态。孔子从中得到启发，意识到自己未能得道的原因在于忽略了自然造化，而人既然未能得道，传道也就无从谈起。

【原文】

孔子谓老聃曰："丘治《诗》《书》《礼》《乐》《易》《春秋》六经，自以为久矣，孰知其故矣[①]；以奸者七十二君[②]，论先王之道而明周召之迹[③]，一君无所钩用[④]。甚矣夫！人之难说也[⑤]！道之难明邪？"

老子曰："幸矣子之不遇治世之君也！夫《六经》，先王之陈迹也，岂其所以迹哉⑥！今子之所言，犹迹也。夫迹，履之所出，而迹岂履哉？夫白鹢之相视⑦，眸子不运而风化⑧；虫，雄鸣于上风，雌应于下风而风化⑨；类自为雌雄⑩，故风化。性不可易，命不可变，时不可止，道不可壅。苟得于道，无自而不可;失焉者⑪，无自而可。"

孔子学习六经。

孔子不出三月，复见曰："丘得之矣。乌鹊孺⑫，鱼傅沫⑬，细要者化⑭，有弟而兄啼⑮。久矣夫丘不与化为人⑯！不与化为人，安能化人⑰！"

老子曰："可。丘得之矣！"

【注释】

① 孰：同"熟"，熟知，熟悉。故：故事。② 奸：假借为"干"。干为干谒，因有所求而请见之意。七十二君：泛言孔子干谒诸侯之多。③ 周召之迹：周为周公旦，召为召公奭，都是周文王之子、武王之弟，因辅佐武王、成王建功立业而负盛名。"周召之迹"即指他们的功业治绩。④ 钩用：引用、取用之意。⑤ 说：说服。⑥ 所以迹：决定治绩的背后原因，指道。⑦ 白鹢（yì）：一种水鸟。⑧ "眸子"句：动物之雌雄凭借相互注视或鸣叫，不须交配而受孕生子。这是古人的误解。眸子，瞳孔。运，动。风化，相待风气而化生。⑨ 上风：与下风相对，指风流动方向之上方。⑩ 类：同类。同类动物之雌雄才能相互感应而风化，不同类则不可。⑪ 焉：代指道。⑫ 乌：乌鸦。鹊：为喜鹊。孺：孵化而生子。⑬ 傅：付出。鱼付出口沫而受孕。鱼为体外受精，雌鱼产卵，雄鱼追随其后，把精子排在上面，古人误以为是付出口沫以相交配。⑭ 要：同"腰"。细腰即细腰蜂，为土蜂之一种，又称果裸。在其制成蜂巢后，将卵产在里面，然后叼来青虫，麻醉后封在蜂巢里，待蜂卵孵成幼虫，即以青虫为食物，食尽青虫后破巢而出。古人误以为是青虫所化，细腰蜂不会生子，以青虫育成己子。《诗经·小雅》有："螟蛉有子，果蠃负之"，即讲此意，实为误解。⑮ 有弟而兄啼：有了弟弟，哥哥怕失去父母之爱而啼哭。⑯ 不与化：不能与变化相一致。⑰ 安：何。

【译文】

孔子对老聃说："我研修《诗》、《书》、《礼》、《乐》、《易》、《春秋》六部经书，自认为很久很久了，熟悉了旧时的各种典章制度，以此求见七十二个国君，论述先王（治世）的方略和彰明周公、召公的政绩，可是一个国君也没有取用我的主张。实在难啊！是人难以规劝，还是大道难以彰明呢？"

老子说："幸运啊，你不曾遇到过治世的国君！六经，乃是先王留下的陈旧遗迹，哪里是先王遗迹的本原呢！如今你所谈论的东西，就好像是足迹。足迹是鞋踩出来的，然而足迹难道就是鞋吗！白鹢相互而视，眼珠子一动也不动便相诱而孕；虫，雄的在上方鸣叫，雌的在下方相应而诱发生子；同类生物，雌雄相吸，不待交合而生子。本性不可改变，天命不可变更，时光不会停留，大道不会壅塞。假如真正得道，无论去到哪里都不会受到阻遏；而失道的人，无论去到哪里都行不通。"

孔子三月闭门不出，再次见老聃说："我终于懂得了。乌鸦喜鹊在巢里交尾孵化，鱼儿借助水里的泡沫生育，蜜蜂自化而生，生下弟弟，哥哥就常常啼哭。很长时间了，我没有能跟万物的自然变化相识为友，不能跟自然的变化相识为友，又怎么能教化他人！"

老子听了后说："好。孔丘得道了！"

◎刻意◎

【题解】

　　本篇的主旨论养神，所谓"刻意"，即雕砺心志之意。作者对世间游学、为官等人格形态进行了尖锐批评，指出理想的圣人之德是"淡然无极而众美从之"，只有保持心性的纯朴，才可以达到真人的精神境界。

【分节导读】

　　此节以五种世俗常见的人格形态引出圣人之德，这五种常见的人格形态分别为：隐居者、愤世嫉俗者和自我牺牲者；教诲者、游说者和讲学者；朝廷之士、尊君强国者和建功拓疆者；闲游者和逃避世士者；养身者和长寿者。这五种人都需要借助外物实现各自的目标，但真正得道的人却无需借助仁义功名江河湖海便自然拥有宁静的心境、长寿和治天下的力量。

【原文】

　　刻意尚行①，离世异俗②，高论怨诽③，为亢而已矣④。此山谷之士，非世之人⑤，枯槁赴渊者之所好也⑥。语仁义忠信，恭俭推让为修而已矣⑦。此平世之士，教诲之人⑧，游居学者之所好也⑨。语大功，立大名，礼君臣，正上下，为治而已矣。此朝廷之士，尊主强国之人⑩，致功并兼者之所好也⑪。就薮泽⑫，处闲旷⑬，钓鱼闲处，无为而已矣。此江

磨砺心志，超脱尘世。

海之士，避世之人，闲暇者之所好也。吹呴呼吸⑭，吐故纳新，熊经鸟申⑮，为寿而已矣。此道引之士⑯，养形之人，彭祖寿考者之所好也⑰。

　　若夫不刻意而高，无仁义而修，无功名而治，无江海而闲，不道引而寿，无不忘也⑱，无不有也⑲，澹然无极而众美从之⑳。此天地之道，圣人之德也。

【注释】

①刻意：雕砺心志。尚行：使行为高尚。②离世异俗：与世俗相离相异，与众不同。③怨诽：怨愤讥刺世之无道。④亢（kàng）：高。⑤山谷之士：隐居深山穷谷之隐士。非世：以世道为非。⑥枯槁：身体被烧成焦枯状。如鲍焦、介之推等人，为坚持一己之见，自命清高，隐居不出而被烧死。赴渊：投水而死。如申徒狄，务光、卞随等，有关

他们几人的记载，可参阅《让王》、《盗跖》等篇。⑦ 修：修身。⑧ 平世之士：与世道相安并处之人。教诲之人：专门以讲学著述为业之人。⑨ 游居学者：有到处游说，有定居讲学之人。如孔子、子夏等。⑩ 尊主强国：使君主尊显，使国家强大。⑪ 致功并兼者：建立功业兼并他国之人。⑫ 就薮（sǒu）泽：到湖泊沼泽之地去。⑬ 处闲旷：居住在空旷无人之处。⑭ 吹呴（xǔ）：皆指吐气，深者为呴，浅者为吹，为练功调息呼吸的方法。⑮ 熊经：经为悬吊起来，此指熊攀于树上，使身体悬空。鸟申："申"同"伸"，伸展之意，鸟飞行时身体伸展。此处指古人模仿动物编出的练功套路，如华陀之五禽戏之类。⑯ 道引："道"同"导"，为舒通气血，柔和肢体的系统功法。原为古代强身祛病的养生之术，后为中医、气功所广泛应用，对增进人的健康很有价值。⑰ 彭祖：见《逍遥游》注。寿考：长寿之意。考，老。⑱ 无不忘：一切无心，不有意追求。即忘记前面所说的刻意尚行，修仁义，求功名，隐江海，习导引等。⑲ 无不有：无心于上述五者，反而得五者之全，无一不有。⑳ 澹（dàn）然：淡漠无心，不在意。

【译文】

　　磨砺心志崇尚修养，超脱尘世不同流俗，谈吐不凡，抱怨怀才不遇而讥评世事无道，算是孤高卓群罢了，这样做乃是避居山谷的隐士，是愤世嫉俗的人，正是那些洁身自好、宁可以身殉志的人所一心追求的。宣扬仁爱、道义、忠贞、信实和恭敬、节俭、辞让、谦逊，算是注重修身罢了。这样做乃是意欲平定治理天下的人，是对人施以教化的人，正是那些游说各国而后退居讲学的人所一心追求的。宣扬大功，树立大名，用礼仪来划分君臣的秩序，并以此端正和维护上下各别的地位，算是投身治理天下罢了，这样做乃是身居朝廷的人，尊崇国君强大国家的人，正是那些醉心于建立功业、开拓疆土的人所一心追求的。走向山林湖泽，处身闲暇旷达，垂钩钓鱼来消遣时光，算是无为自在罢了，这样做乃是闲游江湖的人，是逃避世事的人，正是那些闲暇无事的人所一心追求的。嘘唏呼吸，吐却胸中浊气吸纳清新空气，像黑熊攀缘引体，像鸟儿展翅飞翔，算是善于延年益寿罢了，这样做乃是舒活经络气血的人，善于养身的人，正是像彭祖那样寿延长久的人所一心追求的。

　　若不需磨砺心志而自然高洁，不需倡导仁义而自然修身，不需追求功名而天下自然得到治理，不需避居江湖而心境自然闲暇，不需舒活经络气血而自然寿延长久，没有什么不忘于身外，而又没有什么不据于自身，宁寂淡然而且心智从不滞留一方，而世上一切美好的东西都汇聚在他的周围。这才是像天地一样的永恒之道，这才是圣人无为的无尚之德。

宣扬仁义的讲学之人。

⊙品庄悟道⊙

淡然无极而众美从之

唐代道士成玄英这样解释庄子的"淡然无极而众美从之"，"心不滞于一方，迹冥符于五行，是以淡然虚旷而其道无穷，万德之美皆从于己也。"人心一无所挂，便可自由自在，逍遥于天地，所有美好的事物便会自然而然汇聚到身边。世俗之人修身立业需要依赖意志、功名、江海，但在真正得道的人那里，这些却是束缚。真正的得道者不需要用高谈阔论表现自己的与众不同，也不需要用仁义忠信来凸显自己的德行。他没有建功拓疆之心，即使身处凡尘俗世，心境仍可空灵明澈。

对外物心存依赖的人，注定为外物所缚，外物可以帮助人接近大道，但人却不可能通过外物来抵达大道的境界。现实生活中，人们习惯借助外物的力量改善心情，比如心情抑郁，便找人倾诉，求人开解；心情烦躁，就听听音乐，读读书……这固然很好，但如果有一天，人心情不佳，倾听者不在，既没有音乐可听，又无书籍可读，人又要用什么方法来调试自己？借助外物来改善心情，不如提升自己的心性，心的承受力强了，包容度大了，便不容易忧愁烦闷。人都有这样的经验，心情好了，看什么都很美，实际上这也是一种形式的"众美从之"。

【分节导读】

此节主讲圣人的德象，并由圣人的德象引出"养神"和"贵精"。圣人总是身处恬淡、寂漠、虚无、无为的境界中，以顺乎自然常理为养神之道，处变不惊，泰然自若。他们像珍藏珍贵的宝剑一样保守自己的精神，保持精神的质朴完整。

【原文】

故曰，夫恬惔寂漠，虚无无为，此天地之本而道德之质也[1]。故圣人休焉[2]，休则平易矣，平易则恬惔矣。平易恬惔，则忧患不能入，邪气不能袭，故其德全而神不亏。

故曰：圣人之生也天行[3]，其死也物化[4]；静而与阴同德，动而与阳同波[5]；不为福先，不为祸始；感而后应[6]，迫而后动，不得已而后起。去知与故[7]，循天之理。故曰无天灾，无物累，无人非，无鬼责。不思虑，不豫谋[8]。光矣而不耀，信矣而不期[9]。其寝不梦，其觉无忧。其生若浮，其死若休[10]。其神纯粹，其魂不罢[11]。虚无恬惔，乃合天德。

安然恬淡，忧患就无法侵入内心。

故曰，悲乐者，德之邪[12]；喜怒者，道之过[13]；好恶者，心之失。故心不忧乐，德之至也；一而不变[14]，静之至也；无所于忤[15]，虚之至也；不与物交，惔之至也[16]；无所于逆，粹之至也[17]。

故曰，形劳而不休则弊，精用而不已则竭[18]。水之性，不杂则清，莫动则平；郁闭而不流[19]，亦不能清，天德之象也[20]。故曰，纯粹而不杂，静一而不变，惔而无为，动而天行，此养神之道也。

【注释】

① 本：准则。质：本质。② 休焉：宽容的样子。③ 天行：天道的运行，自然发展。④ 物化：像万物一样变化。⑤ 同波：合流。⑥ 感：感发。⑦ 去：抛弃。知：智巧。故：巧诈，世故。⑧ 豫谋：事先谋划。⑨ 期：约定。⑩ 浮：泡沫。休：休息。⑪ 罢：通"疲"。⑫ 邪：邪僻。⑬ 过：过错。⑭ 一：纯一之道。⑮ 忤（wǔ）：抵触。⑯ 惔：淡漠。⑰ 粹：纯粹。⑱ 形：形体。弊：困乏。精：精力。⑲ 郁闭：积滞闭塞。⑳ 象：反映。

悲伤与欢乐，都是德的邪僻。

【译文】

所以说，恬淡寂漠，虚无无为，这是天地的准则和道德的本质。所以说，圣人总是停留在这一境域中，停留在这一境域就安然无难，安然无难就会恬淡。安然恬淡，那么忧患就无法侵入，邪气就无法侵袭，所以就能道德完善而精神充沛。

所以说，圣人活着就顺应自然而行，死去便像万物一样幻化而去。他静时与阴气一样宁寂，动时与阳气一同波动。不会成为幸福的先兆，也不会成为灾祸的开始，有所感发才有所应和，受到逼迫才有所行动，不得已才兴起。抛弃智巧和世故，遵循天理。所以没有天灾，不受外物牵累，无人非议，没有鬼神谴责。活着时就像浮萍，死了的时候像在休息。不思考，不谋划。光亮但不耀眼，信实却不期求。熟睡无梦，醒来无忧，精神纯粹，魂魄不劳。虚无恬淡，才合乎自然本性。

所以说，悲伤与欢乐，是德的邪僻；欢喜与愤怒，是道的过错；喜好和厌恶，是心的过失。因而，心中不存忧乐，是德的最高境界；持守纯一不变，是静的最高境界；不与外物相抵触，是虚的最高境界；不跟外物交接，是淡的最高境界；不与外物相违逆，是粹的最高境界。

所以说，形体劳而不止则疲惫不堪，精神使用过度就会心劳神倦。水的本性，没有杂物就清澈，

水之性，不杂则清，莫动则平。

不动则平静；但是郁塞而不流通，也不会清澈，这是自然本质的反映。所以说，纯粹而不驳杂，虚静专一而不改变，恬淡无为，行动顺应自然，这是养神之道。

【原文】

夫有干越之剑者①，柙而藏之②，不敢轻用也，宝之至也。精神四达并流③，无所不极，上际于天，下蟠于地④，化育万物，不可为象，其名为同帝⑤。

纯素之道，唯神是守⑥；守而勿失，与神为一；一之精通，合于天伦⑦。野语有之曰⑧："众人重利，廉士重名，贤人尚志，圣人贵精⑨。"故素也者，谓其无所与杂也；纯也者，谓其不亏其神也。能体纯素，谓之真人⑩。

【注释】

①干越：干为吴国，越即越国，为春秋时东南方两个强国。因以铸剑闻名于世，故其剑为人所珍视。②柙（xiá）：盛物的匣子。③四达并流：形容精神四面八方通达并流而无滞碍。④"无所"三句：极，极点、尽头。际，交会，会台。蟠（pán），遍及。⑤同帝：同于天帝。⑥"纯素"二句：庄子认为，要执守这纯一之道，唯在持守精神，使精神专一，不为外物牵流，本性之道也就得以持守了。纯素，与纯粹义近，只是更强调素质、本性之纯一不杂。⑦天伦：自然之理。⑧野语：谚语。⑨精：精神。⑩体纯素：以纯素为体。真人：得道者，与至人、神人相近。《大宗师》篇对真人有较详细描述，可参看。

【译文】

今有吴越地方出产的宝剑，用匣子秘藏起来，不敢轻意使用，因为是最为珍贵的。精神可以通达四方，没有什么地方不可到达，上接近苍天，下遍及大地，化育万物，却又不可能捕捉到它的踪迹，它的功用如同天帝。

纯粹素朴的道，就是持守精神；持守精神而不失却本真，就跟精神融合为一；浑一就使精智畅通无碍，也就合于自然之理。俗语有这样的说法："普通人看重利益，廉洁的人看重名声，贤能的人崇尚志向，圣哲的人重视素朴的精神。"所以，素就是说没有什么与它混杂，纯就是说自然赋予的东西没有亏损。能够体察纯和素，就可叫他"真人"。

圣哲的人重视素朴的精神。

◎缮性◎

【题解】

本篇主旨论修心养性，所谓"缮性"，即修心养性之意。作者认为，社会发展之后，道德日益沦丧，所以要进行道德上的修养。人要"以恬养知"，即以内心的恬静来涵养生命的智慧，而不要步俗学之后，"丧己于物"。

【分节导读】

缮性即修缮保养心性。此节对以世俗学问、世俗思想来修缮心性的做法做出了批评，提出"以恬养知"的观点。

【原文】

缮性于俗学①，以求复其初；滑欲于俗思②，以求致其明；谓之蔽蒙之民③。

古之治道者，以恬养知④；知生而无以知为也⑤，谓之以知养恬。知与恬交相养，而和理出其性⑥。"夫德，和也；道，理也。德无不容⑦，仁也；道无不理，义也；义明而物亲⑧，忠也；中纯实而反乎情⑨，乐也；信行容体而顺乎文⑩，礼也。礼乐偏行，则天下乱矣。"彼正而蒙己德⑪，德则不冒⑫，冒则物必失其性也。

用智慧涵养恬淡。

【注释】

①缮（shàn）性：修治本性。俗学：指当时流行的儒学、法家等。②滑（gǔ）：借为"汩"，治理。欲：情。俗思：追求名利等世俗观念。③蔽蒙：即"蒙蔽"，被百家学说与世俗观念所蒙蔽。④恬：恬淡。养知：保养。知，通"智"。⑤无以知为：无须凭智慧行事。⑥和理：道理。见下两句。⑦容：包容。"夫德……则天下乱矣"一段与庄子思想相违，似可删，今略加注释，不译，备考。⑧义明：义理明白。物亲：与物相亲。⑨中：心中。纯实：朴实。反乎情：仁义发乎中而与外物和应，再返回自身。⑩信行：以信为行。容体：以宽容为体。⑪彼：他人。蒙：蒙盖。⑫冒：外露。

【译文】

用世俗之学修治性情，想要复归本性；靠世俗之念规范欲望，想要明达事理，这真是蒙昧之民。古时修道的人，是用恬淡涵养智慧；虽有大智却不凭智慧行事，这就叫以智慧涵养恬淡。智慧与恬淡相互调治，就可形成中和顺理之性。各人能自我端正又能收敛自己的德性，德性就不会外露，德性外露，那么就必然会失去其本性。

【分节导读】
　　此节重点论述"存身之道"。当大道和世运都已丧失，复兴大道已无从谈起，人要关注的不是有所作为，而是如何保持心灵的宁静，端正自身，避免为世俗纷争所扰在追逐名利时丧失本性。

【原文】

　　古之人，在混芒之中①，与一世而得澹漠焉②。当是时也，阴阳和静，鬼神不扰，四时得节③，万物不伤，群生不夭④，人虽有知，无所用之，此之谓至一⑤。当是时也，莫之为而常自然⑥。

　　逮德下衰⑦，及燧人伏羲始为天下⑧，是故顺而不一。德又下衰，及神农黄帝始为天下，是故安而不顺。德又下衰，及唐虞始为天下，兴治化之流⑨，澆淳散朴⑩，离道以为，险德以行⑪，然后去性而从于心⑫。心与心识知⑬，而不足以定天下，然后附之以文，益之以博⑭。文灭质，博溺心，然后民始惑乱，无以反其性情而复其初。

　　由是观之，世丧道矣⑮，道丧世矣。世与道交相丧也，道之人何由兴乎世⑯，世亦何由兴乎道哉！道无以兴乎世，世无以兴乎道，虽圣人不在山林之中，其德隐矣。

　　隐，故不自隐⑰。古之所谓隐士者，非伏身而弗见也⑱，非闭其言而不出也，非藏其知而不发也，时命大谬也⑲。当时命而大行乎天下⑳，则反一无迹㉑；不当时命而大穷乎天下㉒，则深根宁极而待㉓。此存身之道也。

【注释】

①混芒：混沌茫昧。②与：相处。得：能。澹漠：淡漠，指恬淡无为，互不交往。③得节：气候变化与节令相应。得，亦作"应"。④夭：夭折。⑤至一：最纯粹的状态。⑥莫之为：无为。常自然：常合乎自然。⑦逮：及。⑧燧人：燧人氏，相传为远古部落领袖，发明钻木取火。伏羲：伏羲氏，传说中是晚于燧人氏的部落领袖，画八

文采和博学让人迷惑动乱。

卦，织鱼网，驯野兽。⑨兴：开始。治化：治理，教化。⑩澆（xiāo）：扰乱。⑪险：通"俭"，缺乏。⑫去性：舍弃天性。从于心：从于各自的心智。⑬"心与"句：彼此以私心互相窥测。⑭"然后"二句：附，加。文，粉饰。益，增加。博，广征博引。⑮丧：丧失。⑯道之人：明道之人。何由：何以，凭什么。兴：复兴。⑰"隐故"句：圣人之隐，不是将自己隐藏起来。⑱伏：隐藏。弗：不。见：通"现"。⑲时命：世运。谬：背离天道。⑳当：合。大行：天道盛行。㉑反一无迹：返归于至一之道，而不留痕迹。㉒穷：困顿。㉓深根：使根深长。宁：不动。极：本。

【译文】

　　古代的人，处于混沌茫昧之中，与世相处而能淡漠无为。那时，阴阳调和宁静，鬼神不搅扰生活，气候变化与季节相应，万物不受伤害，生命不会夭折，人虽有智慧，却无处可用，这就是最纯粹的时代。那时，人们无所作为而一切都合于自然。

　　及至道德衰落，到燧人氏、伏羲氏时就开始治理天下了，所以只能顺从人心而不能与天道合一了。德性又衰落，到神农氏、黄帝开始治理天下时，只能安定天下而不能顺从民心了。德性更衰落，到唐尧、虞舜来治理天下时，开始兴起教化之风，扰乱、破坏了淳朴之心，背离道而作为，危害德而行事，这样一来，舍弃了天性而听从心智。彼此以私心窥测对方，然而仍然无法安定天下，只好用文采来粉饰，以广博来增益。文采破坏质朴，博学沉溺心灵，这样以后，人们开始迷惑动乱，而无法返回本性，恢复自然的本初了。

　　由此来看，世运丧失了大道，大道也就丧失了世运。两者相互丧失，明道之人还凭什么复兴世运呢，世运又如何复兴大道呢！道无法复兴世运，世运也无法复兴道，圣人虽然不退居山林之中，他们的道德也自行隐匿了。

　　这种隐匿，本不是有意的。古代所谓的隐士，不是藏起来不见人，不是闭口不说话，不是隐其智慧而不外露，而是世运与天道大相背离呀。当世运与天道合一而盛行时，圣人当然返归于至一之道了无痕迹；当世运不济而天下困顿时，圣人就会保持宁静至极之性来等待时机。这就是保全自身的方法。

【原文】

　　古之存身者①，不以辩饰知，不以知穷天下，不以知穷德②，危然处其所而反其性已③，又何为哉！道固不小行，德固不小识④。小识伤德，小行伤道。故曰，正己而已矣⑤。乐全之谓得志⑥。

　　古之所谓得志者，非轩冕之谓也⑦，谓其无以益其乐而已矣⑧。今之所谓得志者，轩冕之谓也。轩冕在身，非性命也，物之傥来⑨，寄者也⑩。寄之，其来不可圉，其去不可止⑪。故不为轩冕肆志，不为穷约趋俗⑫，其乐彼与此同⑬，故无忧而已矣。今寄去则不乐⑭，由是观之，虽乐，未尝不荒也⑮。故曰，丧己于物，失性于俗者⑯，谓之倒置之民⑰。

独立自处，返归自然本性。

【注释】

①存身：保全自己。②穷德：使心性困惑。穷，困顿。③危然：独立貌。处其所：处在应处的地位。反：通"返"。④固：本来。小行：与道违背的行为。小识：与道违背的见识。⑤正己：培养自己以合于道。⑥乐全：忘哀忘乐，保全本真之性。⑦轩冕：士大夫所乘之车、所戴之冠，借

指地位高贵之人。⑧益：增加。
⑨傥（tǎng）：偶然。⑩寄者：
暂时寄存之物。⑪囿（yǔ）：抵
挡。止：留。⑫肆志：放纵心
志。穷约：穷困。趋俗：随波
逐流，趋炎附势。⑬彼：轩冕。
此：穷约。⑭寄：指轩冕之类。
去：失去。⑮荒：通"慌"，迷
乱。⑯丧己于物：为追求外物，
而丧失自我。失性于俗：为附
和世俗而丧失本性。⑰倒置：
本末倒置。

【译文】

　　古代善于保全自身的
人，不用辩解来文饰智慧，
不用智巧使天下人困窘，
也不用心智困扰心性。独
立自处而返归自然的本性，

得志，非指获得高官厚禄。

又何必要有所作为呢！道不是世俗之行，德不是世俗之见。世俗之见危害德，世俗之行危害道。所
以说：端正自身就可以了。保全内在纯朴的心性就是得志。

　　古时所说的得志，不是指获得高官厚禄，而是指得到无以复加的快乐而已。现在所说的得志，
就是指得到高官厚禄。高位在身，不是与生俱来的，而是偶然得到的外物，暂寄于此的。暂时得来
的东西，来时无法阻挡，离时不可挽留。因而，能够不为高位而放纵心志，不为穷困而趋炎附势，
富也好穷也罢，其间快意相同，自然也就无忧无虑了。现在暂寄的东西一旦失去就闷闷不乐。这样
看来，虽然看上去很快乐，但内心未尝不是心慌意乱的。所以说，因追求外物而丧失自我，为附和
世俗而丧失本性的，就叫做本末倒置的人。

不在意穷富，无忧无虑。

◎秋水◎

【题解】

　　本篇与《逍遥游》的意旨有一致处，认为人应听命于自然，认识宇宙的宏大和无限，认识一切事物的贵贱、是非的相对性，由此获得自由。其思想基调仍是消极无为的哲学，但其中"物无贵贱"，"道无终始"以及物质世界在时空上有相对性、多样性的观点，多少具有一些朴素的辩证法色彩。

【分节导读】

　　此节中，自以为大的河伯在见到北海后发现了自己的渺小与浅陋，北海神则就大小问题进行了阐述，其所阐述的内容集中体现了庄子的无限相对思想。河伯小却自以为大，海神大却自以为小，大小是相对的概念，世间没有最大，也没有最小。北海相对于黄河确实很大，但"四海"于"天地之间"就如同蚁穴处在大泽之中一样。至于人，相对于天地，就更为渺小了。作者批评了伯夷、孔子等显名博学之人，认为他们夸耀于世的声名、学问，在磅礴天地的参照下，根本就微不足道。

【原文】

　　秋水时至，百川灌河①，泾流之大②，两涘渚崖之间③，不辨牛马。于是焉河伯欣然自喜④，以天下之美为尽在己。顺流而东行，至于北海⑤，东面而视，不见水端，于是焉河伯始旋其面目⑥，望洋向若而叹曰⑦："野语有之曰⑧'闻道百，以为莫己若者⑨'，我之谓也。且夫我尝闻少仲尼之闻而轻伯夷之义者⑩，始吾弗信；今我睹子之难穷也，吾非至于子之门，则殆矣⑪，吾长见笑于大方之家⑫。"

　　北海若曰："井蛙不可以语于海者，拘于虚也⑬；夏虫不可以语于冰者，笃于时也⑭；曲士不可以语于道者，束于教也⑮。今尔出于崖涘，观于大海，乃知尔丑⑯，尔将可与语大理矣⑰。天下之水，莫大于海，万川归之，不知何时止而不盈⑱；尾闾泄之⑲，不知何时已而不虚；春秋不变，水旱不知⑳。此其过江河之流，不可为量数㉑。而吾未尝以此自多者，自以比形于天地而受气于阴阳㉒，吾在天地之间，犹小石小木之在大山也，方存乎见少㉓，又奚以自多㉔？计四海之在天地之间也，不似礨空之在大泽乎㉕？计中国之在海内，不似稊米之在大

秋汛到了，百川灌河。

仓乎㉖？号物之数谓之万㉗，人处一焉；人卒九州㉘，谷食之所生，舟车之所通，人处一焉㉙；此其比万物也，不似豪末之在于马体乎㉚？五帝之所连㉛，三王之所争㉜，仁人之所忧，任士之所劳㉝，尽此矣。伯夷辞之以为名㉞，仲尼语之以为博㉟，此其自多也，不似尔向之自多于水乎㊱？"

北海若说："我正觉自己渺小。"

【注释】

① 百川：许多河流。灌：注入。河：黄河。② 泾（jīng）流：水流。③ 涘（sì）：水边，岸边。渚（zhǔ）：水中的小块陆地。崖：岸。④ 河伯：黄河水神。⑤ 北海：此处指黄河注入的渤海。⑥ 旋其面目：改变欣然自喜的面目。旋，改变。⑦ 若：海神。⑧ 野语：俗语。⑨ 莫己若：莫若己，没有比得上自己的。⑩ 尝闻：曾经听说。少：贬低。仲尼：孔子字仲尼，以博学多识著称于世。轻：轻视。伯夷：殷末孤竹君的长子，曾劝阻武王伐纣。后避居首阳山，不食周粟而死。⑪ 殆：危险。⑫ 长：永远。见：被。大方之家：修养极高的得道之人。⑬ 拘：局限。虚：同"墟"，指井蛙生活的地方。⑭ 笃（dǔ）：限制。时：季节。⑮ 曲士：乡曲之士，即《天下》篇所云"一曲之士"，见识短浅的人。⑯ 丑：鄙陋。⑰ 大理：大道。⑱ 盈：满。⑲ 尾闾：传说中泄海水的地方。⑳ 不知：没有感觉。㉑ 为量数：进行估量和计算。㉒ 比形：寄形；受气：禀受。㉓ 方：正。存：看到。见（xiàn）少：显得太少。㉔ 奚以自多：哪里会自认为多呢。㉕ 礨（lěi）空：石块上的小孔。大泽：大湖。㉖ 稊（tí）米：像稗籽一样的小米。大仓：储粮的大仓库。㉗ 号：称。㉘ 人卒：人众。㉙ 人处一焉：此以个人对众人而言；上文"人处一焉"，以人类对万物而言。㉚ 豪末：毛发之端。豪，通"毫"。㉛ 连：续，继承。㉜ 争：武力相争。㉝ 任士：以天下为己任的人。㉞ 辞：辞让，指不当孤竹国之君。㉟ 以为博：以显示学识渊博。㊱ 向：从前。

【译文】

　　秋汛按时而至，千百条河流注入黄河，水面之宽阔，两岸和洲渚之间放眼望去，看不清对岸的牛马。于是，河伯沾沾自喜，以为天下的壮美之景都在自己这儿。河伯顺流东下，到了渤海，往东望去，看不见水的边际。于是，河伯才改变了沾沾自喜的表情，望着汪洋大海对海神若感叹说："俗话说'听到许多道理之后，就以为没有人能比得上了'的人，就是说的我呀。而且，我曾经听说有贬低孔子的学识，轻视伯夷的义举的人，开始我还不相信；现在我看到您这样浩瀚无边，我如果不是来到您这里，可真危险了。我将会被明道之人永久地耻笑。"

　　海神若说："井底之蛙无法跟它谈论大海，因为受到狭小的井底的局限；只生活在夏天的虫子不可以和它谈论冰雪，因为受到生存时间的限制；孤陋寡闻的人不能和他谈论大道，因为他被所受的教育束缚了。现在你摆脱了河道的约束，见到了大海，于是认识了自己的不足，这就可以和你谈论大道了。天下的水流，没有比海更大的了，万条江河归流其内，没有休止却不会满溢；从尾闾泄走，无休无止却不见减少。春天、秋天都没有变化，旱灾、涝灾也不会有所察觉，它大大超过了江河的水量，无法估量和计算。然而，我从未因此而自夸的原因，是因为大海寄形于天地之间，禀受了阴阳之气，我在天地之间，好比是大山中的小石头、小树木，正觉得自己很渺小，哪里会自认为很多呢？估计大海在天地之间，不就像蚁穴在大湖旁边吗？估计中国在四海之内，不就像米粒在粮仓中吗？物的种类数以万计，人不过是万物之一而已；人们聚集在九州，谷物所生之地，舟车所通之处，个人只不过是其中的一员而已。人与万物相比，不就像毫毛生在马身上一样渺小吗？五帝所禅让的，三王所争夺的，仁人所担忧的，贤才所操劳的，全在这里了。伯夷辞让它是为了取得好名声，孔丘谈论它是为了显示博学，这就是他们的自满和骄傲，不就像你之前在河水暴涨时的自夸吗？"

⊙品庄悟道⊙

上善若水

　　道家的创始人老子曾经这样形容水："上善若水，水善利万物而不争，处众人之所恶，故几于道。居善地，心善渊，与善仁，言善信，政善治，事善能，功善时。夫唯不争，故无尤。"

　　水有利万物却不争功，是最近于道的事物。《秋水》中的河伯虽然一度因为秋汛沾沾自喜，但在见识了大海后，马上意识到自己的不足，积极地进行反省。而大海在面对比自己渺小得多的河伯时，不仅没有耀武扬威，还向对方坦陈自己的渺小。大海的一番话很能予人启发。大小、贵贱、是非、功用的多少，都是相对的概念。人在某个范围内为大为贵，不代表在所有领域都为大为贵。因此，人不应为一时一地的成就满足，而要将眼光放远，追求更高、更广的人生境界。

　　与此同时，《秋水》中的河伯是在东行至大海后才发现自己的渺小的。这说明，见识的多少会对人境界的高低产生影响。古人说"读万卷书，行万里路"，人应勇敢地走出自己熟悉的地方，接触陌生的领域。

【分节导读】

　　此节紧承上文，由河神之问写起，继续论述小大之辩。作者认为，万物在量上是不可穷尽的，时间的推移永无止境，得与失的划分并没有不变的规则，事物的终结和起始也没有定因，而人的认知常受事物自身的不定性和事物总体的无穷性影响。此节对"道人"之道进行了阐述，得道之人明察远近，明白是非是无法区分的、小大是不能划分的道理，他们无名于世、一无所求、忘却自我。

【原文】

　　河伯曰："然则吾大天地而小毫末[①]，可乎？"

　　北海若曰："否，夫物，量无穷[②]，时无止[③]，分无常[④]，终始无故[⑤]。是故大知观于远近[⑥]，故小而不寡，大而不多[⑦]，知量无穷；证向今故[⑧]，故遥而不闷[⑨]，掇而不跂[⑩]，知时无止；察乎盈虚[⑪]，故得而不喜，失而不忧，知分之无常也；明乎坦涂[⑫]，故生而不说，死而不祸，知终始之不可故也[⑬]。计人之所知，不若其所不知；其生之时，不若未

河伯和北海若谈论大小。

生之时；以其至小求穷其至大之域[⑭]，是故迷乱而不能自得也。由此观之，又何以知毫末之足以定至细之倪[⑮]！又何以知天地之足以穷至大之域！"

　　河伯曰："世之议者皆曰'至精无形，至大不可围[⑯]，'是信情乎[⑰]？"

　　北海若曰："夫自细视大者不尽，自大视细者不明。故异便[⑱]，此势之有也[⑲]。夫精，小之微也；垺，

大德之人一无所得，大人至人忘却自我。

大之殷也^⑳；夫精粗者，期于有形者也^㉑；无形者，数之所不能分也^㉒；不可围者，数之所不能穷也。可以言论者，物之粗也；可以意致者^㉓，物之精也；言之所不能论，意之所不能致者，不期精粗焉^㉔。

"是故大人之行，不出乎害人，不多仁恩^㉕；动不为利，不贱门隶^㉖；货财弗争，不多辞让；事焉不借人^㉗，不多食乎力^㉘，不贱贪污；行殊乎俗^㉙，不多辟异^㉚；为在从众^㉛，不贱佞谄^㉜；世之爵禄不足以为劝^㉝，戮耻不足以为辱^㉞；知是非之不可为分，细大之不可为倪。闻曰：'道人不闻^㉟，至德不得^㊱，大人无己^㊲。'约分之至也^㊳。"

【注释】

①大天地而小毫末：以天地为大，以毫末为小。②量无穷：物有无穷大和无穷小。③时无止：时间是没有止境的。④分（fèn）无常：得失变化无常。⑤故：通"固"，固定。⑥大知：得道之人。观于远近：指观察事物的各个方面而不局限于一点。⑦小而不寡，大而不多：小的事物从近看也不小，大的事物从远看也不大。⑧向今：古今。故：事。⑨遥：遥远。闷：纳闷。⑩掇（duō）：拾取，表示相距很近，随手可取。跂（qǐ）：企求。⑪盈虚：盈满与空虚。⑫坦涂：平坦的大道。涂，通"途"。⑬故：通"固"。⑭至小：极小，此处指人有限的生命及其智力。穷：尽。至大之域：无穷大的宇宙。⑮倪：端倪，限度。⑯至精无形，至大不可围：最细微的东西是没有形体的，最大的东西是没有范围的。⑰信情：实情。⑱异便：不同的方便。⑲势：情势。⑳垺（fú）：同"郭"，城外城。殷：盛大。㉑期：待，依赖。㉒"数之"句：不是能用数字划分的。㉓意致：运用意识可以达到。㉔不期精粗：不拘于精粗，指玄妙的天道。㉕不多：不夸耀。㉖贱：鄙视。门隶：守门的仆隶。㉗"事焉"句：行事无须借助他人。㉘食乎力：自食其力。㉙行殊乎俗：行事与世俗不同。㉚辟异：邪辟怪异。㉛从众：随俗。㉜佞谄：用花言巧语向人献媚。㉝劝：勉励。㉞戮耻：刑罚，耻辱。辱：羞耻。㉟闻：闻名。㊱不得：不求得得。不得也就不会失，无得失，才是至德。㊲"大人"句：即《逍遥游》篇中的"至人无己"。㊳约分之至：缩小分别到了极致，即在精神上消灭了一切区分和对立。约，约束，缩小。

【译文】

河伯说："那么我以天地为大，以毫末为小，可以吗？"

海神若说："不可以。事物在量上是没有穷尽的，在时间上也是没有止境的，得与失没有不变的常规，事物的终结和起始没有定因。所以具有大智慧的人明察远近，小的不以为少，大的也不以为多，是因为知道事物的量是无穷的；求证于古今之事，因而对遥远的事不感到纳闷，对就近的事也不强求，因为知道时间是没有止境的；洞察盈亏规律，所以得到了也不欢喜，失去也不难过，因为知道得失是变化无常的；明白生命大路，所以生于世间而不喜悦，死去了也不认为是灾祸，因为知道终了和起始不会一成不变。估计人所知道的东西，不如他不知道的东西多；他活在世上的时间，比不上他不在世上的时间多；以其有限的智力、短暂的生命去穷尽无限的境域，所以会陷入迷惑混乱而终无所得。这样看来，又怎能知道毫毛之末就足以确定为最细微的限度呢？天地就足以包括最大的领域呢？"

河伯问："世间的议论者都说'最细微的东西没有形体，最大的东西无法确定范围'，这是真的吗？"

海神若说："从小的方面看大的方面看不全面，从大的方面看小的方面看不分明。精，是小中之小。垺，是大中之大；因而大小各有不同的方便，这是情势如此。所谓的精与粗，是就有形之物而言的；至于小到无形，不能用数字划分；大到没边，无法用数字穷尽。可以谈论的，是粗重的物体；只可意会的，是精微的物体；而言语无法论及，意识不能察觉的，就不限于精粗的范围了。

"因而明道之人的行为，无意害人，也不夸耀仁义恩惠；举动不为谋利，也不小看门童；不争货物财富，也不有意推辞谦让；行事不求人，不赞扬自食其力，也不鄙视贪污；行为与世俗不同，也不标新立异；从俗随众，却不指责谄媚；世上的高官厚禄不足以让他去追求，世上的刑罚耻辱也不足以使他感到羞辱；明白是非是不能划分界限的，小大没有划分的标准。我听说：'得道之人不求功名于世，大德之人一无所得，至人忘却自我。'这就是把一切区分和对立都缩小到了极致的境界呀！"

【分节导读】

此节借海神之口阐述事物的相对性。任何事物都存在多个方面，大小、贵贱、好坏都并非绝对。作者通过"尧舜让而帝"和"之、哙让而绝"的故事告诫人们万事万物都处在变动不居的状态中，不能用一成不变的准则对事物进行判断。

【原文】

河伯曰："若物之外，若物之内①，恶至而倪贵贱②？恶至而倪小大？"

北海若曰："以道观之，物无贵贱；以物观之，自贵而相贱③；以俗观之④，贵贱不在己⑤。以差观之，因其所大而大之，则万物莫不大；因其所小而小之，则万物莫不小⑥；知天地之为稊米也⑦，知毫末之为丘山也，则差数睹矣⑧。以功观之⑨，因其所有而有之，则万物莫不有；因其所无而无之，则万物莫不无⑩。

河伯问："如何区分物的贵贱、大小？"

知东西之相反而不可以相无⑪，则功分定矣⑫。以趣观之⑬，因其所然而然之⑭，则万物莫不然；因其所非而非之⑮，则万物莫不非；知尧桀之自然而相非⑯，则趣操睹矣⑰。

从前，尧、舜禅让称帝。

　　"昔者尧、舜让而帝，之、哙让而绝⑱；汤、武争而王，白公争而灭⑲。由此观之，争让之礼，尧桀之行，贵贱有时，未可以为常也⑳。梁丽可以冲城㉑，而不可以窒穴㉒，言殊器也㉓；骐骥、骅骝，一日而驰千里㉔，捕鼠不如狸狌㉕，言殊技也；鸱鸺夜撮蚤㉖，察毫末，昼出瞋目而不见丘山㉗，言殊性也。故曰，盖师是而无非㉘，师治而无乱乎？是未明天地之理，万物之情者也㉙。是犹师天而无地，师阴而无阳，其不可行明矣。然且语而不舍㉚，非愚则诬㉛。帝、王殊禅㉜，三代殊继㉝。差其时，逆其俗者㉞，谓之篡夫㉟；当其时，顺其俗者，谓之义之徒㊱。默默乎河伯㊲！女恶知贵贱之门，小大之家㊳。"

【注释】

①若：或者。②恶（wū）至：从何。倪：划分。③自贵而相贱：自以为贵，视他人、他物为贱。④以俗观之：从世俗的立场来看。⑤贵贱不在己：贵贱由别人决定。⑥"因其"四句：从事物大的方面来说（即与小的相比），万物都可以说是大的；反之，也可以说是小的。⑦稊米：小米。⑧差数睹：差别程度就可以看清了。⑨功：功效。⑩"因其"四句：从有效方面说，样样都有效；从无效方面说，样样无效。⑪"知东"句：明白东与西是相反的，但两者又是相互依存、缺一不可的。⑫功分：功能，职分。⑬趣：通"趋"，倾向、走向。⑭然：肯定。⑮非：否定。⑯自然：自以为然。相非：互相以对方为非。⑰趣操：趣向与操守。⑱"之、哙"句：燕王哙十分信任燕相子之，把王位让给子之，燕人不服，国家大乱，齐国乘机伐燕，杀死哙与子之，燕国几乎被灭。⑲争：武力争。白公：名胜，楚平王之孙，太子建之子。曾起兵杀令尹子西与司马子西而一度占领楚都，后被叶公打败，逃至山中自杀。⑳常：恒常不易的法则。㉑梁丽：粗大的木料。丽，通"欐"，屋梁。冲：冲撞。㉒窒穴：堵塞孔穴。㉓殊器：不同器物有不同的作用。㉔骐骥、骅骝：都是指骏马。骐，青黑色花纹如棋盘。骥，河北产的名马。骅，桃花马。骝，紫黑色的马。㉕狸：野猫。狌（shēng）：同"鼪"，黄鼠狼。㉖鸱鸺（chī xiū）：即鸱鸮，猫头鹰。撮蚤：抓跳蚤。㉗瞋目：瞪大眼睛。㉘盖：通"盍"，何不、怎么。师：师法。无：抛弃。㉙情：本性。㉚然且：然而还是。语而不舍：说个不停。㉛诬：欺骗。㉜帝：五帝。王：三王。殊禅：禅让的方式不同。㉝三代：夏、商、周。殊继：继承的方式不同。㉞逆其俗：违背世态人情。㉟篡夫：篡权的家伙。㊱义之徒：合乎正义的人。㊲默默乎：静一静吧。㊳恶知：怎么知道。

【译文】

河伯说:"或在万物之外,或在万物之内,从哪里区别它们的贵贱?又从哪里区分它们的大小呢?"

海神若说:"用道来观察,万物就没有贵贱之分。从万物自身看,万物都自以为贵而轻贱他物。从世俗观念来看,贵与贱由他人决定。说起事物之间的差别,就事物大的方面来看,那么万物就没有什么不是大的;而就其小的方面来看,那么万物也就没有什么不是小的。明白天地虽大,跟更大的事物相比就像米粒一样小;毫毛之末虽小,跟更小的事物相比则像山丘一样大,这样就能看清万物之间的差别了。说起事物的功效,从有效的方面来看,那么万物就没有无效的;从无效的方面来看,那么万物也就没有有效的。知道了东与西的方向虽然截然相反,二者却不可或缺的道理,那么万物就的功用和地位就可以确定了。从趋向来看,顺着肯定的理由而肯定,那么万物没有不对的;顺着否定的理由而否定,那么万物就没有不错的。明白了尧和桀的自以为是和互相指责,那么不同的趣向和操守就看得很清楚了。

"当初尧舜禅让而称帝,燕王哙和燕相子之禅让却几乎亡国;商汤周武以武力相争而称王,白公胜用武力争权却被灭亡。由此看来,争夺与禅让的礼制,唐尧和夏桀的做法,好与坏是因时而异的,不能看做是一成不变的。粗木可以冲撞城门,却不能用来堵耗子洞,这是说不同的器物有不同的作用。骐骥和骅骝日行千里,抓老鼠却不如野猫和黄鼠狼,这是说它们的技能不同。猫头鹰夜里捉跳蚤,能明察秋毫,白天出来即使睁大眼睛却连山丘都看不见,这是说性能的不同。所以说,怎么能只取法对的而抛弃错的,师法治理的而抛弃动乱的呢?这是因为不明白天地之理与万物之情。这就好比只师法天而放弃地,只效法阴而放弃阳,这样做行不通是很明显的。然而却仍有人对此不停地鼓吹,这如果不是愚蠢,就是说谎了。帝王禅让的方式不同,三代继承的方式也不同。不合时宜、违背世俗,就是篡夺者,而合乎时代、顺应世俗的,就是明义之人。河伯,你还是别说了吧,你怎么懂得贵贱的分野、小大的区别呢。"

⊙品庄悟道⊙

骐骥骅骝,一日而驰千里

物体的特性不同,功用也就不同。骐骥,骅骝都是可日行千里的良马,但若要让它们去抓老鼠,它们就比不上野猫了。

据《水注经》所载:"湖水出桃林塞之夸父山,其中多野马。造父于此得骅骝、绿耳、盗骊、骐骥、纤离。乘以献周穆王,使之驭以见西王母。"造父和周穆王的故事在《史记》和《周穆王》中都有记载。造父因为擅长驭马得到周穆王的宠信,他曾带着周穆王,架着由八匹骏马——包括骐骥、骅骝——所拉的马车,西行至昆仑山见西王母。

古人常用千里马来比喻人才,相比骅骝,世人对骐骥更加熟悉,其多被用来指代才能了得的青年。在《史记·刺客列传》里,燕太子丹找田光行刺秦王,田光便以"臣闻骐骥盛壮之时,一日而驰千里;至其衰老,驽马先之"婉拒,同时又向太子丹推荐了正值壮年的勇士荆轲。南梁的重臣徐勉,自幼聪颖好学,旁人便用"人中骐骥,必将日行千里"来称赞他的才华,认为他前程远大。

荆轲与徐勉,虽人生经历大相径庭,却都找到了发挥才干的地方,在历史上留下了自己的印记。人不仅要努力成为"骐骥",还应主动寻找可供自己发挥才干的空间,确保自己一身才华有用武之地。

【分节导读】

　　此节河伯问了三个问题：事物该怎样取舍、道的可贵之处在哪里以及天性、人为有哪些分别。海神则针对此三个问题，指出人们认知外物必将无所作为，只能等待它们的"自化"。作者认为懂得了道就能通晓事理，就能认识事物的变化规律，人应该返归本真，即不以人为毁灭天然。明道之人以天性为根本，明察安危、安于福祸，他们或进或退，去留从容，返归道的中心而淡出了道的极致。

【原文】

　　河伯曰："然则我何为乎，何不为乎？吾辞受趣舍①，吾终奈何？"

　　北海若曰："以道观之，何贵何贱，是谓反衍②；无拘而志③，与道大蹇④。何少何多，是谓谢施⑤；无一而行⑥，与道参差⑦。严严乎若国之有君⑧，其无私德；繇繇乎若祭之有社⑨，其无私福；泛泛乎其若四方之无穷⑩，其无所畛域⑩。兼怀万物⑪，其孰承翼⑫？是谓无方⑬。万物一齐，孰短孰长？道无终始，物有死生，不恃其成⑭；一虚一盈，不位乎其形⑮。年不可举⑯，时不可止；消息盈虚⑰，终则有始。是所以语大义之方⑱，论万物之理也。物之生也，若骤若驰⑲，无动而不变，无时而不移⑳。何为乎？何不为乎？夫固将自化㉑。"

道无边无际，无始无终。

牛有四条腿是天性，穿牛鼻是人为。

　　河伯曰："然则何贵于道邪㉒？"

　　北海若曰："知道者必达于理，达于理者必明于权㉓，明于权者不以物害己。至德者，火弗能热，水弗能溺，寒暑弗能害，禽兽弗能贼。非谓其薄之也㉔，言察乎安危㉕，宁于祸福，谨于去就㉖，莫之能害也。故曰，天在内，人在外，德在乎天㉗。知乎人之行，本乎天，位乎得㉘；蹢躅而屈伸㉙，反要而语极㉚。"

　　河伯曰："何谓天？何谓人？"

　　北海若曰："牛马四足，是谓天；落马首㉛，穿牛鼻，是谓人。故曰：无以人灭天，无以故灭命³²，无以得殉名³³。谨守而勿失，是谓反其真³⁴。"

【注释】

①辞：推辞。受：接受。趣舍：取舍。②反衍：反复衍化。③无：通"毋"。拘：固守。而：你。④謇（jiǎn）：妨碍，阻塞。⑤谢：代谢，衰减。施：移，转。⑥无：通"毋"。一：与上文"拘"对举成文。拘一，固守之意。⑦参差：长短不齐。⑧严：通"俨"，庄重的样子。有：语助词，无义。⑨繇（yóu）繇：通"悠悠"，自得的样子。社：土地神⑩畛（zhěn）域：界限。⑪怀：包容⑫孰：谁。承：受。翼：庇护。⑬无方：无所偏向。⑭恃：凭依。⑮位：守。⑯年不可举：年岁不能留守。⑰消：消亡。息：生长，生息。盈：充实，盈满。虚：虚空⑱大义之方：大道的方向。⑲骤、驰：车马快跑，比喻生息发展之快。⑳移：推移。㉑自化：自行变化。㉒何贵于道：道有什么可贵的地方呢？㉓权：应变，权变。㉔薄：迫，触犯。㉕察乎安危：明察安危。㉖去就：进退去留。㉗德在乎天：道德体现在天性上。德，高尚的修养。㉘本乎天：以天性为根本。位乎得：处于自得的境地。㉙踯躅（zhí zhú）：进退不定。㉚反要而语极：返归道的中心而谈论论道的极致。㉛落马首：给马戴上笼头。落，同"络"，马笼头。㉜无：通"毋"。故：造作。命：天命。㉝得：得失。殉：求取。㉞反其真：复归真性。

【译文】

河伯问："那么我该做什么？又不该做什么？我对事物的推辞接受取舍，到底该怎么办？"

海神若说："从道的角度观察，是无所谓贵贱的，因为贵贱是互相转化的；不要拘束你的心志，否则会与大道相抵触。无所谓多少，多少是互相变换的；不要固执你的行为，否则会与大道不一致。庄重威严得如同国君一样，对谁都没有过

得道的人，水不能淹。

多的恩德；悠闲自在得好似受祭的土神，对谁都没有偏心的保佑；像天地四方般广阔而无边无际。包容万物，又有谁受到特殊的照顾庇护？这就叫没有偏向。万物原本是齐一的，哪个短，哪个长呢？大道无始无终，万物有死有生，其生成不足凭依。时而空虚，时而盈满，不能固守不变的形态。年岁不能留守，时间不可停止，消亡生息，盈满空虚，终而复始。这就是说大道的方向，讲万物的事理。万物的生息，快如马奔，没有一个动作不在变化，没有一刻光阴不在推移。做什么？不做什么？万物本来是会自行变化的。"

河伯问："那么道又有什么可贵之处呢？"

海神若说："明道的人肯定通达事理，通达事理的人肯定明了权变，明了权变的人不会让外物伤害自己。有最高道德的人，火不能烧他，水不能淹他，严寒酷暑无法损伤他，凶禽猛兽也不能伤害他。这不是说至德之人迫近它们而能不受伤害，而是说他能明察安危之情，安于福祸，谨慎地对待进退去留，所以就没有能加害他的。所以说，天性蕴藏于内心，人事表现于外在行动，而道德体现在天性上。知道天性与人为，就能以天性为根本，而处于自得的地位，或进或退，随时屈伸，返归道的中心而谈出了道的极致。"

河伯问："什么是天性？什么是人为？"

海神若回答："牛马生下来有四只脚，这就是天性；套马笼头，穿牛鼻子，这就是人为。所以说，不要用人为破坏天性，不要用造作妨害天命，不要患得患失以求取功名，谨守天命而不失，就叫做返归真性。"

【分节导读】

此节中，庄子通过夔、坎、蛇、风、目、心依次钦羡、自叹不如的拟人化描述，阐述了万物的本能都是出自自然禀赋的观点。羡慕他人他物固有的机能抑或想胜过他人他物，既无必要，亦无可能。人应顺其自然，忘却得失、胜负，以小胜大。

【原文】

夔怜蚿，蚿怜蛇，蛇怜风，风怜目，目怜心①。

夔谓蚿曰："吾以一足趻踔而行②，予无如矣③。今子之使万足，独奈何④？"

蚿曰："不然。子不见夫唾者乎⑤？喷则大者如珠，小者如雾，杂而下者不可胜数也。今予动吾天机⑥，而不知其所以然⑦。"

蚿谓蛇曰："吾以众足行，而不及子之无足，何也？"

蚿羡慕蛇，没有脚也能行。

蛇曰："夫天机之所动，何可易邪⑧？吾安用足哉⑨！"

蛇谓风曰："予动吾脊胁而行，则有似也⑩。今子蓬蓬然起于北海⑪，蓬蓬然入于南海，而似无有，何也？"

风曰："然。予蓬蓬然起于北海而入南海也，然而指我则胜我，鳅我亦胜我⑫。虽然，夫折大木，蜚大屋者⑬，唯我能也，故以众小不胜为大胜也⑭。为大胜者，唯圣人能之。"

【注释】

①夔（kuí）：远古传说中一只脚的怪兽。怜：羡慕。蚿（xián）：多足虫。②趻踔（chěn chuō）：跳着走。③无如：不如，比不上。④独奈何：将怎么办呢？⑤唾者：吐唾沫或打喷嚏的人。⑥天机：天生的机能。⑦不知其所以然：即像喷唾一样自然而动，并不知道为什么会这样。⑧易：变换。⑨安用足：哪里用得着脚呢？⑩有似：像有脚似的。⑪蓬蓬然：风动声。⑫鳅（qiū）：又作"蹴"，踢，踩踏。⑬蜚：通"飞"，刮起。⑭众小不胜：不胜众小。

【译文】

一只脚的夔羡慕多足的蚿，蚿羡慕蛇，蛇羡慕风，风羡慕眼，眼羡慕心。

夔对蚿说："我用一只脚跳着走，再也没有比我更简单的了，现在您使用一万只脚，怎么走法呢？"

蚿说："不是这个理。您没见过打喷嚏的人吗？喷出的唾沫大的如珠子，小的像雾气，乱喷下来的数也数不清。现在我行动只是出于天生的机能而已，而不知道为什么能这样。"

蚿对蛇说："我用许多脚运动而不如您没有脚，这是为什么呢？"

蛇说："各自用天生的机能而运动，怎么可以变换？我哪里用得着脚呢！"

蛇对风说："我运用我的脊背和肋部爬行，是有形可见的；现在您呼呼地从北海吹起，呼呼地刮到南海，却好像是无形的，这是为什么呢？"

风回答说："是啊。我呼呼地从北海刮到南海。然而用手指，用脚踩，都能胜过我。虽然如此，刮断大树，吹倒大屋的，却只有我能做到，所以不能在许多小的方面取胜，却反而能在大的方面取胜。能够取得大胜的，只有圣人才能办到。"

◎品庄悟道◎

夔怜蚿，蚿怜蛇，蛇怜风，风怜目，目怜心

　　夔、蚿、蛇、风、目、心彼此钦羡，它们都看到对方优于自己的地方，却也都不了解对方的苦衷。这就好比现实中，让人烦恼的，往往不是人自己的生活，而是别人的生活。夔跳着脚走路本没有什么不自在，却会羡慕很多条脚的蚿。蚿走起路来，若干脚并用，没有什么烦恼，可却羡慕没有脚的蛇。蛇没有脚也能行动自如，却认为自己远不如风……人对别人的生活艳羡万分，并在他人与自己的对比中，妄自菲薄。

　　善于发现他人的长处固然很好，但别人的生活终究是别人的，一心羡慕他人难免迷失自我。而人总是看到他人生活的美妙之处，意识不到他人的烦恼。因此焦灼、迷茫等负面情绪常伴随羡慕而生。

　　人要把握好自己的生活，就必须学会不去羡慕别人的生活，至少学会不因羡慕他人烦躁不宁。人只有将注意的焦点转移到自己身上来，才能看清什么是自己真正想要的，什么是自己真正的目标。如此，才可不受外界的打扰，专心过好自己的日子。

【分节导读】

　　此节通过孔子及其弟子一行在宋被围的故事，向人们昭示命运是由天主宰，并非人力可为的道理。人是否得志由时势决定，人应坦然地面对各种人生际遇。此节中，孔子区别了三种不同的勇敢，指出何为圣人的勇敢——懂得困厄潦倒为命中注定，知道顺利通达乃时运所致，面临大难而毫不畏惧。

【原文】

　　孔子游于匡①，宋人围之数帀②，而弦歌不惙③。子路入见，曰："何夫子之娱也④？"

孔子向弟子阐释勇敢。

　　孔子曰："来！吾语女。我讳穷久矣⑤，而不免，命也；求通久矣，而不得，时也⑥。当尧舜之时而天下无穷人⑦，非知得也；当桀纣之时而天下无通人，非知失也；时势适然⑧。夫水行不避蛟龙者，渔父之勇也；陆行不避兕虎者⑨，猎夫之勇也；白刃交于前，视死若生者，烈士之勇也⑩；知穷之有命；知通之有时，临大难而不惧者，圣人之勇也。由处矣⑪，吾命有所制矣⑫。"

　　无几何⑬，将甲者进⑭，辞曰⑮："以为阳虎也⑯，故围之。今非也，请辞而退。"

【注释】

①匡：春秋时地名，位于宋、卫、郑三国之间。②帀：同"匝"周。③惙（chuò）：通"辍"，止。④娱：快乐。⑤讳：忌。穷：困穷。⑥时：时势。⑦穷人：不得志的人。⑧时势适然：碰上时运。适，遇。⑨兕（sì）：犀牛。⑩烈士：坚贞不屈的人。⑪处矣：安处。⑫有所制：被天命限制。制，支配，限制。⑬无几何：不一会儿。⑭将：率。甲：甲士，军士。⑮辞：道歉。⑯以为阳虎也：以为是阳虎呢。阳虎，原鲁国季孙氏家臣，后专鲁政三年，曾带兵侵略匡地，故与匡人结怨。

【译文】

孔子周游到宋、卫、郯国之间的匡地，被宋国人团团包围，但他还是不停地弹琴吟唱。子路进见老师说："先生您为什么还这样快乐呢？"

孔子说："过来，我告诉你原因。我忌讳困穷已经很久了，可仍然无人任用我，这就是命该如此；我追求通达也很久了，可照样潦倒，这就是时运不济。处在尧舜的时代，天下没有不得志的人，不是靠他们的智慧得志；处在桀纣的时代，天下没有得志的人，也不是他们的才智不足。一切都是时势造成的。在水中行走而不躲避蛟龙，是渔夫的勇敢。在陆上行走而不躲避犀牛老虎，是猎人的勇敢。在刀光剑影中视死如归，是烈士的勇敢。知道困穷是由于命运，通达需等待时机，临危而不惧，是圣人的勇敢。仲由，你安心待着吧，我的命运是由上天决定的。"

没多久，带兵的人进来，道歉说："以为是阳虎呢，所以把你们包围了。现在知道弄错了，请允许我表示歉意而退兵。"

【分节导读】

此节中，公子牟对自以为辩才了得的公孙龙进行了讽刺，用井底之蛙来形容后者的狂妄浅薄。在大道的面前，玄妙的言论、论辩的言辞都渺小得不值一提，把这些当做炫耀的资本，无异于显露自己的无知。公孙龙不明大道，所以对庄子那阐释大道的学说，会有茫然无知之感。作者用公孙龙的茫然感来说明庄子学说的博大精深为一般人难以企及。

【原文】

公孙龙问于魏牟曰①："龙少学先王之道，长而明仁义之行；合同异，离坚白；然不然，可不可②；困百家之知③，穷众口之辩④；吾自以为至达矣⑤。今吾闻庄子之言，汒焉异之⑥。不知论之不及与⑦，知之弗若与？今吾无所开吾喙⑧，敢问其方⑨。"

公子牟隐机大息⑩，仰天而笑曰："子独不闻夫坎井之蛙乎⑪？谓东海之鳖曰：'吾

公子牟讲述井底之蛙。

乐与！出跳梁乎井干之上⑫，入休乎缺甃之崖⑬；赴水则接腋持颐⑭，蹶泥则没足灭跗⑮；还视虾蟹与科斗⑯，莫吾能若也⑰。且夫擅一壑之水⑱，而跨跱坎井之乐⑲，此亦至矣，夫子奚不时来入观乎⑳！'东海之鳖左足未入，而右膝已絷矣㉑。于是逡巡而却㉒，告之海曰：'夫千里之远，不足以举其大㉓；千仞之高，不足以极其深。禹之时十年九潦㉔，而水弗为加益；汤之时八年七旱㉕，而崖不为加损㉖。夫不为顷久推移㉖，不以多少进退者㉗，此亦东海之大乐也。'于是坎井之蛙闻之，适适然惊㉘，规规然自失也㉙。

"且夫知不知是非之竟㉚，而犹欲观于庄子之言㉛，是犹使蚊虻负山，商蚷驰河也㉜，必不胜任矣，且夫知不知论极妙之言而自适一时之利者㉝，是非坎井之蛙与？且彼方跐黄泉而登大皇㉞，无南无北，奭然四解㉟，沦于不测㊱；无东无西，始于玄冥㊲，反于大通㊳。子乃规规然而求之以察㊴，

索之以辩，是直用管窥天，用锥指地也，不亦小乎！子往矣！且子独不闻夫寿陵馀子之学行于邯郸与⁴⁰？未得国能⁴¹，又失其故行矣，直匍匐而归耳⁴²。今子不去，将忘子之故，失子之业。"

公孙龙口呿而不合⁴³，舌举而不下，乃逸而走⁴⁴。

井底之蛙。

【注释】

① 公孙龙：战国时期名家代表人物，赵国人，著有《坚白论》《白马论》等，在诸子百家中有重要地位，"白马非马"便是他的著名论辩。魏牟：魏国公子。② "合同异"四句：见《齐物论》篇注。③ 知：见解。④ 辩：口才。⑤ 至达：极其通达明理。⑥ 汒：同"茫"。异：惊异。⑦ 论：口才。与：通"欤"，语气词。下同。⑧ 喙（huì）：嘴。⑨ 方：办法，方法。⑩ 公子牟：即魏牟。隐机：背靠几案。机，同"几"。大（tài）息：叹息。⑪ 坎井：浅井。⑫ 跳梁：同"跳踉"，跳跃。井干：井栏。⑬ 缺甃（zhòu）之崖：砖头脱落的井壁。甃，砌井壁的砖。⑭ 腋：腋窝。颐：腮帮。⑮ 蹶（jué）：践踏。跗（fū）：脚背。⑯ 还视：回顾看看。虷（hán）：井中赤虫。蟹：小螃蟹。科斗：即蝌蚪。⑰ 莫吾能若：没有能像我这样的。⑱ 擅：独占。壑：坑。⑲ 跨跱（zhì）：盘踞。⑳ 夫子：对东海之鳖的尊称。奚：何。时来：时常来。㉑ 絷（zhí）：绊住。㉒ 逡（qūn）巡：迟疑徘徊。㉓ 举：形容。㉔ 潦：同"涝"，指雨大水多。㉕ 崖：同"涯"，水边。加损：越来越少。损，减少。㉖ 顷：暂。推移：改变。㉗ 多少：雨水的多少。进退：水位的升降。㉘ 适（tì）适：惊视自失貌。㉙ 规规：局促。自失：自己感到不如人。㉚ 知不知：前一"知"通"智"，后一"知"，意为通晓。竟：通"境"。㉛ 观：观察。㉜ 商蚷（jù）：即马蚿，生活在陆地的小虫。㉝ 极妙之言：指庄子的高论。适：快意，满足。㉞ 彼：指庄子。跐（cǐ）：踏。黄泉：地下泉水。大（tài）皇：天之极高处。㉟ 奭（shì）然：消解，释然自在。四解：四通八达。㊱ 沦：入。不测：不可测的深度。㊲ 始：开头。玄冥：幽深玄妙的境界。㊳ 大通：无所不通。㊴ 子：公孙龙。规规然：浅陋拘泥的样子。㊵ 寿陵：燕国地名。馀子：少年。邯郸：赵国都城。㊶ 国能：未学得赵国人走路的本领。㊷ 直：只能。匍匐：爬行。㊸ 呿（qū）：张口。㊹ 逸：逃。走：跑。

【译文】

公孙龙问魏公子牟："我年轻时学习先王之道，长大后明白仁义的行为；能把事物的相同相异混为一谈，能把白石头的坚硬与洁白一分为二；把不对的说成对的，把不可以的说成可以的；困窘百家的才智，而使善辩者理屈辞穷。我自认为已经极其通达明理了。现在我听了庄子的言论，深感茫然与惊异。不知是我的口才不如他呢，还是我的知识不如他？我现在都不知道从何谈起了，请问这是什么缘故？"

公子牟靠着几案一声长叹，仰天大笑说："你难道没听说过浅井之蛙的故事吗？它对东海之鳖说：'我快乐极了！在井栏边跳上跳下，在井壁缝里休息；浮在水上，水托着我的胳肢窝和腮帮子，跳到泥里，泥没过我的脚丫子和脚面，回头看看周围的小虫子、小螃蟹和小蝌蚪，谁也比不上我。而且独占了一坑水，盘踞了一口井，这也是快乐的最高境界了。您为什么不时常到井里来光顾一下呢？'东海之鳖的左脚还没有进去，右腿就被绊住了。于是迟疑地退了出来，便告诉井蛙大海的情况：'千里的长远，不足以形容海的大；八千尺的高度，不足以穷尽海的深。大禹时十年九涝，而海水不见多；商汤时八年七旱，而海水也不向后退。它不因时间的长短而推移，不为雨水的多少而升降，这便是东海的大乐趣。'井蛙听了这话，目瞪口呆，茫然若失。

195

"如果智力达不到明白是非的境界，就想了解庄子的言论，这就如同让蚂蚁背山，让商蚷过河一样，必定无法胜任。再说智力不能够论述玄妙言论而只自足于口舌之辩的一时胜利，这不是和浅井之蛙一般的见识吗？况且庄子的学识上天入地，不分南北，四通八达，深不可测；无东无西，始于玄妙幽昧，归于无所不通。你却只会鼠目寸光地从常理考察，还想和庄子辩论，这简直就是用竹管看天，以锥子指地一样，不是显得太渺了吗？你赶快走吧！难道你就没听说过寿陵少年邯郸学步的故事吗？不但没有学会邯郸人走路的样子，连自己原来的走法也丢掉了，只好爬着回去。现在你要是还不快走，将忘却你原来的本事，失去你的学业了。"

公孙龙听了不禁张口结舌，灰溜溜地逃走了。

⊙品庄悟道⊙

井底之蛙

世人常用"井底之蛙"来讽刺见识短浅、盲目自大的人。把眼前所见的一小片天空当成整个世界，心能包容的便只有这个世界。见识短浅予人的危害，不仅仅是招致耻笑。它会让人的思维变得狭隘，不能更好地把握这个世界，也无从体会世界的大美，它会制约人心性的发展，让人在沾沾自喜中丧失前行的动力，沉溺眼前的美满，忽视远处的危险。蛙对井底的生活十分满意，对井外的世界一无所知。如果哪天井有变故，不得不到井外生存，它要如何面对井外的天地呢？

庄子用井底之蛙的故事告诫人们："吾在天地之间，犹小石小木之在大山也，方才乎见少，又奚以自多！"再伟大的人，在自然面前，也十分渺小。人切勿把自己有限的生活圈子当成整个世界，切勿把自己有限的经历当做评判世间所有人、事的依据。未知的远远比人已知的要多，见少而自以为多，贻笑大方是小，造成误解、招致祸患是大。

【分节导读】

此节讲述了庄子拒绝楚王聘其为相的故事。庄子善于通过寓言故事说明道理和剖白心迹。此处庄子仍然沿袭寓言式表达的风格，通过设计"神龟是宁愿死去了留下骨骸而显示尊贵，还是宁愿活着在泥水里拖着尾巴"的问题，引导楚使，借使者之口表明不愿为官的态度，委婉地回绝了楚王的聘意。

【原文】

庄子钓于濮水①，楚王使大夫二人往先焉②，曰："愿以境内累矣③！"

庄子持竿不顾，曰："吾闻楚有神龟，死已三千岁矣，王以巾笥而藏之庙堂之上④。此龟者，宁其死为留骨而贵乎？宁其生而曳尾于涂中乎⑤？"

二大夫曰："宁生而曳尾涂中。"

庄子曰："往矣！吾将曳尾于涂中。"

【注释】

①濮（pú）水：河名，在山东濮县。②楚王：楚威王。往见：往见之，先述其意。有试探的意思。③累：拖累，麻烦。此句意为请庄子为楚相，以国事相累。④巾笥（sì）：装进竹箱，蒙上巾被。笥，盛物的竹器。庙堂：宗庙明堂。古代国有大事，告于宗庙，议于明堂。宗庙是古代帝王议事或祭祀的地方。⑤宁：宁可。曳：拖。涂：泥。

【译文】

庄子在濮水边钓鱼，楚威王派了二位大夫先行转达要他担任楚相的意思，说："愿意把楚国交

庄子在濮水边钓鱼。

给您管理！"

　　庄子手持钓竿，头也不回，说："我听说楚国有一只神龟，已经死了三千年了，楚王把它装在竹箱子里，蒙上巾被，而藏在太庙明堂里。对这只龟来说，是宁可死后留下龟骨而被人珍贵呢，还是宁可活着在泥里拖着尾巴爬行呢？"

　　二位大夫说："当然愿意活着拖着尾巴爬行泥中。"

　　庄子说："你们请回吧！我也将拖着尾巴在泥中爬行。"

【分节导读】

　　此节庄子将自己比喻成非醴泉不饮的鹓鶵，将惠施比喻成吃腐鼠的鸱，不只讽刺了惠施，也讽刺了和惠施一样看重利权位的人。在得道者眼中，世俗崇尚的名利权位就如腐败的老鼠，没有丝毫吸引力，庄子以此表达对世俗观念的轻视。而如惠施一般，用世俗的观念揣度得道者的行为，无异于用小的器物盛取大的事物，只会暴露自己的浅薄。

【原文】

　　惠子相梁[①]，庄子往见之。或谓惠子曰[②]："庄子来，欲代子相。"于是惠子恐，搜于国中三日三夜。

　　庄子往见之，曰："南方有鸟，其名为鹓鶵[③]，子知之乎？夫鹓鶵，发于南海而飞于北海，非梧桐不止[④]，非练实不食[⑤]，非醴泉不饮[⑥]。于是鸱得腐鼠[⑦]，鹓鶵过之，仰而视之曰：'吓[⑧]！'今子欲以子梁国而吓我邪？"

【注释】

①惠子：惠施，宋人，名家代表人物，曾为梁惠王相。②或：有的人。③鹓鶵（yuān chú）：传说中凤凰一类的神鸟。此庄子自喻。④梧桐：高大落叶乔木。止：栖息。⑤练实：竹子的果实。⑥醴（lǐ）泉：味如甜酒的泉水。醴，甜酒。⑦鸱（chī）：猫头鹰。此喻惠施。腐鼠：喻相位。⑧吓：惊怕之声。

【译文】

　　惠子在魏国为相，庄子前去拜访他。有人对惠子说："庄子这次来，是想代替您做宰相。"于是惠子很害怕，在都城中搜捕庄子，整整三天三夜。

　　庄子前去见惠子，对他说："南方有一种鸟，叫做鹓鶵，您知道吗？这种鸟从南海出发，而飞往北海，不是梧桐树不肯在上面栖息，不是竹子的果实不肯吃，不是甘美的泉水不喝。在这时，猫头鹰得到一只腐烂的老鼠，见鹓鶵飞过，连忙抬起头来看着鹓鶵，喊：'吓！'现在您也想用您的魏国来吓唬我吗？"

庄子去魏国拜访魏相惠施。

【分节导读】

此节讲述的是著名的"濠梁观鱼"。庄子和惠施就"鱼之乐"展开辩论，庄子认为"儵鱼出游从容，是鱼之乐"，惠施则反驳庄子"子非鱼，安知鱼之乐"。庄子予惠施的回答看似答非所问，实际则反映了其对自由的向往。出游从容，不一定是鱼之所乐，却必然是庄子所乐。

【原文】

庄子与惠子游于濠梁之上①。庄子曰："儵鱼出游从容②，是鱼之乐也。"

惠子曰："子非鱼，安知鱼之乐？"

庄子曰："子非我，安知我不知鱼之乐？"

惠子曰："我非子，固不知子矣；子固非鱼也，子之不知鱼之乐，全矣③。"

庄子曰："请循其本④。子曰'汝安知鱼乐'云者，既已知吾知之而问我，我知之濠上也⑤。"

【注释】

①濠梁：濠水桥上。濠河在安徽凤阳县境内。梁，桥。②儵（tiáo）鱼：白鱼。从容：自得。③全矣：完全如此。④循：顺，追溯。本：起源。⑤"汝安知鱼乐"数句：惠施原意为"你怎么知道鱼的快乐"？庄子却偷换概念，理解为"您（在）哪儿知道鱼的快乐"？所以他回答说："我在濠水桥上知道的。"

【译文】

庄子与惠子在濠水桥上游玩。庄子说："白鱼悠闲自在地游水，这是鱼儿的乐趣呀。"

惠子说："您不是鱼，哪知道鱼的乐趣呢？"庄子说："您不是我，怎么知道我不知道鱼的乐趣？"

惠子说："我不是您，当然不知道您的想法；您原本也不是鱼，所以您也不知道鱼的乐趣，是完全可以肯定的。"

庄子说："还是让我们从开头的话题说起吧。您所说：'您（在）哪儿知道鱼的乐趣'这句话，就是已经知道我晓得鱼的乐趣才问我的，（我告诉您吧，）我是在濠水桥上知道鱼的乐趣的呀。"

◎至乐◎

【题解】

本篇论述的是有关人生快乐和生死态度的问题，所谓"至乐"，即最大快乐之意。作者通过若干事例说明生老病死是自然变化，不以人的忧乐为转移，只要将这些统统看破，摒弃世俗的忧伤，安于所化，就能达到至乐的境地。

【分节导读】

此节主要论述了苦乐生死的问题，反映了庄子的人生观和生死观。庄子极其重视养生，提出"至乐活身"的命题，就世人所贵、所乐、所下、所苦展开论述，否定了世俗之见，表达了"无为诚乐""至乐无乐"的观点。

【原文】

天下有至乐无有哉？有可以活身者无有哉①？今奚为奚据？奚避奚处②？奚就奚去？奚乐奚恶？

夫天下之所尊者，富贵寿善也；所乐者，身安厚味美服好色音声也；所下者③，贫贱夭恶也；所苦者，身不得安逸，口不得厚味，形不得美服，目不得好色，耳不得音声；若不得者，则大忧以惧④，其为形也亦愚哉⑤！

夫富者，苦身疾作⑥，多积财而不得尽用，其为形也亦外矣⑦。夫贵者，夜以继日，思虑善否⑧，其为形也亦疏矣⑨。人之生也，与忧俱生，寿者

人一出生，就与忧并生。

惛惛⑩，久忧不死，何苦也！其为形也亦远矣⑪。烈士为天下见善矣⑫，未足以活身。吾未知善之诚善邪，诚不善邪？若以为善矣，不足活身；以为不善矣，足以活人⑬。故曰："忠谏不听⑭，蹲循勿争⑮。"故夫子胥争之以残其形⑯，不争，名亦不成。诚有善无有哉？

今俗之所为与其所乐，吾又未知乐之果乐邪，果不乐邪？吾观夫俗之所乐，举群趣者⑰，诬诬然如将不得已⑱，而皆曰乐者，吾未之乐也⑲，亦未之不乐也。果有乐无有哉？吾以无为诚乐矣，又俗之所大苦也。故曰："至乐无乐，至誉无誉。"

天下是非果未可定也。虽然，无为可以定是非。至乐活身，唯无为几存⑳。请尝试言之。天无为以之清㉑，地无为以之宁㉒，故两无为相合，万物皆化。芒乎芴乎㉓，而无从出乎㉔！芴乎芒乎，

而无有象乎㉕！万物职职㉖，皆从无为殖㉗。故曰天地无为也而无不为也，人也孰能得无为哉！

【注释】

①活身者：保全生命的方法。
②奚：何。为：作为。据：依据。避：回避。处：居。③下：认为卑贱。④以：而。⑤为（wèi）形：保养身体。⑥苦身：使身体劳苦。疾作：拼命干。
⑦外：外行。⑧否（pǐ）：与善相对。⑨疏：远。⑩惛（hūn）惛：神志不清。⑪远：远离。
⑫为：被。⑬活人：使他人活。⑭忠谏：以忠诚之心劝谏。⑮蹲循：通"逡巡"，迟疑退却。⑯子胥：伍子胥。吴国大将，谏夫差不许勾践求和，夫差不听，后被赐死。已见《胠箧》篇注。⑰举：全，都。趣：通"趋"。⑱迳（kēng）迳：争先恐后向前的样子。⑲未之乐：即未乐之。⑳几存：最有可能容身。几，近。㉑清：清明。㉒宁：安宁。㉓芒乎芴（hū）乎：同"恍惚"，无为之象。㉔无从出：不知从何产生。㉕无有象：没有迹象。㉖职职：繁多。㉗殖：繁衍生殖。

富有者多劳苦，高贵者多思虑，烈士不全生。

天地无为，生化万物。

【译文】

　　天下到底有没有至极的快乐？有没有可以保全生命的方法？现在应当做什么，以什么为依据？回避什么？安于什么？怎样趋就？怎样舍弃？喜欢什么？厌恶什么？

　　天下人所崇尚的，是富有、尊贵、长寿、善名；所喜欢的，是身体安逸、山珍海味、华美服饰、娇艳容貌、悦耳音乐；而所卑贱的，是贫穷下贱、短命恶名；所痛苦的，是身体不得安逸，吃不着山珍海味，穿不上华美服饰，看不到娇艳容貌，听不见悦耳音乐。如果得不到这些，就会大为忧虑恐惧，这对养生来说，也太愚蠢了！

　　富有之人，身体劳苦，拼命工作，多积财富却不能尽情享用，这对养生来说，不也太外行了！高贵之人，夜以继日，权衡利弊，这对养生来说也太疏忽了！人一出生，与忧并存。长寿的人昏昏沉沉，长期忧愁而不死去，这是何等痛苦呀！这对养生来说，真是离得太远了！烈士被天下人赞扬，却无法保全自己的生命。我真的不知道这种善到底是真的善呢，还是真的不善？如果以为是善，却不能够保全自己的生命；以为不善，却足以使他人存活。俗语说："忠言进谏如不听从，闭口不言

形形色色的万物都出自无为。

而不强争。"当初伍子胥因为强谏而遭杀戮，但是不谏争，他又不会成名。到底是有善还是没有呢？

现在世俗的所作所为以及他们的快乐，我也不知道是真的快乐呢，还是根本不快乐？我观察世俗的快乐，所有的人趋之若鹜，争先恐后好像身不由己似的，却都异口同声地说是快乐，而我却不知道这些是快乐还是不快乐。到底有没有快乐呢？我以为无为才是真正的快乐，而世俗却知道是极大的痛苦。所以说："最大的快乐就是无乐，最高的荣誉就是无誉。"

天下的是是非非实在是没法确定的。即便如此，无为却可以定是非。寻求极乐，保全生命，唯有无为差不多可以达到目的。请让我尝试着分析一下：天因无为而清明，地因无为而安宁，天地无为相结合，万物由此而化生。恍恍惚惚，不知从何产生！恍恍惚惚，没有迹象可寻！万物繁多，都是出自无为。所以说：天地虽然无为，而实际上无所不为也，而世俗之人，又有谁能够达到无为的境界呢！

【分节导读】

庄子的妻子去世了，庄子没有痛哭流涕，而是鼓盆而歌。在世俗眼里，亲人去世却不悲哀是无情的表现。惠子对庄子的指责正代表了世俗的看法，而庄子则站在道的角度反驳了惠子。在庄子看来，生死一如四时运行，都属自然变化，为死者痛苦哀伤是不通天命的表现，人不应为顺乎自然的事难过。

【原文】

庄子妻死，惠子吊之，庄子则方箕踞鼓盆而歌[①]。

惠子曰："与人居，长子、老、身死[②]，不哭，亦足矣，又鼓盆而歌，不亦甚乎！"

庄子曰："不然。是其始死也[③]，我独何能无概[④]！然察其始而本无生[⑤]，非徒无生也而本无形[⑥]，非徒无形也而本无气。杂乎芒芴之间[⑦]，变而有气，气变而有形，形变而有生，今又变而之死，是相与为春秋冬夏四时行也[⑧]。人且偃然寝于巨室[⑨]，而我嗷嗷然随而哭之[⑩]，自以为不通乎命，故止也。"

【注释】

① 箕踞（jī jù）：盘腿而坐，其形如簸箕，故而得名，古人是屈膝跪地，臀部坐在脚跟上，为标准坐态。盘腿而坐

201

是比较随便的坐式。鼓盆：敲击瓦盆作歌唱之拍节。②长子、老、身死：长养子孙，妻老死亡。历来多以"长子老身"为句，"死"字属下读。③是：此，指庄子之妻。始死：刚刚死的时候。④概：借为"慨"，慨叹、哀伤之意。⑤无生：未曾生。庄子认为生死不过是物象幻化，本没有什么分别，生也是未曾生。⑥形：形体。⑦杂乎芒芴：一种恍惚迷离、亦真亦幻的神秘状态，是从无到有转化的中间环节，也是天地万物的起点。⑧"是相"句：

妻子死了，庄子鼓盆而歌。

此句比喻死生如同四时运行一样自然。⑨且：假如。偃然：安息的样子。巨室：比喻天地之间。⑩嗷（jiào）嗷然：哀哭声。

【译文】

　　庄子的妻子死了，惠子前往吊唁，庄子却一边分开双腿像簸箕一样坐着，一边敲打着瓦缶唱歌。

　　惠子说："你跟死去的妻子生活了一辈子，生儿育女直至衰老而死，人死了不伤心哭泣也就算了，又敲着瓦缶唱起歌来，这岂不太过分了吗？"

　　庄子说："不是这样。她刚死之时，我怎么能不感慨伤心呢？然而仔细考察，她原本就不曾出生，不只是不曾出生，而且本来就不曾具有形体；不只是不曾具有形体，而且原本

庄子向惠子解释鼓盆而歌的原因。

就不曾形成元气。夹杂在恍恍惚惚的境域之中，变化而有了元气，元气变化而有了形体，形体变化而有了生命，如今变化又回到死亡，这就跟春夏秋冬四季运行一样。死去的那个人将安安稳稳地寝卧在天地之间，而我却呜呜地围着她啼哭，我认为这样做不能通达天命，所以也就停止了哭泣。"

【分节导读】

　　在此节中，作者虚构了支离叔和滑介叔两个人物，通过二人的对答，表达了"万物齐一"的观点。滑介叔对疾病的豁达态度为作者肯定，作者认为疾病乃自然变化在人身体上的反映，不必为此介怀。

【原文】

　　支离叔与滑介叔观于冥伯之丘①，昆仑之虚②，黄帝之所休。俄而柳生其左肘③，其意蹶蹶然恶之④。

　　支离叔曰："子恶之乎？"

滑介叔曰："亡^⑤，予何恶！生者，假借也^⑥；假之而生生者，尘垢也。死生为昼夜。且吾与子观化而化及我^⑦，我又何恶焉！"

【注释】

①支离叔、滑介叔：皆虚拟人名。支离表示忘形，滑介表示忘智。冥伯之丘：喻音冥之境。②昆仑之虚：遥远渺茫神秘的去处，凡人难于到达。虚，同"墟"，土丘。③俄而：不久、随即。表示时间很短暂。柳：通"瘤"。④蹶（jué）蹶然：惊动的样子。恶：厌恶。⑤亡：同"无"，表否定。⑥假借：人之生是借助二气五行，四肢百体合和而成。如《大宗师》说："假于异物，托于同体。"故称假借。⑦观化：观察造化之运行。

滑介叔的左肘上长出瘤子。

【译文】

支离叔和滑介叔在冥伯的山丘上和昆仑的旷野里游乐观赏，那里曾是黄帝休息的地方。忽然间，滑介叔的左肘上长出了一个瘤子，他感到十分吃惊并且厌恶这东西。

支离叔说："你讨厌这东西吗？"

滑介叔说："没有，我怎么会讨厌它！生命的形体，不过是借助外物凑合而成；一切假借他物而生成的东西，就像是灰土微粒一时间的聚合和积累。人的死与生也就犹如白天与黑夜交替运行一样。况且我跟你一道观察事物的变化，如今这变化来到了我身上，我又怎么会讨厌它呢！"

【分节导读】

此节仍是一个寓言故事。作者虚构了自己与髑髅相遇对话的场景，借髑髅之口，写出了人生在世的拘累和劳苦。从表面上看，庄子见空髑髅，是说人生的拘累、死亡的快乐，似乎是在鼓励人们追求死亡之乐。而实际上并非如此，髑髅死后的心理体验其实是庄子在逻辑上对人生困境的一种解脱，一种超越现实负累的精神解脱，是一种超越功利的纯精神快感。

【原文】

庄子之楚，见空髑髅^①，骷然有形^②，撽以马捶^③，因而问之，曰："夫子贪生失理，而为此乎^④？将子有亡国之事^⑤，斧钺之诛，而为此乎？将子有不善之行，愧遗父母妻子之丑^⑥，而为此乎？将子有冻馁之患，而为此乎？将子之春秋故及此乎^⑦？"

于是语卒，援髑髅^⑧，枕而卧。夜半，髑髅见梦曰^⑨："子之谈者似辩士^⑩。视子所言，皆生人之累也^⑪，死则无此矣。子欲闻死之说乎^⑫？"

庄子曰："然。"

髑髅曰："死，无君于上，无臣于下；亦无四时之事，从然以天地为春秋^⑬，虽南面王乐，不能过也。"

庄子不信，曰："吾使司命复生子形^⑭，为子骨肉肌肤，反子父母、妻子、闾里、知识^⑮，子欲之乎？"

髑髅深矉蹙頞曰^⑯："吾安能弃南面王乐而复为人间之劳乎！"

【注释】

①髑髅（dú lóu）：骷髅，死人的头骨。②髐（xiāo）然：尸骨干枯的样子。有形：有似生人头颅之形状。③撽（qiào）：敲打旁击。马捶：马鞭。"捶"同"箠"。④贪生：贪图享乐，纵欲无度。失理：背弃养生之理。为此：成为这样，即死亡。⑤将：抑或，表推测。⑥遗：遗留、留下之意。⑦春秋故：年事已高。享尽天年，本应如此。春秋，年纪。故，同"固"，本来。

庄子在路上看到一个骷髅。

⑧援：牵到，拉过来之意。⑨见：现，显现。⑩辩士：名辩之士、善辩之人。⑪累：牵累、负担。⑫说：同"悦"，愉悦、快乐。⑬从然：放纵自如的样子。从，同"纵"。以天地为春秋：与天地同寿同在，一样恒久。⑭司命：主管人生死之神。⑮反：通"返"，归还。知识：朋友。⑯矉（pín）：通"颦"，皱眉头。蹙（cù）：蹙为皱。頞同"额"。蹙頞，愁苦的样子。

【译文】

庄子到楚国去，途中见到一个骷髅，枯骨突露呈现出原形，庄子用马鞭从侧旁敲了敲，问道："先生是贪求生命、失却真理，因而成了这样呢？抑或是遇上了亡国的大事，遭受刀斧的砍杀，因而成了这样呢？抑或有了不好的行为，担心给父母、妻儿子女留下耻辱，羞愧而死成了这样呢？抑或是遭受寒冷与饥饿的灾祸而成了这样呢？抑或是享尽天年而死去成了这样呢？"

庄子枕骷髅而睡，梦见骷髅。

庄子说罢，拿过骷髅，当做枕头睡去。到了半夜，骷髅给庄子显梦说："你先前谈话的样子真像一个善于辩论的人。看你所说的那些话，全属于活人的拘累，人死了就没有上述的忧患了。你愿意听听人死后的快乐吗？"

庄子说："好。"

骷髅说："人一旦死了，在上没有国君的统治，在下没有官吏的管辖；也没有四季的操劳，从容安逸地把天地的长久看做是时令的流逝，即使南面为王的快乐，也不可能超过。"

庄子不相信，说："我让主管生命的神来恢复你的形体，为你重新长出骨肉肌肤，归还你的父母、妻子儿女、左右邻里和朋友故交，你愿意这样吗？"

骷髅皱眉蹙额，深感忧虑地说："我怎么能抛弃南面称王的快乐而再次经历人世的劳苦呢！"

【分节导读】

此节作者借孔子之口强调"命有所成而形有所适"，万物的形成皆有一定道理，其形体必有所适之处。孔子知道颜渊的性格和齐侯不同，担心齐侯因无法理解颜渊的主张而加害颜渊。他以养鸟为喻，说明顺乎对方本性的重要性，认为只有以顺应对方的禀性、心意为前提，才有可能打动对方，而万万不可将自己的想法强加于人。同样的，若统治者将自己的意志强施于民，也会对人造成伤害。

【原文】

颜渊东之齐，孔子有忧色，子贡下席而问曰①："小子敢问②，回东之齐，夫子有忧色，何邪？"

孔子曰："善哉汝问！昔者管子有言③，丘甚善之，曰：'褚小者不可以怀大，绠短者不可以汲深④。'夫若是者，以为命有所成而形有所适也⑤，夫不可损益。吾恐回与齐侯言尧舜黄帝之道，而重以燧人神农之言⑥。彼将内求于己而不得⑦，不得则惑，人惑则死。

颜渊去齐国，孔子很担忧。

"且女独不闻邪？昔者海鸟止于鲁郊⑧，鲁侯御而觞之于庙⑨，奏《九韶》以为乐⑩，具太牢以为膳⑪。鸟乃眩视忧悲⑫，不敢食一脔⑬，不敢饮一杯，三日而死。此以己养养鸟也，非以鸟养养鸟也。夫以鸟养养鸟者，宜栖之深林，游之坛陆⑭，浮之江湖，食之鳅鲦⑮，随行列而止⑯，委蛇而处⑰。彼唯人言之恶闻，奚以夫谗谗为乎⑱！咸池九韶之乐，张之洞庭之野⑲，鸟闻之而飞，兽闻之而走，鱼闻之而下入，人卒闻之⑳，相与还而观之㉑。鱼处水而生，人处水而死。彼必相与异㉒，其好恶故异也。故先圣不一其能㉓，不同其事。名止于实㉔，义设于适㉕，是之谓条达而福持㉖。"

【注释】

①下席：离开座位，表示尊敬。②小子：对师长表示尊敬的谦称。敢问：请问。③管子：管仲，春秋齐国人，为相四十年，助齐桓公成就霸业。④褚（zhǔ）：盛衣物的袋子。怀大：装大的东西。绠（gěng）：汲水的井绳。汲深：从深井中汲水。⑤成：定。适：合适，适宜。⑥重：重视，推崇。言：主张。⑦彼：指齐侯。⑧海鸟：当指爰居。《国语·鲁语上》："海鸟曰爰居，止于鲁东之外三日，臧文仲使国人祭之。"形似凤凰，古人视为神鸟。⑨御（yà）：迎。觞（shāng）：酒器，用如动词，指设酒宴招待。⑩九韶：舜时的乐曲，共有九章，只有在隆重场合才演奏。⑪太牢：牛羊猪三牲齐备的祭祀规格。膳：所供饭食。⑫眩视：看得眼花。⑬脔（luán）：切成小块的肉。⑭坛陆：广阔的原野。坛，通"坦"。⑮鳅：泥鳅。鲦（tiáo）：白条鱼，小鱼。⑯行列：飞行时的行列。⑰委蛇（wēi yí）：通"逶迤"，从容自得的样子。⑱奚：何。谗（náo）谗：喧闹之声。⑲咸池：黄帝时的乐曲。张：演奏。洞庭之野：广漠的原野。⑳人卒：众人。㉑还：同"环"，环绕。㉒彼：鱼与人。相与异：相互不同。㉓一其能：以为众人的才能都一样。㉔名止于实：名义要与实际相符。㉕义设于适：义理要适宜。㉖条达：条理通达。福持：长久保持福分。

【译文】

颜渊东去齐国，孔子面有忧色。子贡离开座位，问道："学生请问老师，颜渊东去齐国，老师您面有忧色，这是为什么呢？"

孔子说："你问得很好。当初管仲有句话，我认为说得很好，他说：'小袋子不能装大东西，短绳子汲不了深井水。'之所以如此，是因为命运各有所定，形体各有所宜，不能够随意增加或减少。

我担心颜渊向齐侯谈论黄帝与尧舜之道，又推崇燧人氏、神农氏的主张。齐侯听了就会反思自己，而无法做到，做不到就会产生疑惑，而使人疑惑就可能被置于死地。

"况且，你难道没有听说过吗？从前有一只海鸟停留在鲁都郊外，鲁侯把它迎进庙堂，设酒宴招待，并演奏《九韶》之乐助兴，备太牢之膳为食。海鸟却眼花缭乱，忧愁悲伤，不敢吃一块肉，不敢饮一杯酒，三天就死了。这是用养人的方法养鸟，不是以养鸟的方法养鸟。用养鸟的方法养鸟，就应该让鸟栖息在深林里，漫游在原野中，浮沉于江湖之上，捕食小鱼小虾，结队飞行，自由自在地生活。鸟类最讨厌听到人的声音，为什么还要对它大声喧闹不止呢！那些《咸池》《九韶》一类的乐曲，演奏在旷野之上，鸟听了高飞，兽听了远走，鱼听了潜入水底，而众人听了，就会围上来观赏。鱼在水里就能生存，人在水里却要淹死。人与鱼秉性各异，好恶也就不同。所以古代圣人不认为众人的才能都是一样的，也就不让众人承担相同的事务。名义要与实际相符，义理讲求适宜，这就叫条理畅达而保持福分。"

鲁侯把海鸟迎进庙堂。

◎品庄悟道◎

褚小者不可以怀大，绠短者不可以汲深

人不能用小袋子装大东西，也不能用短绳子去提深井的井水。类似的话在《淮南子·说林训》中也可看到："短绠不可以汲深，器小不可以盛大，非其任也。"人们常用它来比喻才力不足以胜任。孔子担心颜渊向齐君推荐的是自己所喜的治国之道，但由于齐君并不具备领会圣君之道的能力，颜渊的做法就相当于强行将大东西往小袋子中装，极易招徕祸患。

《列子》中就曾有这样的故事。鲁国人施氏有两个儿子，一学文，一学武，学文的被齐侯重用，做了太子的老师。学武的得到楚王的赏识，成为"军正"。施氏的邻居孟氏也有两个儿子，同样一学文，一学武。可学文的向尚武的秦王说仁义，被处以宫刑。学武的向尚文的卫王说用兵，遭到刖刑。

再好的东西如果使用方法不对，用的地方不对，也不能发挥出效力，向他人推举自己的观点就像找器物盛东西、拿绳子提水一样，必须要考虑对方能否接受、能接受到什么程度。

【分节导读】

在此节中，作者通过列子对骷髅所发的感慨，阐述对生、死的看法。世人多为生而乐，为死而忧，见骷髅便联想到死亡。但在得道者的眼里，死骷髅未必忧愁，活生生的人也未必欢乐。人要想达到"至乐"的境界，就必须超脱生死，不为生乐，不为死忧。

【原文】

列子行食于道从①，见百岁骷髅②，攓蓬而指之曰③："唯予与汝知而未尝死，未尝生也④。若果养乎？予果欢乎？⑤"

【注释】

① 列子：见《逍遥游》注。行食：出行途中造饭而食。道从：道旁。此段与《列子·天瑞》篇所载基本相同。② 百岁骷髅：形容骷髅年代很久。③ 攓（qiān）：同"搴"，拔取。蓬：蒿草。骷髅隐于草下，列子拔去蒿草，指而言之。④ 予：列子自称。汝：指骷髅。未尝死，未尝生：从列子地位看骷髅是死，自己是生；而从骷髅地位看，列子是死，自己是生。实则生死是无穷转化过程，推至极处，本无生死。所以从根本上说，死亦未曾死，生亦未曾生。⑤ 若：你，指骷髅。养：俞樾认为"养"读为"恙"，作"忧"解。从上下句看，养与欢对，亦当为忧义。予：列子自称。

【译文】

列子外出游玩，在道旁吃东西，看见一个上百年的死人的头骨，便拔掉周围的蓬草指着骷髅说："只有我和你知道你是不曾死，也不曾生的道理。你果真忧愁吗？我又果真快乐吗？"

【分节导读】

此节的主旨与《齐物论》的主要思想遥相呼应，作者特地将种子、水草、青苔、蛴螬、蝴蝶、鸲掇乃至马、人都设置在一条演化链上，是为了强调"万物皆出于机，皆入于机"。事物表面上形态各异，实际却出自同一根源。物体从一种形式转化成另一种形式，人由生至死也是如此，不过是存在形式发生了变化。明白了这个道理，人就可以坦然地面对生死，顺应自然，达到"至乐"。

【原文】

种有几①，得水则为继续②，得水土之际则为蛙蟆之衣③，生于陵屯则为陵舄④，陵舄得郁栖则为乌足⑤。乌足之根为蛴螬⑥，其叶为胡蝶。胡蝶胥也化而为虫⑦，生于灶下，其状若脱⑧，其名为鸲掇⑨。鸲掇千日为鸟，其名为乾余骨⑩。乾余骨之沫为斯弥⑪，斯弥为食醯⑫。颐辂生乎食醯⑬，黄𫐉生乎九猷⑭，瞀芮生乎腐蠸⑮。羊奚比乎不箰⑯，久竹生青宁⑰；青宁生程⑱，程生马，马生人，人又反入于机⑲。万物皆出于机，皆入于机。

物种因所遇条件不同化成不同形态。

形形色色的事物都出自自然造化。

【注释】

① 种：物种。几：精微。指物种包含的精微本质，潜存着运动变化的因由。② 鼺：同"继"水中断续如丝的低极生物。③ 蛙蠙之衣：生长在水边，覆盖在水面上的水藻、浮萍之类。因蛙蚌常隐蔽于其下，故名蛙蠙之衣。蠙（pín），能产珍珠的蚌类。衣，覆盖之物。④ 陵屯：高爽之地。陵舄（xì）：车前草，一种生长在路边的野草，俗称车轱轳菜。上面是说含有同等精微本质的物种，因所遇条件不同而化生不同形态，有鼺、有蛙蠙之衣、有陵舄等。⑤ 郁栖：栖息于粪土之中。乌足：草名。⑥ 蛴螬（qí zāo）：俗称地蚕，金龟子幼虫，生在粪壤中，并非乌足跟所化。⑦ 胥：须臾，形容时间甚短。⑧ 脱：同"蜕"，蜕皮。⑨ 鸲掇（qú duō）：虫名，其状柔嫩，像刚刚脱皮的样子。⑩ 乾余骨：鸟名，不知何鸟。⑪ 斯弥：虫名，未详。⑫ 食醯（xī）：食醋。⑬ 颐辂（lú）：醋放久了，孳生出的一种小飞虫，称蠓蠓，与蚋相似。故《荀子·劝学》篇有"醯酸而蚋聚焉"之说。⑭ 黄轵：虫名。九猷：虫名。⑮ 瞀芮（mào ruì）：蠓虫之类。腐蠸：《列子》张湛注以为："瓜中黄甲虫也。"成玄英疏以为萤火虫。⑯ 羊奚：钟泰《庄子发微》："羊奚疑即竹蓐，一名竹菰。"《本草》云："竹茸生枯竹根节上，似木耳而色赤，可作食用及药用。"此说较为可信。比：并连。不箰：不生笋之竹。⑰ 久竹：老竹。青宁：竹根虫。⑱ 程：赤虫名。殷敬顺《列子释文》引《尸子》："程，中国谓之豹，越人谓之模。"解程为豹，亦属推测。⑲ 机：同"几"，即"种有几"之"几"。万物由精微之本质化生出来，因环境条件不同而表现为千差万别，最后化而成人，人又复归于几。

【译文】

物类千变万化，源起于微细状态的"几"，有了水的滋养便会逐步相继而生，处于陆地和水面的交接处就形成青苔，生长在山陵高地就成了车前草，车前草获得粪土的滋养长成乌足，乌足的根变化成土蚕，乌足的叶子变化成蝴蝶。蝴蝶很快又变化成为虫，生活在灶下，那样子就像是蜕皮，它的名字叫做鸲掇。鸲掇一千天以后变化成鸟，它的名字叫做乾余骨。乾余骨的唾沫长出虫子斯弥，斯弥又生出蠓蠓。颐辂从蠓蠓中形成，黄轵从九猷中长出，蠓子则产生于萤火虫。羊奚草跟不长笋的老竹相结合，老竹又生出青宁虫，青宁虫生出赤虫，赤虫生出马，马生出人，而人又返归造化之初的浑沌中。万物都产生于自然的造化，又全都回返自然的造化。

◎达生◎

【题解】

本篇的主旨是养生，所谓"达生"，乃养身以畅达生命之意。作者认为生命为自然所赋予，人对它无可奈何，所能做的是使自己"形全精复，与天为一"，也就是说要看破生死，排除功名等杂念，调节饮食色欲，以求心地纯净，达到"神全"的境界，这样才算得上达生。

【分节导读】

此节论述了养形与养神的关系以及养形与养神的方法。作者认为，人应通达生命的真谛，超然外物，不因外物的好坏和自己的得失欢喜悲伤。不追求与生命无关的外在事物，不思考无可奈何的事情，才能形全精复，身形健全，心灵完整，与天为一。

【原文】

达生之情者^①，不务生之所无以为^②；达命之情者，不务命之所无奈何^③。养形必先之以物，物有余而形不养者有之矣；有生必先无离形^④，形不离而生亡者有之矣^⑤。生之来不能却^⑥，其去不能止。悲夫！世之人以为养形足以存生；而养形果不足以存生，则世奚足为哉^⑦！虽不足为而不

生命来临不能推却，生命离开也不能阻挡。

可不为者⑧，其为不免矣。

夫欲免为形者⑨，莫如弃世⑩。弃世则无累，无累则正平⑪，正平则与彼更生⑫，更生则几矣⑬。事奚足弃而生奚足遗？弃事则形不劳，遗生则精不亏⑭。夫形全精复，与天为一。天地者，万物之父母也，合则成体，散则成始⑮。形精不亏，是谓能移⑯；精而又精，反以相天⑰。

摒弃一切就没有牵累。

【注释】

①达：明白。生：养生。情：情理。②务：求，努力去做。生：性。无以为：无以为用，无法用。③无奈何：无能为力。④无：毋。离形：脱离形体，即死。⑤形不离而生亡：形体虽未离去而心已死，即是生亡。⑥却：推却，拒绝。⑦奚足：何足为，不足为。⑧不可不为：如果不顾，难以活命，故说不可不为。⑨为形：为形体操劳。⑩弃世：摒弃世俗事物。⑪正平：心性纯正平和。⑫彼：形体。更生：新生。⑬几：庶几，差不多。这里指接近"免为形"。⑭精不亏：精神不会受到损耗。⑮合则成体：天地相合生成万物的形体。散则成始：天地分离成为宇宙之本初。⑯能移：能随天地的变化而变化。⑰精而又精：使精神上不断完美。相：辅佐。

【译文】

明白养生情理的人，不追求生命所不必要的东西；通达性命实情的人，不追求命运所无可奈何的事。保养形体必须先有物质保证，不过物资绰绰有余却保养不了身体的人也是有的；保存生命必须不脱离形体，然而形体虽未脱离而生命却死亡了的人也是有的。生命来临不能推却，生命离去也无法阻留。可悲呀！世上的人以为保养好身体就足以保全性命，然而只保养身体确实不足以保全性命，那么世人养性保命的方法也就不值得去干了。但是，

通达生命实情的人不追求无可奈何的事。

即使不值得干却又不得不干的原因，是因为它们实在是不可避免的！

要想免除养形的劳累，最好是摒弃世俗的一切。摒弃一切就没有牵累，没有牵累就会心性纯正平和，心性纯正平和就会和形体一起获得新生，获得新生也就接近了免除养形劳累的境界了。世事为什么值得抛弃？人生为什么值得忘怀？抛弃世事则形体不劳累，忘怀人生则精神不消耗。形体健全，精神复元，就能与天道合为一体。天地是万物的父母，天地阴阳结合就生成万物的形体，天地消散则回归到宇宙之本初。形体与精神不亏损，就叫能与天地一起变化推移。精益求精，反过来能辅助天道。

⊙品庄悟道⊙

不务生之所无以为，不务知之所无奈何

达生的目的并非延长人的寿命，而是通达生命之实情，升华人的精神，使之超越生死的界限。人既有自然性的一面，又有社会性的一面，生命对人而言，不仅仅是一个生老病死的过程。人在社会中生存，必然要面对各种外物的诱惑，极少有人不在意富贵穷达，也极少有人能用淡泊的心态看待这些诱惑。

因此，庄子在《达生》的一开篇便写道："达生之情者，不务生之所无以为；达命之情者，不务知之所无奈何"，提醒人们，通达生命的人不去追求生命所不必要的东西，也不对寿命做无能为力的事。因此，人要学会分辨，哪些事可以为，哪些事无需为，哪些东西根本没必要去追求。分辨清楚后，人便可更为合理地安排自己的生活，避免将精力耗费在没有意义的事情上，从而达到保养身心的目的。

至于"达命之情"，体现的也是一种放弃的智慧，它要人保持平和的心态，不要为力所不能及的事情劳心耗力。另一方面，"不务知之所无奈何"又和古人说的"时不至，不可强生；事不究，不可强成"，有异曲同工之妙，都是在告诉人们，做事要考虑客观条件，若客观条件尚不成熟，就不应强行求成。

【分节导读】

此节通过列子和关尹的对话引出"一其性，养其气，合其德"的养生观点。作者认为，靠智巧养生远远不够，只有做到持守本性，合于天道，才能不为外物所伤，进入"潜行不窒，蹈火不热，行乎万物之上而不栗"的境界。

【原文】

子列子问关尹曰[①]："至人潜行不窒[②]，蹈火不热，行乎万物之上而不慄[③]。请问何以至于此？"

关尹曰："是纯气之守也[④]，非知巧果敢之列。居[⑤]，予语女。凡有貌象声色者，皆物也，物与物何以相远？夫奚足以至乎先[⑥]？是形色而已。则物之造乎不形而止乎无所化[⑦]，夫得是而穷之者[⑧]，物焉得而止焉[⑨]！彼将处乎不淫之度[⑩]，而藏乎无端之纪[⑪]，游乎万物之所终始，一其性，养其气[⑫]，合其德，以通乎物之所造[⑬]。夫若

关尹告诉列子："至人持守住了纯和之气。"

是者，其天守全[⑭]，其神无郤，物奚自入焉[⑮]！

"夫醉者之坠车，虽疾不死[⑯]。骨节与人同而犯害与人异[⑰]，其神全也[⑱]，乘亦不知也，坠亦不知也，死生惊惧不入乎其胸中，是故遻物而不慴[⑲]。彼得全于酒而犹若是，而况得全于天乎[⑳]？圣人藏于天[㉑]，故莫之能伤也。"

复仇者不折镆干^㉒，虽有忮心者不怨飘瓦^㉓，是以天下平均^㉔。故无攻战之乱，无杀戮之刑者，由此道也。不开人之天，而开天之天^㉕，开天者德生^㉖，开人者贼生^㉗。不厌其天，不忽于人^㉘，民几乎以其真^㉙！"

开发自然真情，而不是人为的智巧。

【注释】

① 子列子：即列子，名御寇。见《逍遥游》《列御寇》诸篇，古人称谓老师时，在姓氏前加子，如子墨子、子华子之类，以表示恭敬。关尹：为春秋时函谷关令，以官职为姓，称关尹，又称关令尹。据《史记》载，老子西去至关，关令尹让其著书上下篇五千言。在本书《天下》篇，将关尹、老聃列为同一学派，对其思想理论有所评介，可参看。《神仙传》亦有关尹的一些记载，多属无稽之谈。② 潜行不窒：潜入水底行走而不窒塞。③ 慄：恐惧。④ 纯气之守：保守纯和之气，使心志专一。⑤ 居：坐下。⑥ 奚：何。至乎先：在他物之先、之上。这句话的意思是：凡有形象声色之物，都是同等的，谁有资格处先居上呢？⑦ 不形：无形，指道。无所化：虚静无为之道体。万物都复归于它，终止于它。⑧ 是：此，指万物生化之理。穷：穷尽。⑨ 止：限定，留止。通达万物生化之理，就不会以具体事物为意，不会受其限定。⑩ 彼：指得道之至人。淫之度：恰到好处的界限。为过：超过之意。⑪ 藏：冥合，暗中相合之意。无端之纪：指大道循环无穷而又推移日新之纲纪。纪：纲纪。⑫ 一：专一执守。养其气：涵养存养其精神。⑬ 物之所造：物之创造者，指自然。因万物皆由天地自然所创生。⑭ 天守全：持守自然之道完备无亏缺。⑮ 物奚自入：世俗事物从何处能入侵于心。⑯ 疾：快。言其快速如从车上摔下来。⑰ 犯害：受害、受伤。⑱ 神全：精神凝聚完备、不分散。⑲ 遌（wǔ）：同"迕"，逆。慴（shè）：惊惧。⑳ 得全于天：与天守全意同，持守完备之自然之道。㉑ 藏于天：持守自性与天道冥合。㉒ 折：折断、损坏。镆干：干将、镆邪之简称。传说为楚国一对善于铸剑的夫妻，男名干将，女名镆邪。后来变为宝剑的代名。此句意思是说：仇人用宝剑伤我，我只找仇人报仇，不会罪及宝剑，要把它折断，因为剑是无意的。㉓ 忮（zhì）心：忌恨之心。飘瓦：被风吹落的瓦片。这句的意思是：即使忌恨报复心极重的人，被风吹落的瓦片砸伤，他也不会报怨瓦片，因为瓦片是无心的。㉔ 平均：平等无争心。无心故不相怨而无争。㉕ 不开人之天，而开天之天：不开启人之智慧，运用智巧去处理事务。而开启自性，不运用思虑智巧，循性而动，顺乎自然而无心。㉖ 德生：循性而动，则能培养出好道德。㉗ 贼生：运用智巧，则生贼害之心。㉘ 厌：满足。不满足于对自性的修养，还要坚持不懈。不忽于人：不忽略人对天理之认识。忽，忽略、忽视。㉙ 以其真：按本性行事。真，自性、本性。

【译文】

列子问关尹说："道德修养臻于完善的至人潜行水中却不会感到窒塞，跳入火中却不会感到灼热，行走于万物之上也不会感到恐惧。请问为什么能达到这样的境界？"

关尹回答说："这是持守纯和之气的缘故，并不是智巧、果敢所能做到的。坐下，我告诉给你，大凡具有面貌、形象、声音、颜色的东西，都是人，那么人与人之间又为什么差异很大，区别甚多？同样是具有形色的东西，有些人怎能超在他人前面呢？而至人能达到不显露形色而留足于无所变化的境界，懂得这个道理而且深明内中的奥秘，他物又怎么能控制或阻遏住他呢！至人要处在本能所为的限度内，藏身于无端无绪的混沌中，游乐于万物或灭或生的变化环境里，本性专一不二，元气保全涵养，德行相融相合，从而使自身与自然相通。像这样的人，他的禀性持守保全，他的精神没有亏损，外物又从什么地方侵入呢！

"醉酒的人坠落车下，虽然满身是伤却没有死去。他的骨骼关节跟别人一样而受到的伤害却跟别人不同，是因为他的神思高度集中，乘坐在车子上也没有感觉，即使坠落地上也不知道，死、生、惊、惧全都不能进入到他的思想中,所以遭遇外物的伤害却完全没有惧怕之感。那个人从醉酒中获得保全完整的心态尚且能够如此忘却外物,何况从自然之道中忘却外物而保全完整心态的人呢?圣人藏身于自然,所以没有什么能够伤害他。

"复仇的人并不会去折断曾经伤害过他的宝剑,即使常存忌恨之心的人也不会怨恨那偶然飘来无心地伤害到他的瓦片,这样一来天下也就太平安宁。没有攻城野战的祸乱,没有残杀戮割的刑罚,全因为遵循了这个道理。不要开启人为的思想与智巧,而要开发自然的真性,开发了自然的真性则随遇而安,获得生存,开启人为的思想与智巧,就会处处使生命受到残害。不要厌恶自然的禀赋,也不忽视人为的才智,人们也就几近纯真无伪了!"

【分节导读】

此节借捕蝉老人之口点出"用志不分,乃凝于神"的做事诀窍。只有做到精神集中,心无旁骛,技能才能得到充分发挥,这从一个侧面反映出精神活动对人行为的重要影响。

【原文】

仲尼适楚,出于林中[1],见痀偻者承蜩[2],犹掇之也。

仲尼曰:"子巧乎!有道邪[3]?"

曰:"我有道也。五六月累丸二而不坠[4],则失者锱铢[5];累三而不坠,则失者十一;累五而不坠,犹掇之也。吾处身也[6],若橛株枸[7];吾执臂也[8],若槁木之枝;虽天地之大,万物之多,而唯蜩翼之知。吾不反不侧[9],不以万物易蜩之翼[10],何为而不得!"

孔子顾谓弟子曰:"用志不分,乃凝于神[11],其痀偻丈人之谓乎!"

孔子看到了一个驼背的捕蝉老人。

【注释】

①适:前往。出:经过。②痀偻(jū lóu):驼背。承蜩:捕蝉。在竹竿顶部粘胶,把蝉粘住。③巧:熟练。道:窍门。④五六月:练习的时间五到六个月。累:重叠。⑤锱铢(zī zhū):比喻极少。古代六铢为一锱,四锱为一两。⑥处身:立定身体。⑦橛:木桩,用如动词。枸:止。⑧执臂:控制手臂。⑨不反不侧:不回头,不斜视,形容心神专一。反、侧,指变动。⑩易:改变。⑪凝:凝聚,专注。

【译文】

孔子前往楚国,经过一片树林,见到一位驼背老人从树上粘蝉,就像从地上拾取东西一样轻而易举。

孔子问:"您真灵巧呀,有什么窍门吗?"

老人回答:"当然有。我经过五六个月的练习,在竹竿梢上可以垒二个丸子而不落地,粘蝉的时候,失手就很少了;垒三个丸子不掉,失手不过十分之一;垒五个丸子不掉,粘蝉就像从地上捡一样容易了。当粘蝉时,我立定身体,像树桩一样纹丝不动;我举起胳膊,像枯树枝一样。虽然天地广大,万物繁多,我却只看见蝉的翅膀。我头也不回,目不斜视,不因任何事物转移我对蝉翅膀的注意力,为什么会粘不到蝉！"

孔子回过头来对弟子们说："心不二用，精神凝聚专一，就是说的驼背老人呀！"

⊙品庄悟道⊙

捕蝉者的启示

捕蝉者将全部注意力都放在了树上的鸣蝉上，不知不觉便进入了忘知忘己的虚静之境，与外物合为一体。而人若进入"用志不分，乃凝于神"的状态，喧嚣的外在世界便无法扰乱他的心思。在信息爆炸的现代社会，人的注意力很容易被一些杂七杂八的事分散，专注就更显得难能可贵。要学会专注，人必须强迫自己忽视与目标无关的事情并有意识地延长自己集中注意力的时间，如果一个人能长久地专注于一件事情，不想成功也难。

捕蝉者给人的启示还不只有这些。假使没有高超的捕蝉技艺，就算心思再专注，他也做不到"承蜩，犹掇之"。纯熟的技艺要靠辛苦的练习来获得，为了训练持杆的准确度，捕蝉者花了五六个月的时间练习用杆头累叠丸子，且这练习还是分阶段的，有系统的。人在确定目标后，不能坐等着目标自己实现，而是要根据目标的特点制定有可行性的实践计划，哪方面的能力不足，就在哪方面下功夫。

【分节导读】

此节借"操舟"和"赌博"的故事说明外在事物地人精神心态的影响。如同善游泳的人不畏惧水，可以轻松地学会划船，人只有放下精神负担，不被外在事物迷惑、干扰，才能避免因"内拙"造成失败，是否成功做成一件事情很大程度取决于做这件事的人的心理素养。

【原文】

颜渊问仲尼曰："吾尝济乎觞深之渊[①]，津人操舟若神[②]。吾问焉[③]，曰：'操舟可学邪？'曰：'可。善游者数能[④]。若乃夫没人[⑤]，则未尝见舟而便操之也[⑥]。'吾问焉而不吾告[⑦]，敢问何谓也？"

仲尼曰："善游者数能，忘水也[⑧]。若乃夫没人之未尝见舟而便操之也，彼视渊若陵[⑨]，视舟之覆犹其车却也[⑩]。覆却万方陈乎前而不得入其舍[⑪]，恶往而不暇[⑫]！以瓦注者巧[⑬]，以钩注者惮[⑭]，以黄金注者殙[⑮]。其巧一也，而有所矜[⑯]，则重外也[⑰]。凡外重者内拙[⑱]。"

撑船人说："善游泳的人会忘记对水的恐惧。"

【注释】

①济：渡。觞深：渊名，水深而形似酒杯，故名。地在宋国。②津人：在渡口上撑船之人。③焉：于此，指"操舟若神"之事。④善游者：擅长游水的人。数能：多次练习则可学会。⑤若乃夫没人：能长时间潜入水中，精通水性之人。⑥"则未"句：那么即使没有见过船也会行驶。⑦吾告：告诉我。⑧忘水：忘记对水的恐惧。⑨视渊若陵：把水上看成同陆上一样。陵，丘陵、高地。⑩却：退却。⑪万方陈乎前而不得入其舍：对各种事端都不在意，处之泰然，没有紧张恐惧感，不会因外物扰乱心之平静淡漠。万方，万端。指变化无穷的各种事端。舍，指心。⑫暇：闲暇，悠闲、从容不迫。⑬注：睹注。巧：碰巧、恰巧。瓦片为轻贱之物，输赢皆不在意，

没有思想负担，听其自然，反而常常碰巧命中。⑭钩：腰带环，以银或铜制，比瓦稍贵重。惮：担心害怕。这句的意思是：以钩为赌注，想胜怕负而又心中无底，故心虚气馁，反而易负。⑮惛（hūn）：同"惛"，心绪昏乱。黄金贵重之物，胜负非同小可，故而思想负担极重，举措失常，以这种心绪去赌很少有不输掉的。⑯其巧一也：碰巧得胜的机会都是一样的。矜（jīn）：危惧。⑰外：身外之物，如带环、黄金之类。⑱拙：笨拙。

【译文】

颜渊问孔子说："我曾经在觞深渊渡河，摆渡人驾船的技巧实在神妙。我问他：'驾船可以学习吗？'摆渡人说：'可以的。善于游泳的人很快就能驾船。假如是善于潜水的人，即使他不曾见到船也会熟练地驾船。'我进而问他怎样学习驾船而他却不再回答我。请问他的话是什么意思呢？"

孔子回答说："善于游泳的人很快就能学会驾船，这是因为他忘了对水的恐惧。至于那善于潜水的人不曾见到过船也能熟练地驾驶船，是因为在他眼里深渊就像是陆地上的小丘，其看待船翻犹如车子倒退一样。船的覆没和车的倒退以及各种景象展现在他眼前，也不能扰乱他的内心，他到哪里不从容自得！用瓦器作为赌注的人心地坦然而格外技高，用金属带钩作为赌注的人而心存疑惧，用黄金作为赌注的人则头脑发昏内心迷乱。各种赌注碰巧得胜的机会都是一样的，而有所顾惜，便重视外物。大凡对外物看得过重的人，其内心就笨拙。"

◎品庄悟道◎

外重者内拙

对外物看得重，内心就会笨拙。看重外物，本身就是一种"物与己，泾渭分明"的表现，说明人还没有完全沉浸在事情中，没能进入"用志不分，乃凝于神"的状态。而这个"外物"既有可能是对未来道路上有可能遇到的困难的恐惧，也有可能是对不确定的结果的担忧，即人们常说的"心理包袱"。心理包袱重了，内心当然就会笨拙起来，若这包袱超过了人的承受能力，无需真的发生什么，人自己就会垮掉。

要克服"外重"，最简单的办法就是提醒自己将注意力从事情的结果转移到事情的过程上，换"得失心"为"平常心"，降低对事情的期待。人要把目标树立在眼前，让它做自己前行的指引，而不是将它坠在身后，变成负担。目标为人提供的应是前行的动力。

另一方面，善游泳的人，因为对水没有恐惧，所以划起船来会比不善游泳的要快。克服恐惧、卸下心理包袱的方法有很多，除了放平心态外，提升技艺也是其中之一。所谓"艺高人胆大"，人的自信会随着技艺水平的提高而增强。人都有这样的经验，在状态不佳的情况下，做得心应手的事虽比平时要困难，却也可以顺利完成，但做较为吃力的事，发生差池的几率就大了。

【分节导读】

在此节中，庄子用单豹片面追求养心忽视养身而被野兽所食，张毅单纯追求养身忽视养心而病重身亡的例子来强调养生必须做到"内外兼修"。养生，就应该像牧人放羊那样，时刻进行检视，"视其后者而鞭之"，确保身心都能健康发展。最后，庄子又以祝宗人喂猪为喻，提醒人们养生需重生命的实质，不要因为被事物外表的光鲜、舒适迷惑而做出危害生命的举动。

【原文】

田开之见周威公①。威公曰："吾闻祝肾学生②，吾子与祝肾游，亦何闻焉？"

田开之曰："开之操拔篲以侍门庭③，亦何闻于夫子！"

威公曰："田子无让④，寡人愿闻之。"

开之曰："闻之夫子曰：'善养生者，若牧羊然，视其后者而鞭之。'"

威公曰："何谓也？"

田开之曰："鲁有单豹者[5]，岩居而水饮，不与民共利[6]，行年七十而犹有婴儿之色，不幸遇饿虎，饿虎杀而食之。有张毅者，高门县薄[7]，无不走也，行年四十而有内热之病以死。豹养其内而虎食其外，毅养其外而病攻其内[8]，此二者，皆不鞭其后者也[9]"。

周威公向田开之询问养生之道。

仲尼曰："无入而藏[10]，无出而阳[11]，柴立其中央[12]。三者若得，其名必极。夫畏塗者[13]，十杀一人[14]，则父子兄弟相戒也，必盛卒徒而后敢出焉[15]，不亦知乎！人之所取畏者[16]，衽席之上[17]，饮食之间；而不知为之戒者，过也！"

祝宗人玄端以临牢筴，说彘曰[18]："汝奚恶死？吾将三月豢汝[19]，十日戒，三日齐[20]，藉白茅[21]，加汝肩尻乎彫俎之上[22]，则汝为之乎？"为彘谋，曰不如食以糠糟而错之牢筴之中[23]，自为谋，则苟生有轩冕之尊，死得于豚栖之上、聚偻之中则为之[24]。为彘谋则去之，自为谋则取之，所异彘者何也[25]？

【注释】

①田开之：人名，姓田，名开之，事迹不详。周威公：《史记·周本纪》："考王封其弟于河南，是为桓公，以续周公之官职。桓公卒，子威公代立。"当即指此人。考王在位时间是公元前440年—前426年，为战国初期。②祝肾：人名。学生：学练养生之道。③操拔篲：作洒扫之杂务。④让：推辞、谦让。⑤单豹：人名，鲁国隐者。⑥共利：同利。利同则相争，不同利则无争。⑦张毅：人名，鲁人。高门：富贵之家。县薄：悬垂帘以代门，为贫寒之家。县，同"悬"，薄，垂帘。⑧内：精神心性。外：形体。庄子认为，这两个人各有一偏，单豹注重修养内心精神，不注重使形体远害，而为老虎吃掉。张毅广交富贵与贫寒之家，可使身体远害，却又用心太过而病故。⑨鞭其后：如对二人不足的方面加以鞭策，则有助于养生。⑩入而藏：进入而又深藏，则是过分注重隐藏。⑪出而阳：出外而又显露，则过分张扬。⑫柴：枯木，比喻无心无欲之物。像枯木一般无知无欲地立于中道。⑬畏塗：危险的道路，路上有强盗杀人越货，人不敢行。塗，同"途"。⑭十杀一人：指从此路经过，十人中就有一人被杀。⑮盛卒徒：聚集众人一块，方敢通行。卒徒，徒众、众人。⑯取畏：自取祸患。⑰衽（rèn）席：卧席。衽席之上男女色欲过度，足以害身。⑱祝宗人：掌管祭祀祝祷之官。玄端：掌管祭祀之官穿的斋服，黑色，端正。牢筴：猪栏，猪圈。

孔子说："人最可怕的是男女之事，口腹之欲。"

彘（zhì）：猪。⑲ 豢（huàn）：用谷物饲养。⑳ 戒，齐：祭前洁净身心的仪式。齐，同"斋"。㉑ 藉白茅：如《在宥》篇的"席白茅"，把白茅草铺在神座和祭物下面，以示洁净。㉒ 尻（kāo）：臀部，即猪后鞘肉。彫俎（zǔ）：在俎上雕有图案花纹之类。俎，祭祀时盛肉的礼器，有青铜制和木制漆饰的。㉓ 错：放置。㉔ 豚楯（zhuàn xún）：送葬载灵柩之车。聚偻：棺椁上面放的众多装饰物。㉕ 所异彘者何也：与猪不同处又在哪里呢？

【译文】

田开之拜见周威公。周威公说："我听说祝肾在学习养生，你跟祝肾交游，从他那儿听到过什么呢？"

田开之说："我只不过拿起扫帚来打扫门庭，又能从先生那里听到什么！"

周威公说："先生不必谦虚，我希望能听到这方面的道理。"

田开之说："听先生说：'善于养生的人，就像是牧羊似的，看到落后的便用鞭子赶一赶。'"

周威公问："这话说的是什么意思呢？"

田开之说："鲁国有个叫单豹的，山居而饮水，不跟任何人争利，活了七十岁还有婴儿一样的面容，不幸遇上了饿虎，饿虎扑杀并吃掉了他。另有一个叫张毅的，大户小家，没有不往来的，活到四十岁便患内热病而死去。单豹注重内心世界的修养，可是老虎却吞食了他的身体，张毅注重身体的调养，可是疾病攻入体内，这两个人，都不能弥补自己的不足。"

孔子说："不要进入荒山野岭把自己深藏起来，也不要投进世俗而使自己处处显露，要像槁木一样站立在两者中间。倘若以上三种情况都能做到，可称至人。要是路有劫贼行人怯长，十个行人有一个人被杀害，那么父子兄弟便会相互提醒戒备，必定要使随行的徒众多起来方敢外出，这不是很聪明吗！人自取祸患的，还是男女之事、口腹之欲，却不知道警戒，这实在是过错！"

主持宗庙祭祀的官吏穿好礼服戴上礼帽来到猪圈边，对着栅栏里的猪说："你为什么要怕死呢？我将喂养你三个月，用十天为你上戒，用三天为你作斋，铺垫上白茅，然后把你的肩胛和臀部放在雕有花纹的祭器上，你愿意这样吗？"为猪打算，就不如吃糠咽糟而关在猪圈里；为自己打算，就希望活在世上有高贵荣华的地位，死后则能盛装在绘有文彩的枢车上和棺椁中。为猪打算就会舍弃白茅、彫俎之类的东西，为自己打算却想求取这些东西，这和猪有什么不同呢？"

【分节导读】

此节中的桓公在遇到鬼后受惊生病，但在被告其遇鬼是称霸的预兆后，又迅速恢复了健康。同是遇鬼，不同的解释会产生截然不同的结果。庄子以此说明精神状态对人身体健康的重要影响。多思多虑，会损害人身，人的很多烦恼都属无中生有，人应学会开解自己，乐观地看待问题。

【原文】

桓公田，于泽①，管仲御，见鬼焉②。公抚管仲之手曰："仲父何见③？"对曰："臣无所见。"

公反，诶诒为病④，数日不出。齐士有皇子告敖者曰⑤："公则自伤，鬼恶能伤公！夫忿滀之气⑥，散而不反，则为不足⑦；上而不下⑧，则使人善怒；下而不上，则使人善忘；不上不下，中身当心⑨，则为病。"

桓公曰："然则有鬼乎？"

曰："有。沈有履⑩，灶有髻⑪。户内之烦壤⑫，雷霆处之⑬；东北方之下者⑭，倍阿鲑蛘跃之⑮；西北方之下者，则泆阳处之⑯。水有罔象⑰，丘有莘⑱，山有夔⑲，野有彷徨⑳，泽有委蛇。"

公曰："请问，委蛇之状何如？"

皇子曰："委蛇，其大如毂㉑，其长如辕㉒，紫衣而朱冠㉓。其为物也，恶闻雷车之声㉔，则捧其首而立。见之者殆乎霸㉕。"

桓公辴然而笑曰[26]："此寡人之所见者也。"于是正衣冠与之坐，不终日而不知病之去也[27]。

【注释】

①桓公：齐桓公，春秋时第一位霸主。田：田猎。泽：薮泽，低洼积水，草木丛生的沼泽荒地。②御：驾车。鬼：指沼泽中怪异之兽，桓公不识，疑为鬼物。③仲父：桓公对管仲的尊称。④反：同"返"，返回。诶诒（éi dài）：因惊吓失魂出吃语，自言自笑。⑤皇告敖：皇姓，名告敖，子为尊称。为齐之贤士。⑥忿滀（xù）：怒气郁结。滀为水停聚的样子，引申为蓄愤，郁结。⑦则为不足：喜怒哀乐为人之自然情感，怒气亦人所不可或缺，如果当怒而不怒，则是没有血性，故称不足。⑧上：怒气滞留在身体上部，不能上下贯通。⑨中身当心：古人认为心是人之主宰，心在人身之中部，如果怒气郁结在身体中间，与心的部分相合，则会使心受扰乱而得病。⑩沈：污水聚积之处。履：污水聚集处之鬼名。⑪灶有髻（jì）：这句的意思是，灶神穿红衣，梳如髻，状如美女。⑫烦壤：打扫房间积下之灰尘垃圾等。⑬雷霆：鬼名。⑭东北方之下：住宅东北墙下面。⑮倍阿：神名，有说指蜥蜴类。鲑蠪（guī lóng）：鬼名。据传说，其物状如小儿，长一尺四寸，着黑衣，戴红头巾，带剑持戟。有说指蛙类。⑯泆（yì）阳：神名，豹头马尾。⑰罔象：又作"无伤"，水神名，状如小儿，黑色、赤爪、大耳、长臂。⑱峷（xīn）：怪兽，状如狗，有

桓公遇鬼，大恐。

告敖为桓公讲鬼。

角，身上有五彩花纹。⑲夔（kuí）：一足兽，见《秋水》注。⑳彷徨：又作"方皇"，状如蛇，两头，身有五彩花纹。㉑毂（gǔ）：车轮中心套轴的圆木，又代表车轮。㉒辕：车辕。指怪兽身长如车辕。因桓公在乘车时见此兽，故以车作比。㉓紫衣朱冠：或指此兽身体为紫色，头为红色。言紫衣朱冠，更增加神秘性。㉔恶：丑陋。雷车：田猎之战车奔跑轰鸣，响声如雷，故名雷车。㉕殆乎霸：近于成为霸主。殆，近。㉖辴（zhěn）然：欢笑之态。㉗不终日：不满一日。

【译文】

齐桓公在野泽中打猎，管仲替他驾车，桓公见到了鬼。桓公拉住管仲的手说："仲父，你见到了什么？"管仲回答："我没有见到什么。"

桓公打猎回来，受惊吓而生了病，好几天都不出门。齐国有个士人叫皇告敖的对齐桓公说："您是自己伤害了自己，鬼怎么能伤害您呢！身体内部郁结着气，精魂就会离散而不返归于身，对来自外界的骚扰也就缺乏足够的精神力量。郁结着的气上通而不能下达，就会使人易怒；下达而不能上通，就会使人健忘；不上通又不下达，郁结内心而不离散，那就会生病。"

桓公说："那么有鬼吗？"

委蛇，身紫而头红。

告敖回答："有。水中污泥里有叫履的鬼，灶里有叫髻的鬼。门户内的各种烦攘，是雷霆之鬼待的地方；东北的墙下，有名叫倍阿鲑蠪的鬼在跳跃；西北方的墙下，有名叫泆阳的鬼住在那里。水里有水鬼罔象，丘陵里有山鬼峷，大山里有山鬼夔，郊野里有野鬼彷徨，草泽里还有一种名叫委蛇的鬼。"

桓公接着问："请问，委蛇的形状怎么样？"

告敖回答："委蛇，身躯大如车轮，长如车辕，身紫而头红。这种鬼，最怕听到雷车的声音，一听见就两手捧着头站着。见到了他的人恐怕也就成了霸主了。"

桓公听了后开怀大笑，说："这就是我所见到的鬼。"于是整理好衣帽跟皇告敖坐着谈话，不到一天时间病也就不知不觉地消失了。

【分节导读】

此节以纪渻子为王养斗鸡的故事，说明真正道德完美的人不一定会将智慧表现在外表上，而是如同"呆若木鸡"的斗鸡一样，表面上虽然像木头一样，但却无需出击即能令对手望风而逃。这与老子所提出的"大直若屈，大巧若拙，大辩若讷"道理相得益彰。木鸡那无知无觉，令活鸡望而生畏的形象，是道家"无为而无不为"哲学理念的形象表达。

【原文】

纪渻子为王养斗鸡[①]。

十日而问："鸡可斗已乎[②]？"曰："未也，方虚憍而恃气[③]。"

十日又问，曰："未也，犹应向景[④]。"

十日又问，曰："未也，犹疾视而盛气。"

十日又问，曰："几矣，鸡虽有鸣者，已无变矣[⑤]，望之似木鸡矣，其德全矣[⑥]，异鸡无敢应[⑦]，见者反走矣[⑧]。"

【注释】

①纪渻（shěng）子：姓纪，名渻子。王：《列子 黄帝篇》作"周宣王"。养：训练好了。②已：训练好了。③方：正是。虚憍：色厉内荏。憍：同"骄"。恃气：凭意气办事。④犹：还。应向景：听到别的鸡的声响，看到别的鸡的影子还有反应。向：同"响"。景：同"影"。⑤无变：没有变化。⑥德全：德性完美。⑦异鸡：其他的鸡。应：应战。⑧走：跑。

纪渻子训练斗鸡。

【译文】

纪渻子为齐宣王训练斗鸡。

十天以后宣王来问："鸡训练好了吗？"纪渻子回答："没有，眼下还色厉内荏，自恃意气。"

十天后又问，回答说："还没有，对其他鸡的声响和影子还有反应。"

十天后再问，回答说："仍没有，还整日怒目而视，气焰嚣张。"

十天后再来问，回答说："差不多了，虽然听见别的鸡叫，却已毫无反应，看上去就像是一只木鸡，它的德性已经完善了。其他的鸡见了不敢应战，掉头就跑了。"

⊙品庄悟道⊙

呆若木鸡

今人常用"呆若木鸡"来形容一个人发愣的样子，但在庄子笔下，呆若木鸡倒成了一种赞美，用来形容大智若愚、葆光内敛之貌。

一个人越炫耀什么，往往就越缺乏什么。人之所以会炫耀，多半是希望从他人那里得到好的评价，借他人的肯定获得内心的满足。炫耀，从本质上说，是一种虚张声势的行为。所以，纪渻子会说神气骄横的斗鸡是色厉内荏。这样的鸡拉出去放到竞技场上，不管做出怎样吓人的姿态，都难以取得胜利。而一有风吹草动就摆出攻击的姿态则更说明了这点。人也是如此，在恐惧紧张的情况下，特别容易草木皆兵。

宣王几次询问纪渻子斗鸡是否养好，纪渻子都给了否定的回答，直到斗鸡宛若木鸡，无心争斗。别的鸡看到"木鸡"，反倒心生畏惧。它们无法从它的外表揣度它的底细，更无从发现它的弱点。同样的，人若做到精神心性不为外物所动，哀乐不入于心，也会神平气静，无懈可击，光是那平静的样子就会让人觉得高深莫测。

【原文】

孔子观于吕梁①，县水三十仞②，流沫四十里③，鼋鼍鱼鳖之所不能游也④。见一丈夫游之，以为有苦而欲死也，使弟子并流而拯之⑤。数百步而出，被发行歌而游于塘下⑥。

孔子从而问焉，曰："吾以子为鬼⑦，察子则人也。请问，蹈水有道乎⑧？"

曰："亡，吾无道。吾始乎故⑨，长乎性，成乎命。与齐俱入⑩，与汩偕出⑪，从水之道而不为私焉⑫。此吾所以蹈之也。"

孔子曰："何谓始乎故，长乎性，成乎命？"

曰："吾生于陵而安于陵⑬，故也；长于水而安于水，性也⑭；不知吾所以然而然⑮，命也。"

【注释】

① 吕梁：究指何处，说法不一。钟泰《庄子·发微》："吕梁在今江苏铜山县东南，所谓吕梁洪者，是也。郦道元《水经注》云：'泗水过吕县南，水上有石梁，谓之吕梁'。"其地当时属宋国，距孔子故里曲阜不远。孔子曾游历宋，故吕梁指此较可信。他说不足取。② 县水：瀑布。县：同"悬"。仞：古代长度单位，周制八尺为仞，汉制七尺为仞。③ 流沫：瀑布泻下溅起的水沫。④ 鼋（yuán）：鳖中之大者为鼋。鼍（tuó）：鳄鱼类，俗称猪婆龙，有说即扬子鳄。⑤ 并：傍。拯：援救。⑥ 被发：披散着头发。行歌：边走边哼着歌谣，显出潇洒悠闲的样子。塘下：岸边。⑦ 以子为鬼：孔子以为那个人一定淹死了，故而把他当成鬼。⑧ 蹈水：踩水、游水。⑨ 故：习惯。⑩ 与齐俱入：与漩涡中心一起入水。齐：同"脐"。石磨中央上下扇连接之处称脐，水流旋转如磨，旋涡中央即是脐。⑪ 汩（gǔ）：涌出之旋涡。⑫ 不为私：顺水之性，不按己之私意妄动。⑬ 陵：高地。⑭ "长于"二句：在水边长大，安于水上生活，久习而成性。⑮ "不知"二句：自然而然就那样做了，不知为什么要那样，不知其中还有什么道理。

【译文】

孔子在吕梁观赏，瀑布高悬二三十丈，冲刷而起的激流和水花远达四十里，鼋、鼍、鱼、鳖都不敢在这一带游水。只见一个壮年男子游在水中，还以为是有痛苦想寻死的，便派弟子顺着水流去拯救他。忽见那壮年男子游出数百步远而后露出水面，披着头发吟歌游到岸下。

顺应水道的吕梁男子。

孔子紧跟在他身后问他，说："我还以为你是鬼，仔细观察你却是个人。请问，游水也有什么特别的门道吗？"

那人回答："没有什么特别的方法。我起初是故常，长大是习性，有所成就在于自然。我跟水里的漩涡一块儿下到水底，又跟向上的涌流一道游出水面，顺着水势而不作任何违拗。这就是我游水的方法。"

孔子说："什么叫做'起初是故常，长大是习性，有所成就在于自然'呢？"

那人又回答："我出生于山地就安于山地的生活，这就叫做故常；长大了又生活在水边就安于水边的生活，这就叫做习性；不知道为什么会这样而这样生活着，这就叫做自然。"

⊙品庄悟道⊙

从水之道而不为私

吕梁男子可以在鱼鳖都难以畅游的瀑布下悠然游泳，并非因为他的泳技比鱼鳖都高，而是因为他了解水的流动规律。顺着水性戏水，自然不会为水性所害。为人处世，特别需要"从水道而不为私"的智慧，要尊重事物的发展规律，依规律而动，而不是自以为是任性而为。

在讲述吕梁男子的故事时，庄子提到"性"和"命"，"长于水而安于水，性也；不知吾所以然而然，命也"，虽然庄子强调安时顺命，但"从水之道"并不代表"听任水的摆布"。即使是没有什么明确的目的，随波逐流的吕梁男子，也是忽而潜入水底，忽而浮出水面，并没有让自己像水中漂浮物那样，任水卷入水底。"长于水而安于水"更多的是强调，人要融入环境，安心在环境中生活。这点对初入新环境，尤其对并非出自本意来到某个新环境中的人而言，非常重要。人只有先从心理上接纳环境，才能为环境所容。

【分节导读】

此节通过描述讲述梓庆削木为鐻时所作的准备，来阐述养生之术：摒除杂念，忘形忘我，顺应自然万物的本性。一如怀着"以天合天"的心态创造出来的鐻被誉为鬼斧神工的佳作，人只有放下自我，才能抵达无所限、无所待的境界。

【原文】

梓庆削木为鐻①，鐻成，见者惊犹鬼神②。鲁侯见而问焉，曰："子何术以为焉③？"

梓庆削刻木头做鐻。

对曰："臣工人，何术之有！虽然，有一焉。臣将为鐻，未尝敢以耗气也④，必齐以静心⑤。齐三日，而不敢怀庆赏爵禄⑥；齐五日，不敢怀非誉巧拙⑦；齐七日，辄然忘吾有四枝形体也⑧。当是时也，无公朝⑨，其巧专而外滑消⑩；然后入山林，观天性；形躯至矣⑪，然后成见鐻，然后加手焉；不然则已。则以天合天⑫，器之所以疑神者⑬，其由是与！"

【注释】

①梓庆：人名。梓，梓匠，指木工，此人以职为姓，称梓庆。鐻（jù）：悬挂钟鼓之木架，形似虎，上面雕刻有精美生动的图案。②惊犹鬼神：制作雕饰极尽精妙，不类人工所为，见者惊叹不已，以为鬼斧神工。③术：技艺、方法。④耗气：气指精神心神，耗气就是精神分散，心神不能凝注专一。⑤齐：同"斋"，斋戒。静心：使心志安静专一。⑥怀：思。庆赏：奖赏。⑦非誉：非为非难、指责，誉为赞誉。巧拙：精巧与笨拙。⑧辄然：不动的样子。枝：同"肢"。⑨无公朝：心中不存朝见君主之念。⑩外滑消：外界之扰乱完全排除。滑，乱。⑪观天性：观察木料之自然性能。形躯至矣：木料之自然形态完全符合标准。⑫以天合天：以己之自然天性与木之自然天性相合。⑬疑神：比如鬼神所造。疑，同"拟"。

【译文】

梓庆能削刻木头做鐻，鐻做成以后，看见的人无不惊叹好像是鬼神的工夫。鲁侯见到便问他，说："你用什么办法做成的呢？"

梓庆回答道："我是个做工的人，会有什么特别高明的技术！虽说如此，我还是有一种本事。我准备做鐻时，从不敢随便耗费精神，必定斋戒来静养心思。斋戒三天，不再怀有庆贺、赏赐、获取爵位和俸禄的思想；斋戒五天，不再心存非议、夸誉、技巧或笨拙的杂念；斋戒七天，已不为外物所动，仿佛忘掉了自己的四肢和形体。正当这个时候，我的心里已不存见君之念，智巧专一，而外界的扰乱全都消失。然后我便进入山林，观察各种木料的质地；选择好外形与体态最与鐻相合的，这时业已形成的鐻的形象便呈现于我的眼前，然后动手加工制作；不是这样我就不做。这就是用我木工的纯真本性融合木料的自然天性，制成的器物疑为神鬼工夫的原因，恐怕也就出于这一点吧！"

【分节导读】

　　此节以东野稷御马过度致使马被累垮的故事，阐述了凡事应循序其自然规则的道理，做事不能超过事物本身的限度，万事万物都应当留有余地。东野稷马术高超，马也很优秀，然而使马"钩百而反"则超过了马所能承受的限度，物极必反，马力竭而败。

【原文】

　　东野稷以御见庄公①，进退中绳，左右旋中规②。庄公以为文弗过也③，使之钩百而反④。

　　颜阖遇之⑤，入见曰："稷之马将败⑥。"公密而不应⑦。

　　少焉，果败而反。公曰："子何以知之？"

　　曰："其马力竭矣。而犹求焉⑧，故曰败。"

　　工倕旋而盖规矩⑨，指与物化而不以心稽⑩，故其灵台

颜阖说东野稷的马一定会疲困。

一而不桎⑪。忘足，屦之适也；忘要，带之适也⑫；忘是非，心之适也；不内变，不外从，事会之适也⑬。始乎适而未尝不适者⑭，忘适之适也。

【注释】

①东野稷：人名，姓东野名稷。御：驾驭车马。庄公：鲁庄公，为春秋前期鲁国君主。②中：合于。绳为直线，规为弧线。言东野稷驾车前进后退，左右转弯，都能合于标准。③文：《太平御览》引作"造父"。清人吴汝纶认为"文"当为"父"之误，前脱造字。其说颇近理。传说造父为周穆王御车，日驰千里，为古代最出名的善御者。④钩百：驾驭车马兜一百个圈子。⑤颜阖：鲁之贤人。遇之：遇见东野稷驾车表演。⑥败：仆倒。⑦密：默。⑧求：驱赶不停。⑨"工倕"句：倕以手旋物即能测定其方圆，胜过圆规与矩尺。倕，传说为尧时之能工巧匠，盖，胜过。⑩稽：存留。⑪灵台：心。桎：通"窒"，滞塞之意。⑫要：同"腰"。忘记腰的粗细，带子就都合适。⑬不内变：持守自性，虚静淡漠。不外从：不随外物迁变。事会：与外界事象交接。⑭始乎适：庄子认为，本来自性与外物是相适应的，如心存适应观念，还是把己与物分开，还不是真正的相适应，只有忘记适应，消除物我界线，才是真正无所不适。

【译文】

　　东野稷因为善于驾车而得见鲁庄公，他驾车时进退能够在一条直线上，左右转弯形成规整的弧形。庄公认为画圆也不过如此，于是要他转上一百圈后再回来。

　　颜阖遇上了这件事，入内会见庄公，说："东野稷的马一定会疲困的。"庄公默不作声。

　　不多久，东野稷果然马疲困而回。庄公便问颜阖："你怎么知道的？"

　　颜阖回答说："东野稷的马力气已经用尽，可是还要它转圈奔走，所以说必定会疲困的。"

　　工倕随手画来就胜过用圆规与矩尺画出的，手指跟随事物一道变化而不须用心留意，所以他心灵深处专一凝聚而不曾受过拘束。忘掉了脚，便是鞋子的舒适；忘掉了腰，便是带子的舒适；忘掉是非，便是内心的安适；不改变内心的持守，不顺从外物的影响，便是遇事的安适。本性常适而从未有过不适，也就是忘掉了安适的安适。

◎品庄悟道◎

东野稷御马

东野稷本想凭借高超的御马技术得到庄公的赏识，他拼命地训练马，不想却将马累垮，功亏一篑。他因汲汲名利而忽略了马的天性，苦果自酿，奋尽心机只落得一场虚空。而故事中最可悲的莫过于被东野稷使役的马。

若不是资质甚高，马便不会被东野稷寄予厚望，倘若它没有那么高的服从性，懂得拒绝东野稷的过分要求，就不会力竭而败了。现实中很多人都如这马一般，因为能力出众，被委以重任，长时间地超负荷工作，将身体的健康抛之脑后。时间长了，心力交瘁，轻则体质变差，重则落下疾病，甚至出现性命之危。

人和马不同，马只是单纯地服从东野稷的命令，东野稷不让它停，它就会一直训练下去。但人则有很高的主观能动性，人之所以不惜损害身体，超负荷的工作，归根结底是放不下对名利的向往。而名利是追不完的，工作也做不完，身体的承受能力却有限。即使坚定地将追名逐利作为人生的中心，也应注意劳逸结合。毕竟，对个人来说，好身体才是好生活必不可少的前提。

【分节导读】

此节借扁庆子对孙休的看法表达了庄子对怨天尤人的看法。没有德的人被告以至人才能领悟的德，如同用马车来托载老鼠，用钟鼓之乐取悦雀鸟一样，不但不能为之解忧，反而会增添烦愁。

【原文】

有孙休者[①]，踵门而诧子扁庆子曰[②]："休居乡不见谓不脩[③]，临难不见谓不勇[④]；然而田原不遇岁[⑤]，事君不遇世[⑥]，宾于乡里[⑦]，逐于州部[⑧]，则胡罪乎天哉[⑨]？休恶遇此命也？[⑩]"

扁子曰："子独不闻夫至人之自行邪？忘其肝胆，遗其耳目，芒然彷徨乎尘垢之外[⑪]，逍遥乎无事之业，是谓为而不恃，长而不宰[⑫]。

用太牢晏请鸟，不如让它栖息于深林。

今汝饰知以惊愚[⑬]，脩身以明污，昭昭乎若揭日月而行也[⑭]。汝得全而形躯[⑮]，具而九窍[⑯]，无中道夭于聋盲跛塞而比于人数亦幸矣[⑰]，又何暇乎天之怨哉！子往矣！"

孙子出。扁子入，坐有间，仰天而叹。弟子问曰："先生何为叹乎？"

扁子曰："向者休来，吾告之以至人之德，吾恐其惊而遂至于惑也[⑱]。"

弟子曰："不然。孙子之所言是邪？先王之所言非邪？非固不能惑是。孙子所言非邪？先生所言是邪？彼固惑而来矣[⑲]，又奚罪焉！"

扁子曰："不然。昔者有鸟止于鲁郊[⑳]，鲁君说之，为具太牢以飨之，奏九韶以乐之，鸟乃始忧悲眩视，不敢饮食。此之谓以己养养鸟也。若夫以鸟养养鸟者，宜栖之深林，浮之江湖，食之以鳍鲦，委蛇而处㉑，则安平陆而已矣㉒。今休，款启寡闻之民也㉓，吾告以至人之德，譬之若载鼷以车马㉔，乐鴳以钟鼓也㉕。彼又恶能无惊乎哉！"

【注释】

① 孙休：人名，鲁国人。② 踵门：亲至其门，不经人引见。诧：诧异而发问。子扁庆子：鲁之贤人。第一个"子"为弟子对老师的尊称，如子列子之例。扁为姓，庆子为字。另一说，扁庆为复姓。未知孰是。③ 谓：说。不脩：没有修养，品格不高。脩，同"修"。④ 临难：面临危难。不勇：不勇敢，不能见义勇为。⑤ 田原：田地，指在田间耕作。岁：好年景。⑥ 世：好道好，君主圣明之朝代。⑦ 宾：同"摈"，摈弃、抛弃。⑧ 逐：放逐，驱逐。州部：州县官吏。⑨ 胡：可。⑩ 恶：怎么。⑪ 忘其肝胆，遗其耳目：如《大宗师》"堕肢体，黜聪明，离形去知，同于大通。"就是要抛弃形体和知识智慧，与大道融合为一。肝胆、耳目，代表形体和聪明。芒然：茫然，迷惑无知的样子。彷徨：徘徊游移的样子。尘垢：比喻世俗社会生活。⑫ 为而不恃，长而不宰：语出《老子》。施助万物而不自恃其功，做万物之长，又不支配和主宰万物，任其自然。⑬ 饰知：修饰自己的智慧。惊愚：惊醒愚昧之人。⑭ 昭昭乎：光明、明亮的样子。揭：举。⑮ 全而形躯：保全你的身体，使不遭杀害。而，同"尔"，你。⑯ 九窍：指人体的九个穴窍，即眼二、鼻二、耳二、口、肛门、尿道。⑰ 夭：夭折。跛蹇(jiǎn)：瘸腿。比：列。幸：侥幸。⑱ 遂：因。惑：迷惑。担心孙休听了关于至人的议论而震惊，因而更迷惑。⑲ 固惑而来：本来就是带着迷惑而来的。固，本来。⑳ 以下所讲故事与《至乐》篇相同，可参看彼处。㉑ "浮之"三句《至乐》篇作："浮之江湖，食之以鳅鲦，随行列而止，委蛇而处"。可能此处复述时，丢掉一些内容，而使语义不通。俞樾以为应作"食之以鳅鲦，委蛇而处"。此说较合理，可从。㉒ 平陆：平地，荒野。㉓ 款启：仅仅开一个孔，言其一孔之见，所见甚少。㉔ 鼷(xī)：鼷鼠，为鼠类中最小的一种。李时珍《本草纲目》引陈藏器曰："鼩鼠极细，卒不可见，食人及牛马皮肤成疮，至死下觉。"㉕ 鴳(yàn)：一种小鸟。

【译文】

　　有个名叫孙休的人，直接叩门求见扁庆子，惊诧地问道："我安居乡里没人说过道德修养差，面临危难也没有人说过不勇敢；然而我的田地里却从未遇上过好年成，为国家出力也未遇上圣明的国君，被乡里所摈弃，受地方官放逐，而我对上天有什么罪过呢？我怎么会遇上如此的命运？"

　　扁子说："你不曾听说过那道德修养极高的人的事迹吗？忘却自己的肝胆，也遗弃了自己的耳目，无心地纵放于世俗尘垢之外，自由自在地生活在不求建树的环境中，这就叫做有所作为而不自恃，做万物之长又不支配万物。如今你把自己打扮得很有才干用以惊吓众人，用修养自己的办法来突出他人的污秽，毫不掩饰地炫耀自己就像举着太阳和月亮走路。你得以保全你的身躯，具备了九窍，没有中道上夭折为聋、瞎、跛、瘸而处于寻常人的行列，也真是万幸了，又有什么闲暇抱怨上天呢！你还是走吧！"

　　孙休走出屋子，扁子回到房里。不多一会儿，扁子仰天长叹，弟子问道："先生为什么长叹呢？"

　　扁子说："刚才孙休进来，我把道德修养极高的人的德行告诉给他，我真担心他会吃惊以至迷惑更深。"

　　弟子说："不是这样。孙休所说的话是正确的吗？先生所说的话是错误的吗？错误的本来就不可能迷惑正确的。孙休所说的话是错误的吗？先生所说的话是正确的吗？他本来就因迷惑而来请教，又有什么过错呀！"

　　扁子说："不是这样的。从前有只海鸟飞到鲁国都城郊外，鲁国国君很喜欢它，用'太牢'来宴请它，奏'九韶'乐来让它快乐，海鸟竟忧愁悲伤，眼花缭乱，不敢吃喝。这叫做按自己的生活习性来养鸟。假若是按鸟的习性来养鸟，就应当让它栖息于幽深的树林，浮游于大江大湖，让它吃泥鳅和小鱼，自由自在地生活在原野而已。如今的孙休，乃是管窥之见、孤陋寡闻的人，我告诉给他道德修养极高的人的德行，就好像用马车来托载小老鼠，用钟鼓的乐声来取悦小鴳雀一样。他又怎么会不感到吃惊啊！"

◎山木◎

【题解】

本篇由若干寓言故事组成，主要论述生逢乱世的避祸之道。作者认为乱世多患，动辄受害，因此要淡泊名利，有忍让屈从之心，顺从天道，只有如此才能避开祸患。这样的人生观和处世哲学，与庄子生逢战乱多难的时代环境有密切关系，带有消极避世的倾向。

【分节导读】

此节以木、鹅喻人。木因无用终其天年，鹅却因无用成为人的盘中餐。人成材是忧患，不成材也是忧患，处在材与不材中间又难免疲累不堪。材与不材的忧患本就由外物所起，因此，只有"乘道德而浮游"，与时俱化，顺应自然，才能"物物而不物于物"，成为万物的主宰，摆脱为外在环境所左右的命运。

【原文】

庄子行于山中，见大木，枝叶盛茂[①]，伐木者止其旁而不取也。问其故，曰："无所可用。"庄子曰："此木以不材得终其天年夫[②]！"

出于山，舍于故人之家。故人喜，命竖子杀雁而烹之[③]。竖子请曰："其一能鸣，其一不能鸣，请奚杀？"主人曰："杀不能鸣者。"

明日，弟子问于庄子曰："昨日山中之木，以不材得终其天年；今主人之雁，以不材死；先生将何处[④]？"

大树因不材得以枝繁叶茂，终其天年。

庄子笑曰："周将处乎材与不材之间。材与不材之间，似之而非也，故未免乎累[⑤]。若夫乘道德而浮游则不然[⑥]。无誉无訾[⑦]，一龙一蛇[⑧]，与时俱化，而无肯专为[⑨]；一上一下，以和为量[⑩]，浮游乎万物之祖[⑪]。物物而不物于物[⑫]，则胡可得而累邪！此神农、黄帝之法则也。若夫万物之情，人伦之传[⑬]，则不然。合则离，成则毁[⑭]，廉则挫，尊则议[⑮]，有为则亏，贤则谋[⑯]，不肖则欺，胡可得而必乎哉！悲夫！弟子志之，其唯道德之乡乎[⑰]！"

【注释】

①大木：大树。②不材：不成材。天年：按自然规律应有的寿命。③竖子：童仆。雁：鹅。④何处：何以自处。

⑤未免乎累：不免于受牵累。因处于材与不材之间也不合天道。⑥若夫：至于。乘：顺应。浮游：随意漫游。不然：不会受拖累。⑦訾（zǐ）：诋毁。⑧一龙一蛇：或如龙般腾达，或如蛇般潜伏。⑨无肯：不愿。专为：固守一端。⑩和：和顺。量：量度。引申为标准。⑪万物之祖：未曾有物之前的虚无境界。⑫物物：主宰外物。不物于物：不为外物主宰。⑬人伦之传：人类的习俗。⑭成则毁：有成就有毁。⑮廉则挫，尊则议：廉，方正。议，非议。⑯谋：暗算。⑰志：记。乡：通"向"，归向。

友人告诉童仆："杀不会叫的那只鹅。"

【译文】

庄子在山中行走，看到一棵大树枝叶茂盛，伐木的人却停在树边而不去砍伐。问其原因，回答说："没有地方可用。"庄子说："这棵树以不成材而得以享其天年。"

庄子从山中走出，借宿于友人家中。友人很高兴，叫童仆杀鹅款待客人。童仆请示："一只鹅会叫，一只鹅不会叫，请问杀哪只？"主人说："杀不会叫的。"

第二天，弟子问庄子："昨天山里的大树，以不成材而得以享其天年；现在主人家的鹅，却以不成材而丧命。请问先生您将如何做人呢？"

庄子笑着说："我庄周将处于材与不材之间。处于材与不材之间，实际上似是而非，所以仍不免会受牵累。若是顺应道德随意漫游就不一样了，既无称誉也无诋毁，时而如龙腾达，时而似蛇潜藏，随时变化，而不固守一端。或上或下，以顺应自然为原则，游心于虚无飘渺的混沌之境。主宰外物而不被外物主宰，怎么还会受牵累呢！这是神农、黄帝处世的法则。至于万物的情理、人类的习俗就不一样了。有聚合就有离散，有成功就有毁坏，有刚正就有挫伤，有尊贵就有非议，有作为就有损亏，贤能遭暗算，不肖被欺侮，怎么可能尽如人意呢！可悲呀！弟子们记住，只有道德才是唯一应当归向的！"

品庄悟道

有用与无用

树因不成材得以保全，鹅却因不会鸣叫被杀死吃掉。从表面上看，鹅的遭遇和庄子的无用之用论相左。实际上，却并非如此。鹅虽不会叫，但它鲜美的肉质于人而言却大有用途，倘若鹅既不会叫，肉又难吃，不能给人带来任何好处，结局很可能大不一样。

事物是有用，还是无用，很多时候都并非由事物自己决定。人也是如此，有时，人自认百无一用，但在他人眼里，却大有用途。同样的，才能再出众的人，也未必对所有人都有利用价值。有用和无用是相对的，人不可能"固守一端"，所以庄子建议人"浮游乎万物之祖，物物而不物于物"，做万物的主宰，既不因有用所累，也不因无用受辱。

虽然现实生活中，人总不免受外在环境的牵制，但人仍然拥有生活的选择权。做万物的主宰难，做自己的主宰则相对容易。遗憾的是，很多人都忽视了这点，或将自己的未来系在他人身上，惶惶不安，长吁短叹；或在众多的选择面前踟蹰犹豫，彷徨茫然；或过于看重他人的认同，没有自我……其实人只要弄清楚两个问题，就可以避免出现这些状况：一明白什么是自己真正的需要，二如何满足这些需要。

【分节导读】

　　此节通过市南宜僚与鲁侯的问答，描绘了一个桃花源般的建德之国。鲁侯虽学先王之道，修先君之业，仍不免于患难。庄子借市南宜僚之口阐述了消除忧愁之心的方法，即抛弃权力等身外之物，清心寡欲，虚怀忘己。人若做到听任外物，与道相辅而行，就能够免于忧愁患难，处世无心而自由自在地遨游于世，到达理想中的建德之国。

【原文】

　　市南宜僚见鲁侯①，鲁侯有忧色。市南子曰："君有忧色，何也？"

　　鲁侯曰："吾学先王之道，脩先君之业；吾敬鬼尊贤，亲而行之，无须臾离居②；然不免于患，吾是以忧。"

　　市南子曰："君之除患之术浅矣③！夫丰狐文豹④，栖于山林，伏于岩穴，静也；夜行昼居，戒也；虽饥渴隐约⑤，犹且胥疏于江湖之上而求食焉⑥，定也⑦；然且不免于罔罗机辟之患⑧。

市南宜僚建议鲁侯，去国政弃世俗。

是何罪之有哉？其皮为之灾也⑨。今鲁国独非君之皮邪⑩？吾愿君刳形去皮⑪，洒心去欲⑫，而游于无人之野⑬。南越有邑焉，名为建德之国⑭。其民愚而朴，少私而寡欲；知作而不知藏，与而不求其报；不知义之所适，不知礼之所将⑮；猖狂妄行⑯，乃蹈乎大方⑰；其生可乐，其死可葬。吾愿君去国捐俗⑱，与道相辅而行⑲。"

　　君曰："彼其道远而险，又有江山，我无舟车，奈何？"

　　市南子曰："君无形倨⑳，无留居，以为君车㉑。"

　　君曰："彼其道幽远而无人，吾谁与为邻？吾无粮，我无食㉒，安得而至焉？"

　　市南子曰："少君之费，寡君之欲，虽无粮而乃足。君其涉于江而浮于海，望之而不见其崖，愈往而不知其所穷。送君者皆自崖而反，君自此远矣㉓！故有人者累，见有于人者忧㉔。故尧非有人，非见有于人也㉕。吾愿去君之累，除君之忧，而独与道游于大莫之国㉖。方舟而济于河㉗，有虚船来触舟㉘，虽有惼心之人不怒㉙。有一人在其上，则呼张歙之㉚；一呼而不闻，再呼而不闻，于是三呼邪，则必以恶声随之㉛。向也不怒而今也怒，向也虚而今也实。人能虚己以游世，其孰能害之！"

【注释】

①市南宜僚：人名，姓熊名宜僚，家住市南。《左传·哀公十六年》："市南有熊宜僚者，若得之可以当五百人矣。"即指此人。古人常以住地称谓其人，如东里子产、南郭子綦等。鲁侯：鲁哀公。②须臾：片刻。③浅：肤浅。指只停留在世俗有形层而寻求治道，故言肤浅。④丰狐：皮毛丰厚之狐。文豹：皮毛有美丽花纹之豹。⑤隐约：困穷。⑥胥疏：且前且却，犹豫不进的样子。⑦定：知止审慎。⑧罔罗：捕兽之网。罔，同"网"。机辟：捕捉野兽之机关。⑨皮为之灾：它们的皮很珍贵，人们为了得到皮，就设法捕杀。故而是皮给它们带来灾祸。⑩"今鲁"句鲁国之权力和财富之于鲁君，好比珍贵毛皮之于野兽，人要夺取鲁国之权力和财富就要加害鲁君，如同为得

毛皮就要捕兽一样。独，难道。⑪ 刳（kū）形去皮：比喻舍弃鲁国的权力和财富。刳，剖空。⑫ 洒心：把心洗涤干净。⑬ 无人之野：离开人类社会与天地相合。⑭ 建德之国：庄子虚构的按自性生活的理想社会，是大道与人生完美合一的境界。⑮ "不知"二句：适，往。将，行。言不知礼义规范为何物，却能与之完全吻合。⑯ 猖狂妄行：从心所欲不加任何约束之行。⑰ 蹈：踏。大方：大道。⑱ 去：舍去。捐俗：抛弃世俗观念之约束。⑲ 相辅：相辅相成。⑳ 形：势，指鲁国所处之地位。倨（jū）傲慢。㉑ 留居：留处原来的地位。以为君车：抛弃君之势位，就是通往大道之车。㉒ 粮：自行携带的干粮食品。食：取自旅途的食物。㉓ 自此远：自此远离尘世而进入更广漠虚空的世界。㉔ 有人：把人民国家视为己有，必成牵累。见有于人：指敬鬼尊贤，励精图治，以治理好国家为己任，则是为国家人民所役使。㉕ "故尧"二句：尧不以天下为己私有，故非有人。任天下自治，而不加干预，是不见有于人。㉖ 大莫之国：广漠空虚之境。㉗ 方舟：两舟相并曰方舟。济：渡。㉘ 虚船：无人驾驶的空船。㉙ 偏（biǎn）：心地狭窄。㉚ 张歙（xì）：撑开或靠拢。歙，退。㉛ 恶声：责骂之声。

【译文】

市南宜僚拜见鲁侯，鲁侯正面带忧色。市南宜僚说："您面呈忧色，为什么呢？"

鲁侯说："我学习先王治国的办法，承继先君的事业；我敬仰鬼神尊重贤能，身体力行，没有片刻懈息，可是仍不能免除祸患，我因为这个缘故而忧虑。"

市南宜僚说："您消除忧患的办法太浅薄了！皮毛丰厚的大狐和斑斑花纹的豹子，栖息于深山老林，潜伏于

豹子因身上的斑斑花纹招致祸患。

岩穴山洞，这是静心；夜里行动，白天居息，这是警惕；即使饥渴也隐形潜踪，还要远离各种足迹到江湖上觅求食物，这又是审慎。然而还是不能免于罗网和机关的灾祸。这两种动物有什么罪过呢？是它们自身的皮毛给它们带来灾祸啊！如今的鲁国不就是为鲁君您带来灾祸的皮毛吗？我希望您能剖空身形舍弃皮毛，荡涤心智摈除欲念，进而逍遥于没有人迹的地方。遥远的南方有个城邑，名字叫做建德之国。那里的人民纯厚而又质朴，很少有私欲；知道耕作而不知道储备，给与别人从不希图酬报；不明白义的归宿，不懂得礼的去向；随心所欲任意而为，竟能各自行于大道；他们生时自得而乐，他们死时安然而葬。我希望国君您也能舍去国政抛弃世俗，从而跟大道相辅而行。"

鲁侯说："那里道路遥远而又艰险，又有江河山岭阻隔，我没有可用的船和车，怎么办呢？"

市南宜僚说："国君只要不以势傲人，不贪恋权位，便可以此作为您的车子。"

鲁侯说："那里道路幽暗遥远而又无人居住，我跟谁为伴呢？我没有米粮，无外求食，怎么能够到达那里呢？"

市南宜僚说："减少您的耗费，节制您的欲念，虽然没有粮食也是充足的。您渡过江河浮游大海，一眼望去看不到涯岸，越向前行便越发不知道它的穷尽。送行的人都从河岸边回去，您从此就远离尘世之患了！所以说统治他人的人必定受劳累，受制于别人的人必定会忧心。所以唐尧从不役使他人，也从不受制于人。我希望能减除您的劳累，除去您的忧患，而独自跟大道一同遨游于太虚之境。并合两条船来渡河，突然有条空船碰撞过来，即使心地最偏狭、性子最火急的人也不会发怒；倘若有一个人在那条船上，那就会人人大呼：'撑开，后退。'呼喊一次没有回应，呼喊第二次也没有回应，于是喊第三次，那就必定会骂声不绝。刚才不发脾气而现在发起怒来，那是因为刚才船是空的而今却有人在船上。一个人倘能听任外物、处世无心而自由自在地遨游于世，又有谁能够伤害他呢！"

【分节导读】

此节通过北宫奢铸钟的故事阐述了行事听顺自然，无为无心，就能取得良好效果的道理。北宫奢不对百姓做任何要求，却只用了三个月就征集齐铸钟款项，虽"朝夕赋敛而毫毛不损"。

【原文】

北宫奢为卫灵公赋敛以为钟①，为坛乎郭门之外②，三月而成上下之县③。

王子庆忌见而问焉④，曰："子何术之设⑤？"

奢曰："一之间，无敢设也⑥。奢闻之，'既彫既琢，复归于朴⑦。'侗乎其无识⑧，傥乎其怠疑⑨；萃乎芒乎⑩，其送往而迎来；来者勿禁，往者勿止；从其强梁⑪，随其曲傅⑫，因其自穷⑬，故朝夕赋敛而毫毛不挫，而况有大塗者乎⑭！"

北宫奢为卫灵公铸钟。

【注释】

①北宫奢：卫国大夫，名奢，居于北宫，因以为号。赋敛：募集，即募集铸钟费用。②坛：铸钟之处。③县：同"悬"，悬挂钟的架子，分上下两层，也就是两组，按钟之音律排列，可见所铸为编钟。④王子庆忌：可能是周王室公子，在卫国任职为官之人。⑤术：方法。设：施行、使用之意。这句是说：庆忌见北宫奢募捐铸钟，完成很快，问其使用何种方法。⑥"一之"二句：一心之间只有铸钟，别无他念。⑦朴：质朴。既经雕琢，还要复归质朴。质朴纯一则能动人。⑧侗（tǒng）：形容淳朴的样子。⑨傥（tǎng）

北宫奢说铸钟的经验：精诚专一。

乎：无心之状。怠疑：呆滞的样子。⑩萃：聚集。芒：茫然不辨。论者聚集而来，茫然不知分辨。⑪从：同"纵"，听任。强梁：强横不肯合作者。⑫曲傅：曲意相附者。⑬因：任。自穷：自尽其力，不加勉强。⑭大塗：大路。塗，同"途"。

【译文】

北宫奢替卫灵公征集捐款铸造钟器，在外城门设下祭坛，三个月就造好了钟并编组在上下两层钟架上。

王子庆忌见到这种情况便向他问道："您是用了什么方法啊，这么快就完工了？"

北宫奢说："精诚专一而又顺其自然，除此之外没有好的办法。我曾听说：'既然已细细雕刻细细琢磨，就又要返归事物的本真。'我无知无识不加分辨，淡漠无心而又呆滞；人们聚集而来我却

⊙品庄悟道⊙

北宫奢铸钟

铸造钟器需要大量金钱，以人君之威，要在短时间内从百姓那里募集到足够的金钱并不困难，但要让百姓毫无怨言地掏出钱来就不容易了。为了如期完成任务，做大臣的往往采用强制手段公募民财，不免造成民怨迭起，官民矛盾激化。北宫奢则不然，他依照顺其自然的原则，不对百姓做任何要求，是否出钱，出多少，皆随百姓意愿，不出的不罚，出了的不赏。

不愿出钱的无需出钱，自然不会有什么怨言。愿出钱的，只求钟成，自然不会多生事端。而北宫奢专心铸钟，心无旁骛，不存任何私心，人们反倒愿意助他一臂之力。

无论是用强力迫使人做某事，还是用利益诱使人做某事，都或多或少会产生负面影响。只有让人心甘情愿地投入到事情中来，才会皆大欢喜。要做到这点，事情的主导者就不能显露出私心，一旦私心被人所察，人就会有"为人利用"之感。即使做这件事对其自己也有好处，但对为人利用的厌恶也足以抵消对有幸加入此事的感恩。

茫然不识，只是送走去的人，迎接来的人；来的人不禁止，去的人不挽留；不愿捐献的任他自去，不赞助我的随他自便，依照各自的情况而竭尽力量，所以早晚征集捐款而民力丝毫不受损伤，更何况有大道的人呢？"

【分节导读】

此节着重写无为无争，通过太公任和孔子的对话，阐明了"不死之道"：无为。作者用"进不敢为前，退不敢为后"的意怠之鸟来说明，人只有做到无为无争，不炫耀不彰显，抛弃功名利禄，才能避免落入"直木先伐，甘井先竭"的境地。

【原文】

孔子围于陈蔡之间①，七日不火食。

大公任往吊之曰②："子几死乎？"曰："然"。

"子恶死乎？"曰："然。"

任曰："予尝言不死之道。东海有鸟焉，其名曰意怠③。其为鸟也，翂翂翐翐④，而似无能；引援而飞⑤，迫胁而栖⑥；进不敢为前，退不敢为后；食不敢先尝，必取其绪⑦。是故其行列不斥⑧，而外人卒不得害，是以免于患。直木先伐，甘井先竭。子其意者饰知以惊

道德修养极高的人不求闻名于世。

愚⑨，修身以明污，昭昭乎如揭日月而行，故不免也。昔吾闻之大成之人曰⑩：'自伐者无功，功成者堕⑪，名成者亏。'孰能去功与名而还与众人⑫！道流而不明居⑬，得行而不名处⑭；纯纯常常⑮，乃比于狂⑯；削迹捐势⑰，不为功名。是故无责于人，人亦无责焉。至人不闻，子何喜哉⑱？"

孔子曰："善哉！"辞其交游，去其弟子，逃于大泽；衣裘褐[19]，食杼栗；入兽不乱群[20]，入鸟不乱行。鸟兽不恶，而况人乎！

【注释】

①"孔子"句：孔子陈蔡被围见《天运》注。②大公任：对老者的尊称，任为其名，寓有放任逍遥之义，当为虚拟之人名。吊：慰问。③意：海燕之类。怠：驼鸟之名，因其怠慢笨拙而得名。④翂（fēn）翂翐（zhì）翐：形容鸟飞又低又慢的样子。⑤引援：引导协助。⑥迫胁：偎依在一起。⑦绪：残余。⑧斥：排斥。⑨"饰知以惊愚"以下三句，与《达生》篇相重，见《达生》。⑩大成之人：道德至高之人，相当于至人。又说指老子一类得道者。⑪伐：夸耀。堕：同"隳"，毁败。⑫还与众人：还和普通人相同。⑬道流：道之变化流行。不明居：不居于显露之处。⑭得：通"德"。不名处：处于被赞扬的地位。⑮纯纯常常：纯朴而又平常。⑯狂：循性无心而行。⑰削迹：消除一切形迹。捐势：抛弃一切权势。⑱子何喜哉：反问孔子，既然至人不喜闻名于世，你又何必喜欢呢？子，孔子。⑲裘褐（qiú hè）：裘为皮衣，褐为用兽毛或粗麻制成之短衣，贫贱之人所服。裘褐泛指粗陋之服。⑳入兽不乱群：淡漠无心，与物无害，故虽入兽群，野兽也不受惊吓。

【译文】

孔子被围困在陈、蔡两国之间，七天七夜不能生火就食。

大公任前去看望他，说："先生快要饿死了吧！"

孔子说："是的。"

大公任又问："先生怕死吗？"

孔子回答："是的。"

大公任说："我来谈谈不死的方法。东海里生活着一种鸟，它的名字叫意怠。意怠作为一种鸟啊，飞得很慢，好像不能飞行似的；它们总是要有其他鸟引领而飞，栖息时又都跟别的鸟挤在一起；前进时不敢飞在最前面，后退时不敢落在最后面；吃食时不敢先动嘴，总是吃别的鸟所剩下的。所以

太公任与饥困的孔子交谈。

它们在鸟群中从不受排斥，人们也终究不会去伤害它，因此能够免除祸患。长得很直的树木总是先被砍伐，甘甜的井水总是先枯竭。先生用心装扮得很有才干惊醒愚顽，注重修养以便彰明别人的浊秽，毫不掩饰地炫耀自己就像是举着太阳和月亮走路，所以总

太公任告诉孔子："入兽不乱群，入鸟不乱行。"

不能免除祸灾。从前我听有大成的人说过：'自吹自擂的人不会成就功业；功业成就了而不知退隐的人必定会毁败，名声彰显而不知韬光隐晦的必定会遭到损伤。'谁能够摈弃功名而还原成普通人一样！大道广为流传而不显山露水；德行出众而不求声名。纯朴而又平常，好似无所顾忌；削除形迹捐弃权势，不求取功名。因此不责求于人，别人也不会责求于我。道德修养极高的人不求闻名于世，您为什么偏偏喜好名声呢？"

孔子说："说得实在好啊！"于是辞别朋友故交，离开众多弟子，逃到山泽旷野；穿着粗布衣服，吃柞树和栗树的果实；进入兽群而兽不乱群，进入鸟群而鸟不乱行。连鸟兽都不讨厌他，何况是人呢！

◎品庄悟道◎

入兽不乱群，入鸟不乱行

孔子周游列国，但过程并不顺利，陈、蔡两国既不打算重用孔子，又不想孔子被楚国所用，所以就将孔子及其弟子围困在陈、蔡二国的中间，一围就围了七天七夜。孔子等人无法做饭，忍饥挨饿，几乎死去。

大公任在这个时候去见孔子，指出让孔子陷入困境的根本原因——"自伐者无功，功成者堕，名成者亏"。真正的圣人应像大道一样不夸耀所能，默默地融入万物之中。道家追求的是物我两忘的无我之境，人若达到这一境界就可以"走入兽群，兽不惊乱；进入鸟群，鸟不骚动"，不管身处怎样复杂的人际关系，都不会遭遇不测。大公任教导孔子的，实际上是关于人与外在环境如何相处的智慧。人要与环境和谐相处，才能避免遭遇祸患。夸耀自己的功劳、显示自己的才华，不管有意无意，都会引起旁人的嫉妒，难免不招致他人陷害。

【分节导读】

此节通过孔子向子桑雽询问自己"亲友益疏，徒友益散"的原因，来阐述何为君子之交。交友也当如修身养性一样，遵从自然天性率真而为，不用刻意修饰美化彼此关系，正所谓"君子之交淡如水，小人之交甘若醴"。

【原文】

孔子问子桑雽曰[①]："吾再逐于鲁[②]，伐树于宋[③]，削迹于卫，穷于商周，围于陈蔡之间。吾犯此数患，亲交益疏，徒友益散，何与？"

子桑雽曰："子独不闻假人之亡与[④]？林回弃千金之璧[⑤]，负赤子而趋[⑥]。或曰：'为其布与[⑦]？赤子之布寡矣；为其累与[⑧]？赤子之累多矣；弃千金之璧，负赤子而趋，何也？'林回曰：'彼以利合，此以天属也[⑨]。'夫以利合者，迫穷祸患害相弃也[⑩]；以天属者，迫穷祸患害相收也[⑪]。夫相收之与相弃亦远矣。且君子之交淡若水，小人之交甘若醴[⑫]；君子淡以亲，小人甘以绝[⑬]。彼无故以合者，

林回舍弃了璧玉，背起了婴儿。

则无故以离。"

孔子曰："敬闻命矣！"徐行翔佯而归[14]，绝学捐书，弟子无挹于前[15]，其爱益加进。

异日，桑雽又曰："舜之将死，乃命禹曰：'汝戒之哉！形莫若缘[16]，情莫若率[17]。缘则不离[18]，率则不劳[19]；不离不劳，则不求文以待形[20]；不求文以待形，固不待物[21]。'"

【注释】

① 子桑雽（hù）：人名，得道者。或以为即《大宗师》篇子桑户。② 再逐于鲁：鲁昭公时，季孙氏势力大增，危及公室，昭公想除掉季孙而失败，被迫逃亡国外，客死他乡。孔子因鲁乱而去齐，此为第一次被逐。后在定公时，孔子为鲁大司寇，摄行相事。齐国馈送女乐，季桓子接受而不朝，孔子为此而离去，开始漫长的周游列国的流浪生活。"再逐于鲁"即指此次。③ "伐树于宋"以下数事，皆见《天运》篇注。④ 假：国名，为晋之属国，后为晋所灭。亡：逃亡。⑤ 林回：人名，为假国逃亡之民。⑥ 负：背负着。趋：小步疾走。⑦ 布："镈"的同声假借字，镈为一种像铲子样的农具，古人仿照其形状制成钱币，镈就成了古钱币之代称，假借为布。⑧ 累：拖累。⑨ 天属：以天性相连属。⑩ 迫：迫近遭遇之意。穷祸患害：困穷灾祸危难。⑪ 收：收留、容纳。⑫ 醴（lǐ）：甜酒。⑬ "君子"二句：小人相交以利，有利可图则甘美，无利可图则断绝，故虽甘美而易断绝。⑭ 翔佯：与"徜徉"义近，逍遥自在的样子。⑮ 绝学捐书：绝有为之学，弃圣贤之书。无挹于前：弟子们不须在老师面前鞠躬作揖，不用过分讲求礼仪。挹，同"揖"。⑯ 形：仪容举止。缘：随顺物性。⑰ 率：直率，真诚。⑱ 缘则不离：随顺物性则与物不离异。⑲ 率则不劳：任真情自然坦率表露，不加文饰，故不须劳神。⑳ 文：文饰。不须对仪容举止进行文饰。㉑ 固：通"故"。物：衣冠、礼品、祭品之类。这句的意思是说，只要心地真诚，就无须文饰，更不需要外物相辅助。

【译文】

孔子问子桑雽道："我两次被鲁国驱逐，在宋国受到伐树的惊辱，在卫国被禁止居留，在宋、周之地穷愁潦倒，在陈国和蔡国间受到围困。我遭逢这么多的灾祸，亲朋故交越发疏远了，弟子友人更加离散了，这是为什么呢？"

子桑雽回答说："先生难道没有听说过假国之人逃亡的故事吗？林回舍弃了价值千金的璧玉，背着婴儿就跑。有人议论：'他是为了钱财吗？初生婴儿的价值太少了；他是为了怕拖累吗？初生婴儿的拖累太多了。舍弃价值千金的璧玉，背着婴儿就跑，这是为了什么呢？'林回说：'价值千金的璧玉与我是以利益相合，而孩子与我则是以天性相连。'以利益相合的，遇上困厄、灾祸、忧

君子之交淡泊却心地亲近，小人则甘甜易断。

患与伤害时就会相互抛弃；以天性相连的，遇上困厄、灾祸、忧患与伤害时就会相互包容。相互收容与相互抛弃差别也就太远了。而且君子的交情淡得像清水一样，小人的交情甜得像甜酒一样；君子淡泊却心地亲近，小人甘甜却容易断绝。大凡没有缘分故结合的，也就没有缘故而离散了。

孔子说："我会由衷地听取您的指教！"于是慢慢地离去，闲放自得地走了回来，终止了学业，丢弃了书简，弟子无须行揖拜的礼节，可是他们对老师的敬爱反而更加深厚了。

有一天，桑雽又说："舜将死的时候，告诉禹说：'你要警惕啊！行动不如随缘，情感不如率真。随缘就不会背离，率真就不会劳苦；不背离不劳苦，那么也就不需要用纹饰来修整举止，当然也就不必有求于外物了。'"

◎品庄悟道◎

弃千金之璧，负赤子而趋

因利结合的，在危难之际，必彼此舍弃，而因天性结合的，危难之际，反而会彼此支撑。林回和玉璧是利的结合，和婴儿则是天性的结合，所以林回在逃亡的路上，会丢掉玉璧而背负婴儿。

为利而聚的必为利而散，《战国策》中就曾记载这样一个故事。孟尝君遭遇变故，他的门客中有不少人都背他而去。风波平息后，孟尝君便将这些人的名字刻在竹简上，想对他们施以报复。这时，一个叫谭拾子的人举集市的例子劝谏他。早上的集市熙熙攘攘，晚上的冷冷清清，并非因为人喜欢早上的而厌恶晚上的，而是因为早上的集市有东西可买，晚上的没有。见人得势便归附，失势便离开，乃人之常情，再寻常不过，不值得为此心生怨懑。孟尝君听了谭拾子的话，遂打消了报复那些门客的念头。

现实生活中的人际交往不可能全部都是"天性的结合"，这就需要人仔细辨别。天性的结合固然可贵，却也没必要一味排斥利益之交，关键是保持清醒，对自己和他人的交往性质做正确的定位。"君子之交淡若水，小人之交甘若醴"，若是君子间的交往，则重在真诚，无需用甜美的言辞润饰，所以看上去会寡淡如水。小人间的交往则因缺少真诚的内涵，不免需要用美丽的语言对彼此关系进行夸饰。君子需小心呵护，小人之交则需保持警惕。人越是春风得意就越要保持心境的清明，避免被"甘若醴"诱惑，亲小人而远君子。

【分节导读】

此节通过庄子与魏王的对话论述"贫"和"惫"之别。用庄子的话说："士有道德不能行，惫也；衣弊履穿，贫也。"对身怀大道的人而言，道不得行，有志难抒和物质的匮乏一样令人痛苦。庄子以猿猴喻人，生动地描绘了身怀道德的人在"非时"时代的艰难处境，从一个侧面反映其对混乱时局及统治者的不满。

【原文】

庄子衣大布而补之①，正絜系履而过魏王②。魏王曰："何先生之惫邪③？"

庄子曰："贫也，非惫也。士有道德不能行，惫也；衣弊履穿，贫也，非惫也，此所谓非遭时也④。王独不见夫腾猿乎⑤？其得楠梓豫章也⑥，揽蔓其枝而王长其间⑦，虽羿

庄子对魏惠王说："这是贫穷而不是困顿。"

蓬蒙不能眄睨也⑧。及其得柘棘枳枸之间也⑨，危行侧视⑩，振动悼栗⑪；此筋骨非有加急而不柔也⑫，处势不便，未足以逞其能也。今处昏上乱相之间⑬，而欲无惫，奚可得邪？此比干之见剖心征也夫⑭！"

【注释】

①衣（yì）：动词，穿。大布：粗布。②絜（xié）：通"絜"，腰带。系履：鞋子已坏，用麻绳扎牢。过：拜访。魏王：魏惠王。③惫（bèi）：疲乏困顿。④非遭时：生不逢时。⑤腾猿：善于腾跃的猿猴。⑥楠（nán）：楠树。梓：楸树。豫章：樟树。三者皆为高大乔木。⑦揽蔓：扯拉牵引。王长其间：在其间称王称长。⑧羿（yì）：古代善射的英雄，上射十日，下射猛兽。蓬蒙：羿的弟子，也善射。眄睨（miàn nì）：斜视，看不起。⑨柘（zhè）：桑科灌木。棘：小型枣树，带刺。枳（zhǐ）：如桔而小，多刺。枸（jǔ）：枸橼，枝间有刺。⑩危行：小心翼翼地走，行动谨慎。⑪悼栗：因恐惧而战栗。⑫加急：过分紧张。⑬昏上：昏庸的君主。乱相：乱国之相。⑭比干：殷纣王之臣，直谏不从，被剖心而死。见：被。征：明证。

【译文】

庄子穿着带补丁的粗布衣，扎好腰带，系紧鞋子去拜访魏惠王。魏惠王问："先生为什么如此困顿？"

庄子回答："这是贫穷而不是困顿。士有道德而不得实施，是困顿；衣破鞋烂，是贫穷而不是困顿，这就是所谓的生不逢时。君王难道没有见过善于腾跃的猿猴吗？当它们活动于高大的楠、梓、豫、樟树之间时，在树枝间牵引腾跃，称王称霸，善射如后羿、蓬蒙连斜眼看它们一眼都不能。可当它们一旦处于多刺的柘、棘、枳、枸之类的灌木丛中，只好谨慎行动，左顾右盼，提心吊胆了，并不是此时由于过度紧张而使筋骨不柔软，而是因为所处的环境不利，不足以施展它的本领了。现在处于主上昏庸、宰臣乱国的世道而想不困顿，怎么可能呢？这就是由忠臣比干被剖心所证明的真理呀！"

【分节导读】

　　此节，庄子借孔子穷困与陈蔡两国之间时与颜回的问答，阐述了"无受天损易，无受人益难"的道理。在作者看来，避免为自然所伤要不抵制利禄的诱惑容易。为人行事遵照自然的法则，一切顺其自然。像燕子一般，对不属于自己的"外者"不屑一顾。道家认为。人与自然都受"天"主宰，人只有安于天性，尊重自然规律，才能做到"人与天一"。

【原文】

　　孔子穷于陈蔡之间，七日不火食，左据槁木，右击槁枝[①]，而歌焱氏之风[②]，有其具而无其数[③]，有其声而无宫角[④]，木声与人声，犁然有当于人之心[⑤]。

　　颜回端拱还目而窥之[⑥]。仲尼恐其广己而造大也[⑦]，爱己而造哀也[⑧]，曰："回，无受天损易，无受人益难[⑨]。无始而非卒也[⑩]，人与天一也。夫今之歌者其谁乎？"

　　回曰："敢问无受天损易。"

　　仲尼曰："饥渴寒暑，穷桎不行[⑪]，天地之行也，运物之泄也[⑫]，言与之偕逝之谓也[⑬]。为人臣者，不敢去之。执臣之道犹若是，而况乎所以待天乎[⑭]！"

　　"何谓无受人益难？"

　　仲尼曰："始用四达[⑮]，爵禄并至而不穷，物之所利，乃非己也[⑯]，吾命其在外者也[⑰]。君子不为盗，贤人不为窃。吾若取之，何哉[⑱]！故曰，鸟莫知于鷾鸸[⑲]，目之所不宜处，不给视[⑳]，虽落其实[㉑]，弃之而走。其畏人也，而袭诸人间[㉒]，社稷存焉尔[㉓]。"

　　"何谓无始而非卒？"

　　仲尼曰："化其万物而不知其禅之者[㉔]，焉知其所终？焉知其所始？正而待之而已耳[㉕]。"

　　"何谓人与天一邪？"

　　仲尼曰："有人，天也[㉖]；有天，亦天也。人之不能有天[㉗]，性也，圣人晏然体逝而终矣[㉘]！"

孔子左手拿木杖，右手敲枯枝，唱起歌谣。

【注释】

①据槁木：执持木杖。槁枝：以枯枝为击节之策。②焱（biāo）氏：神农氏，传说为教民稼穑之古帝王。风：歌谣。③具：敲击拍节之木棍等。无其数：作为乐器用的各种器具都有一定规格尺寸，即为数。此时只是信手取来，不合规格，故称无其数。④宫角：宫、商、角、徵、羽五声之代称。⑤犁然：释然，悠然。⑥端拱：端立拱手。还目：转眼。⑦广己：扩大自己之德。造大：造作夸大。⑧造哀：超乎自然，过分造作之哀痛。此句意为：孔子担心颜回把自己的道德看得过高而有所造作夸大，由于爱己过深而哀痛过度。⑨天损：自然带来的损害。人益：别人加给的超出自性的东西。如权势、利禄、名誉之类。⑩无始而非卒：没有哪个起点不同时又是终点的。卒，

终。庄子认为终与始是相对的、转化的。如晨是昼之始、夜之终，即是始，也是终。始终又在相互转化。自然如此，人亦如此。⑪穷桎不行：困穷滞碍不能通达。桎：通"窒"，滞碍。⑫运物之泄：品物的发动。⑬与之偕逝：与天地万物一起变化。⑭待天：对待天道。对君命尚能执守勿违，何况是对待天道呢。⑮始用四达：开始见用于世，即能四面八方无不通达。⑯非己：物之所利，非关于己，乃是本性之外的附带之物。⑰命其在外者：命运操纵在外，非由自己所主宰。⑱"吾若"二句：非性分之所有，取之则为盗窃，故君子贤人不妄取。⑲知：同"智"。鹢鸸（yì ér）：燕子。⑳目之：看一眼。不宜处：不适宜停留。不给视：不再多看即离去。㉑落其实：布下网络和诱饵想逮燕子。落，通"络"，网络。实，即"食"，诱饵。㉒袭：入。这句的意思是：燕子畏惧于人，而又进入人宅筑巢以免害。㉓社稷：指代国家。㉔化其万物：万物生灭变化无穷。禅：相互更代。㉕正而待之：持守正道以待其变化。㉖有人，天也：人事变化莫不受天道支配。㉗不能有天：指人不能支配天道。㉘晏然：安然。体逝而终：体悟天道常行不息之性而终其天命。

【译文】

孔子受困于陈国、蔡国之间，整整七天不能生火就食，左手拿着木杖，右手敲击枯枝，而且还唱起了神农时代的歌谣，有了敲击的声响却没有符合五音的音阶，敲木声和咏歌声悠然地使人心里感到舒适。

颜回恭敬地在一旁待立，掉过脸去偷偷地看了看。孔子真担心他把自己的道德看得过于高远而至于夸大，因为爱戴自己而过度悲伤，便说："颜回，不受自然的损害容易，不接受他人的利禄则较困难。没有哪个起点不同时又是终点的，人与自然原本也是同一的。至于现在唱歌的人又是谁呢？"

颜回说："我冒昧地请教什么叫做不受自然的损害容易？"

孔子说："饥饿、干渴、严寒、酷暑、穷困的束缚使人事事不能通达，这是天地的运行，万物的变迁，说的是要随着天地、万物一块儿变化呀！做臣子的，不敢违拗国君的旨意，做臣子的道理尚且如此，何况是用这样的办法来对待自然呢！"

颜回又问："什么叫做不接受他人的利禄则较困难呢？"

孔子说："初被任用办什么事都觉得顺利，爵位和俸禄一齐到来没有穷尽，外物带来的好处，本不属于自己，只不过是我的机遇得到这些外物罢了！君子不会做劫盗，贤人也不会去偷窃，我又为何要追求这些非己之物呢？所以说，没有比燕子更聪明的鸟，看见不适宜居住的地方，绝不投出第二次目光，即使掉落了食物，也会舍弃不顾而飞走。燕子很害怕人，却进入到人的生活圈子，不过只是将它们的巢穴暂寄于人的房舍罢了。"

颜回又问："什么叫做没有什么起点不同时又是终点的？"

孔子说："变化无穷的万物不可能知道是谁替代了谁而谁又为谁所替代，这怎么能知道它们的终了？又怎么能知道它们的开始？顺其自然的变化就是了。"

颜回又问："什么叫做人与自然原本也是同一的呢？"

孔子说："人类的出现，是由于自然；自然的出现，也是由于自然。人不可能支配天道，也是人固有的天性所决定的，只有圣人能安然地随着自然而变化！"

人类的出现，是由于自然。

【分节导读】

此节中，庄子去雕陵游玩，见到"螳螂捕蝉，异鹊在后"，不禁有了"物固相类"的感慨。此节构思巧妙，一波三折。作者提醒人们，物类之间相互牵连，切不可忽视利益背后的危险。物轻而人贵，无论面对多么大的诱惑，人都不应该以自我本性为代价博取身外之物，否则必会招致祸患，得不偿失。

【原文】

庄周游于雕陵之樊①，睹一异鹊自南方来者，翼广七尺，目大运寸②，感周之颡③，而集于栗林④。庄周曰："此何鸟哉，翼殷不逝⑤，目大不睹⑥？"蹇裳躩步⑦，执弹而留之⑧。睹一蝉，方得美荫而忘其身；螳螂执翳而搏之⑨，见得而忘其形；异鹊从而利之⑩，见利而忘其真⑪。庄周怵然曰⑫："噫！物固相累，二类相召也⑬！"捐弹而反走⑭，虞人逐而谇之⑮。

庄周反入，三日不庭⑯。蔺且从而问之⑰："夫子何为顷间甚不庭乎⑱？"

庄周曰："吾守形而忘身⑲，观于浊水而迷于清渊⑳。且吾闻诸夫子曰：'入其俗，从其令。'今吾游于雕陵而忘吾身，异鹊感吾颡，游于栗林而忘真，栗林虞人以吾为戮㉑，吾所以不庭也。"

【注释】

①雕陵：园名。樊：篱笆。②运寸：径寸。③感：触。颡（sǎng）：额。④集：止。⑤殷：大。逝：往，指飞走。⑥不睹：看不见。指触庄子额。⑦蹇（qiān）：同"搴"，拔取。躩（jué）步：疾步，快走。⑧执弹：拿着弹弓。留：等待发弹的机会。⑨执翳：举臂。螳螂臂前有齿，状如跳舞时所持的翳。⑩从而利之：从中取利。⑪真：本性。可飞而不飞。⑫怵（chù）：惊觉。⑬二类相召：对立的双方，如利与弊、祸与福，互相招致。⑭反走：返身跑走。⑮虞人：管园之人。谇（suì）：责骂。⑯不庭：不出门庭。⑰蔺且（lìn jū）：庄周弟子。⑱顷间：近来。⑲守形而忘身：庄子原本虚静守形，却也像螳螂、异鹊一样被外物引诱而忘记保护自身。⑳"观于"句：喻自己能冷静地旁观别人逐利忘形，却又不能自免。㉑戮：辱，指逐而谇之。

【译文】

庄子到雕陵的栗园里游玩，看见一只奇异的鹊从南边飞来，翅膀展开有七尺长，眼睛的直径有一寸宽，碰到庄周的额头之后，落在栗树林里。庄周说："这是什么鸟呀！翅膀很大却不飞走，眼睛很大却看不见人。"便提起衣裳，快步靠上前去拿着弹弓，等待机会射它。这时却看到一只蝉正躲在浓荫下而忘了自身的危险，一只螳螂正举起前臂准备搏杀它，只想到捕蝉却忘了自身的危险。那只怪鹊见有利可图，也忘记了自身的危险。庄周见此不由得吃了一惊，说："唉！真是万物相互牵累，福祸相互招致呀！"于是扔下弹弓转身就跑，看栗园人的人追赶着把他骂了一顿。

庄子回去以后，三天不出门。弟子蔺且因而询问："先生为什么最近不爱出门了？"

庄子回答："我原本虚静而守形，却因外物而忘却了自身的危险；只能看到他人逐利忘形的危险，自己却不免同样糊涂。而且，我听先生说过：'入乡就要随俗。'现在我游雕陵而忘了自身，怪鸟碰了我的头；在栗林中游逛而忘记了真性，看栗林的人还把我骂了一顿。所以我闭门不出了。"

◎品庄悟道◎

螳螂捕蝉，异鹊在后

螳螂捕蝉，异鹊在后；鹊捕螳螂，庄周在后；庄周捉鹊，虞人在后。在唾手可得的利益面前，人往往会放松戒备，忽略了身后的灾祸。因此，越是利益当前，人越要保持头脑的清醒，要有意识地站在局外人的角度观察事情。

事物与事物相互牵连的复杂关系不容低估，人切不可自视强大，当人自信可以轻而易举地获取眼前之利时，应四下看看，是否有更强大的人正在对自己虎视眈眈。螳螂可轻松夺走蝉的性命，异鹊可以轻松置蝉于死地，庄子可以轻松捉到异鹊。可看到虞人，一向伶牙俐齿地庄子也只能无奈地接受责骂。世事艰险，人外有人，人不可不随时保持警惕。

【分节导读】

此节通过阳子到宋国住宿时，旅馆主人对美丑两妾的不同态度，阐明了为人谦卑才能收到世人的尊重和认可的道理，而自持优秀炫耀的人终会被贱弃。旅馆主人对美丑二妾态度反映了作者对美丑的看法，在作者看来，内在的品德、修养比外在的容貌更为重要。人如果能在行贤良美好的事时，抛却自我炫耀的心理，无论走到哪里，都会受到众人喜爱。

【原文】

阳子之宋①，宿于逆旅②。逆旅人有妾二人，其一人美，其一人恶③，恶者贵而美者贱。阳子问其故，逆旅小子对曰④："其美者自美⑤，吾不知其美也；其恶者自恶，吾不知其恶也。"

阳子曰："弟子记之！行贤而去自贤之心⑥，安往而不爱哉！"

【注释】

①阳子：杨朱，见《应帝王》篇注。②逆旅：旅店。③恶：丑陋。④小子：此处指旅店主人。⑤自美：自以为美。⑥去：抛弃。自贤：自以为贤。

【译文】

杨朱到宋国去，寄宿在旅店里。店主人有两个妾，一个漂亮，一个丑陋。丑陋的尊贵而漂亮的低贱。杨朱问其中的缘故，店主人说："漂亮的自以为漂亮，我不晓得她有什么漂亮；丑陋的自以为丑陋，我也不知道她哪儿丑陋。"

杨朱说："弟子们记住，行为贤良而抛弃自以为贤的念头的人，哪里会不受爱戴呢！"

店主人有两个妾，一个漂亮，一个丑陋。

◎品庄悟道◎

美者贱而恶者贵

旅馆主人偏爱丑妾，并非因为他的审美观异于常人。自认为美的人，难免因美自傲，让人反感。自认丑的人，则行事谦卑，想让人反感也难。美丽的容貌能悦人眼目，美好的性情则悦人心灵。外人之所以会为旅店主人贵丑妾、贱美妾奇怪，是因为只看到二妾外貌上的美丑，忽略了她们的性格。

自认美或自认丑，并不重要，重要的是在这之后，人的心态、行为会发生怎样的变化。人当然要了解自己的优点，只是优点一经自夸，就魅力大失。很多人都没有注意到，若无与他人攀比之心，便无自夸之意，夸耀自己的优点多少有贬低他人之嫌。相反，修养良好的人很少为自己讲好话，他虚怀若谷，待人接物总是顾及对方的感受，言谈举止生怕引起对方不适，他不只不会自夸，还会谦虚地对待他人于自己的称赞。

优秀的人未必会有良好的人际关系，人缘好的人往往都有一颗善于体恤他人的心。放低自己，多考虑他人的感受，对维护人际关系大有好处。

◎田子方◎

【题解】

本篇以倡导"人貌而天虚，缘而葆真，清而容物"的人生哲学为主旨，提倡纯真自然、无为寡欲的生活方式，同时对儒家学派推崇的圣智礼义进行了深刻地批评。

【分节导读】

此节通过田子方与魏文侯的对话，突出了东郭顺子"真"的形象，称赞了其为人的至真淳厚。突显作者对于"缘而葆真"的肯定，于内保存本真之心，于外顺随万物的规则变化，端正自我，借以让他人开悟的得道之人。并通过魏文侯的感悟表达了"圣知之言仁义之行"对人的真实生命的束缚。遵循本性，保存真我才是至人之路。

【原文】

田子方侍坐于魏文侯①，数称谿工②。

文侯曰："谿工，子之师邪？

子方曰："非也，无择之里人也③；称道数当④，故无择称之。"

文侯曰："然则子无师邪？"

子方曰："有。"

曰："子之师谁邪？"

子方曰："东郭顺子⑤。"

文侯曰："然则夫子何故未尝称之？"

子方曰："其为人也真，人貌而天虚⑥，缘而葆真⑦，清而容物⑧。物无道，正容以悟之⑨，使人之意也消⑩。无择何足以称之！"

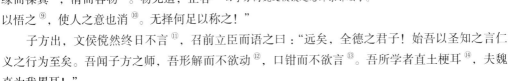

田子方向魏文侯谈起老师东郭顺子。

子方出，文侯傥然终日不言⑪，召前立臣而语之曰："远矣，全德之君子！始吾以圣知之言仁义之行为至矣。吾闻子方之师，吾形解而不欲动⑫，口钳而不欲言⑬。吾所学者直土梗耳⑭，夫魏真为我累耳！"

【注释】

①田子方：名无择，字子方，魏文侯之师。侍坐：卑者坐在尊者之侧。②数（shuò）：多次。谿工：魏国贤人。③里人：邻人。④称道：论道。数当：常常恰当。⑤东郭顺子：魏国得道之人，住于东郭，名顺，顺子是尊称。⑥天虚：像天空一样空虚。⑦缘：顺。葆真：保持真性。⑧清：心性清净。容物：容纳万物。⑨正容：端正仪态。悟之：使之悟。⑩意：惑乱之心。消：消亡。⑪傥然：若有所失的样子。⑫形解：形体懒散。⑬口钳：嘴像被钳住一样。⑭直：只不过。土梗：泥做的偶像，喻指不真实的东西。

【译文】

田子方陪坐在魏文侯身边，再三地称赞谿工。

文侯说："谿工是您的老师吗？"

子方回答："不是，是我的邻居。他论道恰当有理，所以我称赞他。"

文侯问："那么您没有老师吗？"

子方回答："有呀。"

问："那么您的老师是谁呢？"

子方回答："是东郭顺子。"

文侯问："那么您为什么没有称赞过他呢？"

子方回答："我的老师为人纯真，与常人容貌相同，心灵却像上天一样虚静，随缘而保持真性，心性清净而包容万物。对于无道之人，他只是端正自己的仪容使其感悟，消除其邪念，我哪里有资格称赞他呀！"

田子方走了以后，魏文侯若有所失，一整天都没有说话。后来，把站在近旁的侍臣召至面前说："德性完美的君子真是高远呀！当初，我以为圣智者的言论和仁义者的行为就是最高尚的了。现在我听说了子方老师的所作所为以后，身体懒散而不想动弹，嘴巴像被钳住一样不想说话。我过去所学的东西就像土偶人一样粗陋啊，魏国可真是我的大拖累呀！"

【分节导读】

此节借用温伯雪子评鲁国人"明乎礼义而陋乎知人心"，表达了庄子对儒家思想的讽刺，否定了儒家思想重规矩而轻人心的内容。用孔子见温伯雪子"不言"的体悟，说明了"得意忘言"。惟有突破了语言的限制而感悟的道理才是真正的大道，而真正的大道之人目光所及之处就是大道，更是不需多言的。

【原文】

温伯雪子适齐①，舍于鲁。鲁人有请见者，温伯雪子曰："不可。吾闻中国之君子，明乎礼义而陋于知人心②，吾不欲见也。"

至于齐，反舍于鲁，是人也又请见。温伯雪子曰："往也蕲见我③，今也又蕲见我，是必有以振我也④。"

出而见客，入而叹。明日见客，又入而叹。其仆曰："每见之客也⑤，必入而叹，何耶？"

温伯雪子拒见前来拜访的鲁人。

曰："吾固告子矣'中国之民，明乎礼义而陋乎知人心，'昔之见者，进退一成规一成矩，从容一若龙一若虎⑥，其谏我也似子⑦，其道我也似父⑧，是以叹也。"

仲尼见之而不言。子路曰："吾子欲见温伯雪子久矣，见之而不言，何邪？"

仲尼曰："若夫人者^⑨，目击而道存矣^⑩，亦不可以容声矣。"

【注释】

① 温伯雪子：人名，楚国之得道者，或为庄子虚拟之人名。② 陋：浅陋。③ 蕲（qí）：通"祈"，请求。④ 振：启发，或作"救"解，救己之失。⑤ 每见之客也：见客时行礼无不合乎规矩。⑥ 若龙、若虎：形容动作仪态蕴含不可抵御的威武气势。⑦ 似子：如同儿子对待父亲，形容规劝时态度之恭顺。⑧ 道：同"导"，引导、指导。⑨ 若：如。夫人：此人、这个人。⑩ 目击而道存：用眼睛一看而知大道存之于身，无须言说。

【译文】

温伯雪子到齐国去，途中在鲁国歇宿。鲁国有人请求拜会他，温伯雪子说："不行。我听说中原国家的读书人，明了礼义却不了解人心，我不想见他们"。

到了齐国，返回途中又在鲁国歇足，那个人又请求会见。温伯雪子说："先前要求会见我，如今又要求会见我，那个人一定是有什么可以打动我的。"

温伯雪子于是出来接见了客人，可是回到屋里叹息不已。第二天再次会见客人，回到屋里又再次叹息不已。他的仆从问道："您每次会见这个客人，必定回到屋里就叹息不已，这是为什么呢？"

温伯雪子说："我原先就告诉过你'中原国家的人，明了礼义却不了解人心，'前几天会见我的那个人，进退全都那么循规蹈矩，动容犹如龙虎，他劝告我时那样子就像是个儿子，他开导我时那样子又像是个父亲，因此我总是叹息不已。"

孔子见到温伯雪子时却一言不发。子路问："先生想会见温伯雪子已经很久了，可是见到了他却一句话也不说，为什么呢？"

孔子说："像他那样的人，目光方才投出，大道就已经在那里存留，也就无须再用言语了。"

孔子见到温伯雪子后一言不发。

⊙品庄悟道⊙

明乎礼仪而陋乎知人心

孔子曾说:"礼者,敬人也。"礼的核心是尊重,要让别人有被尊重之感,不了解人的心思、感受,是不行的。温伯雪子遇到的鲁国人只知礼仪之皮毛,不晓礼仪的内核,待人接物虽合乎礼仪规范,却不能让他人感到安适。

相对个体价值,儒家更重视集体价值,不那么在意个体的心理感受,更多地将礼看成维护社会秩序的工具,所以会出现"明乎礼仪而陋乎知人心"。庄子写的是鲁人,抨击的却是儒家的礼仪观。道家和儒家不同,其追求安然自适,真情流露,将礼仪视作、桎梏人心的藩篱。

人要在社会上生存,必须遵守社会规范,只有知礼,才能为社会接受。但人也没必要时时刻刻都将真我锁在礼仪规范的条框中。一般来说,在正式场合,需谨慎守礼,以示对他人的尊重。在非正式场合,或对关系特别亲密的人,倒不必拘泥俗礼。有时,打破礼仪的限制,任真情自然流露,反倒有利于拉近彼此的距离。

【分节导读】

此节通过描写颜渊与孔子的对话,阐述了宇宙的长流不息,万事万物变故日新的"日徂"之说:宇宙一天天的变化,自然万物都参与其中,然而人心若是不能跟随自然一同参与变化,那便是心死。"哀莫大于心死",在庄子看来最悲哀的事情莫过于精神的死亡,而身死是次要的。至人的身形虽然随自然天道而改变、消散,但其内在的道德精神却会亘古长存,一味地追逐某个至人的外在言行没有意义,惟有顺应自然,保存真我才能体悟大道。

【原文】

颜渊问于仲尼曰:"夫子步亦步,夫子趋亦趋[①],夫子驰亦驰;夫子奔逸绝尘[②],而回瞠若乎后矣[③]!"

仲尼曰:"回,何谓邪?"

曰:"夫子步,亦步也;夫子言,亦言也;夫子趋,亦趋也;夫子辩,亦辩也;夫子驰,亦驰也;夫子言道,回亦言道也;及奔逸绝尘而回瞠若乎后者,夫子不言而信,不比而周[④],无器而民滔乎前[⑤],而不知所以然而已矣"。

孔子告诉颜渊:"没有比心灵的僵死更悲哀的了。"

仲尼曰:"恶!可不察与!夫哀莫大于心死,而人死亦次之。日出东方而入于西极[⑥],万物莫不比方[⑦],有首有趾者,待是而后成功,是出则存,是入则亡[⑧]。万物亦然,有待也而死,有待也而生[⑨]。吾一受其成形[⑩],而不化以待尽[⑪],郊物而动,日夜无隙[⑫],而不知其所终;薰然其成形[⑬],知命不能规乎其前[⑭],丘以是日徂[⑮]。

"吾终身与汝交一臂而失之[16]，可不哀与！女殆著乎吾所以著也[17]。彼已尽矣[18]，而女求之以为有，是求马于唐肆也[19]。吾服女也甚忘[20]，女服吾也亦甚忘。虽然，女奚患焉！虽忘乎故吾，吾有不忘者存[21]。"

【注释】

①趋：小步疾行。驰：跑。②奔逸：快跑。绝尘：跑得极快，好像脚掌与土地分隔开一样。③瞠（chēng）：瞪大眼睛看。④周：普遍。⑤器：权势利禄。滔：聚。⑥极：尽头。⑦比方：言人顺从太阳的方向动作。比：顺从。方：方向。⑧是：此，指日。亡：无。这句意思是：日出则操作，日落则休息。⑨"万物"三句：万物待造化往来而有生死之转化，如人随日之出没而作息。⑩受其成形：秉受天赋之形体。⑪不化：不会化作他物。待尽：等待穷尽其天年。⑫无隙：变化日新不息，没有间隙。⑬薰然：形容气自动聚合之状。⑭知命：知命之人。规：测度。⑮日徂（cú）：日日与变化俱往。徂，往。⑯交一臂而失之：比喻机会极好却当面错过，好像碰一下臂就分开了。⑰殆：仅，只。女始著乎吾所以著也：前"著"作"着眼"讲，后"著"作"显著"讲。⑱彼：指显著有形迹之类，如举动言辩。⑲唐肆：空的集市。唐，空。肆，集市。⑳服：思存。甚忘：全都遗忘。㉑不忘者：指与化俱往，日日更新之道。

【译文】

颜渊向孔子问道："先生缓步我也缓步，先生快走我也快走，先生奔跑我也奔跑；若先生脚不沾地迅疾飞奔，学生只能干瞪着眼落在后面了！"

孔子说："颜回，你这些话是什么意思呢？"

颜回说："先生行走，我也跟着行走；先生说话，我也跟着说话；先生快步，我也跟着快步；先生辩论，我也跟着辩论；先生奔跑，我也跟着奔跑；先生谈论

根据外物的变化行动，一如日出而作，日落而息。

大道，我也跟着谈论大道；等到先生快步如飞、脚不沾地迅速奔跑，而学生干瞪着眼落在后面，是说先生不说什么却能够取信于大家，不偏私却能使情意传遍周围所有的人，不居高位、不获权势却能让人民像滔滔流水那样涌聚于身前，而我却不懂得先生为什么能够这样。"

孔子说："唉，这怎么能够不加审察呢！没有比心灵的僵死更悲哀的了，而人的躯体死亡还是次一等的。太阳从东方升起而隐没于最西端，万物没有什么不遵循这一方向，有头有脚的人，期待着太阳的运行而获取成功，太阳升起便劳作，太阳隐没便休息。万物全都是这样，等候太阳的隐没而逐步消亡，仰赖太阳的升起而逐步生长。我一旦禀受大自然赋予我的形体，就不会变化成其他形体而等待最终的衰亡，随应外物的变化而相应有所行动，日夜不停从不会有过间歇，而不知道变化发展的终结所在；是那么温和而又自然地铸就了现在的形体，我知道命运的安排不可能预先窥测，所以我只是每天随着变化而变化。

"我一直与你过从甚密，而你却不能了解这个道理，能不悲哀吗？你大概只是看到了我那些显著的方面。其实它们全都已经逝去，可是你却不停追寻，就好像它们还存在一样，这就像是在空市上寻求马匹一样。我对你形象的思存很快会遗忘，你对我的形象的思存也会很快成为过去。既然如此，你还忧患什么呢！即使忘掉了旧有的我，而我仍会有不被遗忘的东西存在"

◎品庄悟道◎

亦步亦趋

颜回认真地模仿孔子的举动，孔子走，他走；孔子辩论，他辩论；孔子快跑，他也跟着快跑，但却怎样也追不上孔子的脚步。生活中也经常出现这样的情况，有人非常努力地向别人学习，尽心尽力地模仿别人的举止，不敢漏掉别人说的一句话，却依然无法达到对方的水平。这不是因为他们不够用功，而是因为他们没有掌握正确的学习方法。

论学习，庄子一直强调，打破外在形式的局限，领悟内在的真意。儒家也有类似的看法。荀子曾在《劝学》中将"入乎耳，出乎口"的学习称为"小人之学"，并指出小人之学不足以"美七尺之躯"。

学习，免不了要从模仿开始，但不能只停留在模仿的层次，即便是模仿也讲究神形具备。在模仿的过程中，人要勤思考，想想对方为什么要这样做，为什么要这样说，及时检查学习成果，及时发现漏洞偏失。譬如颜回，当他意识到单纯地模仿不能让他学到孔子的精髓，马上向孔子提问，得到了宝贵的点拨。庄子笔下的故事很多都是以问答形式展开，一问一答间，真知灼见如拨云见日般显露。这对人的学习，本身就是一种启示。

【分节导读】

此节通过孔子向老聃问道，引出"物之初"的概念，所谓物之初就是事物存在的根源。而至人就是能够认识事物存在的根源、把握自然运行规律的人，他们的心情淡泊宁静，不会因为外物的变迁大喜大悲，他们洒脱通达，自由自我，体察到至美，遨游于至乐。同时，作者又借老子之口指出，道的产生、存在都没有借助人力，至人对万物的影响也都属无心，不存在刻意的成分。

【原文】

孔子见老聃，老聃新沐①，方将被发而干②，蛰然似非人③。孔子便而待之④，少焉见，曰："丘也眩与⑤，其信然与？向者先生形体掘若槁木⑥，似遗物离人而立于独也。"

老聃曰："吾游心于物之初⑦。"

孔子曰："何谓邪？"

曰："心困焉而不能知⑧，口辟焉而不能言⑨，尝为汝议乎其将⑩。至阴肃肃⑪，至阳赫赫⑫；肃肃出乎天，赫赫发乎地⑬；两者交通成

老子凝神寂志，好像木头人。

和而物生焉⑭，或为之纪而莫见其形⑮。消息满虚⑯，一晦一明，日改月化，日有所为，而莫见其功。生有所乎萌，死有所乎归，始终相反乎无端而莫知乎其所穷。非是也，且孰为之宗⑰！"

孔子曰："请问游是⑱。"

老聃曰："夫得是，至美至乐也，得至美而游乎至乐，谓之至人。"

孔子曰："愿闻其方⑲。"

曰："草食之兽不疾易薮⑳，水生之虫不疾易水，行小变而不失其大常也㉑，喜怒哀乐不入于

胸次^㉒。夫天下也者，万物之所一也^㉓。得其所一而同焉^㉔，则四支百体将为尘垢^㉕，而死生终始将为昼夜而莫之能滑^㉖，而况得丧祸福之所介乎^㉗！弃隶者若弃泥涂^㉘，知身贵于隶也，贵在于我而不失于变。且万化而未始有极也，夫孰足以患心^㉙！已为道者解乎此^㉚。"

孔子曰："夫子德配天地，而犹假至言以修心^㉛，古之君子，孰能脱焉^㉜？"

吃草的动物不担忧更换草泽。

老聃曰："不然。夫水之于汋也^㉝，无为而才自然矣^㉞。至人之于德也，不修而物不能离焉^㉟，若天之自高，地之自厚，日月之自明，夫何脩焉！"

孔子出，以告颜回曰："丘之于道也，其犹醯鸡与^㊱！微夫子之发吾覆也^㊲，吾不知天地之大全也。"

【注释】

①沐：洗头。②方将：正在。被发：披散开头发。干：使之干燥。③慹（zhé）然：木然不动，形体僵直的样子。慹：假借为"蛰"，蛰伏不动。④便：借为"屏"，屏蔽之意，指孔子见老聃新沐后之神态，觉得直接去不妥，蔽于隐处等待。⑤眴：眼花。⑥掘：同"倔"，独立的样子。⑦物之初：物初生之浑沌空虚之境，即指大道。⑧困：困惑。⑨口辟：口开而不能合，大道是不可知不可言的。能心知、言说之道亦非其真。⑩将：粗略，大略。庄子认为，道不可言，又不得不借助语言表述，语言所表述之道，只是大略而已，并非道之大全。⑪至阴：阴之极致，代表地之凝缩、精萃。肃肃：阴冷之气。⑫至阳：阳之极致，代表天之精萃。赫赫：炎热之气。⑬"肃肃"二句：阴冷之气出自于地，而其根在于天；炎热之气出自天，而根在于地。其中包含天地阴阳相克相生、物极必反等思想。⑭交通成和：天地阴阳二气相互交通，和合而生成万物。⑮或：谁，指自然天道。纪：纲纪。⑯消息：消为消亡，息为生息。指大地万物不断消亡和生息的无穷过程。满虚：即盈虚，指盈满空虚的对应转化过程，与"消息"义同。⑰是：指自然、天道。宗：主。⑱游是：是即老聃所说"物之初"，指空虚之道。孔子问游心于此之义。⑲方：道，指达于至美至乐境界之道。⑳疾：担忧、害怕。易：改变，改换。薮（sǒu）：水草丛生之沼泽。㉑小变：小的改变，指生活地点迁移之类。大常：基本生存条件，如水草之类。㉒胸次：胸中。㉓所一：万物共同生息之所。㉔同：混同。与万物混同合一。㉕支：同"肢"。尘垢：比喻无用之废物。㉖滑：乱。㉗介：际、分际。㉘隶者：指隶同于己之物，如官爵奉禄、财产之类。泥涂：泥土，比喻轻贱之物。㉙孰：何。患心：忧心，使心忧。㉚为道者：得道之人。㉛假：借助。至言：至道之言。㉜脱：免。如老聃这样德配天地之圣人，还要借助至言修养心性，古之君子更不能免于修养。㉝汋（zhuó）：水澄澈透明。㉞才自然：素质自然如此，未加修为。㉟物不能离：圣人之德即天道无为，是不靠修习而自成的，此亦天地万物所遵循，故物不能离。㊱醯（xī）鸡：醋变质生出的小飞虫，为蠓之类。用以比喻极端渺小。㊲微：没有。发吾覆：揭开我被蒙蔽的。

【译文】

孔子拜见老聃，老聃刚洗了头，正披散着头发等待吹干，那凝神寂志、一动不动的样子好像木头人一样。孔子在门下屏蔽之处等候他。不一会儿见到老聃，说："是孔丘眼花了吗，抑或真是这样的呢？刚才先生的身形体态一动不动地真像是枯槁的树桩，好像遗忘了外物、脱离于人世而独立自存一样。"

孔子和老子谈论至乐之境。

老聃说："我是处心遨游于浑沌鸿濛宇宙初始的境域。"

孔子问："这说的是什么意思呢？"

老聃说："你心中困惑而不能理解，嘴巴封闭而不能谈论，还是让我为你说个大概吧。最为阴冷的阴气是那么肃肃寒冷，最为灼热的阳气是那么赫赫炎热；肃肃的阴气出自苍天，赫赫的阳气发自大地；阴阳二气相互交通融合因而产生万物，有时候还会成为万物的纲纪却不会显现出具体的形体。消逝生长，满盈虚空了，时而晦暗时而显明，一天天地改变一月月地演化，每天都有所作为，却不能看到它造就万物、推演变化的功绩。生长有它萌发的初始阶段，死亡也有它消退败亡的归向，但是开始和终了相互循环，没有开端也没有谁能够知道它们变化的穷尽。倘若不是这样，那么谁又能是万物的本源！"

孔子说："请问游心于宇宙之初、万物之始的情况。"

老聃回答："达到这样的境界，就是'至美'、'至乐'了，体察到'至美'也就是遨游于'至乐'，这就叫做'至人'。"

孔子说："我希望能听到达此境界的方法。"

老聃说："食草的兽类不担忧更换生活的草泽，水生的虫豸不害怕改变生活的水域，这是因为只进行了小小的变化而没有失去惯常的生活环境。这样喜怒哀乐的各种情绪就不会进入到内心。天下的万物都有共通性。了解它们的共通性而同等看待，那么人的四肢以及众多的躯体都将视如尘垢，而死亡、生存终结、开始也将像昼夜更替一样没有什么力量能够扰乱它，更何况那些得失祸福的分际呢！舍弃得失祸福之类附属于己的东西就像丢弃泥土一样，懂得自身远比这些附属于自己的东西更为珍贵，珍贵在于我自身而不因外在变化而丧失。况且宇宙间的千变万化从来就没有过终极，又有什么值得忧患的呢！已经通晓大道的人便能明白这个道理。"

孔子说："先生的德行合于天地，却仍然需要借助于至理真言来修养心性，古时候的君子，又有谁能够超过呢？"

老聃说："不是这样的。水激涌而出，不借助于人力方才自然。道德修养高尚的人对于德行，无须加以培养而万物也不会脱离他的影响，就像天自然的高，地自然的厚，太阳与月亮自然光明，又哪里用得着修饰呢！"

孔子从老聃那儿走出，把见到老聃的情况告诉给了颜回，说："我对于大道，就好像瓮中的小飞虫对于瓮外的广阔天地一样啊！不是老聃的启迪揭开了我的蒙昧，我还真不知道天地的大全呀。"

◎品庄悟道◎

行小变而不失其大常

孔子向老子问道，老子便用吃草的野兽和水中的虫子做比喻，告诫他"行小变而不失其大常"。以吃草为生的野兽，不担心更换草泽，只要草丰茂就可以了；水生的虫子也不担心变换池塘，只要新的池塘无碍于它的生活。世事本就多变，对人生变数，无需记挂于心，如果人学会从天地自然的大境界着眼，反观自己的生活，就会发现很多祸福得失，都渺小得不堪一提。而心的挂碍越少，人就越自由，哪怕身体处在狭小简陋的室内，心也可遨游天宇。一如老子，他的人呆立屋中等头发晾干，精神却早已游于万物之初，遗忘了他所处的环境，脱离了人世。

另一方面，"行小变而不失其大常"也反映了圆通的处世智慧，如果小的变化不会对事物造成什么损害，就不妨允许它存在。为人处世，在守好底线、把握住大的原则的同时，也要适时地进行变通。道家崇尚精神的自由和人性的本真，看重人的自然属性，将人为的观念、规范当做束缚、枷锁。而儒家重礼，看重人的社会属性，庄子经常用孔子比喻那些被外物牵绊，不得自由的人，这里也是一样。凡夫俗子很可能终己一生都不能将诸如社会规范、世俗价值观等人生枷锁彻底卸下，但却可以通过修养心性、体悟大道，尽可能地让自己的枷锁戴起来舒服些。

【分节导读】

此节以庄子见鲁哀公，指出鲁国满街穿着儒服的人尽是假儒的寓言，表达了"君子有其道者，未必为其服也；为其服也，未必知其道也"的道理，即外在形貌衣着并不能够代表一个人内在的道德精神。

【原文】

庄子见鲁哀公[①]。哀公曰："鲁多儒士，少为先生方者[②]。"

庄子曰："鲁少儒。"

哀公曰："举鲁国而儒服，何谓少乎？"

庄子曰："周闻之，儒者冠圜冠者[③]，知天时；履句屦者[④]，知地形；缓佩玦者[⑤]，事至而断。君子有其道者，未必为其服也[⑥]；为其服者；未必知其道也。公固以为不然，何不号于国中曰：'无此道而为此服者，其罪死！'"

只有一个人穿儒服立在公门外。

于是哀公号之五日，而鲁国无敢儒服者，独有一丈夫儒服而立乎公门。公即召而问以国事，千转万变而不穷。

庄子曰："以鲁国而儒者一人耳，可谓多乎？"

【注释】

① 鲁哀公：为春秋末期人，庄子为战国中期人，二人相距一百多年，不可能相见。此为寓言，非实录。② 先生方：指庄子道家方术。③ 圜：同"圆"。④ 履：作动词，穿。句：音"矩"，方形。屦（jù）：葛、麻制成之单底鞋。泛

指鞋子。⑤缀：用五彩丝编成的带子，用以系块。佩玦（jué）：环状带有缺口的玉饰品。⑥ 为其服：穿戴同样服饰。

【译文】

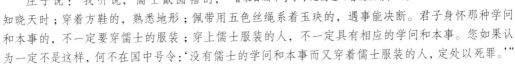

鲁哀公颁布号令：无儒道而着儒服者，死。

庄子拜见鲁哀公。鲁哀公说："鲁国多儒士，很少有信仰先生道学的人。"

庄子说："鲁国的儒士很少。"

鲁哀公说："全鲁国的人都穿着儒士的服装，怎么能说儒士很少呢？"

庄子说："我听说，儒士戴圆帽的，知晓天时；穿着方鞋的，熟悉地形；佩带用五色丝绳系着玉块的，遇事能决断。君子身怀那种学问和本事的，不一定要穿儒士的服装；穿上儒士服装的人，不一定具有相应的学问和本事。您如果认为一定不是这样，何不在国中号令：'没有儒士的学问和本事而又穿着儒士服装的人，定处以死罪。'"

于是哀公号令五天，鲁国国中差不多没有再敢穿儒士服装的人了，只有一个男子穿着儒士服装站立于朝门之外。鲁哀公立即召他进来以国事征询他的意见，无论多么复杂的问题都能作出回答。

庄子说："鲁国这么大而儒者只有一人，怎么能说是很多呢？"

穿儒服的人

人常会以貌取人，认为穿儒服的就是儒者，比如鲁哀公，看见穿儒服的多，就断定通儒学的多。而服装是服装，学识是学识，以衣装断人很容易判断失误。不少学识渊博的人，由于专注学问，并不在意外在的形象。道家强调"葆光"，其眼中的真人和光同尘，睿智内敛，不会用衣服样式显示自己的学问。

人们之所以喜欢以貌取人，是因为这是一种较为便捷的察人方法，无论是考察人的品性，还是检测人的学识，都需要花费一定的精力。而以貌取人，只要看一看人的样子就可以了。惰性让人重形式、轻内容，一而再地被徒有其表的人、物迷惑。当鲁哀公按照庄子的建议颁布"无此道而为此服，其罪死"的命令后，偌大的鲁国便只有一个身着儒服的人了。

现代社会的生活节奏较之庄子生活的时代要快得多，以貌取人形成风气，即使原本对外貌并不在意的人，有时也不得不主动迎和这一风气。希望自己的外表更美好，希望用外表博得他人的好感、认同，无可非议，只是要小心，不要让外表成为生活的负担。

【分节导读】

此节提到的百里奚和有虞氏都曾身处险境，但正由于二者都做到了不计名利，将生死置之度外，所以最终摆脱了险境。

【原文】

百里奚爵禄不入于心①，故饭牛而牛肥，使秦穆公忘其贱，与之政也②。有虞氏死生不入于心③，故足以动人。

【注释】

① 百里奚：春秋时秦国大夫。原为虞国大夫，晋灭虞后被俘，作为陪嫁之臣送往秦国。后又出走楚国，为楚所囚。后被秦穆公用五张羊皮赎回，称五羖大夫，为秦穆公所重用，与蹇叔、由余等贤臣协助秦穆公建立霸业。不入心：

不放在心上。②饭牛：养牛。与之政：委以国政。③有虞氏：虞舜。舜一心只想尽孝，不把生死放在心上，虽然他的父亲和弟弟想方设法谋害他，想把他烧死在屋顶，压死在井底，但他都不忌恨。

【译文】

　　百里奚从不把爵位和俸禄放在心上，所以饲养牛时将牛喂得很肥，使秦穆公忘记了他地位的卑贱，而把国事交给他。有虞氏从不把死生放在心上，所以能够打动人心。

百里奚饭牛。

【分节导读】

　　由于将全部注意力都放在了作画上，画工对绘画之外的事并不那么关心，所以他行为闲散，举止放达。其他的画工则不然，由于存在名利之心，他们或多或少地分出精力在讨好宋元君上，势必不能全神贯注地作画。宋元君看出了这点，所以才将不拘小节的画工称为"真画者"。庄子以此说明，做事要排除杂念，忘物忘我。

【原文】

　　宋元君将画图①，众史皆至，受揖而立②；舐笔和墨，在外者半③。有一史后至者，儃儃然不趋④，受揖不立，因之舍⑤。公使人视之，则解衣般礴羸⑥。君曰："可矣，是真画者也。"

画师解开衣襟，裸露身子。

【注释】

①宋元君：即宋元公，名佐，春秋末期宋君。画图：画国中山川大地之图画。②史：指画师。受揖而立：受君命拜揖而立。③舐（shì）笔：用唾润笔。舐，以舌舔物。在外者半：指画师甚多，屋里已满，外面还有一半。④儃（tǎn）儃：舒缓闲适的样子。趋：小步疾行。⑤之舍：向馆舍走去。⑥解衣：脱掉上衣。般礴：盘腿而坐。羸：裸，赤着上身。

【译文】

　　宋元公打算画几幅画，众多画师都赶来了，接受了旨意便在一旁恭敬地拱手站着；舔着笔，调着墨，站在门外的还有半数人。有一位画师后到，神态自然，一点也不慌急，接受了旨意也不恭候站立，随即回到馆舍。宋元公派人去看，这个画师已经解开了衣襟、裸露身子、叉腿而坐。宋元公说："好呀，这才是真正的画师。"

【原文】

　　文王观于臧①，见一丈人钓，而其钓莫钓②；非持其钓有钓者也，常钓也③。

　　文王欲举而授之政，而恐大臣父兄之弗安也；欲终而释之④，而不忍百姓之无天也⑤。于是旦而属之大夫曰⑥："昔者寡人梦见良人⑦，黑色而頯⑧，乘驳马而偏朱蹄⑨，号曰：'寓而政于臧丈人⑩，庶几乎民有瘳乎⑪！'"

　　诸大夫蹴然曰⑫："先君王也⑬。"

　　文王曰："然则卜之。"

文王观看臧丈人钓鱼。

　　诸大夫曰："先君之命，王其无它⑭，又何卜焉！"

　　遂迎臧丈人而授之政。典法无出，偏令无出⑮。三年，文王观于国，则列士坏植散群⑯，长官者不成德⑰，斔斛不敢入于四竟⑱。列士坏植散群，则尚同也⑲；长官者不成德，则同务也⑳；斔斛不敢入于四竟，则诸侯无二心也。

　　文王于是焉以为大师㉑，北面而问曰㉒："政可以及天下乎？"臧丈人昧然而不应㉓，泛然而辞㉔，朝令而夜遁㉕，终身无闻。

　　颜渊问于仲尼曰："文王其犹未邪㉖？又何以梦为乎㉗？"

　　仲尼曰："默，汝无言！夫文王尽之也㉘，而又何论刺焉㉙！彼直以循斯须也㉚。"

【注释】

①文王：周文王。臧：地名，在渭水边。观：巡察。此段寓言采取姜尚事迹，又按作者意图加以改写。②钓莫钓：身子在钓鱼，心却不在钓鱼上面。或言钓钩上不放鱼饵，意不在得鱼。寓力无为之义。③"非持"二句：非持其钓，并非以持竿钓鱼为事。有钓者，别有所钓，不在鱼也。常钓，经常是这样钓法，寓持守无为之常道。④释之：舍弃不举用。⑤无天：失去荫庇、保护之意。文王把那个人看得德高如天，让他掌政，就会使百姓得到荫庇、保护。⑥旦：早晨。属：集合。⑦昔者：夜里。良人：善人，君子。⑧頯（rán）：同"髯"，两颊上的长须。⑨驳马：杂色的马。偏朱蹄：一蹄赤色。⑩号：号令、命令。寓：托付。臧丈人：臧地之老者，即文王所遇之垂钓者。⑪庶几：差不多，大概。民有瘳（chōu）：民可以解除病痛了。瘳，病愈。⑫蹴（cù）然：惊惧不安的样子。⑬先君王：指文王的父亲季伍，季伍生时面黑而两颊多须，喜乘杂色马。经文王一说，众人皆以为先王托梦。这样举用臧丈人，即渭水边的垂钓人，就是祖宗之意，不可违背。⑭无它：没有其他可疑之处，不必占卜。⑮偏令无出：行无为而治，一篇政令也未发出。偏，通"篇"。⑯列士：各种各样的士，如文士、武士等。坏植散群："植"为"培植朋

党"之"植","植"又作"主"解，指朋党之核心人物，文士、武士都依附于他，形成私人势力，与国家作对，坏植散群即是使结党营私之群体都解散，国家更统一。⑰ 不成德：不建立个人之功德。⑱ 鍬（yú）：又作"庾"，量器单位，六斛四斗为"庾"。斛（hú）：量器单位十斗为"斛"。竟：同"境"。这句是说，各诸侯国所用量器标准不一，如果任由各国商人带不同量器入境，就会造成混乱和欺诈，故必使其不敢入境。⑲ 尚同：境内无私党，皆服务于同一君主。⑳ 同务：同以国事为务。㉑ 大师：尊敬的老师。㉒ 北面而问：古代君主坐北面南，臣立在君对面，现在文王站南面北，是对臧丈人的尊重。㉓ 昧然：犹"默然"，沉默不语。㉔ 泛然：淡漠无心的样子。㉕ 朝令夜遁：早上还接受文王指令，晚上就逃走了。㉖ 犹未：还未足以取信。㉗ 何以梦为：何必要假托于梦呢？㉘ 尽之：做得很完善。㉙ 刺：讥刺。㉚ 循斯须：在短暂时间内顺应众心罢了。斯须，顷刻之间。

【译文】

　　文王在臧地游览，看见一位老人在水边垂钓，手里虽然握着鱼竿，心思却不在钓鱼上，不是手拿钓竿而有心钓鱼，只是钓竿常在手上而已。

　　文王一心要起用他并把朝政委托给他，可是又担心大臣和宗族放心不下；打算就此作罢，却又不忍心天下的百姓得不到荫庇。于是大清早便召来诸大夫嘱咐说："昨晚我梦见了一位非常贤良的人，他黑黑的面孔长长的胡须，骑着一匹杂色马，四只马蹄半侧是红的，他对我大声呼喊说：'把你的朝政托付给那位臧地的老人，这样你的百姓也就差不多解除痛苦啦！'"

　　诸位大夫惊恐不安地说："这个显梦的人就是君王的父亲！"

　　文王说："既然如此，那么我们还是占卜问这件事吧。"

　　诸位大夫说："这是先君的命令，君王还是不必多虑，又哪里用得着再行占卜呢！"

　　于是文王便迎来了这位臧地老人并且把朝政委托给他。典章法规不更改，政令一篇也未发。三年以后，文王在国内遍访考察，见到各地的地方势力集团全都纷纷离散，各级长官不再建立夸耀自己的功德，不同的度量衡不再能进入国境使用。地方势力集团全都纷纷离散，也就是政令通达上下同心；各级长官不再树立夸耀个人的功德，也就是政务相当、劳绩统一；不同的度量衡不再进入国境使用，诸侯也就不会生出异心。

　　文王于是把臧地老人拜为老师，以臣下的礼节恭敬地向他问道："这样的政事可以推行于天下吗？"臧地老人默默地不作回应，漫漫然不作答，早上还行使政令而夜晚他就逃跑了，从那以后就再也听不到他的消息。

　　颜渊向孔子问道："文王难道还未能达到圣人的境界吗？为什么还要假托于梦呢？"

　　孔子说："别做声，你不要再说！文王已经做得很完善了，你怎么能随意评论和指责他呢？他也只不过是短时间内顺应众情罢了。"

不是有心钓鱼，只是钓竿常在手上罢了。

【分节导读】

此节中的列御寇虽然射技高超，但是临百仞之渊时，却只能"伏地，汗流至踵"，说明人心中若是有了生死之虑，即便技术再好也很难发挥出来。而真正至善至美的至人则会临渊不惧，无论身在何处都心态自然。

【原文】

列御寇为伯昏无人射①，引之盈贯②，措杯水其肘上③，发之，适矢复沓④，方矢复寓⑤。当是时，犹象人也⑥。

列子射箭。

伯昏无人曰："是射之射，非不射之射也⑦。尝与汝登高山，履危石，临百仞之渊，若能射乎？"

于是无人遂登高山，履危石，临百仞之渊，背逡巡⑧，足二分垂在外⑨，揖御寇而进之⑩。御寇伏地，汗流至踵⑪。

伯昏无人曰："夫至人者，上窥青天，下潜黄泉⑫，挥斥八极⑬，神气不变。今汝怵然有恂目之志⑭，尔于中也殆矣夫⑮！"

【注释】

①列御寇：即列子。见《逍遥游》注和《列御寇》诸篇。伯昏无人：虚拟之人名，又见《德充符》篇。②引之：拉弓弦。盈贯：弓拉满，箭头已靠近弓背。③措：放置。④适矢复沓（tà）：言箭射出后，又有第二支搭于弦上。适，往。沓，合。⑤方矢复寓：刚刚发射一矢，复有一矢寄于弦上。言其一矢接一矢，连续发射。寓，寄。⑥象人：木雕泥塑之人，形容其精神高度集中，身体纹丝不动的样子。⑦射之射：有心于射的射法。无射之射：无心之射的射法。⑧背逡巡：背对深渊却退。逡巡，却退。⑨垂：悬空。后退至悬崖深渊边，脚下有三分之二悬空于石崖之外，惊险至极。⑩揖：揖请。进：让。这句是说，让列御寇退到相同位置表演射箭。⑪踵：脚跟。这句意思是吓得冷汗流到脚跟，可见惊骇之极。⑫窥、潜：皆为"探测"之意。黄泉：地下之泉水，比喻地底极深暗处。⑬挥斥：纵放自如。八极：八方。⑭怵然：惊惧的样子。恂目：心惊目眩。志：意。⑮中：心，即精神。殆：无。

【译文】

列御寇为伯昏无人表演射箭的本领，他拉满弓弦，又放置一杯水在手肘上，发出第一支箭，箭还未至靶的紧接着又搭上了一支箭，刚射出第二支箭而另一支箭又搭上了弓弦。在这个时候，列御寇真像是一动也不动的木偶。

伯昏无人看后说："这只是有心射箭的射法，还不是无心射箭的射法。我想跟你登上高山，脚踏危石，面对百丈的深渊，那时你还能射箭吗？"

于是伯昏无人便登上高山，脚踏危石，身临百丈深渊，然后再背转身来慢慢往悬崖退步，直到部分脚掌悬空，这才拱手恭请列御寇跟上来射箭。列御寇伏在地上，吓得汗水直流到脚后跟。

伯昏无人说："一个修养高尚的至人，上能窥测青天，下能潜入黄泉，精神自由奔放于宇宙八方，神情始终不会改变。如今你胆战心惊，眼花恐惧，想要射中靶就不可能了！"

⊙品庄悟道⊙

列子学射

伯昏无人教列子射箭，不教他具体的射箭方法，而是专注于提升他的心性。就射箭的技术来说，列子已达到了相当高的水平，要想更进一步，就需要从心性和意志方面入手了。在平地上，列子射得很准，但到了深渊上，列子却连站都站不起来。说明列子还做不到无论在什么情况下，拿起箭便进入"用志不分，乃凝于神"的状态。

有意思的是，列子本人也曾经在文章中写过学射的故事。不过，故事的主角却是一个名叫纪昌的人。纪昌善射，为人傲慢，向甘蝇学射。甘蝇也将纪昌带到悬崖，立在摇摇欲坠的危石上，点拨纪昌。甘蝇以手为弓，向天一指，便射下苍鹰。纪昌大惊，对甘蝇心服口服。若干年后，纪昌离开甘蝇，其骄傲之气已一扫而空。当人们再请他射箭时，他只称不会射。

伯昏无人带列子到深渊上射箭，是要帮助列子进入忘我的境界。甘蝇的无射之射则让纪昌明白，技艺的最高境界是虚静。忘箭，方可与道为一。两个故事的侧重点不同，却都反映了内在修养和技艺之间的密切关系。学习技能，不能只专注技能本身，而是要把学技的过程当成提升自己心性、修养的过程。心性提升了，技艺也会跟着提高。有时，人学到一定阶段会有陷入瓶颈的感觉，这时让人裹足不前的，往往正是人性格上的弱点。要想提高技艺，不妨从完善自己开始。

【分节导读】

此节讲述了孙叔敖三起三落而不喜不忧的故事，借孔子之口赞扬了孙叔敖乃是得道至人。说明了凡事应抱以"得失皆从外至，而不足以丧其真"的心态，荣辱不惊，进于庙堂不喜，出于江湖不忧。顺其自然，悠然自得，精神道德"充满天地"，才是真正大至真人。

【原文】

肩吾问于孙叔敖曰[①]："子三为令尹而不荣华[②]，三去之而无忧色[③]。吾始也疑子[④]，今视子之鼻间栩栩然[⑤]，子之用心独奈何？"

孙叔敖曰："吾何以过人哉！吾以其来不可却也[⑥]，其去不可止也，吾以为得失之非我也[⑦]，而无忧色而已矣。我何以过人哉！且不知其在彼乎，其在我乎[⑧]？其在彼邪？亡乎我；在我邪？亡乎彼[⑨]。方将踌躇[⑩]，方将四顾[⑪]，何暇至乎人贵人贱哉！"

仲尼闻之曰："古之真人，知者不得说[⑫]，美人不得滥[⑬]，盗人不得劫，伏戏黄帝不得友[⑭]。死生亦大矣，而无变乎己，况爵禄乎！若然者，其神经乎大山而无介[⑮]，入乎渊泉而不濡[⑯]，处卑细而不惫[⑰]，充满天地，即以与人，己愈有[⑱]。"

肩吾问孙叔敖为何能起落不系于心。

楚王与凡君坐[19]，少焉，楚王左右曰凡亡者三[20]。凡君曰："凡之亡也，不足以丧吾存。夫'凡之亡不足以丧吾存'，则楚之存不足以存存[21]。由是观之，则凡未始亡而楚未始存也。"

楚王得知凡国灭亡。

【注释】

①肩吾：隐士，见《逍遥游》篇与《大宗师》篇。孙叔敖：楚庄王时令尹，春秋时著名政治家。事见《史记 循吏传》。②令尹：楚国官名，相当于宰相。荣华：光彩，用如动词，感到光彩。③去：去职，指被免职。④疑：怀疑。⑤鼻间：呼吸之间。栩（xǔ）栩然：轻松的样子。⑥却：推却。⑦非我：非我所有。⑧其：得失。彼：令尹之位。⑨亡：无。⑩方将：正在。踌躇（chóu chú）：从容自得。⑪四顾：向四面张望，有自得之意。此两句与《养生主》篇"为之四顾，为之踌躇满志"意同。⑫说（shuì）：说服。⑬滥：淫，使动用法，使之淫。⑭伏戏：即伏羲氏。⑮介：障碍。⑯濡（rú）：溺，湿。⑰卑细：贫贱。惫：困顿。⑱"即以"二句：出于《老子》第八十一章："既以为人己愈有，既以与人己愈多。"既，尽。与，给。⑲凡：国名，其地在今河南省辉县，春秋中叶后灭亡。凡亡后，凡君寄居楚国。⑳三：多次。㉑不足以存存：不足以现实的存在为存在。

【译文】

肩吾问孙叔敖："您三次任楚令尹而不炫耀，三次去职而面无忧色。我开始听说时怀疑您怎么会这样，现在看到您呼吸轻松，表情自在，您心里到底是怎么想的呢？"

孙叔敖说："我哪里有什么过人之处呢！我认为凡事要来就无法推却，要去也无法阻止。我以为得与失都是身外之物，所以不必忧愁而已。我又哪里有什么过人之处呢！而且我也不知道这些得与失是因为令尹的职位呢，还是由于我个人的原因？如果是因为令尹的职位呢？那么与我无关；如果是因为我个人的原因呢，又与令尹的职位无关。我只顾踌躇满志，四望自得，那有工夫在乎别人以为我是尊贵还是卑贱呢！"

孔子听了说："古代的真人，智者无法说服他，美色不会使他淫乱，强盗不能使他屈服，帝王也难以使他亲服。死生也算得关系重大了，却不能

连帝王也难以让真人亲服。

使他有所改变，何况爵位利禄呢！像这样的人，他的精神穿越大山而无障碍，潜入深渊也不会沾湿衣裳，处于贫贱而安之若素，德充天地，哪怕全部给予别人，自己反而更加充实。"

楚王与凡国之君同坐，没过一会儿，楚王手下的人几次来说"凡国已经灭亡了"。凡国之君说："凡国的灭亡，不足以丧失我的存在。如果凡国灭亡不足以丧失我的存在，那么楚国的存在也不足以以存在为存在。由此看来，凡国未曾灭亡而楚国也未曾存在。"

处于贫贱而安之若素。

孙叔敖三起三落

人生有起有伏，人的情绪难免随着人生的起伏跌跌荡荡。但孙叔敖却可以做到地位荣辱无挂于心，"三为令尹而不荣华，三去之而无忧色"。荣华乃身外之物，有了，平常心接受，无须特别欢欣；失去了，也平常心面对，无须然费苦心地寻找。这才是真正的顺天应命。只是，常人多是，得意时，耀武扬威；失意了，怨天尤人。

会因为荣华的得失欢喜忧愁，归根结底，还是将外物看得太重。对此，人给自己找了很多理由。比如，不想辜负家人的期待，想为心爱的人挣得更好的生活，想做出一番事业成就自我，想得到他人的敬仰……而很少沉静下来问问自己，自己以及自己为之努力的人，真正想要的是什么。

凡人要的，无非是快乐、自在、逍遥。而这些又都属心理感受。不能否认，名利确能给人带来心理上的满足，但名利皆属外物，人心的空洞终究无法靠外物填满。另一方面，在仰仗外物获得心理满足的时候，人多忽视了为这满足付出的代价——对达不成目标的担心，对失败的恐惧，对莫测命运的担忧——已经远远超过了满足本身。人对外物依赖越重，越容易患得患失，结果只能让人事与愿违，和幸福渐行渐远。

◎知北游◎

【题解】

"知北游"，意为知向北方游历。知，是假托人名。本篇以论道为主。作者认为道是万物的本体，它是虚无的、无处不在的；它产生万物，又支配万物。这是一种关于宇宙本体的客观唯心主义哲学思想。

【分节导读】

此节通过虚拟人物知问道于无为谓、狂屈和黄帝的故事，引出了"知者不言，言者不知"和"通天下一气耳"的道理。所谓"知者不言言者不知"，即是真正"道"应该是不闻不知不言。道本身就是虚无的，自然万物均是由气组成的，气是自然界的基本物质粒子，人的生死就是气的聚散，而美好与丑陋也是相互转化的。这体现了庄子"得意忘言"的观点，真正的大道无法用语言表达出来。

【原文】

知北游于玄水之上①，登隐弅之丘而适遭无为谓焉②。知谓无为谓曰："予欲有问乎若：何思何虑则知道？何处何服则安道③？何从何道则得道④？"三问而无为谓不答也。非不答，不知答也⑤。

知不得问，反于白水之南⑥，登狐阕之上⑦，而睹狂屈焉⑧。知以之言也问乎狂屈。狂屈曰："唉！予知之，将语若。"中欲言而忘其所欲言⑨。

知在隐弅之丘遇到无为谓。

知不得问，反于帝宫，见黄帝而问焉。黄帝曰："无思无虑始知道，无处无服始安道，无从无道始得道。"

知问黄帝曰："我与若知之，彼与彼不知也⑩，其孰是邪？"

黄帝曰："彼无为谓真是也，狂屈似之；我与汝终不近也⑪。夫知者不言，言者不知，故圣人行不言之教⑫。道不可致⑬，德不可至⑭。仁可为也⑮，义可亏也⑯，礼相伪也⑰。故曰：'失道而后德，失德而后仁，失仁而后义，失义而后礼⑱。礼者，道之华而乱之首也⑲。'故曰：'为道者日损，损之又损之以至于无为，无为而无不为也⑳。'今已为物也㉑，欲复归根，不亦难乎！其易也，其唯大人乎㉒！

“生也死之徒[23]，死也生之始，孰知其纪[24]！人之生，气之聚也；聚则为生，散则为死。若死生为徒，吾又何患！故万物一也[25]，是其所美者为神奇，其所恶者为臭腐[26]；臭腐复化为神奇，神奇复化为臭腐。故曰：‘通天下一气耳[27]。’圣人故贵一[28]。”

黄帝告诉知：无为谓真正合于道。

知谓黄帝曰：“吾问无为谓，无为谓不应我，非不我应，不知应我也。吾问狂屈，狂屈中欲告我而不我告[29]，非不我告，中欲告而忘之也。今予问乎若，若知之，奚故不近[30]？”

黄帝曰：“彼其真是也，以其不知也；此其似之也，以其忘之也[31]；予与若终不近也，以其知之也。”

狂屈闻之，以黄帝为知言[32]。

【注释】

①知（zhì）：虚构的人名。玄水：虚构的河流。②隐弅（fén）：虚构的地名。适：刚好。遭：遇。无为谓：虚构的人名，取其无所为、无所谓的意思。③处：居住。服：行。安：持守。④从：由。道：路。⑤不知答：不知道需要回答，因道是不能用语言表述的。⑥反：通“返”。白水：神话中的河流，与玄水相对。⑦狐阕：虚构的山。⑧狂屈：虚构的人名，取其狂放屈伸之意。本篇中的人物、地名和河名多为虚构，并含有一定寓意。⑨“中欲”句：正想说而中途忘了要说的话。⑩彼与彼：指无为谓和狂屈。⑪不近：距道甚远。⑫行：实行。不言之教：不用言语的教化。⑬致：获得。⑭至：达。⑮仁：儒家的仁义。可为：可以做到。⑯义：义理。亏：损弃。⑰礼相伪：礼是人为制定的表现形式，有一定的虚伪性。⑱“故曰”几句：引文出自《老子 第三十八章》。⑲华：同“花”，外在装饰。首：开始。⑳“为道”四句：出自《老子 第四十八章》。损，减损。无为而无不为，顺其自然，不加干涉，则万物各循其性，成其正果。㉑为物：与前文“为道”相对，指追求外物。㉒易：容易归根。大人：至人。㉓徒：后继者，同类。㉔纪：规律。㉕万物一也：万物都统一在生死循环的演化之中。㉖恶（wù）：厌恶。㉗通：贯通。㉘贵一：重视事物的同一性。㉙不我应：不应我。下文“不我告”同此。㉚若：你。奚：何。不近：距道甚远。㉛彼：指无为谓。此：指狂屈。㉜知言：懂得知者不言、言者不知的道理。

【译文】

知向北游历到玄水，登上隐弅的山丘，刚好碰到无为谓。知对无为谓说：“我想问问你，如何思索、如何考虑才会懂得道？怎样居处、怎样行事才能持守道？从什么途径、用什么方法才可获得道？”可是，一直问了三遍，无为谓也不回答。不是不回答，而是不认为需要回答。

知得不到回答，返回到白水的南边，登上狐阕的山丘，又看见了狂屈。知问他那三个问题，狂屈说：“唉！我知道，这就告诉你。”正想说而半途中忘了要说的话。

知得不到回答，返回帝宫。遇到黄帝又问那三个问题，黄帝说：“不思索、不考虑才会懂得道，无所处身无所作为才能持守道，不需任何途径和方法便可获得道。”

知问黄帝说：“我和你知道这些，无为谓和狂屈不知道这些，那么哪个是对的呢？”

黄帝说：“那个无为谓真合于道，狂屈近似于道，我和你始终与道相距很远。知道者不说，说的不知道，所以圣人实行不言的教化。道不能有心地获得，德不能有心地达到。仁可以有意识地去做，义是可以损弃的，礼是可以互相欺骗的。所以说：‘失去道以后才有德，失去德以后才讲仁，失去仁以后才行义，失去义以后才施礼。所谓礼，只不过是道的华丽外表和祸乱的开端。’所以说：‘修道的人要天天减损贪欲，损而又损，直至无为的境界，无为之后就能无所不为了。’现在只知追求外物了，再想返朴归真，不也太难了吗！轻易做到这一点的，大概只有圣人才行了！

"生是死的延续，死是生的开始，谁知道其间的规律！人生的开始，是气的聚汇；气聚则生，气散则死。如果生死互相延续，我又有什么可担忧的！所以，万物原本是一般无二的。觉得美的便认为是神奇，觉得丑的便视为腐朽。腐朽又可以转化为神奇，神奇也可以转化为腐朽。所以说：'贯通天下万物的只是一气而已。'所以圣人看重同一。"

知对黄帝说："我问无为谓，无为谓不回答我，不是不回答我，而是不认为需要回答；我问狂屈，狂屈想告诉我半途又不告诉我了，不是不告诉我，而是想告诉半途又忘记要说什么了；现在我问你，你知道，为什么还说与道相去甚远呢？"

黄帝说："无为谓是真正合于道的，因为他不认为需要回答；狂屈近似于道，因为他忘记了想说的道；我和你终究距道甚远，因为认为知道了道。"

狂屈听到后，认为黄帝懂得了知者不言、言者不知的道理。

⊙品庄悟道⊙

人之生，气之聚也

在庄子看来，宇宙万物都由"气"组成，人也是如此。人的出生是气聚积所致，人死，是因为气散。

"气"在庄子的哲学体系中扮演着重要角色。早在春秋时期，人们就已经开始用气来解释自然现象。而第一个将气引入哲学范畴的，还是道家的创始人老子。老子认为，道先产生了一元之气，一元之气又生出阴阳二气，由阴阳二气产生的形形色色的气又产生了世间万物。庄子发展了老子的这一观点，进一步解释了何为气。在《人间世》中，他将气说成"虚而待物者也"，把气当成万物之始。同时，他还在《至乐》中讲述了气的诞生："察其始而本无生……而本无气。杂乎芒芴之间，变而有气，气变而有形，形变而有生。今又变而之死……"起初，气并不存在，是恍惚迷离的变化产生了气。

庄子将气的变化作为万物变化的原因，这一观点对中国古代文学产生了很大影响。汉代的文艺理论家刘勰的《文心雕龙》，专有《养气》一篇，认为作家应"清和其心，调畅其气"，反对"钻砺过分，则神疲而气衰"，和庄子主张的虚静自然，很有共通之处。

【分节导读】

此节庄子通过对天地、四季、万物的观察研究，得出"至人无为，大圣不作"的结论，认为天地万物的运行变化是"各得其序"。天地四季至善至美，然而却不能用语言来描述其中的规律，"大道无言"既是如此。人什么时候参透了万物的规律，什么时候就能领悟到"道"的内涵。

【原文】

天地有大美而不言[1]，四时有明法而不议[2]，万物有成理而不说[3]。圣人者，原天地之美而达万物之理[4]，是故至人无为，大圣不作，观于天地之谓也。

合彼神明至精[5]，与彼百化[6]，物已死生方圆[7]，莫知其根也，扁然而万物自古以固存[8]。六合为巨[9]，未离其内[10]；秋豪为小，待之成体。天下莫不沉浮[11]，终身不故[12]；阴阳四时运行，各得其序。惛然若亡而存[13]，油然不形而神[14]，万物畜而不知[15]。此之谓本根，可以观于天矣[16]。

【注释】

①大美：指天地覆载万物，生养万物而又不自居其功，具有最大美德。②明法：明确的规律。③成理：万物生成之理。④原：归本、推究之意。达：通达。⑤彼：指天地。神明：天地蕴含的活力、创造力，虽无形可见却无所不在，主宰一切，它是极精微的。⑥与彼百化：天地参与万物之各种变化。彼，指万物。⑦死生方圆：物或生或

灭，或方或圆，变化无方，形态各异，莫知其所由来。⑧扁然：翩然。⑨六合：上下四方的无限空间。巨：巨大。⑩其：指道。这句话是说，六合虽巨大，亦在大道中。⑪沉浮：升降、往来。表示万物的相互作用与无穷变化。⑫不故：言其新故相除，永葆生机。故，陈旧。⑬惛然：暗昧之状。形容大道暗昧模糊、似亡而存的样子。⑭油然：流动变化无所系着之状。⑮万物畜：万物为其畜养。⑯观于天：观见自然之道。

天地有大美而不言。

【译文】

天地具有伟大的美德却不言语，四时运行具有显明的规律却不评议，万物的变化具有现成的定规却不说话。圣哲之人，探究天地伟大的美德而通晓万物生长的道理，所以至人顺应自然无所作为，大圣也不会妄加行动，这是说取法于天地的缘故。

大道神明精妙，参与宇宙万物的各种变化，万物或死、或生、或方、或圆，却没有谁知晓变化的根本，万物蓬勃生长，自古以来就自行存在。六合算是十分巨大的，却始终不能超出道的范围；秋天的毫毛算是最小的，也得仰赖于道才能成就其细小的形体。宇宙万物无时不在发生变化，始终保持着变化的新姿；阴阳与四季不停地运行，各有自身的序列。大道是那么浑沌昧暗，仿佛并不存在却又无处不在，生机盛旺、神妙莫测却又不留下具体的形象，万物被它养育却一点也未觉察。这就称做本根，可以用它来观察自然之道了。

六合也不能超出道的范围。

宇宙万物无时不在发生变化。

⊙品庄悟道⊙

天地有大美而不言

庄子生活在大动荡时代，看尽世情冷暖、人生悲欢，对争名逐利害及生命的人、事极其反感。在他看来没有什么美德比孕育万物更伟大，而天地却是"有大美而不言"，人也应效法天地，向自然学习。

庄子曾在《至乐》中说："天无为以之清，地无为以之宁，故两无为相合，万物皆化。"可见天地的大美是建立在"无为"的基础上。另一方面，庄子常用"自生""自化"来解释"无为"，而所谓"自生""自化"即是不经人刻意为之，自然使然。因此，人们完全可以把以无为为基础的天地大美看做自然之美。

庄子称那些"原天地之美，而达万物之理"的人为圣人，反映出他对自然美的崇尚。而他的这一倾向又给了中国艺术以很大影响。自然之美，贵在真。中国艺术也强调"真"，这个真除了指真实地反映客观世界，还指艺术家要带着真情实感进行创作。

【分节导读】

此节通过啮缺向被衣问"道"，却在被衣讲述何为道时睡着的故事，说明悟道不仅仅要使思虑专一，精神凝聚，更要无为无心无知。庄子宣扬"道法自然"的理论，认为做到精神上的无为便能得道，那么身体和心灵则如枯槁和死灰一般也无所谓了，因为能够看透道之根本的人根本不会在意外在的形体。

【原文】

啮缺问道乎被衣①，被衣曰："若正汝形，一汝视，天和将至②；摄汝知，一汝度，神将来舍③。德将为汝美，道将为汝居④，汝瞳焉如新生之犊而无求其故⑤！"

言未卒，啮缺睡寐⑥。被衣大说，行歌而去之，曰："形若槁骸，心若死灰⑦，真其实知⑧，不以故自持⑨，媒媒晦晦⑩，无心而不可与谋。彼何人哉⑪！"

话没说完，啮缺就睡着了。

【注释】

①被衣：虚拟之人名。据《天地》篇，被衣是王倪的老师，啮缺是王倪的弟子。啮缺还见于《齐物论》等篇。②若：你。天和将至：天然之和气就会到来。③摄：收敛。一汝度：使思虑专一之意。神：神明之精，即道之功能活力。④居：居处。⑤瞳（tóng）：无知直视的样子。犊：小牛。故：原由。无求其故：不追究事物原由，漠然置之，听其自然。⑥卒：终。睡寐：睡着了。⑦槁骸：枯骨。心若死灰：形容心枯寂不动，没有生机，像完全死灭之灰。⑧真其实知：真正纯实之知。⑨不以故自持：不固守故见，与变化同步。⑩媒媒晦晦：懵懂无知的样子。媒，作"昧"。⑪彼何人哉：他是个什么人啊！表示惊叹赞许之意。

【译文】

　　啮缺向被衣请教道，被衣说："你得端正你的形体，集中你的视线，自然的和气便会到来；收敛你的心智，集中你的思虑，精神就会来你这里停留。德将为你而显得美好，大道将居处于你的心中。你纯真无邪的样子就像初生的小牛犊而不去探求外在的事物！"

　　被衣话还没说完，啮缺便已睡着。被衣见了十分高兴，唱着歌儿离去，说："身形静定犹如枯骸，内心沉静犹如死灰，朴实的心思返归本真，而且并不因为这个缘故而有所矜持，蒙蒙昧昧，没有心计而不能与之共谋。他是什么样的人啊！"

【分节导读】

　　此节以舜向丞问"道"是否可以拥有，引出天地万物的变化都是气的聚散运动。人存乎天地之间，是天地所赋予的形体，生命也是"气"之所成，生命都不属于人所有，那么道亦不可为人所拥有。

【原文】

　　舜问乎丞曰①："道可得而有乎？"

　　曰："汝身非汝有也，汝何得有夫道？"

　　舜曰："吾身非吾有也，孰有之哉？"

　　曰："是天地之委形也②；生非汝有，是天地之委和也③；性命非汝有，是天地之委顺也④；子孙非汝有，是天地之委蜕也⑤。故行不知所往，处不知所持，食不知所味⑥。天地之强阳气也⑦，又胡可得而有邪！"

舜问丞：可以将道保有吗？

【注释】

①丞：古之得道者，舜之师。有说为官名。②委形：寄托给你一个形体。委，寄托。③和：和气。④委顺：寄托给你顺任自然之性，于是乃有性命。顺，顺任自然。⑤蜕：蜕变，指生物之脱皮生新。此处比喻人的子孙繁衍能力，也是天托寄给人的。⑥"故行"三句：人的行、住、食都不属于自己，而受天支配。持，持守。⑦强阳气：强健运动之气。即天地阴阳二气聚合运动主宰支配一切。

【译文】

　　舜向丞请教说："道可以获得而保有吗？"

　　丞说："你的身体都不是你所据有，又怎么能获得并占有大道呢？"

　　舜说："我的身体不是由我所有，那谁拥有我的身体呢？"

　　丞说："是天地赋予了你形体；降生人世并非你所据有，这是天地给予的和顺之气凝积而成；性命也不是你所据有，这也是天地把和顺之气凝聚于你；即使是你的子孙也不是你所据有的，而是天地所给予你的蜕变之形。所以，行走不知去哪里，居处不知持守什么，饮食不知什么滋味。行走、居处和饮食都不过是天地之间气的运动而已，又怎么可以获得并保有呢！"

⊙品庄悟道⊙

道可得而有乎

万物皆由大道所生，道无穷无尽，无始无终。反观人，生命有限、智识有限、能力有限，不可能做道的主宰。人只能悟道，而不能将道据为己有。在庄子看来，人甚至不是自己形体的拥有者，也并非自身命运的主人。

对今人来说，这种观点多少有些消极，但实际上它却和庄子的"忘己"相呼应。人不把自己当做自己的主人，才能放下为己之心，不再有牵挂和顾虑，进而顺天应命，进入无己的状态，遨游宇宙。

【分节导读】

此节由孔子问道于老子，经由老子之口说明了"道"的大略，"调而应之""偶而应之"，即调和而顺应，无心而适应，顺其自然。人以及万物的诞生都是"气"的汇聚，因此，死生贫富，博学善辩，都不是至圣之人所需要信守的东西，惟有顺应天地之变化，明白万事万物皆因道而生生不息，不计较生死，不理会得失，世间万物的变化才能坦然面对。面对生死得失，只有做到"遭之而不违，过之而不守"的境界，才是圣人所为。同时，引出了"道不可闻"，真正的道理是不能用话语来表述的，因此一味地追求道为何物，也并非得道的表现。

【原文】

孔子问于老聃曰："今日晏闲①，敢问至道。"

老聃曰："汝齐戒，疏瀹而心②，澡雪而精神③，掊击而知④！夫道，窅然难言哉⑤！将为汝言其崖略⑥。

"夫昭昭生于冥冥⑦，有伦生于无形⑧，精神生于道⑨，形本生于精⑩，而万物以形相生，故九窍者胎生，八窍者卵生⑪。其来无迹，其往无崖⑫，无门无房，四达之皇皇也⑬。邀于此者⑭，四肢强，思虑恂达⑮，耳目聪明，其用心不劳，其应物无方⑯。天不得不高，地不得不广，日月不得不行，万物不得不昌，此其道与！

"且夫博之不必知⑰，辩之不必慧⑱，圣人以断之矣⑲。若夫益之而不加益⑳，损之而不加损者，圣人之所保也㉑。渊渊乎其若海，魏魏乎其若山㉒，终则复始也，运量万物而不匮㉓。则君子之道，彼其外与㉔！万物皆往资焉而不匮㉕，此其道与！

孔子询问老聃至道。

"中国有人焉，非阴非阳，处于天地之间，直且为人㉖，将反于宗㉗。自本观之，生者，暗醷物也㉘。虽有寿夭，相去几何？须臾之说也㉙。奚足以为尧桀之是非！果蓏有理㉚，人伦虽难，所以相齿㉛。圣人遭之而不违㉜，过之而不守㉝。调而应之㉞，德也；偶而应之㉟，道也；帝之所兴，王之所起也。

"人生天地之间，若白驹之过郤㊱，忽然而已。注然勃然㊲，莫不出焉；油然漻然，莫不入焉㊳。

已化而生，又化而死，生物哀之[39]，人类悲之。解其天弢[40]，堕其天袭[41]，纷乎宛乎[42]，魂魄将往，乃身从之，乃大归乎[43]！不形之形，形之不形[44]，是人之所同知也，非将至之所务也[45]，此众人之所同论也。彼至则不论，论则不至[46]。明见无值[47]，辩不若默。道不可闻，闻不若塞。此之谓大得。"

人生若白驹过郤般短暂。

【注释】

① 晏闲：安闲。② 齐：同"斋"，斋戒为古人在祭祀或其他重要典礼前进行的整洁身心的仪式。疏瀹（yuè）：疏通、疏导之意。而：同"尔"。③ 澡雪：清洗干净。④ 掊（pǒu）击：打破。知：同"智"。⑤ 窅（yǎo）然：深远莫测。⑥ 崖略：概要，大致轮廓。⑦ 昭昭：昭明显著。冥冥：暗昧浑沌。⑧ 有伦：有伦类可分辨之物，指有形万物。⑨ 精神：指精微的流动变化的精气。⑩ 精：精气。⑪ 九窍：周身之九个穴窍，指人和兽类。八窍：指鸟类。因其肛门尿道合为一窍，比兽类少一窍，故称八窍。⑫ 崖：边际。⑬ 无门无房：比喻之辞。言道来去无崖迹，没有固走的通行途径和居处之所，如同无门无房一般。四达之皇皇：广大无际四通八达。皇，大。⑭ 邀：顺。⑮ 恂（xún）达：通达。⑯ 应物无方：应接外物，不执滞于成法，能与时变通。⑰ 且夫：况且。博：博学。这句的意思是，博学的人不必真知，真知在守约默识，不在广博。⑱ 辩：善于辩论。⑲ 断之：断弃、抛弃博学善辩之聪明。⑳ 益：增加。这句是说：道充满天地，无所不在，不能增加和减少。㉑ 保：保守，信守。㉒ 魏魏：同"巍巍"，高大的样子。㉓ 运量：运用计量。匮：穷。㉔ 彼其外与：彼指君子之道，言岂能自外于大道。㉕ 资：取。㉖ 直且：只是暂且。㉗ 宗：本，指其发生之处，即大道。㉘ 暗噫（yīn yì）：气之聚集。㉙ 须臾：片刻。㉚ 果蓏（luǒ）：瓜果之总称，分而言之则是木实曰果，草实曰蓏。有理：二者各有区分之条理。㉛ 人伦虽难：人间伦理关系虽然很复杂。相齿：按年龄、官爵等大小高低把人排列起来，使有伦序。齿，排列之意。㉜ 不违：不逃避。㉝ 不守：不拘守，不留恋。㉞ 调而应之：调和顺应之。㉟ 偶而应之：无心契合而顺应之。㊱ 白驹过郤：比喻时间极为短暂，就像快马跑过一个缝隙的时间。白驹，骏马。郤，同"隙"。㊲ 注然：如水之涌流。勃然：如苗之茁壮生长。㊳ 油然漻（liú）然：形容变化消失之状。㊴ 生物哀之：人之外的动物，为其同类之死而悲哀。㊵ 天弢（tāo）：天然的弓袋。弢，弓袋。㊶ 堕：毁坏。袭（zhì）：剑袋。弢、袭都有束缚、约束之义。㊷ 纷乎宛乎：形容散失之状。㊸ 大归：最大的复归，即死亡。㊹ 不形之形：从没有形体达到有形体。形之不形：从有形体变为没有形体。㊺ 将至：将至于道之人。务：从事。㊻ 至则不论：达于道之人不议论。论则不至：议论之人未至于道。㊼ 明见无值：用聪明智慧去识见大道就不得相遇。必须闭智塞聪，无知无虑，才能与道冥合。值：遇。

【译文】

孔子对老聃说："今天安居闲暇，我冒昧地向你请教至道。"

老聃说："你先得斋戒静心，再疏通你的心灵，清洗你的精神，除去你的才智！大道，真是深奥神妙难以言表啊！不过我将为你说个大概。

"明亮的东西产生于昏暗，有形体的东西产生于无形，精神产生于道，形质产生于精微之气，万物全都凭借形体而诞生。所以，具有九窍的动物是胎生的，具有八窍的动物是卵生的。它的来临没有踪迹，它的离去没有边界，不知从哪儿进出，在哪儿停留，通向广阔无垠的四面八方。遵循天道的人，四肢强健，思虑通达，耳目灵敏，不劳思不费神，顺应外物不拘定规。天不得道便不会高远，地不得道便不会广大，太阳和月亮不得道便不会运行，万物不得道便不会昌盛，这就是道！

"再说博读经典的人不一定懂得真正的道理，善于辩论的人不一定就格外聪明，圣人因而断然割弃上述种种做法。至于增多了却不像是有所增加，减少了却不像是有所减少，那便是圣人所要持守的东西。道渊深似海，高大如山，周而复始地循环运行，运载容纳万物而没有穷尽。然而，世俗君子所谈论的大道，当然不会与它相左。万物全都从它那里获取生命的资助，而且从不匮乏，这就是道啊！

道运载万物没有穷尽。

"国中有人，不偏于阴也不偏于阳，处在天地的中间，只不过姑且具备了人的形体罢了，而人终将返归他的本原。从道的观点来看，人的诞生，乃是气的聚合。虽然有长寿与短命之分，但相差又有多少呢？人的一生，说起来只不过是顷刻之间而已。又哪里用得着区分唐尧和夏桀的是非呢！果树和瓜类各不相同却有共同的生长规律，人们的次第关系即使难以划分，也还可以用年龄大小相互为序。圣人遇上这些事从不违拗，事过境迁也不会滞留。调和而顺应，这就是德；无心却适应，这就是道。而德与道便是帝业兴盛的凭借，王侯兴起的规律。

"人生于天地之间，就像白马掠过空隙，瞬间而过罢了。万物自然而然地，全都蓬勃而生；自然而然地，全都顺应变化而死。业已变化而生长于世间，又变化而死离人世。兔死狐悲，人伤其亲。可是人的死亡，也只是解脱了自然的捆束，毁坏了自然的拘束，纷纷扰扰地，魂魄必将消逝，于是身形也将随之而去，这就是最终归向宗本啊！从无形到有形，又从有形到无形，这是人们所共同了解的，却不是体察大道的人所追求的，只是人们所共同谈论的。体悟大道的人就不会去议论，议论的人就没有真正体悟大道。显明昭露地寻找不会真正有所体察，宏辞巧辩不如闭口不言。道不可能通过传言而听到，听闻不如塞耳不听，这就叫真正懂得了玄妙之道。"

⊙品庄悟道⊙

人生天地之间，若白驹之过郤，忽然而已

人生在天地间，宛若白马飞奔掠过缝隙，只是一瞬间罢了。庄子的本意是说大道生人极其短暂，人从大道而生，死后又归于大道。但后人却习惯用"白驹过郤"来比喻光阴易逝。在无限的时间面前，万物的生命有限且短暂。每个人自出生便都面对一个严肃的问题：要如何过完这一生。

在庄子看来，人不应将生命消耗在对诸如名利等外物的追逐上，而是要修炼心性，达到物我同一的逍遥之境，通过和宇宙融为一体，实现生命的永恒。虽然各人的人生观、价值观不同，并非所有人都会把"物我同一，逍遥自在"当做毕生的追求。但无论对谁而言，逝去的时间都意味着流走的生命，无法追回。每每提起"白驹过郤"，人总不免会提醒自己莫让光阴虚度。

不过，对个人而言，时光易逝并非绝对的坏事。人生有喜有悲，当人被痛苦束缚，悲伤不得解脱时，也不妨告诉自己一切终将过去。再激荡的爱恨情仇，一旦被掷于时间之河，也早晚归于平淡。

【分节导读】

此节借东郭子向庄子问道，表明了"道"是"无所不在"的。真正的道不仅仅存在于伟大的事物如天地四季之间，也存于蝼蚁稊稗这样微小的事物之中。万物皆由"气"之所成，"物物者，与物无际"，主宰万物之道与万物之间没有界限。

【原文】

东郭子问于庄子曰[1]："所谓道，恶乎在？"

庄子曰："无所不在。"

东郭子曰："期而后可[2]。"

庄子曰："在蝼蚁。"

曰："何其下邪？"

曰："在稊稗[3]。"

曰："何其愈下邪？"

曰："在瓦甓[4]。"

曰："何其愈甚邪？"

曰："在屎溺。"

庄子说：道在蚂蚁、杂草、瓦块里。

东郭子不应。庄子曰："夫子之问也，固不及质[5]。正获之问于监市履狶也[6]，每下愈况[7]。汝唯莫必[8]，无乎逃物[9]。至道若是，大言亦然[10]。周遍咸三者[11]，异名同实，其指一也。

"尝相与游乎无何有之宫[12]，同合而论[13]，无所终穷乎！尝相与无为乎！澹而静乎[14]！漠而清乎[15]！调而闲乎[16]！寥已吾志[17]，无往焉而不知其所至[18]，去而来而不知其所止，吾已往来焉而不知其所终；彷徨乎冯闳[19]，大知入焉而不知其所穷[20]。物物者与物无际[21]，而物有际者，所谓物际者也[22]；不际之际，际之不际者也[23]。谓盈虚衰杀[24]，彼为盈虚非盈虚[25]，彼为衰杀非衰杀，彼为本末非本末，彼为积散非积散也。"

【注释】

①东郭子：人名，因住在东郭，故名。②期而后可：请指出在哪里才行。③稊、稗：杂草。④甓（pì）：砖头。⑤固：本来。质：道的实质。⑥正、获：官名。监市：监管市场的人。履：踩。狶（xī）：大猪。买猪时要检验肥瘦，通过踩猪腿来检验的方法，叫"履狶"。⑦每下愈况：越往猪腿下面踩，愈能反映真正的肥瘦。比喻道即使在卑下处也无所不在。⑧必：绝对化。⑨无逃乎物：物不可能脱离道。⑩大言：表现至道的言论。⑪周、遍、咸：都是指的全体、全部。⑫尝：尝试。无何有之宫：什么都没有的地方，即虚无的境界。⑬同合而论：将你的言论混同于大言之中。⑭澹而静：恬淡而清静。⑮漠而清：漠然而清虚。⑯调而闲：调和而闲逸。⑰寥：虚寥。⑱无往：无所不往。⑲彷徨：自由放任。冯闳（píng hóng）：空虚开阔貌。⑳穷：际。㉑物物者：主宰万物的天道。与物无际：与具体的物没有分际，即寓于万物之中。㉒物际：物与物的分界。㉓不际之际：由无边际的道转为有际的物。际之不际：由有际的物复归于无际的道。㉔盈虚衰杀：盈满、空虚、衰败、消杀。㉕彼：道。为盈虚非盈虚：使万物盈虚而自身无盈虚。

【译文】

东郭子问庄子说："所谓的道，到底在什么地方？"

庄子说："道是无所不在的。"

道无所不在。

东郭子说："必须指出具体在什么地方才可以。"

庄子说："道在蝼蛄、蚂蚁里。"

问："怎么会在这么卑下的地方呢？"

庄子又说："道在杂草中。"

东郭子说："怎么更卑下了呢？"

庄子再说："道在砖头、瓦块上。"

东郭子说："怎么越来越卑下呢？"

庄子干脆说："道在屎尿里。"

东郭子不再说话了。庄子这才说："先生所问的，本来就没有接触道的本质。管理市场的官员问下属踩猪脚以判断肥瘦的窍门，回答是越往腿下部踩越真实。你不可将道绝对化，所有的物都不可能脱离道。大道如此，阐述道的言论也一样。'周''遍''咸'三个词，名异而意思相同，指的都是同一的概念。

"试着共同遨游于虚无的境界，将你自己的言论混同于大道的言论中，就不会有穷尽之时！试着共同无所作为！恬淡而清静啊！漠然而清虚啊！

尝试遨游虚无，将言论混同于大道。

调和而闲逸啊！我的心志空寂，无所不往而不知要到哪里，来来去去而不知哪里是终点，我已经来来往往而不知何处是终结；自由放任，虽有大智之人进入其中，也不能得知大道的止境。主宰万物的道与万物没有分界，而物与物之间的分界，只是叫做物界而已。由无际的道转为有际的物，又从有际的物复归于无际的道。所谓的盈满、空虚、衰败、消杀，是道使万物盈满空虚而自身并不盈满空虚，是道使万物衰败消杀而自身并不衰败消杀，是道使万物有本有末而自身无本无末，是道使万物积聚消散而道本身不会积聚消散。"

⊙品庄悟道⊙

道无处不在

　　世人多认为道高深莫测，只存在于遥远飘渺的地方。其实不然，万物因道而生，道就蕴含在万物当中。日月星辰中有道，蝼蛄蚂蚁中也有道。大海山林中有道，稻田稗草中依然有道，甚至瓦砾屎溺中都有道。所以体悟大道，不一定要置身多么玄妙的地方，只要有心，寻常的，哪怕是微贱之物，也会给人启迪。说到底，高贵和微贱无不是人为划分。在大道面前，万物同一，并无高下贵贱之分。

　　好学的人总能从凡尘杂事中发现予自己有益的东西。很多看似差异很大的事物，实有不少共通之处，聪明人会知道以甲推乙，由乙悟丙。而有时，天才和庸人的区别就在于此。譬如，看到因不会叫被杀的鹅（《山木篇》），人多只想到鹅肉，庄子却会有关于"有用、无用"的思考。现实生活中也不乏这样的例子，艺术家比一般人更擅长从平淡无奇的生活中提炼美，商人比其他人更擅长从寻常的事物中挖掘商机。人思索什么、专注什么，就会经常看到什么。

【分节导读】

　　此节通过弇堈吊评论神农对老龙吉之死的反应，以及泰清向无穷、无为、无始三人问道的两个故事，表达了"道"之不可言传性：真正的"道"乃是"视之无形，听之无声"的。大道无声无形，并非具象的东西可以用语言表述得出，"大道无言"，能够谈论得出的道并非真正的大道。"道不可闻，闻而非也；道不可见，见而非也；道不可言，言而非也。"所谓知"道"的人所理解的道也是浅薄而外在的，深谙道的至人是不会用语言来表达道的真谛的。

【原文】

　　妸荷甘与神农同学于老龙吉①。神农隐几阖户昼瞑②，妸荷甘日中奓户而入曰③："老龙死矣！"神农拥杖而起④，噭然放杖而笑⑤，曰："天知予僻陋慢訑⑥，故弃予而死。已矣！夫子无所发予之狂言而死矣夫⑦！"

　　弇堈吊闻之曰⑧："夫体道者，天下之君子所系焉⑨。今于道，秋豪之端万分未得处一焉，而犹知藏其狂言而死，又况夫体道者乎！视之无形，听之无声，于人之论者，谓之冥冥，所以论道，而非道也。"

　　于是泰清问乎无穷曰⑩："子知道乎？"

　　无穷曰："吾不知。"

　　又问乎无为。无为曰："吾知道。"

　　曰："子之知道，亦有数乎⑪？"

　　曰："有。"

　　曰："其数若何？"

　　无为曰："吾知道之可以贵，可以贱，可以约，可以散⑫，此吾所以知道之数也。"

泰清以之言也问乎无始曰^⑬："若是，则无穷之弗知与无为之知，孰是而孰非乎？"

无始曰："不知深矣，知之浅矣；弗知内矣，知之外矣^⑭。"

于是泰清中而叹曰^⑮："弗知乃知乎！知乃不知乎！孰知不知之知^⑯？"

无始曰："道不可闻，闻而非也；道不可见，见而非也；道不可言，言而非也。知形形之不形乎^⑰！道不当名^⑱。"

无始曰："有问道而应之者，不知道也。虽问道者，亦未闻道。道无问，问无应。无问问之，是问穷也^⑲；无应应之，是无内也^⑳。以无内待问穷，若是者，外不观乎宇宙，内不知乎大初^㉑，是以不过乎昆仑^㉒，不游乎太虚^㉓。"

婀荷甘推门而入说：老龙吉死了！

泰清向无始问道。

【注释】

① 婀（ē）荷甘、神农、老龙吉：都是虚拟之人名。② 隐几：凭靠小几。阖户：关门。瞑：同"眠"。③ 奓（zhà）：推开。④ 拥杖：抱持手杖。指因过度震惊，突然抱杖而立。⑤ 嚗（bó）然：手杖掉地发出之声。笑：不哭而笑，言其已悟生死齐一之道。⑥ 天：指老龙吉，言其有自然之德。僻陋：孤陋寡闻。慢訑（dàn）：怠慢荒唐。⑦ 夫子：先生，指老龙吉。发：启发。狂言：至言。常人不能理解 视之为狂妄之言，而不相信。⑧ 弇堈（yǎn gāng）吊：虚拟人名。⑨ 体道者：与道相合之人。系：凭依、归依。⑩ 泰清、无穷、无为、无始：皆为虚拟之人名。⑪ 数：道理，规律。⑫ 约：收敛。这句的意思是：道可处富贵，可处贫贱，可以收敛，可以分散，是变化不定的。⑬ 之言：此言，指无为讲说道数之语。⑭ 弗知内矣，知之外矣：对道无所知，才是真正内心体悟了道；对道有所知，能用语言说出来，这只是见到道的外在形式。⑮ 中：《释文》引崔譔本作"卬"，同"仰"。⑯ 不知之知：不用名言相状对道加以表述的知，这种知才是真正知道。⑰ 形形之不形：使形成为形的那个东西，本身是无形的。即指道。⑱ 道不当名：道之实与名是不相应的，不相符的。庄子认为，道不可名，如果加给一个名，就被限定，而不同于真正的道。不管给它起个什么名，都不可能达到名实相符。⑲ 无问问之，是问穷：道是不可问的，不可问却又要问，这种问是空的。穷作"空"。⑳ 无内：没有内容。㉑ 大初：天地未分前的馄饨状态，万物之本始，即指大道。㉒ 昆仑：地之极高处，比喻有形与无形的分界处。㉓ 太虚：广漠的虚空。

【译文】

婀荷甘和神农一同在老龙吉处学习。神农大白天靠着几案、关着门睡觉，中午时分，婀荷甘推门而入说："老龙吉死了！"神农抱着拐杖站起身来，"嚗"地一声丢下拐杖而笑起来，说："老龙吉知道我见识短浅心志不专，所以丢下我而死去。完了，先生没有用至道的言论来启发教导我就死去了啊！"

弇堈吊知道了这件事，说："体悟大道的人，天下一切有道德修养的人都将归附于他。如今老龙吉对于道，连秋毫之末的万分之一也未能得到，尚且懂得深藏至言而死去，又何况真正体悟大道的人呢！大道看上去没有形体，听起来没有声音，人们对于所谈论的道，称它是昏昧而又晦暗的，所以用来加以谈论的道，实际上并不是真正的道。"

这时泰清向无穷请教："你知晓道吗？"

无始说：道不可听，不可看，不可言传。

无穷回答："我不知晓。"

又问无为。无为回答说："我知晓道。"

泰清又问："你知晓道，道也有名数吗？"

无为说："有。"

泰清说："道的名数怎么样呢？"

无为说："我知道道可以处于尊贵，也可以处于卑贱；可以聚合，也可以离散，这就是我所了解的道的名数。"

泰清用上述谈话去请教无始，说："像这样，那么无穷的不知晓和无为的知晓，谁对谁错呢？"

无始说："不知晓是深奥玄妙，知晓是浮泛浅薄；不知晓处于深奥玄妙之道的范围内，知晓却刚好与道相背。"

于是泰清仰起头来有所醒悟而叹息，说："不知晓就是真正的知晓啊！知晓就是真正的不知晓啊！有谁懂得不知晓就是知晓呢？"

无始说："道不可能听到，听到的就不是道；道不可能看见，看见了就不是道；道不可以言传，言传的就不是道。要懂得有形之物之所以具有形体正是因为产生于无形的道啊！因此大道不可以称述。"

无始又说："有人询问大道便随口回答的，乃是不知晓道。就是询问大道的人，也不曾了解过道。道无可询问，问了也无从回答。无可询问却一定要问，这是在询问空洞无形的东西；无从回答却勉强回答，这是没有内容的。内心无所得却回答空洞无形的提问，像这样，对外不能观察广阔的宇宙，对内不能了解自身的本原，所以不能越过那有形的昆仑，也不能遨游于清虚宁寂的太虚之境。"

【分节导读】

此节以光曜向无有问道之有无，表达出至人的最高境界应当是"无无"。老子认为"无"乃是万物的本源，即"天下万物生于有，有生于无"。而庄子在无的基础之上提出了"无无"，万物生灭乃是气的聚散，说得清道得明的，皆非真正的道，能够参透的无，也并非真正的无。无无的境界是具有无穷性和开放性的，无法用语言来描述。

【原文】

光曜问乎无有曰①："夫子有乎？其无有乎？"

无有弗应也。光曜不得问，而孰视其状貌②，窅然空然③，终日视之而不见，听之而不闻，搏之而不得也④。"

光曜曰："至矣！其孰能至此乎！予能有无矣，而未能无无也^⑤；及为无有矣，何从至此哉^⑥！"

光曜问无有：您存在吗？不存在吗？

【注释】

①光曜、无有：皆虚拟之名。②孰视：仔细观察。孰，通"熟"。③窅（yǎo）然：隐晦不明之状，亦为空寂之意。④搏：触摸。⑤有无：光曜无形体，听不到摸不着，故言有无。但还可以看见，未达绝无形迹之无无。⑥为无有：既不执着于无，也不执着于有，而是有无双遣，超越二者，达到一个更高境界。此种境界一般人是无从达到的。

【译文】

光曜问无有："先生您是存在呢？还是不存在呢？"

无有不吭声。光曜得不到回答，便仔细地观察它的形状和容貌，它是那么深远那么空虚，整天看它看不见，整天听它听不到，整天捕捉它却摸不着。

光曜说："这是最高的境界啊，谁能够达到这种境界呢！我能够做到'无'，却未能达到'无无'，等到做到了'无'却仍然是基于'有'，从哪儿能够达到这种境界啊！"

【分节导读】

此节借大司马家捶制带钩的老人来讲修道的方法。制带钩的老人因为做到"于物无视，非钩无察"，才制出了锋利有光又结实耐用的带钩。修道也是一样，需要人精神高度集中，不为外物所动，心神如一。

【原文】

大马之捶钩者^①，年八十矣，而不失豪芒^②。大马曰："子巧与，有道与？"

曰："臣有守也^③。臣之年二十而好捶钩，于物无视也^④，非钩无察也。是用之者^⑤，假不用者也以长得其用^⑥，而况乎无不用者乎^⑦！物孰不资焉！"

大司马家锻制钩带的老人。

【注释】

①大马：官名，指楚国之大司马。捶：锻造。钩：剑名。②豪芒：锋利有光芒。③守：持守，毕生专心持守于此。④于物无视：对别的东西视而不见，一心只在造钩上。⑤用之者：指打造钩的技艺。假：借助、凭借。不用者：指平时于物无视，专注于此道。⑥长：长期。⑦无不用：于物皆不用心，而至于无无之境，达于至道之域，则万物无不资取于它。

【译文】

大司马家有个锻制钩带的老人，年纪虽然已经八十，却一点也不会出现差误。大司马说："您是技艺高超呢，还是有道呀？"

锻制钩带的老人说："我遵循着道。我二十岁时就喜好锻制钩带，其他外在的事物都看不见，不是钩带就不会引起我的关注。锻制钩带这是得用心专一的事，借助这一工作便不再分散自己的用心，而锻制出的钩带就会得以长期使用，更何况对于那些无可用心之事啊！能够这样，外物有什么能不为所用呢？"

⊙品庄悟道⊙

大马捶钩者

制带钩的老人就像解牛的庖丁，经过长期训练，只要拿起带钩，他就会自然进入"用志不分，乃凝于神"的状态，无需刻意集中精神。而由于打钩时，心中无钩，其打出的钩也宛若自然造化而成，不失豪芒。

庄子笔下技艺高超的手工匠人往往有以下特点：他们都很重视技巧，都能做到心手相应；他们都强调心与物的统一，物与我的交融；他们都抵达了心斋、坐忘的境界；他们或许还算不上真正的得道之人，但他们至少在艺术的世界里实现了逍遥自由；他们的故事都可用四个字，即"由技入道"来概括。

"由技入道"必要经过一番勤学苦练，其前提是随心所欲地运用技巧，尽管庄子很少将笔墨花在描述手工匠人习艺之艰辛上。悟道可以让人的技艺水平提升到更高的层次，却不能让一个对某项技艺一无所知的人成为个中大师。

【分节导读】

此节通过冉求与孔子的对话，讨论天地之始的问题。"物物者非物"，衍生万物的不是某个具体的东西，而是道。道生生不息，没有止境，作为万物的本源，它一直存在于万物之中，古今未变。如同生不是为了死而生，死也不是为了生而死，大道无己，它博大包容，没有任何偏私。遵循大道的圣人也是如此，他们对世人的爱和大道一样，无私无求，永不衰败，永不停止。而世人若想悟道，则首先要将心神从具体形物中解放出来。

【原文】

冉求问于仲尼曰："未有天地可知邪？"

仲尼曰："可。古犹今也。"

冉求失问而退①，明日复见，曰："昔者吾问：'未有天地可知乎？'夫子曰：'可。古犹今也。'昔日吾昭然，今日吾昧然②，敢问何谓也？"

仲尼曰："昔之昭然也，神者先受之③；今之昧然也，且又为不神者求邪④！无古无今，无始无终。未有子孙而有子孙⑤，可乎？"

冉求未对。仲尼曰："已矣，未应矣⑥！不以生生死⑦，不以死死生⑧。死生有待邪？皆有所一体⑨。有先天地生者物邪⑩？物物者非物⑪。物出不得先物也⑫，犹其有物也⑬。无已⑭。圣人之爱人也，终无已者，亦乃取于是者也⑮。"

【注释】

① 失问：失去问意。心有所悟，不想再问。② 昭然：明白。昧然：糊涂。③ 神者先受之：用空虚的心神先接受领会。④ 不神者求：'不神者'指外界事物及道理。向外界事物道理去寻求验证，所以变得糊涂了。⑤ '未有'句：

孔子对冉求说：你糊涂是因为拘滞于形象。

古有子孙，于是代代繁衍，今天才有子孙。如果古无子孙，今日也不会凭空生出子孙。由此推证，古代和今天相同，今天即是古代的继续。⑥ 未应：不要应答，待继续讲说下去。⑦ 不以生生死：死者自行死去，新生者并不是使已死者复生。⑧ 不以死死生：新生者自生，死去者也不是使新生者死去。⑨ 待：相互依赖、相互依存之意。死与生并不相互依赖，它们各有自己的体系。⑩ 者：作"之"解。这句意思是，有先于天地就生成之物吗？⑪ 物物者非物：生成物的那个东西，不是物自身，而是物之他体。⑫ 物出不得先物：被生成之物不能先于生成它的物而存在。譬如生物由细胞生成，细胞由分子生成，分子由更小的东西生成等。这样生物不能先于细胞，细胞不能先于构成它的分子，分子不能先于构成它的更小原素，这样追溯下去，以至于无穷。如《齐物论》所说："有有也者，有无也者，有未始有无也者，有未始有夫未始有无也者"，是没有穷尽的。在这无穷系列中，后一环节之物不能先于前一环节之物存在，即是"物不得先物"。⑬ 犹其有物：生成此物的物，上面仍然还有它的生成者。犹，依然、仍然。⑭ 无已：没有止境。⑮ 取于是：圣人即是取法于自然之理，故其爱人类无止境。是，指上面所说自然之理。

【译文】

　　冉求向孔子请教："天地产生以前的情况可以知道吗？"

　　孔子说："可以，古时候就像今天一样。"

　　冉求心有所悟，不想再问，便退出屋来，第二天再次见到孔子，说："昨天我问：'天地产生以前的情况可以知道吗？'先生回答说：'可以，古时候就像今天一样。'昨天我心里还很明白，今天就糊涂了，请问先生说的是什么意思呢？"

　　孔子说："昨天你心里明白，是因为心神先有所领悟；今天你糊涂了，是因为又拘滞于具体形象而有所疑问啦！没有古就没有今，没有开始就没有终结。不曾有子孙而存在子孙，可以吗？"

　　冉求不能回答。孔子说："算了，不必再回答了！不会为了生而使死者复生，不会为了死而使生者死去。人的死和生相互有所依赖吗？其实全存在于一个整体。有先于天地而产生的东西吗？化生万物的道不是物象。万物的产生不可能先于道，由道而有了天地万物。有了天地万物之后，这才连续不断繁衍生息。圣人对于人的怜爱始终没有终结，也就是取法于万物的生生相续。"

【分节导读】

　　此节由颜渊和孔子的对话，谈"化"与"安化"，总结出"至言去言，至为去为"的结论。庄子认为，人活于世，应当顺应外物变化而内心却宁静不变。无论变化或者不变化，都安然顺任，参与变化而不妄自增益。世间万物的变化是遵循着道的规律运行，并不以人类的意志为转移，因此秉承无为之道，不抗拒哀痛的来临，不挽留喜悦的消逝，"无有所将，无有所迎"，顺其自然，虚怀若谷，才是至人所为。

【原文】

　　颜渊问乎仲尼曰："回尝闻诸夫子曰：'无有所将，无有所迎①。'回敢问其游②。"

　　仲尼曰："古之人，外化而内不化③；今之人，内化而外不化。与物化者，一不化者也④。安化安不化⑤，安与之相靡⑥，必与之莫多⑦。狶韦氏之囿⑧，黄帝之圃，有虞氏之宫，汤武之室⑨。君子之人，若儒墨者师，故以是非相鲎也⑩，而况今之人乎！圣人处物不伤物。不伤物者，物亦不能伤也。唯无所伤者，为能与人相将迎。山林与！皋壤与⑪！使我欣欣然而乐与！乐未毕也，哀又继之。哀乐之来，吾不能御，其去弗能止。悲夫，世人直为物逆旅耳⑫！夫知遇而不知所不遇⑬，能能而不能所不能⑭。无知无能者，固人之所不免也。夫务免乎人之所不免者⑮，岂不亦悲哉！至言去言，至为去为⑯。齐知之所知，则浅矣⑰。"

【注释】

①将：送。这句意思是，不送不迎，听其自然。②游：指精神之出入自在。③外化：随顺外物之变化而变化。内不化：内心平静安宁、恒定不变。④一不化：内不化。⑤安：习惯。这句意思是，不管化与不化，皆能习惯自处。⑥靡：顺。⑦莫多：不增益。循物之性，顺其自然，不予增减。⑧狶韦氏：远古之帝王，又见《大宗师》篇。囿：古代帝王畜养离兽之园林。⑨囿、圃、宫、室：皆指帝王居处游息之所。圃比囿小，宫比圃小，室比宫小。居处之所愈小，精神愈狭隘，道德愈衰落。⑩鲎（jī）：和。这句意思是，儒墨二家之师，是非对立最难调和，古之君子之亦能顺应调和，何况今人之一般争论呢！⑪皋壤：平原。⑫直：但。逆旅：旅舍。⑬遇：遭遇，接触。这句意

古人外表适应环境变化，内心却持守凝寂。

颜渊问孔子"无有所将，无有所迎"的道理。

思是，遇到则知，不遇则不知。遇有限，知亦有限。⑭ 能能：能做到力所能及的。⑮ 人之所不免：人有所知所能，亦有不知不能，不知不能是人所不能避免的。⑯ 至言去言：至道之言去掉言说。至为去为：至道之为去掉有为。⑰ 齐：齐一。知之所知：靠主体与外界接触所得之知，是靠学习和教化所得有形迹之知，这种知是浅陋的。

【译文】

颜渊问孔子说："我曾听先生说过：'不要有所送，也不要有所迎。'请问它的道理。"

孔子说："古时候的人，外表适应环境变化但内心世界却持守凝寂，现在的人，内心游移而外表不变。随应外物变化的人，必定内心纯一凝寂而不离散游移。对变化与不变都能安然听任，安闲自得地跟外在环境相顺应，必定会与外物一道变化而不会有所偏移。狶韦氏的苑圃，黄帝的果林、虞舜的宫室，商汤、周武王的房舍，都是他们养心任物的好处所。那些称君子的人，如儒家、墨家之流，以是非好坏来相互诋毁，何况现时的人呢！圣人与外物相处却不损伤外物。不伤害外物的人，外物也不会伤害他。正因为无所伤害，因而能够与他人自然相送或相迎。山林啊！旷野啊！这都使我感到无限欢乐啊！可是欢乐还未消逝，悲哀又接着到来。悲哀与欢乐的到来，我无法阻挡，悲哀与欢乐的离去，我也不可能制止。可悲啊！世上的人们只不过是外物临时栖息的旅舍罢了！人们知道遇上了什么却不知道遇不上什么，能够做自身能力所及的事却不能做自身能力所不及的事。不知道与不能够，本来就是人们所不可回避的。一定要避开自己所不能避开的事，难道不可悲吗！最好的言论是什么也没说，最好的行动是什么也没做，要想把每个人所知道的各种认识全都等同起来，那就实在是浅陋了。"

安闲自得地顺应外在环境。

卷三 杂篇

◎庚桑楚◎

【题解】

本篇的主旨是谈"道"。作者通过庚桑楚行道、南荣趎求道和老子讲道,阐述了"无有""无为"的观点。作者认为:功名是有害之物,举贤任知就会导致人与人相食,所以尧舜的有为政治是万恶之源。他提出"至人之道"是要清静、弃智、诚己、无名、虚心,一切以"无有"为出发点和最终归宿,达到天地万物的通而为一。因此,学道首先就要返归天性,像婴儿一样无知无虑、无得无失。一切顺随自然而不由自主,直至达到一种无我的境界,这样就可无所为而无所不为了。

【分节导读】

此节通过庚桑楚与弟子讲自己被百姓推崇而不痛快的原因,阐述了"无为而为"的思想。庚桑楚秉持顺其自然的理念,认为"春其发而百草生,正得秋而万宝成",万物变化皆是自然规律运行的结果。还以野兽和大鱼喻人,指出不懂得敛藏自己的人和不能够顺应自然规律变化的人,势必会受到伤害。既表明了庄子学说中"出世""无为"的思想,又抨击了自尧舜以来,标举贤名使人民互相倾轧,任用心智使人民互相争盗的混乱政情。

【原文】

老聃之役①,有庚桑楚者②,偏得老聃之道③,以北居畏垒之山④,其臣之画然知者去之⑤,其妾之挈然仁者远之⑥;拥肿之与居⑦,鞅掌之为使⑧。居三年,畏垒大壤⑨。畏垒之民相与言曰:"庚桑子之始来,吾洒然异之⑩。今吾日计之而不足,岁计之而有余⑪。庶几其圣人乎⑫!子胡不相与尸而祝之⑬,社而稷之乎⑭?"

庚桑子闻之,南面而不释然⑮。弟子异之⑯。庚桑子曰:"弟子何异

畏垒山获得大丰收。

于予⑰?夫春气发而百草生,正得秋而万宝成⑱。夫春与秋,岂无得而然哉⑲?天道已行矣⑳。吾闻至人,尸居环堵之室㉑,而百姓猖狂不知所如往㉒。今以畏垒之细民㉓,而窃窃焉欲俎豆予于贤人之间㉔,我其杓之人邪㉕!吾是以不释于老聃之言㉖。"

弟子曰:"不然。夫寻常之沟㉗,巨鱼无所还其体㉘,而鲵鳅为之制㉙;步仞之丘陵㉚,巨兽无所隐其躯㉛,而孽狐为之祥㉜。且夫尊贤授能,先善与利㉝,自古尧舜以然㉞,而况畏垒之民乎㉟!夫子亦听矣㊱!"

庚桑子曰：“小子来！夫函车之兽[37]，介而离山[38]，则不免于网罟之患[39]；吞舟之鱼，砀而失水[40]，则蚁能苦之。故鸟兽不厌高，鱼鳖不厌深。夫全其形生之人[41]，藏其身也，不厌深眇而已矣[42]。且夫二子者[43]，又何足以称扬哉！是其于辩也[44]，将妄凿垣墙而殖蓬蒿也[45]。简发而栉[46]，数米而炊，窃窃乎又何足以济世哉！举贤则民相轧[47]，任知则民相盗[48]。之数物者[49]，不足以厚民[50]。民之于利甚勤[51]，子有杀父，臣有杀君，正昼为盗[52]，

庚桑子说：尧舜有什么值得称赞的？

日中穴阫[53]。吾语女[54]，大乱之本，必生于尧舜之间，其末存乎千世之后[55]。千世之后，其必有人与人相食者也！”

【注释】

①役：门徒，弟子。古代做门徒或弟子的要为师父干杂活，所以称为“役者”。②庚桑楚：人名，老聃弟子，姓庚桑，名楚。③偏：独。偏得，独得。④畏垒：高峻不平。一说为山名。⑤画然：炫耀的样子。知：通“智”。⑥挈（qiè）然：高举的样子，引申为标榜。⑦拥肿：糊涂无知的人。⑧鞅掌：不恭、随便的人。为使：为庚桑楚的役使之人。⑨大壤：指大丰收。壤，通“穰”，丰收。⑩洒（xiǎn）然：见所未见，耳目一新的样子。异之：认为他奇异。⑪“今吾”二句：意为以日计其功而无所作为，以岁计其功而有大成就。⑫庶几：差不多。⑬胡：何，为何。尸：主，指古代代表死者受祭的活人，后为神主牌位。祝：祠庙中主持祭礼的人。尸而祝之，意为尊奉他为祖先。⑭社而稷之：为他建立社稷，意为尊奉他为神。社稷，古代帝王所祭的土神和谷神。⑮南面：面朝南。不释然：不愉快的样子。⑯弟子异之：弟子对庚桑楚感到奇怪。⑰何异于予：为什么对我感到奇怪。⑱“夫春”二句：意为春气勃发而百草丛生，时至秋季而果实成熟。万宝，指各种果实。⑲无得：无故。然：这样。⑳天道已行矣：意为是自然之道在运行呢。㉑尸居：像神主牌位一样地寂静而居。环：四周。堵：一丈长的墙。㉒猖狂：肆意，狂妄。㉓细民：小民，百姓。㉔窃：私。俎豆：祭祀时放祭品的器具，这里指奉祀。㉕其：岂，难道。杓（dú）：众人注目的对象。㉖不释：不安。㉗寻常：八尺为寻，一丈六尺为常。㉘还（xuán）：通“旋”，旋转。㉙鲵鰌：小鱼。制：折，曲折回旋。㉚步仞：六尺为步，八尺为仞。㉛隐：藏。躯：身躯。㉜孽（niè）狐：妖孽的狐狸。祥：善，如意。㉝先善与利：倡导善行，施予利益。㉞以：通“已”。㉟而况畏垒之民乎：意为何况畏垒的人民更是由于庚桑楚的贤能与善行而尊奉他的。㊱夫子：老师。听：听任，顺从。㊲函：包含，包容。函车之兽，口能含车的大兽。“含车”与“吞舟”对文。㊳介：个，独。㊴罟（gǔ）：网的总名。㊵砀（dàng）而失水：因动荡而离水。砀，同“荡”。㊶生：性。㊷眇（miǎo）：通“渺”，高远。㊸二子：指尧、舜。㊹辩：通“辨”，指分辨贤能善利。㊺垣墙：矮墙。殖：种植。蓬蒿：茼蒿的俗称。㊻简：通“柬”，选择。栉（zhì）：梳篦的总称，此处指梳头发。㊼轧：倾轧。㊽盗：欺诈。㊾数物：指举贤、任知等事。㊿厚民：利民。[51]勤：勤劳，努力。[52]正昼：白日。[53]日中：中午。穴阫（péi）：在墙上打洞。阫，墙。[54]女：通“汝”，你。[55]末：末流。

【译文】

老聃的弟子，有个名叫庚桑楚的，独得老聃之道，去北方居住在畏垒山上，他的仆人中有炫耀聪明的被他辞去，他的侍女中有标榜仁义的也被他疏远；糊涂无知的人和他住在一起，随便无礼的人被他使唤。住了三年，畏垒山区获得大丰收。畏垒山区的百姓互相议论说：“庚桑子刚来时，我们感到很惊奇。现在，我们以每日来看他的功绩感到不足，而以三年的岁月来看他的功绩便感到有余。他差不多是圣人吧！你们为什么不一齐尊奉他为神，为他建立祠庙祭拜他呢？”

庚桑子听到这种议论，面朝南方而心中感到十分不快。弟子们觉得很奇怪。庚桑子说：“你们

对我有什么可奇怪的呢？春天阳气勃发而百草生长，时至秋日而果实成熟。春季与秋季，难道无故就能这样吗？这是自然之道在运行呢。我听说，至德之人，寂静地居住在一丈见方的小屋之中，而百姓肆意迷妄地不知要到哪里去。现在畏垒的这些小民们，私下里想把我敬奉于贤人之间，我难道是那种众人注目的人吗！因此，我面对老聃的教诲而感到不安。"

春天百草生长，秋天果实成熟。

弟子说："不是这样，深八尺、长一丈六尺的小水沟，大鱼无法转身，而小鱼却回旋自如；六尺、八尺高的小土丘，巨兽无法藏身，而妖狐却很如意。况且尊重贤人，授权能人，推举善行，施予利益，自古尧、舜就是这样，何况畏垒的百姓呢？先生就听他们的吧！"

庚桑子说："小子们，过来。可以吞车的巨兽，单独离开山林，就不免受到罗网的祸患；可以吞船的大鱼，因潮汐动荡而离水，就会受蝼蚁的伤害。所以鸟兽不厌山高，鱼鳖不厌水深。要全形养性的人，隐身之所，也应是不厌深远的。况且，尧舜这两个人，又有什么值得称赞的呢？像他们那样分辨贤能善利，如同妄自凿毁垣墙而种植蓬蒿一样。选择头发来梳理，数着米粒来煮饭，这样斤斤计较又怎能济世呢？荐举贤能则使人民互相倾轧，任用智者则使人民互相欺诈。这些所为不足以使人民淳厚。人民贪利之心切，于是有子杀父，臣杀君，白日偷盗，正午挖墙之事出现。我告诉你们，大乱的根源，必定起自尧舜，而其流弊将存于千年之后。千年之后，必定有人吃人的事情了！"

⊙品庄悟道⊙

鸟兽不厌高，鱼鳖不厌深

鸟兽也好，鱼鳖也好，一旦离开其生存环境，就会变得脆弱不堪，所以鸟兽从不嫌天高林深，鱼鳖也不会满足游水的深度。人的生存、发展和其所在的环境息息相关，对个人而言，最理想的情况，便是在自己擅长的领域里发挥才干，在有利于自己身心健康的地方生活。

只是，世事难料，即使幸运地找到了适合自己的环境，也不能保证这情形会一直持续下去。譬如庚桑楚，他故意挑糊涂无知的弟子随自己到畏垒山，就是担心聪明人的"有为"于自己悟道有损。但最后，百姓们偏偏要为他建立社稷。一个难题摆在庚桑楚眼前，是应百姓的呼声，接受百姓的安排；还是遵从自己的内心，继续过隐者的生活。

庚桑楚从道的角度对崇尚圣贤的观念做了批判，人们从中可以看出庚桑楚的最终选择。现实生活中，很多人都曾遇到过和庚桑楚类似的问题，一边是世俗意义上的美好生活，充满名利的诱惑，却不适合自己；一边是适合自己，却不为大多数人看好，无甚名利可言的生活。庄子向来反对为名利迷失本心，其用鸟、鱼作比，就是要提醒人不要轻易离开擅长的环境。

其实，无论选择什么，都要付出一定的代价。明白了有失才有得的道理，人才能豁达地面对生活中的不完美。

【分节导读】

此节以南荣趎请教与老子的故事，经由老子之口谈论养护生命的道理。庄子认为，养护生命就应当同孩童一般，内心世界不滞留于外界事物，随物变化，"行不知所之，居不知所为"。一个人能够不被外物所牵累，不被心事所束缚，拥有婴儿般的纯真与质朴，做到身若槁木心如死灰，那么福祸对他来说都是不存在的，又何谈伤害身形。

【原文】

南荣趎蹴然正坐曰[①]："若趎之年者已长矣，将恶乎托业以及此言邪[②]？"

庚桑子曰："全汝形[③]，抱汝生[④]，无使汝思虑营营[⑤]。若此三年，则可以及此言矣。"

南荣趎曰："目之与形，吾不知其异也，而盲者不能自见；耳之与形，吾不知其异也，而聋者不能自闻；心之与形，吾不知其异也，而狂者不能自得。形之与形亦辟矣[⑥]，而物或间之邪[⑦]，欲相求而不能相得？今谓趎曰：'全汝形，抱汝生，勿使汝思虑营营。'趎勉闻道达耳矣[⑧]！"

庚桑子说：保全你的身体，护养你的天性。

庚桑子曰："辞尽矣。曰奔蜂不能化藿蠋[⑨]，越鸡不能伏鹄卵[⑩]，鲁鸡固能矣[⑪]。鸡之与鸡，其德非不同也[⑫]，有能与不能者，其才固有巨小也。今吾才小，不足以化子。子胡不南见老子[⑬]！"

南荣赢粮[⑭]，七日七夜至老子之所。

老子曰："子自楚之所来乎？"

越鸡不能孵天鹅蛋。

南荣趎曰："唯。"

老子曰："子何与人偕来之众也？"

南荣趎惧然顾其后。老子曰："子不知吾所谓乎？"

南荣趎俯而惭，仰而叹曰："今者吾忘吾答，因失吾问。"

南荣趎忘记了要问的问题。

老子曰：“何谓也？”

南荣趎曰：“不知乎？人谓我朱愚[15]。知乎？反愁我躯。不仁，则害人；仁，则反愁我身。不义，则伤彼；义，则反愁我己。我安逃此而可？此三言者，趎之所患也。愿因楚而问之[16]。”

老子曰：“向吾见若眉睫之间[17]，吾因以得汝矣。今汝又言而信之[18]。若规规然若丧父母[19]。揭竿而求诸海也[20]。女亡人哉[21]！惘惘乎[22]！汝欲反汝情性而无由入，可怜哉！”

南荣趎请入就舍[23]，召其所好，去其所恶。十日自愁[24]，复见老子。

老子曰：“汝自洒濯[25]，熟哉郁郁乎[26]！然而其中津津乎犹有恶也[27]。夫外韄者不可繁而捉[28]，将内揵[29]；内韄者不可缪而捉[30]，将外揵；外内韄者，道德不能持，而况放道而行者乎！”

南荣趎曰：“里人有病，里人问之，病者能言其病，然其病，病者犹未病也。若趎之闻大道[31]，譬犹饮药以加病也，趎愿闻卫生之经而已矣[32]。”

老子曰：“卫生之经，能抱一乎[33]？能勿失乎？能无卜筮而知吉凶乎[34]？能止乎？能已乎？能舍诸人而求诸己乎[35]？能翛然乎[36]？能侗然乎[37]？能儿子乎[38]？儿子终日嗥而嗌不嗄[39]，和之至也；终日握而手不掜[40]，共其德也；终日视而目不瞚[41]，偏不在外也。行不知所之，居不知所为，与物委蛇[42]，而同其波。是卫生之经已。”

南荣趎曰：“然则是至人之德已乎？”

曰：“非也。是乃所谓冰解冻释者[43]，能乎？夫至人者，相与交食乎地，而交乐乎天[44]，不以人物利害相撄[45]，不相与为怪[46]，不相与为谋[47]，不相与为事[48]，翛然而往，侗然而来。是谓卫生之经已[49]。”

曰：“然则是至乎？”

曰：“未也。吾固告汝曰：‘能儿子乎！’儿子动不知所为，行不知所之，身若槁木之枝，而心若死灰。若是者，祸亦不至，福亦不来。祸福无有，恶有人灾也！”

【注释】

① 南荣趎（chú）：庚桑楚的弟子，姓南荣名趎。蹴（cù）然：恭敬不安的样子。正坐：正容端坐，以示敬畏。② 恶（wū）：何。托：凭托，凭借。此言：指上文庚桑楚对弟子们的教导之言。③ 全汝形：指不伤其身体。④ 抱汝生：指不失其天性。⑤ 思虑：智慧。营营：劳累奔波不止。⑥ 形：形体。辟：通"譬"，比类，相同类。⑦ 物：外物。间：间隔，分别。⑧ 勉：勉强。达耳：达于耳而未入于心。⑨ 奔蜂：细腰土蜂，小蜂。藿（huò）：豆叶。蠋（zhú）：豆虫。⑩ 越鸡：荆鸡，体小。鹄（hú）：水鸟，天鹅，体大。⑪ 鲁鸡：蜀鸡，体大。固：必。⑫ 德：物性。⑬ 胡：何。⑭ 赢（yíng）：担。⑮ 朱愚：铢愚，愚钝，愚昧无知。⑯ 因楚：通过庚桑楚。⑰ 向：方才，刚才。若：你。眉睫

像初生的婴儿一样纯真质朴。

之间：眼神，引申为表情。⑱ 信：证实。⑲ 若：你。规规然：惊视自失的样子。若：如。⑳ 揭竿：举竿。诸：之于。㉑ 女：汝，你。亡人：流亡之人。㉒ 惘惘（wǎng）：心中若有所失而迷惘的样子。㉓ 请入就舍：就居弟子之舍。㉔ 自愁：自觉愁苦。㉕ 洒濯（zhuó）：洗涤。㉖ 熟：通"孰"，何。郁郁：忧郁不乐的样子。㉗ 津津：水自然外溢的样子。㉘ 鞲（hù，又读huò）：通"护"。㉙ 揵（jiàn）：同"闭"，堵塞，闭塞。㉚ 缪（miù）：通"缪"，纰缪，错误。㉛ 若：如，像。㉜ 卫生：卫护生命，保身全生。㉝ 抱一：合一，抱朴。㉞ 卜筮：占卜。㉟ 舍：舍弃。㊱ 翛（xiāo）然：自由自在、无拘无束的样子。㊲ 侗（dòng）然：无牵无挂的样子。㊳ 儿子：婴儿。㊴ 嗥（háo）：嗥哭。嗌（ài）：咽喉哽塞。嗄（shà）：嘶哑。㊵ 捤（yì）：拳曲，攥。㊶ 瞚（shùn）：眨眼。㊷ 委蛇（yí）：随便应付。㊸ 者：犹"之"。㊹ 交：通"邀"，顺，循。天：自然。㊺ 撄（yīng）：纠缠，扰乱。㊻ 怪：责怪。㊼ 谋：谋划。㊽ 事：做事。㊾ 是：此。经：常道，道理。

【译文】

　　南荣趎局促不安，正容端坐说："像我的年龄已经这样大了，要怎样学习才能达到您所说的那种境界呢？"

　　庚桑子说："保全你的身体，护养你的天性，不要让你的思虑为求取私利而奔波劳苦。像这样三年时间，就可以达到我所说的那种境界了。"

　　南荣趎说："盲人和普通人的眼睛，从外形上我看不出有什么差异，而盲人的眼睛却看不见东西；聋子和普通人的耳朵，从外形上我看不出有什么区别，而聋子的耳朵却听不见声音；疯狂的人与普通人的样子，我看不出有什么不同，而疯狂人却不能自持自己。形体与形体之间原本是相通的，但对外物的感受却不相同，想相互求得心灵相通却不可得。如今您对我说：'保全你的身体，护养你的天性，不要使你的思虑为求取私利而奔波劳苦。'我只能勉强听到耳朵里罢了！"

　　庚桑子说："我的话已说尽了。土蜂不能孵化出豆叶虫，越鸡不能孵化天鹅蛋，而鲁鸡却能够做到。鸡与鸡，它们的禀赋并没有什么不同，有的能做到，有的不能做到，是因为它们的才能原本就有大有小。现在我的才能就很小，不足以使你受到教化，你为何不到南方去拜见老子呢？"

　　南荣趎带足干粮，走了七天七夜来到老子的住处。

　　老子说："你是从庚桑楚那儿来的吧？"

　　南荣趎说："是的。"

　　老子说："跟你一块儿来的人为何如此多呢？"

　　南荣趎惊恐地回过头来看自己的身后。

老子说："你不懂我所说的意思吗？"

南荣趎低下头，满脸羞愧之色，仰天叹息："现在我已忘了应该怎样回答，因而也忘掉了我的提问。"

老子说："什么意思呢？"

南荣趎说："不明白道理吧？人们说我愚昧迟钝。明白道理吧？反而给身体带来愁苦。不仁德，就会伤害他人；实行仁德，反而给自己带来愁苦。不讲信义，便会伤害他人；推广信义，又会给自己带来愁苦。这三句话所说的情况，正是我所担忧的事，希望借助庚桑楚的引介而向您请教。"

老子说："刚才我观察你眉宇之间的神色，借此了解了你的心思。如今你的谈话更证明了我的观察。你失神的样子像是失去了父母，又像是举着竹竿探测深不可测的大海。你确实是一个丧失了真性的人啊，是那么迷惘而又昏昧！你想要返归你的真情与本性却不知道从哪里做起，实在是可怜啊！"

南荣趎请求到弟子的馆舍住下，求取自己所喜好的东西，舍弃自己所厌恶的东西，整整十天愁思苦想后，又去拜见老子。

老子说："你作了自我反思，为什么还如此郁郁不乐！可见你心中的恶念仍然在不断地流露出来。受到外物的束缚便难免繁杂急促，于是内心必将堵塞不通；内心受到束缚便难免杂乱急促，于是外部感知必定会闭塞不通；外部感知和内心世界都被束缚，即使是道德高尚的人也不能持守，何况是不依于道而放任行事的人呢！"

南荣趎说："村里的人生了病，村民问候他，生病的人能够说明自己的病情，而能够把自己的病情说清楚的人，就算不上是生了重病。像我这样听闻大道，就好比饮用药物却加重了病情，我只希望能听到养护生命的道理罢了。"

老子说："养护生命的道理，能够使身体与精神浑然合一吗？能够不丧失真性吗？能够不占卜而知晓吉凶吗？能够安守自己的本分吗？能够不追求已经失去的东西吗？能够舍弃仿效他人而追求自我的完善吗？能够无拘无束、自由自在吗？能够心神安宁、无所执着吗？能够像初生的婴儿那样纯真质朴吗？婴儿整天啼哭咽喉却不会哽塞嘶哑，这是因为达到了谐和自然的境界；婴儿整天握着小手而手不卷曲，这是因为符合了婴儿的天性与常态；婴儿整天瞪着小眼睛而不眨眼睛，这是因为婴儿的内心不滞留于外物。出行时不知道去哪里，平日居处不知道做什么，接触外物如同随波逐流，听其自然。这就是养护生命的道理。"

让身体和精神浑然合一。

南荣趎：“那么这就是至人的最高境界吗？”

老子回答：“不是的。这只是所谓像冰冻消解那样消除心中症结的本能吧！所谓至德之人，顺从自然之道而求食于地，与天同乐，不因外在的人物利害而扰乱自己，不相互嗔怪，不相互图谋，不参与尘俗的事务，无拘无束、自由自在地走了，又心神安宁、无所执着地到来。这就是所说的养护生命的道理。”

如婴儿一般则灾祸不降临，幸福不到来。

南荣趎说：“那么这就达到了最高的境界吗？”

老子说：“还没有。我开始就告诉过你：‘能够像初生的婴儿那样纯真质朴吗？’婴儿活动却不知道干什么，行走却不知道去哪里，身形像枯槁的树枝而心境像完全熄灭了的死灰。像这样的人，灾祸不会降临，幸福也不会到来。祸福都不存在，哪里还会有人间的灾祸呢！”

⊙品庄悟道⊙

以赤子之心学道

这一节庄子通过讲述南荣趎向老子问道，揭示了不为外物所扰，心神内守，无为而无不为的道理。

南荣趎苦于迟迟悟不出真道，不辞辛苦，千里迢迢从远处找到老子的住处，向老子询问如何来修道。老子见他心诚，便传授给他学道的要诀，即不要患得患失，要使内心淳朴自然，回复到无欲无求的婴孩状态中。因此，学道的要点是要拥有一颗赤子之心，只要心无故障，脑中不存贪念，自然可以悟出大道。

在现实生活中，我们不妨也持一颗赤子之心，去慢慢体悟生活的真谛，那样才能做到“宠辱不惊，闲看庭前花开花落；去留无意，漫随天外云卷云舒”。

【分节导读】

此节着重写心境。“宇泰定者，发乎天光”，即是说心境安泰静定之人，散发出自然之光，才能显现出他的本性。而显露本性并且遵照自然规律变化，才能够“人舍之，天助之”。因此，想要进入道的境界必须要先心境安泰，按照常规做事才行。

【原文】

宇泰定者[1]，发乎天光[2]。发乎天光者，人见其人[3]，物见其物[4]。人有修者[5]，乃今有恒[6]；有恒者，人舍之[7]，天助之。人之所舍，谓之天民[8]；天之所助，谓之天子[9]。

学者，学其所不能学也；行者，行其所不能行也；辩者[10]，辩其所不能辩也。知止乎其所不能知，至矣；若有不即是者，天钧败之[11]。

【注释】

①宇：眉宇，与前文“眉睫之间”相对应。泰定：大定，宁静，与前文“思虑营营”相反。②天光：自然流露的

安泰镇定的人会发出天然的光芒。

智慧之光。③见：通"现"，显现。④物：事物，与"人"相对。⑤修：修行，修炼，自修。⑥恒：常。⑦舍：住所，住宿，引申为依附。⑧天民：指自然之民。⑨天子：自然之子，天以子畜之。《人世间》有"与天为徒者，知天子之与己，皆天之所子"。⑩辩：通"辨"，辨别。⑪天均：亦作"天钧"，指自然均齐的状态。《齐物论》及《寓言》皆有此概念。

【译文】

眉宇间安泰镇定的人，就会发出天然的光芒。发出天然光芒的，人各自显其为人，物各自显其为物。注重修养的人，才能恒久保持天性；恒久保持天性，人们就会归附他，上天也会帮助他。人们所归附的，被称为天民；上天辅助的，称之为天子。

学习，要学习那些不能学的东西；实行，要实行那些不能做到的事情；分辨，要分辨那些不能辨别的事物。知道停留于所不知道的境域，便达到了认知的极点。假如有人不是这样，自然的本性就要受到亏损。

【分节导读】

此节着重讲保养心灵。"备物以将形，藏不虞以生心"，借物以修身，深藏无虑来培养心神。保养心灵也当顺应自然，不自居不刻意操持心灵，这样各种灾祸降临也不扰乱自身，不侵入内心世界。对于人类来说，最大的诱惑在于内心的驱使，因此，注重内修德行，而不注重外修功业，无知无为无我才能保全心灵，方能对"道"有所领悟。

【原文】

备物以将形①，藏不虞以生心②，敬中以达彼，若是而万恶至者，皆天也，而非人也，不足以滑成③，不可内于灵台④。灵台者，有持而不知其所持，而不可持者也。

不见其诚己而发⑤，每发而不当；业入而不舍⑥，每更为失。为不善乎显明之中者，人得而诛之；为不善乎幽闲之中者⑦，鬼得而诛之。明乎人，明乎鬼者，然后能独行。

券内者⑧，行乎无名；券外者，志乎期费⑨。行乎无名者，唯庸有光⑩；志乎期费者，唯贾人也⑪，人见其跂⑫，犹之魁然⑬。与物穷者，物入焉；与物且者⑭，其身之不能容，焉能容人！不能容人者无亲，无亲者尽人。兵莫憯于志⑮，莫邪为下⑯；寇莫大于阴阳⑰，无所逃于天地之间。非阴阳贼之⑱，心则使之也。

【注释】

① 备：具备。物：指形成耳目之物。将：养。备物以将形，即指"全汝形"。② 虞：臆度，思虑。③ 滑（gǔ）：乱。④ 内（nà）：通"纳"，纳入。灵台：指心，与《德充符》中说的"灵府"意相同，而角度不同，灵府指聚众理之心，灵台指高临万物之上的心。⑤ 诚己：诚于己，内心至诚。发：发作，表现。⑥ 业：指习已成性。舍：舍弃，制止。⑦ 幽闲：隐避的地方。闲，同"暗"。⑧ 券：同"契"，契合。⑨ 期：求，要。费：显用。⑩ 唯：但，必然。庸：常。⑪ 贾（gǔ）人：商人。⑫ 跂：跂足。⑬ 魁：高大。⑭ 与物且：与外物格格不入。且，借为"阻"。⑮ 憯（cǎn）：同"惨"，毒。⑯ 莫邪：吴国的名剑。⑰ 寇：敌寇。⑱ 贼：害，伤害。

与外物相阻隔的人及与外面相通的人。

【译文】

具备造化的事物而顺应成形，深敛外在情感而修养心神，谨慎地持守内心以通达外在事物，像这样做而各种灾祸仍然纷至沓来，那就是上天安排的结果，而不是人为所造成，因而不足以扰乱成性，也不可以纳入灵台。灵台，就是有所持守却不知道持守什么，并且无法刻意持守的地方。

不能表现真诚的自我而任情感外发，每次外发却总是不合适宜；习以成性之后而不舍弃，就每每错上加错。在光天化日下做了坏事，人人都会谴责和惩罚他；在昏暗处暗地里做下坏事，鬼神也会谴责和惩罚他。对人能光明清白，对鬼神也能光明清白，这样就能独行于世。

契合内心，行事就不显于名声；契合外物，心思则会求取显用。行事不显名声的人，即使平庸也有光辉；心思在于求取显用的人，只不过是商人而已，人人都能看清他们在跂脚追求外在的东西，还自以为很高大。与外物顺应相通的人，外物必将归附于他；跟外物相互阻隔的人，他们连自身都不能相容，又怎么能容纳他人！不能容人的人无法与人亲近，无法与人亲近的人也就为人们所弃。没有比人心更厉害的武器了，即使是名剑莫邪也只能算是下等兵器；没有敌寇比阴阳造化更为巨大，所以任何人都无法逃出天地之间。其实并非阴阳造化伤害人们，而是人们心神自扰不能顺应阴阳造化而使自身受到伤害。

⊙品庄悟道⊙

与物且者，其身之不能容，焉能容人

和外在世界格格不入的人，连自己的容身之所都找不到，又怎么能容纳他人呢？在庄子看来，人应如道一般，拥有包容万物的博大心胸，学会顺天应命。世界不完美，但只有接受它不完美的那面，才有可能享受它美丽的那面。更何况，很多不完美，实出自人的主观。譬如，追求外在功业的人，习惯是否有用、有多大用，作为判断事物好坏的标准。但有用与无用本就是相对的概念，此时无用的，也许彼时便有用；在此人这里无用的，也许到那人手上便成了有用。

包容，是庄子哲学的一个重要方面。于大来说，它表现在对不同价值观的承认和尊重上，不将自己的观念强加于人。于小来说，它表现在对生活中不如己意的人、事的接受上，知道个体有差异，不会强行将差异抹平；知道事事皆有因，不会强行求成。

人的心有多大的容量，人的境界便有多高。人的敌人，或者说阻碍人发展的力量，往往不是来自于外在世界，而是来自于人的内心。

【分节导读】

此节主要阐述了宇宙自然的"天门"。"天门"即是自然之门，"有"与"无"皆由天门所衍生，"天门"是万物生灭变化的根源。"出无本，入无窍"，生而无根底，灭而无所藏，宇宙自然间的万物都是循环不息，相互转换的。有形无形都是相对的，因此能用有形的身体参透无形的大道，不拘泥于生死有无，就达到了圣人的境界。

【原文】

道通①，其分也成也②，其成也毁也③。所恶乎分者④，其分也以备⑤；所以恶乎备者⑥，其有以备。故出而不反⑦，见其鬼；出而得⑧，是谓得死。灭而有实⑨，鬼之一也。以有形者象无形者而定矣⑩。

出无本⑪，入无窍⑫。有实而无乎处，有长而无乎本剽⑬，有所出而无窍者有实⑭。有实而无乎处者，宇也⑮。有长而无本剽者，宙也⑯。有乎生，有乎死，有乎出，有乎入。入出而无见其形⑰，是谓天门⑱。天门者，无有也，万物出乎无有，有不能以有为有⑲，必出乎无有，而无有一无有⑳。圣人藏乎是㉑。

把有形的东西看作无形内心就会安宁。

圣人藏在"无有"的境界中。

【注释】

①道通：道通为一，即道。②成：形成。分而后形成。③毁：毁掉，毁灭。④恶（wù）乎：厌恶于何处，即因何厌恶。⑤备：全。⑥恶：讨厌，憎恨。⑦出而不反：出而不知返。学道的大忌是精神外驰而不返。⑧出而得：出而自以为有所得。⑨有实：形骸的实体。⑩有形：指人、物。象：效法。无形：指道。定：即前文"宇泰定"的定。⑪出无本：无本犹无始。⑫无窍：指无终。窍，通"徼"，边际。⑬剽：同"标"，末、终。⑭有实：充实。⑮宇：上下四方，指空间。⑯宙：古往今来，指时间。⑰见：现。⑱天门：与天光、天钧等相对应，指自然出入之门。⑲为：形成，产生。⑳一：统一。㉑藏乎是：藏心于道，藏心于无。

【译文】

大道通达于万物。万物有分才有成，有成才有毁。厌恶分离的原因，就在于对分离求取完备；厌恶完备的原因，又在于对完备进一步求取完备。所以心神离散外逐欲情而不能返归，就会徒具形骸而显于鬼形；心神离散外逐欲情而能有所得，这就叫做接近死亡。迷灭本性而徒有外形，也就跟鬼一样。把有形的东西看做是无形，那么内心就会得到安宁。

　　道的产生没有开始，消失没有踪迹。具有实在的形体却看不见确切的处所，有成长却见不到成长的始末，有所产生却没有孔隙却又实际存在着。具有实在的形体而看不见确切的处所，是因为处在上下四方没有边际的空间中。有成长却见不到成长的始末，是因为处在古往今来没有极限的时间里。存在着生，存在着死，存在着出，存在着入，入与出都没有具体的形迹，这就叫做自然之门。所谓自然之门，就是不存在一个确切的门，万事万物都出自这一自然之门。"有"不可能用"有"来产生"有"，必定要出自"无有"，而"无有"就是一切都没有。圣人就藏身于这样的境界中。

【分节导读】

　　此节着重写古人与现代人对"至"所认知的界限。由古之人的智识有限，说到现代人的是非不定。庄子认为无论是古之人还是今之人，都不能深刻的领悟何为"至"。古之人认为万物未形成之时便是极限，而今之人则是将生看做根本，将才智当做标准，以这样的观点驾驭是非，与虫鸟的见识无异。

【原文】

　　古之人，其知有所至矣。恶乎至[①]？有以为未始有物者，至矣，尽矣，弗可以加矣。其次以为有物矣[②]，将以生为丧也[③]，以死为反也[④]，是以分已[⑤]。其次曰始无有，既而有生，生俄而死[⑥]；以无有为首，以生为体，以死为尻[⑦]；孰知有无死生之一守者[⑧]，吾与之为友。是三者虽异[⑨]，公族也；昭景也[⑩]，著戴也，甲氏也[⑪]，著封也，非一也[⑫]。

古时的人知道宇宙初始没有物。

　　有生，黬也[⑬]，披然[⑭]，曰移是[⑮]。尝言移是[⑯]，非所言也[⑰]。虽然，不可知者也[⑱]。腊者之有腺胲[⑲]，可散而不可散也。观室者周于寝庙[⑳]，又适其偃焉，为是举移是[㉑]。

　　请尝言移是。是以生为本[㉒]，以知为师。因以乘是非[㉓]，果有名实[㉔]；因以己为质[㉕]，使人以为己节[㉖]，因以死偿节[㉗]。若然者，以用为知[㉘]，以不用为愚，以彻为名[㉙]，以穷为辱，移是，今之人也[㉚]，是蜩与学鸠同于同也[㉛]。

【注释】

①恶乎至：指"何为最高境界"。②以上数句参见《齐物论》。③丧：丧失。④反：通"返"。⑤以：通"已"，已经。已：犹"矣"。⑥俄：时间很短，突然间。⑦尻（kāo）：屁股。⑧守：持。⑨三者：指以为未始有物、以为有物、始无有。⑩昭景：昭氏、景氏，皆为楚国王族的姓氏。⑪甲氏：楚国的姓氏。⑫非一：不一致，有区别。⑬黬（àn）：黑疵。⑭披然：分散的样子。黑疵有蔓延的性质，所以称披然。⑮移是：移此而达彼，指是非之不齐而齐，是非不定。⑯尝言：试言⑰非所言：言之所不能及⑱不可知者也：不能为常人所理解。⑲腊：腊祭。腺（pí）：牛肚。胲（gāi）：牛蹄 一说牛颊肉。⑳观室者：观居室的形状。周于寝庙：室有东西厢为庙，无东西厢为寝，都是人的住处。㉑举：皆，一说举例。㉒以生为本：指生死方面的事情。㉓乘：驾驭。㉔果：果真。名实：指名实相符。㉕质：质正，衡量。㉖节：符合，符节。㉗偿：犹"殉"。㉘知：通"智"。㉙彻：犹"通"。名：名声。㉚今之人：与古之人对应，指现在的人。㉛蜩与学鸠：见《逍遥游》注。同于同：同于所同，指个人之见与蜩鸠相同，知同之为同，不知集异则为大同。

【译文】

古时候的人，他们的才智达到很高的境界。什么样的境界呢？有认为宇宙初始是不曾有物的，这种观点是最高明的，最完美的了，不可以再添加什么了。低一等的认为宇宙初始已经存在事物，他们把产生看做是另一种事物的丧失，他们把消失看做是返归自然，而这样的观点已经对事物有了区分。再次一等认为宇宙初始确实不曾有过什么，不久就产出了生物，有生命的东西又很快地死去；他们把虚空看做是头，把生命看做是躯体，把死亡看做是尾脊。谁能明白有、无、死、生原本就是一体，我就与他交结为朋友。以上三种认识虽然各有不同，但却属于一个类别，犹如楚国王族中昭、景二姓以世代为官而著显，甲姓以世代封赏而著显，只不过是姓氏不同罢了。

世上存在的生命，乃是从昏暗中产生出来，生命一旦产生彼与此、是与非就在不停地转移而不易分辨。让我来谈谈转移和分辨，其实这本不足以谈论。即便如此，谈论它也是不可以明了的。譬如说，年终时大祭备有牛牲的内脏和四肢，可以分别陈列却又不可以离散整体牛牲。又譬如说，游观王室的人看了住人的寝室，还要去厕所看一看。像这些例子全都可以说明彼与此、是与非在不停地转移。

请让我再谈谈是非的转移和不定。这全是因为把生存看做根本，把才智看做老师。于是以这样的观点来驾驭是与非，便真分辨出次要、主要的区别；于是把自我看做是主体，并且让人把这一点当做神圣的节操，于是又用死来殉偿这一节操。像这样的人，以举用为才智，以晦迹为愚昧，以通达为荣耀，以困厄为羞耻。是非、彼此的不定，是现今人们的认识，这就跟蜩与学鸠共同讥笑大鹏那样，其实是同样的无知。

【分节导读】

此节以踩人之足为例，阐述了道家学说中的"至礼无礼"，即最好的礼仪是不分彼此、视人如己。

【原文】

蹍市人之足[①]，则辞以放骜[②]，兄则以妪[③]，大亲则已矣[④]。故曰，至礼有不人[⑤]，至义不物[⑥]，至知不谋[⑦]，至仁无亲[⑧]，至信辟金[⑨]。

踩了集市上人的脚要道歉。

【注释】

①蹍（zhǎn）：踩，踹，踏。市人：集市上不相识的人。②辞：辞谢。放骜：放肆，失礼。骜，通"敖"。③妪（yù）：出声的问慰。④大亲：父母。⑤至礼有不人：不区分亲疏，视人如己。⑥至义不物：最大的义是不区别物我。⑦知：智。不谋：无须谋虑。⑧无亲：无须亲近。⑨辟：摒弃。金：指贵重的东西。

【译文】

踩了集市上行人的脚，就要道歉说对不起，兄长踩了弟弟的脚就要怜惜安慰，父母踩了子女的脚就算了。因此说，最好的礼仪就是不分彼此视人如己，最好的道义就是不分物我各得其宜，最高的智慧就是无须谋虑顺其自然，最大的仁爱就是对任何人也不表示亲近，最大的诚信就是无须用贵重的东西作为凭证。

【分节导读】

此节列举了扰乱意志、束缚心灵、负累德行、阻碍大道的二十四种因素。庄子认为只有这些因素都不震荡于胸中，才能做到恬适顺应无所作为而又无所不为。修道即是一种摒除这些因素的过程，庄子全面而细致地总结出这些因素，也预示着修道之人难免会遇到这些阻碍，而克服了这些阻碍才能成为得道至人。

【原文】

彻志之勃①，解心之谬②，去德之累③，达道之塞④。贵富显严名利六者⑤，勃志也。容动色理气意六者⑥，谬心也。恶欲喜怒哀乐六者⑦，累德也。去就取与知能六者⑧，塞道也。此四六者⑨，不荡胸中则正，正则静，静则明，明则虚，虚则无为而无不为也。道者，德之钦也⑩；生者，德之光也；性者，生之质也。性之动，谓之为；为之伪，谓之失。知者，接也⑪；知者，谟也⑫；知者之所不知，犹睨也⑬。动以不得已之谓德，动无非我之谓治⑭，名相反而实相顺也。

【注释】

①勃：一作"悖"，乱。②谬：一作"缪"，"悖"与"谬"对文。③累：累赘。④塞：不通，堵塞。⑤显：荣显。严：尊严。⑥容：容貌。理：辞理。气：气息。⑦恶欲：好恶。⑧去：舍弃。就：趋从。取：取来。⑨四六者：指勃志、谬心、累德、塞道四个方面中的六者。⑩钦：尊。⑪接：应接，感性认识。⑫谟：理性认识。⑬睨：寻找规律。⑭治：不乱，顺心。

【译文】

排除意志的干扰，解脱心灵的束缚，遗弃道德的牵累，打通大道的阻碍。高贵、富有、尊显、威严、

打通阻碍大道的事物。

声名、利禄六种情况，全是扰乱意志的因素。容貌、举止、美色、辞理、气调、情意六种情况，全是束缚心灵的因素。憎恶、欲念、欣喜、愤怒、悲哀、欢乐六种情况，全是牵累道德的因素。离去、靠拢、贪取、施与、智虑、技能六种情况，全是堵塞大道的因素。这四个方面各六种情况不在胸中震荡，内心就会平正，内心平正就会宁静，宁静就会明澈，明澈就会虚空，虚空就能顺其自然，无所作为而又无所不为。大道，是自然之主；生命，是盛德的光华；禀性，是生命的根本。合乎本性的行动，称之为率真的作为；受伪情驱使而行动，称之为失却本性。知识，出自与外物的应接；智慧，出自内心的谋划；具有智慧的人也会有不了解的知识，就像斜着眼睛看，所见必定有限。有所举动却出于不得已叫做德，有所举动却不是为了自我叫做治，追求名声必定适得其反，而讲求实际就会事事顺应。

【分节导读】

此节以后羿技艺精湛却不善于应对别人的称赞为例，说明处理人世比顺应自然更为困难，从而提出另一个"全人"的概念，全人是既善于契合于自然又能应和人为的完美之人。

【原文】

羿工乎中微而拙乎使人无己誉[1]。圣人工乎天而拙乎人。夫工乎天而俍乎人者[2]，唯全人能之。唯虫能虫[3]，唯虫能天[4]。全人恶天[5]，恶人之天[6]，而况吾天乎人乎[7]！

一雀适羿[8]，羿必得之，威也；以天下为之笼，则雀无所逃。是故汤以胞人笼伊尹[9]，秦穆公以五羊之皮笼百里奚[10]。是故非以其所好笼之而可得者，无有也。

介者拸画[11]，外非誉也；胥靡登高而不惧[12]，遗死生也。夫复习不

后羿善射，却不善应对赞誉。

馈而忘人[13]；忘人，因以为天人矣。故敬之而不喜，侮之而不怒者，唯同乎天和者为然[14]。出怒不怒[15]，则怒出于不怒矣；出为无为，则为出于无为矣。欲静者平气[16]，欲神则顺心。有为也欲当[17]，则缘于不得已[18]。不得已之类，圣人之道。

【注释】

①羿：古代善射的人。工：善，能。中微：射中微小的目标。拙：笨拙，不善于。无己誉：不赞誉自己。②俍（liáng）：同"良"，善。③唯：犹"虽"，虽然。④唯：解同前。⑤恶：厌恶。⑥人之天：人为形成的状态。⑦天乎人乎：天人对立。⑧适：通过，经过。⑨胞：通"庖"，厨师。笼：笼络。⑩五羊之皮：五张羊皮。百里奚：春秋时秦国的大夫。他从秦逃到苑，为楚国拘留，秦穆公用五张羊皮将他赎回，任其为相，因称五羖大夫。⑪介者：断脚的人。拸（chǐ）：离弃。画：规则，规矩礼法。拸画，不拘法度。⑫胥靡：囚徒，犯人。⑬复习：熟习。习（xí），同"习"。馈：同"愧"。⑭同乎天和：同于天德。⑮出：超出。⑯欲：要，打算。⑰当：允当，合乎天道。⑱缘：因顺。不得已：无心应事。

【译文】

羿精于射中微细之物而拙于不让人们赞誉自己。圣人精于顺应自然而拙于人事。精于顺应自然

后羿射中小雀，名誉之箭也射中他。

而又善于周旋人事，只有"全人"能够这样。只有虫豸能够像虫豸一样地生活，只有虫豸能够秉承于自然。"全人"厌恶自然，是厌恶人为的自然，更何况用自我的尺度将自然与人事对立起来呢！

一只小雀迎着羿飞来，羿一定会射中它，这是羿的威力；把整个天下当做雀笼，那么鸟雀没有一只能够逃脱。因此商汤用庖厨来笼络伊尹，秦穆公用五张羊皮来笼络百里奚。所以说，不用其所好来笼络人心而可以成功的，从不曾有过。

砍断了脚的人不图修饰，因为已把毁誉置之度外；服役的囚徒登上高处不存恐惧，因为已经忘掉了生死。对于谦卑的言语不愿作出回报而忘掉了他人，能够忘掉他人的人，就可称做合于自然之理又忘却人道之情的"天人"。所以，敬重他却不感到欣喜，侮辱他却不会愤怒的人，只有混同于自然顺和之气的人才能够这样。发出了怒气但不是有心发怒，那么怒气也就出于不怒；有所作为但不是有心作为，那么作为也就出于无心作为。想要宁静就得平和气息，想要振奋精神就要顺应心志，即使有所作为也须处置适宜，事事顺应不由自主。事事不由自主的做法，就是圣人之道。

⊙品庄悟道⊙

后羿射箭

后羿射箭，百发百中，却很难不让别人称赞自己。他射中了麻雀，名誉之箭也射中了他。不善射的人，射一百支箭而无一支箭命中，也不会让人觉得奇怪，而拥有"善射"之名的后羿，只要射偏一支箭，就会引起他人的议论。名声，总不免成为人的负累。

体悟自然之道，可以让人技艺精进，庄子描写过不少通过悟道在技艺世界中自由遨游的人，譬如庖丁、制钩者、捕蝉者……但他们却未必能够在人类社会里逍遥自由。后羿也是一样，传说中的后羿是尧时代的英雄，为万人敬仰，可最后他却为人所害，死于非命。

人类社会比自然社会要复杂得多，所以庄子会将善于顺应自然的人称为"圣人"，既善于顺应自然又善于周旋人事的称为"全人"。全人的境界比圣人要高。这就说明，人在社会上生存，除了要有安身立命的一技之长外，还要通晓人心，学习为人处世之道。处世之道不仅能帮助人实现幸福，还能帮助人更好地发挥才华。

◎徐无鬼◎

【题解】

　　本篇由十余个各不相关的故事组成，并夹带少量的议论。全篇内容很杂，中心不明朗，故事之间也缺乏关联，但多数是倡导无为思想的，语言上保持了一贯的犀利潇洒。

　　作者通过各个故事，讥讽诗、书、礼、乐的无用，指出当世国君的作法实质上是在害民，只有"应天地之情"，才真正是"社稷之福"；指摘为政者的迷乱，批评了事事"皆囿于物"的人；认为天下并没有共同认可的是非标准；阐述无为而治的主张；告诫人们不应有所自恃，哀叹世人的迷误；强调不用言语、返归无为的功效，指斥仁义是贪婪者的工具；批判了三种不同的错误心态，并最终阐明了顺任自适的思想。

【分节导读】

　　此节借徐无鬼之口批评了为满足个人私欲而苦一国之民的统治者。"君虽为仁义，几且伪哉"，道家之所以反对仁义治国，很大程度是因为不少君主借义之名发动战争，大兴杀伐，做尽伤民害民之事。在庄子看来，为满足私欲搅扰自然人世是一种病，人君应修养自身心神，以应天地之情，如大道养化万物一般，施行无为之治。

【原文】

　　徐无鬼因女商见魏武侯①，武侯劳之曰②："先生病矣③！苦于山林之劳④，故乃肯见于寡人⑤。"

　　徐无鬼曰："我则劳于君⑥，君有何劳于我！君将盈耆欲⑦，长好恶⑧，则性命之情病矣⑨；君将黜耆欲⑩，掔好恶⑪，则耳目病矣⑫。我将劳君，君有何劳于我⑬！"武侯超然不对⑭。

　　少焉，徐无鬼曰："尝语君⑮，吾相狗也⑯。下之质⑰，执饱而止⑱，

徐无鬼对魏武侯说：最好的马有天生的材质。

是狸德也⑲；中之质，若视日⑳；上之质，若亡其一㉑。吾相狗，又不若吾相马也。吾相马，直者中绳㉒，曲者中钩㉓，方者中矩㉔，圆者中规㉕，是国马也㉖，而未若天下马也㉗。天下马有成材㉘，若恤若失㉙，若丧其一㉚。若是者㉛，超轶绝尘㉜，不知其所㉝。"武侯大说而笑㉞。

　　徐无鬼出，女商曰："先生独何以说吾君乎㉟？吾所以说吾君者，横说之则以《诗》《书》《礼》《乐》，从说之则以《金板》《六韬》㊱。奉事而大有功者不可为数㊲，而吾君未尝启齿㊳。今先生何

以说吾君，使吾君说若此乎^㊈？"

徐无鬼曰："吾直告之吾相狗马耳。"

女商曰："若是乎？"

曰："子不闻夫越之流人乎^㊵？去国数日^㊶，见其所知而喜^㊷；去国旬月^㊸，见所尝见于国中者喜；及期年也^㊹，见似人者而喜矣^㊺；不亦去人滋久^㊻，思人滋深乎^㊼？夫逃虚空者^㊽，藜藋柱乎鼪鼬之径^㊾，踉位其空^㊿，闻人足音跫然而喜矣^㊿，又况乎昆弟亲戚之謦欬其侧者乎^㊿！久矣夫，莫以真人之言謦欬吾君之侧乎！"

离乡一年，见到同乡欣喜若狂。

【注释】

①徐无鬼：人名，姓徐名无鬼，缗山人，战国时魏国的隐士。因：通过。女（rǔ）商：魏国大臣，姓女名商，春秋时期晋大夫女叔齐之后。魏武侯：名击，魏文侯的儿子。②劳：慰劳。下文"劳于君""劳于我"之劳，与此同义。③病：同"惫"。④劳：劳苦。⑤寡人：古代国君的自称。⑥君：指国君，魏武侯。⑦盈：满足。嗜欲：爱好和欲望。嗜，同"嗜"。⑧长（zhǎng）：增长，增加。好恶：爱憎。⑨性命之情：性命的实质。病：伤害，损害。⑩黜（chù）：减损，废弃。⑪掔（qiān）：通"牵"，引申为除去。⑫病：困苦。⑬有何：有什么。⑭超然：若有所失的样子。超，通"怊"。⑮尝：尝试。语君：告诉君主。⑯相（xiàng）：观察相貌。⑰质：材，材质，质地。⑱执饱而止：捕兽得饱即止。执，捕。⑲狸：山猫。德：德性。⑳视日：看得高，望得远。㉑亡一：指亡失。一：指身体。㉒直者中（zhòng）绳：直的合于绳墨。中，符合。㉓曲者中钩：曲的如钩那样弯曲。㉔方者中矩：方的部分合于角尺。㉕圆者中规：圆的部分合于圆规。㉖国马：全国之冠的好马。㉗天下马：天下之冠的好马。㉘成材：天生的材质。㉙若恤：若有忧思的意思。恤，忧。㉚若丧其一：情性静寂专一。㉛是：这。㉜超轶（yì）：超越。绝尘：不知其所止。㉝不知其所：不知去向。㉞说（yuè）：通"悦"。㉟何以：以什么。㊱从：通"纵"。《金板》《六韬》：兵书名称，一说为太公兵法。㊲数（shǔ）：计算。㊳启齿：开口微笑。㊴说：通"悦"。㊵流人：流放的人。㊶去国：离开本国。去，离。㊷知：见过面的人。㊸旬：一旬十日。㊹期（jī）年：周年。㊺似人：似自己国家的人。㊻滋：益，越。㊼思人：思念故人。㊽逃虚空者：逃到无人之地的人。㊾藜藋（lí diào）：杂草。柱：塞。鼪鼬（shēng yòu）：黄鼠狼。径：往来。㊿踉：踉跄。空：空地。㊿足音：走路的声音。跫（qióng）然：脚步声。㊿謦欬（qǐng kài）：指音容笑貌。

【译文】

徐无鬼由女商引荐去见魏武侯，武侯慰问他说："先生一定是疲惫了！隐居山林劳累困苦，所以才肯前来见我。"

徐无鬼说："我是来慰问你的，你有什么可慰问我的呢！你要是满足嗜好和欲望，增加喜好和憎恶，那么性命的实质就会受到损害；你要是废弃嗜好和欲望，去除喜好和憎恶，那么耳目的享受就会遭受困厄。我正打算来慰问你，你有什么可慰问我的呢！"武侯听了怅然若失，不能应答。

过了一会儿，徐无鬼说："我来告诉你我的相狗之术。下等品类的狗只求填饱肚子，这是跟野猫一样的德性；中等品类的狗总是凝视上方，意气高远；上等品类的狗总是像忘掉了自身的存在。我的相狗之术，又不如我的相马之术。我观察马的体态，直的部分要合于墨线，弯的部分要合于钩弧，方的部分要合于角尺，圆的部分要合于圆规。这样的马就是国马，不过还比不上天下最好的马。天下最好的马具有天生的材质，或缓步似有忧虑，或奔逸神采奕奕，总是像忘记了自身的存在，这样的马能够超越马群，疾如狂风，奔逸绝尘，不知所终。"魏武侯听了高兴地笑了。

徐无鬼用相马、相狗之术取悦魏武侯。

　　徐无鬼走出宫廷，女商说："先生究竟是用什么办法使国君这样高兴呢？我用来使国君高兴的办法是，横说用《诗》《书》《礼》《乐》，纵说用《金板》《六韬》等兵书兵法。侍奉国君而大有功绩的不可计数，而国君从不曾开口笑过。现在先生究竟用什么办法来取悦国君，使国君如此高兴呢？"

　　徐无鬼说："我只是告诉他我的相狗、相马之术罢了。"

　　女商说："就是这样吗？"

　　徐无鬼说："你没有听说过越地流亡之人的故事吗？离开都城几天，见到故交旧友便十分高兴；离开都城十天整月，见到在国都中曾经见过的人便大喜过望；等到过了一年，见到好像是同乡的人便欣喜若狂；不就是离开故人越久，思念故人的感情越深吗？流落空旷原野的人，在野草丛生、黄鼠狼出没的小路上，踉踉跄跄停处于空野，听到人的脚步声就高兴起来，更何况是兄弟亲戚在身旁说笑呢？很久了，没有人用真诚纯朴的话语在国君身旁谈笑了啊！"

⊙品庄悟道⊙

徐无鬼拜见魏武侯

　　徐无鬼才看到魏武侯时，就看出他"病"得不轻："君将盈耆欲，长好恶，则性命之情病矣；君将黜耆欲，掔好恶，则耳目病矣。"由此看来，魏武侯的病可谓是内外交困的。而徐无鬼一语点破了魏文侯的病根，还为其开了处方，这个处方就是"忘我"，也就是让魏武侯摒除杂念，返璞归真，这正体现了无为而无不为的至高、至乐境界。

　　而从徐无鬼与魏武侯的对话中，也可以体现庄子的"生命观"。先从徐无鬼的名字说起，"无鬼"是指肯定生命而否定鬼的存在，肯定了生命本身的真实性与根本价值。

　　生命以心性为中心，道家所说的幸福是实现心性自由，而世俗所说的幸福则是强调享乐；道家一直反对纵欲纵情，世俗则不甘于憔悴枯寂，这正是两种人生观的区别所在。庄子借与魏文侯的对话，警醒世人一个道理：清静无为的生活，才是最完美的。

　　在当今社会里，物欲横流，很多人迷失生命的心性，以贪图享乐为生命的根本追求，这是扭曲本性的生活方式。我们应学习庄子那份旷达与淡泊，那样才能返璞归真，享受生活。

【分节导读】

此节以徐无鬼与魏武侯对话，批评武侯为满足个人私欲而苦一国之民，强调了生命应以心神为中心。心神是好平和而恶自私的，凡事都不应以私人利益为出发点，强调无为而为，无为治国。同时批判了当时君主以仁义为名，发动战争，杀他国之士民，兼他国之土地，行名为爱民实为害民之事，并非真仁义的表现。只有修养好自己的心神，万事顺其自然，才是爱民惠民的好君主。

【原文】

徐无鬼见武侯，武侯曰："先生居山林，食芧栗①，厌葱韭②，以宾寡人③，久矣。夫今老邪④？其欲干酒肉之味邪⑤？其寡人亦有社稷之福邪⑥？"

徐无鬼曰："无鬼生于贫贱，未尝敢饮食君之酒肉，将来劳君也⑦。"

徐无鬼说：您用人民劳苦满足眼耳口鼻的私欲。

君曰："何哉，奚劳寡人？"

曰："劳君之神与形。"

武侯曰："何谓邪？"

徐无鬼曰："天地之养也一⑧，登高不可以为长⑨，居下不可以为短⑩。君独为万乘之主，以苦一国之民，以养耳目鼻口，夫神者不自许也⑪。夫神者，好和而恶奸⑫。夫奸，病也，故劳之⑬。唯君所病之⑭，何也？"

武侯曰："欲见先生久矣。吾欲爱民而为义偃兵⑮，其可乎？"

徐无鬼曰："不可。爱民，害民之始也⑯；为义偃兵，造兵之本也。君自此为之，则殆不成⑰。凡成美⑱，恶器也，

屠杀士卒百姓满足私欲，无胜利可言。

君虽为仁义，几且伪哉⑲！形固造形⑳，成固有伐㉑，变固外战㉒。君亦必无盛鹤列于丽谯之间㉓，无徒骥于锱坛之宫㉔，无藏逆于得㉕，无以巧胜人，无以谋胜人，无以战胜人。夫杀人之士民，兼人之土地，以养吾私与吾神者㉖，其战不知孰善？胜之恶乎在？君若勿已矣，修胸中之诚，以应天地之情而勿撄㉗。夫民死已脱矣㉘，君将恶乎用夫偃兵哉！"

【注释】

①芧（xù）栗：小栗。《齐物论》有"狙公赋芧"。《山木》芧作"杼"。②厌：通"餍"，饱食。③宾寡人：摈弃我，不做官。宾，通"摈"，弃。④夫今老邪：犹"其今老邪"。⑤干：求。⑥社稷之福：这句话是说如果徐无鬼能出来做官，参与国政，一定对国家有利，是国家的福分。⑦将来劳君：要来慰劳君主。⑧天地之养也一：天地养育万物是一视同仁的。⑨登高：指住在上。⑩居下：指住在下。⑪不自许：不自得。⑫和：平和，指和于德。奸：乱，指与道相悖。⑬劳：劳其形。⑭所：所以。病之：病在这里。⑮偃兵：放下兵器，停止战争。⑯害民之始：指将古代战争说成是爱民，实际就成了害民的开始。⑰殆：危险。⑱成美：指建立爱民为义的好名声。⑲几且：近乎。伪：虚伪不实。⑳形固造形：前"形"指仁义的形迹，后"形"指造成作伪的形态。固，必。㉑成固有伐：有成就就会有夸耀。有伐，夸耀。㉒变：变乱。外战：公开战争。㉓丽谯：高楼。㉔徒骥：步、骑兵。锱坛：宫名。㉕无藏：不要私藏。逆：矛盾。得：通"德"。㉖私：私利。㉗攖：扰乱。㉘脱：免除。

【译文】

徐无鬼拜见魏武侯，武侯说："先生居住在山林里，吃的是橡栗，食用的是葱韭之类的菜蔬，以此摒弃于我，已经很久了！现在是年老了吗？是为了寻求酒肉之类的美味呢？还是有什么治国的良策要造福于国家吗？"

徐无鬼说："我出身贫贱，不敢奢望能够获得国君的高官厚禄，只是打算来慰问您。"

武侯说："为什么呢？怎样来慰问我呢？"

徐无鬼向魏武侯说治国之道。

徐无鬼说："慰问您的精神和形体。"

武侯说："你说的是什么意思？"

徐无鬼说："天地对于人们的养育之功是同样的，身居高位不可以自认为高人一等，身处低下的地位不可以自认为矮人三分。您作为大国的国君，使全国的百姓劳累困苦，以人民的劳苦来满足眼耳口鼻的私欲，弄得自己的心神不得安宁。人的心神喜欢与外物和顺而厌恶为自己求取私利。为个人求取私利，这是一种严重的病，所以我特地前来慰问。只有国君您患有这种病症，为什么呢？"

武侯说："我希望见到先生已经很久了。我想爱护人民并为了道义而停止战争，这样就可以了吧？"

徐无鬼说："不可以。所谓爱护人民，正是残害人民的开始；为了道义而停止战争，正是制造战争的祸根；您如果从这些方面来着手治理，恐怕不会取得任何成效。大凡成就了美好的名声，也就有了作恶的工具；您虽然是在推行仁义，却更接近于虚伪和作假啊！有了仁义和形迹必定会出现作伪的形态，有了成功必定会自我夸耀，有了变故也必定会再次挑起战争。您千万不要将庞大的军队像鹤群一样排列在高楼之前，不要陈列步卒骑士于锱坛的宫殿之内，不要包藏贪求之心，不要用智巧去战胜别人，不要用阴谋去战败别人，不要用战争去征服别人。屠杀他人的士卒和百姓，兼并他人的土地，用来满足自己的私欲，这样的战争有什么好处？胜利又存在哪里？您不如停止争战，修养心中的诚意，顺应自然的真性而不去搅扰其规律。这样百姓就得以摆脱死亡的威胁，您哪里还用得着什么平息战争呢！"

◎品庄悟道◎

君虽为仁义，几且伪哉

对生死鬼神，孔子的看法是"未能事人，焉能事鬼？未知生，焉知死？"既没有肯定鬼的存在，也没有否定。墨家则主张明鬼，肯定了鬼神的存在。道家则关注生命本身的价值，认为无鬼，这正是"徐无鬼"名字的由来。

道家将生命的重点放在"心"，即人的精神上，崇尚真挚自然的情感。但仁义却不是人天性使然，用仁义要求自己，就像为植物修剪造型，必要去掉有碍美观的枝桠，即使这些枝桠出自天生。为君者若流露出喜好仁义的意思，必然会有人假装仁义投其所好，甚至借仁义之名行不仁不义之事。做一个真正仁义的人十分不易，仁义若立，更多的人只会把它当成实现目的的工具，不管这目的本身是正义，还是非正义。

徐无鬼看穿了魏武侯的心性，因此，当魏武侯说"吾欲爱民而为义偃兵"时，徐无鬼毫不客气地指出"君虽为仁义，几且伪哉"。百姓已经厌倦战争，若不是统治者的"战"的命令在，百姓不会打仗，根本无需魏武侯以仁义之名止战。而魏武侯可以以仁义止战，也会再以仁义之名兴兵。

【分节导读】

此节讲黄帝去具茨山见大隗的路上迷路，遇一牧童向其问道治天下的故事。作者以牧童自比，向黄帝讲述治天下的道理：无为而治。庄子认为牧人与牧马无异，放任其自由发展，不束缚不限定，尊重其本性，那么无需治国国自然长治久安。以黄帝与七贤途中迷路，暗喻了黄帝在治国之术上已经处于束手无策的地步，突出老子"无事""无为"的思想，"无事"即不生事，无扰民。

【原文】

黄帝将见大隗乎具茨之山[1]，方明为御[2]，昌寓骖乘[3]，张若、诣朋前马[4]，昆阍、滑稽后车[5]；至于襄城之野[6]，七圣皆迷[7]，无所问涂[8]。

适遇牧马童子[9]，问涂焉，曰："若知具茨之山乎[10]？"曰："然。"

"若知大隗之所存乎？"曰："然。"

黄帝曰："异哉小童！非徒知具茨之山[11]，又知大隗之所存。请问为天下。"

小童曰："夫为天下者，亦若此而已矣，又奚事焉！予少而自游于六合之内[12]，予适有瞀病[13]，有长者教予曰：

黄帝迷路，遇到一个牧马童子。

'若乘日之车而游于襄城之野。'今予病少痊[14]，予又且复游于六合之外。夫为天下亦若此而已。予又奚事焉！"

黄帝曰："夫为天下者，则诚非吾子之事[15]。虽然，请问为天下。"小童辞[16]。

黄帝又问。小童曰："夫为天下者，亦奚以异乎牧马者哉！亦去其害马者而已矣！"黄帝再拜稽首[17]，称天师而退[18]。

【注释】

①大隗（dà wěi）：指喻大道，一说神名或人名。具茨：山名。又名大隗山，在今河南密县东。②方明：虚设人名，指明白的人。御：驾车，赶车。③昌寓：虚设人名，指盛美的人。骏乘：坐在车后面的陪乘者。④张若：虚设人名，指张大的人。讪朋：虚设人名，指知识广博的人。⑤昆阍：虚设人名，指守混同的人。滑稽：虚设人名，指言辞雄辩不穷的人。后车：指在车后相从。⑥襄城：今河南襄城县。野：远郊为野。⑦七圣：指前述六人加黄帝为七圣。迷：迷途不知返。⑧涂：路。⑨适：时逢，恰巧。⑩若：你。⑪徒：只。⑫六合之内：指人世之间。⑬瞀（mào）：眼花，目眩。⑭痊：病愈。⑮诚：诚然，当然。⑯辞：推辞不答。⑰稽（qǐ）首：叩头点地。⑱天师：天道的老师。退：退回，返还。

【译文】

黄帝到具茨山去拜见大隗，方明赶车，昌寓陪乘，张若、讪朋在马前导引，昆阍、滑稽在车后跟随。来到襄城的原野，七位圣人都迷失了方向，而且没有地方可以问路。

正巧遇上一位牧马的少年，便向牧马少年问路，说："你知道具茨山吗？"少年回答："知道。"

又问："你知道大隗居住在什么地方吗？"少年回答："知道。"

黄帝听完童子的话就回去了。

黄帝说："真是奇怪啊，这位少年！不只是知道具茨山，而且知道大隗居住的地方。请问怎样治理天下。"

少年说："治理天下，也就像牧马一样罢了，又何必多事呢！我小的时候独自在天地之间游玩，碰巧生了头眼眩晕的病，有位长者教导我说：'你还是乘坐太阳车去襄城的旷野里游玩。'如今我的病有了一些好转，我又将到天地之外去游玩。至于治理天下，恐怕也就像牧马一样罢了，我又何必去多事啊！"

黄帝说："治理天下，固然不是你操心的事。即便如此，我还是要向你请教怎样治理天下。"少年听了不予回答。

黄帝又问。少年说："治理天下，跟牧马有什么不同呢！也就是去除害马罢了！"黄帝听了再三叩头拜谢，口称"天师"而返回。

【分节导读】

此节列举了知士、辩士、察士等近二十类士人，批评了身心驰骛，沉溺外物，执着于权势和财物的势物之徒。说明他们执着于外物终会被外物所束缚，在物欲横流中丧失了自己的天然心性，糟蹋了自己也终究为害他人。

【原文】

知士无思虑之变则不乐①，辩士无谈说之序则不乐②，察士无凌谇之事则不乐③，皆囿于物者也④。招世之士兴朝⑤，中民之士荣官⑥，筋力之士矜难⑦，勇敢之士奋患⑧，兵革之士乐战⑨，枯槁之士宿名^⑩，法律之士广治^⑪，礼教之士敬容^⑫，仁义之士贵际^⑬。

农夫无草莱之事则不比^⑭，商贾无市井之事则不比^⑮。庶人有旦暮之业则劝^⑯，百工有器械之巧则壮^⑰。

钱财不积则贪者忧，权势不尤则夸者悲^⑱。势物之徒乐变^⑲，遭时有所用^⑳，不能无为也。此皆顺比于岁^㉑，不易于物者也^㉒。驰其形性^㉓，潜之万物^㉔，终身不反^㉕，悲夫！

兵士、商人、农民和仁义之士。

【注释】

① 知士：有智谋的人。思虑之变：思考问题的灵活多变。② 辩士：善于言谈的人。谈说之序：论说的条理性。③ 察士：善于观察的人。凌谇（suì）：通"零碎"，指斤斤分辨。④ 囿（yòu）：局限，束缚。⑤ 招世：招摇于世，指要在世上留名。兴朝：要立于朝政。⑥ 中民：即治民。荣官：以任官职为荣耀。⑦ 筋力：身强有力。矜（jīn）：自夸，自豪。⑧ 奋患：奋力除患。⑨ 兵革：拿兵器穿战袍。⑩ 枯槁之士：隐士。宿名：守名，保持名声。⑪ 广治：扩大法治。⑫ 敬容：注重仪表。⑬ 贵际：注重交际。⑭ 草莱之事：指除草、耕地等农事。比：和乐。⑮ 市井之事：指买卖。⑯ 旦暮之业：指一日的工作。劝：努力。⑰ 百工：指各种手工业。巧：技巧。壮：气壮，自豪。⑱ 尤：异，出众。夸者：自以为是的人。⑲ 势物：势利。⑳ 遭时：遇到时机。㉑ 顺比：顺附，顺合。岁：时。㉒ 不易于物：囿于外物，不能相易。易，变化。㉓ 形性：指身心。㉔ 潜：沉溺，沉没。㉕ 反：同"返"，指恢复本性。

【译文】

善用智谋的人没有思虑的变换就不快乐，善于言谈的人没有论说的条理就不高兴，善于观察的人没有零碎细小的事物就不高兴，这都是局限于外物的人。

要在世上留名的人立志于朝政，善于治民的人以官职为荣耀，身强有力的人以克服阻难而自豪，勇敢的人奋起除患，拿兵器穿战袍的人乐于作战，隐居的人在意名声，讲求法律的人推广法治，讲究礼教的人注重仪表，崇尚仁义的人注重交际。

农民没有除草耕田等农事就不能安乐，商人没有买卖之事就不能安乐。老百姓有一日要干的事就努力去做，手艺人有器械的技能就声高气壮。

钱财不能积聚，贪心的人就很忧愁；权势不能显赫，自以为是的人就很悲哀。势利之人善变，遇到时机就有所用，不能无所作为。这些都是顺附于时机，不能在变化中主宰外物的人。放纵他们的身心，沉溺于各种外物，终身不能恢复本性，可悲啊！

【分节导读】

此节写庄子与惠子对话，问天下可有公认的是非标准。批评了当时各家的坚持己见，并认为正是各家的自以为是致使天下扰扰攘攘，混乱不堪。作者用齐人求钟和楚人造怨的故事讽喻各家学派遗弃珍贵的事理而执持贱陋的见解，批评他们未求得真理却结下了怨仇。可以看出，庄子于百家争鸣的状况持否定态度。

【原文】

庄子曰："射者非前期而中^①，谓之善射，天下皆羿也^②，可乎？"

惠子曰："可。"

庄子曰："天下非有公是也^③，而各是其所是^④，天下皆尧也，可乎？"

惠子曰："可。"

庄子曰："然则儒、墨、杨、秉四⑤，与夫子为五，果孰是邪⑥？或者若鲁遽者邪⑦？其弟子曰：'我得夫子之道矣，吾能冬爨鼎而夏造冰矣⑧。'鲁遽曰：'是直以阳召阳，以阴召阴，非吾所谓道也。吾示子乎吾道。'于是为之调瑟，废一于堂，废一于室，鼓宫宫动，鼓角角动，音律同矣。夫或改调一弦，于五

惠子擅长与人辩论。

音无当也，鼓之，二十五弦皆动，未始异于声，而音之君已。且若是者邪？"

惠子曰："今夫儒、墨、杨、秉，且方与我以辩，相拂以辞⑨，相镇以声⑩，而未始吾非也⑪，则奚若矣⑫？"

庄子曰："齐人蹢子于宋者⑬，其命阍也不以完⑭，其求钤钟也以束缚⑮，其求唐子也而未始出域⑯，有遗类矣⑰！夫楚人寄而蹢阍者⑱，夜半于无人之时而与舟人斗，未始离于岑而足以造于怨也⑲。"

【注释】

①前期：预定目标。②羿：人名，即后羿，著名的射手。③公是：共同认可的是非标准。④各是其所是：各人肯定自己所认为的是对的。⑤秉：公孙龙的字。⑥孰：谁。⑦鲁遽：人名，周初人。⑧爨（cuàn）：烧。⑨相拂：相互指责 相互反驳。拂，违戾。⑩镇：压。⑪吾非：非吾，非难我。⑫奚若：怎么样，如何。⑬蹢（zhí）：通"摘"，投，放。一说通"谪"，责。子：儿子。宋：宋国。⑭命：命令，任命。阍：看守大门的人。⑮钟：乐器。⑯唐子：失亡之子，丢掉的儿子。域：借为"阈"，门限之内。⑰遗类：遗失伦类，违反一般的道理。⑱寄：寄居。⑲岑（cén）：岸。

【译文】

庄子说："射箭的人不是预先瞄准而误中靶，这样就称他善于射箭，那么全天下都是羿那样善射的人，可以这样说吗？"

惠子说："可以。"

庄子说："天下本没有共同认可的正确标准，却各以自己认定的标准为正确，那么全天下都是唐尧那样圣明的人，可以这样说吗？"

惠子说："可以。"

庄子说："那么儒、墨、杨朱、公孙龙四家，跟先生你一道便是五家，到底谁是正确的呢？或者都像是鲁遽那样吗？鲁遽的弟子说：'我学得了先生的学问，我能够在冬天生火烧饭，在夏天制出冰块。'鲁遽说：'这只不过是用阳气来招引出具有阳气的东西，用阴气来招引出具有阴气的东西，

各家各抒己见，谁正确呢？

不是我所倡导的学问。我把我所主张的道理告诉给你。'于是当众调整好瑟弦，放一张瑟在堂上，放一张瑟在内室，弹奏起这张瑟的宫音而那张瑟的宫音也随之应合，弹奏那张瑟的角音而这张瑟的角音也随之应合，音律相同。如果其中任何一根弦改了调，五个音不能合谐，弹奏起来，二十五根弦都发出震动，在声调上没有差别，只是以音为主而已。你们恐怕就是像鲁遽那样的人吧？"

惠子说："如今儒、墨、杨朱、公孙龙，他们正跟我一同辩论，用言辞相互进行指责，用声望相互压制对方，而这未必是我的错误，那么怎么会与他们相似呢？"

庄子说："齐国有个人把自己的儿子放在宋国，让他像残疾人一样守大门，他获得一只小钟唯恐破损而包了又包，捆了又捆，他寻找遗失的儿子却不曾走出村子去寻找，这就像相互辩论的各家！楚国有个人寄居别人家而怒责守门人，半夜无人时走出门来又跟船家打了起来，船还没有靠岸却已经结下了仇怨。"

⊙品庄悟道⊙

鲁遽鼓瑟

　　鲁遽的瑟原本每根弦都在恰当的位置，弹出的音非常和谐，但若突然改变其中一根弦的位置，就会产生不协调的杂音。一个杂音就足以破坏掉整个曲子的完整性，它如此突兀，让人想忽略掉它都不行。争执不休的各个学派就如瑟上的五音，本不存在差别，却要用互相攻击来彰显自己的与众不同，而完全没有意识到这样做会引发混乱。现实生活中，也不乏这样的情况。一个团队原本和谐无间，队员虽多，却配合紧密。但如果有一天，其中一个队员做了超出本分的事，或者萌生了标新立异之心，团队的整体性就会受到破坏。

　　人在集体中，就要有大局意识，在发挥个人才干的同时也要照顾集体的协调性。否则，要么像蹢子求钟一般，付出的代价巨大，换来的利益却很微小；要么如船未驶而与舟人斗，为眼前的痛快，埋下长久的祸患。

【分节导读】

此节用匠石与郢人的故事喻庄子和惠子的关系。匠石用利斧砍去郢人鼻尖上的石灰而不会让郢人受伤，郢人面对如此危险的举动则面不改色。庄子和惠子虽时常发生争执却一直惺惺相惜，心心相印。郢人死后，匠石无法施展斧斫石灰而身不伤的绝技，惠子死后庄子也为找不到说话对象倍感孤寂。

【原文】

庄子送葬，过惠子之墓，顾谓从者曰："郢人垩漫其鼻端①，若蝇翼，使匠石斫之②。匠石运斤成风③，听而斫之④，尽垩而鼻不伤，郢人立不失容⑤。宋元君闻之⑥，召匠石曰：'尝试为寡人为之。'匠石曰：'臣则尝能斫之。虽然，臣之质死久矣⑦。'自夫子之死也，吾无以为质矣！吾无与言之矣！"

庄子在惠子墓前讲述郢人斫白灰的故事。

【注释】

①郢（yǐng）：楚国的国都。垩（è）：白灰。漫：涂。②匠石：匠人名石。斫（zhuó）：砍。③斤：斧。④听：任意。⑤不失容：脸不变色，不害怕。⑥宋元君：宋国的国君。⑦质：对象。

【译文】

庄子送葬，经过惠子的坟墓，回头对跟随他的人说："有位郢人用白灰涂一点儿在他的鼻尖上，像苍蝇的翅膀那样薄，让一位名叫石的工匠把它砍掉。匠石挥动斧头成风，很随意地就砍下来了，白灰没有了而鼻子没受一点伤，郢人站着面不改色。宋元君听说此事，召来匠石说：'试试为我砍一次看看。'匠石说：'我曾经能够砍，但是，我的对手死了很久了。'自从先生死后，我没有对手了，我没有辩论的对象了！"

【分节导读】

此节借管仲与齐桓公讨论治国人选的故事来阐述无为之治。庄子通过管仲之口描述了自己心目中的理想治国者。在庄子看来，清廉有德的人未必适合治理国家，他难免因为推行仁德，搅扰百姓的生活。理想的治国者应是依照自然运行的规律行事，尊重万物的本性，注重修养身心，而非沉湎国事。

【原文】

管仲有病①，桓公问之，曰："仲父之病病矣②，可不讳云！至于大病③，则寡人恶乎属国而可④？"

管仲曰："公谁欲与？"

公曰："鲍叔牙⑤。"

曰："不可。其为人，洁廉善士也，其于不己若者不比之⑥，又一闻人之过，终身不忘。使之治国，

管仲病中举荐隰朋。

上且钩乎君⑦，下且逆乎民⑧。其得罪于君也，将弗久矣！"

公曰："然则孰可？"

对曰："勿已，则隰朋可⑨。其为人也，上忘而下不畔⑩，愧不若黄帝而哀不己若者⑪。以德分人谓之圣，以财分人谓之贤。以贤临人⑫，未有得人者也；以贤下人，未有不得人者也。其于国有不闻也⑬，其于家有不见也。勿已，则隰朋可。"

【注释】

① 管仲：春秋时期齐桓公的佐相，著名政治家。② 仲父：齐桓公对管仲的尊称。病病：病重。③ 大病：病危。④ 恶（wū）：怎么，何。属国：委任国政。⑤ 鲍叔牙：人名，齐国大夫。⑥ 不己若：即不若己，不如自己。比：亲近。⑦ 钩：曲，违背。⑧ 逆：违逆。⑨ 隰（xí）朋：人名，齐国贤臣。⑩ 忘：意为不计较。畔：通"伴"，意为友善。⑪ 哀：怜爱。⑫ 临：居高临下。⑬ 不闻：不过问，意为不干涉。下句"不见"同此意。

【译文】

管仲有病时，桓公向他说："仲父的病很重了，可以不忌讳地说，如到了病危时，我把国政委任给谁才行呢？"

管仲说："您要给谁呢？"

桓公说："鲍叔牙。"

管仲说："不可以。他是为人清廉的善良之士，他不亲近不如自己的人，并且一听到别人的过错，就终身不忘。让他治理国政，对上要违背君主，对下要违逆百姓。他得罪国君，将不会有很长时间了！"

桓公说："那么谁可以呢？"

回答说："要不然，就是隰朋可以。他的为人是对上不计较，对下友善，自愧不如黄帝而怜爱不如自己的人。把德施于人就叫做圣，把财施于人就叫做贤。以贤自居而傲视别人，没有能得人心的；以贤而甘居人下，没有不得人心的。他对国政有不过问之处，对家事有不察看之处。要不然，就是隰朋可以。"

【分节导读】

　　此节通过吴王射猕猴的故事，告诫人不可自持巧捷以骄横态度待人，不然就会像人前显弄自己的猕猴一般，招致祸患。

【原文】

　　吴王浮于江①，登乎狙之山②。众狙见之，恂然弃而走③，逃于深蓁④。有一狙焉，委蛇攫搔⑤，见巧乎王⑥。王射之，敏给博捷矢⑦。王命相者趋射之⑧，狙执死⑨。

　　王顾谓其友颜不疑曰⑩："之狙也，伐其巧⑪，恃其便以敖予⑫，以至此殛也⑬！戒之哉！嗟乎，无以汝色骄人哉⑭！"颜不疑归而师董梧⑮，以锄其色⑯，去乐辞显⑰，三年而国人称之⑱。

一只猴子在吴王面前展示灵巧。

【注释】

①吴王：吴国的君主。浮：泛舟。②狙（jū）：猕猴。《齐物论》有狙公赋茅的故事。③恂（xún）：恐惧、害怕。弃：弃地。走：跑，逃跑。④蓁：通"榛"。⑤委蛇（yí）：同"委佗"，庄重而又从容自得的样子。一说作曲行解，亦通。攫搔（jué sào）：攀搏抓取。⑥见：通"现"。⑦敏给：敏捷。博捷：接取。矢：箭头。⑧相（xiàng）者：随从打猎的人。⑨执死：抱树而死。一作"既死"。⑩颜不疑：人名。⑪伐：夸，矜。⑫恃：依靠。便：轻便。敖：通"傲"。予：我。⑬殛（jí）：死。⑭汝：你。色骄：骄傲的态度。人：指别人。⑮董梧：人名，吴国的贤人，一说吴国的有道之士。⑯锄：锄草一样。⑰去乐：去掉享乐。辞显：辞谢显贵。⑱称：称赞。

【译文】

　　吴王泛舟于长江。登上猕猴聚居的山岭。猴群看见吴王打猎的队伍，惊惶地四散奔逃，躲进了荆棘丛林的深处。有一只猴子，它从容自得地腾身而起抓住树枝跳来跳去，在吴王面前显示它的灵巧。吴王用箭射它，它敏捷地接过飞速射来的利箭。吴王下令叫来随从打猎的人一起上前射箭，猴子躲避不及抱树而死。

　　吴王回头对他的朋友颜不疑说："这只猴子夸耀它的灵巧，自

吴王告诫朋友，不要用傲气待人。

恃它的敏捷而蔑视于我，以致受到这样的惩罚而丧命！要引以为戒啊！唉，不要用傲气对待他人啊！"颜不疑回来后便拜贤士董梧为师，用以去除自己的傲气，弃绝淫乐，辞别显荣，三年之后国人都称赞他。

⊙品庄悟道⊙

吴王射狙

猕猴一直都自由自在地生活，它们居住在山里，很少和人接触，远离人世喧嚣。庄子用山中的猕猴比喻不受世俗所扰，自在生活的人。而吴王则象征权力与财富。他的出现，打破了山中的宁静。

猕猴多察觉到吴王的危险，唯恐避之不及。只有一只猕猴是例外，它特意在吴王面前表现自己的敏捷，生怕吴王注意不到。一如那些刻意在有权有势的人面前夸耀才能的人。猕猴灵巧地抓住吴王所射之箭，却被吴王视作轻慢，招致了吴王的射杀。不过，与其说猕猴是因才见毁，不如说是因为恃才傲物才惹祸上身。吴王于是提醒旁人"无以汝色骄人"。

提起"骄傲"人们想到的通常是态度差、目中无人。实际上，人前人后炫耀所长也是骄傲的表现之一。炫耀之人虽未必会有贬低他人之心，炫耀行为本身却会传递出"我比你强，你不如我"的信息，必引起他人的怨懑。历史上因卖弄才华招致杀身之祸的例子并不少见，譬如三国时期的杨修，他几次在曹操面前表现小聪明，最终激怒了曹操，被曹操所杀。

【分节导读】

此节，作者借南伯子綦与颜成子的对话，表达了对世人追名逐利、迷失本我的不满。南伯子綦认为隐居山中却名声在外，为世人知晓利用，并非得道的表现，完全摒弃世事忘怀得失，形如枯槁、心若死灰，才算达到道的境界。

【原文】

南伯子綦隐几而坐[①]，仰天而嘘[②]。颜成子入见曰[③]："夫子，物之尤也[④]。形固可使若槁骸[⑤]，心固可使若死灰乎？"

曰："吾尝居山穴之中矣，当是时也，田禾一睹我[⑥]，而齐国之众三贺之[⑦]。我必先之[⑧]，彼故知之；我必卖之，彼故鬻之[⑨]。若我而不有之，彼恶得而知之？若我而不卖之，彼恶得而鬻之？嗟乎！我悲人之自丧者[⑩]，吾又悲夫悲人者，吾又悲夫悲人之悲者，其后而日远矣。"

颜成子问：人可以心如死灰吗？

南伯子綦曾到山林洞穴中隐居。

【注释】

① 南伯子綦：人名，《齐物论》作"南郭子綦"。隐：靠。几：几案。② 嘘：吐气。③ 颜成子：人名，《齐物论》作"颜成子游"。④ 物之尤：人物之中出类拔萃的人。尤，突出。⑤ 形：形体，身体。槁骸：枯骨，《齐物论》作"槁木"。⑥ 田禾：齐王姓名，即齐太公和。睹：看。⑦ 贺之：祝贺他。⑧ 我必先之：我的名声必先于他。⑨ 鬻（yù）：卖。⑩ 悲：悲伤，哀怜。

【译文】

南伯子綦靠着几案静静地坐着，然后又仰起头缓缓地吐气。颜成子进屋来看见后说："先生，您真是出类拔萃的人物！人的形体固然可以变成枯槁的骸骨一样，心灵难道也可以像死灰一样吗？"

南伯子綦说："我曾在山林洞穴里居住。正在这个时候，齐太公田禾曾来看望我，因而齐国的民众再三向他表示祝贺。我必定是名声在先，他才能够知道我；我必定是声名显扬，所以他才能找到我。假如我没有名声，他怎么能够知道我呢？假如我不是声名显扬于外，他又怎么能够找到我呢？唉！我悲悯迷乱自我真性的人，又悲悯那些悲悯别人的人，我还悲悯那些悲悯人们的悲悯者，从那以后我便一天天远离人世沉浮而达到心如死灰的境界"。

【分节导读】

此节讲楚王宴请孔子，孔子在宴会之上与孙叔敖和市南宜僚讨论大言不言的道理。庄子借孔子之口表达了真正的道是不能为言语讲述清楚的，所谓只可意会不可言传，明道之人无求无失无弃，万事顺其自然，持守本性，不因外物改变自己。

【原文】

仲尼之楚①，楚王觞之②，孙叔敖执爵而立③，市南宜僚受酒而祭曰④："古之人乎！于此言已。"

曰："丘也闻不言之言矣⑤，未之尝言，于此乎言之。市南宜僚弄丸而两家之难解⑥，孙叔敖甘寝秉羽而郢人投兵⑦，丘愿有喙三尺⑧！"

彼之谓不道之道⑨，此之谓不言之辩⑩，故德总乎道之所一⑪。而言休乎知之所不知⑫，至矣。

道之所一者，德不能同也；知之所不能知者，辩不能举也⑬；名若儒墨而凶矣⑭。故海不辞东流，大之至也；圣人并包天地，泽及天下，而不知其谁氏。是故生无爵，死无谥⑮，实不聚⑯，名不立⑰，此之谓大人⑱。狗不以善吠为良，人不以善言为贤，而况为大乎！夫为大不足以为大，而况为德乎！夫大莫若天地⑲，然奚求焉而大备矣⑳。知大备者，无求，无失，无弃，不以物易己也。反己而不穷，循古而不摩㉑，大人之诚。

楚王设宴款待孔子。

【注释】

① 之：去，往。② 觞：酒器。作动词用，指敬酒。③ 孙叔敖：人名，据《左传》记载，他是楚庄王相，此时孔子尚未出生，此处应是庄子的寓言。④ 市南宜僚：即熊宜僚，居市南，故称市南宜僚，亦号市南子，是楚国的勇士。⑤ 不言之言：无言的言论。⑥ 弄丸：玩弄丸铃，玩弄弹丸。两家之难：指楚白公胜要作乱，想杀令尹子西，去请勇士市南宜僚，宜僚不答应，使者用剑威胁他，他仍然玩弄弹丸既不害怕，也不从命，于是白公胜欲作乱未成，此为弄丸解两家之难。⑦ 甘寝：安寝。秉：执。羽：羽毛扇。郢人：指楚人。郢，楚国的都城。投兵：投弃兵器，不用兵器，不打仗。⑧ 丘愿有喙三尺：孔子自己愿意有三尺长的嘴不能说话。喙，鸟嘴。鸟喙长不能鸣叫。⑨ 彼：指孙叔敖和市南宜僚。⑩ 此：指孔子。⑪ 总：归根结底。一：齐一。⑫ 休：停止，休止。⑬ 举：遍举，并举。⑭ 名：名声。凶：危险。⑮ 谥：谥号。帝王死后送的号。⑯ 实：实质。⑰ 名：概念。⑱ 大人：指圣人。⑲ 莫若：莫过于。⑳ 奚：何。㉑ 摩：模拟，矫饰。

【译文】

孔子到楚国去，楚王宴请他，孙叔敖拿着酒器站立一旁，市南宜僚把酒洒在地上祝祭，说："古时候的人啊！在这种情境下一定要讲话。"

孔子说："我听说有不用言谈的言论，但从不曾说过，在这里说一说。市南宜僚从容不迫地玩弄弹丸，而使两家的危难得以解除，孙叔敖安寝摇扇而卧，使楚国得以免除征战。我孔丘希望有三尺长的嘴而不说话！"

市南宜僚和孙叔敖可以

楚人迎接孔子。

称为不言之道，孔子可以称为不言之辩，所以循道所得归结到一点就是道的原始浑一的状态。言语停留在才智所不知晓的境域，这就是顶点了。大道是混沌同一的，而体悟大道却各不相同；才智所不能通晓的知识，辩言也不能一一列举；名声像儒家、墨家那样，就会招致灾祸。所以，大海不拒绝向东的流水，这是因为大到了极点；圣人包容天地，恩泽施及天下百姓，而百姓却不知道他们的姓名。因此生前没有爵禄，死后没有谥号，财物不曾汇聚，名声不曾树立，这才可以称做是伟大的人。狗不因为善于狂吠便是好狗，人不因为善于说话便是贤能，何况是修养道德的人呢？有心求取伟大不足以算是伟大，又何况是修养道德啊！伟大莫过于天地。天地无所求，却是最完备的。伟大而又完备的人，没有追求，没有丧失，没有舍弃，不因外物而改变自己的本性。返归自己的本性就不会有穷尽，遵循亘古不变的规律而不矫饰，这就是伟大的人的真性。

【分节导读】
　　此节中，九方歅替子綦的儿子梱看相算命，称梱能与君王同食，有福气。子綦闻说而泣，认为食君之禄不过就是"尽于酒肉入于鼻口"而已，并非福气。子綦向往的是遨游于天地之间，自然质朴的生活，认为侍奉君王，与君同食未必好过遨乐于天，遨食于地，这反映了庄子的出世思想。

【原文】
　　子綦有八子①，陈诸前②，召九方歅曰③："为我相吾子，孰为祥？"

　　九方歅曰："梱也为祥④。"

　　子綦瞿然喜曰⑤："奚若⑥？"

　　曰："梱也将与国君同食以终其身。"

　　子綦索然出涕曰⑦："吾子何为以至于是极也！"

　　九方歅曰："夫与国君同食，泽及三族⑧，而况父母乎！今夫子闻之而泣，是御福也。子则祥矣，父则不祥。"

　　子綦曰："歅，汝何足以识之，而

子綦有八个孩子。

梱祥邪？尽于酒肉入于鼻口矣，而何足以知其所自来？吾未尝为牧⑨，而牂生于奥⑩；未尝好田⑪，而鹑生于宎⑫，若勿怪，何邪？吾所与吾子游者，游于天地。吾与之遨乐于天⑬，吾与之遨食于地；吾不与之为事，不与之为谋，不与之为怪；吾与之乘天地之诚而不以物与之相撄，吾与之一委蛇而不与之为事所宜⑭。今也，然有世俗之偿焉！凡有怪征者，必有怪行，殆乎，非我与吾子之罪，几天与之也！吾是以泣也。"

　　无几何而使梱之于燕，盗得之于道，全而鬻之则难⑮，不若刖之则易，于是乎刖而鬻之于齐，适当渠公之街⑯，然身食肉而终。

【注释】
①子綦：即南伯子綦。这里是承上文南郭子綦说的。②陈：排列站着，列队站着。③九方歅（yīn）：人名，伯乐的弟子，善于相面。《淮南子》作"九方皋"。④梱（kǔn）：人名，子綦的儿子名梱。⑤瞿然：惊喜的样子，兴奋的样子。⑥奚若：何如，为何。⑦索然：空尽的样子，承前文瞿然而来，惊喜空尽。解作黯然亦通。⑧三族：父族、母族、妻族。⑨牧：放牧，畜牧。⑩牂（zāng）：母羊。奥：屋的西南角。⑪田：狩猎。1宎（yǎo）：屋的东南角。⑬遨：要求。下同。⑭委蛇：随顺。⑮鬻（yù）：卖。⑯渠公之街：街名。

【译文】

子綦有八个儿子，排列在子綦身前，叫来九方歅说："给我八个儿子看看相，谁最有福气。"

九方歅说："梱最有福气。"

子綦惊喜地说："何以如此呢？"

九方歅回答："梱将会跟国君一同饮食而终了一生。"

子綦黯然流泪说："我的儿子为什么会到这种绝境呢！"

九方歅说："跟国君一同饮食，恩泽将普及三族，何况

子綦告诉九方歅自己和孩子过着顺任自然的生活。

是父母啊！如今先生听了却泣不成声，这是拒绝要降临的福禄。你的儿子倒是有福气，你做父亲的却没有福分了。"

子綦说："歅，你怎么会知道，梱真的是有福吗？享尽酒肉，只不过从口鼻进到肚腹里，又哪里知道这些东西从什么地方来？我不曾牧养而羊却出现在我屋子的西南角，不曾打猎而鹌鹑却出现在我屋子的东南角，你对此不觉得奇怪，为什么呢？我和我的儿子所游乐的地方，乃是天地之间。我跟他一道与天同乐，我跟他一道在大地上求食；我不跟他求取建功立业，不跟他思虑图谋，不跟他标新立异；我只和他一道随顺天地的实情而不与外物相互搅扰，我只和他一道顺任自然而不是认为事情适宜才去做。如今我却得到了世俗的回报啊！大凡有了怪异的征兆，必定会有怪异的行为，实在是危险啊，并不是我和我儿子的罪过，大概是上天降下的罪过！我因此才泣不成声。"

没过多久梱被派遣到燕国去，强盗在半道上劫持了他，想要保全其身形卖掉又担心他跑掉，不如砍断他的脚容易卖些，于是砍断他的脚卖到齐国，正好齐国的富人渠公买了去给自己看守街门，这样一辈子吃肉而终了一生。

⊙品庄悟道⊙

与王同食，祥

一国之中，没有谁的身份比国君更尊贵，也没有谁的权力比国君更大，因此九方歅的"与王同食，祥"实际上是"与权相伴，祥"，正反映了世俗崇尚权力的价值观。而梱的父亲子綦则站在道的角度看与王同食，得出了与九方歅完全不同的结论。世人多爱权，至高无上的权力又只掌握在少数人手中，人们必会为争夺权力彼此攻击。权力越大，纷争就越多；离权力越近，环境就越险恶。身处复杂诡谲的权力中心，人根本不可能随性自在。想到儿子以后要过提心吊胆，如履薄冰的日子，子綦怎能不"索然而出涕"。而另一方面，子綦本就不喜权力，其与梱一直过着远离名利、悠然自得的生活，不想名利却主动找上儿子，子綦不能不忧心忡忡。

梱为"食肉而终"付出了双脚。庄子之所以要设置梱被强盗掳走、砍去双脚的情节，是为了说明"权力损害人身"。与权力相伴的人，就算没有性命之忧，身体四肢得以保全，也会因心灵的不自由而损害本性。

【分节导读】

此节写许由论仁义。许由认为，仁义本来是一种美好的品德，但是却被当做工具利用当世之人多假仁义以取利。庄子认为仁义可以治国也可以误国，无论多美好的品德，一旦被利益熏心所利用，有意为之，都会变得面目全非。因此，最好的治国之道乃是不治而治，无为而为，顺应自然。

【原文】

啮缺遇许由①，曰："子将奚之②？"

曰："将逃尧。"

曰："奚谓邪？"

曰："夫尧畜畜然仁③，吾恐其为天下笑。后世其人与人相食与④！夫民，不难聚也；爱之则亲，利之则至，誉之则劝，致其所恶则散⑤。爱利出乎仁义，捐仁义者寡⑥，利仁义者众。夫仁义之行，唯且无诚，且假夫禽贪者器⑦。是以一人之断制利天下，譬之犹一觇也⑧。

尧推崇仁，恤爱勤劳。

夫尧知贤人之利天下也，而不知其贼天下也，夫唯外乎贤者知之矣！"

【注释】

① 啮（niè）缺：庄子假拟人名。《齐物论》有"啮缺问乎王倪曰：'子知物之所同是乎'"。《天地》有"啮缺之师王倪"。许由：人名。尧时贤人。《大宗师》有"意而子见许由"。《天地》有"尧之师曰许由，许由之师曰啮缺"。《让王》有

一个人的裁断给天下带来的好处，如短短一觇。

"尧以天下让许由，许由不受"。②子：
你。奚：什么地方。之：去。③畜畜
然：恤爱勤劳的样子。④与：同"欤"。
⑤恶（wù）：厌恶。⑥捐：舍弃。⑦禽
贪：禽兽那样贪婪的人。器：工具。⑧觊
（piē）：借为"邠"，宰割。一说借为
"瞥"，作暂见解。

尧重用贤人。

【译文】

　　啮缺遇见许由，问道："你准
备去哪里呢？"

　　许由回答："打算逃避尧。"

　　啮缺说："这话怎么说呢？"

　　许由说："尧，孜孜不倦地推
行仁的主张，我担心他要被天下人
耻笑。后世人与人一定会相互残食
啊！百姓，并不难以聚集，给他们
爱护就会亲近，给他们好处就会来到，给他们奖励就会勤勉，给他们所厌恶的东西就会离散。爱护
和利益出自仁义，无视仁义的少，利用仁义的多。仁义的推行，只会导致没有诚信，而且还会被禽
兽一般贪婪的人借用为工具。所以，一个人的裁断与决定给天下人带来好处，就好像是短暂的一瞥。
唐尧知道贤人能给天下人带来好处，却不知道他们对天下人的残害，而只有身处贤者之外的人才能
明白这个道理。"

【分节导读】

　　此节写三种世俗人物形态：沾沾自喜的人，苟安自得的人，形劳自苦的人。作者用这三种人来衬托
"神人"的形象。神人与人的关系不亲密不疏远不跟随，他们持守德行，温暖和气，顺应天下，不用人事
干扰自然，忘怀生死。作者认为世人应该向神人看齐，无欲无求，抛却杂念，最终获得真正的自由。

【原文】

　　有暖姝者①，有濡需者②，有卷娄者③。

　　所谓暖姝者，学一先生之言，则暖暖姝姝而私自说也④，自以为足矣，而未知未始有物也，是
以谓暖姝者也。

　　濡需者，豕虱是也⑤，择疏鬣自以为广宫大囿⑥，奎蹄曲隈⑦，乳间股脚⑧，自以为安室利处，
不知屠者之一旦鼓臂布草操烟火⑨，而已与豕俱焦也⑩。此以域进⑪，此以域退，此其所谓濡需
者也。

　　卷娄者，舜也。羊肉不慕蚁，蚁慕羊肉，羊肉膻也⑫。舜有膻行，百姓悦之，故三徙成都，至
邓之虚而十有万家⑬。尧闻舜之贤，举之童土之地⑭，曰冀得来之泽。舜举乎童土之地，年齿长矣，
聪明衰矣，而不得休归，所谓卷娄者也。

　　是以神人恶众至，众至则不比⑮，不比则不利也。故无所甚亲，无所甚疏，抱德炀和以顺天下⑯，
此谓真人。于蚁弃知，于鱼得计，于羊弃意。

　　以目视目，以耳听耳，以心复心。若然者，其平也绳⑰，其变也循⑱。古之真人，以天待人，
不以人入天。古之真人，得之也生，失之也死；得之也死，失之也生。

【注释】

①暖姝（shū）：自美自得的样子。②濡需：苟且偷安的样子。③卷娄：犹"拘挛"，腰弯背曲，劳形自苦所致。④说：通"悦"。⑤豕虱：猪身上的虱子。⑥择：选择。鬣（liè）：猪颈上的长毛。广宫：大宫殿。大囿：大园子。⑦奎：两腿之间。蹄（tí）：同"蹄"。曲隈（wēi）：猪身上皱褶的深曲处。⑧乳间股脚：乳房和腿脚间的夹缝。⑨屠者：屠夫，杀猪的人。鼓：摇动。操：拿起。⑩焦：烧焦。⑪域：界域，境域。⑫膻（shān）羊肉气味。⑬邓：地名。虚：通"墟"。而：则。有：又。⑭童土：荒地。⑮不比：不和。⑯炀和：温和。⑰绳：直。⑱循：随顺。

有人劳苦不堪。

【译文】

有沾沾自喜的人，有偷安自得的人，有劳苦不堪的人。

所谓沾沾自喜的人，只懂得了一家之言，就沾沾自喜地私下里暗自得意，自诩为饱学之士，却不知道从未曾有过丝毫所得，所以称他为沾沾自喜的人。

所谓偷安自得的人，就像猪身上的虱子一样，选择居处稀疏的鬣毛当中，自以为就是广阔的宫殿与园林；居处在后腿和蹄子间弯曲的地方、乳房和腿脚间的夹缝，就认为是安宁的居室和美好的处所，殊不知屠夫一旦挥动双臂布下柴草生起烟火，便跟随猪身一块儿烧焦。这就是依靠环境而安身，又因为环境而毁灭，这就是所说的偷安自得的人。

所谓劳苦不堪的人，就是舜那样的人。羊肉不会爱慕蚂蚁，蚂蚁则喜爱羊肉，因为羊肉有膻腥

劳苦者开垦荒芜之地。

味。舜有膻腥的行为，百姓都十分喜欢他，所以他多次搬迁居处都聚成都邑，到邓的废址就聚合了十万人家。尧听说了舜的贤能，从荒芜的土地上举荐了他，说是希望他能把恩泽布施百姓。舜从荒芜的土地上被举荐出来，年岁逐渐老了，敏捷的听力和视力衰退了，还不能回家休息，这就是所说的弯腰驼背、勤苦不堪的人。

所以超凡脱俗的神人讨厌众人跟随，众人跟随就不会亲密和睦，不亲密和睦也就不会带来好处。因此没有什么特别的亲密，没有什么格外的疏远，持守德行、温暖和气以顺应天下，这就叫做真人。这就好比蚂蚁不再追慕膻腥，如鱼得水般地悠闲自在，去掉像羊一样的腥膻气味。

用眼睛来看眼睛所应看的东西，用耳朵来听耳朵所应听的声音，用心灵领悟心灵所能领悟的事物。像这样的人，他们内心的平静就像墨线一样正直，他们的行为变化总是处处顺应。古时候的真人，用顺任自然的态度来对待人事，不会用人事来干扰自然。古时候的真人，获得生存就听任生存，失掉生存就听任死亡；获得死亡就听任死亡，失掉死亡就听任生存。

◎品庄悟道◎

暖姝者，濡需者，卷娄者

暖姝者即沾沾自喜者，庄子《秋水》篇中那个坐井观天、洋洋自得的青蛙，就是其中代表；濡需者即苟且偷安者，庄子将这种人比喻成虱子，其安全与否完全取决于其所依附的环境；卷娄者则是形劳自苦者，除了此节提到的舜，庄子还曾以孔子为例。

沾沾自喜的人，见识短浅，愚蠢可悲；苟且偷安的人，朝不保夕，可叹可怜；而劳形自苦的人虽得到了世人的敬仰，却损害了自身的健康。这几种人都不为庄子所喜，庄子劝人学习真人，随遇而安，无欲无求。所谓"目视目，耳听耳，心复心者"，无非是要人去除向外求索的心，将注意力转移到完善自身心性上来，以便抛弃杂念，自得其乐。

人的内心越是平和自然，就越不容易为外物扰动。

【分节导读】

此节着重阐述了世间万物各有所适，相互依持的道理。正如相同的药材在不同的药方中起着不同的作用，文种在不同的时期对勾践来说有着不同的意义，万事万物各有所适。第一小段写人、物各有所适。第二小段写物类的相互依持。第三小段写官能过度放纵的危害。都说明了凡事应当顺应自然的发展规律，明白自然万物之间都是相生相依的道理，懂得"大巧若拙"的境界，才能不为外物自然伤害到外形和心灵。

【原文】

药也，其实堇也，桔梗也，鸡廱也①，豕零也，是时为帝者也②，何可胜言！

句践也以甲楯三千栖于会稽③，唯种也能知亡之所以存④，唯种也不知其身之所以愁⑤。

故曰：鸱目有所适⑥，鹤胫有所节⑦，解之也悲。

故曰：风之过，河也有损焉；日之过，河也有损焉；请只风与日相与守河，而河以为未始其撄也，恃源而往者也。故水之守土也审⑧，影之守人也审，物之守物也审。

故目之于明也殆，耳之于聪也殆，心之于殉也殆。凡能其于府也殆⑨，殆之成也不给改。祸之长也兹萃⑩，其反也缘功，其果也待久。而人以为己宝，不亦悲乎！故有亡国戮民无已⑪，不知问是也。

【注释】

①鸡廱：或作"雍"，鸡头草。②帝：指主药。③句（gōu）践：越国的国君。甲楯：披甲执盾，这里指士兵。会稽：山名，在今浙江省境内。④种：人名，即文种，越国大夫，助勾践灭吴。⑤愁：忧愁。⑥鸱（chī）：猫头鹰。

⑦胫：小腿。节：节度，分寸。⑧审：安定。⑨府：指脏腑。⑩兹：通"滋"。萃：集。⑪无已：不止。

【译文】

药物，乌头也好，桔梗也好，鸡头草也好，猪苓根也好，这几种药在用到时，都可以作为贵重的主药，怎么可以说得完呢！

勾践率领三千士兵困守于会稽，只有文种能够知道越国复国的办法，也只有文种不知道复国后将要遭受杀戮的祸害。

所以说，猫头鹰的眼睛只有在夜晚才适宜看视，仙鹤具有修长的双腿，截断就会感到悲哀。

所以说，风儿吹过了河面河水就会有所减损，太阳照射河面河水也会有所减损。假如风与太

乌头、猫头鹰的眼睛、鹤的脚，都有其适用的地方。

阳总是盘桓在河的上空，而河水却不曾为之减损，就要靠河水源头不断地流水。所以，水保持住了泥土也就安定下来，影子留住了是因为人体安定下来，事物固守着事物因而相互安定下来。

所以，眼睛一味地追求超人的视力就危险了，耳朵一味地追求超人的听力就危险了，心思一味地追求外物就危险了。才能从内心深处显露出来就会危险，危险一旦形成就来不及悔改。灾祸滋生并逐渐地增多与聚集，返归本性就需要修养的功夫，要想获得成功便须持续很久。可是人们却觉得这些很可贵，不是很可悲吗！因此国家败亡、人民受戮从没有中断，这是不知道探讨事情根由的原因。

一味追求超人的视力、听力。

【分节导读】

　　此节写"不知"的境域，庄子以脚踩不到的地方形容"不知"，就像人要靠未曾踩到的土地走到更远的地方，人也要凭借着不知才能领悟更加贴近自然的真谛的"道"。庄子认为，天下事纷杂而有序，应顺自然，自然便会逐渐清晰明朗。以无知求真知则得真知，以不惑解惑则复回疑惑。

【原文】

　　故足之于地也践①，虽践，恃其所不蹍而后善博也②；人之于知也少，虽少，恃其所不知而后知天之所谓也。知大一③，知大阴④，知大目⑤，知大均⑥，知大方⑦，知大信⑧，知大定⑨，至矣！大一通之，大阴解之，大目视之，大均缘之，大方体之，大信稽之，大定持之。

　　尽有天，循有照，冥有枢，始有彼。则其

人立足于地离不开不曾踩踏的地方。

解之也似不解之者，其知之也似不知之也，不知而后知之。其问之也，不可以有崖，而不可以无崖。颉滑有实⑩，古今不代⑪，而不可以亏，则可不谓有大扬榷乎⑫！阖不亦问是已，奚惑然为！以不惑解惑，复于不惑，是尚大不惑。

【注释】

①践：通"浅"。②蹍：践。善博：安善广博。③大一：贯通为一，绝对同一性。④大阴：绝对的静止。⑤大目：以认大道为眼目，大道的观点。⑥大均：大道的同而不殊。⑦大方：大道无所不包容。⑧大信：大道的本性不妄。⑨大定：大道安定。⑩颉滑：万物纷扰。⑪不代：不相代换。⑫大扬榷：大体轮廓。

【译文】

　　所以，脚走在地上是很浅的，虽然很浅，却仰赖所不曾践踏的地方而后才可以去到更为博大旷远的地方；人对于各种事物的了解也很少很少，虽然很少，却仰赖所不知道的知识而后才能够知道自然的道理。知道绝对的同一，知道绝对的静止，知道绝对的广博，知道大道的均衡，知道大道的包容，知道大道的取信不妄，知道大道的安定，这就达到了认识的极限。以绝对的同一加以贯通，以绝对的静止加以化解，以大道的观点加以观察，以天道的均衡加以随顺，以大道的包容加以体现，以大道的诚信加以契合，以大道的安宁加以持守。

　　极尽中有自然，遵循中有明晓，混沌中有枢要，初始中有彼端。那么，自然的理解好像是没有理解，自然的知晓好像是没有知晓，但这不知之后方才会有真知。深入地追问，不可以有界限，然而又不可以没有界限。万物虽然纷扰杂乱却有它的根本，古今不能相互替换，但是无古无今、无今无古，谁也不能缺少，这能不说是仅只显露其概略吗！何不再深入一步探问这博大玄妙的道理，为什么会迷惑呢？用不迷惑去解除迷惑，再回到不迷惑的境界，这恐怕还是当初的不迷惑。

◎则阳◎

【题解】

本篇的主旨是谈"道"，反映了庄子以道为核心的世界观。庄子认为天地万物变化万千，然而都是遵循着一定的自然规律运行的，这就是道。因此，道德纯正的圣人可以无心、无言、无为，只要返归本性，顺应自然，就可"得其环中以随成"。而当今的君主们，却往往丧失本性，追逐俗事，使作伪之风盛行于世，成为百姓犯罪的根源，为人所不耻。那么究竟如何理解和阐述道呢？作者认为世上万物"合异以为同，散同以为异"。道则包容了同与异。因此它反映在事物上是多样的，具体的，实的，可为也可说的，而它在本质上则是同一的，抽象的，虚的，不可为也不可说的。可见，道无处不在，却无法言明，真可谓"玄学"。

【分节导读】

此节通过则阳求王果为其引见楚王的故事引出圣人公阅休。用公阅休的清廉恬适和则阳、夷节的热衷名利作对比，对追逐富贵的人进行了讽刺。而如果说公阅休代表了圣人，则阳和夷节则代表了汲汲功利的世俗之人，后者的心灵被外物蒙蔽，本性迷失，不能体察自然大道，他们自己都无法摆脱焦虑迷惘，更不要说予他人宁静安和了。

【原文】

则阳游于楚①，夷节言之于王②，王未见，夷节归。

彭阳见王果曰③："夫子何不谭我于王④？"

彭阳问王果为什么不向楚王推荐他。

王果曰："我不若公阅休⑤。"

彭阳曰："公阅休奚为者邪？"

曰："冬则擉鳖于江⑥，夏则休乎山樊⑦。有过而问者，曰：'此予宅也⑧。'夫夷节已不能⑨，而况我乎！吾又不若夷节⑩。夫夷节之为人也，无德而有知⑪，不自许⑫，以之神其交⑬，固颠冥乎富贵之地⑭，非相助以德⑮，相助消也⑯。夫冻者假衣于春⑰，喝者反冬乎冷风⑱。夫楚王之为人也，形尊而严；其于罪也，无赦如虎⑲；非夫佞人正德⑳，其孰能桡焉㉑！

"故圣人，其穷也使家人忘其贫；其达也使王公忘爵禄而化卑㉒。其于物也㉓，与之为娱矣㉔；其于人也㉕，乐物之通而保己焉。故或不言而饮人以和㉖，与人并立而使人化㉗。父子之宜㉘，彼其乎归居㉙，而一闲其所施㉚。其于人心者，若是其远也㉛。故曰：待公阅休。"

【注释】

①则阳：人名，姓彭名阳，字则阳，以下皆称彭阳。楚：楚国。②夷节：人名，楚国大臣。言：介绍。王：楚王。③王果：人名，楚国大夫。④谭：通"谈"，推荐。⑤公阅休：人名，姓公阅名休，楚国的隐士。⑥擉（chuò）：通"戮"，刺。⑦休：休息。樊：樊圃。⑧予宅：我的住处。⑨不能：不能用。⑩不若：不如。⑪知：通"智"。⑫不自许：不以德自许。⑬神：神奇，神化。⑭颠冥：神情颠倒。为颠狂，冥为妄行。意为把富贵看成是什么也没有。⑮非：不能。相助：帮助。⑯消：消除鄙贱吝惜的心意。⑰冻者：受冻的人。假：借助。春：春天的温暖。⑱喝（yē）：中暑，伤暑。⑲赦：赦免，宽恕。如虎：像虎一样凶狠。⑳佞人：有口舌才辩的小人。㉑桡（náo）：通"挠"，屈，屈服，矫正。㉒化卑：与卑贱同化。㉓物：事物。㉔娱：快乐。㉕人：人事。㉖饮人以和：以中和之道对待人。㉗与人并立：与人相处不用多长时间。㉘父子之宜：父亲与儿子相处相宜。㉙彼其：叠词，即他。归居：隐居。㉚一闲：一切出于闲暇清虚。闲，同"闲"。施：为事，施物。㉛远：深远。

【译文】

则阳到楚国游历，夷节向楚王推荐他，楚王没有接见则阳，夷节只得回家作罢。

则阳见到王果，说："先生怎么不在楚王面前谈谈我呢？"

王果说："我不如公阅休。"

则阳问："公阅休是做什么的呢？"

王果说："他冬天到江河里刺鳖，夏天到山脚下休息。有人经过而问他，他就说：'这就是我的住宅。'夷节尚且不能做到，何况是我呢？我又比不上夷节。夷节的为人，缺少德行却有世俗

冬天，公阅休到江河去刺鳖。

人的智巧，不能约束自己做到清虚恬淡，用他特有的巧妙办法跟人交往与结识，在富贵的圈子里神魂颠倒、内心迷乱，无助于德行的修养，反而有损于德行。受冻的人盼着温暖的春天，中暑的人求助冬天的冷风。楚王的为人，外表高贵而又威严。他对有过错的人，像老虎一样毫不宽恕。不是极有才辩的小人或者德行端正的人，谁能够说服他！

"所以圣人，当他隐居世外时能使家人忘却生活的清苦，他们身世显赫能使王公贵族忘却爵禄而变得谦卑。他们对外物，与之和谐欢娱；他们对别人，乐于沟通而又能保持自己的真性。有时候一句话不说也能用中和之道给人以满足，跟人在一起就能使人受到感化。父亲和儿子都各得其宜，

各自安于自己的位置，能以清虚无为的态度对待周围的人。圣人的恬淡想法跟一般人的竞逐心思，相比起来差距是那么远。所以说，要使楚王信服还得等待公阅休啊。"

【分节导读】

　　此节以美人不照镜子不知自己美来说明圣人有圣德，论述了圣人有圣德，是他的自然天性，不因外物而改变，也不借助别人的丑陋粗鄙来衬托自己的美丽高尚。圣人的心态自然恬适，而真正的美则发于自然，真正的德也出于自然本性。人进入社会，追逐利益的时间已久，一旦返回故乡就会觉得内心豁达畅然，就如同心灵抛弃了外物拖累终于反复真性的舒畅一样。

【原文】

　　圣人达绸缪[1]，周尽一体矣[2]，而不知其然[3]，性也[4]。复命摇作[5]，而以天为师[6]，人则从而命之也[7]。忧乎知[8]，而所行恒无几时[9]，其有止也，若之何[10]！

　　生而美者，人与之鉴[11]，不告则不知其美于人也。若知之，若不知之，若闻之，若不闻之，其可喜也终无已，人之好之亦无已，性也。圣人之爱人也，人与之名，不告则不知其爱人也。若知之，若不知之，若闻之，若不闻之，其爱人也终无已，人之安之亦无已，性也。

　　旧国旧都，望之畅然，虽使丘陵草木之缗[12]，入之者十九[13]，犹之畅然，况见见闻闻者也[14]，以十仞之台县众间者也[15]。

生来就美的人照了镜子才知道自己美。

【注释】

①达：通达。绸缪（móu）：纠葛、缠绵。②周尽一体：调和万物为一体。③不知其然：不知道它的所以然，因出于自然。④性：本性，自然本性。⑤复命：复归于无命。摇作：摇动而作。⑥以天为师：以天为宗，即以道为大宗师，以自然为主。⑦命：命名。⑧忧乎知：忧心于智巧和谋虑。⑨恒：常。无几时：没有多少时间。恒无几时：没有少许间歇时间。⑩其有止也，若之何："若之何，其有止也"的倒文。⑪鉴：鉴别，评估。原意为镜子。⑫缗（mín）：茫昧不清。⑬十九：十分之九，十人中有九人。⑭见见闻闻：见所

知道自己美，好像又不知道。

见的，闻所闻的，无所不见，无所不闻。⑮以十仞之台县众闲者：指圣人的德行就像十仞高台悬立在众人之间一样无人不知。闲，同"间"。

【译文】

圣人通达于人世间的各种纷扰和纠葛，了解调和万物混同一体的状态，却并不知道为什么会这样，这是出于自然的本性。为回返真性而有所动作也总是把师法自然作为榜样，人们称呼他为圣人。为智巧和谋略忧虑，所行常不持久，没有间歇，时或中止不能行，将奈它何！

生来就漂亮的人，别人给了他一面镜子，如果不告诉他就不知道自己比别人漂亮。好像知道，又好像不知道，好像听见了，又好像没有听见，他内心的喜悦不会有所终止，人们对他的好感也不会有所终止，这就是出于自然的本性。圣人爱护众人，是因为人们给予了他相应的称号，如果人们不这样称誉他，圣人也不知道自己怜爱他人。好像知道，又好像不知道，好像听见了，又好像没有听见，他给予人们的爱就不会有所终止，人们安于这样的爱护也不会有所终止，这就是出于自然的本性。

祖国与家乡，一看到她就分外喜悦；即使是丘陵草木使她显得面目不清，甚至掩没了十之八九，心里还是十分欣喜。更何况亲身见闻到她的真面目，就像是数丈高台高悬于众人之间让人崇敬仰慕啊！

【分节导读】

此节通过冉相氏得道说明与物融合的心境。圣人不为求道而求道，忘物忘我，随自然和时间而变化，内心却仍然宁静不变。

【原文】

冉相氏得其环中以随成①，与物无终无始②，无几无时③。日与物化者④，一不化者也⑤，阖尝舍之⑥！夫师天而不得师天⑦，与物皆殉⑧，其以为事也若之何？夫圣人未始有天，未始有人，未始有始，未始有物，与世偕行而不替⑨，所行之备而不洫⑩，其合之也若之何？汤得其司御门尹登恒⑪，为之傅之⑫，从师而不囿⑬，得其随成。为之司其名；之名嬴法⑭，得其两见⑮，仲尼之尽虑，为之傅之。容成氏曰⑯："除日无岁⑰，无内无外⑱。"

【注释】

①冉相氏：传说中远古时代的帝王。环中：指虚空。《齐物论》有"枢始得环中，以应无穷"。随成：随道而成。②与物无终无始：指环中。③无几无时：指随成。④日与物化：指外物随时变化。⑤一不化者：指内心灵明不变化。⑥阖：通"盍"，何。而：则。⑦师天：效法自然。⑧殉：为追求而不惜殉身。⑨不替：无偏废。替，废。⑩洫：借作"恤"。⑪司御：官名，一说非官名，指主天下御万物。门尹：官名，一说人名。登恒：人名，一说登于恒道。⑫傅：师傅。⑬囿：局限，限制。⑭之名嬴法：名法是多余的东西。⑮得其两见：此指仲尼而言，两见犹两端。⑯容成氏：古代圣人，作历数的人。《汉书·艺文志》有《容成子》十四篇。⑰除日无岁：除掉每一天就没有年。⑱无内无外：就像没有内就没有外一样。

【译文】

冉相氏体察了道的精髓因而能听任外物自然发展，跟外物契合相处没有终始，也显不出时日。时时随外物而变化，而其虚空的心境却丝毫不会改变。何尝舍弃过大道的精髓？有心去效法自然却得不到效法自然的结果，跟外物一道相追逐，对所修的事业又能够怎样呢？圣人心目中从不曾有过天，从不曾有过人，从不曾有过开始，从不曾有过外物，跟随世道一块儿发展变化而没有废止，有所行动也是那么完备因而不会受到败坏。他与外物的契合与融洽又将是怎样的呢？商汤得到他的司御门尹登恒做他的师傅，而他随从师傅学习却从不拘泥于所学；能够随顺而成，为此而察其名迹；对待这样的名迹又无心寻其常法，因而君臣、师徒能各得其所、各安其分。仲尼最后弃绝了谋虑，因此对自然才有所辅助。容成氏说："摒弃了每一天就不会累积成年，这就像离开内就没有外一样。"

⊙品庄悟道⊙

生而美者，人与之鉴

圣人拥有天地一般博大的胸怀，能调和各种人际纠纷，但对其自己来说，这却是本性使然。他依照本性行事，并不关心他人的评价，也无意博取美名，所以不会出现"施人忘报、神佛不齿"的情况。另一方面，他的功德并非建立在智识、机巧上——庄子认为人的智识、机巧都有局限——所以圣人做事既不会有偏颇疏漏，也不会反复无常。

一如天生丽质的人不照镜子、不经告知，便不知自己很美，天生丑陋的人不照镜子、不被告知，也意识不到自己很丑。世上也有发乎本性行恶作乱却不自知的人。如此，不就与庄子所说的发生了矛盾？事实上，在道家看来，美、丑都是人为创造的观念，只要发乎自然，便无所谓美、丑。道家强调自然价值，返璞归真。在庄子的哲学中，真即是美。文艺理论家敏泽对此有这样的解读："不假文饰、因任自然本性之真，也就是最大的美，所以'真人'也就是最美的人性，最美的人性也就是'真人'，在师宗自然无心的基础上，庄子建立了他的真、美统一论。"

【分节导读】

此节通过戴晋人与魏惠王的对话，讽刺了不顾民生，为发泄一己私愤发动战争的君主。庄子用蜗角之国的故事说明战争的荒谬。事实上，在道的面前，任何战争都毫无意义可言，既渺小又愚蠢。此节反映了庄子对战争的厌恶。

【原文】

魏莹与田侯牟约①，田侯牟背之。魏莹怒，将使人刺之。

犀首公孙衍闻而耻之②，曰："君为万乘之君也，而以匹夫从仇。衍请受甲二十万③，为君攻之，虏其人民，系其牛马，使其君内热发于背，然后拔其国。忌也出走④，然后抶其背⑤，折其脊。"

季子闻而耻之⑥，曰："筑十仞之城，城者既十仞矣，则又坏之，此胥靡之所苦也⑦。今兵不

公孙衍认为应出兵攻打田侯。

起七年矣，此王之基也^⑧。衍，乱人也，不可听也。"

华子闻而丑之^⑨，曰："善言伐齐者，乱人也；善言勿伐者，亦乱人也；谓'伐之与不伐乱人也'者，又乱人也。"

君曰："然则若何？"

曰："君求其道而已矣。"

惠子闻之^⑩，而见戴晋人^⑪。戴晋人曰："有所谓蜗者^⑫，君知之乎？"

曰："然。"

魏莹打算派人行刺。

"有国于蜗之左角者，曰触氏；有国于蜗之右角者，曰蛮氏。时相与争地而战，伏尸数万，逐北旬有五日而后反^⑬。"

君曰："噫！其虚言与^⑭？"

曰："臣请为君实之^⑮。君以意在四方上下有穷乎^⑯？"

君曰："无穷。"

曰："知游心于无穷，而反在通达之国，若存若亡乎？"

君曰："然。"

曰："通达之中有魏，于魏中有梁^⑰，于梁中有王，王与蛮氏有辩乎^⑱？"

君曰："无辩。"

客出而君惝然若有亡也^⑲。

客出，惠子见。君曰："客，大人也，圣人不足以当之。"

惠子曰："夫吹管也，犹有嗃也^⑳；吹剑首者^㉑，吷而已矣^㉒。尧、舜，人之所誉也。道尧、舜于戴晋人之前，譬犹一吷也。"

【注释】

①魏莹：魏惠王的名字。田侯牟：指齐威王。②犀首：武官名。公孙衍：人名，姓公孙，名衍。③受甲：领兵。④忌：田忌，齐国将军。⑤抶（chì）：鞭打。⑥季子：魏国贤臣。⑦胥靡：服役的犯人。⑧王之基：统治的基础。⑨华子：魏臣。⑩惠子：惠施。⑪见（xiàn）：引见。戴晋人：魏国贤人，姓戴，字晋人。⑫蜗：蜗牛。⑬北：败兵。旬有五日：十五天。有，通"又"。反：通"返"。⑭虚言：谎言，假话。⑮实之：证实它。⑯意：想要。⑰梁：魏国国都。⑱辩：通"辨"，区别。⑲惝（chǎng）然：怅然，恍忽不定。亡：亡失。⑳嗃（xiāo）：吹管的声音，声音大而长。㉑剑首：剑环上的小孔。㉒吷（xuè）：吹气声，声音小而短。

【译文】

魏莹与田侯牟盟约，田侯牟背弃盟约。魏莹大怒，要派人去刺杀他。

公孙衍将军听了感到这种做法很可耻，说："君主是万乘大国的国君，而用匹夫的手段去报仇。我请求领兵二十万，为君主攻打他，俘虏他的人民，掠夺他的牛马，使他的国君内心起火而直发于背，然后夺取他的国土。让田忌也逃走，然后鞭打他的后背，折断他的脊骨。"

季子听了公孙衍的说法而感到可耻，说："建筑十仞高的城墙，城墙已建了十仞高了，然后又破坏它，这是徒役者所苦的事。现在不打仗已经七年了，这是统治的基础。公孙衍是好乱的人，不可听从。"

华子听了而讥笑他们两人，说："巧言伐齐的人是好乱的人，巧言不伐齐的人也是好乱的人，说'伐齐与不伐齐是好乱的人'的人，又是好乱的人。"

国君说："那怎么办呢？"

华子说："您求大道就行了。"

惠子听说了，引见戴晋人。戴晋人说："有所谓蜗牛，您知道吗？"

回答说："知道。"

"有个国家在蜗牛的左角，叫触氏；有个国家在蜗牛的右角，叫蛮氏。时常互相争夺地盘而战，横尸数万，追逐败兵十五日而后返回。"

国君说："噫！这是虚假的话吗？"

答道："我请为君主证实它。君主认为四方上下有穷尽吗？"

君主说："无穷。"

说："知道游心于无穷，而返于通达的国土，好像存在又好像不存在吗？"

君主说："是的。"

说："通达的国土中有魏国，魏国中有梁都，梁都中有君王，君王与蛮氏有区别吗？"

君主说："没有区别。"

客人辞出，君主怅然，若有所失。

客人走了，惠子进见。君主说："这位客人是伟大人物，圣人也不足以与他相提并论。"

惠子说："吹管乐，还有大而长的声音；吹剑环，只有小而短的声音。尧、舜是人所称誉的。在戴晋人面前称道尧、舜，就好比一点小声了。"

【分节导读】

在此节中，被孔子称为"圣人仆"的市南宜僚，正是庄子眼中真正的隐士。他声名沉寂却志向无穷，虽有所言论，内心却凝寂淡漠，在自藏于民的同时固守真性，专注于自我心性的保养，不被世俗的变化侵扰。

【原文】

孔子之楚①，舍于蚁丘之浆②。其邻有夫妻臣妾登极者③，子路曰："是稷稷何为者邪④？"

仲尼曰："是圣人仆也⑤。是自埋于民⑥，自藏于畔⑦。其声销⑧，其志无穷⑨，其口虽言，其心未尝言，方且与世违而心不屑与之俱⑩。是陆沉者也⑪，是其市南宜僚邪⑫？"

子路请往召之。

孔子曰："已矣！彼知丘之著于己也，知丘之适楚也，以丘为必使楚王之召己也，彼且以丘为佞人也⑬。夫若然者，其于佞人也羞闻其言，而况亲见其身乎！而何以为存⑭？"

子路往视之，其室虚矣。

卖浆人家的邻居全家都登上屋顶观望。

【注释】

① 之：往，去。楚：楚国。② 舍：止，住。蚁丘：山丘名。浆：卖浆的店铺。③ 登极：登上屋顶。④ 是：这。稯稯（zōng）：一作"总总"。群众有秩序地聚集在一起。⑤ 仆：仆役、学徒。⑥ 自埋于民：甘愿隐藏在民间，埋没为耕民。⑦ 自藏于畔：甘愿隐居在田间。⑧ 其声销：他的名声消失。⑨ 无穷：无穷大。⑩ 不屑：认为不值得，不愿意接受。⑪ 陆沉：在陆地上如沉于水中，指隐者。⑫ 市南宜僚：人名，姓熊，字宜僚，因居市南故称市南宜僚，楚国的隐者。⑬ 佞人：媚世的人，取巧的人。⑭ 而：汝，你。存：存留。

【译文】

孔子到楚国去，寄宿在蚁丘的卖浆人家。卖浆人家的邻居夫妻奴仆全都登上了屋顶观看孔子的车骑，子路说："这么多人聚集在一起是干什么呢？"

孔子说："这些人都是圣人的仆从。这个圣人把自己隐藏在百姓之中，藏身于田园生活。他的声音从世上消失了，他的志向却是伟大的，他嘴里虽然在说着话，心里却好像不曾说过什么，处处与世俗相违背而且内心不屑与世俗为伍。这是隐遁于世俗中的隐士，这个人恐怕是楚国的市南宜僚吧？"

子路请求前去召他前来。

孔子说："算了吧！他知道我对他十分了解，又知道我到了楚国，认为我必定会让楚王来召见他，他将把我看成是巧言献媚的人。如果真是这样，他一定会羞于听巧言献媚的人言谈，更何况是亲自见到其人呢！你凭什么认为他还会留在那里呢？"

子路前往察看，市南宜僚的居室已经空无一人了。

【分节导读】

此节长梧封人以耕作治国来强调为政鲁莽、治民轻薄的危害，庄子则从中看到了修身之道。认为修身也如耕作一般，需效法自然，排除有损心田的杂孽。田不修则荒，心田不修则乱，混乱的心田必定会危害人的生活。

【原文】

长梧封人问子牢曰①："君为政焉勿卤莽②，治民焉勿灭裂③。昔予为禾④，耕而卤莽之，则其实亦卤莽而报予⑤；芸而灭裂之⑥，其实亦灭裂而报予。予来年变齐⑦，深其耕而熟耰之⑧，其禾蘩以滋⑨，予终年厌飧⑩。"

庄子闻之曰："今人之治其形，理其心，多有似封人之所谓，遁其天⑪，离其性，灭其情，亡其神，以众为。故卤莽其性者，欲恶之孽为性⑫，萑苇蒹葭⑬，始萌以扶吾形⑭，寻擢吾性⑮；并溃漏发⑯，不择所出，漂疽疥痈⑰，内热溲膏是也⑱。"

治国也好，修身也好，都像耕田一样。

【注释】

① 长梧封人：即长梧子，《齐物论》有"瞿鹊子问乎长梧子"。长梧，地名。封人，守封疆之人。子牢：即琴牢，孔子弟子。② 卤莽：同"鲁莽"，草率。③ 灭裂：胡乱。④ 为禾：种庄稼。⑤ 实：果实。⑥ 芸：除草。

⑦变齐（jì）：改变耕作方法。齐，通"剂"，制作，耕作方法。⑧熟耰（yōu）：细致地反复除草。⑨蘩：繁盛。滋：茂盛。⑩厌飧（sūn）：吃得饱。厌，通"餍"，吃饱。飧，晚饭。⑪遁：失。⑫欲：喜好。恶：厌恶。孽（niè）：孽生枝杈。⑬萑（huán）：荻草，似苇。苇：芦苇。蒹（jiān）：没有出穗的荻草。葭（jiā）：没有出穗的芦苇。⑭扶：扶养，保养。⑮擢（zhuó）：拔，助长。⑯溃：溃烂。漏：流脓不止的疮口。⑰漂：本作"瘭"，脓疮。疽：脓疮。疥：疥疮。痈：毒疮。⑱溲（sōu）膏：排泄带有肥白泡沫的尿。

深耕细作才能有好的收获。

【译文】

长梧地方守护封疆的人对子牢说："你处理政事不要太鲁莽，治理百姓不要太草率。从前我种庄稼，耕地时粗率马虎，而庄稼就用粗疏马虎的态度来回报我；锄草时轻率马虎，而庄稼也用轻率马虎的态度来回报我。我来年改变了耕作的方式，深耕细种，禾苗繁茂，果实累累，我一整年都有足够的粮食吃。"

庄子听到后说："如今人们治理自己的形体，修养自己的心神，很多人都像这守护封疆的人所说的情况，逃避自然，背离天性，泯灭真情，丧失精神，以此从众而追逐俗事。所以对待本性真情粗疏鲁莽的人，欲念与邪恶的祸根，就像萑苇蒹葭那样危害人的本性，开始时似乎还可以用来扶养人的形体，逐渐地就拔除了自己的本性；身体上溃下漏，遍布全身，毒疮流脓，内热便浊就是这样。"

⊙品庄悟道⊙

耕而卤莽之，则其食亦卤莽而报予

认真做事未必会得到好的结果，但鲁莽行事一定得不到好的结局。长梧封人用耕作的道理来讲治国，但这道理又不仅仅适用于治国。它告诉人们，要成就一件事情，须从三个方面入手：完善自我；尊重规律；主动创造有利条件。

而在完善自我方面，庄子则把人心看作一片田地。他毫不客气地指出，大部分人都没能对自己的"心田"深耕细作。人们盲目地追随世俗成见，一如草率耕作的农人；人们逃避自然，迷散本性，一如无视自然规律的农人；人们放纵欲望，沉溺享乐，一如懒于锄草的农人。长此以往，心田必然沦为荒野，人也将长期处在茫然焦虑、抑郁不安的状态中。

不认真耕作的农人，会遭到农田的报复。疏于打理心田的人，也会遭到心田的报复，即便拥有优渥的物质生活，也感受不到快乐。因此，对现代人来说，不管生活的节奏多么紧张，都要抽出时间打理心田、灌溉它、滋养它、守护它。

【分节导读】

　　此节写柏矩游齐时，见死刑示众发出的感慨。庄子借此表达了"彼窃钩者诛，窃国者为诸侯"的观点，指责了当世君主率先作伪却还要惩罚他人的行为。与从前的人君一旦有误便退而自责作比较，批判了现在君主的昏庸无道，同时也指出统治阶层确立法律惩奖百姓，是百姓作乱的始源。

【原文】

　　柏矩学于老聃①，曰："请之天下游②。"

　　老聃曰："已矣！天下犹是也③。"

　　又请之，老聃曰："汝将何始？"

　　曰："始于齐。"

　　至齐，见辜人焉④，推而强之⑤，解朝服而幕之⑥，号天而哭之曰："子乎子乎！天下有大灾，子独先离之⑦，曰莫为盗！莫为杀人！荣辱立，然后睹所病⑧；货财聚，然后睹所争。今立人之所病，聚人之所争，穷困人之身使无休时，欲无至此，得乎！

增加路途长度，诛杀走不到的人。

　　"古之君人者，以得为在民⑨，以失为在己；以正为在民⑩，以枉为在己⑪；故一形有失其形者⑫，退而自责。今则不然。匿为物而愚不识⑬，大为难而罪不敢⑭，重为任而罚不胜，远其途而诛不至。民知力竭⑮，则以伪继之⑯。日出多伪，士民安取不伪！夫力不足则伪，知不足则欺，财不足则盗。盗窃之行，于谁责而可乎？"

【注释】

①柏矩：人名，老子的学生。②之：往。游：游历。③犹是：像这里一样。④辜人：死刑后用以示众的尸体。⑤强：借为"僵"，倒卧的意思。⑥幕：覆盖。⑦离：通"罹"，遭受。⑧病：忧患。⑨得：所得，成功。在民：归于人民。⑩正：正确。⑪枉：错误。⑫一形：指一人。失其形：指损害其形体。⑬匿：隐藏。不识：不懂的人。⑭大为难：加大困难。⑮知：通"智"。⑯以伪继之：以虚伪来应付。

【译文】

　　柏矩求学于老聃，说："请求去天下游历。"

　　老聃说："算了吧，天下像这里一样。"

　　柏矩再一次请求，老聃说："你将要从什么地方开始呢？"

　　回答说："从齐国开始。"

　　到了齐国，看到一个死刑示众的尸体，便把尸体摆正，解下朝服盖上他，仰天号哭说："你呀！你呀！天下有大灾，唯独你先遭受了，说什么不要做强盗！不要杀人！荣辱确立，然后可以看到忧患之处；财货积聚，然后可看到争夺之处。现在积聚人诟病的，积聚人所争攘的，人的身体穷困而无休止的时候，想不走到这种地步，做得到吗？

　　"古时为人君主的人，把成功归于人民，把失败归于自己；把正确归于人民，把错误归于自己。所以有一个人损害了他的形体，就退而责备自己。现在就不是这样了。隐藏事物的真相愚弄不懂的人，加大困难归罪不敢做的人，加重任务惩罚不胜任的人，加远路途诛杀走不到的人。人民的智力竭尽了，就用虚伪来对付。每天表现出很多虚伪，士民怎么能不虚伪呢？力不足就行伪，智不足就欺骗，财不足就偷盗。盗窃的行为，应该责备谁呢？"

⊙品庄悟道⊙

荣辱立，然后睹所病；货财聚，然后睹所争

有了荣辱，人便有争荣避辱之心；财货聚集之地，必有纷争。最能说明这一道理的典故便是"二桃杀三士"。春秋时期，齐景公手下有三个勇士：公孙接、田开疆、古冶子，他们都自恃有功，骄横狂妄，让齐景公萌生了杀心。于是，齐景公采纳了大臣晏子的计策，以重赏勇士为名，将三人召来，让三人根据自己功劳的大小，分两个桃子。三人的争执之心就因这两个桃子而起，他们各不相让，彼此攻击，最后因意识到自己的愚妄，羞愧自杀。

贪名好利，是人类的通病，人常会因此而忽视显而易见的祸患，所以庄子会有"立人之所病，聚人之所争，穷困人之身"的感慨。而另一位道家代表人物老子则把"不贵难得之货""不见可欲"作为安民定邦之策，认为统治者若不重视贵重之物，百姓也不会萌生争抢之心，若统治者不夸耀可以引起人欲望的东西，百姓也不会心生迷乱。当然，对大多数人来说，绝对放下对名利的欲望，并不现实。但人至少应意识到很多诱人的事物后都潜藏着危险，不能因追名逐利踏入歧途。

【分节导读】

此节通过蘧伯玉随着时间的流逝不断重新认识自我的故事，表明事物的变化没有止境，人们的评判也就没有永恒标准。人对世界的认知是有限的，而万物的范围又是广大无限，因而庄子认为，人们的思想要与时俱进，不可滞执固有的认识，才能完成一次次对自然、对自我、对道的认识飞跃。

【原文】

蘧伯玉行年六十而六十化①，未尝不始于是之②，而卒诎之以非也③，未知今之所谓是之非五十九非也。万物有乎生而莫见其根④，有乎出而莫见其门⑤。人皆尊其知之所知⑥，而莫知恃其知之所不知而后知，可不谓大疑乎⑦！已乎！已乎！且无所逃⑧。此所谓然与然乎⑨？

蘧伯玉六十岁了，六十年来每年都有所变化。

【注释】

①蘧伯玉：人名，姓蘧，名瑗，字伯玉，卫国的大夫。行年：历年。六十而六十化：指六十之中每年都在变化。此语在《寓言》中说的是孔子。②是：肯定，正确，对的。③卒：最终，最后。诎：通"黜"。非：否定，不正确，不对的。④根：根本，万物的根源。⑤门：门径。⑥知之所知：前一"知"通"智"，后一"知"当知道讲。⑦大疑：极糊涂。⑧无所逃：没有能逃避得了的。⑨然与然：这样与那样。

【译文】

蘧伯玉活了六十岁而六十年来每年都有所变化，与日俱新，何尝不是开始时认为是对的而后来又转过来认为是错的，不知道现今所认为是对的又不是五十九岁时所认为是错的。万物有其产生却

看不见它产生的本根，有其出现却寻不见它出现的门径。人人都尊崇自己才智所了解的知识，却不懂得凭借自己才智所不知道的而后知道的道理，这难道不是最大的疑惑吗？罢了！罢了！没有什么办法可以避免这样的错误。这就是所谓你说这样他说那样吗？

【分节导读】

　　此节中，孔子向三个史官问灵公谥号的来历，三人回答各不相同，说明是非无准则的道理。不同立场的人会有不同的是非观念，正如百家争鸣的现象出现一样，执著于是非无益于修养身性，不如遵从自然心性，让内心安定释然，无物无我，无伤身心，领悟大道。

【原文】

　　仲尼问于大史大弢、伯常骞、狶韦曰[1]："夫卫灵公饮酒湛乐[2]，不听国家之政[3]；田猎毕弋[4]，不应诸侯之际，其所以为灵公者，何也[5]？"

　　大弢曰："是因是也。"

　　伯常骞曰："夫灵公有妻三人，同滥而浴[6]。史鳅奉御而进所[7]，搏币而扶翼[8]。其慢若彼之甚也[9]，见贤人若此其肃也[10]，是其所以为灵公也。"

　　狶韦曰："夫灵公也死，卜葬于故墓不吉[11]，卜葬于沙丘而吉[12]。掘之数仞，得石椁焉[13]，洗而视之，有铭焉，曰：'不冯其子[14]，灵公夺而里之[15]。'夫灵公之为灵也久矣！之二人何足以识之[16]！"

【注释】

①大（tài）史：官名，春秋时掌管起草文书，策命诸侯卿大夫，记史实，编史书，管典籍和天文历法，掌三易和祭祀等。大弢、伯常骞、狶韦，三人都是大史。②湛乐：过分地享乐。湛（dān），通"耽"。③听：管理，处理。④毕：大网。弋：系绳的箭。⑤为灵公者何也：谥号为什么称为"灵公"。按古代谥法，天子、诸侯国君死后多送谥号，其中有美谥和恶谥。⑥滥：大浴盆。⑦史鳅：人名，即史鱼，卫国的大夫。⑧搏币：接取币帛。扶翼：扶掖，即扶臂。⑨慢：傲慢，放纵。彼：指与三妻同沐那样的事。⑩肃：敬畏。⑪故墓：生前挖好的寿穴。⑫沙丘：地名，在盟津河北，即今河南孟津一带。⑬石椁（guǒ）：石造的棺椁。⑭不冯其子："其子不冯"的倒装。冯（píng），通"凭"，凭依。子，子孙。⑮里：居。⑯之：他们。二人：指大弢、伯常骞。

卫灵公饮酒作乐，不理国政。

【译文】

　　孔子向太史大弢、伯常骞、狶韦请教："卫灵公饮酒作乐，不处理国家政务；打猎捕兽，不参与诸侯间的盟会；他死之后为什么还追谥为"灵公"呢？"

　　大弢说："这样的谥号就是因为他具有这样的德行。"

　　伯常骞说："那时候卫灵公有三个妻子，他们在一个澡盆里洗澡。卫国的贤臣史鳅奉召来到卫灵公的寓所，灵公让人接过他手上的东西，并使人扶着他。他在生活中是多么散漫，而他对贤人又是如此的尊敬，这就是他死后追谥为灵公的原因。"

　　狶韦则说："当年卫灵公死了，占卜问葬说是葬在原墓地不吉利，而葬在沙丘上就能吉利。于是挖掘沙丘数丈，发现有一个石制外棺，洗去泥土一看，上面还刻有一段文字，说：'不靠子孙，灵公将得此为冢。'灵公被叫做'灵'看来已经很久了，大弢和伯常骞怎么能够知道呢！"

> **【分节导读】**
>
> 　　此节写少知问大公调何为丘里之言，探论"同"与"异"的问题。"合异以为同，散同以为异。"万物的整体即是道，道散而为多样式的万物。道即是万物，万物即是道，因此，对待任何事物都不应该有偏差，不固执己见，不偏袒。大公调由"丘里之言"说到浑同之道，天下万物虽然各有自的千变万化，然而是都遵照着自己的自然规律发展着，世界发展的这种自然规律就是道。

【原文】

　　少知问于大公调曰①："何谓丘里之言②？"

　　大公调曰："丘里者，合十姓百名而以为风俗也③，合异以为同，散同以为异。今指马之百体而不得马，而马系于前者④，立其百体而谓之马也。是故丘山积卑而为高，江河合小而为大，大人合并而为公⑤。是以自外入者⑥，有主而不执；由中出者⑦，有正而不距。四时殊气，天不赐⑧，故岁成；五官殊职⑨，君不私，故国治；文武殊能，大人不赐，故德备；万物殊理，道不私⑩，故无名。无名故无为，无为而无不为。时有终始，世有变化。祸福淳淳⑪，至有所拂者而有所宜⑫；自殉殊面⑬，有所正者有所差。比于大泽⑭，百材皆度⑮；观于大山，木石同坛⑯，此之谓丘里之言。"

丘山积卑而为高，江河合小而为大。

【注释】

　　①少知、大公调：庄子虚构的人物。少知，喻指知识浅少。大公调，喻为广大公正调和万物。②丘里：乡里。四井为邑，四邑为丘；五家为邻，五邻为里。③十姓百名：指群众。④系：悬。⑤大人：有道的人。合并：合并众人。⑥自外入：听别人的言论。⑦由中出：出于自己的意见。⑧赐：偏私。⑨五官：司徒、司马、司空、司士、司寇。⑩道：大道，天道。⑪淳淳：茫昧难测的样子。⑫拂：违背。⑬殉：通"徇"，营求。面：向。⑭比于：譬如。⑮百材皆度：各种木材都有用处。度，用度。⑯同坛：木石盘结在一起。

【译文】

少知向大公调求教："什么叫做'丘里'之言？"

大公调说："所谓'丘里'，就是聚合群众而形成共同的风气习俗，组合不同的个体就形成混同的整体，离散混同的整体又成为不同的个体。如今指称马的上百个部位却不能指称马的整体，而马是根据前者合并而成，只有集合了马的各个部位并组合成整体才能称之为马。所以说山丘积聚卑小的土石才成就其高，江河汇聚细小的流水才成就其大，伟大的人物并合了众多

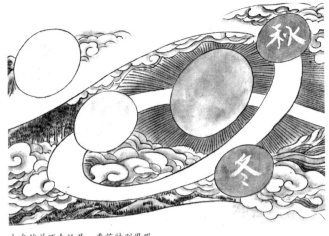

大自然并不会给某一季节特别恩赐。

的意见才成就其公。所以，从外界反映到内心里的东西，自己虽有定见却并不执着己见；由内心里向外表达的东西，即使是正确的也不愿跟他人相违逆。四季具有不同的气候，大自然并没有对某一节令给予特别的恩赐，因此年岁的序列得以形成；各种官吏具有不同的职能，国君没有偏私，因此国家得以治理；文臣武将具有各不相同的才能，国君没有偏爱，因此各自德性完备；万物具有各自的规律，大道对它们也都没有偏爱，因此不去授予名称以示区别。没有称谓因而也就没有作为，没有作为因而也就无所不为。时序有终始，世代有变化。祸福在不停地流转，出现违逆的一面同时也就存在相宜的一面；各自追逐其不同的侧面，有所端正的同时也就有所差误。就拿山泽来比方，生长的各种材质全都有自己的用处；再看看大山，树木与石块盘结在一起。这就叫做'丘里'的言论。"

【分节导读】

此节通过少知与大公调对话，谈论万物的起源问题。庄子认为世界的本源就是"道"，正如老子"道生一，一生二，二生三，三生万物"的理论一样，道是无所不在，无所不包的宇宙本体。人类的言语和认识所达到的程度是"物"的范围，大道无言，追求道的本身、道的起源的行为，也是不能领悟真道的。

【原文】

少知曰："然则谓之道，足乎？"

大公调曰："不然。今计物之数，不止于万，而期曰万物者[①]，以数之多者号而读之也。是故天地者，形之大者也；阴阳者，气之大者也；道者为之公。因其大而号以读之，则可也，已有之矣，乃将得比哉？则若以斯辩，譬犹狗马，其不及远矣。"

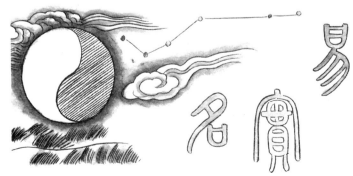

大道无言，贯通天地、阴阳。

少知曰："四方之内，六合之里，万物之所生恶起？"

物极则反，终而复始。

　　大公调曰："阴阳相照，相盖相治②；四时相代，相生相杀③。欲恶去就，于是桥起④；雌雄片合，于是庸有⑤。安危相易，祸福相生，缓急相摩⑥，聚散以成。此名实之可纪⑦，精微之可志也⑧。随序之相理，桥运之相使⑨，穷则反，终则始。此物之所有。言之所尽，知之所至，极物而已。睹道之人⑩，不随其所废，不原其所起，此议之所止。"

　　少知曰："季真之莫为⑪，接子之或使⑫，二家之议，孰正于其情，孰偏于其理？"

　　大公调曰："鸡鸣狗吠，是人之所知；虽有大知，不能以言读其所自化⑬，又不能以意测其所将为。斯而析之⑭，精至于无伦⑮，大至于不可围，或之使，莫之为，未免于物，而终以为过。或使则实，莫为则虚。有名有实，是物之居；无名无实，在物之虚。可言可意，言而愈疏。未生不可忌⑯，已死不可徂⑰。死生非远也，理不可睹。或之使，莫之为，疑之所假。吾观之本，其往无穷；吾求之末，其来无止。无穷无止，言之无也，与物同理；或使莫为，言之本也，与物终始。道不可有，有不可无。道之为名，所假而行⑱。或使莫为，在物一曲⑲，夫胡为于大方⑳？言而足㉑，则终日言而尽道；言而不足，则终日言而尽物。道物之极，言默不足以载㉒；非言非默，议有所极。"

【注释】

①期：限定。②相照：相照应。相盖：相害。相治：相克。③相代：相代谢，更换。相生：相孕育。相杀：相消除。④欲恶：爱好厌恶。去就：疏远亲近。桥起：突然而起。⑤片合：异性交配。片，通"胖"（pàn）。庸：常。⑥相摩：相互摩擦。⑦此：指上述对立统一的现象。纪：记。⑧志：记。⑨桥运：桥起而运行，指做起伏运动。相使：相互作用。⑩睹：目睹，认识。⑪季真：人名，齐人，稷下学者。⑫接子：人名，齐人，稷下学者。⑬读：称，表达。⑭斯：如此。⑮精：精细。无伦：无与伦比。⑯忌：禁。⑰徂：通"阻"，止。⑱假：借。行：运行。⑲一曲：一方面、一个侧面。⑳胡：何，怎么。㉑言而足：言谈之多。㉒言默：语言沉默。载：表达。

【译文】

　　少知问："既然如此，那么称之为道，可以吗？"

　　大公调说："不可以。现在计算一下物的种数，不止于万，而只限于称做万物，是用数目最多的来称述它。所以，天地是形体中最大的；阴阳是元气中最大的；而大道却把天地、阴阳贯通。因为它大就用'道'来称述它是可以的，已经有了'道'的名称，还能够用什么来与它相提并论呢？假如用这样的观点来寻求区别，就好像狗与马相比，其间的差别也就太大了！"

少知问："四方之内，六合之中，万物从哪里产生？"

大公调说："阴阳互相辉映、互相伤害又互相调治，四季互相更替、互相产生又互相衰减。欲念、憎恶、离弃、靠拢，于是像桥梁一样相互连接兴起，雌性、雄性的分开交合，于是相互为常具有。安全与危难相互变易，灾祸与幸福相互产生，疏缓与急骤相互摩擦，聚集离散是以形成。随时序相治理，起落运动相作用。物极则返，终而复始，这都是万物所共有的规律。言语所能致意的，智巧所能达到的，只限于人们所熟悉的少数事物罢了。体察大道的人，不追逐事物的消亡，不探究事物的源起，这就是言语评说所限止的境界。"

少知又问："季真的'莫为'观点，接子的'或使'主张，两家的议论，谁最合乎事物的真情，谁又偏离了客观的规律？"

大公调说："鸡鸣狗叫，这是人人都能了解的现象，可是，即使是具有超人的才智，也不能用言语来说明它们能名叫的原因，同样也不能臆断它们将会怎么样。用这样的道理来加以推论和分析，精妙达到了无以伦比，浩大达到了不可限量，事物的产生有所支持，还是事物的产生全出于虚无，两种看法各持一端均不能免于为物所拘滞，因而最终只能是过而不当。'或使'的主张过于拘泥，'莫为'的观点过于虚空。有名有实，这就构成物的存在范围。无名无实，事物的存在也就没有界限。可以言谈也可以意会，可是越是言谈距离事物的真性也就越疏远。没有产生的不能禁止其产生，已经死亡的不能阻挡其死亡。死与生并不相距很远，其中的规律却是不易察见。事物的产生有所使，还是事物的产生全都出于虚无，两者都是因为疑惑而借此生出的偏执之见。我观察事物的原本，事物的过去没有穷尽；我寻找事物的末绪，事物的将来不可限止。没有穷尽又没有限止，是言语无法表达的，这就跟事物具有同一的规律；而'或使''莫为'的主张，用言谈各持一端，又跟事物一样有了外在的终始。道不可以执着于有形，也不可以执着于无象。大道之所以称为'道'，只不过是借用了'道'的名称。'或使'和'莫为'的主张，各自偏执于事物的一隅，怎么能称述于大道呢？言语圆满周全，那么整天说话也能符合于道；言语不能圆满周全，那么整天说话也都局限于物。道是阐释万物的最高原理，言语和沉默都不足以称述；既不说话也不沉默，评议有极限而大道却是没有极限的。"

言语、沉默都不足以阐释道。

◎外物◎

本篇以"外物"为名，其主旨在于表达一切顺应自然之道而抛弃外物之累的主张。作者首先以"忠未必信""孝未必爱"的事例，说明外物无一定标准，因此不可强求，强求则有害。接着在"庄周家贫""任公子为大钩巨缁""儒以诗礼发冢""老莱子之弟子出薪"等段落中，又说明外物往往是虚伪的，不可企求于它，得道者无心于外物反而成功，因此"与其誉尧而非桀，不如两忘而闭其所誉"。最后庄子阐述了"知有所困，神有所不及""无用之为用"的道理，告诉人们顺应自然，"心有天游"，无心于天下，无心于名利，以达到"得鱼忘荃""得兔忘蹄""得意忘言"的境界。

【分节导读】

此节中，作者通过例举史实来说明忠未必能取信，孝未必能被爱的道理，借此表明不执著外物，遵循自然规律和持守纯真心性的重要性。世俗之人沉溺于利害得失之间，只会伤害到自己，甚至招致杀身之祸。

【原文】

外物不可必①，故龙逢诛②，比干戮③，箕子狂④，恶来死⑤，桀纣亡⑥。人主莫不欲其臣之忠，而忠未必信，故伍员流于江⑦，苌弘死于蜀⑧，藏其血三年而化为碧⑨。人亲莫不欲其子之孝；

忠臣惨死，奸臣被杀，暴君身毁国亡。

而孝未必爱，故孝己忧而曾参
悲⑩。木与木相摩则然⑪，金
与火相守则流。阴阳错行，则
天地大绫⑫，于是乎有雷有霆，
水中有火⑬，乃焚大槐⑭。有
甚忧两陷而无所逃⑮，蝥蟀不
得成⑯，心若悬于天地之间⑰，
慰暋沈屯⑱，利害相摩，生火
甚多⑲，众人焚和⑳，月固不胜
火㉑，于是乎有债然而道尽㉒。

苌弘的血经过三年化成玉石。

【注释】

① 不可必：不能有必然的标准。
② 龙逢：关龙逢，夏代的贤臣。
《人间世》有"桀杀关龙逢"。《胠
箧》有"龙逢斩"句。③ 比干：
殷纣王的叔父，因忠谏而被挖心。
《人间世》有"纣杀王子比干"。
《胠箧》有"比干剖"。④ 箕子：殷
纣王的庶叔，曾劝谏纣王，纣王不
从，箕子因而佯狂。⑤ 恶来：人
名，殷纣王的媚臣。⑥ 桀：夏代的
最后一个君主，是有名的暴君，后
为商汤所灭。纣：殷纣王，商代的
最后一个君主，亦是暴君，被周武
王打败而自焚。⑦ 伍员：即伍子
胥，吴王夫差的大夫，后因劝谏夫
差拒越求和，被夫差赐剑自刎，并
把其尸体扔在江中。《胠箧》《至
乐》等篇均有记载。⑧ 苌弘：人
名，周景王、周敬王时刘文公的大
夫。刘氏与晋范氏世婚，晋卿内讧
时，苌弘帮助范氏，晋卿赵鞅因此
事讨周。周敬王二十八年，周人杀
苌弘，纯属屈死。蜀：为当时周的
一个地方，非指四川。⑨ 三年血化
碧：经过三年血变成了玉石，喻指
苌弘的精诚。碧，青绿色的玉石。
⑩ 孝己：殷高宗的儿子，受后母虐
待，忧苦而死。曾参：字子舆，孔

木头和木头摩擦生火。

心若悬于天地之间，忧愁沉闷。

子弟子。⑪ 然：通"燃"。⑫ 绫（hài）：通"骇"，惊动。⑬ 水中有火：指雨中有电。⑭ 焚：焚烧。大槐：大
树。⑮ 甚：过分。忧：忧伤。两陷：陷于阴阳，指人心陷于阴阳。⑯ 蝥（chén）：不安。蟀（chún）：忧虑。蝥蟀，
不安宁。⑰ 悬：古作"县"。⑱ 慰（yù）：通"郁"。暋（mǐn）：闷。沈：沉。屯：难。⑲ 生火盛多：指心火甚多。
⑳ 众人焚和：众人焚烧心中的和气。㉑ 月：人心的清明。㉒ 债（tuí）：通"隤"，败坏。道尽：天性丧失，中途
夭折，不能尽天年。

【译文】

　　外在事物不可能有个定准，所以忠良之士关龙逢被斩杀，比干遭杀害，箕子被迫装疯，而谀臣恶来同样不能免于一死，暴君夏桀和殷纣也同样身毁国亡。国君无不希望他的臣子效忠于己，可是竭尽忠心未必能够取得信任。所以伍子胥被赐死而浮尸江上，苌弘被流放西蜀而见杀，西蜀人珍藏他的血液三年后竟化作碧玉。做父母的无不希望子女孝顺，可是竭尽孝心未必能够得到怜爱，所以孝己愁苦而死，曾参悲切一生。木与木相互摩擦就会燃烧，金属跟火相互厮守就会熔化。阴与阳错乱不顺，天与地都会大受惊骇，于是雷声隆隆，雷雨中夹着闪电，甚至烧毁高大的树木。有人忧虑过度陷入利害两端而没有办法逃避，小心翼翼、恐惧不安而又一无所成，心像高悬在天地之间，忧郁沉闷，利害得失在心中碰撞，于是内心烦乱焦躁万分；世俗之人内热如火烧毁了中和之气，清虚淡泊的心境抑制不住内心如火的焦虑，于是便精神颓然而玄理丧失。

【分节导读】

　　此节写庄子向监河侯借粮的故事。庄子用"涸辙之鱼"的寓言讽刺了监河侯所代表的统治阶层权贵，后者企图用虚伪的大方掩盖真实的吝啬。同时，庄子还暗示了人要简单地生活，就像涸辙之鱼一样，只需一斗一升的水便足够了，所需并不很多。

【原文】

　　庄周家贫，故往贷粟于监河侯①。监河侯曰："诺。我将得邑金②，将贷子三百金，可乎？"

　　庄周忿然作色曰③："周昨来，有中道而呼者④。周顾视车辙中⑤，有鲋鱼焉⑥。周问之曰：'鲋鱼来！子何为者邪？'对曰：'我，东海之波臣也⑦。君岂有斗升之水而活我哉？'周曰：'诺。我且南游吴越之王⑧，激西江之水而迎子⑨，可乎？'鲋鱼忿然作色曰：'吾失我常与⑩，我无所处。吾得斗升之水然活耳，君乃言此，曾不如早索我于枯鱼之肆⑪！'"

庄子向监河侯借谷子。

【注释】

① 贷：借贷。粟：谷子，泛指粮食。监河侯：监理河道的官。② 邑金：封地之内的赋税。③ 忿（fèn）然：生气的样子。④ 中道：道中。⑤ 顾视：回头看。⑥ 鲋（fù）鱼：鲫鱼。⑦ 波臣：水中的臣子。⑧ 且：将。游：游说。⑨ 激：引。⑩ 常与：经常在一起的，指水。⑪ 曾：就，乃。枯鱼之肆：干鱼市场。

【译文】

庄周家贫困，所以去向监河侯借粮食。监河侯说："可以，等我得到封地内的税赋，到时借你三百金。可以吗？"

庄子不高兴了，脸色一变说："我昨天来时，途中有叫我的声音，我回头看车辙，里面有条鲫鱼。我问它说：'鲫鱼，你为什么在这里呢？'回答说：'我是东海的水中之臣。你有斗升的水而救活我吗？'我说：'可以，我将到南边去游说吴国、越国的国君，引西江之水来迎救你，可以吗？'鲫鱼生气变色说：'我失去了与我常在一起的水，没有容身的地方，得到斗升的水就可以活。你说这样的话，还不如早点到干鱼市场去找我呢！'"

一条小鱼向庄子求救，求斗升之水。

庄子欲引西江之水救鱼，鱼怒。

【分节导读】

此节通过任公子坐于会稽山上，以五十头阉牛做诱饵，用大鱼钩和粗大的黑绳钓东海的大鱼的寓言，说明了经理世事的人应当怀有大志，志于大成的道理。以坐在小河沟守候小鱼的浅薄之人做对比，强调若是想领悟大道，也当如任公子一般，有远见、有大志、有气魄。

【原文】

任公子为大钩巨缁①，五十犗以为饵②，蹲乎会稽③，投竿东海，旦旦而钓④，期年不得鱼⑤。已而大鱼食之⑥，牵巨钩锠没而下⑦，骛扬而奋鬐⑧，白波若山⑨，海水震荡，声侔鬼神⑩，惮赫千里⑪。任公子得若鱼，离而腊之⑫，自制河以东⑬，苍梧已北⑭，莫不厌若鱼者⑮。已而后世辁才讽说之徒⑯，皆惊而相告也。夫揭竿累⑰，趣灌渎⑱，守鲵鲋⑲，其于得大鱼难矣。饰小说以干悬令⑳，其于大达亦远矣㉑。是以未尝闻任氏之风俗㉒，其不可与经于世亦远矣㉓。

【注释】

①任公子：任国的公子。缁（zī）：黑绳。②犗（xiá）：阉牛。③会稽：山名，在今浙江省中部。④旦旦：天天。⑤期（jī）年：一周年。⑥已而：不久，以后。⑦锚：通"陷"，陷没。⑧骛（wù）：奔驰，乱驰，一本作"惊"。鬐（qí）：鱼脊、腹之鱼鳍。⑨白波：白色的波浪。⑩侔（móu）：齐，同。⑪惮（dàn）：通"惮"，震撼。⑫离：剖开。⑬制河：浙河，浙江。⑭苍梧：山名，在今广西省苍梧县。⑮厌：通"餍"，饱食。⑯辁才：小才，才浅。辁，无辐的车轮。讽说：诵说，传说。⑰揭：举。累：细绳。⑱趣（qū）：通"趋"。灌渎：灌溉的小沟渠。⑲鲵鲋：小鱼。⑳小说：闲言碎语。干悬令：求取高显的名声。㉑大达：显达。㉒风俗：传闻。㉓经于世：治理社会。

【译文】

任国公子做了个大鱼钩，系上粗大的黑绳，用五十头牛做钓饵，蹲在会稽山上，把钓竿投向东海，每天都这样钓鱼，整整一年，一条鱼也没钓到。不久大鱼食吞鱼饵，牵着巨大的钓钩，急速沉没海底，又迅急地扬起脊背腾身而起，掀起如山的白浪，海水剧烈震荡，吼声犹如鬼神，震惊千里之外。任公子钓得这样一条大鱼，将它剖开制成鱼干，从浙江以东，到苍梧以北，没有谁不饱食这条鱼的。后世那些浅薄之人和喜好品评

任公子用大鱼钩钓大鱼。

鱼掀起如山般的白浪。

从浙江以东到苍梧以北所有人都饱食大鱼。

议论之士，都大为吃惊而奔走相告。他们举着钓竿细绳，来到山沟小溪旁，守候小鱼上钩，至于想得到大鱼那就很难很难了。修饰浅薄的言辞以求得高显的美名，那就与通晓大道的境界相距太远了，

钓小鱼易，钓大鱼难；求美名易，通大道难。

因此说不曾了解过任公子有所大成的志趣，恐怕就不会善于治理天下，其间的差距也很远了。

⊙品庄悟道⊙

任公子钓大鱼

　　庄子用任公子钓大鱼的故事说明人要立大志，追求高远大道，但这个过程并不容易。任公子制作巨大的钓钩和绳索，还用五十头阉牛做钓饵，其钓鱼的成本比一般人要大的多。而他蹲在会稽山上，蹲了整整一年才将大鱼钓到，所花的时间也比一般的钓鱼者要多。由于他钓鱼的方式与众不同，人们完全可以想象，他会遭遇多少不解的目光、讥讽的言辞。而他独自一个面对苍茫的大海，又是多么孤单。悟道，不只需要恒心和毅力，还需要耐得住寂寞，经得住打击。

　　其实，何止是悟道，很多事情都是如此。有些事之所以伟大，很大一部原因在于它们难以实现。常人因为它们困难，从一开始便决定放弃，又因为自己实现无望，断定他人也无法实现，甚至对那些实践者冷嘲热讽。只是，理想实践了未必实现，不实践则永远无法实现，不放弃未必会得偿所愿，放弃了则一定不会得偿所愿。

【分节导读】

　　此节中的儒者一面盗墓，一面引经据典，其行为可鄙可笑。庄子借此说明仁义以及推行仁义的人的虚伪，用盗墓的儒者讽刺那些假仁义之道、求一己私利、伤害民生的强权者。寓言中含在死者口中的宝珠即是功名利禄的象征。

【原文】

　　儒以诗礼发冢[①]。大儒胪传曰[②]："东方作矣[③]，事之何若？"

　　小儒曰："未解裙襦[④]，口中有珠。《诗》固有之曰：'青青之麦，生于陵陂[⑤]。生不布施[⑥]，死何含珠为！'"

"接其鬓⑦，压其颒⑧，儒以金椎控其颐⑨，徐别其颊⑩，无伤口中珠！"

儒士用诗礼盗墓。

【注释】

①儒：儒生。发：发掘。冢（zhǒng）：坟墓。②胪（lú）传：从上向下传话。③东方作：东方亮。④襦（rú）：短上衣。⑤陵陂（bēi）：山坡。⑥布施：把财物施舍给别人。⑦接：抓。鬓：鬓发。⑧颒（huì）：下巴的胡须，这里指下巴。⑨儒：疑是错字，应为"而"。金椎：金属做的锤子。控：敲打。颐（yí）：面颊。⑩徐：慢。别（biè）：别开，撬开。

【译文】

儒士用诗礼盗墓。大儒士从上向下传话说："东方亮了，事情办得怎么样了？"

小儒士说："还没解下衣裙，口中有珍珠。《诗》中有一首说：'青青的麦苗，生在山坡上，生时不施舍人，死后何必含珠。'"

"抓着他的鬓发，按着他的下巴，你用铁锤敲他的面颊，慢慢地撬开他的两颊，不要损伤了口中的珍珠。"

儒士一面盗墓一面念诗：青青麦苗，生在山坡上。

【分节导读】

此节中，老莱子告诫孔子去骄除傲才能成为真正的君子。借老莱子之言提醒世人，行事不能违反自然的规律和人的本性，只有小心谨慎地做事，忘却行为的矜持和容貌的机智，思考事物才能更全面，看事情才能更清明。

【原文】

老莱子之弟子出取薪①，遇仲尼，反以告②，曰："有人于彼③，修上而趋下④，末偻而后耳⑤，视若营四海⑥，不知其谁氏之子。"

老莱子曰："是丘也。召而来。"

仲尼至。曰："丘！去汝躬矜与汝容知⑦，斯为君子矣。"

仲尼揖而退，蹵然改容而问曰⑧："业可得进乎⑨？"

老莱子曰："夫不忍一世之伤而骜万世之患⑩，抑固窭邪⑪，亡其略弗及邪⑫？惠以欢为骜⑬，终身之丑，中民之行进焉耳⑭，相引以名，相结以隐⑮。与其誉尧而非桀，不如两忘而闭其所非誉。

反无非伤也^⑯，动无非邪也^⑰。圣人踌躇以兴事^⑱，以每成功。奈何哉其载焉终矜尔^⑲！"

老莱子的弟子外出砍柴遇见孔子。

【注释】

① 老莱子：人名。楚国的贤人、隐者。与老聃为两个人。出取薪：打柴。② 反：通"返"。③ 彼：那里。④ 修上：上身长。趋下：下身短小。⑤ 末偻：背微曲。后耳：耳朵后贴。⑥ 视：目光。营：充满。四海：指天下。⑦ 汝：你。躬矜：行为矜持。容知：智者的容貌。知，通"智"。⑧ 蹙（cù）然：局促不安的样子。⑨ 业：学业。⑩ 謷：通"傲"，轻视。⑪ 抑：抑或，还是。窭（jù）：陋，不足。⑫ 亡其：还是，或是。略：谋略。⑬ 惠以欢：布施恩惠以博取欢心。⑭ 中民：中人，中等人。⑮ 隐：私。⑯ 反：反己，违反本性。⑰ 动：用世。⑱ 踌躇：不得已而为之。⑲ 载：从事，有意从事。

【译文】

老莱子的弟子外出打柴，遇上了孔丘，打柴归来告诉老莱子，说："那里有个人，上身长下身短，脊背微曲而两耳后贴，目光四射，不知道他是什么人。"

老莱子说："这个人是孔丘。快去叫他来见我。"

孔丘来了。老莱子说："孔丘，去掉你仪态上的矜持和容颜上的机智之态，那就可以成为君子了。"

孔丘听后谦恭地作揖而退，面容顿改而心悸不安地问道："我所追求的仁义之学可以修进并为世人所用吗？"

老莱子："不能忍受一世的伤害而轻视了后世的祸患，你是本来就孤陋蔽塞，还是才智不及呢？布施恩惠以博取欢心并因此自命不凡，这是终身的耻辱，是庸人的行为罢了，这样的人总是用名声来相互招引，用私利来相互勾结。与其称赞唐尧非议夏桀，不如把两种情况都遗忘而且放弃一切称誉。背逆事理与物性定会受到损伤，心性被搅乱就会邪念顿起。圣人顺应事理稳妥行事，因而总是事成功就。你为什么执意推行仁义而且以此自矜呢？"

与其誉尧非桀，不如把二者都忘记。

【分节导读】

此节通过神龟向宋元君托梦求救，最终却难逃杀身之祸的寓言，说明机智也有穷困之时，神灵也有不及之处，再高的智慧也有解决不了事情的时候，从而表达了"去小知而大知明"的道理，人应该抛却那些小聪明，随顺自然，回归本性，获得真正的大智慧。

【原文】

宋元君夜半而梦人被发窥阿门①，曰："予自宰路之渊②，予为清江使河伯之所③，渔者余且得予④。"

元君觉，使人占之⑤，曰："此神龟也。"

宋元君梦见有人披散着头发在侧门窥视。

君曰："渔者有余且乎？"

左右曰："有。"

君曰："令余且会朝。"

明日，余且朝，君曰："渔何得？"

对曰："且之网得白龟焉，其圆五尺。"

君曰："献若之龟。"

龟至，君再欲杀之，再欲活之，心疑，卜之，曰："杀龟以卜吉。"乃刳龟⑥，七十二钻而无遗筴⑦。

仲尼曰："神龟能见梦于元君⑧，而不能避余且之网；知能七十二钻而无遗筴，不能避刳肠之患。

宋元君醒后招人来占卜。

如是，则知有所困，神有所不及也。虽有至知，万人谋之⑨。鱼不畏网而畏鹈鹕。去小知而大知明，去善而自善矣。婴儿生无石师而能言⑩，与能言者处也。"

宋元君看到神龟，打算杀掉它。

【注释】

①宋元君：宋国国君宋元公。被：通"披"。阿门：侧门。②宰路：渊名。③清江：江名。使：出使。河伯：河神。④余且：人名。⑤占：占卜。⑥刳（kū）：剖开而挖空。⑦无遗筴：没有推算不准的。筴，同"策"。⑧见（xiàn）梦：托梦。⑨知：通"智"。⑩石师：大师。

【译文】

宋元君半夜梦见一个人披头散发地在侧门窥视，说："我来自宰路之渊，我为清江出使到河伯那里去，打鱼人余且捉到了我。"

元君醒来，让人占卜这个梦，说："这是神龟。"

元君说："打鱼人有叫余且的吗？"

左右说："有。"

元君说："令余且来朝见。"

第二天，余且来朝，元君说："你捕鱼得到了什么？"

回答说："我的网得到了一个白龟，它圆五尺。"

元君说："献上你的龟。"

龟献来，元君想杀它，又想养活它，心里犹豫，占卜它，说："杀龟的卜卦吉。"于是剖开挖空龟，钻了七十二个孔而没有不应验的。

神龟能托梦给宋元君，却不能保住自己性命。

鱼不怕网怕鹈鹕，去除小智，大智才能明。

仲尼说："神龟能托梦于元君，而不能逃避余且的网；其智慧能钻七十二孔而无不准确，却不能逃避剖肠的祸患。像这样，就是智慧有所困，神有所不能。即便有很高的智慧，也有上万人谋算他。鱼不怕网而怕鹈鹕。去除小智而大智明，去除善而自有善。婴儿生下来没有大师教导也能说话，因为他和会说话的人在一起。"

⊙品庄悟道⊙

去小知而大知明，去善而自善矣

人要去掉小知，大知才明，放下自以为善的心，善才会显现。俗语"聪明反被聪明误"中的"聪明"即是指小知。一如故事中的乌龟，有托梦求救之能，却不能躲开渔网，虽擅长占卜，却救不了自己的性命。

古人将乌龟视作通灵的动物，多用其腹甲、背甲占吉凶。人们在其上面凿出小坑，再在小坑上加热以使甲骨表面出现裂痕，巫师就根据这些裂痕来预测未来。托梦显灵和占卜预言看起来十分神奇，但在生存的大智慧面前，这些能力就显得渺小了。它们非但不能保乌龟尽享天年，还为乌龟召来杀身之祸。

在道家看来，用龟甲卜吉凶，同样是小知。相比大道，人类的一切理性、智巧，都属小知，人只能通过一些方法预知部分天意，却不可能将天意完全纳入掌控之中。因此，人必须意识到智慧的局限性，只有放下因小知而沾沾自喜的心，才能保持对未知事物和伟大自然的敬畏，避免妄自尊大，迷失本性。

【分节导读】

此节庄子运用一个精妙的比喻，说明了"无用就是大用"的道理。庄子以脚所踩到的土地喻"有用"，以没有踩到的土地喻"无用"。没有踩到的土地如果消失了，那么踩到的土地也就没有用处了，庄子以此表明无用才是真正的大用。

【原文】

惠子谓庄子曰①："子言无用。"

庄子曰："知无用而始可与言用矣②。天地非不广且大也③，人之所用容足耳。然则厕足而垫之④，致黄泉⑤，人尚有用乎？"

惠子曰："无用。"

庄子曰："然则无用之为用也亦明矣。"

惠子与庄子讨论有用无用。

【注释】

①惠子：惠施，宋人，庄子的朋友，名家代表人物。《庄子》中多处有他与庄子的辩论。②始：才。③天地：一本作"夫地"。④厕：通"侧"。⑤致：到。黄泉：本为地下水，又指人死葬地或阴间。

【译文】

惠子对庄子说："你的言论没有用处。"

庄子说："懂得没有用处方才能够跟他谈论有用。天地不能不说是既广且大了，人所用的只是脚能踩踏的一小块罢了。既然如此，那么只留下脚踩踏的一小块地方而把其余的全都挖掉，一直挖到黄泉，这块立足之地对人来说还有用吗？"

惠子说："当然没有用处。"

庄子说："如此说来，没有用处的用处也就很明白了。"

【分节导读】

此节分为三小节，分别从三个方面阐述了庄子顺应自然本性的理论。第一小节着重说宇宙流转社会变易，看待事物当与时俱进，不偏颇固执己见；第二小节以人五官七窍比心灵，说明了心胸宽阔通达，心灵才能不受阻碍；第三小节论述了谋虑智巧伤害自然之德的道理，告诫人们不可依仗聪明才智就去做钻于虚名、逐于功利的事情。

【原文】

庄子曰："人有能游①，且得不游乎②？人而不能游，且得游乎？夫流遁之志③，决绝之行④，噫，其非至知厚德之任与⑤！覆坠而不反⑥，火驰而不顾⑦，虽相与为君臣⑧，时也⑨，易世而无以相贱⑩。故曰至人不留行焉⑪。

目光敏锐叫做明，耳朵灵敏叫做聪。

"夫尊古而卑今⑫，学者之流也⑬。且以狶韦氏之流观今之世⑭，夫孰能不波⑮？唯至人乃能游于世而不僻⑯，顺人而不失己。彼教不学⑰，承意不彼⑱。

"目彻为明⑲，耳彻为聪，鼻彻为颤⑳，口彻为甘，心彻为知，知彻为德㉑。凡道不欲壅㉒，壅则哽㉓，哽而不止则跈㉔，跈则众害生。物之有知者恃息㉕，其不殷㉖，非天之罪。天之穿之㉗，日夜无降㉘，人则顾塞其窦㉙。胞有重阆㉚，心有天游㉛。室无空虚，则妇姑勃豀㉜；心无天游，则六凿相攘㉝。大林丘山之善于人也，亦神者不胜。

屋子空间小，婆媳就会发生争吵。

"德溢乎名，名溢乎暴，谋稽乎诚㉞，知出乎争，柴生乎守㉟，官事果乎众宜。春雨日时，草木怒生，铫鎒于是乎始修㊱，草木之到植者过半，而不知其然。"

【注释】

①能游：能优游自乐。②不游：不能自得自适。③流遁：流亡逃遁。④决绝：弃绝尘世。⑤至知：真智。厚德：大德。任：以天下为己任。⑥覆坠：陷落，沉溺。⑦火驰：火速奔逐。顾：返顾。⑧虽：即使。相与为君臣：相互调换君臣的位置。⑨时：一时间。⑩易世：世代更替。相贱：相互轻贱。⑪至人：得道的人，境界至高无上的

人。不留行：游行而不停留，随世变而行。⑫ 尊古而卑今：尊崇古代而鄙视当今，指不知时代变化的人。⑬ 学者：指当时儒墨学派的学者等。⑭ 狶韦氏：三皇以前的帝号。《大宗师》："狶韦氏得之，以挈天地。"⑮ 波：偏颇。⑯ 游于世：与世俗同游。僻：偏僻。⑰ 彼教不学：他们的教条不值得学习。⑱ 承意不彼：承受真意而不认同他们的观点。⑲ 彻：通，贯通，透彻。下同。⑳ 颤（shàn）：通"膻"。㉑ 知：本句中两个"知"均通"智"。㉒ 壅：壅阻，阻塞。㉓ 哽：哽咽，哽塞。㉔ 跈（zhěn）：通"抮"，违背。㉕ 息：天地自然的气息。㉖ 其：若，假使。殷：盛。㉗ 穿：通。㉘ 无降：无减。㉙ 顾：回看。窦：孔穴。㉚ 胞：胎胞。重：多。阆（làng）：空旷，空隙的地方。㉛ 天游：游天，游于自然。㉜ 妇：儿媳。姑：婆婆。勃谿：争吵而责骂。㉝ 六凿：六孔，指耳、目、口、鼻、身、意。相攘：相扰攘。㉞ 謷（xián）：急。㉟ 柴（zhài）：通"寨"，防守的篱障。㊱ 铫（yáo）鎒：除草的农具。

【译文】

庄子说："人若能随心而游，难道不会悠然自得吗？人假如不能随心而游，难道还能悠然自得吗？流荡忘返于外物的心思，顽固不化弃世孤高的行为，唉，恐怕不是真知厚德之人的行为吧！沉溺于世事而不知悔悟，心急如焚地追逐外物而不愿反顾，即使相互间有的为君有的为臣，也只是一时的事情，时世变化后就没有谁会认为自己地位低下了。所以说道德修养极高的人不会有偏执的行为。

"崇尚古代鄙薄当今，这是未能通达事理之人的观点。用儒墨之流的角度来观察当今的世事，谁能不产生偏颇之见呢？只有道德修养极高的人才能够混迹于世而不出现邪偏，顺随于众人之中却不会失却自己的真性。那些学者们的教条不值得学习，要承受真意而不认同他们的观点。

"眼光敏锐叫做明，耳朵灵敏叫做聪，鼻子灵敏叫做膻，口感灵敏叫做甘，心灵透彻叫做智，智慧通透叫做德。大凡道德总不希望有所壅塞，壅塞就会出现梗阻，梗阻而不能排除就会相互践踏，相互残踏各种祸害就会随之而起。物类有知觉靠的是气息，假如气息不盛，那么绝不是自然禀赋的过失。自然的真性贯穿万物，日夜不停，可是人们却反而堵塞自身的孔窍。腹腔有许多空旷之处，内心虚空便能顺应自然而自在游乐。屋里没有空间，婆媳之间就会争吵不休；内心不能游心于自然，那么各种官能就会相互搅扰。森林与山丘之所以适宜人，也是因为人们在这些地方心神舒畅。

"德行的外溢是由于名声，名声的外溢是由于张扬，谋略的产生是由于危急，才智的运用是由于争斗，闭塞的出现是由于执滞，官府事务处理果决是由于顺应了民众。春雨应时而降，草木勃然而生，于是开始整修锄地的农具，而过后草木倒生的仍有过半，但人们并不知道为什么会这样。"

⊙品庄悟道⊙

堵塞七窍

庄子曾在前面讲过一个给浑沌开七窍的故事。南海帝王儵、北海帝王忽，见浑沌没有七窍，不同于常人，就擅作主张，为浑沌凿开七窍。他们每天开一窍，到第七天，七窍全开，浑沌却也因此一命呜呼。

而在此节，庄子再一次提到七窍，虽然表面上看起来，此节论述的堵塞七窍之害和在前面论述的开七窍之害相互矛盾。实际上，二者都在强调同一件事——违反自然本性祸患无穷。每个人都有属于自己的、与众不同的自然本性。无视自己的本性，盲目地向世俗价值观靠拢或者刻意模仿某个榜样，都会对人的身心造成损伤。

不知道顺遂自然的人不仅容易迷失自我，长期处在紧张的心理状态中，还很容易忽视他人的本性，致使争执频生。这样的人不通达事理，也不通达人情，必然会和周围环境格格不入，四处碰壁。因此，为人处世既不能墨守成规，更不能教条主义。而要像庄子所说的，保持内心的虚空，虚怀若谷，人只有先接受和自己不同的人、事，才能做到尊重他们，理解他们，和他们和谐相处。

【分节导读】

　　此节强调了"静"的功效。内心宁静不仅可以补病，还可以平息急躁。庄子认为拥有宁静的心灵，不问世事，不为外物的繁杂诱惑所扰，遵从自然本性，那么心灵就不会受到损伤，也就能达到神人的境界了。

【原文】

　　静然可以补病①，眦妩可以休老②，宁可以止遽③。虽然，若是④，劳者之务也⑤，佚者之所未尝过而问焉⑥。圣人之所以骇天下⑦，神人未尝过而问焉；贤人所以骇世，圣人未尝过而问焉；君子所以骇国，贤人未尝过而问焉；小人所以合时⑧，君子未尝过而问焉。

　　演门有亲死者⑨，以善毁爵为官师⑩，其党人毁而死者半⑪。尧与许由天下⑫，许由逃之；汤与务光⑬，务光怒之，纪他闻之⑭，帅弟子而踆于窾水⑮，诸侯吊之，三年，申徒狄因以踣河⑯。

　　荃者所以在鱼⑰，得鱼而忘荃⑱；蹄者所以在兔，得兔而忘蹄⑲；言者所以在意⑳，得意而忘言。吾安得夫忘言之人而与之言哉㉑！

用兔网捕兔，抓到兔子就忘记了兔网。

【注释】

①静然：入静，心静的样子，一本"然"作"默"。②眦（zì）：眼角。妩（miè）：通"抚"，按摩，作"闭目养神"解实误。休老：养老。③宁：安宁，安定。遽：剧变。④若是：指以上三者。⑤劳者：劳神劳形。务：从事。⑥佚者：佚通"逸"，安闲的人。所：所为。⑦骇（xiè）：通"骇"，惊骇，震动。⑧合时：顺应时令。⑨演门：宋国城门名。⑩毁：哀毁。爵：封爵。官师：官长。⑪党人：是党中的人，五百家为党。⑫许由：上古的

安宁静寂的内心对身体有益。

贤人、隐士，尧的老师，尧曾让位于许由，许由不受而逃隐为农，《逍遥游》《让王》《徐无鬼》《盗跖》等篇中均有记载。⑬务光：夏朝的贤人，汤伐桀得胜后把帝位让给务光，务光不接受，自沉于庐水。⑭纪他：人名，夏

朝贤人。他听说汤让王于务光，务光怒而不受之后，带领弟子隐居于窾水。⑮帅：带领。竣（cún）：通"逡"，隐。窾水：地名。⑯申徒狄：夏朝贤人，他听说务光、纪他的事，也投河而死。蹢（jiū）：仆倒。⑰筌：诸本多作"筌"，捕鱼工具。⑱忘：遗忘。下同。⑲蹄：捕兔的网。⑳言：语言。意：思想意识。㉑安：怎么，哪里。

【译文】

心静可以调养病体，按摩可以延缓衰老，宁定可以平息急躁。虽然如此，乃是劳神劳形的人所要做的，闲逸的人却从不予以过问。圣人用来惊动天下的办法，神人不曾过问；贤人用来惊动时世的办法，圣人不曾过问；君子用来惊动国人的办法，贤人不曾过问；小人用来苟合于一时的办法，君子也不曾过问。

演门有个死了亲人的人，由于善于哀伤毁容而封为官师，他的同乡仿效他也消瘦毁容却死了过半。尧要禅让天下给许由，许由因而逃到山中；商汤想把天下禅让给务光，务光大发脾气；纪他知道了这件事，率领弟子隐居在窾水一带，诸侯纷纷前往慰问，过了三年，申徒狄仰慕其名而投河自溺。

竹笼是用来捕鱼的，捕到鱼后就忘掉了竹笼；兔网是用来捕兔的，捕到兔子后就忘掉了兔网；言语是用来表达思想的，领会了意思就忘掉了言语。我到哪里能找到忘掉言语的人而跟他交谈呢！

用竹笼捕鱼，捕到鱼就忘记竹笼。

⊙品庄悟道⊙

得鱼忘筌，得兔忘蹄，得意忘言

捕到鱼就忘记渔网，抓住兔子就丢掉捕兽的工具。今人多用"得鱼忘筌，得兔忘蹄"来形容过河拆桥。但在这里，庄子的目的却是说明实现逍遥自在的途径：一旦领会了语言文字所要表达的思想、智慧，就可以挣脱语言文字的制约，自由自在。好比庄子，写文论道恣意奔放，无论是故事的题材，还是结构的安排、修辞的运用，都无拘无束，潇潇洒洒，用清代文学家刘熙载的话说就是："缥缈奇变，乃如风行水上，自然成文"。

事实上，人们完全可以把得鱼忘筌当做一种放之四海皆准的学习方法。佛教经典《高僧传》中有言："若忘筌取鱼，始可与言道矣。"意思是说，什么时候人做到了专注思想主旨，不滞于文字，什么时候才好和他讨论问题。现实生活中，每个人都要学习为人处世，势必要面对各种处世规则，但只要理解这些规则的制定意图，参照它们的精神待人接物就好，没有必要事事恪守成规。

◎寓言◎

【题解】

　　本篇阐述了寓言、重言、卮言的作用、特点及其运用的原因，这都是庄子论述自己观点的重要手法。在寓言、重言、卮言三者之中，作者认为只有无言之言的卮言是最符合自然的，因为世上的一切"然于然""可于可""无物不然""无物不可"，所以只有忘言，才有自然之理。而要达到这种境界，就要潜心修道。作者例举了五个寓言故事，说明修道要抛弃"勤志服知"之心，要"心无所悬"，要看破生死，要一切任之自然而不问其所以然，要态度谦虚，不可傲慢。这样就能达到与万物齐一，无所为，无所谓的至善境地。

【分节导读】

　　此节说明了《庄子》一书所使用的文体，阐述了"寓言""重言""卮言"的特点作用以及运用的原因。庄子认为"大道不称，大辩不言"，语言是无法说明至真至美的自然之道的，寓言和重言都是有意而为之的语言，不属于自然之道。惟有卮言，即无心之言，随灵感而发，是自然流露，合于自然之道。

【原文】

　　寓言十九①，重言十七②，卮言日出③，和以天倪④。

　　寓言十九，藉外论之⑤。亲父不为其子媒。亲父誉之⑥，不若非其父者也；非吾罪也，人之罪也。与己同则应，不与己同则反；同于己为是之⑦，异于己为非之。

　　重言十七，所以已言也⑧，是为耆艾⑨。年先矣⑩，而无经纬本末以期年耆者⑪，是非先也。人而无以先人，无人道也⑫；人而无人道，是之谓陈人⑬。

　　卮言日出，和以天倪，因以曼衍⑭，所以穷年⑮。不言则齐⑯，齐与言不齐，言与齐不齐也，故曰言无言。言无言⑰，终身言，未尝言；终身不言，未尝不言。有自也而可⑱，有自也而不可；有自也而然，有自也而不然。恶乎然？然于然。恶乎不然？不然于不然。恶乎可？可于

庄子的文章中寓言占了十分之九。

可。恶乎不可? 不可于不可。物固有所然, 物固有所可, 无物不然, 无物不可。非卮言日出, 和以天倪, 孰得其久! 万物皆种也[19], 以不同形相禅[20], 始卒若环[21], 莫得其伦[22], 是谓天均。天均者, 天倪也。

年纪大了知识见解就要符合年长者的身份。

【注释】

①寓言: 有所寓意的言论。十九: 十分之九。②重言: 借重先哲时贤的言论。③卮(zhī)言: 随意的零星言论, 无心的言论。卮, 古代盛酒的器皿, 酒满则自然向外流溢。日出: 天天出现。④和: 合。天倪: 自然的分际。⑤藉: 通"借"。外: 外人, 别人。⑥誉之: 称赞儿子。⑦为: 则。⑧已: 止。⑨耆(qí)艾: 老年人。⑩先: 长。⑪经纬: 纵横。本末: 始终。经纬本末: 合指知识见解。期: 符合。⑫人道: 为人之道。⑬陈人: 陈腐的人。⑭曼衍: 发挥。⑮穷: 终。⑯齐: 齐一, 齐同。⑰言无言: 意为发出没有主观成见的言论。⑱有自也: 有所由来。⑲种: 种子。⑳禅(shàn): 传接。㉑始卒: 始终。㉒伦: 端倪。

【译文】

有寓意的言论占十分之九, 借重先贤的言论占十分之七, 无心的言论天天讲, 合乎自然的边际。

寓言十分之九, 借别人来论说。亲生父亲不为自己的儿子做媒。亲生父亲称赞儿子, 不如不是他父亲的人的赞美; 不是自己的过错, 而是别人的过错。和自己意见相同就应和, 不和自己相同就反对; 同于自己的意见就肯定它, 不同于自己的意见就否定它。

重言十分之七, 所用的自己的言论, 是年长者的言论。年长了, 而没有知识见解符合年长者的身份, 这不算是年长。做人不能为人之长, 就没有做人的道理。做人没有做人的道理, 就叫做陈腐的人。

卮言天天讲, 合乎自然的边际, 因此发挥, 因而终年。不说话就齐一, 这种齐一与说话不相同, 说话与齐一无言也不相同, 所以说: 要发没有主观成见的言论。发出没有主观成见的言论, 即使终身在说, 也不一定是说; 即使终身不说话, 也不一定没有说。可有可的原因, 不可有不可的原因, 对有对的原因, 不对有不对的原因。怎么是对呢? 对就在于它对。怎么是不对呢? 不对就在于它不对。怎么可以呢? 可以就在于它可以。怎么不可以呢? 不可以就在于它不可以。事物本来就有对的地方, 事物本来就有可以之处; 没有事物不对的, 没有事物不可以的。不是卮言天天讲, 合乎自然, 谁能得到这种恒久呢? 万物都是种子, 以不同的形态相传接, 由始自终像一个圆环, 没有端倪, 这就叫自然的均衡。自然的均衡就是自然的边际。

【分节导读】

此节中，庄子虚构了孔子年六十而翻然悔过过去言论的故事。通过与惠子对话，阐释了与自然规律相对立的言语，纵使能使人口服，也不能令人心服的道理。最后一句"吾且不得及彼乎！"运用了反讽的手法，明里称赞孔子，暗里讽刺了孔子虽然道理说得合于法度，条条是道，但却不符合自然的规则，因此也是不能为人所心服的。

【原文】

庄于谓惠子曰①："孔子行年六十而六十化②，始时所是，卒而非之，未知今之所谓是之非五十九年非也。"

惠子曰："孔子勤志服知也③。"

庄子曰："孔子谢之矣④，而其未之尝言⑤。孔子云：'夫受才乎大本⑥，复灵以生⑦。鸣而当律⑧，言而当法⑨。利义陈乎前⑩，而好恶是非直服人之口而已矣⑪。使人乃以心服，而不敢蘁立⑫，定天下之定。'已乎已乎！吾且不得及彼乎⑬！"

孔子活了六十岁，六十年来天天在变化。

【注释】

①惠子：指惠施，庄子的朋友。②六十化：六十次变化，六十次修善。③勤志：勤勉励志。服：役使心智。④谢之：犹"过之"。⑤未之尝言：未尝言之。⑥大本：指天道。⑦复灵：复为恢复，灵为灵善。生：生气。⑧鸣：声。而：通"则"。当（dàng）：符合。律：乐律。⑨法：礼法。⑩陈：摆。⑪直：只是。⑫蘁（wù）：违逆。⑬彼：指孔子。

【译文】

庄子对惠子说："孔子活了六十岁而六十年来与时俱化，当初所肯定的，最终又作了否定，不知道现今所认为是对的，不就是五十九岁时所认为是不对的。"

惠子说："孔子勤于励志用智学习。"

庄子说："孔子励志用智的精神已经大为减退，不再妄自多言了。孔子说过：'禀受才智于自然，回复灵性以全生。发出的声音合于音律，说出的话语合于法度。利与义同时陈列于人们的面前，进而分辨好恶与是非，仅仅只能使人口服罢了。要使人们能够内心诚服，而且不敢违逆，还得确立天下的定规。'算了算了，我还比不上他呢！"

【分节导读】

此节通过孔子与弟子关于曾参前后两次做官时心态的不同的对话，说明虽然曾参在父母双亡后做官时看淡了俸禄金钱，心中仍有所系，所以仍旧没有得道。庄子认为真正得道之人，淡泊生死，忘怀得失，即便是父母去世，心中也不会有悲喜之情。如同庄子在其妻子死后"鼓盆而歌"的行为一般，将生死看做一种自然现象，死生于得道之人来说，是再平常不过的事情。

【原文】

曾子再仕而心再化①，曰："吾及亲仕②，三釜而心乐③；后仕，三千钟而不洎亲④，吾心悲。"

弟子问于仲尼曰："若参者，可谓无所县其罪乎⑤？"

曰："既已县矣。夫无所县者，可以有哀乎？彼视三釜三千钟⑥，如观鸟雀蚊虻相过乎前也。"

曾子在双亲健在时做官，俸禄少，心里却高兴。

【注释】

①曾子：曾参，孔子弟子。②及亲：父母双亲在世上。③釜（fǔ）：古代量器，六斗四升为一釜。三釜，属当时较低的俸禄。④钟：古代量器，六斛四斗为一钟。三千钟，说明官位很高。洎（jì）：及。⑤县其罪：指心受利禄牵制的过错。县，通"悬"，系。⑥彼：指无心利禄的人。

【译文】

曾子再做官时心境又有变化，说："我在父母双亲在世时做官，三釜的俸禄而心里很高兴。后来做官，有三千钟的俸禄但不能奉养双亲，我心里很悲伤。"

弟子问孔子说："像曾参那样，可以说是没有内心受到利禄牵制的过错了吧？"

孔子说："还是已经悬系了。如果没有悬系，还会有悲伤吗？那些无心利禄的人看三釜、三千钟，就像看鸟雀蚊虻飞过面前一样。"

⊙品庄悟道⊙

视三釜三千钟，如观鸟雀蚊虻相过乎前也

曾子在父母在世时为官，三釜的俸禄就很开心了，而父母死后，得到了三千钟的俸禄，却一点高兴不起来。曾子是儒家的代表人物，上承孔子之学，下启思孟学派，为人敦厚正直，以孝著称。对曾子而言，再多的金钱也不及父母健康安好，他将亲情置于名利之上，所以故事中，孔子的弟子会认为他已摆脱了利禄的牵制。

但是，他会用三釜和三千钟来强调自己两次为官的不同心情，说明他仍有心利禄，只不过常人得到三千钟比得到三釜开心，而他得到了三千钟却没有像得到三釜时喜悦罢了。一如孔子所说，当真不受利禄牵制的人，视利禄"如观鸟兽蚊虻相过乎前"，不会产生半点情绪上的波动，有谁会为眼前飞过的小鸟小虫大悲大喜呢？真正的放下，不是情绪反应异于世俗常理，而是喜忧哀乐皆不入于心。

【分节导读】

此节写颜成子游向东郭子綦讲述自己九年悟道的过程，说明了，人对道的领悟，是一个一步一步、循序渐进的过程。同时也说明了若想领悟大道，需要抛却身外之物，忘却生死得失，达到与自然合一的境界。

【原文】

颜成子游谓东郭子綦曰①："自吾闻子之言，一年而野②，二年而从③，三年而通④，四年而物⑤，五年而来⑥，六年而鬼入⑦，七年而天成⑧，八年而不知死，不知生⑨，九年而大妙⑩。"

生有为，死也。劝公⑪，以其死也，有自也⑫；而生阳也⑬，无自也。而果然乎⑭？恶乎其所适⑮？恶乎其所不适？天有历数⑯，地有人据⑰，吾恶乎求之⑱？莫知其所终⑲，若之何其无命也？莫知其所始⑳，若之何其有命也？有以相应也㉑，若之何其无鬼邪？无以相应也，若之何其有鬼邪？

颜成子游悟道，五年而神情自由。

颜成子游向东郭子綦讲述自己悟道的过程。

【注释】

①颜成子游：复姓颜成，名偃，字子游，南郭子綦的弟子。前见《齐物论》。《徐无鬼》篇作颜成子。东郭子綦：《齐物论》作南郭子綦，《大宗师》作南伯子葵，《徐无鬼》作南伯子綦。"东"可能是"南"字误文。②野：质朴。③从：顺从。④通：通于一，通达为一。⑤物：物化，与物混同。⑥来：神明大来。⑦鬼入：神会理物。⑧天成：合于自然，独成其天。⑨不知死，不知生：进入不死不生的境界，生死齐一。⑩大妙：大道的神妙。⑪劝：劝勉。公：天道，即"道通为一"的一。⑫自：由，因。⑬生：生长，生成。阳：阳气。⑭而果然乎：设问引起下文。⑮恶（wū）：何。适：适意。⑯历数：季节与节气。⑰人据：人所占据之地，有鬼无鬼之论。⑱恶乎求：无所追求。⑲终：指死。⑳始：指生。㉑以：与之。相应：相感应。

【译文】

颜成子游对东郭子綦说："自从我听了你的话，一年之后就返归质朴，两年之后就顺从世俗，三年豁然贯通，四年与物混同，五年神情自得，六年灵会神悟，七年融于自然，八年就忘却生死，九年之后便达到了玄妙的境界。"

生前驰逐外物恣意妄为，必然要走向死亡，劝诫人们生命的终结，一定有它的原因；而生命的产生却是感于阳气，并没有什么显明的迹象。果真能够这样认识吗？那么生与死何处算是适宜？何处又算是不适宜呢？天有四季节气的变化，地有人们居住区域的划分，我又去哪里追求什么呢？没有人能够真正懂得生命的终归，怎么能说没有命运安排？没有人能够真正懂得生命的起始，又怎么能说存在命运的安排？有时可以跟外物形成相应的感召，怎么能说没有鬼神主使呢？有时候又不能跟外物形成相应的感召，又怎么能说存在鬼神的驱遣呢？

◎品庄悟道◎

忘却生死

颜成子游悟道，到第八年才忘却生死，但在忘却生死后，第二年便成功抵达玄妙的境界。这是因为，忘却生死即意味着人彻底地放下自我，而人只有放下自我，才算真正打破了自我与外物的界限，实现物我同一。

人多渴望实现生命的永恒，如何让生命永恒一直是道家关注的问题。庄子将生死看成一体，从精神上消解了生死的区别，把人由生入死当做是天道运行的结果。庄子曾在《大宗师》中将天地比喻成一个大熔炉，而人就像熔炉中的金属，不管是生，还是死，都在熔炉之中，只不过生是一种样貌，死又是另一种样貌。熔炉之内，变化不断，忽而生忽而死，忽而死忽而生。既然死并非绝对的终结，人又何必要为生死挂心呢？真人不说生、死，不会用知见成心去辨析生死的区别，所以不执着生，也不畏惧死，其精神思想不囿于一己之躯，遨游于无边无际的宇宙中。

【分节导读】

此节运用了拟人的手法，描写了影外微影与影子的一段对话。强调了人应当像影子一样：形状随着身型的变化而变化，因光亮而产生，因黑暗而消散。顺应自然变化，放弃自己的主观偏见，不穷究原因，这反映了庄子顺应自然变化的学道法则。

【原文】

众罔两问于景曰①："若向也俯②，而今也仰；向也括③，而今也被发④；向也坐，而今也起；向也行，而今也止。何也？"

景曰："搜搜也⑤，奚稍问也⑥！予有而不知其所以⑦。予，蜩甲也⑧？蛇蜕也？似之而非也。火与日，吾屯也⑨；阴与夜，吾代也⑩。彼⑪，吾所以有待邪⑫？而况乎以无有待者乎！彼来则我与之来，彼往则我与之往，彼强阳则我与之强阳⑬。强阳者，又何以有问乎！"

日光出来，影子聚现。

【注释】

①罔两：影子外的暗影。景：通"影"。②若：你。向：以前，过去。俯：低头。③括：指束发。④被：通"披"。⑤搜搜："区区"的意思。⑥奚：何。稍：借作"屑"。⑦予：我。⑧蜩（tiáo）甲：蝉蜕。蜩，蝉。⑨屯：聚。⑩代：谢，消失。⑪彼：指火与日，阴与夜。⑫待：依赖。⑬强阳：运动的样子。

【译文】

众多影子的暗影向影子说："你以前是低头，现在是仰头；以前是束发，现在是披发；以前是坐着，

人坐着，影子也坐着。

现在是站起；以前是行走，现在是停止。为什么呢？"

　　影子说："区区小事，何屑于问呢！我有变化而不知为什么这样。我是蝉蜕吗？是蛇皮吗？好像是而又不是。有火光和日光时，我就聚现；阴暗和夜晚时，我就消失了。它们是我所依赖的吗？何况哪有依赖的东西！它们来我就随之来，它们去我就随之去，它们运动我就随之运动。运动，又有什么可问的呢！"

【分节导读】

　　此节写阳子居见老子，在被老子说傲慢骄横不可教后，其一改往日骄横作风，在旅店受到与之前截然不同的待遇。说明了只有去掉目中无人的骄横态度，才能为众人所容，受到他人的尊敬，从而真正做到修身养心，达到至人境界。

【原文】

　　阳子居南之沛①，老聃西游于秦②，邀于郊③，至于梁④，而遇老子。老子中道仰天而叹曰："始以汝为可教，今不可也。"

　　阳子居不答。至舍，进盥漱巾栉⑤，脱屦户外⑥，膝行而前⑦，曰："向者弟子欲请夫子，夫子行不闲⑧，是以不敢。今闲矣，请问其过。"

　　老子曰："而睢睢盱盱⑨，而谁与居⑩？大白若辱⑪，盛德若不足⑫。"

　　阳子居蹴然变容曰⑬："敬闻命矣⑭！"其往也，舍者迎将其家⑮，公执席⑯，妻执巾栉⑰，舍者避席，炀者避灶⑱。其反也⑲，舍者与之争席矣。

【注释】

①阳子居：杨朱。《应帝王》有"阳子居见老聃"。之：往。沛：指彭城，今江苏徐州。一说即今江苏沛县。②秦：秦国。③邀：通"要"，约定。④梁：沛郊的地名。一说今河南开封。⑤盥（guàn）：洗脸，洗手。漱：漱口。巾：毛巾。栉（zhì）：梳子。⑥屦（jù）：葛麻做的鞋子。⑦膝行：跪着走，表示尊敬。⑧闲：同"闲"。⑨睢睢（suī）：仰目而视，骄傲。一本作"睢睢"。盱盱（xū）：张目而视，亦指傲慢。⑩居：相处。⑪大白若辱：引自《老子》

四十一章。若，似。辱，污。⑫盛德若不足：广德若不足，引自《老子》四十一章。⑬蹴然：紧迫的样子。蹴（cù），通"蹙"。⑭命：教。⑮迎将：迎送。家：旅店。⑯公：旅店男主人。⑰妻：旅店女主人。⑱炀（yáng）：烘，炙，烤火。⑲其反：送老子走后再来时。反，通"返"。

【译文】

阳子居往南到沛地去，正巧老聃到西边的秦地闲游，约好在郊外见面，可是到了梁城方才见到老子。老子在半路上仰天长叹说："当初我把你看做是可以教诲的人，如今看来你是不可受教的。"

阳子居为老子奉上盥洗用具。

阳子居一句话也没说。到了旅店，阳子居奉上各种盥洗用具，把鞋子脱在门外，跪着上前说道："刚才弟子正想请教先生，正赶上先生旅途中没有空闲，所以不敢冒然。如今先生闲暇下来，恳请先生指出我的过错。"

老聃说："你仰头张目傲慢跋扈，你还能够跟谁相处？最洁白的好像总觉得有什么污垢，德行最为高尚的好像总觉得有什么不足之处。"

阳子居听了脸色大变，羞惭不安地说："弟子由衷地接受先生的教导。"阳子居刚来旅店的时候，店里的客人都得迎来送往，那个旅舍的男主人亲自为他安排坐席，女主人亲手拿着毛巾梳子侍候他盥洗，旅客们见了他都得让出座位，烤火的人见了也就远离炉灶。等到他再次回到旅店的时候，旅店的客人已经无拘无束地跟他争席而坐了。

⊙品庄悟道⊙

骄横不可教

阳子居风尘仆仆地去见老子，想拜老子为师，却因态度傲慢被老子拒绝。老子用"大白若辱，盛德若不足"告诫阳子居，想学道，首先要端正态度，只有虚心，才能容道。事实上，无论学习什么，都要态度谦虚。骄傲自满会让人看不见他人的优点，自以为比别人强的人或多或少会对他人教授自己的东西有所抵触。所谓骄横不可教，不是说不能向骄横之人传道授业，而是即使教了，他也达不到预期的学习目标。

另一方面，站在道的角度，人之所以会骄傲，是因为将自己看得太重。这样的人很容易将自己和外部世界对立起来，难以融入到环境当中。所以老子对阳子居说的第一句话就是："而睢睢盱盱，而谁与居？"偏偏学习是一种社会性行为，和他人交流是人获取知识的重要途径，学习本身就离不开他人的帮助。融入所在的环境，和他人打成一片显然比茕茕孑立、独来独往更有利于学习。

◎让王◎

【题解】

"让王"，是辞让王位的意思。在本篇中，作者讲述了一系列辞让的故事，用以阐明其轻物养生、安贫乐道、洁身自好的思想。在"尧以天下让许由""大王亶父居邠""越人三世弑其君""韩魏相与争侵地"等段落中，作者提出"道之真以治身，其绪余为国家，其土苴以治天下"的观点，说明为权和利而危害身心，是一种不明轻重、本末倒置的表现。通过颜阖、列子、屠羊说、颜回等人不受接济、辞谢奖赏、拒绝为官的事例，作者宣扬了得道者的安贫乐道，又通过原宪、曾子、孔子等人在穷困境地中不同凡俗的表现，表明"养志者忘形，养形者忘利，致道者忘心"。最后以北人无择、卞随、瞀光、伯夷、叔齐等宁死不参与政事的故事，说明对无道的社会、不义的君主，应洁身自好，不能同流合污，表现出作者对当时政治的强烈不满。

【分节导读】

此节以尧几次让帝位而不得来表达"心性重于天下"的观点。帝位乃天下最重的权位，作者用子州支父、子州支伯、善卷不为帝位所动来说明得道之人的超凡脱俗。帝位尚且不能动摇他们的心性，就更不要提其他的世俗利益了。道家将功名利禄等世人汲汲以求之物当做累赘，并认为追求这些会损害人的心性。

【原文】

尧以天下让许由[1]，许由不受。又让于子州支父，子州支父曰[2]："以我为天子，犹之可也[3]。虽然，我适有幽忧之病[4]，方且治之[5]，未暇治天下也[6]。"夫天下至重也，而不以害其生[7]，又况他物乎！唯无以天下为者，可以托天下也。

舜让天下于子州支伯。子州支伯曰："予适有幽忧之病，方且治之，未暇治天下也。"故天下大器也[8]，而不以易生[9]，此有道者之所以异乎俗者也。

尧想把天下让给许由，许由拒绝接受。

舜以天下让善卷[10]，善卷曰："余立于宇宙之中[11]，冬日衣皮毛，夏日衣葛絺[12]；春耕种，形足以劳动；秋收敛，身足以休食；日出而作，日入而息，逍遥于天地之间而心意自得。吾何以天下为哉！悲夫，子之不知余也！"遂不受。于是去而入深山，莫知其处。

舜以天下让其友石户之农[13]，石户之农曰："捲捲乎后之为人[14]，葆力之士也[15]！"以舜之德为未至也，于是夫负妻戴[16]，携子以入于海[17]，终身不反也。

善卷拒绝了舜让天下给自己的美意。

【注释】

①许由：见《逍遥游》注。②子州支父：人名，姓子，名州，字支父。③犹：还。④适：刚才。幽忧：隐忧。病：患。⑤方：刚。治：治疗，医治。⑥未暇：没有闲暇。⑦生：性。⑧大器：贵重器物。《荀子·王霸》有"国者，天下之大器也，重任也"。⑨易：改换，改变。生：性。⑩善卷：人名，姓善，名卷。《盗跖》有"善卷、许由得帝而不受，非虚辞让也，不以事害己"。⑪余：我。⑫葛绨（chī）：细葛布。⑬石户：地名。农：农民。⑭捲捲（quán）：同"卷卷"，用力的样子。⑮葆（bǎo）：也作"保"，勤苦用力。⑯负：背着。戴：顶着。⑰入于海：隐居海上。反：通"返"。

【译文】

尧把天下让给许由，许由不接受。又让给子州支父，子州支父说："让我来做天子，也是可以的。不过，我正患有隐忧的病症，正打算认真治疗，没有空闲时间来治理天下。"统治天下是地位最高、权力最重的了，却不能因此而妨碍自己的生命，更何况是其他的事物呢？只有忘却天下而无所作为的人，才可以把统治天下的重任托付给他。

舜让天下给子州支伯，子州支伯说："我正患有隐忧的病症，正打算认真治疗，没有空闲时间来治理天下。"因此，天下应当是最为贵重的大器物了，可是却不能用它来替代生命，这就是有道之人对待天下跟世俗中人不一样的地方。

舜要把天下让给善卷，善卷说："我身处宇宙之中，冬天穿厚实的皮毛，夏天穿细细的葛布；春天下地耕种，身体能够承受这样的劳作；秋天收割粮食，完全能够满足给养；太阳升起时就下地劳动，太阳下山了就回家休息，无拘无束地生活在天地之间，心情快活而悠然自得。我何必去统治天下呢！可悲啊，你真不了解我！"因而就没有接受。于是善卷离开了家而隐居深山，没有人知道他的去向。

舜要把天下让给他的朋友、石户的一位农夫，石户的这位农夫说："国君的为人实在是尽心尽力了，真是个勤苦劳累的人！"他认为舜的德行还未能达到最高的境界，于是夫妻二人背驮肩扛着家当，带着子女隐居在海上的荒岛，终身没有返回。

【分节导读】

此节以大王亶父让土地予狄人，和越人三弑其君的故事说明财物、权利对人的危害。世人因贪权爱利迷失本性，杀伐纷争，即使并非贪权好利之人也会因拥有权、利惹祸上身，一如大王亶父和越国王子。虽然二者都迫于形势才放弃土地、君位，但其选择至少表现了对身贵利轻的认同，而为道家肯定。所以作者安排大王亶父"民相连而从之"，越王子"越人欲得其为君"。

【原文】

大王亶父居邠①，狄人攻之②；事之以皮帛而不受③，事之以犬马而不受，事之以珠玉而不受，狄人之所求者土地也。大王亶父曰："与人之兄居而杀其弟④，与人之父居而杀其子，吾不忍也。子皆勉居矣⑤！为吾臣与为狄人臣奚以异⑥？且吾闻之：'不以所用养害所养⑦。'"因杖筴而去之⑧，民相连而从之，遂成国于岐山之下⑨。夫大王亶父，可谓能尊生矣⑩。能尊生者，虽贵富不以养伤身⑪，虽贫贱不以利累形⑫。今世之人居高官尊爵者，皆重失之⑬，见利轻亡其身⑭，岂不惑哉⑮！

大王亶父向狄人敬献财物。

【注释】

①大（tài）王亶（dàn）父：即《诗经·大雅·緜》中所称的古公亶父，是周文王的祖父。邠（bīn）：在今陕西省旬邑县。②狄人：北方的少数民族。③事：侍奉。皮帛：毛皮和布帛。④居：住在一起。⑤子：你们，指臣民。勉居：勉强留下。⑥奚：什么。异：不同。⑦所用养：指土地。所养：指人，即臣民。⑧杖筴：执鞭。杖，通"仗"，执，持。筴，同"策"，马鞭。⑨岐山：山名，在今陕西岐山县东北六十里，今名箭括岭，亦称箭括山。⑩尊生：贵生。⑪以：因。养：供养。⑫累形：牵累形体。⑬重：重视。失：失掉。之：指高官尊爵。⑭轻：轻易。亡：伤亡。⑮惑：迷惑，糊涂。

【译文】

大王亶父居住在邠地，狄人前来攻打，敬献兽皮和布帛狄人不接受，敬献猎犬和马匹狄人也不接受，敬献珠宝和玉器狄人仍不接受，狄人所希望得到的是邠地的土地。大王亶父说："跟别人的兄长住在一起却杀死他的弟弟，跟别人的父亲住在一起却杀死他的子女，我不忍心这样做。你们都去和狄人勉强居住在一块儿吧！做我的臣民跟做狄人的臣民有什么不同！而且我还听说，不要为争夺用以养育百姓的土地而伤害养育的百姓。"于是拿起马鞭离开了邠地。邠地的百姓推着车跟随他，在岐山之下建立起一个新的国家。大王亶父，可以说是最能珍重生命的了。能够珍视生命的人，即使富贵也不会贪恋俸养而伤害身体，即使贫贱同样也不会追逐私利而累害形体。当今世上的人们，居于高官显位的，都非常看重并担忧失去它们，见到利禄就轻率地为之丧失自己的生命，这难道不很糊涂吗？

【原文】

越人三世弑其君①，王子搜患之②，逃乎丹穴③。而越国无君，求王子搜不得，从之丹穴。王子搜不肯出，越人熏之以艾④。乘以王舆⑤。王子搜援绥登车⑥，仰天而呼曰："君乎，君乎，独不可以舍我乎！"王子搜非恶为君也，恶为君之患也。若王子搜者，可谓不以国伤生矣！此固越人之所欲得为君也。

【注释】

① 越人三世弑其君：指越王翳被他的儿子杀掉，越人又把他的儿子杀掉，立无余为国君，无余又被杀掉，立无颛为国君。弑，封建社会臣杀君、子杀父，称弑。② 王子搜：指无颛。③ 丹穴：山洞名。一说为南山洞。④ 熏之以艾：用艾蒿烟熏丹穴。⑤ 王舆：王或作"玉"，玉舆，亦称玉辂、玉辇，国君坐的车子。⑥ 援：拉，攀。绥：上车时拉的绳子、拉手。

越王子逃入丹穴。

【译文】

　　越人先后杀掉自己的三代国君，王子搜对此十分忧患，逃到丹穴里去。越国没有了君主，到处找寻王子搜都没能找到，便追踪来到洞穴。王子搜不肯出洞，越人便点燃艾草用烟熏，还为他准备了国王的乘舆。王子搜拉过登车的绳索，仰天大呼说："国君之位啊，国君之位啊，就是不能够放过我啊！"王子搜并不是讨厌做国君，而是憎恶做了国君难免会招来杀身的祸患。像王子搜这样的人，可说是不以国君之位而伤害自己生命的了，这正是越人一心想要让他做国君的原因。

【分节导读】

　　此节重点论述了道家以治身为本，治天下为末的道理。世人往往重天下而轻身，子华子以双臂之于天下孰轻孰重的问题点醒了昭僖侯，使其明白了保全自身、舍弃身外之物的重要性，而颜阖则婉拒鲁君的邀请，舍弃功名而修养身性。这两则故事里，作者将人的生命看得极其尊贵，而把功名权势看得很轻，充分体现出其人文关怀的精神。

【原文】

　　韩魏相与争侵地①。子华子见昭僖侯②，昭僖侯有忧色。子华子曰："今使天下书铭于君之前③，书之言曰：'左手攫之则右手废④，右手攫之则左手废，然而攫之者必有天下。'君能攫之乎？"

　　昭僖侯曰："寡人不攫也。"

　　子华子曰："甚善！自是观之，两臂重于天下也，身又重于两臂⑤。韩之轻于天下亦远矣，今之所争者，其轻于韩又远。君固愁身伤生以忧戚之不得也！"僖侯曰："善哉！教寡人者众矣，未尝得闻此言也。"子华子可谓知轻重矣。

【注释】

① 韩：韩国。魏：魏国。侵地：侵夺地盘。② 子华子：华子，道家学派的学者，魏国的贤人。昭僖侯：指昭侯，韩国的国君。③ 铭：誓约。④ 攫（jué）：取，夺。废：废弃，砍掉。⑤ 又：或作"亦"。

【译文】

　　韩国和魏国相互争夺侵占土地。子华子拜见昭僖侯，昭僖侯正面带忧色。子华子说："如今让天下所有人都来到您面前写下誓约，誓约写道：'左手抓取东西那么右手就砍掉，右手抓取东西那么左手就砍掉，不过抓取东西的人一定会拥有天下。'君侯会抓取吗？"

昭僖侯说："我是不会去抓取的。"

子华子说："很好！这样说来，两只手臂比天下更为重要，而身体又比两只手臂重要。韩国比起整个天下轻微多了，如今两国所争夺的土地，比起韩国来又轻微得多。您又何苦愁坏

韩国和魏国争夺土地。

身体、损害生命而担忧得不到土地呢！"昭僖侯说："好啊！劝导我的人很多，却不曾听到过如此高明的言论。"子华子可以称得上是懂得轻重了。

【原文】

鲁君闻颜阖得道之人也①，使人以币先焉②。颜阖守陋闾③，苴布之衣而自饭牛④。鲁君之使者至，颜阖自对⑤。使者曰："此颜阖之家与？"颜阖对曰："此阖之家也。"使者至币，颜阖对曰："恐听谬而遗使者罪⑥，不若审之⑦。"使者还，反审之，复来求之，则不得已⑧。故若颜阖者，真恶富贵也。

故曰，道之真以治身⑨，其绪余以为国家⑩，其土苴以治天下⑪。由此观之，帝王之功，圣人之余事也，非所以完身养生也。今世俗之君子，多危身弃生以殉物，岂不悲哉！

凡圣人之动作也，必察其所以之与其所以为⑫。今且有人于此⑬，以随侯之珠弹千仞之雀⑭，世必笑之。是何也？则其所用者重而所要者轻也。夫生者，岂特随侯之重哉⑮！

颜阖不受币帛，安于清贫。

【注释】

① 鲁君：鲁国国君，指鲁哀公。颜阖：人名，鲁国的隐者。② 币：币帛，一说赠物。先焉：先通其意。③ 守：居，住。陋闾：穷巷。④ 苴（jū）布：粗麻布。饭牛：喂牛。⑤ 对：应对，接待。⑥ 遗（wèi）：给。⑦ 审：审核，复查。之：指鲁君的命令。⑧ 已：通"矣"。⑨ 真：本质。⑩ 绪余：残余。⑪ 土苴：指糟粕、无用之物。苴（zhā），通"渣"。⑫ 所以之：所追求的目的。之，往。⑬ 今且：假设之辞。⑭ 随侯之珠：古代的名珠，因被随国国君得到而得名。⑮ 特：但。随侯：指随侯之珠。

【译文】

　　鲁国国君听说颜阖是得道之人，派人带着币帛先去致意。颜阖居住在穷巷中，穿着粗麻布的衣服自己喂牛。鲁国国君的使者到了，颜阖亲自接待他。使者说："这是颜阖的家吗？"颜阖回答说："这就是颜阖的家。"使者送上币帛，颜阖回答说："恐怕听错了而给你带来罪过，不如再审核一下鲁君的命令。"使者返还，反复审核，再来找他，就找不到了。所以像颜阖这样的人，真是厌恶富贵。

　　所以说，道的本质用来修身，它的残余用来治理国家，它的无用的土渣可以用来治理天下。由此看来，帝王的功业是圣人的余事，并不是用来完身养生的。现在世俗的君子，多是危害身体抛弃生命为物欲牺牲，岂不是可悲吗？

　　凡是圣人的行为，必定察看他所追求的目的以及他所以这样做的原因。现在假如有人在这里，用随侯之宝珠弹射千仞高的雀鸟，世上的人必定嘲笑他，这是为什么呢？这是因为他所用的贵重而所得到的轻贱。生命，岂止像随侯的宝珠那样贵重呢！

【分节导读】

　　此节以列子拒绝子阳馈赠来说明见利思害的重要性，反映了道家的辩证智慧。列子的妻子只注意到恩惠本身，忽略了隐藏在恩惠背后的危险——能因人言予人恩的人，必会因人言而予人祸。人应有意识地对利益的来路做检视，不取不义之利，不取不应得之利，如此才可避免被一时小利所惑遭遇大患。

【原文】

　　子列子穷①，容貌有饥色②。客有言之于郑子阳者③，曰："列御寇④，盖有道之士也，居君之国而穷⑤，君无乃为不好士乎⑥？"郑子阳即令官遗之粟⑦。子列子见使者，再拜而辞⑧。

　　使者去，子列子入，其妻望之而拊心曰⑨："妾闻为有道者之妻子，皆得佚乐⑩，今有饥色。君过而遗先生食⑪，先生不受，岂不命邪！"

列子之妻质问列子为何不受子阳的馈赠。

　　子列子笑，谓之曰："君非自知我也。以人之言而遗我粟，至其罪我也又且以人之言⑫，此吾所以不受也。"其卒，民果作难而杀子阳⑬。

【注释】

①穷：穷困，困难。②容貌有饥色：穷困到极点，饥饿的颜色已表现在面貌上。③子阳：人名，郑国的宰相。④列御寇：人名，亦称列子、子列子，郑人，道家先驱人物之一，《庄子》专有《列御寇》篇，其他诸篇中也多处提到他的事迹。⑤君：你，指子阳。⑥好士：爱好人才，重视人才。好（hào），爱好。⑦遗（wèi）：送，给与。⑧辞：辞退、辞谢，不接受。⑨拊心：捶胸，表示愤恼。拊（fǔ），拍，击，捶。⑩佚乐：安逸享乐。佚，通

百姓发难杀死子阳。

"逸"。⑪君：指子阳。过：过问。⑫至：等到。⑬民果作难而杀子阳：《吕氏春秋》《淮南子》记载子阳为左右所杀，《史记·郑世家》记载郑公子杀其相子阳。

【译文】

　　列子生活贫困，面容常有饥色。有人对郑国的相国子阳说起这件事："列御寇，是一位有道的人，住在你的国家却如此贫困，你恐怕不是很重视人才吧？"子阳立即派官吏送给列子粮食。列子见到派来的官吏，再三辞谢不接受子阳的赐予。

　　官吏离去后，列子走进屋里，列子的妻子埋怨他，拍着胸脯伤心地说："我听说作为有道的人的妻子儿女，都能够享受安逸快乐，可是如今我们却面有饥色。郑相子阳过问此事并赠送食物给先生，可是先生却不接受，难道是命里注定要忍饥挨饿吗！"

　　列子笑着对她说："郑相子阳自己并不了解我，而是听别人说才赠送我粮食的，等到他要加罪于我时，也会听信别人的话，这就是我不接受的原因。"后来，百姓果然发难而杀死了子阳。

⊙品庄悟道⊙

君非自知我也

　　子阳是郑国国相，一度把持郑国朝政。在一般人看来，得到这样一位权势极大的人的邀请，飞黄腾达指日可待。然而，尽管生活十分拮据，列子还是拒绝了子阳的馈赠。"君非自知我也"，与其说子阳是因为赏识列子的才华给列子送礼，不如说是为了自己的面子。他对列子缺乏了解，更谈不上信赖，他可以因为别人的一句话就给列子厚礼，日后也可因为别人的一句话就给予列子惩罚。据《淮南子》称，子阳"刚毅而好罚，其于罚也，执而无赦"。

　　收了子阳的厚礼，就意味着要站在子阳这一边，为子阳做事。如此，这礼物就成了束缚人的牢笼。庄子向来反对"危身弃生以殉物"。对他而言，身心的自由比富足的生活更加重要。

　　列子拒子阳的故事说明，在面对他人的重金邀约时，必须保持头脑的清醒。首先要弄清对方邀约自己的真正目的，其次要考察对方的品行、性格，最后还要想一想接受邀约会对自己的生活造成怎样的影响。

【分节导读】

此节以屠羊说不接受楚昭王恩赐告诫世人不要贪求名利。面对楚昭王的封赏，屠羊说始终保持着清醒的自我认知，楚昭王四次提出厚赏屠羊说，屠羊说四次予以拒绝，其不仅在拒绝的同时明确地表达了无功不受禄的观点，还以"岂可因贪爵禄而使吾君有妄施之名乎"暗示楚昭王不要追求虚名。屠羊说对名望的态度正是道家对名望的态度——不为虚名迷惑，拒受和自己不相称的名，不为虚名所累。

【原文】

楚昭王失国[①]，屠羊说走而从于昭王[②]。昭王反国，将赏从者，及屠羊说，屠羊说曰："大王失国，说失屠羊。大王反国，说亦反屠羊。臣之爵禄已复矣，又何赏之有？"

王曰："强之[③]！"

屠羊说曰："大王失国，非臣之罪，故不敢伏其诛[④]，大王反国，非臣之功，故不敢当其赏。"

王曰："见之[⑤]！"

屠羊说曰："楚国之法，必有重

楚昭王回国，打算赏赐屠羊说。

赏大功而后得见，今臣之知不足以存国而勇不足以死寇。吴军入郢，说畏难而避寇，非故随大王也。今大王欲废法毁约而见说，此非臣之所以闻于天下也。"

王谓司马子綦曰[⑥]："屠羊说居处卑贱而陈义甚高[⑦]，子綦为我延之以三旌之位[⑧]。"

屠羊说曰："夫三旌之位，吾知其贵于屠羊之肆也[⑨]；万钟之禄[⑩]，吾知其富于屠羊之利也。然岂可以贪爵禄而使吾君有妄施之名乎[⑪]！说不敢当，愿复反吾屠羊之肆。"遂不受也。

【注释】

①楚昭王：名轸，楚平王之子。吴攻破楚都郢后，楚昭王逃至随、郑。②屠羊：宰羊人。说：通"悦"，屠羊者名字。③强（qiǎng）之：强令他受赏。④伏其诛：甘心受诛杀。⑤见（xiàn）之：引见他。⑥司马子綦：楚国的将军。⑦陈义：讲道理。⑧延：引而上进，提拔。三旌之位：三卿之位。⑨肆：市，买卖。⑩万钟之禄：卿的俸禄为万钟。⑪妄施：随便行赏。

【译文】

楚昭王失去国土，屠羊说跟着昭王出逃。昭王返国，要奖赏跟从的人，赏到屠羊说时，屠羊说说："大王失去国土，我失去了宰羊的工作。大国回国，我也回来宰羊。我的爵禄已经恢复了，又有什么可奖的呢？"

昭王说："强令赏他！"

屠羊说说："大王失去国土，不是我的罪过，所以不敢甘心受诛杀；大王回国，不是我的功劳，所以不敢承当奖赏。"

昭王说："让他来见我！"

屠羊说："楚国的法律，一定要有重赏大功而后才能见国王，现在我的智慧不足以保存国家，勇敢不足以杀死敌寇。吴国的军队侵入郢都，我畏惧危难而逃避敌寇，并不是有意跟随大王。现在大王要废法毁约而召见我，这不是我要传闻于天下的事。"

昭王对司马子綦说："屠羊说身处卑贱之位而讲述的道理非常高明，你替我提拔他到三卿之位。"

屠羊说说："三卿之位，我知道它比宰羊的买卖高贵；万钟的俸禄，我知道它比宰羊的得利丰厚。然而我岂能贪图爵禄而使我的国君有随意行赏的名声呢？我不敢当，愿意返回我宰羊的地方。"于是没有接受。

⊙品庄悟道⊙

无功不受禄

屠羊说是楚昭王时代的隐士，因卖羊肉为生，所以得名。楚国被吴国灭亡后，屠羊说跟楚昭王逃往随国，一路上对楚昭王照顾有加。后楚昭王复国成功，感念屠羊说的功劳，便有心赐官予他。很多人都喜欢夸大自己的功劳获取名利，而功劳甚大的屠羊说却自认无功，并以此为由拒绝了楚昭王的美意。在他眼中，平凡宁静、心安理得的生活更为重要。

和屠羊说相反，一心追逐名利的人常把"无功受禄"当成好事一桩，看不到其中隐藏的危机。无功受禄，难免为人嫉恨，而为人嫉恨又难免不受人所害。若名利的正当性得不到认可，剥夺它们就会被视作理所当然，名利的拥有者很难不成为众矢之的。在屠羊说生活的时代，权力斗争十分残酷，一旦沦为众人攻击的目标，身家性命恐怕都不足以保全。

不是所有人都向往平凡宁静的生活，但无论何时，人都应把生命、生活，放在名利之前，只有这样，才能避免因追名逐利步入险境。

【分节导读】

此节中原宪虽贫穷却内心坦然，所以可以对子贡侃侃而谈。子贡见原宪家贫便断定原宪窘迫，即是在用财物的多寡衡量一个人的心境，反映出其自身的心性很容易被利害得失所扰，所以在被原宪反驳后，会"逡巡而有愧色"。贫穷而不受财物牵累的原宪和富贵却为财物之囚的子贡形成鲜明对比，作者借原宪之口阐述了道家对富贵的看法：宁可身陷贫困，也不用奸恶手段谋求财物。这和儒家提倡的"君子爱财取之有道"有共通之处。只不过道家更多的是站在保持自身心性完备的角度上强调"不取不义之财"。

【原文】

原宪居鲁①，环堵之室②，茨以生草③；蓬户不完，桑以为枢④；而瓮牖二室⑤，褐以为塞⑥；上漏下湿，匡坐而弦歌⑦。

子贡乘大马⑧，中绀而表素⑨，轩车不容巷⑩，往见原宪。原宪华冠縰履⑪，杖藜而应门⑫。

子贡曰："嘻！先生何病？"

原宪应之曰："宪闻之，无财谓之贫，学而不能行谓之病。今宪贫也，非病也。"

子贡逡巡而有愧色⑬。

子贡乘大马拜访原宪。

原宪笑曰："夫希世而行⑭，比周而友⑮，学以为人，教以为己，仁义之慝⑯，舆马之饰⑰，宪不忍为也。"

【注释】

① 原宪：人名，姓原，名思，字宪，孔子的弟子，鲁人，一说宋人。② 环堵：一丈为堵。环堵即室之四周墙各一丈。③ 茨：房盖。草：青草。④ 蓬户：蓬草编的门户。桑：桑条。枢：门轴。⑤ 瓮牖：简陋的窗户。⑥ 褐：粗布衣服，一说毡。塞：蔽。⑦ 匡坐：正坐。弦歌：边弹琴边诵诗歌。⑧ 子贡：孔子弟子，姓端木，名赐，《大宗师》有子桑户死，孔子"使子贡往侍事焉"。乘大马：坐四头大马拉的车。⑨ 中绀（gàn）：里边穿青红色衣服。表素：外面穿白色衣服。⑩ 轩车：古代大夫乘的车。不容巷：车大巷小不容出入。⑪ 华冠：用桦树皮做的帽子。华，通"桦"。縰履：无后跟的鞋。⑫ 杖藜：撑着藜草茎的手杖。《徐无鬼》有藜藿，即俗名灰菜。应门：接应在门前，说明有准备。⑬ 逡巡：进退不得，进也不是退也不是。⑭ 希世而行：观望世俗的好恶而行事。希，通"睎"，观望。⑮ 比周：结党营私。⑯ 慝（tè）：奸邪。⑰ 饰：装饰。

【译文】

　　原宪住在鲁国，家居方丈小屋，盖着新割下的青草；蓬草编成的门四处透光，折断桑条作为门轴，用破瓮做窗隔出两个居室，再将粗布衣堵在破瓮口上；屋子上漏下湿，而原宪却端端正正地坐着弹琴唱歌。

　　子贡驾着高头大马，穿着青红色的内衣，外罩素雅的大褂，巷子容不下高大华贵的马车，前去看望原宪。原宪戴着破旧的帽子穿着破了后跟的鞋，拄着藜杖应声开门。

　　子贡说："哎呀！先生得了什么病吗？"

　　原宪回答："我听说，没有财物叫做贫，学习了却不能付诸实践叫做病。如今我原宪，是贫困，而不是生病。"

　　子贡听了进退不得，面有羞愧之色。

　　原宪又笑着说："观望世俗而行事，结党营私而交结朋友，勤奋学习用以求取别人的夸赞，教导他人是为了炫耀自己，用仁义作为奸恶勾当的掩饰，讲求高车大马的华贵装饰，这样的事情我是不愿去做的。"

【分节导读】

　　此节中曾子摆脱了形、利、心的束缚，虽然贫困却逍遥自在；颜回专注于内心的修炼，宁可生活清贫也不愿出仕为官。二者安贫乐道的生活态度和道家"身贵利轻"的观点相呼应，都为作者所提倡。

【原文】

　　曾子居卫①，缊袍无表②，颜色肿哙③，手足胼胝④。三日不举火⑤，十年不制衣，正冠而缨绝⑥，捉衿而肘见⑦，纳屦而踵决⑧，曳纚而歌《商颂》⑨，声满天地，若出金石。天子不得臣，诸侯不得友。故养志者忘形，养形者忘利，致道者忘心矣。

曾子家贫，三天未开火做饭。

【注释】

① 曾子：人名，姓曾，名参，字子舆，鲁人，孔子弟子。《骈拇》有"枝于仁者，擢德塞性，以收名声，使天下簧鼓以奉不及之法非乎？而曾、史是已"。句中的"曾"指的就是曾子。卫：卫国。② 缊（yùn）袍：用麻絮充丝棉做的袍子。无表：没有外罩。③ 肿哙（kuài）：浮肿，肿而有病色。④ 胼胝（pián zhī）：老茧。⑤ 不举火：不举烟火，指不做饭。⑥ 冠：帽子。缨：帽缨子。绝：断绝。⑦ 捉：抓、拉。衿：领子。见：通"现"，露。⑧ 纳屦（jù）：穿的麻鞋。踵决：后跟裂开。⑨ 曳纚：拖拉着鞋。曳，拖。《商颂》：商代的音乐。《乐记》："商者五帝之遗声也，商人识之，故谓之商"。

【译文】

　　曾子居住在卫国，用乱麻充做絮里的袍子没有外罩，破破烂烂，满脸浮肿，手和脚都磨出了厚厚的老茧。他三天没有生火做饭，十年没有添制新衣，整理帽子帽带就会断掉，提起衣襟臂肘就会外露，穿着麻鞋而后跟裂开。他还拖拉着旧鞋吟咏《商颂》，声音洪亮充满天地，就像金石乐器发出的声响。天子不能把他当做臣仆，诸侯不能跟他结交为友。所以，修养心志的人能够忘却形体，调养身形的人能够忘却利禄，得道的人能够忘却机心智巧。

【原文】

　　孔子谓颜回曰①："回，来！家贫居卑②，胡不仕乎③？"

　　颜回对曰："不愿仕。回有郭外之田五十亩④，足以给铏粥⑤；郭内之田十亩⑥，足以为丝麻；鼓琴足以自娱；所学夫子之道者足以自乐也。回不愿仕。"

　　孔子愀然变容⑦，曰："善哉，回之意！丘闻之：'知足者，不以利自累也；审自得者⑧，失之而不惧；行修于内者⑨，无位而不怍⑩。'丘诵之久矣，今于回而后见之，是丘之得也⑪。"

【注释】

①颜回：字渊，孔子弟子。②居卑：地位卑下贫贱。③胡：何。仕：做官。④郭：外城。⑤给：供给。铏（zhān）粥：黏粥，稠粥。⑥郭内：城内。⑦愀（qiǎo）然：神色改变的样子。一本作"欣然"。⑧审自得者：审视自己得失清楚的人。⑨行修于内者：进行内心修养的人。⑩无位：没有官位。怍（zuò）：不惭愧。⑪得：获得，收获。

【译文】

　　孔子对颜回说："颜回，你过来！你家境贫寒处境卑微，为什么不出去做官呢？"

　　颜回回答说："我不愿做官，城郭之外我有五十亩地，足以供给我稠粥；城郭之内我有十亩地，足够用来种麻养蚕；弹琴足以使我欢娱，学习先生所教给的道理足以使我快乐。因此我不愿做官。"

　　孔子听了神色改变，说："好啊，颜回的心愿！我听说：'知道满足的人不会因为利禄而使自己受到牵累，真正安闲自得的人遭受损失也不会忧郁焦虑，注意内心修养的人没有官职也不会因此惭愧。'我诵读这样的话已经很久了，如今在你身上才算真正看到了它，这是我的收获啊。"

孔子对颜回说：知足的人不会因利让自己受牵累。

【分节导读】

　　此节中，中山公子牟因放不下对富贵的向往而向瞻子求教，瞻子则予他"不能自胜则从"的建议。修道不可能一蹴而就，若无法做到超越自身，则不妨顺其自然，这本身也是"顺乎自然"的一种表现，所以即使达不到"物我同一，逍遥自在"的境界，人还是可以借"从"来保全自身。

【原文】

　　中山公子牟谓瞻子曰①："身在江海之上②，心居乎魏阙之下③，奈何？"

　　瞻子曰："重生④。重生则轻利。"

　　中山公子牟曰："虽知之，未能自胜也⑤。"

　　瞻子曰："不能自胜则从之⑥，神无恶乎⑦？不能自胜而强不从者，此之谓重伤⑧。重伤之人，无寿类矣。"

　　魏牟，万乘之公子也⑨，其隐岩穴也，难为于布衣之士⑩；虽未至乎道，可谓有其意矣！

【注释】

　　① 中山公子牟：即魏公子，名牟，封地中山，故名中山公子牟，亦即《秋水》篇的魏牟。瞻子：瞻通"詹"，《吕氏春秋》《淮南子》皆作"詹子"，即詹何。② 江海：指江湖，广阔天地，喻指地位普通。③ 魏阙：宫殿高大的门庭，喻指朝廷。④ 重生：重视生命。⑤ 自胜：自我克制。⑥ 从：顺从，任从。⑦ 神：精神。无：毋。恶：厌恶。⑧ 重（chóng）伤：双重伤害。⑨ 万乘：本为天子之称，战国时诸侯大国也称万乘。⑩ 布衣：平民。

【译文】

　　中山公子牟对瞻子说："我虽身居江湖之上，心思却时常留在朝廷里，怎么办呢？"

　　瞻子说："重视生命。重视生命的存在就会看轻名利。"

　　中山公子牟说："虽然我也知道这个道理，可总是不能克制自己。"

　　瞻子说："不能克制自己就听任其自然，这样你的心神会不厌恶吗？不能克制自己而又要勉强管束自己，这就叫做双重损伤。心神受到双重伤害的人，就不能长寿了。"

　　魏牟，是万乘大国的公子，他隐居在山洞中，比起平民百姓来这就难为得多了；虽然未能达到体悟大道的境界，也可说是有了体悟大道的心意了。

中山子牟向瞻子问道。

【分节导读】

　　此节借孔子对子贡、子路的教导来阐述道家的"穷""通"。世俗意义上的穷多指贫穷，通多指亨通显达，而道家的穷、通则以道为核心："君子通于道之谓通，穷于道之谓穷"。得道之人并不介意志向是否实现，无论身处何种境遇，都能以平和的心态对待。

【原文】

　　孔子穷于陈蔡之间①，七日不火食②，藜羹不糁③，颜色甚惫④，而犹弦歌于室。颜回择菜于外⑤，子路、子贡相与言曰："夫子再逐于鲁，削迹于卫，伐树于宋，穷于商周，围于陈蔡，杀夫子者无罪，藉夫子者无禁⑥。弦歌鼓琴，未尝绝音，君子之无耻也若此乎⑦？"

孔子向弟子们解释何为"穷"。

　　颜回无以应，入告孔子。孔子推琴，喟然而叹曰⑧："由与赐⑨，细人也⑩。召而来⑪，吾语之。"

　　子路、子贡入。子路曰："如此者，可谓穷矣！"

　　孔子曰："是何言也！君子通于道之谓通，穷于道之谓穷。今丘抱仁义之道以遭乱世之患，其何穷之为⑫！故内省而不穷于道⑬，临难而不失其德，大寒既至⑭，霜雪既降，吾是以知松柏之茂也⑮。陈蔡之隘⑯，于丘其幸乎！"

　　孔子削然反琴而弦歌⑰，子路扢然执干而舞⑱。子贡曰："吾不知天之高也，地之下也⑲。"

　　古之得道者，穷亦乐，通亦乐，所乐非穷通也⑳，道德于此㉑，则穷通为寒暑风雨之序矣。故许由娱于颖阳㉒，而共伯得乎共首㉓。

【注释】

①穷：困。陈蔡：陈国和蔡国。②火食：生火煮饭。③藜：灰菜。糁（sǎn）：米粒。④惫：疲惫，疲乏。⑤择：选择。⑥藉：欺凌、凌辱。无禁：没有人禁止。⑦君子：指孔子。无耻：没有羞耻之心。⑧喟然：叹气的样子。⑨由：子由，即子路。赐：子贡。⑩细人：见识浅的人。⑪而：通"尔"。这里指"他们"。⑫何穷之为：何谓之穷。为，通"谓"。⑬内省（xǐng）：反省，自己检查。⑭大寒既至：即《论语·子罕》中的"岁寒"。⑮知松柏之茂：即《论语·子罕》中的"知松柏之后凋也"。⑯隘（è）：同"阨"，危险，困厄。⑰削然：安然的样子。反琴：返回到琴边又弹琴。反，通"返"。⑱扢（xì）然：威武的样子，一说喜悦的样子。干：盾，古代的兵器。⑲地之下：地之深。⑳非：无关。㉑德：得。㉒颖阳：颖水之阳，在襄阳境内。㉓共伯：即共伯和，食封于共而得名。西周末年，厉王被放逐，诸侯立共伯和为天子，在位一十四年，宣王立时共伯退回共丘山。共首：即丘首山。

【译文】

　　孔子在陈、蔡之间遭受困厄，七天不能生火做饭，野菜汤里没有一粒米，脸色疲惫不堪，可是还在屋里不停地弹琴唱歌。颜回在室外择菜，子路和子贡相互谈论："先生两次被赶出鲁国，在卫国遭受禁止居留的污辱，在宋国受到砍掉大树的羞辱，在商、周之地弄得走投无路，如今在陈、蔡之间又陷入困厄，图谋杀害先生的没有治罪，凌辱先生的没有禁绝，可是先生还不停地弹琴吟唱，乐声不断，君子没有羞辱之心竟达到这样的地步吗？"

颜回没有应声，进入内室告诉了孔子。孔子推开琴长叹说："子路和子贡，真是见识浅薄的小人。叫他们进来，我有话对他们说。"

子路和子贡来到屋里。子路说："像现在这样的处境真可以说是走投无路了！"

孔子说："这是什么

孔子弹琴歌唱，子路拿着盾牌跳起舞。

话！君子通达于道叫做贯通，不能通达于道叫做穷困。如今我信守仁义之道而遭逢乱世带来的祸患，怎么能说成是穷困呢！所以说，善于反省就不会不通达于道，面临危难就不会丧失德行，严寒到来，霜雪降临，这才真正看到了松柏仍是那么郁郁葱葱。陈、蔡之间的困厄，对于我来说正是幸事啊！"

孔子说完安详地拿过琴来弹奏，随着琴声继续唱歌，子路兴奋而又勇武地拿着盾牌跳起舞来。子贡说："我真是不知道天有多高，地有多厚啊！"

古时候得道的人，在困厄的环境里也能快乐，在通达的情况下也能快乐。心境快乐的原因不在于困厄与通达，大道存于心中，那么困厄与通达就像是寒与暑、风与雨那样有规律地变化了。所以，许由能够自娱于颍水的岸边，而共伯则悠然自得地生活在丘首山上。

【分节导读】

此节以无择、卞随、务光宁可投水而死也不愿接受王位，伯夷叔齐宁可饿死也不接受爵禄来阐述道家对"无道"的态度——不苟同。人既不应为利益所诱迷失本性，也不应为权势所屈，违逆本性。一如王位和厚禄无法诱惑得道者，贫困和死亡也不能将得道者吓倒。

【原文】

舜以天下让其友北人无择[1]，北人无择曰："异哉，后之为人也[2]，居于畎亩之中[3]，而游尧之门[4]！不若是而已[5]，又欲以其辱行漫我[6]。吾羞见之。"因自投清泠之渊[7]。

汤将伐桀[8]，因卞随而谋[9]，卞随曰："非吾事也。"汤曰："孰可[10]？"曰："吾不知也。"汤又因瞀光而谋[11]，瞀光曰："非吾事

北人无择投水而死。

也。"汤曰:"孰可?"曰:"吾不知也。"汤曰:"伊尹何如^⑫?"曰:"强力忍垢^⑬,吾不知其他也。"汤遂与伊尹谋伐桀,克之^⑭,以让卞随。卞随辞曰:"后之伐桀也谋乎我,必以我为贼也^⑮;胜桀而让我,必以我为贪也。吾生乎乱世,而无道之人再来漫我以其辱行^⑯,吾不忍数闻也^⑰!"乃自投椆水而死^⑱。

汤又让瞀光曰:"知者谋之^⑲,武者遂之^⑳,仁者居之^㉑,古之道也。吾子胡不立乎^㉒?"瞀光辞曰:"废上^㉓,非义也;杀民^㉔,非仁也;人犯其难^㉕,我享其利,非廉也。吾闻之曰:'非其义者,不受其禄;无道之世,不践其土。'况尊我乎^㉖!吾不忍久见也。"乃负石而自沉于庐水^㉗。

【注释】

①北人无择:人名,姓北人,名无择。②后:指君主。③畎(quǎn)亩:指田间。畎,田间水沟。④游尧之门:游于天子之门。⑤若:但,不如。是:如此,这。已:止。⑥辱行:可耻的行为。漫:污弄。⑦清泠:渊的名字,在今河南南阳西峡县内。⑧汤:商汤。桀:夏桀。⑨因:就,从事。卞随:人名,姓卞名随,当时的隐者。⑩孰:谁。⑪瞀光:即务光,夏人。⑫伊尹:商初的大臣,名伊,尹是官名,奴隶出身。⑬强力:自勉顽强。忍垢:忍受耻辱。⑭克:胜。⑮贼:残忍。⑯辱行:耻辱的行为。⑰数(shuò):屡次。闻:搅扰。⑱椆(zhōu)水:即桐水,在颍川。⑲知者谋之:指伊尹。知,通"智"。⑳遂:完成。㉑居之:居天子的地位。仁者:指瞀光。㉒吾子:你。胡:何。立:古"位"字,作动词用,即位。㉓废上:指汤伐桀。㉔杀民:指汤用兵。㉕人犯其难:别人冒险。㉖尊我:推我为君。㉗庐水:庐江,在今安徽省。

【译文】

舜把天下让给他的朋友北人无择,北人无择说:"舜的为人真奇怪啊,原本在历山从事农耕却要结识唐尧并且接受禅让!不仅如此,又想要用那样的丑行来玷污我。我真是为见到他而感到羞辱。"于是跳入清泠之渊而死。

商汤打算讨伐夏桀,跟卞随商量这件事,卞随说:"这不是我的事。"商汤问:"谁可以呢?"卞随回答:"我不知道。"商汤又拿这件事跟瞀光商量,瞀光说:"这不是我的事。"商汤问:"谁可以呢?"瞀光回答:"我不知道。"商汤说:"伊尹怎么样?"瞀光说:"伊尹这个人毅力坚强而且能够忍受耻辱,至于其他方面我就不知道了。"商汤于是跟伊尹商量讨伐夏桀的事,打败桀之后,商汤又想把天下让给卞随。卞随推辞说:"君主讨伐夏桀曾经跟我商量,必定是把我看做凶残的人;战胜桀之后想要禅让天下给我,必定是把我看做贪婪的人。我生活在天下大乱的年代,而且不明大

商汤召卞随讨论攻打夏桀的事。

道的人两次用他的丑行玷污我，我不能忍受屡次的搅扰。"于是跳入椆水而死。

　　商汤又打算禅让给瞀光，说："智慧的人谋取天下，勇武的人加以完成，仁德的人居于君位，这是自古以来的道理。先生怎么不即位呢？"瞀光推辞说："废除国君，不合于道义；征战杀伐，不合于仁爱；别人冒着危难，我却坐享其利，不合于廉洁。我听说，不合乎道义的人，不能接受他赐予的利禄；不合乎大道的社会，不能踏上那样的土地。何况是把我尊称为君呢！我不忍长久地见到这种情况。"于是背着石块沉入庐水而死。

【原文】

　　昔周之兴①，有士二人处于孤竹②，曰伯夷、叔齐③。二人相谓曰："吾闻西方有人④，似有道者⑤，试往观焉。"至于岐阳⑥，武王闻之⑦，使叔旦往见之⑧，与之盟曰："加富二等⑨，就官一列⑩。"血牲而埋之⑪。

　　二人相视而笑，曰："嘻，异哉！此非吾所谓道也。昔者神农之有天下也⑫，时祀尽敬而不祈喜⑬；其于人也，忠信尽治而无求焉⑭。乐与政为政，乐与治为治。不以人之坏自成也⑮，不以人之卑自高也⑯，不以遭时自利也⑰。今周见殷之乱而遽为政⑱，上谋而行货⑲，阻兵而保威⑳，割牲而盟以为信，扬行以说众㉑，杀伐以要利㉒。是推乱以易暴也。吾闻古之士，遭治世不避其任，遇乱世不为苟存。今天下暗㉓，周德衰，其并乎周以涂吾身也㉔，不如避之，以絜吾行㉕。"二子北至于首阳之山，遂饿而死焉。若伯夷、叔齐者，其于富贵也，苟可得已，则必不赖㉖，高节戾行㉗，独乐其志，不事于世，此二士之节也。

【注释】

①昔：过去。周：周朝。②士：天子、国君之子亦称士。孤竹：商代国名。③伯夷、叔齐：孤竹国君长子和次子。《庄子》中多篇提到此二人。④西方：指周。⑤似有道者：指周文王。⑥岐阳：岐山之阳。⑦武王：周武王，姬发。⑧叔旦：指武王的弟弟周公旦。⑨富：俸禄。⑩就：任。一列：一品位。⑪血牲而埋之：用盟誓的牺畜血涂于盟约上，埋在盟坛的地下祭神。⑫神农：上古皇帝神农氏。⑬祈：求。喜：通"禧"，福。⑭尽治：尽心治

伯夷、叔齐是孤竹国的贤人。

理。无求：无求利禄报答。⑮坏：失败，败坏。⑯卑：卑下。自高：抬高自己。⑰遭时：遇到时机。自利：自谋私利。⑱遽：急速。⑲上谋：高深的计谋。上，通"尚"。行货：用爵禄收买人心。⑳阻兵：靠武力。㉑说众：取得民众的欢心，哗众取宠。说，通"悦"。㉒要利：追求利益。㉓暗：昏暗。㉔周：周朝社会。㉕絜：通"洁"。㉖赖：取。㉗戾：通"厉"。

姬旦用高官厚禄吸引伯夷、叔齐。

【译文】

过去周朝兴起的时候，孤竹国有两位贤人，名叫伯夷和叔齐。两人商量说："听说西方有个人，好像是有道的人，我们前去看看。"他们来到岐山的南面，周武王知道了，派他的弟弟姬旦前去拜见，并且跟他们誓盟，说："加赐二等俸禄，授予一等官职。"然后用牲血涂在盟书上埋入祭坛下面。

伯夷、叔齐二人相视而笑说："咦，真是奇怪啊！这不是我们所谈论的道啊。从前神农氏治理天下，按时祭祀竭尽虔诚而不祈求赐福；他对百姓，忠实诚信尽心治理而不向他们索取。乐于参与政事就让他们参与政事，乐于从事治理就让他们从事治理，不以别人的失败而显为自己的成功，不因别人地位卑下而显示自己的高贵，不因遭逢机遇而图谋私利。如今周人看见殷商朝政混乱就急速夺取统治天下的权力，崇尚谋略收买人心，依靠武力保持威势，宰牲结盟作为信誓，宣扬德行取悦众人，凭借征战求取私利，这是用推动祸乱的办法替代已有的暴政。我听说上古时候的贤士，遭逢治世不回避责任，遇上乱世不苟且偷生。如今天下昏暗，周人这样的做法说明德行已经衰败，与其跟周人一起而使自身受到污辱，不如逃离他们保持品行的高洁。"两人向北来到了首阳山，最后饿死在那里。像伯夷、叔齐这样的人，他们对富贵，即使有机会得到，也决不会去获取。高尚的气节，不同流俗的行为，自适自乐，而不追逐于世事，这就是二位贤士的节操。

伯夷、叔齐饿死在首阳山。

◎盗跖◎

【题解】

　　本篇通过三段故事揭露了名与利的虚伪与危害。在孔子说盗跖一段中，作者借盗跖之口猛烈而尖锐地抵制了儒家的仁义学说，说明圣人和盗贼是没有区别的，历史上的所谓圣贤忠孝之士都是诈巧虚伪的名利之徒，为沽名钓誉而身遭祸患，以至丧失性命，可羞可笑。他认为人活在世上就应放任心性，享受人生，"不能说其志意，养其寿命者，皆非通道者也"。在子张与满苟得、无足与知和的对话中，作者阐述了同样的道理，指出君子为名、小人为利，君子与小人都是一路货色。追名逐利，不但不能身心愉悦，反而会带来大灾大难。而顺应本性"就其利，辞其害"，自然可为天下称贤。知足无争，保养心性，才是安乐长生之道。

【分节导读】

　　此节通过孔子规劝盗跖未果反被盗跖驳斥得哑口无言的故事对儒家的仁义礼教和世俗的富贵显达观念进行抨击，指责儒家"作言造语，妄称文武""不耕而食，不织而衣"，不过是借仁义之名求富求贵。而备受世人推崇的明君贤士忠臣要么"以利惑其真而强反其情性"，要么辛苦一生不得善终，在本质上和大盗并无区别，皆是追名逐利、迷失本性之辈。作者借盗跖之口斥儒家的理论为"诈巧虚伪事"，认为人应保持本真及自由愉悦的精神，并在此基础上通晓大道。

【原文】

　　孔子与柳下季为友[①]，柳下季之弟，名曰盗跖[②]。盗跖从卒九千人，横行天下，侵暴诸侯，穴室枢户[③]，驱人牛马，取人妇女，贪得忘亲，不顾父母兄弟，不祭先祖。所过之邑，大国守城，小国入保[④]，万民苦之。

　　孔子谓柳下季曰："夫为人父者，必能诏其子[⑤]；为人兄者，必能教其弟。若父不能诏其子，兄不能教其弟，则无贵父子兄弟之亲矣[⑥]。今先生，世之才士也，弟为盗跖，为天下害，而不能教也，丘窃为先生羞之。丘请为先生往说之[⑦]。"

　　柳下季曰："先生言'为人父者必能诏其子，为人兄者必能教其弟'。若子不听父之诏，弟不受兄之教，虽今先生之辩[⑧]，将奈之何哉！且跖之为人也，

跟随盗跖的人多达九千。

心如涌泉⑨，意如飘风⑩，强足以拒敌，辩足以饰非，顺其心则喜，逆其心则怒，易辱人以言。先生必无往。"

盗跖在泰山南面修整士卒。

孔子不听，颜回为驭⑪，子贡为右⑫，往见盗跖。

盗跖乃方休卒徒大山之阳⑬，脍人肝而铺之⑭。孔子下车而前，见谒者⑮，曰："鲁人孔丘，闻将军高义⑯，敬再拜谒者。"

谒者入通。盗跖闻之，大怒，目如明星，发上指冠，曰："此夫鲁国之巧伪人孔丘，非邪？为我告之：'尔作言造语，妄称文武，冠枝木之冠⑰，带死牛之胁⑱，多辞缪说，不耕而食，不织而衣，摇唇鼓舌，擅生是非，以迷天下之主，使天下学士不反其本⑲，妄作孝弟，而侥幸于封侯富贵者也。子之罪大极重，疾走归！不然，我将以子肝益昼铺之膳⑳！'"

孔子复通曰："丘得幸于季，愿望履幕下㉑。"

谒者复通。盗跖曰："使来前！"

孔子趋而进，避席反走㉒，再拜盗跖。盗跖大怒，两展其足，案剑瞋目，声如乳虎，曰："丘，来前！若所言，顺吾意则生，逆吾心则死！"

孔子曰："丘闻之，凡天下有三德：生而长大，美好无双，少长贵贱见而皆说之㉓，此上德也；知维天地，能辩诸物，此中德也；勇悍果敢，聚众率兵，此下德也。凡人有此一德者，足以南面称孤矣。今将军兼此三者，身长八尺二寸，面目有光，唇如激丹㉔，齿如齐贝㉕，音中黄钟㉖，而名曰盗跖，丘窃为将军耻不取焉。将军有意听臣，臣请南使吴、越，北使齐、鲁，东使宋、卫，西使晋、楚，使为将军造大城数百里，立数十万户之邑，尊将军为诸侯，与天下更始㉗，罢兵休卒，收

盗跖大怒，伸开双脚，声音好似乳虎。

养昆弟^㉘，共祭先祖。此圣人才士之行，而天下之愿也。"

盗跖大怒曰："丘，来前！夫可规以利而可谏以言者，皆愚陋恒民之谓耳^㉙。今长大美好，人见而悦之者，此吾父母之遗德也。丘虽不吾誉，吾独不自知邪？且吾闻之，好面誉人者，亦好背而毁之。今丘告我以大城众民，是欲规我以利而恒民畜我也^㉚，安可久长也！城之大

古代的时候禽兽多，人少。

者，莫大乎天下矣。尧、舜有天下，子孙无置锥之地；汤、武立为天子，而后世绝灭；非以其利大故邪？

"且吾闻之，古者禽兽多而人少，于是民皆巢居以避之，昼拾橡栗，暮栖木上，故命之曰有巢氏之民。古者民不知衣服，夏多积薪，冬则炀之^㉛，故命之曰知生之民。神农之世，卧则居居^㉜，起则于于^㉝，民知其母，不知其父，与麋鹿共处，耕而食，织而衣，无有相害之心，此至德之隆也。然而黄帝不能致德，与蚩尤战于涿鹿之野^㉞，流血百里。尧、舜作，立群臣，汤放其主，武王杀纣，自是以后，以强陵弱，以众暴寡。汤、武以来，皆乱人之徒也。

"今子修文、武之道，掌天下之辩，以教后世，缝衣浅带，矫言伪行，以迷惑天下之主，而欲求富贵焉，盗莫大于子。天下何故不谓子为盗丘，而乃谓我为盗跖？子以甘辞说子路而使从之^㉟。使子路去其危冠，解其长剑，而受教于子，天下皆曰孔丘能止暴禁非。其卒之也，子路欲杀卫君而事不成，身菹于卫东门之上^㊱，子教子路菹此患，上无以为身，下无以为人，是子教之不至也。子自谓才士圣人邪？则再逐于鲁，削迹于卫，穷于齐，围于陈、蔡，不容身于天下。子之道岂足贵邪？

孔子并不能够制止暴力。

"世之所高，莫若黄帝，黄帝尚不能全德，而战涿鹿之野，流血百里。尧不慈，舜不孝，禹偏枯^㊲，汤放其主，武王伐纣，此六子者，世之所高也，孰论之，皆以利惑其真而强反其情性，其行乃甚可羞也。

"世之所谓贤士，伯夷、叔齐。伯夷、叔齐辞孤竹之君而饿死于首阳之山，骨肉不葬。鲍焦饰行非世^㊳，抱木而死。申徒狄谏而不听，负石自投于河，为鱼鳖所食。介子推至忠也^㊴，自割其股以食文公，文公后背之，子推怒而去，抱木而燔死^㊵。尾生与女子期于梁下^㊶，女子不来，水至不去，抱梁柱而死，此六子者，无异于磔犬流豕^㊷，操瓢而乞者，皆离名轻死，不念本养寿命者也。

"世之所谓忠臣者，莫若王子比干、伍子胥。子胥沉江，比干剖心，此二子者，世谓忠臣也，然卒为天下笑。自上观之，至于子胥、比干，皆不足贵也。

"丘之所以说我者，若告我以鬼事，则我不能知也；若告我以人事者，不过此矣，皆吾所闻知也。今吾告子以人之情，目欲视色，耳欲听声，口欲察味，志气欲盈。人上寿百岁，中寿八十，下寿六十，除病瘦、死丧、忧患，其中开口而笑者，一月之中不过四五日而已矣。天与地无穷，人死者有时，操有时之具而托于无穷之间，忽然无异骐骥之驰过隙也。不能说其志意，养其寿命者，皆非通道者也。

"丘之所言，皆吾之所弃也，亟去走归，无复言之！子之道，狂狂汲汲^㊸，诈巧虚伪事也，非可以全真也，奚足论哉！"

孔子再拜趋走，出门上车，执辔三失^㊹，目茫然无见，色若死灰，据轼低头，不能出气。归到鲁东门外，适遇柳下季。柳下季曰："今者阙然数日不见，车马有行色，得微往见跖邪^㊺？"孔于仰天而叹曰："然。"柳下季曰："跖得无逆汝意若前乎？"孔子曰："然。丘所谓无病而自灸也，疾走料虎头^㊻，编虎须^㊼，几不免虎口哉！"

贤士和忠臣。

【注释】

①柳下季：人名，姓展，名获，字禽，鲁国大夫，因封地于柳下而称柳下季，谥号"惠"，亦称"柳下惠"。②盗跖（zhí）：春秋末、战国初的一个大盗。③穴：做动词，穿。枢：一作"抠"，破。④保：通"堡"，城堡。⑤诏：教导。⑥贵：尊贵，贵重。⑦说（shuì）：说服。⑧辩：善于言辞，辩才。⑨涌泉：向上冒的泉水，形容极为旺盛。⑩飘风：暴风，形容难以把握。⑪颜回：人名，孔子的得意弟子。驭：驾驭，驾车。⑫子贡：人名，孔子弟子。右：即骖右，坐在车上的陪乘者。⑬休：休整。大山：太山，即泰山。阳：山的南面。⑭脍（kuài）：细切。铺（bū）：食，吃。⑮谒（yè）者：负责接待和通报的人。⑯高义：高尚的义气。⑰枝木之冠：装饰得像树枝一样的帽子。⑱死牛之胁：指皮带，因皮带多用牛的胁皮做成。⑲不反其本：意为不务正业。反，同"返"。⑳益：增加。㉑望履幕下：在帐幕下看见你的鞋子，意为在帐幕下拜见。㉒避席：离开席位。反走：倒退着走，表示恭敬。㉓说：通"悦"。㉔激丹：鲜红的丹砂。激，鲜明。㉕齐贝：排列的贝珠。㉖中（zhòng）：合，符合。黄钟：十二律中的首律，引申为宏亮。㉗更始：除旧布新，变更，变化一新。㉘昆弟：指兄和弟，包括近、远房的弟兄。㉙恒民：一本作"顺民"，常人，平民。㉚畜：养，对待。㉛炀（yàng）：焚烧，烧火。㉜居居：安静的样子。㉝于于：行动舒缓自得的样子。㉞蚩尤：人名，古代部落首长。涿鹿：地名，在今河北省涿州境内。㉟甘辞：一作"甘

言", 甜言蜜语。㊱菹（zū）: 剁成肉酱。㊲偏枯: 亦作"半枯", 偏瘫, 半身不遂。㊳鲍焦: 人名, 周朝的隐者。饰行: 粉饰行为。非世: 对社会不满。㊴介子推（chuí）: 人名,《左传》作"介之椎", 又作"介推"。晋国贵族, 曾随晋文公流亡国外, 因回国后赏赐中无名而隐居介山。㊵燔死: 烧死。㊶尾生: 人名, 一作"微生",《战国策》作"尾生高"。㊷磔（zhé）: 分尸, 裂体。流豕: 飘流于江河的死猪, 一作"沉豕"。㊸狂狂: 狂妄无度, 形容诈巧。汲汲: 心情急切, 形容虚伪。㊹辔: 驾驭牲口为缰绳。㊺得微: 莫非。微, 无。㊻疾走: 急跑。料（liáo）: 通"撩", 挑弄。㊼编: 通"揾", 抚弄。

黄帝和蚩尤在涿鹿展开大战。

【译文】

孔子和柳下季结为朋友。柳下季的弟弟, 名叫盗跖, 盗跖的随从士卒有九千人, 横行天下, 侵害诸侯, 穿室破户, 赶走人家的牛马, 夺取人家的妇女, 贪得而忘亲, 不顾父母兄弟, 不祭祀祖先。所经过的地方, 大国守护城池, 小国躲入城堡, 万民受苦。

孔子对柳下季说:"做人父亲的, 一定能教导他的儿子; 做人兄长的, 一定能教育他的弟弟。如果父亲不能教导他的儿子, 兄长不能教育他的弟弟, 那么父子兄弟的亲属关系就没有尊贵了。现在先生是当世的有才之士, 弟弟是盗跖, 是天下的祸害, 而你不能教育他, 我私下为先生羞愧。我请求替先生去说服他。"

柳下季说:"先生说'做人父亲的一定能教导他的儿子, 做人兄长的一定能教育他的弟弟。'如果儿子不听父亲的教导, 弟弟不接受兄长的教育, 虽然现在有先生这样的辩才, 又能拿他怎么样呢? 而且跖的为人是心血如泉涌一样的旺盛, 心意如暴风一样的难测, 强悍足以抗拒敌人, 善辩足以掩饰过错, 顺从他的心意就高兴, 违背他的心意就发怒, 容易用语言侮辱人。先生一定不要去。"

孔子不听, 让颜回驾车, 子贡陪乘, 去见盗跖。

盗跖正在泰山的南面休整士卒, 细切人肝而食。孔子下车走上前, 见了通报的人说:"鲁国人孔丘, 听说将军义气高尚, 恭敬地前来拜见。"

通报的人进去通报。盗跖听到此事大怒, 眼睛像发光的星星, 头发直立顶着了帽子, 说:"此人不是鲁国的狡猾虚伪之人孔丘吗? 替我告诉他:'你编造言语, 假称文、武, 头戴装饰得像树枝一样的帽子, 腰缠死牛胁皮做的皮带, 整天说一些荒谬的话, 不耕而食, 不织而衣, 摇唇鼓舌, 专生是非, 以迷惑天下的君主, 使天下的读书人不务正业, 假作孝弟, 而侥幸得到封侯富贵。你的罪恶极大极重, 快回去吧! 不然, 我将用你的肝增加我的午餐。'"

孔子再次通报说:"我有幸认识柳下季, 希望能到帐幕中拜见。"通报者再次通报。盗跖说:"让他到前面来!"

孔子快步前行, 离开席位退步而走, 再次拜见盗跖。盗跖大怒, 伸开双脚, 握剑瞪眼, 声音像哺乳的母虎, 说:"孔丘到前面来, 你所说的话, 顺从我的心意就活, 违背我的心意就死。"

孔子说:"我听说, 大凡天下人都有三种美德: 生就魁梧高大, 容貌漂亮无双, 无论老幼贵贱见到他都十分喜欢，这是上等的德行；智慧能够包罗天地，能力足以分辨各种事物，这是中等的德行；勇武、强悍、果决、勇敢，能够聚合众人统率士兵，这是下一等的德行。大凡人们有此一种德行，便足以南面称王了。如今将军同时具备了上述三种美德，你高大魁梧身长八尺二寸，面容和双眼熠熠有光，嘴唇鲜红犹如朱砂，牙齿犹如排列的贝珠，声音洪亮好似黄钟，然而名字却叫盗跖，我私下为将军感到羞耻而不可取。将军如果有意听从我的劝告，我将南边出使吴国、越国，北边出使齐国、鲁国，东边出使宋国、卫国，西边出使晋国、楚国，为将军建造数百里的大城，设立数十万户人家的封邑，尊将军为诸侯，跟天下各国除旧布新，停战休兵，收养兄弟，供祭祖先。这才是圣人贤士的作为，也是天下人的心愿。"

盗跖大怒说："孔丘上前来！凡是可以用利禄来规劝、用言语来谏正的人，都只能称做愚昧浅陋的顺民。如今我身材高大魁梧，面目英俊漂亮，人人见了都喜欢，这是我的父母给我留下的德性。孔丘你即使不当面吹捧我，我难道不知道吗？而且我听说，喜好当面夸奖别人的人，也喜好背地里诋毁别人。如今你把建造大城、汇聚众多百姓的意图告诉给我，这是用利禄来诱惑我，而且是用对待顺民的态度来对待我，怎么可以长久呢！城池最大的，莫过于整个天下。尧舜拥有天下，子孙却没有立锥之地；商汤与周武王立为天子，可是后代却遭灭绝，这不是因为他们贪求占有天下的缘故吗？

"况且我还听说，古时候禽兽多而人少，于是人们都在树上筑巢而居躲避野兽，白天拾取橡子，晚上住在树上，所以称他们叫做有巢氏之民。古时候人们不知道穿衣，夏天多多存积柴草，冬天就烧火取暖，所以称他们叫做懂得生存的人。到了神农时代，闲居是多么安静舒适，行动是多么舒缓自得，人们只知道母亲，不知道父亲，跟野兽生活在一起，自己耕地吃饭，自己织布穿衣，没有伤害别人的心思，这就是道德的极盛时代。然而到了黄帝就不再具备这样的德行，跟蚩尤在涿鹿的郊野上争战，流血百里。尧舜称帝设置群臣，商汤放逐了他的君主，武王杀死了纣王。从此以后，世上总是依仗强权欺凌弱小，依仗势众侵害寡少。商汤、武王以来，就都是祸害人民的人了。

"如今你修习文王、武王的治国之道，掌握天下的舆论，想用你的主张教化后世子孙，穿着宽衣博带的服装，说话与行动矫揉造作，用以迷惑天下的诸侯，想用这样的办法求取高官厚禄，

古代人们都在树上筑巢躲避野兽。

古代人们只知道母亲，不知道父亲。

要说大盗再没有比你大的了。天下为什么不叫你为'盗丘',反而称我是'盗跖'呢?你用甜言蜜语说服了子路让他死心塌地地跟随你,使子路去掉了勇武的高冠,解除了长长的佩剑,受教于你的门下,天下人都说孔子能够制止暴力禁绝不轨。可是后来,子路想要杀掉篡逆的卫君却不能成功,而且还在卫国东门被剁成了肉酱,你让子路被剁成肉酱,对上无法保身,对下无法做人,这就是你那套说教的失败。你不是自称有才智的学士、圣哲吗?却两次被逐出鲁国,在卫国被人铲平足迹,在齐国走投无路,在陈国蔡国之间遭受围困,不能容身于天下,你的那套主张有什么可贵之处呢?

"世上所尊崇的,莫过于黄帝,黄帝尚且不能保全德行,而征战于涿鹿的郊野,流血百里。唐尧不慈爱,虞舜不孝顺,大禹半身不遂,商汤放逐了他的君主,武王出兵征讨商纣,以上这六个人,都是世人所尊崇的,但是仔细评论起来,都是因为追求功利丧失真性而强迫自己违反了性情,他们的做法乃是极为可耻的。

"世人所称道的贤士,就如伯夷、叔齐。伯夷、叔齐辞让了孤竹国的君位,却饿死在首阳山,尸体都未能埋葬。鲍焦行为矫饰,非议世事,竟抱着树木而死去。

申徒狄忠言进谏,却不能被理会。

申徒狄多次进谏不被采纳,背着石块投河而死,尸体被鱼鳖吃掉。介子推算是最忠诚的了,割下自己大腿上的肉给晋文公吃,文公返国后却背弃了他,介子推一怒之下逃走隐居山林,也抱着树木焚烧而死。尾生跟一位女子在桥下约会,女子没有如期赴约,河水来到尾生却不离去,竟抱着桥柱而淹死。以上这六个人,跟分尸的狗、飘在河面的猪以及拿着瓢到处乞讨的乞丐没有什么不同,都是重视名节轻生赴死,不顾念身体和寿命的人。

"世人所称道的忠臣,没有超过王子比干和伍子胥的了。伍子胥被抛尸江中,比干被剖心而死,这两个人,世人都称做忠臣,然而最终被天下人讥笑。从以上看来,伍子胥、比干之流,都是不值得推崇的。

"你孔丘来说服我,假如告诉我关于鬼神的事,那我不知道;假如告诉我人世间的事,不过如此而已,都是我所听说过的事。现在让我来告诉你人之常情:眼睛想要看到色彩,耳朵想要听到声音,嘴巴想要品尝滋味,志气想要充分满足。人生在世高寿为一百岁,中寿为八十岁,低寿为六十岁,除掉疾病、死丧、忧患的岁月,其中开口欢笑的时光,一月之中不过四五天罢了。天与地是无穷尽的,人的死亡却是有时限的,拿有时限的生命托付给无穷尽的天地之间,迅速地消逝就像是骏马良驹从缝隙中骤然驰过一样。凡是不能够使自己心境获得愉快而保养寿命的人,都不能算是通晓理的人。

"孔丘你所说的,全都是我想要废弃的,你赶快离开这里滚回去,不要再说了!你的那套主张,狂妄急切,全都是巧诈虚伪的东西,不可能用来保全真性,有什么好谈论的呢!"

孔子再三拜谢快步离去,走出帐门登上车子,拿在手里的缰绳三次脱手,眼睛失神模糊不清,脸色犹如死灰,低垂着头靠在车前的横木上,颓丧地不能喘气。回到鲁国东门外,正巧遇上柳下季。柳下季说:"近来多日不见,看你的车马好像外出过的样子,恐怕是前去见到盗跖了吧?"孔子仰天长叹道:"是的。"柳下季说:"盗跖是不是像先前我所说的那样违背了你的意愿呢?"孔子说:"正是这样。我此举就像没有生病而自行针灸一样,急匆匆地跑去撩拨虎头、抚弄虎须,几乎不免被虎口吞掉啊!"

【分节导读】

在此节中，子张把修善德行当做谋取利益的手段，提倡贵贱有别、长幼有序。满苟得则对子张的观点进行了驳斥，指出儒者"伪辞"，儒者的言论和行为经常不一致。满苟得认为人不必强分君子小人，既不应为财富奔波，也不应为居功献身，而是要顺乎天理，与大道共进退。不过，由于满苟得强调顺乎天理是为了求利，其并非道家推崇的得道之人。

【原文】

子张问于满苟得曰①："盍不为行②？无行则不信③，不信则不任④，不任则不利。故观之名⑤，计之利，而义真是也⑥。若弃名利，反之于心，则夫士之为行，不可一日不为乎！"

子张问满苟得："为什么不修仁义之德呢？"

满苟得曰："无耻者富⑦，多信者显⑧。夫名利之大者，几在无耻而信。故观之名，计之利，而信真是也。若弃名利，反之于心，则夫士之为行，抱其天乎⑨！"

子张曰："昔者桀、纣贵为天子，富有天下。今谓臧聚曰⑩，汝行如桀、纣，则有怍色⑪，有不服之心者，小人所贱也⑫。仲尼、墨翟⑬，穷为匹夫，今谓宰相曰，子行如仲尼、墨翟。则变容易色称不足者⑭，士诚贵也⑮。故势为天子，未必贵也；穷为匹夫，未必贱也。贵贱之分，在行之美恶。"

满苟得曰："小盗者拘⑯，大盗者为诸侯，诸侯之门，仁义存焉。昔者桓公小白杀兄入嫂⑰，

贵贱有别，长幼有序。

而管仲为臣⑱；田成子常杀君窃国⑲，而孔子受币⑳。论则贱之，行则下之，则是言行之情悖战于胸中也㉑，不亦拂乎㉒！故《书》曰：'孰恶孰美，成者为首㉓ 不成者为尾。'"

子张曰："子不为行，即将疏戚无伦㉔，贵贱无义，长幼无序。五纪六位㉕，将何以为别乎？"

满苟得曰："尧杀长子，舜流母弟㉖，疏戚有伦乎？汤放桀，武王杀纣，贵贱有义乎？王季为适㉗，周公杀兄㉘，长幼有序乎？儒者伪辞㉙，墨子兼爱㉚，五纪六位将有别乎？

"且子正为名㉛，我正为利。名利之实，不顺于理，不监于道㉜。吾日与子讼于无约曰㉝：'小人殉财㉞，君子殉名，其所以变其情，易其性，则异矣㉟；乃至于弃其所为而殉其所不为㊱，则一也。'

故曰，无为小人，反殉而天；无为
君子，从天之理。若枉若直^㊲，
相而天极^㊳。面观四方^㊴，与时
消息。若是若非，执而圆机^㊵；
独成而意^㊶，与道徘徊。无转而
行^㊷，无成而义^㊸，将失而所为^㊹。
无赴而富^㊺，无殉而成^㊻，将弃
而天^㊼。

"比干剖心，子胥抉眼^㊽，
忠之祸也；直躬证父^㊾，尾
生溺死，信之患也；鲍子立
干^㊿，申子自埋⁵¹，廉之害也；
孔子不见母⁵²，匡子不见父⁵³，
义之失也。此上世之所传，下
世之所语，以为士者⁵⁴，正其
言⁵⁵，必其行，故服其殃，离
其患也⁵⁶。"

小人为财而死。

比干被人剖心。

齐桓公杀死哥哥纠。

【注释】

① 子张：人名，姓颛孙，名师，字
子张，陈人。满苟得：人名。② 盍：
何。为行：进行品行修养。③ 无行：
没有品行。不信：不被信用，不取
信。④ 不任：不被任用。⑤ 观：
观察，考虑。⑥ 真：真实。⑦ 无
耻者富：没有耻辱感的人才富有。
⑧ 显：显贵，显达。⑨ 抱：一作
"拂"，保持。⑩ 臧：奴仆。聚：
更夫。⑪ 怍（zuò）色：愤怒变色。
⑫ 小人：地位卑贱的人。⑬ 墨翟
（dí）：人名，墨家的创始人。⑭ 变
容易色：形容不安的样子。⑮ 士：
指士大夫。贵：尊重，推崇。⑯ 拘：
被拘囚。⑰ 桓公：指齐桓公。小
白：齐桓公名。杀兄：小白杀掉他
的哥哥纠。入嫂：将嫂嫂纳为妻
子。⑱ 管仲：人名，齐桓公的国
相。⑲ 田成子常：人名，春秋时齐
国大夫田常，即陈恒，古时田、陈
同音，"成子"系谥号，田成子杀
了简公篡位。窃国：窃取国君的地
位。⑳ 孔子受币：孔子接受陈恒钱币。据《论语》记载，陈恒弑齐简公，孔子沐浴请讨，而无受币的记载。受币
之事只《庄子》独载。㉑ 言行之情悖：言论和行为相反。㉒ 拂：乱。㉓ 成者为首：成功者居上。㉔ 疏戚：疏亲，

周公杀死哥哥管叔。

亲疏。伦：伦次。㉕五纪：即五伦，指君臣、父子、夫妇、长幼、朋友。六位：指诸父、兄弟、族人、诸舅、师长、朋友。㉖流：流放。母弟：舜一奶同胞的弟弟，名象。㉗王季为適：周太王传位给第四子季历。適，通“嫡”。季，古代四排行伯、仲、叔、季，季最小，伯为嫡，季非嫡。周太王把王位传给季历，而泰伯、仲雍二子逃到吴国去。㉘周公杀兄：周公因管叔叛乱而杀之，管叔是周公的哥哥。㉙伪辞：巧辞。㉚兼爱：墨子爱无差等的主张。㉛名：功名。㉜监：一本作“鉴”，明，察。㉝日：昔日，异日。讼：争论，断是非。无约：假托人名，意指无拘束。㉞殉：死，牺牲，追求名利而不顾其身。㉟异：不同。㊱所为：本所当为。㊲枉：曲。㊳相：视。而：你。天极：天则，自然规律。㊴面观：面向。四方：东西南北。㊵圆机：天体圆而运行不息。圆，圆转。机，枢机。㊶独成：独自顺遂。意：主意，意愿。㊷无：毋。下三“无”字同。转：通“专”。㊸成：一成不变。㊹失：失去，失掉。所为：所实践的自然之道，即本能。㊺赴：奔赴，追求。㊻成：成功，指利。㊼将弃而天：将舍弃你的天性。㊽抉眼：剜出眼睛。㊾直躬：人名。证父：证实父亲偷羊。事见《论语·子路》。㊿鲍子：即鲍焦。立干：站立枯死。(51)申子：即申徒狄。自埋：自投于河而死。(52)孔子不见母：孔子不去见母亲。(53)匡子：匡章，齐人。不见父：不去看父亲。《孟子·离娄》有“公都子曰：‘匡章，通国皆称不孝焉，夫子与之游，又从而礼貌之，敢问何也？’孟子曰：‘夫章子，子父责善而不相遇也。为得罪于父，不得近，出妻屏子，终身不养焉。’”(54)以为：认为。(55)正：端正。(56)服其殃：受其祸。离其患：遭其害。离，通“罹”。

【译文】

子张问满苟得：“为什么不修养仁义的德行呢？没有德行就不能取信于人，不能取信于人就不会得到任用，不能得到任用就不会得到利禄。所以，从名誉的角度来观察，从利禄的角度来考虑，仁义才是最要紧的。假如抛弃名利，只在内心反思，那么士大夫的所作所为，也不能一天不修仁义啊！”

小的盗贼被拘捕。

满苟得说：“没有羞耻的人才会富有，善于吹捧的人才会显贵。大凡获得名利最大的，几乎全在于无耻而多言。所以，从名誉的角度来观察，从利禄的角度来考虑，无耻多言才是最要紧的。假如弃置名利，只在内心反思，那么士大夫的所作所为，也就只有保持他的天性了啊！"

子张说："当年桀与纣贵为天子，富有天下，如今对地位卑贱的奴仆说，你的品行如同桀纣，那么他们定会惭愧不已，产生不服气的想法，这是因为桀纣的行为连地位卑贱的人也瞧不起。仲尼和墨翟穷困到跟贫民一样，如今对官居宰相地位的人说，你的品行如同仲尼和墨翟，那么他一定会改变容色谦恭地说自己比不上，这是因为士大夫确实有可贵的品行。所以说，权势如天子，未必就尊贵；穷困为贫民，未必就卑贱。尊贵与卑贱的区别，取决于德行的美丑。"

满苟得说："小的盗贼被拘捕，大的强盗却成了诸侯，只要在诸侯的门内，就有了所谓仁义。当年齐桓公小白杀了兄长、娶了嫂嫂而管仲却做了他的臣子，田成子常杀了齐简公自立为国君而孔子却接受了他赠与的钱币。谈论起来总认为桓公、田常之流的行为卑下，做起来又总去做这些卑下的事情，这就是说言语和行动在胸中相互矛盾和斗争，岂不是与情理极不相合吗！所以古书上说过：谁坏谁好？成功的居于尊上之位，失败的沦为卑下之人。"

子张说："你不修养仁义的德行，将会使亲疏没有伦常，贵贱没有准则，长幼失去序列。这样一来五伦和六位，又拿什么加以区别呢？"

满苟得说："尧杀了亲生的长子，舜流放了同母的兄弟，亲疏之间还有伦常可言吗？商汤放逐夏桀，武王杀死商纣，贵贱之间还有准则可言吗？王季被立为长子，周公杀了哥哥，长幼之间还有序列可言？儒家伪善的言辞，墨家兼爱的主张，'五纪'和'六位'的序列关系还能有区别吗？

"而且你心里所想的在于名，我心里所想的为了利。名与利的实情，不合于理，也不明于道。我曾经跟你在无约面前争论不休：'小人为财而死，君子为名献身。他们变换真情、更改本性的原因有所不同，而舍弃该做的事而为不该寻求的东西而丧命却是一样的。'所以说，不要去做小人，要反过来追寻天性；不要去做君子，要顺从自然的规律。或曲或直，顺其自然；观察四方，顺随四时变化而消长。是是非非，牢牢掌握循环变化的中枢；独自顺遂你的心意，跟随大道往返进退。不要执着于你的德行，不要成就于你所说的仁义，那将会丧失你的天性。不要为了富有而劳苦奔波，不要为了成功而不惜献身，那将会舍弃自然的真性。

"比干被剖心，子胥被挖眼，这是忠的祸害；直躬证实父亲偷羊，尾生被水淹死，这是信的祸患；

满苟得说："我心里想的是利。"

鲍焦抱树而死，申生宁可投河自沉，这是廉的毒害；孔子不能为母送终，匡子发誓不见父亲，这是义的过失。这些现象都是上代的传闻、后代的话题，认为士大夫要言论正直，并用行为去实践，所以他们才会遭到灾殃，遭受如此的祸患。"

【分节导读】

此节中，崇尚财富和权利的无足无法理解知和恬淡的生活。知和则站在道的视角上指出专注名利的人往往难以察觉纵欲会引起乱、苦、疾、辱、忧、畏等"天下之至害"。人不仅不能通过拥有名利，放纵欲望获得身心愉悦，还会因沉溺享乐而忽略隐藏着的危险，落得丧尽财富也不得保全性命的结局。因此，人应以知足不争的态度对待生活，顺乎自然，保养心性。

【原文】

无足问于知和曰①："人卒未有不兴名就利者②。彼富则人归之③，归则下之④，下则贵之。夫见下贵者，所以长生安体乐意之道也。今子独无意焉，知不足邪，意知而力不能行邪⑤！故推正不忘邪⑥？"

知和曰："今夫此人以为与己同时而生⑦，同乡而处者，以为夫绝俗过世之士焉⑧；是专无主正⑨，所以览古今之时，是非之分也，与俗化⑩。世去至重，弃至尊，以为其所为也。此其所以论长生安体乐意之道，不亦远乎！惨怛之疾⑪，恬愉之安⑫，不监于体⑬；怵惕之恐⑭，欣欢之喜，不监于心；知为为而不知所以为，是以贵为天子，富有天下，而不免于患也。"

无足曰："夫富之于人，无所不利，穷美究势⑮，至人之所不得逮⑯，贤人之所不能及⑰，侠人之勇力而以为威强⑱，秉人之知谋以为明察⑲，因人之德以为贤良⑳，非享国而严若君父㉑。且夫声色滋味权势之于人，心不待学而乐之，体不待象而安之㉒。夫欲恶避就㉓，固不待师，此人之性也。天下虽非我㉔，孰能辞之㉕！"

富贵能让人拥有权势。

财富会为人招致祸患。

知和曰："知者之为，故动以百姓，不违其度㉖，是以足而不争，无以为故不求。不足故求之，争四处而不自以为贪㉗；有余故辞之，弃天下而不自以为廉㉘。廉贪之实，非以迫外也，反监之度㉙。势为天子而不以贵骄人，富有天下而不以财戏人㉚。计其患，虑其反㉛，以为害于性㉜，故辞而不受也，非以要名誉也。尧、舜为帝而雍㉝，非仁天下也，不以美害生也；善卷、许由得帝而不受㉞，非虚辞让也，不以事害己。此皆就其利，辞其害㉟，而天下称贤焉，则可以有之，彼非以兴名誉也。"

无足曰："必持其名㊱，苦体绝甘㊲，约养以持生㊳，则亦犹病长厄而不死者也㊴。"

知和曰："平为福，有余为害者，物莫不然，而财其甚者也。今富人，耳营钟鼓管籥之声㊵，口嗛于刍豢醪醴之味㊶，以感其意㊷，遗忘其业㊸，可谓乱矣；侅溺于冯气㊹，若负重行而上坂也，可谓苦矣；贪财而取慰㊺，贪权而取竭㊻，静居则溺㊼，体泽则冯㊽，可谓疾矣；为欲富就利㊾，故满若堵耳而不知避，且冯而不舍，可谓辱矣；财积而无用，服膺而不舍㊿，满心戚醮[51]，求益而不止，可谓忧矣；内则疑劫请之贼，外则畏寇盗之害，内周楼疏[52]，外不敢独行，可谓畏矣。此六者，天下之至害也，皆遗忘而不知察，及其患至，求尽性竭财，单以反一日之无故而不可得也[53]。故观之名则不见[54]，求之利则不得[55]，缭意绝体而争此[56]，不亦惑乎！"

【注释】

①无足：假托人名，不知足的人。知和：假托人名，知道适于清廉的人。②人卒：人们，人众。兴（xìng）：兴趣，喜好。③归：归附。④下：甘为人下。⑤意：通"抑"，抑或。⑥忘：借为"妄"。邪（xié）：不正当。⑦此人：这种人，指兴名就利的人。⑧绝俗过世：超越世俗的时代。⑨专：专一。主：主见。正：取正。⑩与俗：同俗。⑪惨怛（dá）：痛楚，悲痛。⑫恬：安静。愉：和悦，喜悦。⑬监：视。⑭怵惕：戒惧，惊慌。⑮势：勇势。⑯逮：及。⑰不能及：不能赶上，比不上。⑱侠：通"挟"，挟持。⑲秉：把握，知：通"智"。⑳因：用。㉑享国：掌握政权。严：尊严。君父：君主。㉒象：模仿。㉓恶：厌恶。避：回避。就：就近。㉔非我：不独有我，不独我。㉕孰：谁。之：代声色、滋味、权势。㉖度：节度，分寸。㉗四处：指声、色、味、权。㉘弃天下：放弃帝位。廉：清廉。㉙反监之度：反过来察看有度无度。㉚戏人：戏弄人，侮人。㉛反：反面。㉜性：本性。㉝雍：和。㉞善卷：人名。帝：帝位。㉟害：有害于本性。㊱名：名声。㊲苦体：身受劳苦。绝甘：拒绝美味。㊳约养：节约营养。㊴厄：危险。㊵管籥（yuè）：乐器。㊶嗛（qiè）：通"慊"，满足，快意。刍豢：食草的牛羊为刍，食谷的狗猪为豢。此处泛指牛羊狗猪的肉食品。醪：醇酒。醴：带滓的甜酒。㊷感："撼"的借字，动摇。意：心意。

⑷业：事业。⑷侅（gāi）：噎住。溺：便溺。冯气：盛气，气满。冯，通"凭"。⑷取：带来。慰：通"蔚"，病。⑷竭：精神疲竭。⑷溺：沉溺。⑷泽：肥，一说污垢。冯：满。⑷就利：求利。⑸服膺：谨记在心，衷心信服。⑸戚醮（jiào）：忧伤焦急。⑸内：在家。周：周备。楼疏：楼窗。⑸单：通"直"，独，但。一说同"殚"，尽。反：通"返"。故：事。⑸观：观察。名：名声。⑸利：利禄。⑸缭意：缠绕意志，苦劳心思。绝体：残形伤生，牺牲身体。

【译文】

无足问知和说："人们没有谁不想树立名声并获取利禄的。如果他富有，人们就归附他，归附他就自以为卑下，以自己为卑下就会尊崇富有者。受到卑下者的尊崇，就是人们用来延长寿命、安养身体、心情快乐的办法。如今你竟然没有这种欲念，是才智不够呢？还是有念头而力量达不到呢？还是故意推行正道而念念不忘呢？"

知和说："如今有这么一个兴名就利的人，就认为跟自己是同时而生、同乡而处，而且认为是超越了世俗的人了；其实这样的人内心全无主见，用这样的办法去看待古今和是非的不同，只能是混同流俗和世事。舍弃了贵重的生命，离开了崇高的大道，而追求他一心想要的东西。这样去延长寿命、安养身体、追求快乐，不是跟大道相去甚远！悲伤的痛苦，愉快的安适，不能从形体上显现出来；惊慌的恐惧，欢欣的喜悦，不能从内心流露出来。只知道去做自己想要去做的事却不知道为什么去做，所以尊贵如同天子，富裕占有天下，却始终不能免于忧患。"

无足说："富贵对人们来说，无所不利，享尽天下的好处并拥有最大的权势，这是道德极高尚的人不能得到的，也是贤达的人不能达到的；挟持他人的勇力用以显示自己的威势，掌握他人的智谋用以表露自己的明察，凭借他人的德行用以赢得贤良的声誉，虽然没有掌握过国家，却像君父一样威严。而且声色、滋味、权势对于每一个人来说，不用学习就自然喜爱，不用模仿身体就能习惯。欲念、厌恶、回避、俯就，本来就不需要教导，这是人的本性。天下人即使都认为我的看法不对，谁又能摆脱这一切呢？"

知和说："智者做事总是依从百姓的需求，不去违反民众的意愿，所以，知足就不会争斗，无所作为因而也就没有探求。不知足所以不断贪求，四处争夺却不自认为是贪婪；有剩余所以处处辞让，舍弃天下却不自认为清廉。清廉与贪婪的实质，并不是因为迫于外力，而应该转回头来查看内心是否有度。身处天子之位却不用显贵傲视他人，富裕到拥有天下却不用财富戏弄他人。权衡它的后患，考虑事情的反面，认为有害于本性，所以拒绝而不接受，并不是要用它来求取名声与荣耀。尧与舜做帝王而和睦团结，并非行仁政于天下，而是不想因为追求美好而损害生命；善卷与许由能够得到帝王之位却辞让不受，并不是虚情假意地谢绝推辞，而是不想因为治理天下危害自己的生命。这些人都能趋利避害，因而人们称誉他们是贤人。这是有意避害的心念，并不是为了沽名钓誉。"

无足说："如果一定要固守名声，劳苦身体而谢绝美食，俭约奉养以维持生命，那么这也只是长期病困而不死罢了。"

知和说："均平就是幸福，有余便是祸害，事物都是这样的，而财富更是如此。如今的富人，耳朵要听钟鼓管箫的乐声，嘴巴要尝牛羊美酒的美味，以刺激他的情意，遗忘他的事业，可以说是迷乱极了。沉溺于愤懑的盛气之中，像背着重物爬行在山坡上一样，可以说是痛苦极了；贪求财物而招惹怨恨，贪求权势而耗尽心力，安静闲居就沉溺于嗜欲，身体充盈就盛气凌人，可以说是患病了。为了贪图富有追求私利，获取的财物堆得像高墙还不知足，而且越是贪婪就越无法放弃，可以说是羞辱极了。财物固积却没有用处，念念不忘又不愿割舍，满腹的忧心烦恼，企求增加永无休止，可以说是忧愁极了。在家中总担忧窃贼的偷窃，在外面总害怕寇盗的伤害，在家楼窗紧闭严防，在外不敢独自行走，可以说是畏惧极了。以上这六种情况，是天下最大的祸害，大家都遗忘掉而不知明察，等到祸患来临，想要倾家荡产保全性命，只求一天的安宁也不可能。所以，从名声来说看不见，从利益来说得不到，使心意和身体受到困扰而竭力争夺名利，岂不是迷惑吗！"

◎说剑◎

【题解】

"说剑",指庄子为赵文王说剑一事。其内容与庄子的无为思想也有一定的关系。作者以"文王喜剑"比喻统治者为政,例举了天子之剑、诸侯之剑、庶人之剑三种为政的方法。说明"天子之剑"可以一统天下,匡正诸侯;"诸侯之剑"可以顺天安民,威震四方;而"庶人之剑"只如同斗鸡的儿戏,枉绝性命而无所用于国事。庄子劝文王当为天子之剑而弃庶人之剑。只要"大王安坐定气",即可无为而治。由此可见,本篇仍在于说明为政当无为的道理,以无为而治就可达到统治的目的。

【分节导读】

此节以剑术喻治国,后世学者多认为此节乃纵横家假托庄子之名而作。然而,能够一统天下的天子之剑"裹以四时""制以五行""开以阴阳""持以春夏,行以秋冬"和道家顺乎自然、无为而治的政治思想遥相呼应。庄子在此节里劝赵文王放弃庶人之剑而用天子之剑,即是要求其采用无为的方法治理国家,而结尾处的"剑士皆伏毙自处"则喻示了"小道伤身"的道理。

【原文】

昔赵文王喜剑[①],剑士夹门而客三千余人[②],日夜相击于前,死伤者岁百余人。好之不厌。如是三年,国衰,诸侯谋之[③]。

太子悝患之[④],募左右曰[⑤]:"孰能说王之意止剑士者[⑥],赐之千金。"

左右曰:"庄子当能。"

太子乃使人以千金奉庄子。庄子弗受,与使者俱,往见太子,曰:"太子何以教周,赐周千金?"

太子曰:"闻夫子明圣,谨奉千金以币从者[⑦]。夫子弗受,悝尚何敢言。"

赵文王喜好剑术,其门下有剑客三千。

庄子曰:"闻太子所欲用周者,欲绝王之喜好也。使臣上说大王而逆王意,下不当太子[⑧],则身刑而死,周尚安所事金乎[⑨]?使臣上说大王,下当太子,赵国何求而不得也!"

太子曰:"然。吾王所见,唯剑士也。"

庄子曰:"诺。周善为剑。"

太子曰："然吾王所见剑士，皆蓬头突鬓[10]，垂冠[11]，曼胡之缨[12]，短后之衣[13]，瞋目而语难[14]，王乃说之[15]。今夫子必儒服而见王，事必大逆[16]。"

庄子曰："请治剑服[17]。"治剑服三日，乃见太子。太子乃与见王。王脱白刃待之[18]。

庄子入殿门不趋[19]，见王不拜。王曰："子欲何以教寡人，使太子先[20]？"

曰："臣闻大王喜剑，故以剑见王。"

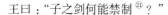

庄子为赵文王说剑。

王曰："子之剑何能禁制[21]？"

曰："臣之剑，十步一人[22]，千里不留行。"

王大悦之，曰："天下无敌矣。"

庄子曰："夫为剑者[23]，示之以虚[24]，开之以利[25]，后之以发，先之以至。愿得试之。"

王曰："夫子休[26]，就舍待命[27]，令设戏请夫子[28]。"

王乃校剑士七日[29]，死伤者六十余人，得五六人，使奉剑于殿下，乃召庄子。王曰："今日试使士敦剑[30]。"

庄子曰："望之久矣！"

王曰："夫子所御杖[31]，长短何如？"

曰："臣之所奉皆可[32]。然臣有三剑，唯王所用，请先言而后试。"

天子之剑上决浮云，下绝地纪。

389

王曰："愿闻三剑。"

曰："有天子之剑，有诸侯之剑，有庶人之剑。"

王曰："天子之剑何如？"

曰："天子之剑，以燕谿石城为锋[33]。齐岱为锷[34]，晋卫为脊[35]，周宋为镡[36]，韩魏为夹[37]，包以四夷，裹以四时，绕以渤海，带以恒山[38]，制以五行[39]，论以刑德[40]，开以阴阳[41]，持以春夏[42]，行以秋冬。此剑，直之无前[43]，举之无上，案之无下，运之无旁。上决浮云[44]，下绝地纪。此剑一用，匡诸侯[45]，天下服矣。此天子之剑也。"

文王芒然自失，曰："诸侯之剑何如？"

曰："诸侯之剑，以知勇士为锋，以清廉士为锷，以贤良士为脊，以忠圣士为镡，以豪桀士为夹。此剑，直之亦无前，举之亦无上，案之亦无下，运之亦无旁。上法圆天以顺三光[46]；下法方地以顺四时；中和民意以安四乡[47]。此剑一用，如雷霆之震也，四封之内，无不宾服而听从君命者矣。此诸侯之剑也。"

王曰："庶人之剑何如？"

曰："庶人之剑，蓬头突鬓，垂冠，曼胡之缨，短后之衣，瞋目而语难。相击于前，上斩颈领，下决肝肺。此庶人之剑，无异于斗鸡，一旦命已绝矣，无所用于国事。今大王有天子之位而好庶人之剑，臣窃为大王薄之[48]。"

王乃牵而上殿，宰人上食[49]，王三环之[50]。庄子曰："大王安

诸侯之剑如雷霆之震，威服四封。

天子之剑可匡服天下诸侯。

庶人的剑就像斗鸡。

坐定气，剑事已毕奏矣⁵¹！"

于是文王不出宫三月，剑士皆服毙其处也⁵²。

【注释】

①赵文王：即赵惠文王，名何。②夹门而客：客居在宫门左右。③谋：图谋。之：指赵国。④悝（kuī）：赵惠文王的太子，名悝。⑤募：召募，募集。左右：指左右的幕僚。⑥说：说服。⑦以币从者：赠送随从之人。⑧当：合。不当太子：意为有负太子的委任。⑨安：何。事：用。⑩蓬头：头发松散。突鬓：鬓毛突出。⑪垂冠：低垂帽子。⑫曼胡：粗而乱。缨：冠缨，盔缨。⑬短后之衣：后身短的衣服。⑭语难：用言语互相诘难。⑮说：同"悦"。⑯逆：反，不成功。⑰治：制作。⑱脱白刃：拔出利剑。⑲趋：快步走。⑳使太子先：通过太子先作介绍。㉑禁制：制服。㉒十步一人：意为十步杀一个人。㉓为剑：用剑。㉔虚：空虚。㉕利：可乘之机。㉖休：休息。㉗就舍：住在客舍。㉘戏：指试剑比武。㉙校：通"较"，较量。㉚敦：借为"对"。㉛御：用、对。杖剑：㉜所奉：所用的剑。奉，通"捧"。㉝燕谿：燕国中的地名。百城：北方的山名。锋：剑端。㉞岱：泰山。锷：剑刃。㉟脊：剑背。㊱镡：剑环，剑鼻。㊲夹：通"铗"，剑把。㊳恒山：常山。㊴五行：金、木、水、火、土。㊵刑德：刑法的恩惠。㊶开：指开合变化。㊷持：把握。㊸直：伸，无前：前面无可阻挡。㊹决：通"抉"。㊺匡：正。㊻三光：日、月、星。㊼四乡（xiǎng）：四方。㊽薄：鄙薄。㊾宰人：负责国君膳食的人。上食：奉上食物。㊿三环之：绕了三圈。⁵¹毕奏：说完了。⁵²服毙：自杀。服，通"伏"。

【译文】

从前，赵文王喜好剑术，剑士聚集在他门下为客的有三千多人，日夜在文王面前相互击剑，一年死伤一百多人。文王依然喜好而不厌恶。这样过了三年，国势衰败。各国诸侯开始图谋攻取赵国。

太子悝感到很忧虑，便召集他的左右幕僚说："谁能说服文王让他停止剑士的活动，就赐他千金。"

左右的人说："庄子可以。"

于是太子派人以千金奉送庄子。庄子不接受，和使者一起去见太子，

太子派人送千金给庄子，要其劝文王停止剑士活动。

说："太子对我有什么指教，赐给我千金？"

太子说："听说先生圣明，谨奉千金送给先生的随从。先生不接受，我还怎么敢说呢？"

庄子说："听说太子想让我做的是要断绝文王的喜好。如我向上劝说文王而违逆了文王的心意，向下又有负太子的委任，于是身受刑罚而死去，我还怎么用这千金呢？假使我对上说服了文王，向下符合太子的心意了，我向赵国要求什么而得不到呢？"

太子说："好吧。我们文王所见的人，只有剑士。"

庄子说："行，我善于用剑。"

太子说："但是我们大王所见的剑士，都是头发蓬乱，鬓毛突出，低垂帽子，冠缨粗而乱，衣服后身短，瞪着眼睛而用语言互相责难，这样，大王就高兴。现在先生一定要穿着儒服去拜见文王，事情必然不顺当。"

庄子说："请制作剑士的服装。"用三天的时间制作了剑士的服装，就去拜见太子。太子便和庄子一起去见文王。文王拔出剑来等待他。

庄子进殿门不急步走，见文王也不拜。文王说："你要用什么指教我，让太子先向我介绍。"

庄子说："我听说大王喜欢剑术，所以以剑来拜见大王。"

文王说："你的剑术如何制服对手呢？"

答说："我的剑术，十步杀一人，千里无阻挡。"

文王非常高兴地说："天下无敌了。"

庄子说："用剑术的方法是，先示人以空虚，给人可乘之机。发动在后，抢先击倒。希望试一试。"

文王说："先生休息一下，到馆舍等候，让我安排剑术比赛后请先生。"

于是文王让剑士较量了七天，死伤六十多人，

庄子说：我的剑十步杀一人，千里无阻挡。

选出五六人，让他们捧剑在宫殿下，于是去召庄子。文王说："今天请与剑士对剑。"

庄子说："期待很久了。"

文王说："先生所使用的剑，长短如何？"

庄子说："我用的这些剑都可以。然而我有三种剑，任大王选用。请先说然后再比剑。"

文王说："愿意听听这三种剑。"

庄子说："有天子的剑，有诸侯的剑，有庶人的剑。"

文王说："天子之剑是怎么样的？"

庄子说："天子之剑，以燕谿的石城山做剑尖，以齐国的泰山做剑刃，以晋国和卫国做剑脊，以周王畿和宋国做剑环，以韩国和魏国做剑柄；用中原以外的四境来包扎，用四季来围裹，用渤海来缠绕，用恒山来做系带；靠五行来统驭，靠刑律和德教来论断；遵循阴阳的变化而进退，遵循春秋的时令而持延，遵循秋冬的到来而运行。这种剑，向前直刺一无阻挡，高高举起无物在上，按剑向下所向披靡，挥动起来旁若无物，向上割裂浮云，向下斩断地纪。这种剑一旦使用，可以匡正诸侯，使天下人全都归服。这就是天子之剑。"

赵文王听了茫然若失，说："诸侯之剑怎么样？"

庄子说："诸侯之剑，以智勇之士做剑尖，以清廉之士做剑刃，以贤良之士做剑脊，以忠诚圣明之士做剑环，以豪杰之士做剑柄。这种剑，向前直刺也一无阻挡，高高举起也无物在上，按剑向下也所向披靡，挥动起来也旁若无物；对上效法于天而顺应日月星辰，对下取法于地而顺应四时序列，居中则顺和民意而安定四方。这种剑一旦使用，就好像雷霆震撼四境之内，没有不归服而听从国君号令的。这就是诸侯之剑。"

文王说："庶人之剑怎么样"

庄子说："庶人的剑，头发蓬乱而鬓毛突出，帽子低垂，冠缨粗而乱，衣服后身短，瞪着眼睛而用言语互相责难，在人面前互相攻击，上断人头，下断肝肺。这种庶人的剑，和斗鸡没有不同，性命绝于一旦，对国事无任何用处。现在大王拥有天子的地位而喜好庶人的剑术，我私下为大王鄙薄它。"

于是文王引庄子上殿，负责膳食的人端来饭菜，文王绕了三个圈。庄子说："大王您安静坐下定住气息，关于剑术的事情我已上奏完了！"

于是文王三个月没出宫门，剑士们都在他们的住处自杀了。

◎渔父◎

【题解】

本篇以有道者渔父对孔子的礼乐人伦思想的批评，阐述了庄子学派崇尚自然、保持本真的思想。渔父的形象，在一定程度上带有隐逸色彩。

【分节导读】

渔父是道家理想人格的象征，他隐逸于山水，不问俗事，逍遥自在，持守本真。此节通过渔父和孔子等人的对话指出"性服忠信，身行仁义"和"饰礼乐，选人伦"对人自身的危害——"苦心劳形以违其真"，并站在道的角度对孔子推行的观点进行分析，指出在不在其位又无职权的情况下，推行礼乐人伦并不能使天下得利。在渔父看来，人只有先去除"包揽、诌媚、奉承、讨好、谗言、狠毒、邪恶、险恶"的八病并避免"贪婪、贪得无厌、固执、骄傲"的四患，才能接受教育。而八病与四患皆是迷失大道的表现，皆属人心之乱。

【原文】

孔子游乎缁帷之林①，休坐乎杏坛之上②。弟子读书，孔子弦歌鼓琴③，奏曲未半④。有渔父者⑤，下船而来，须眉交白⑥，被发揄袂⑦，行原以上⑧，距陆而止⑨，左手据膝⑩，右手持颐以听⑪。曲终而招子贡、子路⑫，二人俱对⑬。

孔子鼓琴歌唱。

客指孔子曰："彼何为者也⑭？"

子路对曰："鲁之君子也。"客问其族⑮。子路对曰："族孔氏。"

客曰："孔氏者何治也⑯？"

子路未应，子贡对曰："孔氏者，性服忠信⑰，身行仁义⑱，饰礼乐⑲，选人伦⑳，上以忠于世主㉑，下以化于齐民㉒，将以利天下㉓。此孔氏之所治也。"

又问曰："有土之君与㉔？"

子贡曰："非也。"

"侯王之佐与㉕？"

子贡曰："非也"。

客乃笑而还行^㉖，言曰："仁则仁矣，恐不免其身^㉗。苦心劳形^㉘，以危其真^㉙。呜呼，远哉其分于道也^㉚！"

打渔人招呼子贡、子路一起说话。

【注释】

①缁（zī）：黑。因林中幽暗如同帷幕，故称为缁帷之林。②杏坛：孔子讲学处，在鲁东门外，上植杏树。③弦歌：弹琴诵诗。鼓琴：即弹琴。④奏曲：弹奏乐曲。⑤渔父：打渔的老者。⑥交：皆。⑦被发：披发。被，同"披"。揄（yú）：挥。袂（mèi）：袖。⑧行原：走在水边的平地。⑨距：至。陆：高过原的平地。⑩据：按。⑪持：撑。颐（yí）：面颊。⑫招：招呼。⑬俱对：一齐过来对话。⑭何为者：干什么的。⑮族：氏族，姓氏。⑯治：从事。⑰性服忠信：用心于忠信。性，心。服，施行。⑱行：实践。⑲饰礼乐：用礼乐来修饰。⑳选：选择，制定。人伦：人与人的关系。㉑世主：当世的君主。㉒化：教化。齐民：平民。㉓利：有利于。㉔有土之君：有土地的君主，指国君。㉕侯王：诸侯。佐：臣子。㉖还（xuán）行：回头走。㉗不免其身：难免身心受困苦。㉘苦心劳形：用心苦，形体劳。㉙危：危害。真：真性。㉚分：离。

【译文】

孔子到缁帷林中游览，坐在杏坛上休息。弟子在一旁读书，孔子边弹琴边吟诗。曲子奏到一半，有位打渔的老者，走下船来，胡子眉毛已经全白了，披着头发，挥着袖子，从水边的平地往上走，一直走到高的地方才停下来，左手扶着膝盖，右手撑住面颊，听孔子弹琴。曲子奏完，老者就招呼子贡和子路两个人一齐过来对话。

渔夫指着孔子问："他是干什么的？"子路回答："是鲁国的君子。"又问孔子的姓氏。子路说："姓孔氏。"

渔夫又问："孔氏从事什么职业？"

子路没有回答，子贡说："孔氏心性守忠信，亲自行仁义，修饰礼乐，规范人伦，对上忠于当世的君主，对下教化天下的平民，而利在于全天下。这就是孔氏所从事的职业。"

渔夫又问："是有领土的国君吗？"

子贡说："不是。"

"是诸侯的臣子吗？"

子贡说："不是。"

渔夫便笑着回头走了，边走边自言自语："仁倒是够仁的了，恐怕难免要身心受苦。苦其心志劳其形体，而危害自身的真性。唉，距道也太远了呀。"

【原文】

子贡还，报孔子。孔子推琴而起曰："其圣人与^①！"乃下求之，至于泽畔，方将杖拏而引其船^②，顾见孔子，还乡而立^③。孔子反走^④，再拜而进。

客曰："子将何求？"

孔子曰："曩者先生有绪言而去^⑤，丘不肖^⑥，未知所谓^⑦，窃待于下风^⑧，幸闻咳唾之音^⑨，以卒相丘也^⑩。"

客曰："嘻！甚矣，子之好学也！"

孔子再拜而起曰："丘少而修学⑪，以至于今，六十九岁矣，无所得闻至教，敢不虚心！"

客曰："同类相从，同声相应，固天之理也。吾请释吾之所有而经子之所以⑫。子之所以者，人事也。天子诸侯大夫庶人，此四者自正，治之美也，四者离位而乱莫大焉⑬。官治其职，人处其事⑭，乃无所陵⑮。故田荒室露⑯，衣食不足，征赋不属⑰，妻妾不和，长少无序⑱，庶人之忧也；能不胜任，官事不治⑲，行不清白⑳，群下荒怠㉑，功美不有㉒，爵禄不持㉓，大夫之忧也；廷无忠臣㉔，国家昏乱，工技不巧㉕，贡职不美，春秋后伦㉖，不顺天子㉗，诸侯之忧也；阴阳不和，寒暑不时，以伤庶物㉘，诸侯暴乱，擅相攘伐㉙，以残民人，礼乐不节，财用穷匮㉚，人伦不饬㉛，百姓淫乱，天子之忧也。今子既上无君侯有司之势，而下无大臣职事之官，而擅饰礼乐㉝，选人伦，以化齐民，不亦泰多事乎㉞！

"且人有八疵㉟，事有四患，不可不察也。非其事而事之，谓之摠㊱；莫之顾而进之，谓之佞㊲；希意道言㊳，谓之谄㊴；不择是非而言，谓之谀㊵；好言人之恶，谓之谗㊶；析交离亲，谓之贼㊷；称誉诈伪以败恶人㊸，谓之慝㊹；不择善否，两容颊适㊺，偷拔其所欲㊻，谓之险。此八疵者，外以乱人，内以伤身，君子不友，明君不臣。所谓四患者，好经大事㊼，变更易常，以挂功名㊽，谓之叨㊾；专知擅事㊿，侵人自用51，谓之贪；见过不更，闻谏愈甚，谓之很52；人同于己则可，不同于己，虽善不善，谓之矜53。此四患也。能去八疵，无行四患，而始可教已。"

【注释】

①其：大概。与：同"欤"。②杖：动词，撑。枻：通"楫"，船桨。引：引去，指撑开。③顾见：回头看见。乡：通"向"。④反走：退着走。⑤曩（nǎng）：以前。绪言：开头的话。⑥丘：孔子自称。不肖：愚昧无知。⑦所谓：所教导的话。⑧窃：私下，谦词。待：等待。下风：下方。⑨咳唾：恭敬之词，表示自己不配听其高论，只能听其咳唾之声。⑩卒：最终。相（xiàng）：助。⑪修学：进修学业。⑫释：告诉，解释。吾之所有：我的主张，我的道。经：经理，经营，分析。以：为，从事。⑬离位：离开本位。⑭忧：忧虑。⑮无所陵：不相陵犯。陵，陵犯。⑯田荒：田地荒芜。室露：房屋破漏。⑰征赋：赋税。不属：不逮，不及时收到。属，逮。⑱无序：没有长幼之别。⑲官事：职务之内的事情，职务之内的工作。不治：没有做好。⑳行：行为。㉑群下：下属。㉒美：善，精美。㉓不持：不保持。㉔廷：官廷。㉕巧：精巧。㉖春秋后伦：春秋朝觐时见天子而迟到。㉗不顺天子：不顺从天子。㉘庶物：众物，指农作物、畜牧物等。㉙擅相攘伐：擅自相互攻伐。㉚穷匮：贫穷匮乏。㉛不饬：不正。饬，

渔夫正要划船走开时，看见孔子。

整顿有序。③天子之忧：一本作"天子有司之忧"。③饰：整顿，修饰。③泰：同"太"。③疵：毛病。③揔（zǒng）：通"总"，滥，包揽，管得太宽。③佞（nìng）：惯于用花言巧语谄媚人。③希意：迎合人意。道言：顺着人说话。道，通"导"。③谄：谄媚，用卑贱的态度向人讨好。④谀：阿谀奉承。④逸：在别人面前说某人的坏话。④贼：害，毁坏。④诈伪：奸诈虚伪。败：败坏。恶：憎恶。④慝（tè）：邪恶。⑤两容：兼容。颊适：无原则地投合他人。⑥拔：助长。所欲：所追求的私欲。④好经大事：好经营大事。④以挂功名：以网取功名。④叨（tāo），通"饕"，贪，不应占有而占有。⑤专知擅事：独断专行。专知，专逞其智，独断。知，通"智"。擅事，擅自行事。⑤侵人：凌驾于人。自用：自以为是。⑥很：拗，执拗，不听从。⑥矜（jīn）：自夸，自尊自大。

【译文】

子贡回来，报告孔子。孔子推开琴站起来说："他大概是圣人吧！"于是走下杏坛去找他，到了水边，渔夫正要把船划走，回过头来看见孔子，就转过身来站着。孔子后退几步，行了礼又走上前去。

渔夫说："先生有什么事相求？"

孔子说："刚才，先生刚说了个开头就离开了，我不够聪明，不懂您讲的道理，我私下在此恭候您，希望有幸聆听您的教诲，以便最终得到您的帮助！"

渔夫说："噢，您还真的非常好学呀！"

孔子又一次行礼后起身说："我年少时就努力学习，直到今天，已经六十九岁了，没有能够听到过至理的教诲，怎么敢不虚心请教！"

子贡将渔夫的话告诉孔子。

渔父说："同类相互汇聚，同声相互应和，这本是自然的道理。请让我说明我的看法，从而分析你所从事的活动。你所从事的活动，是世俗的事务。天子、诸侯、大夫、庶民，这四种人能够摆正各自的位置，也就是社会治理的美好境界，四者倘若偏离了自己的位置，社会就会产生大动乱。官吏处理好各自的职能，人民安排好各自的事情，这就不会出现混乱和侵扰。所以，田地荒芜居室破漏，衣服和食物不充足，赋税不能按时缴纳，妻妾不能和睦，老少失去尊卑的序列，这是普通百姓的忧虑。能力不能胜任职守，本职的工作不能办好，行为不清白，属下玩忽怠惰，功业和美名全不具备，爵位和俸禄不能保持，这是大夫的忧虑。朝廷上没有忠臣，都城的采邑混乱，工艺技术不精巧，敬献的贡品不好，朝觐时落在后面而失去伦次，不能顺和天子的心意，

孔子向渔夫行礼，想听渔夫教诲。

这是诸侯的忧虑。阴阳不和谐，寒暑变化不合时令，以致伤害万物的生长；诸侯暴乱，随意侵扰征战，以致残害百姓；礼乐不合节度，财物穷尽匮乏，人伦关系未能整顿，百姓淫乱，这是天子的忧虑。如今你上无君侯执政的地位而下无大臣掌管事务的官职，却擅自修治礼乐，排定人伦关系，从而教化百姓，不是太多事了吗！

"而且人有八种毛病，事有四种祸患，不可不明察。不是自己职分以内的事还要去做，叫做摠；无人理睬还要进言相劝，叫做佞；迎合对方顺导话意，叫做谄；不辨是非巴结奉承，叫做谀；喜欢背地说人坏话，叫做谗；离间故交挑拨亲友，叫做贼；奸诈虚伪败坏他人，叫做慝；不分善恶美丑，好坏兼容而脸色随应相适，暗中攫取私利，叫做险。有这八种毛病的人，外能迷惑他人，内则伤害自身，因而有道德修养的人不和他们交往，圣明的君主不以他们为臣。所谓四患：喜欢管理国家大事，随意变更常规常态，用以钓取功名，这称做贪得无厌；自恃聪明而专行独断，侵害他人而刚愎自用，这称做利欲熏心；有错不改，听到劝说却越错越多，称做执拗不化；跟自己意见相同的就认可，跟自己不同的即使是好的也认为不好，这称做自负矜夸。这就是四种祸患。能够清除八种毛病，不再推行四种祸患，才可以教育。"

【分节导读】

渔父以畏影者的故事告诫孔子免祸重在修身，若持守心性本真，使人与物还归自然，必不被外物所累。渔父还对"真"做了阐释，指出真即是"精诚的极致"，与其拘泥于世俗礼法，不如顺乎自然，保持本真。真既可以感化万物，还可以让人避免被世俗观念左右随波逐流。

【原文】

孔子愀然而叹[①]，再拜而起曰："丘再逐于鲁[②]，削迹于卫，伐树于宋，围于陈、蔡。丘不知所失，而离此四谤者何也[③]？"

客凄然变容曰："甚矣，子之难悟也[④]！人有畏影恶迹而去之走者[⑤]，举足愈数而迹愈多[⑥]，走愈疾而影不离身[⑦]，自以为尚迟，疾走不休，绝力而死。不知处阴以休影[⑧]，处静以息迹[⑨]，愚亦甚矣！子审仁义之间，察同异之际[⑩]，观动静之变，适受与之度[⑪]，理好恶之情[⑫]，和喜怒

孔子神色愧变叹息。

之节[⑬]，而几于不免矣[⑭]。谨修而身[⑮]，慎守其真，还以物与人，则无所累矣。今不修之身而求之人，不亦外乎！"

孔子愀然曰："请问何谓真？"

客曰："真者，精诚之至也。不精不诚，不能动人。故强哭者，虽悲不哀；强怒者，虽严不威；强亲者，虽笑不和。真悲无声而哀，真怒未发而威，真亲未笑而和。真在内者，神动于外，是所以贵真也。其用于人理也[⑯]，事亲则慈孝，事君则忠贞，饮酒则欢乐，处丧则悲哀。忠贞以功为主，饮酒以乐为主，处丧以哀为主，事亲以适为主[⑰]。功成之美[⑱]，无一其迹矣[⑲]；事亲以适，不论所

以矣[20]；饮酒以乐，不选其具矣[21]；处丧以哀，无问其礼矣[22]。礼者，世俗之所为也[23]；真者，所以受于天也[24]，自然不可易也[25]。故圣人法天贵真[26]，不拘于俗。愚者反此[27]。不能法天而恤于人[28]，不知贵真，禄禄而受变于俗[29]，故不足。惜哉，子之蚤湛于人伪而晚闻大道也[30]！"

人无法用奔跑来摆脱影子。

孔子又再拜而起曰："今者丘得遇也，若天幸然[31]。先生不羞而比之服役[32]，而身教之。敢问舍所在，请因受业而卒学大道。"

客曰："吾闻之，可与往者与之[33]，至于妙道；不可与往者，不知其道，慎勿与之，身乃无咎[34]。子勉之，吾去子矣[35]，吾去子矣！"乃刺船而去[36]，延缘苇间[37]。

【注释】

①愀（qiǎo）然：形容神色变得严肃或不愉快的样子。②逐：驱逐。③离：通"罹"，遭。四谤：指上文逐于鲁、削迹于卫、伐树于宋、围于陈蔡。谤，诽谤，毁辱。④难悟：难觉悟。一本作"难语"，难与言，亦通。⑤畏影：畏惧自己的影子。恶迹：厌恶自己的足迹。去：脱离、摆脱。走：跑。⑥数（shuò）：屡次，频繁。⑦疾：快，急。⑧处阴：在阴暗无光的地方。休影：止影，没有影子。⑨处静：处在静止不动的状态。息迹：灭绝足迹，没有足迹。⑩际：界际，分际。⑪适：调适、调和。受与：取舍。度：分寸，适度。⑫理：调理，疏导。⑬和：调和。节：节度，分寸。⑭几：几乎。不免：不免于祸患。⑮谨：谨慎。修：修养。而：你。身：身心。⑯理：伦理。⑰适：顺。⑱之：则。⑲无：通"毋"。一：一种。迹：途径。⑳以：用。㉑选：挑选。具：酒具。㉒无问：不讲究。礼：礼数。㉓所为：人为地制定出来的。㉔受于天：出自天性。㉕易：改变。㉖法天：效法自然。贵真：看重真诚。㉗反此：与此相反。㉘恤：忧。人：人事。㉙禄禄：同"碌碌"，平庸貌。受变于俗：受世俗影响而改变。㉚蚤：通"早"。湛（dān）：通"耽"，沉溺。人伪：世俗的礼乐。㉛天幸：天赐幸运。㉜不羞：不以为耻。比之：当做。服役：弟子。㉝身：亲身。㉝与往：一同前往。㉞咎（jiù）：祸害。㉟去：离开。㊱刺船：撑船。㊲延缘苇间：顺着芦苇丛慢慢划走。延，慢行。缘，沿着。

【译文】

孔子神色愧变叹息，再次行礼后站起来说："我在鲁国两次受到冷遇，在卫国被要求不许入境，在宋国遭受砍掉讲学遮阴之树的羞辱，又被围困在陈国、蔡国之间。我不知道我有什么过失，为何遭到这样四次打击呢？"

渔父悲悯地改变面容说："你实在是难于醒悟啊！有人害怕自己的身影、厌恶自己的足迹，想要避离而逃跑，举步越频繁足迹就越多，跑得越快而

孔子拜谢渔夫。

影子却总不离身，自以为还跑得慢，于是加速奔跑不止，终于用尽力气而死。不懂得停留在阴暗处影子自然就会消失，停留在静止状态足迹就不复存在，这实在是太愚蠢了！你能够推究仁义的道理，考察事物同异的区别，观察动静的变化，掌握取舍的分寸，疏通好恶的情感，调谐喜怒的节度，却几乎不能免于灾祸。谨慎地修养你的身心，保持你的真性，使物与人各归自然，就没有什么拘累了。如今你不修养自身反而求责他人，这不也是追求外物吗？

渔夫慢慢地将船划走。

孔子凄凉地问："请问什么是真呢？"

渔夫说："真就是精诚所至。不精不诚，不能使人感动。所以勉强哭泣的人，虽然有悲痛却不哀伤；假装发怒的人，虽然严厉却无威严；假装亲切的人，虽然发笑却不和蔼。真正的悲痛没有哭声而哀伤，真正的愤怒虽不发作而威严，真正的亲切不带笑容却和蔼。真性在于内心，表情流露外表，因此才贵重真情。将真情用于人伦，侍奉父母则孝顺，服务君王则忠贞，饮酒则欢乐，服丧则悲哀。忠贞以功业为主，饮酒以欢乐为主，服丧以悲哀为主，事亲以安顺为主。达到目的就是完美，并无一定的方式；对父母要顺从，不在乎用什么方法；饮酒要欢乐，不必挑剔酒器；服丧要悲哀，不讲究什么礼数。礼节，是世俗人为制定的；而真情却是受之于上天的，自然是不可能改变的。所以圣人效法天道贵重真性，而不拘泥于世俗。愚笨的人与此正好相反。不知效法天道而体恤人事，不知贵重真性而平庸地深受世俗影响，所以很不知足。可惜呀，先生过早地沉溺于人为的礼俗之中而听说大道却太晚了！"

孔子又一次叩拜行礼起身说："现在我有幸遇上先生，真是天赐幸运。先生不以为耻还肯把我当做学生而亲身开导我。请问您住在哪里，请允许我拜您为师而最终学得大道。"

渔夫说："我听说过，可以同行的，与他一起达到至妙的大道；不可以同行的，不会懂得大道。谨慎地不要教授他，自身才会平安无事。先生还是好自为之吧，我要离开你了，我要离开你了！"于是把船撑开，顺着芦苇丛慢慢地划走了。

【分节导读】

此节承接上节，子路执着于人身份的尊卑，无法理解孔子对渔父的恭敬，反映其心性被世俗礼法束缚之深，所以孔子斥他"难以教化"。渔父是贤者，孔子见贤而尊，乃发乎本真之举。作者通过孔子斥子路对世俗礼法进行了抨击，并表达了"得道者生，失道者死，顺道者成，逆道者败"的观点，强调为人处世、思想意识需遵循大道。

【原文】

颜渊还车，子路授绥①，孔子不顾，待水波定，不闻挐音而后敢乘②。

子路旁车而问曰③："由得为役久矣④，未尝见夫子遇人如此其威也⑤。万乘之主⑥，千乘之君⑦，见夫子未尝不分庭伉礼⑧，夫子犹有倨傲之容⑨。今渔父杖挐逆立⑩，而夫子曲要磬折⑪，言拜而应⑫，得无太甚乎？门人皆怪夫子矣，渔人何以得此乎？"

孔子伏轼而叹曰⑬："甚矣，由之难化也！湛于礼仪有间矣⑭，而朴鄙之心至今未去。进，吾语汝！夫遇长不敬，失礼也；见贤不尊，不仁也。彼非至人⑮，不能下人⑯，下人不精⑰，不得其真，故长伤身。惜哉！不仁之于人也，祸莫大焉，而由独擅之。且道者，万物之所由也[18]。庶物失之者死[19]，得之者生，为事逆之则败，顺之则成。故道之所在，圣人尊之。今渔父之于道，可谓有矣，吾敢不敬乎！"

孔子在车旁教导子路。

【注释】

①授绥：将上车时用的拉绳交给孔子。②桨音：桨声。③旁车：依靠车子。旁，通"傍"，依傍，靠着。④由：子路自称。为役：做弟子。⑤威：威严肃敬。⑥万乘之主：指天子。⑦千乘之君：指诸侯。⑧分庭伉礼：古代宾主之礼。主人在门外迎接客人，客人从庭之西侧经西阶升堂，主人从庭之东侧经东阶升堂，入门和升堂时皆作揖，叫分庭。升堂之后，客人让，主人也让，客人拜，主人也拜，叫做伉礼。⑨倨傲：一本作"居傲"，傲慢。⑩逆立：以背对面而立。⑪曲要：弯腰。要，通"腰"。磬折：形容腰弯得像磬那样曲折。磬，乐器，形状曲折。⑫言拜而应：对话时先叩拜而后才回答。⑬轼（shì）：古代车厢前面用做扶手的横木。⑭湛（chén）：通"沉"，沉溺。有间：过了一段时间。⑮彼：指渔父。⑯下人：使人谦下。⑰精：精诚。⑱由：生，产生。⑲庶物：万物，各种生物。

【译文】

颜渊掉转车头，子路递过登车的绳索，孔子看着渔父离去的方向头也不回，直到水波平定，听不见桨声方才登上车子。

子路靠着车子问道："我侍奉先生很久了，不曾看见先生对人如此谦恭尊敬。大国的诸侯，小国的国君，见到先生历来都是平等相待，先生还免不了流露出傲慢的神情。如今渔父手拿船桨对面而站，先生却像石磬一样弯腰鞠躬，听了渔父的话一再行礼后再作回答，恐怕是太过分了吧？弟子们都

孔子说：遇长辈不恭敬是失礼；对圣人不尊重是不仁。

怪先生了，一个打渔的人为什么要这样对待呢？"

孔子伏身在车前的横木上叹息说："你实在是难以教化啊！你沉湎于礼义已经有些时日了，可是粗野卑下的心态至今未能除去。走近点，我告诉你！大凡遇到长辈而不恭敬，就是失礼；见到贤人而不尊重，就是不仁。他若不是一个道德修养臻于完善的人，就不能使人自感谦卑低下，对人谦恭卑下却不精诚，必然不能保持本真，所以长期伤害自己。可惜啊！人如果不仁，祸害就没有比这更大的了，而你却偏偏就有这一毛病。况且大道是万物产生的根源，万物失去了道就会死亡，获得了道便会生存。做事违逆道就失败，顺应道就能成功。所以大道之所在，圣人尊崇它。如今渔父对于大道可以说是体悟了，我怎么能不尊敬他呢？"

◎列御寇◎

【题解】

本篇主旨在阐述如何真正领悟大道。作者认为只有做到虚无宁静，随遇而安，生无为，死不葬，一切任其自然，才可以算得上真正懂得大道。反之，不甘寂寞，积极进取，甚至入仕为官，就会祸及己身。

【分节导读】

此节中列子意识到自己有"以貌镇人"即用外貌镇服人心的危险，却未能避免。人们因为列子的与众不同归附他，说明列子还未达到"物我同一"的境界，他心性浮躁，智慧外露，不能做到和光同尘，所以伯昏瞀人说列子"不是你能使人归附你，而是你不能使人不归附你"。伯昏瞀人告诫列子不要为名利所惑而违背自然本性，否则将难以抵达"虚而遨游"的自在境界。

【原文】

列御寇之齐①，中道而反②，遇伯昏瞀人③。

伯昏瞀人曰："奚方而反④？"

曰："吾惊焉⑤。"

曰："恶乎惊？"

曰："吾尝食于十浆⑥，而五浆先馈⑦。"

伯昏瞀人曰："若是⑧，则汝何为惊已⑨？"

曰："夫内诚不解⑩，形谍成光⑪，以外镇人心⑫，使人轻乎贵老⑬，而鳘其所患⑭。夫浆人特为食羹之货⑮，无多余之赢⑯，其为利也薄，其为权也轻，而犹若是，而况于万乘之主乎⑰！身劳于国而知尽于事⑱，彼将任我以事而效我以功⑲，吾是以惊。"

伯昏瞀人曰："善哉观乎⑳！女处已㉑，人将保女矣㉒！"

无几何而往㉓，则户外之屦满矣㉔。伯昏瞀人北面而立㉕，敦杖蹙之乎颐㉖，立有间㉗，不言而出。

列子说：我在十家浆铺饮浆，五家先给我。

宾者以告列子㉘，列子提屦，跣而走㉙，暨乎门㉚，曰："先生既来，曾不发药乎㉛？"

曰："已矣，吾固告汝曰人将保汝，果保汝矣。非汝能使人保汝，而汝不能使人无保汝也，而焉用之感豫出异也㉜！必且有感㉝，摇而本才㉞，又无谓也。与汝游者又莫汝告也㉟，彼所小言㊱，

列子求伯昏瞀人指教。

尽人毒也[37]。莫觉莫悟[38]，何相孰也[39]！巧者劳而知者忧，无能者无所求[40]，饱食而敖游[41]，泛若不系之舟[42]，虚而敖游者也[43]。"

【注释】

①列御寇：人名，人称列子，郑国人，列子贵虚，为先秦道家学派的先驱。之：往，去。齐：齐国。②中道：中途。反：通"返"，返回。③伯昏瞀人：人名，楚国的贤人，隐者，《德充符》篇作"伯昏无人"。④方：刚，才。⑤惊：惊恐，惊骇。⑥十浆：十家浆铺。浆，米汤，指卖米汤的店铺。⑦馈：馈赠，赠给。⑧若是：如此，这样。⑨已：通"矣"。⑩内诚：内心真诚。不解：有症结没有融化。⑪形谍：在外表上流露出来。谍，泄。⑫镇：镇服。⑬贵：尊重。老：指年老。⑭鳌（jī）：招致。⑮特：只是。⑯赢：营利，赚钱。⑰万乘之主：古代君主。⑱劳：操劳。知：通"智"。⑲彼：指国君。效：效力。⑳观：观察。㉑已：矣。㉒保：归附，依附。㉓无几何：没多久，不几天。㉔屦（jù）：麻葛鞋。㉕北面：面北。㉖敦杖：以杖顿地。敦，通"顿"。蹙之乎颐：拄着他的面颊。蹙，拄。㉗立有间：站了一会儿。㉘宾（bīn）：同"傧"，傧相，接引客人的人员。㉙跣（xiǎn）：光着脚。㉚暨：及。乎：于。㉛曾：乃。发药：比喻治病救人的言论。㉜而：通"尔"，你。用：因。豫：通"愉"，愉快。㉝必且：必将。㉞摇：动，摇动。而：你。才：一本作"性"。㉟告（gù）：上告下。莫汝告：莫告汝。㊱小言：琐碎的言论，作甜言蜜语解亦通。㊲尽人毒：尽是害人的东西。㊳莫：不。㊴孰：古"熟"字，成。㊵无能：无所能而能，指无为而得道。㊶敖游：即"遨游"，不受外物的束缚，自由自在地游荡于虚无的境界。㊷泛：飘流不定，漫无目的。㊸虚：内心空虚无目的，指无应而无不应。

【译文】

列御寇到齐国去，中途又返回来，遇上伯昏瞀人。

伯昏瞀人问道："为什么刚去又返回来呢？"

列御寇说："我感到惊惶不安。"

伯昏瞀人问："什么原因使你惊惶不安？"

列御寇说："我曾在十家浆铺饮浆，却有五家事先就给我送来。"

伯昏瞀人说："像这样的事，你怎么会惊惶不安呢？"

列御寇说："内心至诚却未能从流俗中解脱出来，外表就会有所流露而呈现出神采，以此镇服人心，使人尊重自己胜过尊重年老的人，必然会招致祸患。那些卖浆的人只不过是做些饮食买卖，没有多少赢利，他们的利润是很微薄的，能够得到的权势也是微不足道的，可是还如此地对待我，何况那大国的国君呢？亲身操劳于国家而才智耗尽于政事，他们定会把重任托付给我并检验我的功绩。我正因如此才惊惶不已。"

伯昏瞀人说：你不能使人不归附你。

伯昏瞀人说："你的观察与分析实在是很好啊！你安静等着吧，人们一定会归附于你了！"

没有多久，伯昏瞀人前去看望列御寇，看见门外摆满了鞋子。伯昏瞀人面朝北方站着，竖着拐杖撑住下巴。站了一会儿，一句话也没说就走了。

接待宾客的人告诉了列御寇，列御寇提着鞋子，光着脚就跑了出来，赶到门口说："先生已经来了，竟不说一句批评指教的话吗？"

伯昏瞀人说："算了算了，我本来就告诉你说人们将会归附于你，果真都在归附你了。不是你能使人归附你，而是你不能使人不归附你，你何必因为这种事而感到愉快并表现得与众不同呢！必定是内心有所感动方才会动摇你的本性，这又是无谓的事情。跟你交游的人又没有谁能提醒告诫你，他们的细巧言辞全是毒害人的；没有谁觉醒和省悟，怎么能彼此提高成熟呢！灵巧的人多劳累而聪慧的人多忧患，没有能耐的人也就没有什么追求，填饱肚子就自由自在地遨游，像没有缆索飘忽在水中的船一样，这才是心境空虚而自由遨游的人。"

心境空虚，自由遨游。

【分节导读】

此节以郑人缓自杀的故事引出对"安"的思考。缓让弟弟学墨是"人为",弟弟因禀性之故学墨属"自然天性"使然。但缓却以人为居功,对自然天性视而不见。这反映了他"习惯人为,不安于自然天性"的特点。缓执着于外人的评价,对父亲支持弟弟耿耿于怀,至死都不得安宁。在庄子看来,即是违背大道所遭受的"遁天之刑"。

【原文】

郑人缓也[①],呻吟于裘氏之地[②]。祇三年而缓为儒[③],河润九里[④],泽及三族[⑤],使其弟墨[⑥]。儒墨相与辩,其父助翟[⑦]。十年而缓自杀。其父梦之曰[⑧]:"使而子为墨者予也[⑨]。阖尝视其良[⑩],既为秋柏之实矣[⑪]?"

夫造物者之报人也[⑫],不报其人而报其人之天[⑬]。彼故使彼[⑭]。夫人以己为有以异于人[⑮],以贱其亲[⑯],齐人之井饮者相捽也[⑰]。故曰今之世皆缓也。自是[⑱],有德者以不知也[⑲],而况有道者乎!古者谓之遁天之刑[⑳]。

圣人安其所安[㉑],不安其所不安[㉒];众人安其所不安[㉓],不安其所安。

缓的弟弟有学墨的天份才成为墨家学人。

儒、墨不相容,争辩不休。

【注释】

①缓:人名,郑国人。②呻吟:微弱的诵读声。裘氏:郑地名。③祇(zhǐ):只,止。为儒:学儒而成为儒。④河:河水。润:滋润,灌溉。九:多数,概数,非指八、九之九。⑤泽:恩泽。三族:父族、母族、妻族。⑥墨:学墨家的学说。⑦翟(dí):本为墨子名,此以墨子名做缓之弟名,有双关的意思。⑧之曰:指缓托梦说。之,代缓。⑨而:你。予:我,指自己。⑩阖:何。尝:试。良:(làng):一本作"壤",坟墓。⑪秋柏:皆为良材。实:指学术的成就。⑫报:报答,对待,给予。⑬天:天性,自然本性。⑭彼:前"彼"代缓弟,后"彼"指成为墨者之事。⑮夫人:指缓。异于人:不同于别人。⑯贱其亲:指责他的父亲,贱侮他的父亲。⑰齐人:齐国的民众。井饮:喝井水。相捽(zuó):抓着头发互相殴打。⑱自是:自以为是。⑲不知:不知自以为是,即不知有德。⑳遁天之刑:违背自然的刑罚。㉑安其所安:安于自然无为。㉒不安其所不安:不安于人为。㉓众人:一般人,普通人。

【译文】

郑国有个名叫缓的人，在裘氏地方读书，只用了三年就成了儒生，像河水一样润泽着广远的地方，恩惠施及三族，并且使他的弟弟成为墨家的学人。儒家、墨家不能相容而相互争辩，缓的父亲则站在弟弟一边。过了十年缓愤而自杀，他的父亲梦见他说："让你的小儿子成为墨者的是我，怎么不看看我的坟墓，我已变成楸树和柏树而结出了果实！"

缓学儒有成，三年就成为儒生。

造物者所给予人们的，不会赋予人才智和能力，而是赋予人们自然本性。缓的弟弟具备了墨家的禀赋因而能使他成为墨家学人。缓总是自认为与众不同才这样轻侮他的父亲，就跟齐人自以为挖井有功而与饮水的人拉扯扭打一样，如今社会上的人差不多都是像缓这样贪天之功以为己力的人。自以为是，在有德行的人看来是不明智的，更何况是有道的人啊！古时候人们认为这种自以为是的做法是违背自然规律并要受到刑戮的。

圣哲的人安于自然天性，却不适应人为；普通人习惯于人为，却不安于自然天性。

【分节导读】

屠龙之术乃"不须为之事"，而朱泙漫却为了学习它耗尽家财。作者以朱泙漫的故事喻那些为没有意义的事情劳心耗力的人，并指出现实中强为不须为之事的后果——兴兵争斗。另一方面人的精力有限，若专注于毫毛琐事，便无法领略宁静无为的大智大美。因此，人应该让心智从世俗琐事的桎梏中解放出来，追寻大道。

【原文】

庄子曰："知道易[①]，勿言难[②]。知而不言，所以之天也[③]；知而言之，所以之人也；古之至人天而不人[④]。"

朱泙漫学屠龙于支离益[⑤]，单千金之家[⑥]，三年技成而无所用其巧[⑦]。

圣人以必不必[⑧]，故无兵[⑨]；众人以不必必之[⑩]，故多兵；顺于兵[⑪]，故行有求[⑫]。兵，恃之则亡[⑬]。

小夫之知[⑭]，不离苞苴竿牍[⑮]，

朱泙漫学屠龙之技。

敝精神乎蹇浅[⑯]，而欲兼济道物[⑰]，太一形虚[⑱]。若是者，迷惑于宇宙，形累不知太初[⑲]。彼至人者，归精神乎无始[⑳]，而甘冥乎无何有之乡[㉑]。水流乎无形[㉒]，发泄乎太清[㉓]。悲哉乎汝为[㉔]，知在毫毛[㉕]，而不知大宁[㉖]！

【注释】

① 知：认识。② 勿言难：默不作声而成之者困难。③ 之天：合于自然。之，向，往。④ 古之至人：古时的至德之人。天：天道自然。不人：不合人为。⑤ 朱泙（pēng）漫：人名。支离益：人名，复姓支离，名益。屠龙：喻为道。⑥ 单：借为"殚"，尽。家：指家产。⑦ 技：技术。巧：技巧。指屠龙的技巧。⑧ 以必不必：把必然的事视为不必然的。⑨ 无兵：无事。兵，争。⑩ 不必必：把不必然的事也视为必然的。⑪ 顺：顺从，曲从。⑫ 行：行为，求：贪求。⑬ 恃：依靠。亡：亡失，不得。⑭ 小夫：指匹夫，一般世俗之人。知：同"智"。⑮ 苞苴：指赠人鱼肉用茅苇叶包着。竿牍：简牍，古书。竿，通"简"。⑯ 敝：消耗。塞浅：浅陋，短浅。⑰ 兼济道物：成道又成物。兼，兼而有之。济，成。⑱ 太一：用如动词，与万物同一。形虚：体内形虚。⑲ 太初：指道的本体。⑳ 归：复，回。无始：万物还没产生的时代。㉑ 甘冥：酣睡。冥，通"瞑"，眠。无何有之乡：指虚无的境界，《逍遥游》有"何不树之于无何有之乡"。㉒ 水流乎无形：指水流是无所不到的。水流，以水比喻道。㉓ 太清：太虚清静无为的自然之道。㉔ 汝：指列子。㉕ 知：通"智"。毫毛：指小事。㉖ 大宁：非常宁静的境界。

【译文】

庄子说："认识道容易，默不作声而成道却很困难。了解了道却不妄加谈论，这是通往自然的境界；了解了道却信口谈论，就走向了人为的尘世。古时候的人，体察自然而不追求人为。"

朱泙漫向支离益学习屠龙的技术，耗尽了千金的家产，三年后学成技术却没有机会施展这样的技巧。

圣哲的人把必然的事视为不必然的，所以总是没有争论；普通人却把不必然的事视为必然，因而总是争论不休。顺从于纷争，所以行为有贪求。面对纷争，依仗于它到头来就会一无所得。

世俗人的聪明做法，离不开应酬交际，在浅薄的事情上耗费精神，一心想着兼济天下疏导万物，以达到空虚同一的境界。像这样的人，早已被浩瀚的宇宙所迷惑，身形劳累却并不了解道的真谛。那些道德修养极高的人，让精神回归到鸿蒙初开的原始状态，甘愿休眠在没有任

庄子说：认识道容易，默不做声而成道难。

让精神回归到原始状态。

何有形事物的世界。像水流一样随顺无形，自然而然地流淌在清虚空寂的境域。可悲啊！列子把心思用在毫毛琐事上，却一点也不懂得还有非常宁静的境界。

【分节导读】

此节中，曹商向庄子炫耀从秦王处得到的赏赐，遭到庄子的讥讽。道家主张超脱外物，不被外物所累，曹商炫耀赏赐的行为说明其心性正为外物所制，庄子则与之相反，他安贫乐道，虽面黄肌瘦却不为曹商的富有所动。曹商的车未必是靠舐秦王之痔而得，庄子的"舐痔说"实际是影射谄媚逢迎之人，从中可看出庄子对用卑劣手段获得名利的人的鄙视。

【原文】

宋人有曹商者①，为宋王使秦②。其往也，得车数乘；王说之③，益车百乘④。反于宋⑤，见庄子曰："夫处穷闾厄巷⑥，困窘织屦⑦，槁项黄馘者⑧，商之所短也⑨；一悟万乘之主而从车百乘者⑩，商之所长也⑪。"

庄子曰："秦王有病召医，破痈溃痤者得车一乘⑫，舐痔者得车五乘⑬，所治愈下，得车愈多⑭。子岂治其痔邪⑮，何得车之多也？子行矣⑯！"

【注释】

①曹商：人名。②使：出使。③说：通"悦"。④益：增加。⑤反：通"返"。⑥穷闾：穷乡僻里。厄巷：窄巷。⑦困窘织屦：因贫苦而以织草鞋为生。⑧槁项：干瘪的脖子。黄馘（guó）：面黄肌瘦。⑨短：短处。⑩一：一朝。悟：使动用法，使……觉悟。从车：随从的车辆。⑪长：长处。⑫痈（yōng）痤（cuó）：疮疖之类。⑬舐（shì）：舔。⑭下：卑下。⑮岂：难道。⑯行：离开。

【译文】

宋国有个叫曹商的人，为宋王出使秦国。去的时候，得到了几辆车；秦王很喜欢他，又给了他一百辆车。返回宋国后，去见庄子，说："住在穷街陋巷，穷得靠织草鞋为生，饿得脖子干瘪，面黄肌瘦，这是我所干不了的；一见面就能使大国之君醒悟而使跟随的车子多达一百辆，这是我所擅长的。"

庄子说："秦王有病叫医生，除脓去疮的赏车一辆，舔痔疮的赏车五辆，所治的患处越卑下，赏的车越多，先生您大概就是治的痔疮吧，为什么能得这么多车呢？您还是赶快走吧！"

曹商向庄子炫耀赏赐。

⊙品庄悟道⊙

舐痔得车

庄子一直反对为外物所累，他重精神而轻物质，并不在意生活的贫困。尽管绝大部分人都知道精神境界的高低和财富的多寡没有关系，但人们还是习惯用财富的数量衡量人的价值、评判人的生活。于是才会有：有钱者耀武扬威，无钱者低声下气；有钱者受人尊敬，无钱者被人鄙视。

庄子所生活的战国中期，功利主义流行，很多人都是谁出的价码高，就为谁做事。曹商正是个中代表，他在生活清贫的庄子面前炫耀秦王所赏之车，想从庄子的窘迫中获得心理上的满足。偏偏庄子没有如他的意。面对比自己富有得多的曹商，庄子非但未表现出一点艳羡，还反唇相讥。倘若财富是用卑劣手段获得的，财富便成了印证人性之卑劣的证据，为此自得的人，不止丑陋，而且愚蠢。评判一个人，应该着眼于人本身，而非他有多少钱财，用金钱衡量他人，只会让人在不知不觉中沦为金钱的奴隶。

【分节导读】

此节作者以颜阖之口表达了对儒家虚伪矫饰、沽名钓誉的不满。道家认为推行仁义必然会对人的自然本性造成伤害，致使人萌生诡诈之心，不利于实现天下大治的目标。而施人望报也是诡诈的一种表现。怀有诡诈之心的人难免多思多虑，烦扰不安。在庄子看来，精神的烦扰，即内刑，比施加在人肉体上的刑罚更令人痛苦。

【原文】

鲁哀公乎问乎颜阖曰[①]："吾以仲尼为贞干[②]，国其有瘳乎[③]？"

曰："殆哉圾乎[④]！仲尼方且饰羽而画[⑤]，从事华辞[⑥]，以支为旨[⑦]，忍性以视民而不知不信[⑧]，受乎心[⑨]，宰乎神[⑩]，夫何足以上民[⑪]！彼宜女与[⑫]，予颐与，误而可矣[⑬]！今使民离实学伪[⑭]，非所以视民也[⑮]，为后世虑，不若休之[⑯]。难治也[⑰]！"

鲁哀公打算任命孔子，征求颜阖意见。

施于人而不忘[⑱]，非天布也[⑲]。商贾不齿[⑳]，虽以事齿之[㉑]，神者弗齿[㉒]。

为外刑者[㉓]，金与木也[㉔]；为内刑者[㉕]，动与过也[㉖]。宵人之离外刑者[㉗]，金木讯之[㉘]；离内刑者，阴阳食之[㉙]。夫免乎外内之刑者，唯真人能之。

【注释】

① 鲁哀公：春秋末年鲁国国君，见《德充符》《让王》等篇。颜阖：鲁国的贤人，见《人间世》《达生》《让王》诸篇。② 贞干：古代筑墙的工具，立两端的为贞，坚两侧的为干。此处喻以孔子为辅相的意思。贞，同"桢"。

③瘳（chōu）乎：可治吗。瘳，病愈。④殆：危险。圾：通"岌"，危。⑤饰羽而画：用画装饰有文彩的羽毛。羽，羽毛。⑥华辞：浮华的言词，花言巧语。⑦以支为旨：把枝节看做是要旨。支，枝节。旨，要旨。⑧忍性：矫饰性情。视民：夸示于民众。视，通"示"。知：通"智"。信：信实，诚。⑨受乎心：受心指使。⑩宰乎神：以精神为主宰。⑪上民：居民之上。⑫彼：指仲尼。宜：犹"乃"。女：通"汝"，指鲁哀公。⑬而：犹"则"。⑭实：信，性。伪：华辞，忍性，指礼乐。⑮非：不是。视民：教育民众。⑯休：止。⑰难治：不可以治。⑱施于人：施恩于民。⑲天布：天行布施。⑳商贾（gǔ）：买卖人，商人。不齿：不愿相提并论。㉑事：事务。㉒神：思想。弗：同"不"。㉓外刑：体外的刑罚。㉔金与木：金属与木制的刑具。㉕内刑：内心的刑罚。㉖动：妄动。过：过分。㉗肖：通"小"。离：通"罹"，遭受。㉘讯：刑讯，拷问，问罪。㉙食：通"蚀"，剥蚀，腐蚀，蚕食。

自身的烦恼、过失让内心受惩罚。

金属或木制的刑具加之于人的肉体。

【译文】

鲁哀公向颜阖问道："我想任命仲尼为辅相，国家可以得救吗？"

颜阖说："危险了，实在是危险啊！仲尼喜欢粉饰装扮，追求和讲习虚伪的言辞，把枝节看做是要旨，矫饰性情夸示民众，既不明智，也不诚信；内心受这样的做法指使，并主宰着精神，又怎么能够管理好人民！仲尼果真适合于你吗，他真的能够安养人民吗？那就一定要误人了。现今让人民背离质朴学习伪诈，这不是用来教示民众的办法，为后世子孙着想，不如早早放弃上述打算。孔丘是很难治理好国家的。"

施与别人恩惠却总忘不了回报，这就不是天然的无私赐予。施恩图报的行为商人都瞧不起，即使有什么事情必须与他交往，内心也是瞧不起的。

施加皮肉之刑的，不外乎是金属或木质的刑具；给内心世界带来惩罚的，则是自身的烦乱和行动的过失。小人受到皮肉之刑，是用刑具加以拷问；小人内心受到惩罚，则是阴气阳气郁积所造成的侵害。能够免于内外刑辱的，只有真人才可做到。

【分节导读】

此节以山川之险来喻人心之复杂，由于人会有意识地掩饰自己的本性，所以需要借助一些手段，让人置身于无心掩饰或无力掩饰的环境，观察人的本性。此节借孔子之口提出了九种考察人心的方法。

【原文】

孔子曰："凡人心险于山川①，难于知天②。天犹有春秋冬夏旦暮之期③，人者厚貌深情④。故有貌愿而益⑤，有长若不肖⑥，有顺懁而达⑦，有坚而缦⑧，有缓而钎⑨。故其就义若渴者⑩，其去义若热⑪。故君子远使之而观其忠⑫，近使之而观其敬⑬，烦使之而观其能⑭，卒然问焉而观其知⑮，急与之期而观其信⑯，委之以财而观其仁⑰，告之以危而观其节⑱，醉之以酒而观其则⑲，杂之以处而观其色⑳。九征至㉑，不肖人得矣㉒。"

孔子说：人的心比山川还险。

让一个人管理财物看他是否廉洁。

【注释】

①险：险恶。②知：了解。③期：周期。④厚貌深情：容貌深厚，情感深藏。⑤愿：谦虚老实。益：通"溢"，自满。⑥长：优良的内在品德。不肖：指外貌。⑦顺懁（xuàn）：固执保守。懁，通"狷"。⑧缦：（màn）：软弱。⑨钎（hàn）：通"悍"，凶悍。⑩就义：追求正义。若渴：像口渴想喝水般急切。⑪去义：抛弃正义。若热：像逃避火烧一样快。以上两句说明进退都很快。⑫远使之：派到远方去工作。⑬近使之：放在身边使用。敬：恭敬。⑭烦：烦杂。能：能力。⑮卒（cù）：通"猝"，突然。知：通"智"。⑯急：紧急。期：约。信：信用。⑰委：委托。仁：不贪财。⑱危：危急。节：气节。⑲则：规矩。⑳杂之：男女杂居。色：是否好色。㉑征：检验，考核。㉒不肖人：表里不一的人。得：掌握。

【译文】

孔子说："人心的险恶超过山川，想了解人比了解天还困难。天还有春夏秋冬昼夜的周期，人却容貌深厚而情感深藏。所以有的看上去谦虚老实，骨子里骄傲自满；有的虽然内秀，外表却其貌不扬；有的外表固执保守，内心却通达晓理；有的外表坚强，而内心却软弱不堪；有的看似和顺，实则凶悍。所以追求正义时如饥似渴，抛弃正义也唯恐不及。因此君子把人派到远方去办事而观察其忠贞；放在身边做事以考验他的恭敬；交给烦杂事务检验他的能力；突然提问检察他的学识；紧急相约看他能否守信；管理财物证明是否廉洁；告之危险判断他的气节；喝醉酒时注意他的仪态；男女杂处察明是否好色。经过这几条考察，就完全可以掌握谁是不肖之徒了。"

【分节导读】

　　道家提倡"和其光，同其尘"（《道德经》），即收敛光芒，混同尘世，与世无争。正考父并未因官位的提升耀武扬威。反而行为举止愈发低调。这恰恰是和光同尘的体现。人越优秀就越要警惕恃"才"傲物，通晓生命实情的人不会炫耀所长，所以伟大；通晓智巧的人锋芒毕露，难免为外物所伤，遭遇困厄，站在道的角度看便为渺小。

【原文】

　　正考父一命而伛①，再命而偻②，三命而俯③，循墙而走④，孰敢不轨⑤！如而夫者⑥，一命而吕钜⑦，再命而于车上舞⑧，三命而名诸父⑨，孰协唐、许⑩！

　　贼莫大乎德有心⑪，而心有睫⑫，及其有睫也而内视⑬，内视而败矣⑭。凶德有五⑮，中德为首⑯。何谓中德？中德也者，有以自好也，而吡其所不为者也⑰。

　　穷有八极⑱，达有三必⑲，形有六府⑳。美、髯、长、大、壮、丽、勇、敢，八者俱过人也，因以是穷㉑。缘循㉒，偃佒㉓，困畏不若人㉔，三者俱通达㉕。智慧外通㉖，勇动多怨㉗，仁义多责㉘。达生之情者傀㉙，达于知者肖㉚，达大命者随㉛，达小命者遭㉜。

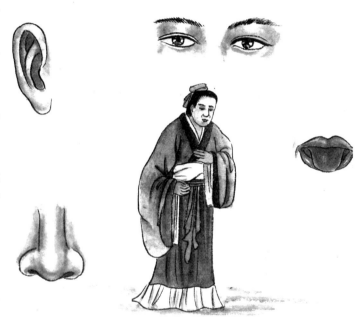

心、耳、舌、鼻会为人招惹凶祸。

【注释】

①正考父：孔子的七世祖，宋国的大夫，曾连事戴、武、宣三公。一命：指第一次被任命为士。命，任命，委任。伛（yǔ）：曲背。②再命：指第二次被任命为大夫。偻（lóu）：弯腰。③三命：指第三次被任命为卿。俯：俯首，身子俯地。④循墙而走：顺着墙跟走路，不敢走正路。⑤孰：谁。不轨：不法。轨，犹"法"。⑥而夫：你们这种人，指当时在位的人，贬辞。⑦吕钜：脊骨强大，指不能曲背弯腰，引申为高傲自大。吕　通"膂"，脊骨。钜　通"巨"，强大。⑧于车上舞：指骄傲到极点，得意而忘形。⑨名诸父：直接叫伯父、叔父的名字，指无礼傲慢到极点。名，呼，叫。诸父，伯父，叔父。⑩协：同，比。唐：唐尧。许：许由。⑪贼：害。德：得。有心：私心。⑫心有睫：心有睫毛遮盖。睫，睫毛。⑬内视：主观意识。⑭败：失败。⑮凶德：凶指祸害，德指得。凶德有五，指耳、眼、鼻、舌、心。⑯中德：指心。⑰吡（bǐ）：訾，说人坏话，引申为责难。⑱穷：穷困。八极：指下文的"美、髯、长、大、壮、丽、勇、敢"。⑲达：通达顺利。三必：指下文的缘循、偃佒、困畏的必要条件。⑳形：通"刑"，危害。形有六府：集聚六种危害的地方，指下文的"智慧、外通、勇动、多怨、仁义、多责"。府，集聚处。㉑穷：穷困，即是"穷有八极"的穷。㉒缘循：因循，顺着。㉓偃佒：同"偃仰"，即俯仰从人，随俗应付。㉔困畏：懦弱。㉕通达：畅通无阻。㉖外通：通外，通于外物。㉗勇动：勇猛妄动。多怨：多结怨恨。㉘仁义：行仁施义。多责：多责求。㉙傀（guī）：傀伟，不平凡。㉚肖：小，渺小。㉛大命：天命。随：随顺自然。㉜小命：人命。遭：遭遇。指随而安。

【译文】

正考父首次被任命为士便逢人躬着背，第二次被任命为大夫便深深地弯着腰，第三次被任命为卿便谦恭地俯下身子，总是让开大道顺着墙根快步急走，态度如此谦下谁还敢干出不轨之事！如果是凡夫俗子，首次任命为士就会傲慢矜持，再次被任命为大夫就会在车上手舞足蹈，第三次被任命为卿就要直呼叔伯的名字了，谁能成为唐尧、许由那样谦让的人呢？

态度谦下的人遇事通达。

最大的祸害莫过于有意培养德行而且有心眼，等到有了心眼就会以意度事主观臆断，而主观臆断必定会导致失败。招惹凶祸的官能有心、耳、眼、舌、鼻五种，内心的谋虑则是祸害之首。什么叫做内心谋虑的祸害呢？所谓内心谋虑的祸害，是指自以为是而诋毁自己所不赞同的事情。

困厄窘迫源于以下八个方面的自恃与矜持，顺利通达基于以下三种情况的必然发展，危害产生于以下六个聚集点。貌美、长须、高大、魁梧、健壮、艳丽、勇武、果敢，这八种优点远远胜过他人，于是依恃傲人必然导致困厄窘迫。因循顺应、俯仰随人、困厄怯弱而又态度谦下，三种情况都能遇事通达。自恃聪明炫耀于外，勇猛躁动必多怨恨，倡导仁义必多责难。通晓生命实情的人心胸开阔，通晓真知的人内心虚空豁达，通晓天地之道的人随顺自然，通晓寿命短暂之理的人能随遇而安。

【分节导读】

此节以深渊取珠的故事告诫专注于名利的人，要提防名利背后的危险。为名利而追随当权者就如同在骊龙颔下取珠，稍有差池，就会面临灭顶之灾。庄子提醒炫耀"锡车十乘"的人，宋王既能予他丰厚的赏赐，也能夺走他的性命。而在面对向自己行聘的人时，庄子又以祭祀用牛作比喻，强调生命重于名利。道家注重修身，保全性命是修身的前提，人应远离那些可能为人带来祸患的事物，避免被名利迷惑。

【原文】

人有见宋王者①，锡车十乘②，以其十乘骄稚庄子③。

庄子曰："河上有家贫恃纬萧而食者④，其子没于渊⑤，得千金之珠⑥。其父谓其子曰：'取石来锻之⑦！夫千金之珠，必在九重之渊而骊龙颔下⑧。子能得珠者⑨，必遭其睡也⑩。使骊龙而寤，子尚奚微之有哉⑪！'今宋国之深⑫，非直九重之渊也⑬；宋王之猛⑭，非直骊龙也。子能得车者，必遭其睡也；使宋王而寤，子为齑粉夫⑮！"

或聘于庄子⑯，庄子应其使曰："子见夫牺牛乎⑰？衣以文绣⑱，食以刍叔⑲。及其牵而入于大庙⑳，虽欲为孤犊㉑，其可得乎！"

【注释】

①见：拜见。②锡：通"赐"。③稚：骄傲。④恃：靠。纬：织。萧：芦苇。⑤没（mò）：潜。渊：深潭。⑥珠：珍珠。⑦锻：锤烂。之：珠。⑧重：层。骊（lí）：黑。颔（hàn）：下巴。⑨子：你。⑩遭：遇。⑪使：假如。寤：醒。奚：何。微：残余。⑫深：深重。⑬直：止。⑭猛：凶残。⑮齑（jì）粉：碎粉。⑯或：有人。据《史

记·老庄申韩列传》载："楚威
王闻庄周贤，使使厚币迎之，许
以为相。"⑰牺牛：祭祀用的牛。
⑱衣（yì）：用如动词，穿。文绣
：绣有花纹的织物。⑲食（sì）：用
如动词，喂。刍：草。叔：大豆。
⑳大（tài）庙：帝王的祖庙。㉑孤
犊：无人豢养的小牛。

【译文】

　　有个人拜见宋王，宋王赐
给他十辆车，他用这得来的十
辆车向庄子炫耀。

有人向庄子炫耀宋王所赠之车。

　　庄子说："河边有一个因
家穷而靠织芦苇为生的人，他
的儿子潜入深渊，得到一颗
价值连城的宝珠。父亲对儿
子说：'拿石头来把珍珠砸
碎！这颗价值连城的宝珠，
肯定是在九重深渊的黑龙的
下巴上。你能够得到它，一
定是碰上黑龙睡着了。假如
黑龙醒着，你恐怕连骨头渣
都剩不下了！'如今宋国灾
难深重，不止于九重深渊；
而宋王的凶残，更甚于黑龙。
您能够得到车子，肯定是他
在睡觉；假如宋王醒着，您
肯定粉身碎骨了！"

待祭祀时，养尊处优的牺牛想做无人喂的小牛也不得了。

　　有人聘请庄子担任楚相，庄子答复来使说："您见过祭祀用的牛吗？披着绣花织物，吃着草料
大豆。可是等到牵入太庙当祭品时，即使想做一头无人喂养的小牛犊，还能办得到吗！"

【分节导读】

　　此节写庄子濒死时的情景。庄子以天地为棺，日月为陪葬，星辰万物为送葬物的想法反映了其与自然
合一的观点。另一方面，庄子死而不葬又和儒家的死而厚葬形成鲜明对比，儒家以孝为立足点，尤其注重
丧葬之礼，道家则主张"齐生死"，认为生死一体，人生时不应为外物束缚，顺乎自然，死时也应如此。

【原文】

　　庄子将死①，弟子欲厚葬之②。庄子曰："吾以天地为棺椁③，以日月为连璧④，星辰为珠玑⑤，
万物为赍送⑥。吾葬具岂不备邪⑦？何以加此！"

　　弟子曰："吾恐乌鸢之食夫子也⑧。"

　　庄子曰："在上为乌鸢食，在下为蝼蚁食⑨，夺彼与此⑩，何其偏也⑪！"

　　以不平平，其平也不平⑫；以不征征⑬，其征也不征。明者唯为之使⑭，神者征之⑮。夫明之

不胜神也久矣⑯，而愚者恃其所
见入于人⑰，其功外也⑱，不亦
悲乎！

【注释】

① 将死：将要死去。② 欲：准备。
③ 为：当做。④ 连璧：并连的玉璧。
⑤ 珠玑：圆者为珠，不圆为玑。连
璧与珠玑都是就殉葬品而言。⑥ 赍
（jī）送：指送葬品。⑦ 备：齐备。
⑧ 吾：我们。恐：恐怕。乌：乌鸦。
鸢（yuān）：鹰。⑨ 蝼蚁：蝼蛄和蚂
蚁。⑩ 彼：乌鸢。此：蝼蚁。⑪ 偏：
偏心。⑫ "以不"二句：把不公平看
做是公平的，这种公平其实就是不公
平。⑬ 征：应验，可信。⑭ 明：聪明。
为：被。之：外物。⑮ 神者：神人。
⑯ 不胜：比不上。⑰ 所见：所持的
偏见。入于人：溺于人事，比如厚葬。
⑱ 外：表面。

【译文】

　　庄子快要死了，他的弟子们
打算厚葬他。庄子说："我把天
地当做棺材，把太阳和月亮当做
连璧，把星星当做珍珠，把天下
万物当做送葬品。我的葬礼难道
还不够完备吗？还有什么比这更
好的呢！"

　　弟子们说："我们怕乌鸦和
老鹰把您吃了。"

　　庄子说："露在地上被乌鸦和
老鹰吃，埋在土里被蝼蛄和蚂蚁吃，
从乌鸦和老鹰嘴里夺下来给蝼蛄
和蚂蚁，为什么这么偏心呢！"

　　把不公平当做是公平，这种
公平其实并不公平；以没有应验的
当做可信的，这种可信无法令人相
信。自以为聪明的人，被外物指使，
神人则可以顺应自然并得到验证。
聪明人赶不上神人已经很久了，而
愚蠢的人死守着自己的偏见，溺
于人事，其功业都是建立在表面的，
不也太可悲了吗！

庄子说：让天地做我的棺椁。

庄子拒绝弟子厚葬他的建议。

没有什么比用自然万物做陪葬更好的了。

◎天下◎

【题解】

　　本篇对天下各家学派（指先秦诸子）逐一进行了总结性的批评，从而说明庄周学派的理论是当时学术的高峰，因为它恢复了古代道术的面貌。作者认为道术是对宇宙人生本原作全面和整体把握的学问，只有"天人""神人""至人""圣人"才能为之。道家以外的各家学派，对宇宙和人生的认识都不完整，各有局限，因此他们的理论只能算是一方之术，而不是道。只有老子及其继承者庄周学派的理论才是真正的道术。全文持论虽有偏颇，但在一定程度上可以看做是对先秦学术的理论总结。

【分节导读】

　　此节对古代道术做了肯定，一一阐释了何为天人、神人、至人、圣人，并将内圣外王作为理想的人格，引出对后世学者的批评。在作者看来，百家各派都因执着于各自的标准而进入歧途，他们只知"道"的某个方面而不知大道的全貌，一如人的"耳目口鼻，皆有所明，不能相通"，再加上他们自以为是，固执己见，致使大道发生了分裂。

【原文】

　　天下之治方术者多矣①，皆以其有为不可加矣②。古之所谓道术者③，果恶乎在？曰："无乎不在④。"曰："神何由降⑤？明何由出⑥？""圣有所生，王有所成，皆原于一⑦。"

　　不离于宗⑧，谓之天人⑨；不离于精⑩，谓之神人⑪；不离于真⑫，谓之至人⑬。以天为宗⑭，以德为本⑮，以道为门⑯，兆于变化⑰，谓之圣人；以仁为恩⑱，以义为理⑲，以礼为行⑳，以乐为和㉑，熏然慈仁㉒，谓之君子㉓；以法为分㉔，以名为

天下研究具体学问的人很多。

表㉕，以参为验㉖，以稽为决㉗，其数一二三四是也㉘，百官以此相齿㉙；以事为常㉚，以衣食为主，蓄息畜藏㉛，老弱孤寡为意，皆有以养，民之理也㉜。

　　古之人其备乎㉝！配神明，醇天地㉞，育万物，和天下，泽及百姓，明于本数㉟，系于末度㊱，六通四辟㊲，小大精粗㊳，其运无乎不在㊴。其明而在数度者，旧法、世传之史尚多有之；其在于《诗》《书》《礼》《乐》者，邹鲁之士、搢绅先生多能明之㊵。《诗》以道志㊶，《书》以道事，《礼》以道行，《乐》

415

以道和，《易》以道阴阳，《春秋》以道名分，其数散于天下而设于中国者⁴²，百家之学时或称而道之。

天下大乱⁴³，贤圣不明⁴⁴，道德不一。天下多得一察焉以自好⁴⁵。譬如耳目鼻口，皆有所明⁴⁶，不能相通。犹百家众技也，皆有所长，时有所用。虽然，不该不遍⁴⁷，一曲之士也⁴⁸。判天地之美⁴⁹，析万物之理⁵⁰，察古人之全⁵¹。寡能备于天地之美⁵²，称神明之容⁵³。是故内圣外王之道⁵⁴，暗而不明⁵⁵，郁而不发⁵⁶，天下之人各为其所欲焉以自为方⁵⁷。悲夫，百家往而不反⁵⁸，必不合矣！后世之学者，不幸不见天地之纯，古人之大体，道术将为天下裂。

【注释】

①方术：一方之术，与道术不同，道术包罗万象，而方术只是其中的一部分。②以：以为。其有：自己所主张的。不可加：无以复加。③道术：体现宇宙所有领域的普遍真理。④无乎不在：无所不在。参阅《知北游》篇庄子答东郭子问。⑤神：天。⑥明：地。⑦皆原于一：神明圣王都源于道。⑧不离：不一分为二。宗：道。⑨天人：天人不分离为二。⑩精：指道术的精纯。⑪神人：已见《逍遥游》篇。⑫真：朴实不伪。⑬至人：见《逍遥游》篇，全书多见。⑭宗：主宰。⑮本：根本。⑯门：天门，万物出生入死之门。⑰兆：预示。⑱恩：恩惠。以下六句谓儒家为方术之一。⑲理：道理。⑳以礼为行：以礼教约束人的行动。㉑以乐为和：以音乐调合人的性情。㉒熏然：南风吹拂万物之貌。㉓君子：以礼教为本的儒家。㉔法：法度。分（fèn）：本分。以下六句反映法家的观点。㉕名：职称。表：标志。㉖参：比较。验：验证。㉗稽：考核。决：判断。㉘数：等级。㉙齿：序列。㉚以事为常：以劳作为经常任务，以下六句为平民之事。㉛蓄：繁殖。息：生息。畜：积蓄。藏：储备。㉜理：常情。㉝古之人：至人。备：完备。㉞配神明：与天地相一致。醇：通"准"，以天地为准则。㉟明：明晰。本数：根本。㊱末度：具体措施。㊲六通：上下四方通达。四辟：四季相通。㊳小大精粗：天下万物。㊴"其运"句：道术运行无所不在。㊵搢（jìn）绅：借指官员。古代官服插笏垂绅。搢，笏。绅，长带。㊶道：表述，下同。㊷中国：中原地区。㊸大乱：指庄子所生活的战国时期。㊹贤圣：儒者。㊺一察：一己之见。自好：自以为是。㊻明：知。㊼该：通"赅"，完备。遍：全面。㊽一曲之士：一方之士，又称曲士。见《秋水》篇。㊾判：割裂。美：完美。㊿析：离析。理：常理。51察：离散。52寡：少。53称：相称。容：包容。54内圣外王：道藏于内心为圣，道显于外是王。55暗：同"闇"。56郁：闭塞。发：发挥。57方：上文之方术。58反：通"返"。

【译文】

天下搞具体学术的人很多，都认为自己的学识是无以复加的！而古代所说的道术，究竟在哪里？回答是："无所不在。"问："天从何处降临？地由何方产生？"回答是："圣贤所出，王道所成，都来源于道。"

与道同在，叫做天人合一；道术精纯者，称为神人；道术纯真者，称为至人。以天为主宰，以德为根本，以道为门径，能够预示变化者，称为圣人，以仁德为恩惠，以忠义对民众，

圣贤和王道都来源于道。

以礼仪教百姓，用音乐调合人的性情，和风细雨，慈爱仁义，叫做君子；以法度为本分，以职称为标志，以比较为验证，以考核为判断，等级像一二三四那样分明，百官按级排列，以劳作为常理，以衣食为主旨，繁衍生息，积蓄储备，关心老弱孤寡，使他们各有所养，这是百姓的常理。

古代的圣人是最完备的了！具备至高之德，以天地为准则，养育万物，调和天下，恩泽百姓，明白道德根本，维系具体措施，上下四方通达，一年四季顺畅，无论何事，其作用无所不在。古代道术明白体现为根本与具体措施的，旧时法令和传下来的史籍多有记载；体现在《诗》《书》《礼》《乐》中的，邹鲁之地的学者、做官的人多能明白。《诗》言志，《书》载事，《礼》讲行为，《乐》

陶性情,《易》论阴阳,《春秋》阐名分。这些度数散布于天下而设立于中原的,诸子百家时常引述称诵。

天下大乱,圣贤之士不明原因,道德规范无法一致,天下各派大多各执一端,自以为是。就像耳目鼻口,各有知觉,却不能相通。又像各种技艺一样,皆有所长,时有所用。即便如此,但既不完备,又不全面,仍是孤陋寡闻之人。割裂天地的完美,离析万物的常理,肢

天下各派,各执一端。

解古人完美的道理。绝少有人能够具备天地的全美,相称于神明的包容。因此,内圣外王之道,幽暗不明,抑郁不发,而天下之人各自为所欲为,自说自话。可悲啊! 诸子百家各行其道而不迷途知返,肯定无法与大道相合! 后世的学者,不幸不能看到天地的纯真与古代圣人的全貌,道术将会被天下所肢解割裂。

【分节导读】

此节重点评价墨翟和禽滑厘。对墨家的简朴勤勉、自律利他、反对等级礼乐做了肯定,同时也指出墨家的一些做法过于苛刻,违背了人的本性,并认为墨家的观念和圣王之道相距甚远,必定因严苛而难以推行。

【原文】

不侈于后世[1],不靡于万物[2],不晖于数度[3],以绳墨自矫,而备世之急[4]。古之道术有在于是者。墨翟、禽滑厘闻其风而说之[5]。为之大过[6],已之大循[7]。作为《非乐》[8],命之曰《节用》[9];生不歌[10],死无服[11]。墨子泛爱[12],兼利而非斗[13],其道不怒[14];又好学而博,不异[15],不与先王同[16],毁古之礼乐。

墨家的代表人物墨翟、禽滑厘。

黄帝有《咸池》,尧有《大章》,舜有《大韶》,禹有《大夏》,汤有《大濩》,文王有《辟雍》之乐,武王、周公作《武》[17]。古之丧礼,贵贱有仪[18],上下有等,天子棺椁七重[19],诸侯五重,大夫三重,士再重。今墨子独生不歌[20],死不服,桐棺三寸而无椁[21],以为法式[22]。以此教人,恐不爱人;以此自行,固不爱己。未败墨子道[23],虽然,歌而非歌,哭而非哭,乐而非乐,是果类乎? 其生也勤[24],其死也薄[25],其道大觳[26];使人忧,使人悲,其行难为也,恐其不可以为圣人之道,反天下之心,天下

不堪。墨子虽独能任，奈天下何！离于天下㉗，其去王也远矣㉘！

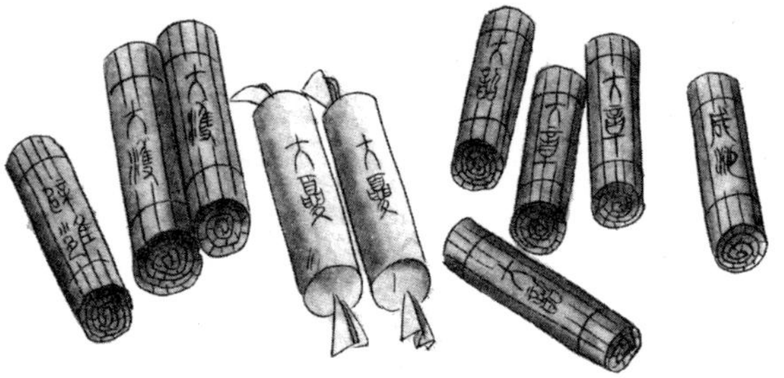

《咸池》《大章》《大诏》《大夏》《大濩》《辟雍》。

墨子称道曰："昔禹之湮洪水㉙，决江河而通四夷九州也㉚。名川三百，支川三千，小者无数。禹亲自操橐耜㉛，而九杂天下之川㉜；腓无胈㉝，胫无毛㉞，沐甚雨㉟，栉疾风㊱，置万国㊲。禹大圣也，而形劳天下也如此㊳。"使后世之墨者，多以裘褐为衣㊴，以跂蹻为服㊵，日夜不休，以自苦为极，曰："不能如此，非禹之道也，不足谓墨。"

相里勤之弟子㊶，五侯之徒㊷，南方之墨者苦获、已齿、邓陵子之属㊸，俱诵《墨经》而倍谲不同㊹，相谓别墨㊺；以坚白同异之辩相訾㊻，以觭偶不仵之辞相应㊼；以巨子为圣人㊽，皆愿为之尸㊾，冀得为其后世㊿，至今不决(51)。

墨翟、禽滑厘之意则是(52)，其行则非也。将使后世之墨者，必自苦以腓无胈、胫无毛，相进而已矣(53)。乱之上也，治之下也。虽然，墨子真天下之好也(54)，将求之不得也(55)，虽枯槁不舍也(56)，才士也夫(57)！

【注释】

①"不侈"句：不以奢侈教育后世，指墨家违背周道而用夏政。侈，奢侈。②"不靡"句：不浪费万物，指墨家的节用说而言。靡（mí），浪费。③晖（huī）：目光，炫耀。数度：数指法律条丈，度指法度。④绳墨：绳指取正的工具，木匠用做取直的墨线，这里指规矩。自矫：自己勉励自己。矫，励。⑤墨翟：战国初年鲁国人，墨家学派的创始人。禽滑厘：墨子的弟子。风：风教。说（yuè）：通"悦"。⑥为之大过：指泛爱、兼利而言。大，同"太"。⑦已：止，停止而不为。循：不及。⑧《非乐》：墨子提倡非乐，作《非乐》篇。⑨命：叫做，称为。《节用》：墨子提倡节用，作《节用》篇。⑩生：活着。⑪无服：死无服丧，不穿礼制上规定的丧服。⑫泛爱：即兼

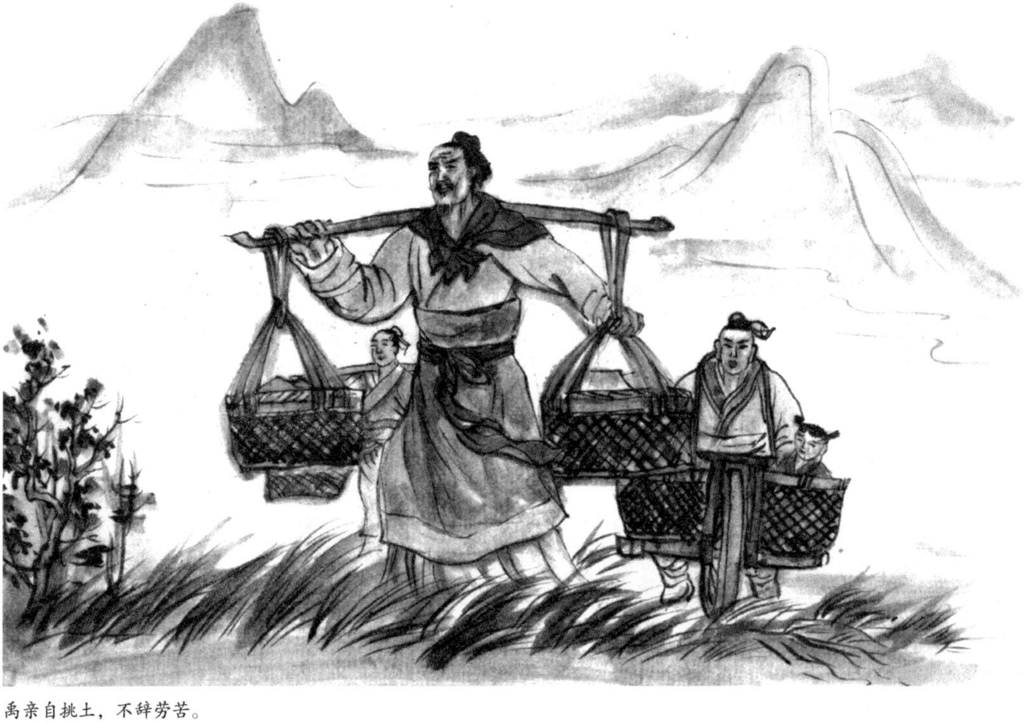
禹亲自挑土，不辞劳苦。

爱，爱一切人。⑬兼利：使一切人都得到利益。非斗：指非攻，反对非正义的进攻。墨子并不反对一切战争，而反对非正义的大国攻小国、大家攻小家的侵略战争，主张并参加保卫国家的正义战争。⑭怼：怨怒。⑮不异：不立异，指尚同而言。⑯先王：指黄帝、尧、舜、禹，夏、商、周诸帝王。⑰《咸池》至《武》，皆为三王五帝时的乐曲。⑱有仪：有度。⑲椁：外棺。重：层。⑳独：唯独。㉑桐：桐木。㉒法式：效法的样式，榜样。㉓未：同"莫"，不。败：毁。㉔勤：勤劳。㉕薄：薄葬。㉖大：通"太"。觳（què）：刻。㉗离：背离。㉘王：指王道。㉙湮：同"堙"，塞。㉚四夷：四方边远的少数民族地区。九州：冀、兖、青、徐、扬、荆、豫、梁、雍诸州。㉛橐（tuó）：盛土的器具。耜（sì）：掘土工具。㉜九杂：聚合。九，本作"鸠"，聚集。杂，同"匝"，合。㉝腓（féi）：腿肚子。胈（bá）：汗毛。㉞胫（jīng）：小腿。㉟沐：沐浴，淋雨。甚雨：暴雨。㊱栉（zhì）：梳头发。㊲置：建立，设立。万国：许多地方。㊳形劳：身体劳苦。㊴裘褐：粗衣。裘，兽皮。褐，粗布。㊵跂（qí）：通"屐"，木鞋。蹻（jué）：草鞋。㊶相里勤：墨家在南方的后学，为南方之墨学的代表。㊷五侯：墨家弟子，姓五名侯。㊸苦获、己齿、邓陵子：皆墨家后学。㊹倍：通"背"，背离。谲（jué）：矛盾，相反。㊺别墨：墨家中的非正统的派别。㊻坚白：见《齐物论》注。㊼訾（zǐ）：诽谤，非议。㊽觭（jī）：通"奇"，单数。偶：双数。仵（wǔ）：通"伍"，合、同。应：应对，对答。㊾巨子：巨同"钜"，钜子为后期墨家团体的首领。㊿尸：尽死。51冀：希望。52决：决定。53意则是：用意是对的。54相进：相互争进。55天下之好：爱天下。56求之：救助天下。57舍：舍弃。58才士：指贤能之士，即国家的有用人才。

【译文】

不以奢侈教育后世，不浪费万物，不炫耀礼法，用规矩勉励自己以应付当世之急务，古代的道术有属于这方面的。墨翟、禽滑厘听到这种治学风气就喜欢它。实行泛爱、兼利太过分了，非乐节用也太过分了。作《非乐》篇，讲《节用》篇，活时不作乐，死时无丧服。墨子泛爱一切人，使一切人都得到利益而反对侵略战争，他教人不怨怒；他又好学而博闻，主张大不异的尚同，也不求与先王相同，主张毁弃古代的礼乐。

黄帝时有《咸池》，尧时有《大章》，舜时有《大诏》，禹时有《大夏》，汤时有《大濩》，文王时有《辟雍》的乐章，武王、周公则作《武》乐。古代的丧礼，贵贱有不同的制度，上下有不同的等次，天子的棺椁七层，诸侯五层，大夫三层，士二层。现今墨子唯独主张生时不作乐，死时无丧服，桐木棺材只有三寸厚而无外椁，作为效法的样式。用这种主张教人，恐怕不是爱人；用这种主张自行其事，当然也不是爱护自己。即便如此，也并不影响墨子的学说。然而，应当唱歌时却反对唱歌，应当哭泣时却反对哭泣，应当奏乐时却反对奏乐，这样果真合乎人的感情吗？人活着时勤劳，死后却薄葬，他的学说太苛刻了；使人忧伤，使人悲哀，他的主张难以实行，恐怕这种主张不可以成为圣人之道，违反天下人的心愿，天下人不堪忍受。虽然墨子能独自实行，然而他能让天下人都实行吗！背离于天下的人，这种做法离开王道也太远了。

墨子宣扬说："过去大禹堵塞洪水，疏通江河，而沟通四夷九州，大川三百，支流三千，小沟无数。禹亲自拿着盛土的器具和掘土的工具，汇合天下的河流入海。累得腿上没有肉，小腿上没有汗毛，暴雨淋身，疾风梳发，安定了万国。禹是个大圣人，他身体为民劳苦到如此地步。"所以使后代的墨者，多用粗布做衣服，穿着木屐草鞋，日夜不息，以吃苦辛劳为准则，还说："不能如此，就不是大禹之道，不能把他称为墨者。"

墨者相里勤的弟子，五侯的门徒，南方的墨者苦获、己齿、邓陵子一派，都诵读《墨经》，然而却相互背离、相互矛盾而各不相同，相互指责对方是"别墨"；以坚白同异的辩论相互诽谤非议，用奇偶不合的言论相互应对；把巨子当做圣人，都愿意为他而死，希望成为他的后世继承人，但他们的纷争今还没有结果。

墨翟、禽滑厘的心意是好的，但他们的作为却是错的。这使得后代的墨者必定要刻苦自励，搞得腿上没有肉，小腿上没有汗毛，以此相互争进罢了。这样做实在是乱天下有余，而治天下不足。虽然这样，但墨子还是真想把天下治理好的人，即使求之不得，累得形容憔悴枯槁也不放弃自己的主张，真是一位治国的贤能之士啊！

【分节导读】

此节对宋钘、尹文的学说做了评价。宋钘、尹文的学说和墨翟、禽滑厘有相似之处，都强调简朴、兼爱，但和墨翟、禽滑厘的严苛不同，他们宽以待人，试图用柔和的姿态调和天下矛盾。作者对此予以了肯定。另一方面，作者也指出宋钘、尹文的不足——他们过于执着地推行自己的学说，不顾他人是否能够接受；为他人考虑过多，为自己考虑太少，所以他们的影响也注定十分有限。

【原文】

不累于俗①，不饰于物②，不苟于人③，不忮于众④，愿天下之安宁以活民命⑤，人我之养，毕足而止⑥，以此白心⑦，古之道术有在于是者。宋钘、尹文闻其风而悦之⑧。作为华山之冠以自表⑨，接万物以别宥为始⑩；语心之容⑪，命之曰心之行，以聏合欢⑫，以调海内，请欲置之以为主⑬。见侮不辱，救民之斗，禁攻寝兵，救世之战。以此周行天下，上说下教⑭，虽天下不取，强聒而不舍者也⑮，故曰上下见厌而强见也。

虽然，其为人太多，其自为太少，曰："请欲固置五升之饭足矣⑯。"先生恐不得饱，弟子虽饥，不忘天下。日夜不休，曰："我必得活哉！"图傲乎⑰，救世之士哉！曰："君子不为苛察⑱，不以身假物。"以为无益于天下者，明之不如已也⑲，以禁攻寝兵为外，以情欲寡浅为内，其小大精粗，其行适至是而止。

【注释】

① 不累于俗：即《逍遥游》中所说的"举世誉之而不加劝，举世非之而不加沮"意思。累，牵累。② 不饰于物：即"定乎内外之分，辩乎荣辱之境"的意思。饰，掩饰。③ 不苟于人：指下文的"强聒而不舍"而言。不苟，一本作"不苟"。④ 忮（zhì）：违逆，刚愎。即《齐物论》"大勇不忮"之忮，亦即下文的"以聏合欢，以调海内"。⑤ 安宁：没有战争。活民命：保住人民的性命。⑥ 人我之养，毕足而止：指的是情欲寡浅的意思。⑦ 白心：纯洁内心，指扫除欲念，抱虚守静，修养内心。⑧ 宋钘（xíng）：即宋荣子，《逍遥游》篇曾提及。尹文：姓尹名文，齐

给我五升米当饭就够了。

国人，稷下学派人物，著有《尹文子》上下篇。⑨华山之冠：像华山那样上下均平的帽子。即指心地均平像华山之冠的上下均平一样。⑩别宥：解蔽，丢掉成见。别，指别而去之。宥，同"囿"，蔽。始：始端。⑪语心之容：称道内心的包容。⑫聏（ér）：柔、和。欢：欢心。⑬之：指心之容，心之行。⑭上说下教：上指人主，统治者，下指百姓臣民。⑮强聒：不管别人是否愿听而说个不停。⑯固置：谓辞不得当还必置之。⑰图傲：伟大。"图傲乎，救世之士哉！"为庄子称赞宋尹之辞。⑱苛：不合理。⑲已：止。

制作像华山那样上下均平的帽子。

【译文】

　　不为世俗所牵累，不以外物来掩饰，不苛求别人，不违逆众志，希望天下安稳宁静以保全人民的性命，别人和自己的奉养都知足就够了，以这种观点纯洁内心，古时的道术有属这方面的。宋钘、尹文听到这种治学风气就喜欢它。制作像华山上下均平那样的帽子来表明平等，应接万物以除去成见为开端；称道内心的包容，称之为内心的行为，以柔和态度合乎他人的欢心，用来调和海内，请求以此作为建立学说的指导思想。受欺侮不以为是耻辱，以解救人民的争斗，禁绝互相攻伐，停止战事用兵，平息社会战乱。以此周游天下，上劝君主下劝臣民，虽然天下的人不采取，还要说个不停而不舍弃其主张。所以说，上上下下的人都表示厌烦但仍然请求会见。

　　然而，他们为别人做得太多，为自己想得太少。说："辞不得当还要必置，有五升米的饭就够了。"宋、尹二位先生不能吃饱，弟子们也处在饥饿中，仍不忘天下人。他们日日夜夜不知道休止。他们

宋钘、尹文的弟子大多贫困。

说："我们必须得活命呀！"多么高大的救世之士啊！他们还说："君子不用不合理的观点明察万物，不使自身受外物的役使。"认为对天下没有益处的，不如停止不做。他们把禁止攻伐停止战争作为对外的活动，以减少情欲作为内心的修养。他们学说的小大精粗，及其所述所行就是这样而已。

⊙品庄悟道⊙

其为人太多，其自为太少

宋钘又叫宋荣子、子宋子，和庄子一样，是战国中期人。尹文大约是其学生。他们都希望天下太平，社会安宁，都主张节制欲望，简朴生活，停止攻伐。他们也提出"无为而自治"，但他们的"无为而自治"却和庄子的不同，而是融合了儒家的思想，把"仁、义、礼、乐、名、法、刑、赏"当做帝王的治世之术，大力提倡。

在战国中期那个杀伐四起、战事丛生的大环境里，统治者多求强求盛，宋、尹的学说很难被接纳。在这方面，庄子也是一样。只是庄子不会"上下见厌而强见"，在《人间世》中，庄子就借孔子之口，摆明了"入则鸣，不入则止"的态度，话投机就说，不投机就不说。庄子指出，宋、尹二人都是"其为人太多，其自为太少"。而对一个传播理念的人来说，连他自己都不能凭该理念获得好的生活，他又如何说服别人接受他的观点呢？要想让人接受某种观点，一定要让人看到接受该观点的好处，且这个好处，最好和人息息相关、能为人感知的。

【分节导读】

此节重点论述彭蒙、田骈、慎到的学说。作者认为彭蒙等人的主张体现了部分道的内容，如齐同万物等，但他们并未抓住道的实质，即便言行举止不合常理，也仍不免随物所动，无法让人超脱束缚进入遨游天地的逍遥之境。所以田骈等人的"弃知去己"会得到"非生人之行，而至死人之理"的评价。

【原文】

公而不党①，易而无私②，决然无主③，趣物而不两④，不顾于虑⑤，不谋于知⑥，于物无择⑦，与之俱往。古之道术有在于是者。彭蒙、田骈、慎到闻其风而悦之⑧。齐万物以为首⑨，曰："天能覆之而不能载之，地能载之而不能覆之⑩，大道能包之而不能辩之⑪。"知万物皆有所可，有所不可，故曰："选则不偏⑫，教则不至⑬，道则无遗者矣⑭。"

是故慎到弃知去己⑮，而缘不得已⑯，泠汰于物⑰，以为道理，曰："知不知⑱，将薄知而后邻伤之者也⑲。"谩髁无任，而笑天下之尚贤也⑳；纵脱无

公正不偏党，是彭蒙、田骈、慎到所推崇的。

行㉑，而非天下之大圣；椎拍輐断㉒，与物宛转㉓，舍是与非，苟可以免。不师知虑㉔，不知前后，魏然而已矣㉕。推而后行，曳而后往㉖，若飘风之还，若落羽之旋，若磨石之隧㉗，全而无非㉘，动静无过㉙，未尝有罪㉚。是何故㉛？夫无知之物㉜，无建己之患㉝，无用知之累㉞，动静不离于

理^㉟，是以终身无誉^㊱。故曰："至
于若无知之物而已^㊲，无用贤圣。
夫块不失道^㊳。"豪桀相与笑之
曰^㊴："慎到之道^㊵，非生人之行，
而至死人之理^㊶，适得怪焉^㊷。"

田骈亦然，学于彭蒙，得
不教焉^㊸。彭蒙之师曰^㊹："古
之道人^㊺，至于莫之是、莫之非
而已矣^㊻。其风窢然^㊼，恶可而
言^㊽？"常反人^㊾，不见观^㊿，
而不免于鋭断⁵¹。其所谓道非
道⁵²，而所言之韪不免于非⁵³。

彭蒙等不明大道。

彭蒙、田骈、慎到不知道。虽然，概乎皆尝有闻者也⁵⁴。

【注释】

①公：公正。党：一作"当"，偏党。②易：平易，平允。③决然：如水决于东则东流，决于西则西流的样子，引申为随和。无主：指没有自我偏见。④趣物而不两：随物而趋，没有二意。趣，通"趋"。⑤不顾：指不顾虑，不虑过去。⑥不谋于知：不用智慧，即指不谋其将来。⑦无择：无选择，不加选择。⑧彭蒙：齐人。田骈：齐人。慎到：赵人。说：通"悦"。⑨齐：动词，一致，齐一。首：首要。⑩覆：遮盖，掩盖。⑪包：包容。辩：分辨。⑫选：选择。偏：同"遍"，全。⑬不至：不能达到，不能备至。⑭无遗：无遗漏。⑮去己：抛开自己的成见。⑯缘：因循，因顺。⑰泠（líng）汰：听从自然，任其自然。⑱知不知：把知当做无知。⑲将：要。薄知：鄙薄知识。邻伤：毁伤。⑳谟髁（xǐ kē）：儿戏，随便的样子。无任：无能力。尚贤：推选贤能。㉑纵脱：放任。无行：不修德行。㉒椎拍：推扑顺遂。輐（wàn）断：即下文"鋭断"，没有棱角。㉓物：指事。宛转：婉曲，相应变化。㉔师：用，任凭。㉕魏：通"巍"，独立不动。㉖曳：拖。㉗隧：转动，旋转。㉘全而无非：自全而人无非责。全，全面，整体。无非，不受非难。㉙动静：运动静止。无过：没有过失。㉚未尝有罪：不曾有什么罪责。㉛是：这，此。㉜知：知觉，知识。物：物件，东西。㉝无建己之患：指没有标榜自己而产生敌对的忧患，这是指去己的思想。㉞无用知之累：指不用知虑就没有牵累，用知则争，争则牵累，放弃知虑则无争，无争则无累，这是指弃知的思想。㉟理：指规律。㊱无誉：任何罪都从誉生，无誉就无罪过，这是去誉的思想。㊲故曰：指慎子说的话。至：到达，达到。若：像。已：罢了。㊳块：土块。道：规律。㊴笑：讥笑。㊵道：学说。㊶生人：活人。行：施行。理：道理。㊷适得：理当，应当。怪：责怪，批评。㊸不教：不言之教。㊹彭蒙之师：犹彭蒙其师，指彭蒙自己。㊺道人：得道的人。㊻莫之是、莫之非：无所谓是非。㊼其：指古代有道人的教化。窢（xù）然：风迅速刮过的样子。㊽恶（wū）：何。言：语言。㊾反人：违反人意。㊿不见观：不为人所欣赏。51鋭（yuán）："輐"的借字。52其：代指田骈、彭蒙等人。所谓道：所说的道术，即指莫之是、莫之非的道。道，天道。下句"道"同。53韪：是。54概：概略。尝：曾，曾经。

【译文】

公正而不偏党，平易而无偏私，随和而无主见，随物而趋不起二意，不虑过去，不谋未来，对事物没有好恶的选择，参与事物的变化活动，古代道术有属于这方面的。彭蒙、田骈、慎到听到这种治学风气就喜好它。以齐同万物为首要，说："天能覆盖万物而不能承载万物，地能承载万物而不能覆盖万物，大道能包容万物而不能分辨万物。"他们认识到万物都有它可以的地方，也有它不可以的地方，所以说："选择就不能周全，教化就不能备至，顺着大道就不会有所遗漏了。"

所以慎到主张抛弃知识和主观成见，而因顺于不得已的事，任其自然，而作为他的道理，说："知道其实是无知，要失鄙薄知识，然后完全毁掉它。"随便顺从情势，无所专任而讥笑天下的尚贤风气，放任解脱不修德行而非难天下的大圣；顺遂旋转无棱无角，顺从事物婉曲相应变化；舍弃是与非，

如磨石转动，动静适度，没有过失。

或可免于拖累。不用智巧谋虑，不知什么是前后，就能巍然独立不动。推动而后前进，拖曳而后前往，像飘风的往还，像羽毛的旋转，像磨石的转动，保全自己而不受非难，动静适度而没有过失，从未曾有什么罪责。这是什么原因呢？没有智慧的东西，也就不会因标榜自己而招致忧患，没有使用智慧的拖累，动静就离不开自然之理，因此终身没有毁誉。所以说："达到像没有智虑的东西那样罢了，用不着圣贤，那土块自有自己的规律。"豪杰们都讥笑他说："慎到的学说，不是活人能施行的，而是死人的道理，只会受到人们的责怪。"

田骈也是这样，求学于彭蒙，学得不言之教。彭蒙说："古代得道之人，达到无所谓是非的境界。他们的学说，好像风迅速刮过一样，哪还用得着说什么呢？"经常违反人的意愿，不为人欣赏，仍然不免于无棱无角、随物顺从。他们所宣扬的道并非是道，而所肯定的东西也不免于错误。彭蒙、田骈、慎到不明白大道。即便如此，他们还是知道一些道的概要的。

【分节导读】

此节对关尹和老聃进行了评价。作者将二者称为"古之博大真人"，十分推崇他们的学说。而二者的学说都把大道当做唯一的核心，都外表柔弱，实际虚怀若谷，宽容万物。

【原文】

以本为精①，以物为粗②，以有积为不足③，澹然独与神明居④。古之道术有在于是者。关尹、老聃闻其风而悦之⑤。建之以常无有⑥，主之以太一⑦。以濡弱谦下为表⑧，以空虚不毁万物为实。

关尹曰："在己无居，形物自著⑨。其动若水，其静若镜⑩，其应若响⑪。芴乎若亡⑫，寂乎若清。同焉者和，得焉者失⑬。未尝先人而常随人。"

老聃曰："知其雄⑭，守其雌⑮，为天下谿⑯；知其白⑰，守其辱，为天下谷。"人皆取先⑱，己独取后⑲。曰受天下之垢⑳；人皆取实，己独取虚。无藏也故有余。岿然而有余。其行身也㉑，徐而不费㉒，无为也而笑巧㉓。人皆求福，己独曲全㉔。曰苟免于咎㉕。以深为根㉖，以约为纪㉗。曰坚则毁矣㉘，锐则挫矣㉙。常宽容于物，不削于人㉚，可谓至极㉛。

关尹、老聃乎，古之博大真人哉！

【注释】

① 本：指德。② 物：具体的物。③ 积：积蓄。④ 澹然：无心貌。独与神明居：只与大道共处，再无他物。⑤ 关尹：见《达生》篇注。⑥ 常无有：常无与常有。⑦ 太一：即道。⑧ 濡（rú）：软弱。表：外表。⑨ 居：止。著：昭著。⑩ 若镜：清静如镜。⑪ 应：反应。响：回响。⑫ 芴（hù）：通"忽"。亡：无。⑬ 得：有所得。⑭ "知其雄"三句：语出《老子》第二十八章。⑮ 守：居。⑯ 谿：沟壑，空虚而容纳一切。⑰ "知其白"三句：亦出《老子》第二十八章。白，清白。⑱ 取先：争先。⑲ 取后：自甘于后。⑳ 垢：辱。㉑ 行身：立身行事。㉒ 徐：舒缓。费：损。㉓ 巧：机巧。㉔ 曲全：委曲求全。㉕ 苟免：姑且免于。㉖ 深：深藏不露。㉗ 约：隐约。纪：纲纪。㉘ 坚：坚硬。毁：折毁。㉙ 锐：锐利。㉚ 削：侵削。㉛ 至极：达到顶点。

【译文】

以德为精微，以万物为粗鄙，以积蓄为不足，恬然无心只与大道共处。古代的道术有这些内涵。关尹、老子对其十分赞赏。主张树立常无常有的观点，以道为主宰，以软弱谦下为表现形式，以空虚不毁伤万物为实质。

关尹说："在自己主观上不囿于定见，有形的物体自然而然显现出来。运动如水流，静止如明镜，反应如回声。忽然如无形，寂然如清虚。相同则合谐，有得便有失。未尝争先，自甘于后。"

老子说："明知雄强，却守雌弱，成为天下的沟壑；明知清白，甘守屈辱，成为天下的山谷。"别人都争先，自己却甘愿落后，这就是所说的"承受天下的垢辱"；别人都讲实际，自己却甘愿虚无。不储藏就是有余，多如岿然之山。其立身行事，舒缓而无耗损，无所作为而讥笑机巧。别人都求福禄，自己却委曲求全，这就是所说的"苟且免于祸害"。以深藏为根本，以隐约为纲纪。这就是所说的"坚硬的易于毁坏，锐利的就会受挫"。经常宽容待物，从不损害他人，可以说到达了最高境界。

关尹和老子，是古代博大的真人啊！

运动如水流，静止如明镜。

老子说：不储藏就是有余，多如岿然之山。

【分节导读】

此节评价庄子的学说，并对此做了很高的评价，认为庄子上与造物主同游，下与超脱生死、忘怀终始的人做朋友，已体悟到道的实质。此外，此节还对庄子的文风做了总结，指出庄子的文风之所以汪洋恣肆，奇异怪丽，是因为天下混沌一片，不可以用庄重的语言形容。

【原文】

芴漠无形①，变化无常②，死与生与③，天地并与④，神明往与⑤！芒乎何之⑥，忽乎何适⑦，万物毕罗⑧，莫足以归⑨，古之道术有在于是者。庄周闻其风而悦之。以谬悠之说⑩，荒唐之言⑪，无端崖之辞⑫，时恣纵而不傥⑬，不以觭见之也⑭。以天下为沉浊⑮，不可与庄语⑯，以卮言为曼衍⑰，以重言为真⑱，以寓言为广⑲，独与天地精神往来，而不敖睨于万物⑳，不谴是非，以与世俗处。其书虽瑰玮而连犿无伤也㉑。其辞虽参差而諔诡可观㉒。彼其充实，不可以已，上与造物者游㉓，而下与外死生无终始者为友㉔。其于本也㉕，弘大而辟，深闳而肆㉖；其于宗也，可谓稠适而上遂矣㉗。虽然，其应于化而解于物也㉘，其理不竭㉙，其来不蜕，芒乎昧乎，未之尽者㉚。

道，虚静无形，变化无常。

顺应自然，与大道同游。

【注释】

①芴漠：静。无形：虚。②无常：没有定规。③与：语气词。④天地并与：与天地共存。⑤往：交往。⑥芒：通"茫"。之：往。⑦忽：快。适：往。以上六句表明道的变化无常。⑧毕：全。罗：包罗。⑨莫足以归：道本身无须归宿。⑩谬悠：深远而难于捉摸。谬，通"缪"。⑪荒唐：荒诞，夸张。⑫无端崖：不着边际。⑬恣纵：恣意放肆。傥：片面。⑭不以觭（jī）见：不持偏见。觭，牛角一低一昂，引申为偏于一面。⑮沉浊：深沉污浊。⑯庄语：庄重的言论。⑰卮言：无心之言。曼衍：散漫流布，不拘常理。⑱重言：为人所重的言论。以上三句见《寓言》篇。⑲寓言：寄语他人的言论。广：阐发。⑳敖睨：轻视。敖，通"傲"。㉑瑰玮：奇伟不凡。连犿（fān）：随和貌。无伤：对人无害。㉒参差：长短不齐。諔（chù）诡：奇异。㉓造物者：大道。㉔外：超脱。㉕本：德。

㉖弘大：博大。辟：通"达"。深闳：深广。肆：畅达。㉗宗：道。稠（tiáo）适：调和。稠，本字"调"。上遂：
上达。㉘应：反应。解：分析。㉙竭：止境。㉚芒：通"茫"。昧：昏暗。未之尽：没有达到尽头。

【译文】

　　道的本体静漠无形，变化无常，死死生生，与天地并存，与神明同往。茫茫然不知何去，匆匆然不知何往，包罗万物，而道本身却是无须归宿的，古代的道术有这方面的内涵。庄子对此很赞赏。以深远而难于捉摸的学说，荒诞夸张的言论，不着边际的语言，时常恣意放肆却不片面，不执偏见。他认为天下太深沉污浊，不可以用庄重的言语讲述，所以用无心的语言，不拘常理地随意漫谈，以人所信服的话语使人信以为真，以寄寓他人的言论来广泛地阐发，独自与天地精神相往来，而从不傲视万物，不纠缠于是非，与世俗和睦相处。他的书虽然言辞瑰丽奇伟却随和不让人感到受伤害。他的语言虽变化多端却奇异可观。他的内心充实，而一发不可收拾，上与大道同游，下与超脱生死、无始无终的人为友。他的道，博大通达，深邃广阔；他的德，调和而上合天意。即便如此，在顺应变化和解释万物方面，道理其实是没有止境的，始终不离大道的根本，在茫昧恍惚之中，永远无法穷尽其中的奥妙。

◉品庄悟道◉

其书虽瑰玮，而连犿无伤

　　闻一多这样评价庄子之文："读《庄子》本分不出哪是思想的美，哪是文字的美。那思想与文字，外型与本质的极端的调和，那种不可捉摸的浑圆的机体，便是文章家的极致；只那一点，便足注定庄子在文学中的地位。朱熹说庄子'是他见得方说到'，一句极平淡极敷泛的断语，严格的讲，古今有几个人当得起？其实在庄子，'见'与'说'之间并无因果的关系，那譬如一面花，一面字，原来只是一颗钱币。"

　　庄子的文章有很强的抒情性，变化多端，人们可以通过他的文字了解他的性格。他崇尚自然，推崇真情真性，他的文章也散发着自然之美，嬉笑怒骂，无所顾忌，任感情奔放流动。而在那些充满幻想色彩的故事背后，则是强烈的批判精神。在先秦的诸多散文中，属庄子的散文成就最高。

【分节导读】

　　此节介绍了惠施的学说，认为惠施过于专注外物，好辩而不懂道。惠施是名家的代表人物，专注于研究概念和事实间的关系，擅长通过夸大事物的相同点进行诡辩，和庄子的"至辩无言"截然不同。作者对惠施进行了批评，并用"形与影竞走"来形容惠施误用了智巧和才能。

【原文】

　　惠施多方①，其书五车，其道舛驳②，其言也不中③。历物之意④，曰："至大无外⑤，谓之大一；至小无内⑥，谓之小一。无厚⑦，不可积也⑧，其大千里。天与地卑⑨，山与泽平。日方中方睨⑩，物方生方死。大同而与小同异，此之谓'小同异'；万物毕同毕异⑪，此之谓'大同异'。南方无穷而有穷⑫。今日适越而昔来⑬。连环可解也⑭。我知天之中央，燕之北越之南是也⑮。泛爱万物，天地一体也。"

惠施的书要五辆车才能装得下。

惠施以此为大，观于天下而晓辩者^⑯，天下之辩者相与乐之^⑰。卵有毛；鸡三足；郢有天下^⑱；犬可以为羊；马有卵；丁子有尾^⑲；火不热；山出口^⑳；轮不碾地^㉑；目不见^㉒；指不至^㉓；至不绝^㉔；龟长于蛇；矩不方^㉕，规不可以为圆^㉖；凿不围枘^㉗；飞鸟之景未尝动也^㉘；

天下辩士都乐于和惠施争辩。

镞矢之疾而有不行不止之时^㉙；狗非犬^㉚；黄马骊牛三^㉛；白狗黑^㉜；孤驹未尝有母^㉝；一尺之捶^㉞，日取其半，万世不竭^㉟。辩者以此与惠施相应，终身无穷。

桓团、公孙龙辩者之徒^㊱，饰人之心^㊲，易人之意^㊳，能胜人之口，不能服人之心，辩者有囿也^㊴。惠施日以其知与人之辩，特与天下之辩者为怪^㊵，此其柢也^㊶。

然惠施之口谈，自以为最贤，曰："天地其壮乎^㊷！"施存雄而无术^㊸。南方有倚人焉，曰黄缭^㊹，问天地所以不坠不陷，风雨雷霆之故。惠施不辞而应^㊺，不虑而对，遍为万物说，说而不休，多而无已，犹以为寡，益之以怪^㊻。以反人为实，而欲以胜人为名^㊼，是以与众不适也^㊽。弱于德，强于物，其涂隩矣^㊾。由天地之道观惠施之能，其犹一蚊一虻之劳者也^㊿。其于物也何庸⁵¹！夫充一尚可⁵²，曰愈贵道⁵³，几矣！惠施不能以此自宁⁵⁴，散于万物而不厌，卒以善辩为名。惜乎！惠施之才，骀荡而不得⁵⁵，逐万物而不反⁵⁶，是穷响以声⁵⁷，形与影竞走也⁵⁸。悲夫！

【注释】

①方：术。②舛（chuǎn）驳：错误杂乱。③中（zhòng）：中肯。④历：分析叙述。意：含义，此指性质。⑤无外：无限大。⑥无内：无限小。⑦无厚：没有厚度。⑧积：重叠。⑨卑：低。⑩睨（nì）：斜观，此指偏斜。⑪毕：完全。⑫穷：穷尽。⑬适：到。越：越国。昔：昨天。⑭连环：连环是不能分开的。⑮燕（yān）：燕国。⑯观：显示。晓：引导。⑰乐之：愿意和他辩论。⑱卵有毛：小鸡孵出时就长毛，可知卵里有毛。鸡三足：《公孙龙子·通变论》："谓鸡足一，数足二，二而一故三。"郢：楚国的都城。⑲丁子：蛤蟆。⑳山出口：山有回声，而声从口出，故云。㉑碾：压。㉒目不见：什么也看不见。㉓指不至：事物和概念之间不可能完全相称。㉔至不绝：概念与事物完全相称的过程是没有止境的。㉕矩：画方的工具。㉖规：画圆的工具。㉗凿：安榫的孔，俗称卯眼。枘（ruì）：榫头。㉘景：同"影"。㉙镞矢：箭头。㉚狗：小狗。犬：大狗。㉛黄马骊牛三：与"鸡三足"相类似。黄马骊牛合起来是一个概念，分开是两个，加起来是三个。诡辩术。㉜白狗黑：根据毛可以说是白狗，根据眼珠又可以说是黑狗。㉝孤驹：母马死了的马驹。㉞捶：通"棰"，鞭子。㉟不竭：不尽。㊱桓团：先秦名家人物。公孙龙：先秦名家人物。㊲饰：蒙蔽。㊳易：改变。㊴囿：局限。㊵特：专门。为怪：制造奇谈怪论。㊶柢（dǐ）：根本。㊷壮：大。㊸雄：雄辩之才。术：道术。㊹倚：通"畸"，怪人。黄缭：楚人。㊺不辞：不辞让。㊻益：加。怪：怪诞。㊼胜：辩胜他人。为名：获取名声。㊽适：合。㊾涂：路途。隩（ào）：狭隘。㊿劳：功劳。⁵¹庸：用。⁵²充一：充当一家之言。⁵³愈：进一步。贵：尊崇。⁵⁴此：指充一。宁：安于。⁵⁵骀（dài）荡：放荡。不得：未能行于正道。⁵⁶不反：不回头。⁵⁷穷响以声：用声音追逐回响。⁵⁸形与影竞走：用形体追赶影子，均比喻本末倒置。

【译文】

惠施的学问渊博，他著的书要五辆车才装得下，他的那一套道理乌七八糟的，多有不当。他分析事物的性质，说什么："大到没有外部的无限大，叫做大一；小到没有内部的无限小，叫做小一。没有厚度，无法重叠，却可以大至千里。天和地一般低，山与泽同样平。太阳刚刚正中就开始偏斜，万物刚刚出生就走向死亡。大部分相同而小部分不同，叫做'小同异'；万物全都相同又全都不同，叫做'大同异'。南方既没有穷尽却又有穷尽。今天到越国去，而从越国的角度则是昨天从外地前来。连环是可以解开的。我知道天下的中央，在燕国的北面、越国的南方。泛爱世间万物，天地原为一体。"

惠施认为这些是大道理，炫耀于天下而引导辩者，天下好辩之士都乐于和他辩论。蛋有毛，鸡三只脚，郢都包有天下之大，犬可以是羊，马有蛋，蛤蟆有尾巴，火不热，山有嘴，车轮不碾地，眼睛看不见东西，事物与概念不相称，两者完全相称的过程是永远没有止境的，乌龟比蛇长，矩尺不方，圆规不能画圆，卯眼围不住榫头，飞鸟的影子不曾移动，箭头疾飞却有不动不停的时刻，狗不是犬，黄马和骊牛是三码事，白狗是黑的，孤马驹没有过母马，一尺长的鞭杆，每天截掉一半，永远也截不完。好辩之士用这类诡辩与惠施相互辩论，一辈也辩不完。

桓团、公孙龙这些好辩之徒，蒙蔽人心，改变人意，能够使人口服，却无法使人心服，这就是好辩之士的局限。惠施成天靠他的智慧与人争辩，专门和天下的好辩之士一起制造奇谈怪论，这就是他们的根本。然而惠施的口才，自以为天下无比，说什么："天地能比我更伟大吗？"

惠施虽有雄辩之才却无道术。南方有位怪人黄缭，问天为什么不掉下来，地为什么不陷下去，问所以刮风下雨打雷的原因。惠施竟不推辞地接受提问，不加考虑地回应对答，遍及万物地解说，滔滔不绝，无止无休，还认为不够，又增加了奇谈怪论。把违反人之常情的道理作为真实，只想辩胜他人而取得名声，因此，不合于众人。忽视了道理的修养只重视外物的分析，他走的是一条斜门歪道。从天地之道来看惠施的才能，只不过是雕虫小技，劳而无功罢了。对万物没有什么用处，充当一家之言还可以，进一步说他尊崇大道，也还凑合！但是惠施不能自安于此，分散心思于万物而乐此不疲，最终以善辩成名。可惜呀！惠施的才能，放荡恣肆而不得其道，追逐万物而迷途不返，这是以声音追逐回响，用形体追赶影子。本末倒置，实在是可悲呀！

忽视道的修养而注重分析外物是本末倒置。